公路桥梁车-桥耦合振动分析
——模型、试验与应用

陈水生　桂水荣　赵　辉　任永明　著

西南交通大学出版社
·成　都·

图书在版编目（CIP）数据

公路桥梁车-桥耦合振动分析：模型、试验与应用 / 陈水生等著. —成都：西南交通大学出版社，2023.7
ISBN 978-7-5643-9277-2

Ⅰ. ①公… Ⅱ. ①陈… Ⅲ. ①公路桥 – 车桥耦合振动 – 研究 Ⅳ. ①U448.14

中国国家版本馆 CIP 数据核字（2023）第 078462 号

Gonglu Qiaoliang Che-Qiao Ouhe Zhendong Fenxi
——Moxing Shiyan yu Yingyong

公路桥梁车-桥耦合振动分析
——模型、试验与应用

陈水生　　桂水荣　　赵　辉　　任永明　著

策划编辑	黄庆斌　黄淑文　周　杨
责任编辑	韩洪黎
封面设计	原谋书装
出版发行	西南交通大学出版社 （四川省成都市金牛区二环路北一段 111 号 西南交通大学创新大厦 21 楼）
邮政编码	610031
发行部电话	028-87600564　028-87600533
网址	http://www.xnjdcbs.com
印刷	成都中永印务有限责任公司
成品尺寸	185 mm × 260 mm
印张	22.75
字数	538 千
版次	2023 年 7 月第 1 版
印次	2023 年 7 月第 1 次
定价	98.00 元
书号	ISBN 978-7-5643-9277-2

图书如有印装质量问题　本社负责退换
版权所有　盗版必究　举报电话：028-87600562

前 言

公路桥梁的车致振动问题一直是桥梁结构研究者十分感兴趣的课题，一方面，移动车辆对桥梁的动力冲击作用直接影响桥梁的工作状态和使用寿命；另一方面，桥梁上运行车辆的平稳性和安全性也是评价结构动力设计参数合理与否的重要因素。车辆以一定的速度通过桥梁时，桥梁结构不仅承受静力作用，还要承受移动荷载以及桥梁和车辆振动的惯性作用。近十年的统计数据表明，在各地区经济快速发展的背景下，我国四级及以上在役公路总里程达到494.45万千米，在役公路桥梁约为83.25万座。桥梁作为公路交通体系中不可或缺的部分，其所承受的交通量越来越大，桥梁车致振动问题是影响桥梁结构使用的关键技术难题之一。

由于车辆和桥梁耦合振动系统本身的复杂性，加上车型、桥型种类繁多，以及引起振动的各种激励的随机性，桥梁车致振动问题应将理论方法、数值模拟和现场测试结合在一起进行研究。桥梁结构在服役过程中承受着不同的外界环境激励，且这些激励的随机性特征明显，如：过桥车辆、地震、脉动风、雨雪、波浪、桥面不平顺等都具有时变性。可是，多数激励源并非时刻发生，如：刮风下雨不是天天有，地震更不可能天天发生；但桥面不平顺和汽车荷载每时每刻都会出现，且桥面不平顺和汽车荷载具有随机性。桥面不平顺既影响车辆乘坐的舒适性，又影响过桥车辆和桥梁间的耦合振动。当桥面路况越来越差时，车辆乘坐舒适性逐渐降低，过桥车辆对桥梁的冲击作用增大。为了减小行驶车辆对在役桥梁产生的冲击作用和提高过桥车辆司乘人员的乘坐舒适性，桥梁工程师和管养单位越来越重视桥面路况对车-桥系统振动特性的影响。然而，我国公路桥梁桥面养护的技术、材料、资金和人员不足，导致桥面养护工作相对滞后，很多桥梁的桥面出现了大小不同的严重凸起和凹陷，降低了桥面等级，直接影响了在役桥梁的运营安全和桥梁局部构件的使用性能。过桥车辆是桥梁所承受荷载中另一最主要的激励源，汽车荷载这一主要的可变荷载不再是确定性荷载，而是随机性越来越强的随机荷载，不同时间的过桥车辆数、车辆类型、车辆载重量、行驶车道等都是随机变量。随机车辆荷载给桥梁使用安全带来了更多的不确定性，特别是跨区域间大宗商品运输的需求越来越多，货运汽车重型化的趋势更加明显，运输企业为了追求利润的最大化，不断提高车辆装载重量，甚至对货运汽车进行违规改装，车辆超载超限现象屡见不鲜。而车辆超载超限威胁到公路桥梁的安全运营和桥梁构件的使用寿命，甚至导致桥梁垮塌。

本书从科学问题出发，旨在理顺不同类型公路桥梁的车-桥耦合振动模型及求解方法，通过数值模拟、室内缩尺模型及现场试验相结合的方法，分析各种类型桥梁车-桥耦合振动响应，采用的研究方法及研究结果具有很强的实用性和参考性。

本书是陈水生教授研究团队十余年来关于公路桥梁车致振动理论与实践研究成果的系统总结。本书研究先后得到国家自然科学基金（50868007、51268013、51468018、12062006）、江西省自然科学基金（2007GZC0855、20122BAB206002、20181BAB206043）、江西省交通运输厅重大科技课题（20110002）、南昌市政公用集团有限公司科技攻关课题（2012A0001）等项目的支持。本书内容已在华东交通大学桥梁与隧道工程专业研究生的教学中使用多年。

全书共分为 11 章。第 1 章介绍了公路桥梁车-桥耦合振动理论、试验及求解方法的研究现状；第 2 章推演了公路桥梁车-桥耦合振动模型及其求解算法；第 3 章推导了车-桥耦合缩尺模型相似原理，设计、制作室内缩尺模型试验装置，并进行测试分析；第 4 章模拟了桥面不平顺激励各种输入方法，并分析了桥面不平顺激励输入方法对车-桥耦合振动响应的影响；第 5~9 章采用数值模拟与现场试验相结合，分析各种类型公路桥梁车-桥耦合振动响应；第 10、11 章详细介绍了车-桥耦合随机振动的求解方法，并分析了多轴货车多点桥面不平顺激励对各种类型公路桥梁随机振动响应的影响。

本书的出版要感谢在研究过程提供帮助的华东交通大学结构实验室谢力老师、江西省昌铜高速公路项目建设管理办公室王德山教授级高级工程师、江西省上饶市交通局万益春教授级高级工程师，感谢课题组的历届研究生们。

鉴于作者水平和经验的局限性，疏漏和不足之处在所难免，敬请广大读者批评指正。

编　者
2023 年 2 月

目 录

第 1 章 绪 论 ·· 1
  1.1 公路桥梁车-桥耦合振动研究现状 ·· 1
  1.2 桥面不平顺激励的车-桥耦合振动研究现状 ··································· 3
  1.3 车-桥耦合振动试验研究现状 ·· 8
  1.4 车-桥耦合振动方程的求解方法 ·· 9
  1.5 汽车荷载冲击系数研究综述 ··· 11
  参考文献 ·· 12

第 2 章 公路桥梁车-桥耦合振动模型及算法 ·· 22
  2.1 车-桥耦合振动理论 ·· 22
  2.2 车-桥耦合振动方程的数值求解方法 ·· 35
  参考文献 ·· 51

第 3 章 车-桥耦合振动缩尺模型试验 ··· 53
  3.1 相似理论 ··· 53
  3.2 车-桥耦合相似关系推导 ·· 56
  3.3 车-桥耦合振动缩尺模型制作 ·· 62
  3.4 车-桥耦合振动缩尺模型校验 ·· 76
  3.5 车-桥耦合振动缩尺模型试验 ·· 83
  参考文献 ·· 117

第4章 车辆各轮桥面不平顺输入的数值模拟 ... 119

4.1 平稳高斯桥面不平顺 ... 119
4.2 车辆各轮相干的桥面不平顺 ... 125
4.3 非平稳桥面不平顺 ... 133
4.4 非高斯桥面不平顺 ... 147
参考文献 ... 158

第5章 公路简支梁桥车致振动现场测试及数值分析 ... 161

5.1 空心板简支梁桥的车致振动响应 ... 161
5.2 公路简支梁桥在多排车辆激励下的振动响应 ... 179
参考文献 ... 192

第6章 连续梁桥车-桥耦合振动响应分析 ... 193

6.1 二分之一车作用的连续梁桥振动响应分析 ... 193
6.2 单箱双室箱梁的连续梁桥车致振动响应分析 ... 197
6.3 T形主梁连续梁桥的车致振动响应分析 ... 207
6.4 多车荷载激励的公路连续梁桥车致振动响应 ... 220

第7章 T形刚构桥车-桥耦合振动响应分析 ... 232

7.1 工程概况 ... 232
7.2 T形刚构桥车-桥耦合振动响应分析 ... 232
7.3 现场动载测试 ... 239

第8章 曲线桥车-桥耦合振动响应分析 ... 242

8.1 曲线桥车-桥耦合振动方程推导 ... 242
8.2 曲线桥振动响应的影响参数分析 ... 248
8.3 多车作用的曲线桥振动响应分析 ... 263
8.4 车辆变速行驶的曲线桥振动响应分析 ... 267
参考文献 ... 275

第9章 大跨度斜拉桥的车致振动响应分析 276
9.1 大跨度斜拉桥动力特性分析 276
9.2 斜拉桥车致振动响应分析 284
参考文献 301

第10章 考虑桥面不平顺激励的桥梁随机振动 304
10.1 路面不平顺谱激励模型 304
10.2 两自由度车的车-桥耦合运动方程 306
10.3 两自由度车的车-桥耦合系统平稳随机模型 309
10.4 考虑桥面不平顺的虚拟激励法 310
10.5 两自由度车作用的桥梁随机振动算法分析 311
10.6 算例分析 312
参考文献 323

第11章 多轴货车多点桥面不平顺激励的桥梁随机振动 324
11.1 多轴货车多点桥面不平顺的功率谱矩阵 324
11.2 车桥耦合模型 325
11.3 虚拟激励的构造 327
11.4 三维车辆和桥梁的车-桥耦合方程精细积分解法 329
11.5 多轴重车多点桥面不平顺随机激励的连续梁桥随机振动 335
11.6 路面激励空间效应对车-桥耦合随机振动的影响 341
11.7 多轴特重车多点桥面不平顺激励的斜拉桥随机振动 347
参考文献 355

第 1 章
绪 论

当车辆通过桥梁时，引起桥梁结构的振动，而桥梁结构的振动又反过来影响车辆的振动，即为车-桥耦合振动。车-桥耦合振动不仅对桥梁的工作状态和使用寿命产生直接影响，而且是评价车辆行驶平稳性和安全性、桥梁结构动力设计参数是否合理的重要因素。特别是随着车辆载重和行驶速度的提高，车辆与桥梁结构的动力相互作用越来越受到重视。因此，国内外学者对车-桥耦合振动问题进行了较多的研究，尤其对铁路桥的车-桥耦合振动问题进行了广泛的研究，也取得了一些可以指导实际工程的研究成果。但是，公路桥梁桥型和荷载作用形式存在多样性，对公路桥梁的研究也相对滞后。公路桥梁的车致振动问题一直是工程界十分感兴趣的课题，由于移动车辆与桥梁间的相互作用受到诸多因素的影响，如：车辆动力特性、桥面不平顺、车辆制动、车辆变速行驶、桥梁结构动力特性、桥头搭板、桥面局部坑洼、车辆行驶位置等[1-5]，使得公路桥梁的车-桥耦合振动研究更具挑战性。

众所周知，探索桥梁车致振动特性的方法有现场测试、数值模拟和室内模型试验。现场测试，受外界因素干扰较多，需从复杂多变的数据中寻找规律，测试结果偏差往往较大，且该方法耗资巨大，样本选择难以全面，导致可信度降低。数值模拟，由于各种通用的结构分析软件和高级计算机语言的产生，通过数值模拟探索车-桥耦合振动特性已不再困难，但由于车-桥耦合振动问题的复杂性，数值模拟计算通常需要对桥梁结构进行简化，其导致的误差很难确定。室内模型试验，有效地避免了现场测试和数值模拟方法的缺陷，但模型试验按相似比缩尺后，需对系统的结构形式、材料、边界条件、外加荷载等做相应处理，缩尺后的模型系统能否真实、有效地反应原型结构的动力特性需进一步验证。因此，如何将数值模拟、现场测试和室内模型试验三者有机结合起来，将更有现实意义和实际工程应用价值。通过现场测试与室内模型试验的对比分析，校核数值模拟方法的正确性，为公路梁桥车-桥耦合振动研究提出可靠的计算简化模型。同时，为桥梁设计提供合适的冲击系数建议取值，并为在役桥梁的承载能力及使用寿命评估提供理论和实测依据，对公路梁桥的后期研究、设计、管理及养护非常必要。

1.1 公路桥梁车-桥耦合振动研究现状

由于计算机和有限元技术的飞速发展，公路桥梁车-桥耦合振动突破了传统简单模型的常规因素分析，在车辆的变速与制动、桥头搭板、桥面坑洼、随机车流、风-车-桥耦合、车-桥耦合振动控制、车辆荷载识别等方面取得较大进展。国内外学者就此开展了很多研究工作，从最初的独轮车移动车辆过桥[6]到空间三维多轴车辆过桥[7]，从确定性多车过桥[8]到目前的随机车流过桥[9]，从研究中小跨径简支梁桥的振动响应[10]到研究大跨度悬索桥的振动响应[11]，从桥梁振动响应的时域分析[12]到桥梁振动响应的频域分析[13]，做了很多工作，也创造了很多有价值的成果。Ricciardi[14]将车辆随机荷载看成是滤波白噪声的叠加，借助 Itǒ's 偏微分方程求解车-桥耦合随机振动问题；Ju 等[15]建立了车辆制动与加速的车桥耦合振动分析模型；Law 等[16]建立了车辆制动与加速的分析模型，分析制动位置和制动时间对冲击系数的影响；Gonzalez 等[17]提出了一阶 Tikhonov 规则化动态程序，识别作用于桥梁上的车辆荷载；Li 等[18]将车辆简化为 11 自由度弹簧-质量系统，将桥梁离散为板-梁单元体系，分析组合板梁桥振动响应；Huang[19]分析了中承式拱桥的跨径、矢跨比、车速等对冲击系数的影响，并给出了中承式系杆拱桥的建议冲击系数表达式；Michaltsos 等[20]分析了移动质量作用下的轻型桥梁向心力和科氏加速度对振动响应的影响；Cai 等[21]分析了短跨桥梁桥面不平顺、桥头搭板、梁的初始变形等因素对车-桥耦合振动响应的影响；Museros 等[22]采用黏性阻尼器控制简支梁桥的车致振动响应；Harris 等[23]通过改变车辆悬架的阻尼来减小车辆对桥梁的冲击作用；Green 等[24]分析了汽车的钢板弹簧和气垫弹簧对公路桥梁耦合振动的影响，气垫弹簧对车-桥耦合振动响应的影响小于钢板弹簧的影响；Ichikawa 等[25]对多跨桥梁的研究结果表明，车辆惯性荷载对第一跨振动响应的影响小于桥梁其他各跨，各跨的动力放大系数随车辆行驶速度的不同而变化；Cai 等[26-27]分析了桥面不平顺和车辆跳车对车-桥耦合振动的影响，跳车对桥梁振动响应的影响非常明显，对短跨桥梁的影响比长跨桥梁更为明显；Xu 等[28]采用模态综合叠加法研究了长跨桥梁的车-桥耦合振动响应，前十阶模态对桥梁振动位移、速度、加速度的影响较小，模态阶数取 100 阶时，对弯矩的影响比位移和加速度响应更明显；Rezaiguia 等[29]分析了车辆荷载对多跨正交异性板振动的影响，最大冲击系数在正交异性板上没有明显的规律；Deng 等[30]分析了简支梁桥和连续梁桥不同位置的弯矩和剪力冲击系数。

目前，有关车辆荷载激励的桥梁振动研究可以概括成如下四个方面：

（1）移动车辆荷载的模拟及桥梁车致振动的数值求解。如：邓露等[31]基于传统经典车桥耦合振动理论，分析了不同桥梁结构形式、桥面路况等级、行车速度和过桥车辆载重量等因素对中小跨径简支梁桥振动响应的影响，并对车辆过桥冲击系数的取值提出了建议；卢海林等[32]建立了 7 自由度二轴车与大跨度曲线弯梁桥的车桥耦合振动方程，采用 Newmark-β 数值方法求解桥梁的车致振动响应；李岩等[33]研究了随机车流荷载作用的桥梁振动，为节省计算时间和提高求解效率，采用车桥动力方程维度时变的方法计算桥梁的振动响应；周军勇等[34]基于经典车桥耦合振动理论，采用元胞自动机模拟过桥车流荷载，研究桥梁振动响应的精细化求解方法；殷新锋等[35]引入元胞自动机随机车流模拟方法，研究随机车流荷载对在役桥梁车致振动特性的影响和过桥随机车流荷载对桥梁产生的冲击作用；蔡军哲等[36]运用有限元软件 ANSYS 的耦合技术建立了欧拉梁和 5 自由度车辆的耦合方程，采用传统 Newmark-β 数值方法求解桥梁的车致振动响应；郭翠翠等

[37]运用 Midas/civil 软件求解桥梁的车致振动响应,并与实测值进行了对比分析;张鹏飞等[38]采用 Abaqus 软件求解车辆过桥的桥梁振动响应;桂水荣等[39]将移动车辆简化为弹簧-质量-阻尼体系,采用精细积分算法求解欧拉梁的车致振动响应;叶茂等[40]将过桥车辆简化为2自由度的独轮车,采用 Wilson-θ 法求解车-桥-墩的耦合振动方程;邓露等[41]基于一辆典型三轴重车的车桥耦合振动模型,采用四阶龙格库塔法求解车桥耦合振动方程,研究过桥汽车在桥上突然制动对桥梁产生的冲击作用。

(2)基于车-桥耦合振动的损伤识别。如:朱劲松等[42]基于车-桥耦合理论,分析疲劳车辆过桥引起的钢-混组合梁疲劳损伤;孙宗光等[43]通过桥梁监测系统的运营索力检测数据,联合桥梁动态称重技术和健康监测系统,对过桥车辆的行驶速度和车辆载重进行识别;阳洋等[44]考虑桥面不平顺路况的影响,基于车辆的振动响应信号,采用间接测量技术来识别桥梁的弯曲刚度,从而对桥梁结构出现的损伤进行识别。

(3)基于车-桥耦合振动的桥梁承载力性能评估。如:邓露等[45]基于车-桥耦合振动理论,结合雨流计数法分析了中小跨径桥梁在疲劳车荷载下的损伤累计和动力冲击系数;范晨等[46]运用 ANSYS 软件建立大跨钢箱梁桥的有限元模型,采用 MATLAB 语言编程求解桥梁的车致动应力,对大跨度钢箱梁桥的局部疲劳状态进行评估;李双营等[47]基于 Fick 第二扩散定律理论和车桥耦合振动理论,充分考虑氯离子对 RC 桥梁的侵蚀、轨道不平顺、车辆行驶速度等因素对结构垂向振动的影响,进而对 RC 桥梁的使用寿命进行预测;李慧乐等[48]基于车桥耦合振动理论求解列车过桥时的桥梁车致应力响应,根据桥梁构件的 S-N 曲线计算桥梁关键构件的疲劳损伤,并预测桥梁的剩余使用寿命。

(4)风-车-桥耦合振动研究。如:王亚伟等[49]采用数值方法模拟了地震波和脉动风荷载,进而联合过桥车辆荷载分析桥梁的振动响应;张骞等[50]考虑风、轨道不平顺、车辆的联合激励,基于车桥耦合振动理论,分析风速和车辆行驶状态对桥梁振动响应和车辆行驶安全性的影响;何玮等[51]为了研究风荷载对大跨度斜拉桥振动响应的影响,建立风-车联合激励的车桥耦合振动方程,分析迎风工况和背风工况对桥梁振动和车辆振动的影响;刘焕举等[52]建立斜风作用的风-车-桥耦合系统,对不同风偏角工况的桥梁振动响应和车辆在桥上行驶的安全性进行了分析。

1.2 桥面不平顺激励的车-桥耦合振动研究现状

目前,有关路面不平顺随机激励的数值模拟已较为成熟,学者们采用不同的方法生成了满足不同路况等级功率谱密度的路面不平顺时域样本。如:陈盟等[53]采用滤波白噪声法生成路面不平顺历时样本(滤波白噪声法是将凸凹不平的路面状况抽象成符合一定要求的白噪声,然后采用数值方法求解一阶微分方程生成路面不平顺时域样本);鲍家定等[54]采用计算量小、计算简单高效的 IFFT 法生成道路不平顺的时间样本(IFFT 法是在已知路面不平顺功率谱密度的情况下,通过功率谱密度与频谱的关系反算路面不平顺的傅里叶频谱值,再对傅里叶频谱值做逆傅里叶变换生成路面不平顺的时域样本);Lu 等[55]采用三角级数谐波叠加法模拟路面不平顺;李晓雷等[56]、王世明[57]、薛贯海等[58]运用 AR/ARMA 模型建立不同等级的路面不平顺时域样本；AR/ARMA 模型方法实为滤波白噪声法的进一步深入，采用设计好的数字滤波器对白噪声信号进行转换，生成满足指定条件的桥面不平顺离散随机信号。

路面不平顺在实际工程中主要应用在两个领域：其一，路面不平顺随机激励的汽车振动研究，即在车辆工程领域研究汽车行驶的平顺性。如：李志鹏等[59]采用滤波白噪声法生成路面不平顺激励，分析不同路面输入状况对汽车操作稳定性的影响；牛浩龙[60]采用 IFFT 法生成路面不平顺激励，结合有限元法和多体动力学理论对客车行驶过程中的噪声、振动特性、乘坐舒适性等进行分析和优化；董红亮等[61]采用三角级数谐波叠加法生成路面不平顺时域样本，研究了路面不平顺随机激励的车辆主动悬架和车辆四轮转向的协调控制；冯兰芳等[62]采用滤波白噪声法生成路面不平顺时域样本，结合多体动力学分析汽车内特定位置的噪声水平；石晓辉等[63]采用滤波白噪声法模拟路面不平顺，研究路面不平顺对车辆振动的影响；邓涛等[64]采用滤波白噪声法生成路面不平顺时域样本，分析车辆垂向振动特性及乘坐舒适性。其二，桥面不平顺随机激励的桥梁结构振动，即在桥梁工程领域基于车-桥耦合振动理论研究桥面不平顺对桥梁振动的影响。有关桥面不平顺随机激励的桥梁振动研究，国内外学者做了很多工作，如：Li 等[65]分析了桥面不平顺激励的曲线梁桥车致振动响应；王贵春等[66]分析了桥面不平顺、车辆行驶速度、车辆载重对大跨度悬索桥主梁、主缆、吊杆和桥梁腹杆车致振动响应的影响；Miguel 等[67]考虑桥面不平顺对桥梁振动的影响，研究 TMD 阻尼器对桥梁振动响应的控制作用；朱劲松等[68]基于车桥耦合理论，研究桥面不同路况等级对梁体裂缝的影响；马如进等[69]基于经典车桥耦合振动理论，分析了不同车辆行驶速度和不同桥面路况的矮塔斜拉桥振动响应；Henchi 等[70]将模态综合叠加法引入车-桥耦合振动分析模型，研究随机桥面不平顺对桥梁振动响应的影响；Kim 等[71]分析了桥面不平顺激励的车轮动荷载和桥梁振动加速度响应；Broquet 等[72]的研究结果表明，行车速度对桥面板局部的冲击效应小于桥面不平顺对桥面板局部的冲击效应；Michltsos 等[73]分析了路面不平顺激励波长及波形对冲击系数的影响；Li 等[74]提出利用峰值叠加原理来分析桥面不平顺对桥梁冲击系数的影响，无须直接求解车-桥耦合振动方程；Chatterjee 等[75]根据 10 个桥面不平顺随机激励样本，计算了冲击系数的均值和偏差；Calcada 等[76]分析了各种因素的影响下，车辆对桥面板的冲击效应，认为桥面不平顺是影响车辆对桥梁冲击效应的最主要因素。

1.2.1 桥面不平顺的路面谱函数

研究桥面不平顺激励对车-桥耦合振动响应的影响，目前主要基于路面不平顺的功率谱密度函数和实测路面不平顺时间历程样本。关于路面谱激励函数，Dods 于 1973 年提出了基于功率谱密度（PSD）的表达式模型，并被国际标准组织（ISO）采用[77]；Sayers 于 1982 年在世界银行资助下，在巴西等国家进行路面平整度测试，在此基础上提出了国际平整度指数（IRI）[78]；1986 年，我国学者基于功率谱密度函数制订了相应的国家标准 GB/T 7031—2005[79]。目前，常用的路面谱函数表达式有如下几种：

1. 国家标准 GB/T 7031—2005 谱[79]

$$S_q(n) = S_q(n_0)\left|\frac{n}{n_0}\right|^{-w} \quad (1.1)$$

式中，$n_0 = 0.1\,\mathrm{m}^{-1}$，为空间参考频率；$S_q(n_0)$ 空间频率为 n_0 时路面功率谱密度，与路面等级有关；w 为频率指数；n 表示空间频率的有效频带中某一空间频率。

国家标准《车辆振动输入 路面平度表示方法》(GB/T 7031—2005) 根据路面功率谱密度将路面按不平度分为 8 级，如表 1.1 所示。

表 1.1 路面不平度系数

路面等级	路面不平度系数 $S_q(n_0)/(10^{-6}\,\mathrm{m}^2/\mathrm{m}^{-1})$		
	下限	几何平均	上限
A	8	16	32
B	32	64	128
C	128	256	512
D	512	1 024	2 048
E	2 048	4 096	8 192
F	8 192	16 384	32 768
G	32 768	65 536	131 072
H	131 072	262 144	524 288

2. Wang 1993 谱[80]

$$S_q(n) = A_r\left(\frac{n}{n_0}\right)^{-k} \quad (1.2)$$

式中，$S_q(n)$ 为功率谱密度；n 为空间频率；n_0 为参考空间频率；指数 k 为双对数谱密度曲线的斜率，决定路面功率谱密度的频率结构，简化计算时可以取为 2；A_r 为路面不平度系数，A_r 可以取 $5\times10^{-6}\,\mathrm{m}^2/\mathrm{m}^{-1}$、$20\times10^{-6}\,\mathrm{m}^2/\mathrm{m}^{-1}$、$80\times10^{-6}\,\mathrm{m}^2/\mathrm{m}^{-1}$、$260\times10^{-6}\,\mathrm{m}^2/\mathrm{m}^{-1}$，分别对应路面的 4 种状况：平顺、良好、一般、不平顺。

3. 国际标准 ISO 1972 谱[81]

1972 年，国际标准协会采纳英国汽车工业研究协会 (MIRA) 推荐的以功率谱进行道路分类的标准 ISO SC2/WG4 (以下简称 ISO 谱)，该标准将路面不平顺功率谱 $S_q(n)$ 用分段函数表示：

$$\left.\begin{array}{l} S_q(n) = S_q(n_0)\left(\dfrac{n}{n_0}\right)^{-w_1} \quad n \leqslant n_0 \\[2mm] S_q(n) = S_q(n_0)\left(\dfrac{n}{n_0}\right)^{-w_2} \quad n \geqslant n_0 \end{array}\right\} \quad (1.3)$$

式中，n 为空间频率（c/m）；n_0 为标准的空间频率；w_1、w_2 分别为低、高频两段频率的指数；$S_q(n_0)$ 为标准空间频率 n_0 所对应的功率谱密度，单位为 $10^{-6}\,\text{m}^2/\text{cycle}/\text{m}$。

ISO SC2/WG4 标准将道路分为五类，表 1.2 给出了五级分类标准中各级路面的 $S_q(n_0)$ 和 w_1、w_2 值。

表 1.2　道路不平分类标准

道路分类	$S_q(n_0)$	$S_q(n_0)$ 的几何平均值	w_1	w_2
A　极好	2~8	4	2	1.5
B　好	8~32	16	2	1.5
C　一般	32~128	64	2	1.5
D　坏	128~512	256	2	1.5
E　极坏	512~2 048	1 024	2	1.5

4. 喻凡实测路面谱[82]

$$S(n)=\begin{cases}G_0\left(\dfrac{n}{n_d}\right)^{-p_1} & n\leqslant n_d \\ G_0\left(\dfrac{n}{n_d}\right)^{-p_2} & n>n_d\end{cases} \tag{1.4}$$

式中，G_0 为路面不平度系数；n 为空间频率（等于波长 λ 的倒数）；n_d 为双对数坐标下谱密度曲线断点处的空间频率。

喻凡给出了实测路面的模型参数，如表 1.3 所示。

表 1.3　实测路面谱的模型参数

路面类型	$G_0/(\text{m}^3/\text{cycle})$	斜率 p_1	斜率 p_2	下截止空间频率 $n_0/(\text{cycle/m})$	断点处空间频率 $n_d/(\text{cycle/m})$
高速公路（MI）	2×10^{-8}	2.59	—	0.01	—
主干道（A5）	4.6×10^{-7}	2.75	1.16	0.01	0.30
支路	5.6×10^{-7}	3.15	2.42	0.01	0.20
MIRA 石子路	1.7×10^{-5}	5.9	1.55	0.01	0.16

仅以行驶模型为分析目的时，可以采用单斜率路面输入谱，斜率 p 值通常取 2~2.5，不平度值 G_0 可以按表 1.4 取值。

表 1.4　路面不平度系数 G_0 值　　　　　　　　　　单位：m^3/cycle

路面种类	范围	均值
高速公路（MI）	$3\times10^{-8}\sim5\times10^{-7}$	1×10^{-7}
主干道（A5）	$3\times10^{-8}\sim8\times10^{-6}$	5×10^{-7}
支路	$5\times10^{-7}\sim3\times10^{-5}$	5×10^{-6}

1.2.2 桥面不平顺激励的相干性

事实上，当车辆在路面行驶时，车辆各轮同时受到路面不平顺激励，各轮的路面不平顺激励输入还是不同的，这是因为桥面不平顺随机激励信号和车辆行驶状态的随机性很强。在研究桥面不平顺随机激励对车桥耦合振动的影响时，考虑车辆各轮多点桥面不平顺随机激励更符合真实的车轮-路面实际接触状态，车辆各轮的多点时间相关激励和双轮辙多点空间相关激励使得路面不平顺随机激励输入模型更加精细。路面不平顺在汽车工程中的应用表明，车辆各轮的路面不平顺激励具有相干性，其体现在左右轮迹的相干和前后轮的时间滞后上。有关车辆各轮相干的路面不平顺时域样本的生成方法，可以采用滤波白噪声法，如：张立军等[83]建立了四轮汽车各轮相干的路面不平顺随机输入模型；赵珧等[84]考虑车辆左右轮的相干函数关系，建立了四轮汽车各轮相干的桥面不平顺时域模型；张永林等[85]推导出了六轮载重车桥面不平顺激励输入的功率谱矩阵，采用滤波白噪声法生成了车辆各轮相干的桥面不平顺时间样本，为研究车辆振动提供了有效的路面不平顺激励；张国胜等[86]采用基于幂函数的滤波白噪声法生成路面不平顺并验证了该方法的可行性；卢凡等[87]采用滤波白噪声法生成四轮汽车左右轮迹相干的路面不平顺时域样本且对生成样本的有效性进行了验证。此外，也有学者采用三角级数谐波叠加法和逆傅里叶变换法生成左右轮迹相干的路面不平顺时间历程样本，但左右轮路面激励样本的相干函数值与理论值相差较大[88-89]。

而有关路面不平顺激励的相干性在工程中的应用，学者们也进行了探究，如：刘波等[90]采用三维空间路面不平度样本分析车-路耦合作用，车辆左右轮与路面间作用力相差很大，表现出明显的空间分布特性；李杰等[91]考虑前后车轮路面不平顺的时间滞后效应和左右车轮轮迹间的相干性，采用虚拟激励法构造路面虚拟激励荷载；钱凯等[92]考虑汽车前后轮路面激励输入的时滞性和左右轮的相干性，分析对儿童乘坐舒适性的影响；在研究路面不平顺输入激励的相干性时，Pazooki 等[93]对相干函数进行拟合，给出左右轮迹之间的频响函数，并将单轮模型拓展为左右轮迹路面激励时域模型；王岩松等[94]建立的四轮相关滤波白噪声路面不平顺时域模型与路面实际情况吻合较好；张永林等[95]结合双轮辙路面不平顺的时空相关特性，模拟时空相关的双轮辙路面不平顺输入的时程样本；孙涛等[96]基于实测路面不平顺样本，拟合左右轮输入的相干函数，构建四轮非平稳路面不平顺的时域模型；Liu 等[97]考虑了路面不平顺激励样本的相干性，研究不平顺激励样本相干函数对车-桥耦合振动的影响；韩万水等[98]考虑路面不平顺激励输入的时滞性和相干性，在分析非一致激励对车-桥耦合振动的影响时，发现车轮竖向接触力以及车桥系统的频谱特性存在差异。

实际上，高低起伏的桥面不平顺随机过程也具有时变特性，当过桥车辆在桥上非匀速行驶时，如：加速、减速、突然启动、紧急刹车，桥面不平顺激励不再是平稳随机过程，而是一个非常典型的时变非平稳随机过程[99]。随着公路桥梁服役时间的延长和各种不利外界因素的侵蚀作用，在桥面养护不足的情况下，桥面路况会恶化，凸凹不平的路况会越来越严重。在恶化的桥面路况和车辆在桥上变速行驶的车辆运行状态联合作用下，桥面不平顺随机激励已经明显具有非高斯特征。特别是我国大宗货物的公路运输量大，重型货车出现的频率越来越高，货车车型向大型化、拖挂化、集装箱化方向发展，开展多轴货车多点桥面不平顺随机激励的公路桥梁随机振动响应研究工作很有必要且研究意义重大。

1.3 车-桥耦合振动试验研究现状

虽然数值方法已经能较为精确地模拟车-桥耦合振动问题，但理论研究忽略了很多因素，其分析结果的可靠性还需要试验来验证，试验结果的分析更能揭示理论分析中的不足。1931年，英国土木工程师协会根据一系列的简支梁桥的实测数据制定了桥梁荷载冲击系数规范，在其后的数十年间，各国的冲击系数经过多次修改，但是相差很大，这说明影响公路桥梁荷载冲击系数的因素是很复杂的。1958年，美国国家公路与运输协会（AASHTO）对18座跨径为15 m的公路桥梁进行了测试,结果最大位移冲击系数为0.63,只有5%超过0.4；最大应力冲击系数为0.41，只有5%超过0.29。20世纪70年代，新西兰对14座桥梁进行了测试，结果表明冲击系数在0.1至0.7之间。1980年以前，加拿大也进行了3次大规模桥梁动力荷载测试。车-桥耦合振动试验研究，不仅可以在实际工程现场进行测试，而且也可以进行室内模型试验。

1.3.1 车-桥耦合振动的现场测试

桥梁现场荷载试验的目的是新建桥梁竣工验收和运营桥梁的承载力评定，检测桥梁整体受力性能是否满足设计和相关规范要求，是评定桥梁运营荷载等级最直接和最有效的办法。桥梁荷载试验分为静载试验和动载试验：静载试验是测试桥梁结构在静力荷载作用下的应变、位移或裂缝，分析判定桥梁的承载能力；动载试验是测试桥梁结构在动力荷载作用下的振动响应，分析桥梁的频率、阻尼和振型等模态参数，可以作为损伤识别、承载力评定和结构安全监测的依据。利用静、动载测试信息对桥梁结构有限元模型进行动力修正，得到能够准确反映现时工作状态的桥梁有限元模型，并结合实测结果进行桥梁承载能力评估。针对车-桥耦合振动的现场试验测试，国内外学者在前期主要针对公路和铁路桥梁的成桥荷载试验为目的[100-101]。李小珍等[102]通过测试高架车站在高速动车组荷载作用下的振动加速度及其频谱，进而分析试验车站的动力特性。Yang 等[103]将试验测试数据运用正射投影理论的汉明窗进行处理，提出随机子空间识别法，随机子空间比常用识别方法能更好识别20 Hz以下频率。Zhang等[104]进行结构响应识别时，提出大跨度悬索桥如何有效地设计试验并对测试数据进行过滤处理的方法，减少多种因素对识别结果的干扰。Yin 等[105]现场实测车辆在高墩桥梁上变速行驶时的动力响应，并与数值模拟结果进行了对比。随着试验测试和分析技术的发展，国内外学者纷纷将试验测试结果用于桥梁的有限元模型修正，以更好地模拟车-桥耦合、地震等多种因素作用的桥梁动力响应，如：韩万水等[106]结合现场实测的静、动力数据，对桥梁有限元模型进行修正，采用梁格法分析桥梁的车致振动响应。肖祥等[107]基于大桥通车前的环境振动试验结果，对桥梁初始有限元模型进行修正，然后进行车-桥耦合振动响应分析。Cismasiu 等

[108]基于现场试验测试结果，对人行桥动力有限元模型进行修正，分析主梁抗弯刚度、桥墩与地基连接的边界条件、主梁与墩的支座刚度等因素对动力特性的影响。Feng 等[109]根据现场实测的桥梁振动位移，提出了桥梁有限元模型的修正方法。

1.3.2 车-桥耦合振动的室内模型试验

室内模型试验可以减少外界干扰因素而导致的误差，但要使试验模型与被模拟的原型结构满足力学相似，就需要满足几何尺寸相似、模型材料与原型材料的应力-应变关系相似、质量和重力相似、初始条件和边界条件相似[110]。结构动力模型试验有三种基本的相似关系：弹性相似律、重力相似律、弹性力-重力相似律[111]，车-桥耦合振动不仅要满足这三种基本的相似关系，还必须满足车辆动力特性相似。目前，桥梁结构的室内动力模型试验主要集中于结构动力特性[112-113]、地震[114-115]、风荷载作用的模型试验[116]，而针对车-桥耦合振动模型试验的研究较少。车-桥耦合振动模型试验装置不同于桥梁结构动力性能、地震、风荷载作用的试验装置，后者侧重于桥梁模型的处理；车-桥耦合振动模型因车辆行驶位置、车辆自身动力特性、车辆行驶速度、桥面路况等众多因素的影响，其在模型制作过程中除必须保证桥梁结构的动力特性相似外，还必须保证车辆动力特性相似，从而达到每一时刻车辆作用于桥梁上的力相似。

国内外学者也开展了车-桥耦合缩尺模型试验研究，如：Law 等[117]制作了车-桥耦合振动缩尺模型试验系统，但未考虑模型试验小车的弹簧刚度及阻尼对车-桥耦合振动的影响，车体为完全的刚性结构。根据相似理论，Tommy 等[118]以响应识别为主要目的，制作了车-桥耦合振动模型试验装置，但未按实际情况真实模拟车辆与桥梁的动力特性。Kong 等[119]在模型试验中采用一个牵引车加两个拖车的加载方式，消除牵引车辆频率及路面不平顺等因素对振动响应的影响，将处理后的响应进行快速傅里叶变换，提取桥梁模态特性。卢凯良等[120]采用手摇模型试验小车在模型桥上行驶，来验证模型试验自激激励仿真结果的正确性。梁鑫等[121]根据相似原理，建立了 2：1 的磁浮车辆-悬浮控制-弹性桥梁垂向耦合缩尺模型，将原型桥与理论模型桥进行对比分析，验证了按相似原理建立的车-桥耦合缩尺模型理论的可行性。刘习军等[122]以某双塔斜拉桥模型为研究对象，建立了考虑跳车的车-桥耦合振动试验模型；模型试验制作及分析过程中，车辆采用简单的移动质量，侧重于跳车冲击效应，未严格考虑车-桥耦合相互作用的动力特性参数对模型试验的影响。

1.4 车-桥耦合振动方程的求解方法

车辆通过桥梁时引起桥梁结构的振动，而桥梁的振动又反过来影响车辆的振动，这种相互作用、相互影响的问题就是车辆与桥梁之间的耦合振动问题。在车-桥系统耦合振动的过程中，由于荷载是移动的，而且荷载本身也是一个带有质量的振动系统，从而使车-桥耦合振动系统的动力特性随荷载位置的变化而不断变化，所以同时考虑移动车辆荷载和桥梁两者质量的振动微分方程带有变系数，精确求解是非常困难的。车-桥耦合系统是时变系统，根据所建立的车-桥耦合振动方程的不同，目前大体分为以下两种方法：① 将车-桥系统以车轮与桥面接触处为界，分为车辆与桥梁两个子系统，分别建立车辆与桥梁的运动方程，两者之间通过桥面接触处的位移协调条件与相互作用力的平衡关系相联系，采用迭代法求解系统振动响应[123-125]；② 将车辆与桥梁的所有自由度耦联在一起，建立统一的方程组，进行同步求解[126-128]。前一方法采用分离的车辆与桥梁运动方程，车-桥耦合系统方程的系数矩阵随着车辆在桥上位置的变化而变化，在每一时间步重新生成。由于直接采用桥梁的有限元模型时，计算自由度很多，工作量很大，为减少计算自由度，桥梁模型中引入模态综合技术，即广义坐标离散的方法：首先求出结构的自由振动频率和振型，利用振型的正交性，把互相耦联的数百个节点运动方程解耦，使其转化成互相独立的模态方程。而结构的动力响应主要是由若干个低阶振型起控制作用，这就使得耦合振动方程的矩阵维数大大降低。后一方法由于将车辆和桥梁的运动方程耦联在一起进行求解，可以避免在每一时间步长重新计算对应时刻的系统质量矩阵、阻尼矩阵和刚度矩阵，但是对于桥梁模型较复杂，自由度很多，计算工作量非常大。常用的求解线性系统和非线性系统振动的数值积分方法有 Runge-kutta 法、有限差分法、Newmark-β 法、增量法和 Wilson-θ 法[129-130]。

当采用常用数值方法求解车-桥耦合动力方程时，在每一个时间步内，移动车辆的位置和车-桥相互作用力的大小都是固定不变的，下一个时间步的车-桥耦合力是突然施加到下一个位置且力的大小也是突然改变的。实际上，车-桥耦合力在时间和空间内是连续变化的，并非在一个时间步内固定不变，如果时间步长较大，就会造成较大的计算误差，特别是桥面不平顺中的高频成分，很难保证计算的精确，要想获得高精度的计算结果，就必须减小时间步长。为了克服常规数值方法求解动力方程的不足，钟万勰[131]提出了求解结构动力方程的精细积分方法，尽管使用较大的时间步长，依然可以得到动力方程的高精度解。因此，学者们开始将精细积分法应用在车-桥耦合方程的求解中，如：储德文等[132]结合振型叠加法和精细积分法，求解简支梁在单阶荷载作用下的振动响应，荷载是一大小不变、位置不变的集中力；张亚辉[133]、余华[134]、林家浩等[135]采用精细积分法求解匀速移动集中力作用下的简支梁振动响应；吕峰[136]、Zhao[137]等采用精细积分法求解移动随机集中力荷载作用下的梁结构振动响应；胡世高等[138]以匀速移动质量激励的简支梁桥振动响应为例，分析了时间步长对精细积分法求解精度的影响；桂水荣等[139-140]采用精细积分法求解简支梁桥在匀速移动单自由度车辆荷载作用下的振动响应；Li 等[141]考虑桥面不平顺的影响，采用精细积分法求解 1/4 车辆荷载作用的桥梁振动响应。但是，上述研究把桥梁结构简化为平面简支梁模型，车辆荷载简化为移动集中力、单自由度弹簧质量或两自由度弹簧质量模型。实际的桥梁和车辆都是空间三维结构，桥面不平顺也存在很大的随机性，当车辆的各个车轮在桥上连续移动时，每一个车轮荷载都要进行动态分解。

1.5 汽车荷载冲击系数研究综述

移动车辆荷载在桥上行驶时所产生的冲击效应，受多种因素的影响[142]，如：桥面不平顺、桥梁跨径、桥梁类型、桥梁材料类型及阻尼、行车速度、车辆重量、车辆类型、车辆加载位置、车辆加载数量、车辆悬架动力特性等。李玉良等[143]采用概率与统计的方法分析现场实测数据，得出公路桥梁冲击系数的概率分布及置信度为 0.05 的冲击系数谱。刘菊玖等[144]采用反应谱理论，分析冲击系数与桥梁基频的关系。吉林省交通科研所对 7 座不同跨径的预应力混凝土桥进行连续观测，并对观测样本进行回归分析得到桥梁冲击系数与结构基频之间的关系[145]。张利宁[146]以某一座桥的实测数据为背景，以标准差 σ 为参数进行分析，认为桥梁的动力系数采用随机振动理论用统计方法分析是可行的。施尚伟[147]、李伟钊等[148]分析了梁桥实测冲击系数与理论冲击系数的差异，并研究了冲击系数的随机性及与各影响因素的相关性。周勇军等[149]引入数值加权概念，对传统定义法和试验测试法的冲击系数进行加权分析，并与规范进行对比。殷新锋等[150]考虑桥面路况的恶化，采用桥面退化模型，分析桥面退化对冲击系数影响。

由于各国的交通状况和车辆荷载的加载方法不同，冲击系数的计算方法也大相径庭。以下是几个国家的冲击系数计算公式：

1. 美国 AASHTO 1996 年公路桥设计规范

钢桥、混凝土桥：$\mu = \dfrac{15.24}{L+38.1}(\leqslant 0.3)$

2. 加拿大 OHBDC-1982

当 $f \leqslant 1.0$ Hz 时，$\mu = 1.20$
当 1.0 Hz $< f \leqslant 2.5$ Hz 时，$\mu = 1.0667 + 0.1333f$
当 2.5 Hz $< f \leqslant 4.5$ Hz 时，$\mu = 1.40$
当 4.5 Hz $< f \leqslant 6.0$ Hz 时，$\mu = 1.85 - 0.1f$
当 $f > 6.0$ Hz 时，$\mu = 1.25$

式中，f 为结构基频（Hz）。

3. 德国 DIN1072 规范

钢桥、混凝土桥：$\mu = 0.4 - 0.008L$

4. 法国（Fasicule special 60-17bis）规范

钢桥、混凝土桥：$\mu = \dfrac{0.5}{1+0.2L} + \dfrac{0.6}{1+G/P}$

式中，G 为恒载，P 为活载。

5. 英国 BS5400 规范

在制订设计荷载时已包含了 25% 的冲击效应。

6. 日本 1972 年公路桥规范

钢桥：$\mu = \dfrac{20}{50+L}$

预应力混凝土桥：$\mu = \dfrac{10}{50+L}$

钢筋混凝土桥：$\mu = \dfrac{7}{20+L}$

7. 苏联 1962 年规范

钢桥：$\mu = \dfrac{15}{37.5+\lambda}$

式中，λ 为跨度或加载长度。

钢筋混凝土梁式桥：$\mu = \dfrac{10}{20+\lambda} \geqslant 0.15$

钢筋混凝土拱桥：$\mu = \dfrac{A}{100+L}\left(1+0.4\dfrac{L}{f}\right)\begin{cases} =10 & L \leqslant 110 \text{ m} \\ =15 & L \geqslant 140 \text{ m} \\ =\dfrac{L}{6}-8.3 & 110 < L < 140 \end{cases}$

8. 我国《公路桥涵设计通用规范》(JTJ 021—1985)

钢桥除吊桥外：$\mu = \dfrac{15}{37.5+\lambda}$

吊桥：$\mu = \dfrac{50}{70+L}$

钢筋混凝土梁桥：$\begin{matrix} L \leqslant 5 \text{ m} & \mu = 0.30 \\ L \geqslant 45 \text{ m} & 0 \end{matrix}\bigg\}$ 直线内插

钢筋混凝土拱桥：$\begin{matrix} L \leqslant 20 \text{ m} & \mu = 0.20 \\ L \geqslant 70 \text{ m} & 0 \end{matrix}\bigg\}$ 直线内插

9. 我国《公路桥涵设计通用规范》(JTJ D60—2004)

当 $f < 1.5$ Hz 时，$\mu = 0.05$

当 $1.5 \text{ Hz} \leqslant f \leqslant 14 \text{ Hz}$ 时，$\mu = 0.176\,7\ln f - 0.015\,7$

当 $f \geqslant 14$ Hz 时，$\mu = 0.45$

式中，f 为结构基频（Hz）。

汽车荷载的局部加载及在 T 梁、箱梁悬臂板上的冲击系数采用 1.3。

参考文献

[1] 李小珍,张黎明,张洁.公路桥梁与车辆耦合振动研究现状与发展趋势[J].工程力学,

2008（3）:230-240.

[2] LAW S S,ZHU X Q. Bridge dynamic responses due to road surface roughness and braking of vehicle [J]. Journal of Sound and Vibration, 2005 (282):805-830.

[3] MOGHIMI H,RONAGH H R. Development of a numerical model for bridge-vehicle interaction and human response to traffic-induced vibration[J]. Engineering Structures, 2008, 30: 3808-3819.

[4] KIM C W,MITSUO, KAWATANI,et al. Three-dimensional dynamic analysis for bridge-vehicle interaction with roadway roughness[J]. Computers and structures, 2005, 83(19):1627-1645.

[5] SHI X M,CAI C S, CHEN S. Vehicle induced dynamic behavior of short-span slab bridges considering effect of approach slab condition[J]. Journal of bridge engineering, 2008,13(1):83-92.

[6] XIANG T,ZHAO R D, XU T F.Reliability evaluation of vehicle-bridge dynamic interaction[J].Journal of Structural Engineering,2007,133(8):1092-1099.

[7] DENG L,WANG W,CAI C S.Effect of pavement maintenance cycle on the fatigue reliability of simply-supported steel I-girder bridges under dynamic vehicle loading [J].Engineering Structures, 2017, 133:124-132.

[8] 陈水生，宋元，桂水荣，等. 公路连续梁桥在横向多车作用下的振动响应研究[J]. 福州大学学报（自然科学版），2020，48（4）：497-504.

[9] LIANG Y Z,XIONG F.Multi-parameter dynamic traffic flow simulation and vehicle load effect analysis based on probability and random theory[J]. KSCE Journal of Civil Engineering, 2019, 23(8): 3581-3591.

[10] 邓露，何维，王芳. 不同截面类型简支梁桥动力冲击系数研究[J]. 振动与冲击，2015，34（14）：70-75.

[11] ZHOU G P,LI A Q,LI J H,et al.Test and numerical investigations on static and dynamic characteristics of extra-wide concrete self-anchored suspension bridge under vehicle loads[J]. Journal of Central South University, 2017, 24(10): 2382-2395.

[12] 沈锐利，官快，房凯. 车桥耦合数值模拟桥梁冲击系数随机变量的概率分布[J].振动与冲击，2015，34（18）：123-128.

[13] 李锦华，张焕涛，刘全民. 单个移动荷载激励下桥梁最大位移响应的频域分析[J]. 交通运输工程学报，2020，20（1）：74-81.

[14] RICCIARDI G. Random vibration of beam under moving loads[J]. Journal of Engineering Mechanics, 1994,120(11): 2361-2378.

[15] JU S H, LIN H T. A finite element model of vehicle-bridge interaction considering braking and acceleration[J]. Journal sound and vibration, 2007(303): 46-57.

[16] LAW S S , ZHU X Q. Bridge dynamic responses due to road surface roughness and braking of vehicle [J]. Journal of Sound and Vibration, 2005 (282): 805-830.

[17] GONZALEZ A, OWLEY C, OBRIEN E J. A general solution to the identification of moving vehicle forces on a bridge[J]. International journal for numerical methods in engineering, 2008(75): 35-354.

[18] LI H Y, WEKEZER J, KWSNIEWSKI L. Dynamic response of a highway bridge subjected to moving vehicles[J]. Journal of bridge engineering, 2008, 13(5): 439-448.

[19] HUANG D Z. Dynamic and Impact behavior of half-through arch bridges [J]. Journal of bridge engineering, 2005, 10(2): 133-141.

[20] MICHALTSOS G T, KOUNDIS A N. The effects of centripetal and coriolis forces on the dynamic response of light bridge under moving loads[J]. Journal of vibration and control, 2001(7): 315-326.

[21] CAI C S, SHI X M, ARAUJO M, et al. Effect of approach span condition on vehicle-induced dynamic response of slab-on-girder road bridges [J]. Engineering Structures, 2007(29): 3210-3226.

[22] MUSEROS P, MARTINEZ-RODRIGO M D. Vibration control of simply supported beams under moving loads using fluid viscous dampers[J]. Journal of sound and vibration, 2007(300): 292-315.

[23] HARRIS N K, OBRIEN E J, GONZALEZ A. Reduction of bridge dynamic amplification through adjustment of vehicle suspension damping [J]. Journal of sound and vibration, 2007(302): 471-485.

[24] GREEN M F, CEBON D, COLE D J. Effects of vehicle suspension design on dynamics of highway bridge[J]. Journal of Structural Engineering, 1995, 121(2): 272-282.

[25] ICHIKAWA M, MIYAKAWA Y, MATSUDA A. Vibration analysis of the continuous beam subjected to a moving mass[J]. Journal of Sound and Vibration, 2000, 230(3):493-506.

[26] CAI C S, SHI X M, ARAUJO M, et al. Effect of a approach span condition on vehicle-induced dynamic response of slab-on-girder road bridges[J].Engineering Structures, 2007(29): 3210-3226.

[27] SHI X M, CAI C S, CHEN S. Vehicle induced dynamic behavior of short-span slab bridges considering effect of approach slab condition[J]. Journal of bridge engineering, 2008, 13(1): 83-92.

[28] XU Y L, LI Q, WU D J, et al. Stress and acceleration analysis of coupled vehicle and long-span bridge systems using the mode superposition method[J]. Engineering Structures, 2010(32): 1356-1368.

[29] REZAIGUIA A, OUELAA N, LAEFER D F, et al. Dynamic amplification of a multi-span, continuous orthotropic bridge deck under vehicular movement[J]. Engineering Structures, 2015(100): 718-730.

[30] DENG L, HE W, SHAO Y. Dynamic impact factors for shear and bending moment of simply supported and continuous concrete girder bridges[J]. Journal of Bridge Engineering, 2015, 20(11): 1-9.

[31] 邓露, 陈雅仙, 韩万水, 等.中小跨径公路混凝土简支梁桥冲击系数研究及建议取值[J].中国公路学报, 2020, 33（1）: 69-78.

[32] 卢海林, 蔡恒, 颜燕祥.大跨度曲线弯梁桥车-桥耦合振动分析[J].工程科学与技术, 2019, 51（6）: 101-107.

[33] 李岩, 吴志文, 蔡明, 等.一种随机车流与桥梁耦合振动的分析方法[J].哈尔滨工业大学学报, 2018, 50（3）: 46-52.

[34] 周军勇, 苏建旭, 齐飒.基于元胞自动机微观模拟的随机车流与桥梁耦合振动数值研究[J].工程力学, 2021, 38（2）: 187-197.

[35] 殷新锋, 邓露.随机车流作用下桥梁冲击系数分析[J].湖南大学学报（自然科学版）, 2015, 42（9）: 68-75.

[36] 蔡军哲, 何伟, 边陇超, 等.车-桥耦合振动的动力响应分析[J].大连交通大学学报, 2015, 36（4）: 22-26.

[37] 郭翠翠, 张华兵.基于健康监测的武汉军山长江大桥重车过桥响应分析[J].桥梁建设, 2014, 44（6）: 29-34.

[38] 张鹏飞, 史吏, 陈俊维, 等.桥面不平顺对下承式系杆拱桥振动影响的试验和模拟研究[J]. 中国公路学报, 2021, 34（2）: 199-210.

[39] 桂水荣, 万水, 陈水生. 基于 PIM 法车桥耦合模型 Duhamel 项迭代格式选择[J].振动、测试与诊断, 2017, 37（5）: 898-904.

[40] 叶茂, 谭平, 宁响亮, 等. 城市高架桥车-桥-墩系统竖向振动分析[J]. 应用力学学报, 2009, 26（3）: 495-500, 626.

[41] 邓露, 王芳. 汽车制动作用下预应力混凝土简支梁桥的动力响应及冲击系数研究[J]. 湖南大学学报（自然科学版）, 2015, 42（9）: 52-58.

[42] 朱劲松, 香超, 祁海东.考虑车桥耦合效应的大跨悬索桥钢-混组合梁疲劳损伤评估[J]. 振动与冲击, 2021, 40（5）: 218-229.

[43] 孙宗光, 陈一飞. 基于斜拉桥索力监测的在线车速车重识别[J]. 振动与冲击, 2020, 39（17）: 134-141.

[44] 阳洋, 项超, 蒋明真, 等. 考虑粗糙度影响的桥梁损伤识别间接测量方法[J].中国公路学报, 2019, 32（1）: 99-106, 126.

[45] 邓露, 褚鸿鹄, 王维, 等.车致疲劳损伤对钢-混凝土组合梁桥极限承载力可靠度的影响[J]. 中国公路学报, 2021, 34（4）: 71-79.

[46] 范晨, 王莹, 李兆霞.以疲劳评估为目标的大跨钢箱梁桥车桥耦合动力分析方法[J]. 振动与冲击, 2020, 39（6）: 236-242.

[47] 李双营, 赵建昌. 盐湖地区 RC 桥梁结构时变车桥耦合振动寿命预测研究[J]. 振动与冲击, 2019, 38（12）: 9-16.

[48] 李慧乐, 夏禾, 张楠, 等. 基于车桥耦合动力分析的钢桥疲劳损伤与剩余寿命评估[J]. 铁道学报, 2017, 39（1）: 104-110.

[49] 王亚伟, 郑凯锋, 熊籽跞, 等. 地震与风联合作用下大跨桥梁车-桥耦合振动分析[J]. 中国公路学报, 2021, 34（2）: 298-308.

[50] 张骞, 高芒芒, 于梦阁, 等. 沪通长江大桥主桥风-车-桥动力响应研究[J]. 中国铁道科学, 2018, 39（1）: 31-38.

[51] 何玮, 郭向荣, 邹云峰, 等. 风屏障透风率对侧风下大跨度斜拉桥车-桥耦合振动的影响[J]. 中南大学学报（自然科学版）, 2016, 47（5）: 1715-1721.

[52] 刘焕举, 韩万水, 丁晓婷, 等. 斜风作用下风-车-桥非线性分析系统建立[J]. 中国公路学报, 2018, 31（7）: 110-118.

[53] 陈盟, 龙海洋, 琚立颖, 等. 随机路面时域模型的建模与仿真[J]. 机械工程与自动化, 2017,（2）: 40-41.

[54] 鲍家定, 伍建伟, 王瀚超, 等. 基于IFFT法的路面不平度时域模拟方法[J]. 现代电子技术, 2016, 39（20）: 8-11.

[55] LU S. Simulation of pavement roughness and IRI based on power spectral density[J]. Mathmatics and Computers in Simulation, 2003（61）:77-88.

[56] 李晓雷, 韩宝坤. 用小波变换分析路面不平度及振动响应[J]. 北京理工大学学报, 2003, 23（6）: 717-719, 743.

[57] 王世明. 车辆路面纵向振动信号再现方法研究[J]. 汽车工程, 2005, 27（1）: 57-59, 92.

[58] 薛贯海, 马吉胜, 崔清斌. 由路面谱重构路面不平度的模型法[J]. 军械工程学院学报, 2005, 17（2）: 20-22.

[59] 李志鹏, 史松卓. EPS系统在路面激励下的汽车操纵稳定性响应研究[J]. 重庆交通大学学报（自然科学版）, 2018, 37（6）: 114-120.

[60] 牛浩龙. 不同路面激励下某微型客车NVH特性分析[D]. 北京: 北京林业大学, 2012.

[61] 董红亮, 邓兆祥, 来飞, 等. 路面激励下主动悬架和四轮转向的协调控制[J]. 哈尔滨工程大学学报, 2009, 30（4）: 428-435.

[62] 冯兰芳, 邢志伟, 惠延波, 等. 基于路面激励的某微型客车噪声预测分析[J]. 郑州大学学报（工学版）, 2013, 34（6）: 125-128.

[63] 石晓辉, 蒋欣, 赵军, 等. 四轮随机路面激励下的七自由度车辆响应特性[J]. 科学技术与工程, 2018, 18（27）: 71-78.

[64] 邓涛, 谭海鑫, 李志飞, 等. 随机路面激励下车辆垂向振动微分几何解耦控制[J]. 噪声与振动控制, 2017, 37（06）: 1-6, 11.

[65] LI S H, REN J Y. Investigation on three-directional dynamic interaction between a heavy-duty vehicle and a curved bridge[J]. Advances in Structural Engineering, 2018, 21(5): 721-738.

[66] 王贵春，张校卫.考虑车辆运行参数变化的悬索桥车激振动分析[J].铁道科学与工程学报，2017，14（7）：1442-1448.

[67] MIGUEL L F F, LOPEZ R H, TORII A J, et al. Robust design optimization of TMDs in vehicle-bridge coupled vibration problems[J]. Engineering Structures, 2016(126): 703-711.

[68] 朱劲松，张一峰，陈兴达.移动车辆荷载作用下梁体裂缝扩展规律[J]. 东南大学学报（自然科学版），2018，84（4）：678-686.

[69] 马如进，崔传杰，胡晓红，等. 车辆激励下大跨径桥梁人非系统振动特性[J]. 振动与冲击，2018，37（12）：96-101.

[70] HENCHI K, FAFARD M, TALBOT M, et al. An efficient algorithm for dynamic analysis of bridges under moving vehicles using a coupled modal and physical components approach[J]. Journal of Sound and Vibration, 1998, 212(4): 663-683.

[71] KIM C W, MITSUO, KAWATANI, et al. Three-dimensional dynamic analysis for bridge-vehicle interaction with roadway roughness[J]. Computers and structures, 2005, 83(19): 1627-1645.

[72] BROQUET C, BAILEY S F, FAFARD M, et al. Dynamic behavior of deck slabs of concrete road bridges[J]. Journal of bridge engineering, 2004, 9(2): 137-146.

[73] MICHLTSOS G T, KONSTANTAKOPOULOS T G. Dynamic response of a bridge with surface deck irregularities [J]. Journal of vibration and control, 2000(6): 667-689.

[74] LI Y Y, OBRIEN E, GONZALEZ A. The development of a dynamic amplification estimator for bridge with good road profiles [J]. Journal of Sound and Vibration, 2006(293): 125-137.

[75] CHATTERJEE P K, DATTA T K, SURANA C S. Vibration of continuous bridges under moving vehicles[J]. Journal of Sound and Vibration, 1994, 169(5): 619-632.

[76] CALCADA R, CUNHA A, DELGADO R. Analysis of traffic-induced vibration in a cable-stayed bridge.Part Ⅱ: Numerical modeling and stochastic simulation[J]. Journal of bridge engineering, 2005, 10(4): 386-397.

[77] DODDS C J. BSI proposals for generalized terrain dynamic inputs to vehicles[R]. International Organization for Standardization(ISO), 1972.

[78] SAYERS M W, GILLESPIN T D, QUEIROZCAV. The internation road roughness experiment: Establishing correlation and calibration standard for measurements[R]. Washington D C: The World Bank, 1986.

[79] 中国国家标准化管理委员会. 车辆振动输入路面平度表示方法：GB/T 7031—2005[S]. 北京：中国标准出版社，2005.

[80] WANG T L, HUANG D Z, SHAHAWY M，et al. Dynamic response of highway girder bridge[J]. Computers & Structures, 1993, 60（6）:1021-1027.

[81] 蒋泽汉，谌刚，杨叔子. 汽车对桥梁作用力的荷载模型[J]. 中国公路学报，1993，

6（1）:40-46.

[82] 喻凡，林逸.汽车系统动力学[M].北京：机械工业出版社，2005.

[83] 张立军，张天侠.车辆四轮相关时域随机输入通用模型的研究[J].农业机械学报，2005（12）：29-31.

[84] 赵珧，卢士富.路面对四轮汽车输入的时域模型[J].汽车工程，1999（2）：112-117.

[85] 张永林，钟毅芳.载重车道路多点随机激励输入的时空相关性建模研究[J].中国公路学报，2004（4）：108-111.

[86] 张国胜，方宗德，陈善志，等.基于幂函数的路面不平度白噪声激励模拟方法[J].汽车工程，2008，30（1）：44-47.

[87] 卢凡，陈思忠.汽车路面激励的时域建模与仿真[J].汽车工程，2015，37（5）：549-553.

[88] 王亚，陈思忠，郑凯锋.时空相关路面不平度时域模型仿真研究[J].振动与冲击，2013，32（5）：70-74.

[89] LIU X D, WANG H X. Construction of road roughness in left and right wheel paths based on PSD and coherence function[J]. Mechanical Systems and Signal Processing, 2015, 60:668-677.

[90] 刘波，王有志，安俊江，等.车辆-路面空间耦合振动模型及其动力响应分析[J].山东大学学报（工学版），2014，44（3）：83-89.

[91] 李杰，秦玉英，赵旗.汽车随机振动的建模与仿真[J].吉林大学学报（工学版），2010，40（2）：316-319.

[92] 钱凯，胡启国，李力克.基于人-车-路耦合振动系统的儿童乘坐舒适性[J].重庆交通大学学报（自然科学版）2013，32（2）：351-359.

[93] PAZOOKI A, RAKHEJA S, CAO D. Modeling and validation of off-road vehicle ride dynamic[J]. Mechamical Systems Signal Processing, 2012, 28:679-695.

[94] 王岩松，李章明，何辉，等.四轮车辆非平稳路面不平度的时域模拟及小波分析[J].汽车工程，2004，26（1）：42-47.

[95] 张永林，胡志刚，陈立平.时空相关车辆道路的高效数值仿真[J].农业机械报，2005，36（9）：13-15.

[96] 孙涛，徐桂红，柴陵江.四轮非平稳随机激励路面模型的研究[J].汽车工程，2013，35（10）：868-872.

[97] LIU C H, HUANG D Z, WANG T L. Analytical dynamic impact study based on correlated road roughness[J]. Computers and Structures, 2002, 80(20/21): 1639-1650.

[98] 韩万水，马麟，阮素静，等.路面粗糙度非一致激励对车桥耦合振动系统响应影响分析[J].土木工程学报，2011，44（10）：81-90.

[99] LI H, GANG Q, ZHANG Y Q, et al. Non-Stationary random vibration analysis of vehicle with fractional damping[C]//2008 International Conference on Intelligent Computation Technology and Automation, 2008: 150-157.

[100] 王德山, 桂水荣, 吴志斌, 等. 多跨连续梁桥荷载试验及承载力评价研究[J]. 中外公路, 2012, 32（3）: 121-124.

[101] 马继兵, 蒲黔辉, 夏招广. 铁路尼尔森体系提篮拱桥冻灾试验与车桥耦合振动分析[J]. 振动与冲击, 2008, 27（7）: 174-178.

[102] 李小珍, 刘全民, 张迅, 等. 铁路高架车站车致振动实测与理论分析[J]. 西南交通大学学报, 2014, 49（4）: 612-618.

[103] YANG Y B, CHEN W F. Extraction of bridge frequencies from a moving test vehicle by stochastic subspace identification[J]. Journal of Bridge Engineering, 2016, 21(3): 1-13.

[104] ZHANG J, PRADER J, GRIMMELSMAN K A, et al. Experimental vibration analysis for structural identification of a long-span suspension bridge[J]. Journal of Engineering Mechanics, 2013,139(6):748-759.

[105] YIN X F, CAI C S, LIU Y, et al. Experimental and numerical studies of nonstationary random vibrations for a high-pier bridge under vehicular loads[J]. Journal of Bridge Engineering, 2013,18(10):1005-1020.

[106] 韩万水, 王涛, 李永庆, 等. 基于模型修正梁格法的车桥耦合振动分析系统[J]. 中国公路学报, 2011, 24（5）: 47-55.

[107] 肖祥, 任伟新. 基于桥梁基准有限元模型的列车-桥梁空间耦合振动分析[J]. 中国铁道科学, 2011, 32（2）: 41-47.

[108] CISMASIU C, NARCISO A C, AMARANTE DOS SANTOS F P. Experimental dynamic characterization and finite-element updating of a footbridge structure[J]. Journal of Performance of Constructed Facilities, 2015, 29(4): 04014116-10.

[109] FENG D M, MARIA Q F. Model updating of railway bridge using in situ dynamicdisplacement measurement under trainloads[J]. Journal of Bridge Engineering, 2015, 20(12): 04015019-12.

[110] 迟世春, 林少书. 结构动力模型试验相似理论及其验证[J]. 世界地震工程, 2004, 20（4）: 11-20.

[111] 林皋, 朱彤, 林蓓. 结构动力模型试验的相似技巧[J]. 大连理工大学学报, 2000, 40（1）: 1-8.

[112] 项贻强, 吴孙尧, 段元锋. 基于刚度相似原理的斜拉桥模型设计方法[J]. 实验力学, 2010, 25（4）: 438-444.

[113] 王曙光, 刘伟庆, 徐秀丽, 等. 大跨连续梁桥纵向消能减震振动台模型试验[J]. 中国公路学报, 2009, 22（5）: 54-59.

[114] 樊珂, 李振宝, 闫维明. 拱桥多点动力响应振动台模型试验与理论分析[J]. 铁道科学与工程学报, 2007, 4（6）: 19-24.

[115] 王英学, 骆建军, 李伦贵, 等. 高速列车模型试验装置及相似特征分析[J]. 西南交通大学学报, 2004, 39（1）: 20-24.

[116] TOMMY H T, ASHEBO D B. Moving Axle Load From Multi-Span Continuous Bridge: Laboratory Study[J].Journal of vibration and Acoustics, 2006, 128(4): 521-526.

[117] LAW S S, ZHU X Q. Bridge dynamic responses due to road surface roughness and braking of vehicle[J]. Journal of Sound and Vibration, 2005, (282): 805-830.

[118] TOMMY H T, ASHEBO D B. Moving Axle Load From Multi-Span Continuous Bridge: Laboratory Study[J]. Journal of vibration and Acoustics, 2006.

[119] KONG X, CAI C S, KONG B. Numerically extracting bridge modal properties from dynamic responses of moving vehicles[J]. Journal of Engineering Mechanics, 2016, 142(6): 04016025-12.

[120] 卢凯良, 邱惠清. 风雨地震载荷作用下集装箱小车-低架桥结构耦合振动分析[J]. 工程力学, 2012, 29（10）: 313-320.

[121] 梁鑫, 罗世辉, 马卫华. 基于相似原理的磁浮车桥耦合振动研究[J]. 铁道科学与工程学报, 2014, 11（3）: 31-36.

[122] 刘习军, 相林杰, 张素侠, 等. 基于小波分析的跳车对桥梁的振动影响[J]. 振动、测试与诊断, 2015, 35（6）: 1123-1128.

[123] 李小珍, 马文彬, 强士中. 车桥系统耦合振动分析的数值解法[J]. 振动与冲击, 2002（3）: 23-27, 92.

[124] 张楠, 夏禾. 铁路桥梁在高速列车作用下的动力响应分析[J]. 工程力学, 2005（3）: 144-151.

[125] 盛国刚, 彭献, 李传习. 连续梁桥与车辆耦合振动系统冲击系数的研究[J]. 桥梁建设, 2003（6）: 5-7.

[126] 陈燊, 唐意, 黄文机. 多车荷载下刚架拱桥车振仿真可视化研究[J]. 工程力学, 2005, 22（1）: 218-222.

[127] 单德山, 李乔. 铁路提篮拱桥车桥耦合振动分析[J]. 西南交通大学学报, 2005（1）: 53-57.

[128] 单德山, 李乔. 车桥耦合振动数值模拟及软件实现[J]. 西南交通大学学报, 1999（6）: 663-667.

[129] 陈炎, 黄小清, 马友发. 车桥系统的耦合振动[J]. 应用数学和力学, 2004（4）: 354-358.

[130] 王勖成. 有限单元法[M]. 北京：清华大学出版社, 2003.

[131] 钟万勰. 结构动力方程的精细时程积分法[J]. 大连理工大学学报, 1994, 23（4）: 131-136.

[132] 储德文, 王元丰. 结构动力方程的振型分解精细积分法[J]. 铁道学报, 2003, 25(6): 89-92.

[133] 张亚辉, 张守云, 赵岩, 等. 桥梁受移动荷载动力响应的一种精细积分法[J]. 计算力学学报, 2006, 23（3）: 290-294.

[134] 余华, 吴定俊, 项海帆. 移动荷载过桥的精细计算[J]. 振动与冲击, 2009, 28（5）:

17-21.

[135] 林家浩, 张守云, 吕峰. 移动简谐荷载作用下桥梁响应的高效计算[J]. 计算力学学报, 2006, 23 (4): 385-390.

[136] 吕峰, 林家浩, 张亚辉. 移动随机荷载作用下桥梁振动分析[J]. 振动与冲击, 2008, 27 (12): 73-78.

[137] ZHAO Y, ZHANG Y H, LIN J H. Dynamic analysis of cable-stayed bridges under moving stochastic loads[C]// Proceedings of the 9th International Conference on Structural Dynamics, 2014: 1141-1146.

[138] 胡世高, 钟冬望, 黄小武. 车桥耦合系统动力响应的精细时程分析[J]. 科学技术与工程, 2013, 13 (11): 3038-3041.

[139] 桂水荣, 万水, 陈水生. 基于PIM法车桥耦合模型Duhamel项迭代格式选择[J]. 振动、测试与诊断, 2017, 37 (5): 898-904.

[140] 桂水荣, 万水, 陈水生. 移动车辆荷载过桥耦合振动精细积分算法[J]. 建筑科学与工程学报, 2016, 33 (2): 56-62.

[141] LI J, ZHANG Z W, WANG W Z. International roughness index and a new solution for its calculation[J]. Journal of Transportation Engineering, Part B: Pavements, 2018, 144(2): 1-8.

[142] DENG L, YU Y, ZOU Q L, et al. State-of-Art review of dynamic impact factor of highway bridges[J]. Journal of Bridge Engineering, 2015, 20(5): 04014080.

[143] 李玉良, 孙福申, 李晓红. 公路桥梁冲击系数随机变量的概念分布及冲击系数谱[J]. 公路, 1996 (9): 1-6.

[144] 刘菊玖, 张海龙. 桥梁冲击系数反应谱的理论分析[J]. 公路, 2001 (7): 77-79.

[145] 中交公路规划设计院. 公路桥涵设计通用规范: JTG D60—2004[S]. 北京: 人民交通出版社, 2004.

[146] 张利宁. 统计方法分析桥梁冲击系数的研究[J]. 公路交通科技, 2004, 21 (5): 67-69.

[147] 施尚伟, 杜松, 李雪莹. 桥梁冲击系数随机性分析[J]. 重庆交通大学学报(自然科学版), 2012, 31 (3): 377-379.

[148] 李伟钊, 张巍, 等. 一种基于低通滤波的公路简支梁桥实测冲击系数的计算方法[J]. 振动与冲击, 2012, 31 (20): 46-50.

[149] 周勇军, 蔡军哲, 石雄伟, 等. 基于加权法的桥梁冲击系数计算方法[J]. 交通运输工程学报, 2013, 13 (4): 29-36.

[150] 殷新锋, 丰锦铭, 刘扬, 等. 基于桥面退化模型的在役桥梁冲击系数研究[J]. 应用力学学报, 2016, 33 (3): 516-522.

第 2 章
公路桥梁车-桥耦合振动模型及算法

动态荷载作用的结构振动响应求解是经典的力学问题,已有的研究结果表明,动荷载引起的结构位移大小与荷载的移动速度、结构的固有振动频率有关,最大动位移可以达到静态位移的 1.743 倍[1]。对于桥梁工程而言,当移动车辆这一典型的动态荷载通过桥梁时,其必将引起桥梁结构的振动,而桥梁结构的振动又影响车辆的振动,车辆与桥梁之间的这种相互作用、相互影响的问题就是车-桥耦合振动问题[2-4]。近年来,随着交通事业的迅速发展,车辆的载重和行驶速度越来越高,桥梁结构的构造形式多种多样,轻质高强度材料的广泛应用使桥梁结构越来越轻型化,有关桥梁结构的车致振动响应研究也备受关注[5-8]。车辆荷载是桥梁振动的主要激励源,整个车-桥耦合系统是一典型的时变系统,研究桥梁的车致振动响应规律和过桥车辆对桥梁的冲击作用,可以为桥梁的设计、建造和管养提供科学的参考依据,具有较大的现实意义。本章首先基于经典车-桥耦合振动理论,建立车辆与桥梁的耦合振动方程,结合实际工程案例,详细给出 Newmark-β 法和精细积分法求解桥梁振动响应的算法及步骤。

2.1 车-桥耦合振动理论

2.1.1 车辆模型及动力方程

1. 车辆模型

为建立有效的车辆模型和反映过桥车辆的动力特性,在此对过桥车辆做如下假设:

(1) 车架和车身均视为刚体,不考虑车架在振动过程中的变形。

(2) 不考虑车体、悬架和车轮沿行车方向的振动。

(3) 车轮质量集中在车轴上,车身质量集中在车体重心处,不考虑车身质量分布对振动响应的影响。

(4) 悬挂系统的刚度和阻尼等效为线弹性弹簧和黏滞阻尼。

(5) 车轮简化为线性弹簧,不考虑车轮变形对车轮刚度的影响。

(6) 车辆各构件在其平衡位置附近做小幅振动。

公路桥梁的过桥车辆类型较多,根据车辆类型现场调查结果[9-10],虽然二轴轿车和二轴小型货车的占比最大,但其不足以对桥梁的运营安全带来威胁;而占比较小的大型货车将引起较大的车辆荷载效应,特别是三轴货车、四轴货车、五轴货车和六轴货车出现的频率越来越高。根据汽车系统动力学原理，车辆模型可以简化为多自由的弹簧-质量-阻尼体系，其中悬架支撑系统和轮胎模拟为线性弹簧和阻尼器，悬架系统和轮胎质量集中在车轴，车身质量集中在车体重心。考虑车体竖向振动、纵向点头、侧翻以及车轮和悬架系统的振动特性，以双后轴的三轴整体车和双前轴的五轴拖挂车为例，其简化后的车辆模型如图 2.1、2.2 所示，车辆悬挂系统的参数见表 2.1，车辆几何参数参考文献[11，12]。图中：θ、θ_1、θ_2 为俯仰角；φ、φ_1、φ_2 为侧倾角；z_b、z_{b1}、z_{b2} 为车体竖向位移；I_r、I_{r1}、I_{r2} 为车体侧翻转动惯量；J_r、J_{r1}、J_{r2} 为车体俯仰转动惯量；m_{hb}、m_{hb1}、m_{hb2} 为车体质量；J_r、J_{r1}、J_{r2} 为车体俯仰转动惯量；L_i（$i=1，2，\cdots，8$）为车辆轴距或车轴到车体质心的距离；$z_1, z_2, \cdots, z_{10}$ 为车辆悬架位移；$z_{01}, z_{02}, \cdots, z_{010}$ 为车轮竖向位移；k_{s1}、k_{s2}、$\cdots$、k_{s10} 为悬架弹簧刚度；c_{s1}、c_{s2}、$\cdots$、c_{s10} 为悬架阻尼系数；k_{t1}、k_{t2}、$\cdots$、k_{t10} 为车轮刚度；c_{t1}、c_{t2}、$\cdots$、c_{t10} 为车轮阻尼系数；B 为车辆左右轮距离。

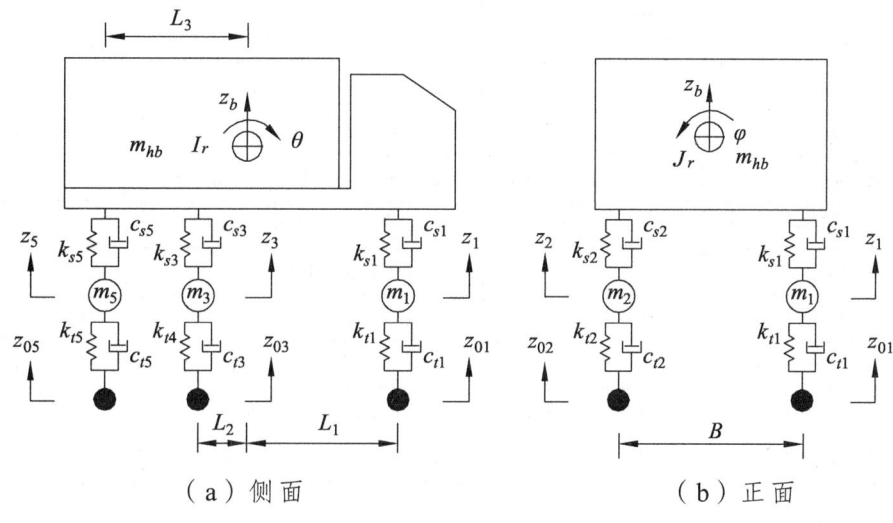

图 2.1 三轴车模型

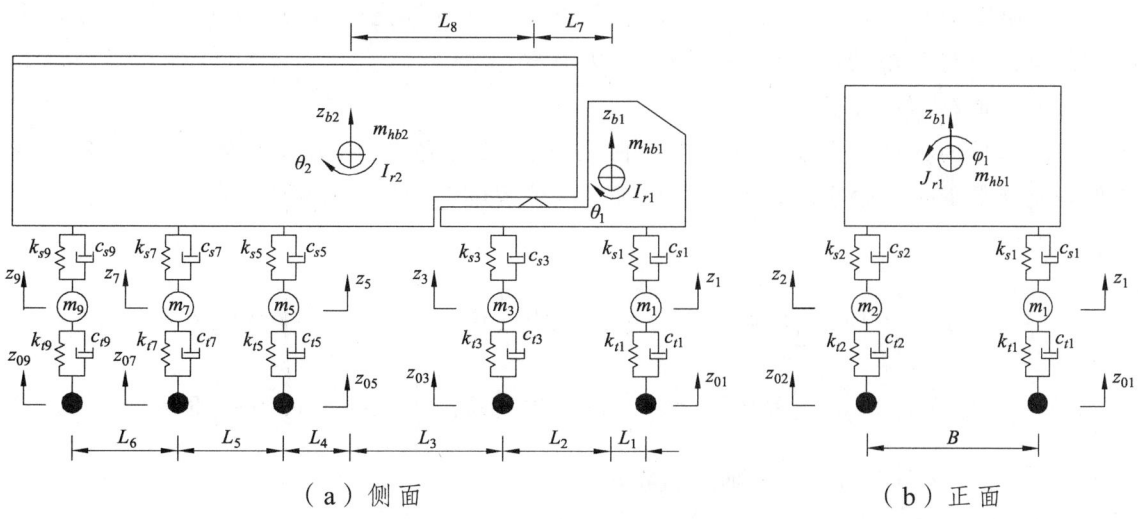

图 2.2 五轴车模型

表 2.1 车辆参数

参数	三轴车	五轴车	参数	三轴车	五轴车
$I_r/(\text{kg}\cdot\text{m}^2)$	55 259		$k_{s9}=k_{s10}/(\text{kN/m})$		400
$I_{r1}/(\text{kg}\cdot\text{m}^2)$		4 604	$k_{s11}=k_{s12}/(\text{kN/m})$		
$I_{r2}/(\text{kg}\cdot\text{m}^2)$		16 302	$k_{t1}=k_{t2}/(\text{kN/m})$	2 800	750
$J_r/(\text{kg}\cdot\text{m}^2)$	6 893		$k_{t3}=k_{t4}/(\text{kN/m})$	3 390	750
$J_{r1}/(\text{kg}\cdot\text{m}^2)$		2 300	$k_{t5}=k_{t6}/(\text{kN/m})$	3 390	750
$J_{r2}/(\text{kg}\cdot\text{m}^2)$		4 284	$k_{t7}=k_{t8}/(\text{kN/m})$		750
m_{hb}/kg	30 542		$k_{t9}=k_{t10}/(\text{kN/m})$		750
m_{hb1}/kg		5 190	$k_{t11}=k_{t12}/(\text{kN/m})$		
m_{hb2}/kg		32 000	$c_{s1}=c_{s2}/(\text{kN}\cdot\text{s/m})$	27.3	5
$m_1=m_2/\text{kg}$	297	700	$c_{s3}=c_{s4}/(\text{kN}\cdot\text{s/m})$	3.8	5
$m_3=m_4/\text{kg}$	466	1 100	$c_{s5}=c_{s6}/(\text{kN}\cdot\text{s/m})$	3.8	5
$m_5=m_6/\text{kg}$	466	750	$c_{s7}=c_{s8}/(\text{kN}\cdot\text{s/m})$		5
$m_7=m_8/\text{kg}$		750	$c_{s9}=c_{s10}/(\text{kN}\cdot\text{s/m})$		5
$m_9=m_{10}/\text{kg}$		750	$c_{s11}=c_{s12}/(\text{kN}\cdot\text{s/m})$		
$m_{11}=m_{12}/\text{kg}$			$c_{t1}=c_{t2}/(\text{kN}\cdot\text{s/m})$	0	3
$k_{s1}=k_{s2}/(\text{kN/m})$	6 300	300	$c_{t3}=c_{t4}/(\text{kN}\cdot\text{s/m})$	0	3
$k_{s3}=k_{s4}/(\text{kN/m})$	7 900	500	$c_{t5}=c_{t6}/(\text{kN}\cdot\text{s/m})$	0	3
$k_{s5}=k_{s6}/(\text{kN/m})$	7 900	400	$c_{t7}=c_{t8}/(\text{kN}\cdot\text{s/m})$		3
$k_{s7}=k_{s8}/(\text{kN/m})$		400	$c_{t9}=c_{t10}/(\text{kN}\cdot\text{s/m})$		3

2. 车辆动力方程

为使研究更具一般性,在此依然以三轴整体车和五轴拖挂车为代表性车型,分别采用达朗贝尔原理和虚功原理推导车辆的动力方程。

(1) 三轴车动力方程。

三轴车总的独立自由度个数为9,可以分成7个刚体部件:1个车体、6个车轮。当俯仰角 θ_b 及侧倾角 φ 较小时,6个车轮所对应位置的车身竖向相对位移 z_{hb1}, z_{hb2}, …, z_{hb6} 可以表示为:

$$z_{hb1}=z_b-L_1\theta+\frac{1}{2}B_f\varphi \quad z_{hb2}=z_b-L_1\theta-\frac{1}{2}B_f\varphi \quad z_{hb3}=z_b+L_2\theta+\frac{1}{2}B_r\varphi$$

$$z_{hb4}=z_b+L_2\theta-\frac{1}{2}B_r\varphi \quad z_{hb5}=z_b+L_3\theta+\frac{1}{2}B_r\varphi \quad z_{hb6}=z_b+L_3\theta-\frac{1}{2}B_r\varphi \quad (2.1)$$

式中,B_f、B_r 分别为前轴、后轴左右轮距。

车身质心处的垂向运动方程为:

$$m_{hb}\ddot{z}_b = c_{s1}(\dot{z}_1 - \dot{z}_{hb1}) + k_{s1}(z_1 - z_{hb1}) + c_{s2}(\dot{z}_2 - \dot{z}_{hb2}) + k_{s2}(z_2 - z_{hb2}) + c_{s3}(\dot{z}_3 - \dot{z}_{hb3}) + k_{s3}(z_3 - z_{hb3}) +$$
$$c_{s4}(\dot{z}_4 - \dot{z}_{hb4}) + k_{s4}(z_4 - z_{hb4}) + c_{s5}(\dot{z}_5 - \dot{z}_{hb5}) + k_{s5}(z_5 - z_{hb5}) + c_{s6}(\dot{z}_6 - \dot{z}_{hb6}) + k_{s6}(z_6 - z_{hb6}) \quad (2.2)$$

车身俯仰运动方程为：

$$I_{hp}\ddot{\theta}_b = [c_{s3}(\dot{z}_3 - \dot{z}_{hb3}) + k_{s3}(z_3 - z_{hb3}) + c_{s4}(\dot{z}_4 - \dot{z}_{hb4}) + k_{s4}(z_4 - z_{hb4})]L_2 - L_1[c_{s1}(\dot{z}_1 - \dot{z}_{hb1}) + k_{s1}(z_1 - z_{hb1}) +$$
$$c_{s2}(\dot{z}_2 - \dot{z}_{hb2}) + k_{s2}(z_2 - z_{hb2})] + [c_{s5}(\dot{z}_5 - \dot{z}_{hb5}) + k_{s5}(z_5 - z_{hb5}) + c_{s6}(\dot{z}_6 - \dot{z}_{hb6}) + k_{s6}(z_6 - z_{hb6})]L_3 \quad (2.3)$$

车身侧倾运动方程为：

$$I_r\ddot{\varphi} = [c_{s1}(\dot{z}_1 - \dot{z}_{hb1}) + k_{s1}(z_1 - z_{hb1}) - c_{s2}(\dot{z}_2 - \dot{z}_{hb2}) - k_{s2}(z_2 - z_{hb2})]\frac{B_f}{2} + [c_{s3}(\dot{z}_3 - \dot{z}_{hb3}) + k_{s3}(z_3 - z_{hb3}) -$$
$$c_{s4}(\dot{z}_4 - \dot{z}_{hb4}) - k_{s4}(z_4 - z_{hb4}) + c_{s5}(\dot{z}_5 - \dot{z}_{hb5}) + k_{s5}(z_5 - z_{hb5}) + c_{s6}(\dot{z}_6 - \dot{z}_{hb6}) + k_{s6}(z_6 - z_{hb6})]\frac{B_r}{2} \quad (2.4)$$

6个非簧载质量的垂直运动方程为：

$$m_1\ddot{z}_1 = k_{t1}(z_{o1} - z_1) + c_{t1}(\dot{z}_{o1} - \dot{z}_1) - k_{s1}(z_1 - z_{hb1}) - c_{s1}(\dot{z}_1 - \dot{z}_{hb1}) \quad (2.5)$$

$$m_2\ddot{z}_2 = k_{t2}(z_{o2} - z_2) + c_{t2}(\dot{z}_{o2} - \dot{z}_2) - k_{s2}(z_2 - z_{hb2}) - c_{s2}(\dot{z}_2 - \dot{z}_{hb2}) \quad (2.6)$$

$$m_3\ddot{z}_3 = k_{t3}(z_{o3} - z_3) + c_{t3}(\dot{z}_{o3} - \dot{z}_3) - k_{s3}(z_3 - z_{hb3}) - c_{s3}(\dot{z}_3 - \dot{z}_{hb3}) \quad (2.7)$$

$$m_4\ddot{z}_4 = k_{t4}(z_{o4} - z_4) + c_{t4}(\dot{z}_{o4} - \dot{z}_4) - k_{s4}(z_4 - z_{hb4}) - c_{s4}(\dot{z}_4 - \dot{z}_{hb4}) \quad (2.8)$$

$$m_5\ddot{z}_5 = k_{t5}(z_{o5} - z_5) + c_{t5}(\dot{z}_{o5} - \dot{z}_5) - k_{s5}(z_5 - z_{hb5}) - c_{s5}(\dot{z}_5 - \dot{z}_{hb5}) \quad (2.9)$$

$$m_6\ddot{z}_6 = k_{t6}(z_{o6} - z_6) + c_{t6}(\dot{z}_{o6} - \dot{z}_6) - k_{s6}(z_6 - z_{hb6}) - c_{s6}(\dot{z}_6 - \dot{z}_{hb6}) \quad (2.10)$$

将式（2.2）~（2.10）进行整理可得：

$$m_1\ddot{z}_1 + (c_{t1} + c_{s1})\dot{z}_1 - c_{s1}\dot{z}_b + L_1c_{s1}\dot{\theta} - \frac{1}{2}B_f c_{s1}\dot{\varphi} + (k_{t1} + k_{s1})z_1 -$$
$$k_{s1}z_b + L_1 k_{s1}\theta - \frac{1}{2}B_f k_{s1}\varphi = k_{t1}z_{o1} + c_{t1}\dot{z}_{o1} \quad (2.11)$$

$$m_2\ddot{z}_2 + (c_{t2} + c_{s2})\dot{z}_2 - c_{s2}\dot{z}_b + L_1c_{s2}\dot{\theta} + \frac{1}{2}B_f c_{s2}\dot{\varphi} + (k_{t2} + k_{s2})z_2 -$$
$$k_{s2}z_b + L_1 k_{s2}\theta + \frac{1}{2}B_f k_{s2}\varphi = k_{t2}z_{o2} + c_{t2}\dot{z}_{o2} \quad (2.12)$$

$$m_3\ddot{z}_3 + (c_{t3} + c_{s3})\dot{z}_3 - c_{s3}\dot{z}_b - L_2c_{s3}\dot{\theta} - \frac{B_r}{2}c_{s3}\dot{\varphi} + (k_{t3} + k_{s3})z_3 -$$
$$k_{s3}z_b - L_2 k_{s3}\theta - \frac{B_r}{2}k_{s3}\varphi = k_{t3}z_{o3} + c_{t3}\dot{z}_{o3} \quad (2.13)$$

$$m_4\ddot{z}_4 + (c_{t4} + c_{s4})\dot{z}_4 - c_{s4}\dot{z}_b - L_2c_{s4}\dot{\theta} + \frac{B_r}{2}c_{s4}\dot{\varphi} + (k_{t4} + k_{t4})z_4 -$$
$$k_{s4}z_b - L_2 k_{s4}\theta + \frac{B_r}{2}k_{s4}\varphi = k_{t4}z_{o4} + c_{t4}\dot{z}_{o4} \quad (2.14)$$

$$m_{hb}\ddot{z}_b - c_{s1}\dot{z}_1 - c_{s2}\dot{z}_2 - c_{s3}\dot{z}_3 - c_{s4}\dot{z}_4 + (c_{s1}+c_{s2}+c_{s3}+c_{s4})\dot{z}_b +$$
$$(-L_1c_{s1} - L_1c_{s2} + L_2c_{s3} + L_2c_{s4})\dot{\theta} + \frac{1}{2}[B_f(c_{s1}-c_{s2}) +$$
$$B_r(c_{s3}-c_{s4})]\dot{\varphi} - k_{s1}z_1 - k_{s2}z_2 - k_{s3}z_3 - k_{s4}z_4 + (k_{s1}+k_{s2}+k_{s3}+k_{s4})z_b +$$
$$(-L_1k_{s1} - L_1k_{s2} + L_2k_{s3} + L_2k_{s4})\theta + \frac{1}{2}[B_f(k_{s1}-k_{s2}) + B_r(k_{s3}-k_{s4})]\varphi = 0 \quad (2.15)$$

$$I_{hp}\ddot{\theta} + L_1c_{s1}\dot{z}_1 + L_1c_{s2}\dot{z}_2 - L_2c_{s3}\dot{z}_3 - L_2c_{s4}\dot{z}_4 + (-L_1c_{s1} - L_1c_{s2} + L_2c_{s3} + L_2c_{s4})\dot{z}_b +$$
$$[L_1^2(c_{s1}+c_{s2}) + L_2^2(c_{s3}+c_{s4})]\dot{\theta} + \frac{1}{2}[L_1B_f(-c_{s1}+c_{s2}) + L_2B_r(c_{s3}-c_{s4})]\dot{\varphi} +$$
$$L_1k_{s1}z_1 + L_1k_{s2}z_2 - L_2k_{s3}z_3 - L_2k_{s4}z_4 + (-L_1k_{s1} - L_1k_{s2} + L_2k_{s3} + L_2k_{s4})z_b +$$
$$(L_1^2k_{s1} + L_1^2k_{s2} + L_2^2k_{s3} + L_2^2k_{s4})\theta + \frac{1}{2}[L_1B_f(-k_{s1}+k_{s2}) + L_2B_r(k_{s3}-k_{s4})]\varphi = 0 \quad (2.16)$$

$$I_r\ddot{\varphi} - \frac{B_f}{2}c_{s1}\dot{z}_1 + \frac{B_f}{2}c_{s2}\dot{z}_2 - \frac{B_r}{2}c_{s3}\dot{z}_3 + \frac{B_r}{2}c_{s4}\dot{z}_4 + \left[\frac{B_r}{2}(c_{s1}-c_{s2}) + \frac{B_r}{2}(c_{s3}-c_{s4})\right]\dot{z}_b +$$
$$\left[-\frac{L_1B_f}{2}(c_{s1}-c_{s2}) + \frac{L_2B_r}{2}(c_{s3}-c_{s4})\right]\dot{\theta} + \frac{1}{4}(B_f^2c_{s1}+B_f^2c_{s2}+B_r^2c_{s3}+B_r^2c_{s4})\dot{\varphi} -$$
$$\frac{B_f}{2}k_{s1}z_1 + \frac{B_f}{2}k_{s2}z_2 + \frac{B_r}{2}k_{s3}z_3 - \frac{B_r}{2}k_{s4}z_4 + \left(\frac{B_f}{2}k_{s1} - \frac{B_f}{2}k_{s2} + \frac{B_r}{2}k_{s3} + \frac{B_r}{2}\right)z_b +$$
$$\left[\frac{L_1B_f}{2}(-k_{s1}+k_{s2}) + \frac{L_2B_r}{2}(k_{s3}-k_{s4})\right]\theta + \frac{1}{4}[B_f^2(k_{s1}+k_{s2}) + B_r^2(k_{s3}+k_{s4})]\varphi = 0 \quad (2.17)$$

整理（2.11）~（2.17）式写成矩阵的形式为：

$$\boldsymbol{M}_v\ddot{\boldsymbol{z}} + \boldsymbol{C}_v\dot{\boldsymbol{z}} + \boldsymbol{K}_v\boldsymbol{z} = \boldsymbol{F}_v^{\text{int}} \quad (2.18)$$

式中，$\boldsymbol{F}_v^{\text{int}}$ 为车辆各自由度的惯性荷载列向量；$\boldsymbol{M}_v$、$\boldsymbol{C}_v$、$\boldsymbol{K}_v$ 分别为车辆系统的质量、阻尼和刚度矩阵；$\boldsymbol{z} = [z_1 \quad z_2 \quad z_3 \quad z_4 \quad z_5 \quad z_6 \quad z_b \quad \theta_b \quad \varphi]^T$ 为车辆各自由度向量。

（2）五轴车动力方程。

五轴车可以分成12个刚体部件：2个车体、10个车轮。总的独立自由度个数为15，分别为：z_{b1}、θ_1、φ_1、z_{b2}、φ_2、z_1、z_2、z_3、z_4、z_5、z_6、z_7、z_8、z_9、z_{10}，各自由度之间相互关联：

$$\Delta_{s1} = z_{b1} - L_1\theta_1 - \frac{B}{2}\varphi_1 - z_1 \ ; \quad \Delta_{s2} = z_{b1} - L_1\theta_1 + \frac{B}{2}\varphi_1 - z_2 \ ;$$

$$\Delta_{s3} = z_{b1} + L_2\theta_1 - \frac{B}{2}\varphi_1 - z_3 \ ; \quad \Delta_{s4} = z_{b1} + L_2\theta_1 + \frac{B}{2}\varphi_1 - z_4 \ ;$$

$$\Delta_{s5} = z_{b2} - L_4\theta_2 - \frac{B}{2}\varphi_2 - z_5 \ ; \quad \Delta_{s6} = z_{b2} - L_4\theta_1 + \frac{B}{2}\varphi_2 - z_6 \ ;$$

$$\varDelta_{s7}=z_{b2}+L_5\theta_2-\frac{B}{2}\varphi_2-z_7, \quad \varDelta_{s8}=z_{b2}+L_5\theta_2+\frac{B}{2}\varphi_2-z_8;$$

$$\varDelta_{s9}=z_{b2}+(L_5+L_6)\theta_2-\frac{B}{2}\varphi_2-z_9, \quad \varDelta_{s10}=z_{b2}+(L_5+L_6)\theta_2+\frac{B}{2}\varphi_2-z_{10};$$

$$\varDelta_{ti}=z_i-z_{0i}(i=1,2,\cdots,10), \quad \theta_2=\frac{1}{L_8}(z_{b2}-z_{b1}-L_7\theta_1) \tag{2.19}$$

车辆惯性力所做的虚功 $\delta W_{\text{inertia}}$ 为：

$$\begin{aligned}\delta W_{\text{inertia}}&=\sum_{i=1}^{2}(m_{hbi}z_{bi}\delta z_{bi}+I_{ri}\theta_i\delta\theta_i+J_{ri}\varphi_i\delta\varphi_i)+\sum_{i=1}^{5}m_iz_i\delta z_i\\&=\sum_{i=1}^{2}(m_{hbi}z_{bi}\delta z_{bi}+J_{ri}\varphi_i\delta\varphi_i)+I_{r1}\theta_1\delta\theta_1+\end{aligned}$$

$$I_{r2}\left(\frac{1}{L_8}\right)^2(z_{b2}-z_{b1}-L_7\theta_1)(\delta z_{b2}-\delta z_{b1}-L_7\delta\theta_1)+\sum_{i=1}^{5}m_iz_i\delta z_i$$

$$=\left[m_{hb1}z_{bi}\delta z_{bi}+I_{r2}\left(\frac{1}{L_8}\right)^2\right]z_{b1}\delta z_{b1}+I_{r2}L_7\left(\frac{1}{L_8}\right)^2z_{b1}\delta\theta_1-I_{r2}\left(\frac{1}{L_8}\right)^2z_{b2}\delta z_{b2}+\left[I_{r1}+I_{r2}\left(\frac{L_7}{L_8}\right)^2\right]\theta_1\delta\theta_1+$$

$$I_{r2}L_7\left(\frac{1}{L_8}\right)^2\theta_1\delta z_{b1}-I_{r2}L_7\left(\frac{1}{L_8}\right)^2\theta_2\delta z_{b2}+J_{r1}\varphi_1\delta\varphi_1+\left[m_{hb2}+I_{r2}\left(\frac{1}{L_8}\right)^2\right]z_{b2}\delta z_{b2}-I_{r2}L_7\left(\frac{1}{L_8}\right)^2z_{b1}\delta z_{b1}-$$

$$I_{r2}\left(\frac{1}{L_8}\right)^2z_{b1}\delta\theta_1+J_{r2}\varphi_2\delta\varphi_2+m_1z_1\delta z_1+m_2z_2\delta z_2+m_3z_3\delta z_3+m_4z_4\delta z_4+m_5z_5\delta z_5+m_6z_6\delta z_6+$$

$$m_7z_7\delta z_7+m_8z_8\delta z_8+m_9z_9\delta z_9+m_{10}z_{10}\delta z_{10} \tag{2.20}$$

则，可得车辆系统质量矩阵 M_v 的各元素：

$M_v(1,1)=m_{hb1}+I_{r2}\left(\frac{1}{L_8}\right)^2$, $M_v(1,2)=I_{r2}L_7\left(\frac{1}{L_8}\right)^2$, $M_v(1,3)=0$, $M_v(1,4)=-I_{r2}\left(\frac{1}{L_8}\right)^2$,

$M_v(1,5)\sim M_v(1,15)=0$, $M_v(2,2)=I_{r1}+I_{r2}\left(\frac{L_7}{L_8}\right)^2$, $M_v(2,3)=0$, $M_v(2,4)=-I_{r2}L_7\left(\frac{1}{L_8}\right)^2$,

$M_v(2,5)\sim M_v(2,15)=0$, $M_v(3,3)=J_{r1}$, $M_v(3,4)\sim M_v(3,15)=0$,

$M_v(4,4)=m_{hb2}+I_{r2}\left(\frac{1}{L_8}\right)^2$, $M_v(4,5)\sim M_v(4,15)=0$, $M_v(5,5)=J_{r2}$,

$M_v(5,6)\sim M_v(5,15)=0$, $M_v(6,6)=m_1$, $M_v(6,7)\sim M_v(6,15)=0$, $M_v(7,7)=m_2$,

$M_v(7,8)\sim M_v(7,15)=0$, $M_v(8,8)=m_3$, $M_v(8,9)\sim M_v(8,15)=0$, $M_v(9,9)=m_4$,

$M_v(9,10)\sim M_v(9,15)=0$, $M_v(10,10)=m_5$, $M_v(10,11)\sim M_v(10,15)=0$,

$M_v(11,11)=m_6$, $M_v(11,12)\sim M_v(11,15)=0$, $M_v(12,12)=m_7$, $M_v(12,13)\sim M_v(12,15)=0$,

$M_v(13,13)=m_8$, $M_v(13,14)\sim M_v(13,15)=0$, $M_v(14,14)=m_9$, $M_v(14,15)=0$, $M_v(15,15)=m_{10}$。

车辆阻尼力所做的虚功 $\delta W_{damping}$ 为：

$$\delta W_{damping} = \sum_{i=1}^{10} c_{si} \Delta_{si} \delta \Delta_{si} + \sum_{i=1}^{10} c_{ti} \Delta_{ti} \delta \Delta_{ti}$$

$$= c_{s1}\left(z_{b1} - L_1\theta_1 - \frac{B}{2}\varphi_1 - z_1\right)\delta\left(z_{b1} - L_1\theta_1 - \frac{B}{2}\varphi_1 - z_1\right) + c_{s2}\left(z_{b1} - L_1\theta_1 + \frac{B}{2}\varphi_1 - z_2\right)\delta\left(z_{b1} - L_1\theta_1 + \frac{B}{2}\varphi_1 - z_2\right) +$$

$$c_{s3}\left(z_{b1} + L_2\theta_1 - \frac{B}{2}\varphi_1 - z_3\right)\delta\left(z_{b1} + L_2\theta_1 - \frac{B}{2}\varphi_1 - z_3\right) + c_{s4}\left(z_{b1} + L_2\theta_1 + \frac{B}{2}\varphi_1 - z_4\right)\delta\left(z_{b1} + L_2\theta_1 + \frac{B}{2}\varphi_1 - z_4\right) +$$

$$c_{s5}\left[z_{b2} - \frac{L_4}{L_8}(z_{b2} - z_{b1} - L_7\theta_1) - \frac{B}{2}\varphi_2 - z_5\right]\delta\left[z_{b2} - \frac{L_4}{L_8}(z_{b2} - z_{b1} - L_7\theta_1) - \frac{B}{2}\varphi_2 - z_5\right] +$$

$$c_{s6}\left[z_{b2} - \frac{L_4}{L_8}(z_{b2} - z_{b1} - L_7\theta_1) + \frac{B}{2}\varphi_2 - z_6\right]\delta\left[z_{b2} - \frac{L_4}{L_8}(z_{b2} - z_{b1} - L_7\theta_1) + \frac{B}{2}\varphi_2 - z_6\right] +$$

$$c_{s7}\left[z_{b2} + \frac{L_5}{L_8}(z_{b2} - z_{b1} - L_7\theta_1) - \frac{B}{2}\varphi_2 - z_7\right]\delta\left[z_{b2} + \frac{L_5}{L_8}(z_{b2} - z_{b1} - L_7\theta_1) - \frac{B}{2}\varphi_2 - z_7\right] +$$

$$c_{s8}\left[z_{b2} + \frac{L_5}{L_8}(z_{b2} - z_{b1} - L_7\theta_1) + \frac{B}{2}\varphi_2 - z_8\right]\delta\left[z_{b2} + \frac{L_5}{L_8}(z_{b2} - z_{b1} - L_7\theta_1) + \frac{B}{2}\varphi_2 - z_8\right] +$$

$$c_{s9}\left[z_{b2} + \frac{L_5 + L_6}{L_8}(z_{b2} - z_{b1} - L_7\theta_1) - \frac{B}{2}\varphi_2 - z_9\right]\delta\left[z_{b2} + \frac{L_5 + L_6}{L_8}(z_{b2} - z_{b1} - L_7\theta_1) - \frac{B}{2}\varphi_2 - z_9\right] +$$

$$c_{s10}\left[z_{b2} + \frac{L_5 + L_6}{L_8}(z_{b2} - z_{b1} - L_7\theta_1) + \frac{B}{2}\varphi_2 - z_{10}\right]\delta\left[z_{b2} + \frac{L_5 + L_6}{L_8}(z_{b2} - z_{b1} - L_7\theta_1) + \frac{B}{2}\varphi_2 - z_{10}\right] +$$

$$c_{t1}(z_1 - z_{01})\delta(z_1 - z_{01}) + c_{t2}(z_2 - z_{02})\delta(z_2 - z_{02}) + c_{t3}(z_3 - z_{03})\delta(z_3 - z_{03}) + c_{t4}(z_4 - z_{04})\delta(z_4 - z_{04}) +$$

$$c_{t5}(z_5 - z_{05})\delta(z_5 - z_{05}) + c_{t6}(z_6 - z_{06})\delta(z_6 - z_{06}) + c_{t7}(z_7 - z_{07})\delta(z_7 - z_{07}) + c_{t8}(z_8 - z_{08})\delta(z_8 - z_{08}) +$$

$$c_{t9}(z_9 - z_{09})\delta(z_9 - z_{09}) + c_{t10}(z_{10} - z_{010})\delta(z_{10} - z_{010})$$

(2.21)

则，可得车辆系统阻尼矩阵 $\boldsymbol{C}_v$ 的各元素：

$$C_v(1,1) = (c_{s1} + c_{s2} + c_{s3} + c_{s4}) + \left(\frac{L_4}{L_8}\right)^2(c_{s5} + c_{s6}) + \left(\frac{L_5}{L_8}\right)^2(c_{s7} + c_{s8}) + \left(\frac{L_5 + L_6}{L_8}\right)^2(c_{s9} + c_{s10}),$$

$$C_v(1,2) = -L_1(c_{s1} + c_{s2}) + L_2(c_{s3} + c_{s4}) + \left(\frac{L_4}{L_8}\right)^2 L_7(c_{s5} + c_{s6}) + \left(\frac{L_5}{L_8}\right)^2 L_7(c_{s7} + c_{s8}) +$$

$$\left(\frac{L_5 + L_6}{L_8}\right)^2 L_7(c_{s9} + c_{s10}), \quad C_v(1,3) = -\frac{B}{2}(c_{s1} - c_{s2}) - \frac{B}{2}(c_{s3} - c_{s4}),$$

$$C_v(1,4) = -\frac{L_4}{L_8}\left(1 - \frac{L_4}{L_8}\right)(c_{s5} + c_{s6}) - \frac{L_5}{L_8}\left(1 + \frac{L_5}{L_8}\right)(c_{s7} + c_{s8}) - \frac{L_5 + L_6}{L_8}\left(1 + \frac{L_5 + L_6}{L_8}\right)(c_{s9} + c_{s10}),$$

$$C_v(1,5) = \frac{B}{2}\frac{L_4}{L_8}(c_{s5} - c_{s6}) + \frac{B}{2}\frac{L_5}{L_8}(c_{s7} - c_{s8}) + \frac{B}{2}\frac{L_5 + L_6}{L_8}(c_{s9} - c_{s10}), \quad C_v(1,6) = -c_{s1},$$

$$C_v(1,7) = -c_{s2}, \quad C_v(1,8) = -c_{s3}, \quad C_v(1,9) = -c_{s4}, \quad C_v(1,10) = -\frac{L_4}{L_8}c_{s5}, \quad C_v(1,11) = -\frac{L_4}{L_8}c_{s6},$$

$$C_v(1,12) = \frac{L_5}{L_8}c_{s7}, \quad C_v(1,13) = \frac{L_5}{L_8}c_{s8}, \quad C_v(1,14) = \frac{L_5 + L_6}{L_8}c_{s9}, \quad C_v(1,15) = \frac{L_5 + L_6}{L_8}c_{s10}$$

第 2 章 公路桥梁车-桥耦合振动模型及算法

$$C_v(2,2) = L_1^2(c_{s1}+c_{s2}) + L_2^2(c_{s3}+c_{s4}) + \left(\frac{L_4 L_7}{L_8}\right)^2 (c_{s5}+c_{s6}) + \left(\frac{L_5 L_7}{L_8}\right)^2 (c_{s7}+c_{s8}) +$$

$$\left[\frac{(L_5+L_6)L_7}{L_8}\right]^2 (c_{s9}+c_{s10}) , \quad C_v(2,3) = L_1 \frac{B}{2}(c_{s1}-c_{s2}) - L_2 \frac{B}{2}(c_{s3}-c_{s4}) ,$$

$$C_v(2,4) = \frac{L_4 L_7}{L_8}\left(1+\frac{L_4}{L_8}\right)(c_{s5}+c_{s6}) - \frac{L_5 L_7}{L_8}\left(1+\frac{L_5}{L_8}\right)(c_{s7}+c_{s8}) - \frac{(L_5+L_6)L_7}{L_8}\left(1+\frac{L_5+L_6}{L_8}\right)(c_{s9}+c_{s10}) ,$$

$$C_v(2,5) = -\frac{L_4 L_7 B}{2 L_8}(c_{s5}-c_{s6}) + \frac{L_5 L_7 B}{2 L_8}(c_{s7}-c_{s8}) + \frac{(L_5+L_6)L_7 B}{L_8}(c_{s9}-c_{s10}) ,$$

$C_v(2,6) = L_1 c_{s1}$, $\quad C_v(2,7) = L_1 c_{s2}$, $\quad C_v(2,8) = -L_2 c_{s3}$, $\quad C_v(2,9) = -L_2 c_{s4}$,

$C_v(2,10) = -\dfrac{L_4 L_7}{L_8} c_{s5}$, $\quad C_v(2,11) = -\dfrac{L_4 L_7}{L_8} c_{s6}$, $\quad C_v(2,12) = \dfrac{L_5 L_7}{L_8} c_{s7}$, $\quad C_v(2,13) = \dfrac{L_5 L_7}{L_8} c_{s7}$,

$C_v(2,14) = \dfrac{(L_5+L_6)L_7}{L_8} c_{s9}$, $\quad C_v(2,15) = \dfrac{(L_5+L_6)L_7}{L_8} c_{s10}$, $\quad C_v(2,3) = \dfrac{B^2}{4}(c_{s1}+c_{s2}+c_{s3}+c_{s4})$,

$C_v(3,4) \sim C_v(3,5) = 0$, $\quad C_v(3,6) = \dfrac{B}{2} c_{s1}$, $\quad C_v(3,7) = -\dfrac{B}{2} c_{s2}$, $\quad C_v(3,8) = \dfrac{B}{2} c_{s3}$,

$C_v(3,9) = -\dfrac{B}{2} c_{s4}$, $\quad C_v(3,10) \sim C_v(3,15) = 0$,

$$C_v(4,4) = \left(1-\frac{L_4}{L_8}\right)^2 (c_{s5}+c_{s6}) + \left(1+\frac{L_5}{L_8}\right)^2 (c_{s7}+c_{s8}) + \left(1+\frac{L_5+L_6}{L_8}\right)^2 (c_{s9}+c_{s10}) ,$$

$$C_v(4,5) = \left(1-\frac{L_4}{L_8}\right)\frac{B}{2}(c_{s5}-c_{s6}) - \left(1+\frac{L_5}{L_8}\right)\frac{B}{2}(c_{s7}-c_{s8}) - \left(1+\frac{L_5+L_6}{L_8}\right)\frac{B}{2}(c_{s9}-c_{s10}) ,$$

$C_v(4,6) \sim C_v(4,9) = 0$, $\quad C_v(4,10) = -\left(1-\dfrac{L_4}{L_8}\right)c_{s5}$, $\quad C_v(4,11) = -\left(1-\dfrac{L_4}{L_8}\right)c_{s6}$,

$C_v(4,12) = -\left(1+\dfrac{L_5}{L_8}\right)c_{s7}$, $\quad C_v(4,13) = -\left(1+\dfrac{L_5}{L_8}\right)c_{s8}$, $\quad C_v(4,14) = -\left(1+\dfrac{L_5+L_6}{L_8}\right)c_{s9}$,

$C_v(4,15) = -\left(1+\dfrac{L_5+L_6}{L_8}\right)c_{s10}$, $\quad C_v(5,5) = \dfrac{B^2}{4}(c_{s5}+c_{s6}+c_{s7}+c_{s8}+c_{s9}+c_{s10})$,

$C_v(5,6) \sim C_v(5,9) = 0$, $\quad C_v(5,10) = \dfrac{B}{2} c_{s5}$, $\quad C_v(5,11) = -\dfrac{B}{2} c_{s6}$, $\quad C_v(5,12) = \dfrac{B}{2} c_{s7}$,

$C_v(5,13) = -\dfrac{B}{2} c_{s8}$, $\quad C_v(5,14) = \dfrac{B}{2} c_{s9}$, $\quad C_v(5,15) = -\dfrac{B}{2} c_{s10}$,

$C_v(6,6) = c_{s1} + c_{t1}$, $\quad C_v(6,7) \sim C_v(6,15) = 0$, $\quad C_v(6,6) = c_{s2} + c_{t2}$, $\quad C_v(7,8) \sim C_v(7,15) = 0$,

$C_v(8,8) = c_{s3} + c_{t3}$, $\quad C_v(8,9) \sim C_v(8,15) = 0$, $\quad C_v(9,9) = c_{s4} + c_{t4}$, $\quad C_v(9,10) \sim C_v(9,15) = 0$,

$C_v(10,10) = c_{s5} + c_{t5}$, $\quad C_v(10,11) \sim C_v(10,15) = 0$, $\quad C_v(11,11) = c_{s6} + c_{t6}$,

$C_v(11,12) \sim C_v(11,15) = 0$, $\quad C_v(12,12) = c_{s7} + c_{t7}$, $\quad C_v(12,13) \sim C_v(12,15) = 0$,

$C_v(13,13) = c_{s8} + c_{t8}$, $\quad C_v(13,14) \sim C_v(13,15) = 0$, $\quad C_v(14,14) = c_{s9} + c_{t9}$, $\quad C_v(14,15) = 0$,

$C_v(15,15) = c_{s10} + c_{t10}$。

车辆弹性力所做的虚功 $\delta W_{\text{elastic}}$ 为:

$$\delta W_{\text{elastic}} = \sum_{i=1}^{10} k_{si} \Delta_{si} \delta \Delta_{si} + \sum_{i=1}^{10} k_{ti} \Delta_{ti} \delta \Delta_{ti}$$

$$= k_{s1}\left(z_{b1} - L_1\theta_1 - \frac{B}{2}\varphi_1 - z_1\right)\delta\left(z_{b1} - L_1\theta_1 - \frac{B}{2}\varphi_1 - z_1\right) + k_{s2}\left(z_{b1} - L_1\theta_1 + \frac{B}{2}\varphi_1 - z_2\right)\delta\left(z_{b1} - L_1\theta_1 + \frac{B}{2}\varphi_1 - z_2\right) +$$

$$k_{s3}\left(z_{b1} + L_2\theta_1 - \frac{B}{2}\varphi_1 - z_3\right)\delta\left(z_{b1} + L_2\theta_1 - \frac{B}{2}\varphi_1 - z_3\right) + k_{s4}\left(z_{b1} + L_2\theta_1 + \frac{B}{2}\varphi_1 - z_4\right)\delta\left(z_{b1} + L_2\theta_1 + \frac{B}{2}\varphi_1 - z_4\right) +$$

$$k_{s5}\left[z_{b2} - \frac{L_4}{L_8}(z_{b2} - z_{b1} - L_7\theta_1) - \frac{B}{2}\varphi_2 - z_5\right]\delta\left[z_{b2} - \frac{L_4}{L_8}(z_{b2} - z_{b1} - L_7\theta_1) - \frac{B}{2}\varphi_2 - z_5\right] +$$

$$k_{s6}\left[z_{b2} - \frac{L_4}{L_8}(z_{b2} - z_{b1} - L_7\theta_1) + \frac{B}{2}\varphi_2 - z_6\right]\delta\left[z_{b2} - \frac{L_4}{L_8}(z_{b2} - z_{b1} - L_7\theta_1) + \frac{B}{2}\varphi_2 - z_6\right] +$$

$$k_{s7}\left[z_{b2} + \frac{L_5}{L_8}(z_{b2} - z_{b1} - L_7\theta_1) - \frac{B}{2}\varphi_2 - z_7\right]\delta\left[z_{b2} + \frac{L_5}{L_8}(z_{b2} - z_{b1} - L_7\theta_1) - \frac{B}{2}\varphi_2 - z_7\right] +$$

$$k_{s8}\left[z_{b2} + \frac{L_5}{L_8}(z_{b2} - z_{b1} - L_7\theta_1) + \frac{B}{2}\varphi_2 - z_8\right]\delta\left[z_{b2} + \frac{L_5}{L_8}(z_{b2} - z_{b1} - L_7\theta_1) + \frac{B}{2}\varphi_2 - z_8\right] +$$

$$k_{s9}\left[z_{b2} + \frac{L_5+L_6}{L_8}(z_{b2} - z_{b1} - L_7\theta_1) - \frac{B}{2}\varphi_2 - z_9\right]\delta\left[z_{b2} + \frac{L_5+L_6}{L_8}(z_{b2} - z_{b1} - L_7\theta_1) - \frac{B}{2}\varphi_2 - z_9\right] +$$

$$k_{s10}\left[z_{b2} + \frac{L_5+L_6}{L_8}(z_{b2} - z_{b1} - L_7\theta_1) + \frac{B}{2}\varphi_2 - z_{10}\right]\delta\left[z_{b2} + \frac{L_5+L_6}{L_8}(z_{b2} - z_{b1} - L_7\theta_1) + \frac{B}{2}\varphi_2 - z_{10}\right] +$$

$$k_{t1}(z_1 - z_{01})\delta(z_1 - z_{01}) + k_{t2}(z_2 - z_{02})\delta(z_2 - z_{02}) + k_{t3}(z_3 - z_{03})\delta(z_3 - z_{03}) + k_{t4}(z_4 - z_{04})\delta(z_4 - z_{04}) +$$

$$k_{t5}(z_5 - z_{05})\delta(z_5 - z_{05}) + k_{t6}(z_6 - z_{06})\delta(z_6 - z_{06}) + k_{t7}(z_7 - z_{07})\delta(z_7 - z_{07}) + k_{t8}(z_8 - z_{08})\delta(z_8 - z_{08}) +$$

$$k_{t9}(z_9 - z_{09})\delta(z_9 - z_{09}) + k_{t10}(z_{10} - z_{010})\delta(z_{10} - z_{010}) \tag{2.22}$$

则，可得车辆系统刚度矩阵 $\boldsymbol{K}_v$ 的各元素：

$$K_v(1,1) = (k_{s1} + k_{s2} + k_{s3} + k_{s4}) + \left(\frac{L_4}{L_8}\right)^2(k_{s5} + k_{s6}) + \left(\frac{L_5}{L_8}\right)^2(k_{s7} + k_{s8}) + \left(\frac{L_5+L_6}{L_8}\right)^2(k_{s9} + k_{s10}),$$

$$K_v(1,2) = -L_1(k_{s1} + k_{s2}) + L_2(k_{s3} + k_{s4}) + \left(\frac{L_4}{L_8}\right)^2 L_7(k_{s5} + k_{s6}) + \left(\frac{L_5}{L_8}\right)^2 L_7(k_{s7} + k_{s8}) +$$

$$\left(\frac{L_5+L_6}{L_8}\right)^2 L_7(k_{s9} + k_{s10}), \quad K_v(1,3) = -\frac{B}{2}(k_{s1} - k_{s2}) - \frac{B}{2}(k_{s3} - k_{s4}),$$

$$K_v(1,4) = -\frac{L_4}{L_8}\left(1 - \frac{L_4}{L_8}\right)(k_{s5} + k_{s6}) - \frac{L_5}{L_8}\left(1 + \frac{L_5}{L_8}\right)(k_{s7} + k_{s8}) - \frac{L_5+L_6}{L_8}\left(1 + \frac{L_5+L_6}{L_8}\right)(k_{s9} + k_{s10}),$$

$$K_v(1,5) = \frac{B}{2}\frac{L_4}{L_8}(k_{s5} - k_{s6}) + \frac{B}{2}\frac{L_5}{L_8}(k_{s7} - k_{s8}) + \frac{B}{2}\frac{L_5+L_6}{L_8}(k_{s9} - k_{s10}), \quad K_v(1,6) = -k_{s1},$$

$$K_v(1,7) = -k_{s2}, \quad K_v(1,8) = -k_{s3}, \quad K_v(1,9) = -k_{s4}, \quad K_v(1,10) = -\frac{L_4}{L_8}k_{s5}, \quad K_v(1,11) = -\frac{L_4}{L_8}k_{s6},$$

$$K_v(1,12) = \frac{L_5}{L_8}k_{s7}, \quad K_v(1,13) = \frac{L_5}{L_8}k_{s8}, \quad K_v(1,14) = \frac{L_5+L_6}{L_8}k_{s9}, \quad K_v(1,15) = \frac{L_5+L_6}{L_8}k_{s10},$$

$$K_v(2,2) = L_1^2(k_{s1}+k_{s2}) + L_2^2(k_{s3}+k_{s4}) + \left(\frac{L_4 L_7}{L_8}\right)^2(k_{s5}+k_{s6}) + \left(\frac{L_5 L_7}{L_8}\right)^2(k_{s7}+k_{s8}) +$$

$$\left[\frac{(L_5+L_6)L_7}{L_8}\right]^2(k_{s9}+k_{s10}), \quad K_v(2,3) = L_1\frac{B}{2}(k_{s1}-k_{s2}) - L_2\frac{B}{2}(k_{s3}-k_{s4}),$$

$$K_v(2,4) = \frac{L_4 L_7}{L_8}\left(1+\frac{L_4}{L_8}\right)(k_{s5}+k_{s6}) - \frac{L_5 L_7}{L_8}\left(1+\frac{L_5}{L_8}\right)(k_{s7}+k_{s8}) - \frac{(L_5+L_6)L_7}{L_8}\left(1+\frac{L_5+L_6}{L_8}\right)(k_{s9}+k_{s10}),$$

$$K_v(2,5) = -\frac{L_4 L_7 B}{2L_8}(k_{s5}-k_{s6}) + \frac{L_5 L_7 B}{2L_8}(k_{s7}-k_{s8}) + \frac{(L_5+L_6)L_7 B}{L_8}(k_{s9}-k_{s10}),$$

$$K_v(2,6) = L_1 k_{s1}, \quad K_v(2,7) = L_1 k_{s2}, \quad K_v(2,8) = -L_2 k_{s3}, \quad K_v(2,9) = -L_2 k_{s4},$$

$$K_v(2,10) = -\frac{L_4 L_7}{L_8} k_{s5}, \quad K_v(2,11) = -\frac{L_4 L_7}{L_8} k_{s6}, \quad K_v(2,12) = \frac{L_5 L_7}{L_8} k_{s7}, \quad K_v(2,13) = \frac{L_5 L_7}{L_8} k_{s7},$$

$$K_v(2,14) = \frac{(L_5+L_6)L_7}{L_8} k_{s9}, \quad K_v(2,15) = \frac{(L_5+L_6)L_7}{L_8} k_{s10}, \quad K_v(2,3) = \frac{B^2}{4}(k_{s1}+k_{s2}+k_{s3}+k_{s4}),$$

$$K_v(3,4) \sim K_v(3,5) = 0, \quad K_v(3,6) = \frac{B}{2}k_{s1}, \quad K_v(3,7) = -\frac{B}{2}k_{s2}, \quad K_v(3,8) = \frac{B}{2}k_{s3},$$

$$K_v(3,9) = -\frac{B}{2}k_{s4}, \quad K_v(3,10) \sim K_v(3,15) = 0,$$

$$K_v(4,4) = \left(1-\frac{L_4}{L_8}\right)^2(k_{s5}+k_{s6}) + \left(1+\frac{L_5}{L_8}\right)^2(k_{s7}+k_{s8}) + \left(1+\frac{L_5+L_6}{L_8}\right)^2(k_{s9}+k_{s10}),$$

$$K_v(4,5) = \left(1-\frac{L_4}{L_8}\right)\frac{B}{2}(k_{s5}-k_{s6}) - \left(1+\frac{L_5}{L_8}\right)\frac{B}{2}(k_{s7}-k_{s8}) - \left(1+\frac{L_5+L_6}{L_8}\right)\frac{B}{2}(k_{s9}-k_{s10}),$$

$$K_v(4,6) \sim K_v(4,9) = 0, \quad K_v(4,10) = -\left(1-\frac{L_4}{L_8}\right)k_{s5}, \quad K_v(4,11) = -\left(1-\frac{L_4}{L_8}\right)k_{s6},$$

$$K_v(4,12) = -\left(1+\frac{L_5}{L_8}\right)k_{s7}, \quad K_v(4,13) = -\left(1+\frac{L_5}{L_8}\right)k_{s8}, \quad K_v(4,14) = -\left(1+\frac{L_5+L_6}{L_8}\right)k_{s9},$$

$$K_v(4,15) = -\left(1+\frac{L_5+L_6}{L_8}\right)k_{s10}, \quad K_v(5,5) = \frac{B^2}{4}(k_{s5}+k_{s6}+k_{s7}+k_{s8}+k_{s9}+k_{s10}),$$

$$K_v(5,6) \sim K_v(5,9) = 0, \quad K_v(5,10) = \frac{B}{2}k_{s5}, \quad K_v(5,11) = -\frac{B}{2}k_{s6}, \quad K_v(5,12) = \frac{B}{2}k_{s7},$$

$$K_v(5,13) = -\frac{B}{2}k_{s8}, \quad K_v(5,14) = \frac{B}{2}k_{s9}, \quad K_v(5,15) = -\frac{B}{2}k_{s10},$$

$$K_v(6,6) = k_{s1}+k_{t1}, \quad K_v(6,7) \sim K_v(6,15) = 0, \quad K_v(6,6) = k_{s2}+k_{t2}, \quad K_v(7,8) \sim K_v(7,15) = 0,$$

$$K_v(8,8) = k_{s3}+k_{t3}, \quad K_v(8,9) \sim K_v(8,15) = 0, \quad K_v(9,9) = k_{s4}+k_{t4}, \quad K_v(9,10) \sim K_v(9,15) = 0,$$

$$K_v(10,10) = k_{s5}+k_{t5}, \quad K_v(10,11) \sim K_v(10,15) = 0, \quad K_v(11,11) = k_{s6}+k_{t6},$$

$$K_v(11,12) \sim K_v(11,15) = 0, \quad K_v(12,12) = k_{s7}+k_{t7}, \quad K_v(12,13) \sim K_v(12,15) = 0,$$

$$K_v(13,13) = k_{s8}+k_{t8}, \quad K_v(13,14) \sim K_v(13,15) = 0, \quad K_v(14,14) = k_{s9}+k_{t9}, \quad K_v(14,15) = 0,$$

$K_v(15,15) = k_{s10} + k_{t10}$。

进而可得五轴拖挂车的动力方程：

$$M_v\ddot{z} + C_v\dot{z} + K_v z = F_v^{int} \quad (2.23)$$

式中，$z = [z_{b1} \quad \theta_1 \quad \varphi_1 \quad z_{b2} \quad \varphi_2 \quad z_1 \quad z_2 \quad z_3 \quad z_4 \quad z_5 \quad z_6 \quad z_7 \quad z_8 \quad z_9 \quad z_{10}]^T$ 为车辆各自由度向量。

2.1.2 桥梁模型

如果直接采用桥梁的有限元几何模型，则计算的自由度数量较多，工作量大。因此，为减少计算自由度数量，桥梁模型引入模态综合法，即广义坐标离散的方法：求出结构自由振动的频率和振型，利用振型的正交性，把相互耦联的成千上万个节点运动方程解耦，使其转化为互相独立的模态方程。由于结构的动力响应主要由低阶模态控制[13]，取结构的低阶模态进行计算就可以得到满足实际工程精度要求的结果，这样就大大减小了计算工作量。

采用结构有限元法进行分析时，桥梁的振动方程为：

$$M_b\ddot{u} + C_b\dot{u} + K_b u = -F_{bv}^{int} - f_g \quad (2.24)$$

式中，F_{bv}^{int} 为车辆振动引起的各车轮作用于桥面板的荷载向量；f_g 为车辆自重引起的荷载向量；u 为单元结点位移列向量；M_b、C_b、K_b 分别为桥梁系统的质量、阻尼、刚度矩阵。

如果使用典型 Rayleigh 阻尼，模态空间取 n 阶模态，根据振型分解法 $u = \Phi q$，那么式（2.24）可以改写为：

$$I\ddot{q} + X\dot{q} + \Omega q = -\Phi^T(F_{bv}^{int} + f_g) \quad (2.25)$$

$$I = \begin{bmatrix} 1 & & \\ & \ddots & \\ & & 1 \end{bmatrix}_{n \times n} \quad X = \begin{bmatrix} 2\xi_1\omega_1 & & \\ & \ddots & \\ & & 2\xi_n\omega_n \end{bmatrix}_{n \times n} \quad \Omega = \begin{bmatrix} \omega_1^2 & & \\ & \ddots & \\ & & \omega_n^2 \end{bmatrix}_{n \times n}$$

式中，Φ 为 n 阶振型向量矩阵；Φ^T 为 Φ 的转置矩阵；ξ_n 为第 n 阶阻尼比；ω_n 为第 n 阶自振频率；q 为振型广义坐标列阵。

2.1.3 车-桥耦合振动模型

在分析车-桥耦合系统的振动时，以车轮与桥面接触点处为界，将车-桥耦合系统分为车辆与桥梁两个子系统，分别建立车辆和桥梁的动力方程。在车轮与桥面板接触始终不脱离的前提下，通过车轮与桥面接触处的位移协调条件和相互作用力平衡条件，建立车辆和桥梁的耦合振动方程。过桥车辆与桥面板单元的接触如图 2.3 所示，若考虑桥面不平顺的影响，则过桥车辆与桥面板的接触如图 2.4 所示。

第 2 章 公路桥梁车-桥耦合振动模型及算法

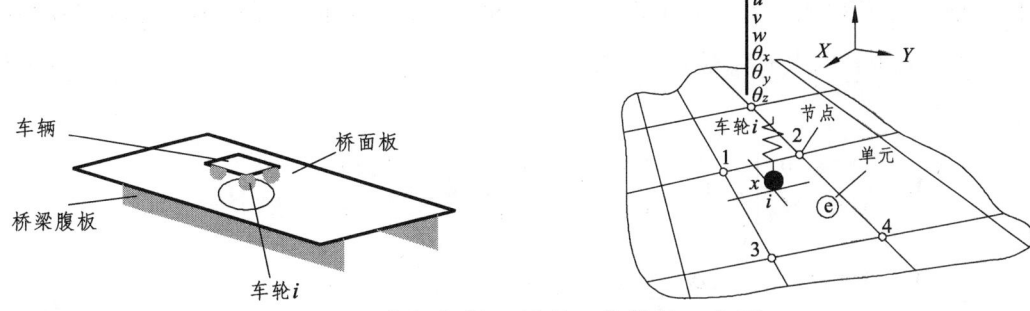

图 2.3 车辆与桥面板单元的接触示意图

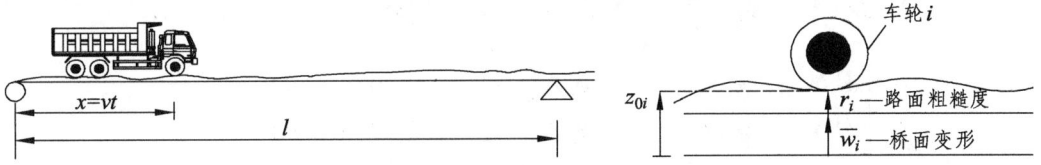

图 2.4 考虑桥面不平顺的车-桥接触示意图

当车辆在桥上行驶时，第 i 个车轮对桥梁产生的惯性力为：

$$F_{vi}^{int} = k_{ti}\Delta_i + c_{ti}\dot{\Delta}_i \tag{2.26}$$

式中，下标 i 代表第 i 个车轮接触点。

Δ_i 为第 i 个车轮相对于桥面的竖向位移：

$$\Delta_i = z_i - Y_i - r_i \tag{2.27}$$

式中，Y_i 为 t 时刻第 i 车轮接触点处桥梁的竖向位移；r_i 为第 i 车轮处桥面不平度。

根据模态叠加法，第 i 车轮处的桥梁位移为：

$$Y_i = N_i u \tag{2.28}$$

式中，N_i 为第 i 车轮作用点处位移场的插值函数。

将式（2.28）代入式（2.27）可以得到 Δ_i，再代入式（2.26）得到：

$$F_{vi}^{int} = k_{ti}(-N_i\Phi q - r_i + z_i) + c_{ti}(-v \cdot N_{i,x}\Phi q - N_i\Phi\dot{q} - \dot{r}_i + \dot{z}_i) \tag{2.29}$$

进而可得第 i 个车轮作用在桥梁上的荷载：

$$F_{bvi}^{int} = k_{ti}(-N_i\Phi q - r_i + z_i) + c_{ti}(-v \cdot N_{i,x}\Phi q - N_i\Phi\dot{q} - \dot{r}_i + \dot{z}_i) + f_{gi} \tag{2.30}$$

式中，$N_{i,x}$ 为 N_i 对车辆行驶方向 x 坐标的导数；f_{gi} 为第 i 车轮所承受的车辆自重。

那么，将式（2.30）代入桥梁的模态方程式（2.25）整理后得：

$$I\ddot{q} + \left(X - \Phi^T\sum_{i=1}^{n_{wheel}}N_i^T c_{ti}N_i\Phi\right)\dot{q} + \left[\Omega - \Phi^T\sum_{i=1}^{n_{wheel}}N_i^T(k_{ti}N_i\Phi + c_{ti}vN_{i,x}\Phi)\right]q + \Phi^T\sum_{i=1}^{n_{wheel}}N_i^T c_{ti}\dot{z}_i + \Phi^T\sum_{i=1}^{n_{wheel}}N_i^T k_{ti}z_i$$

$$= -\Phi^T\sum_{i=1}^{n_{wheel}}N_i(k_{ti}q_i + c_{ti}\dot{q}_i) - \Phi^T\sum_{i=1}^{n_{wheel}}N_i^T f_{gi} \tag{2.31}$$

式中，n_{wheel} 为车轮数量。

将车辆动力方程式（2.18）或式（2.23）和式（2.31）联立可得车-桥耦合振动方程：

$$M_{bv}\ddot{U} + C_{bv}\dot{U} + K_{bv}U = F_g + F_w \tag{2.32}$$

式中，

$$M_{bv} = \begin{bmatrix} I & 0 \\ 0 & M_v \end{bmatrix}; \quad C_{bv} = \begin{bmatrix} \tilde{X} + Q & A_1 \\ A_2 & C_v \end{bmatrix}; \quad K_{bv} = \begin{bmatrix} \tilde{\Omega} + S & B_1 \\ B_2 & K_v \end{bmatrix};$$

$$\tilde{X} = X + D; \quad D = -\Phi^T \sum_{i=1}^{n_{wheel}} N_i c_{ti} N_i^T \Phi;$$

$$\tilde{\Omega} = \Omega + S; \quad S = -\sum_{i=1}^{n_{wheel}} \Phi^T N_i \left(k_{ti} N_i^T + v c_{ti} N_{i,x}^T \right) \Phi;$$

$$A_1 = \begin{bmatrix} \phi_1^T N_1 c_{t1} & \phi_1^T N_2 c_{t2} & \cdots & \phi_1^T N_{n_{wheel}} c_{tn_{wheel}} & 0 & 0 & \cdots & 0 \\ \phi_2^T N_1 c_{t1} & \phi_2^T N_2 c_{t2} & \cdots & \phi_2^T N_{n_{wheel}} c_{tn_{wheel}} & 0 & 0 & \cdots & 0 \\ \vdots & \vdots & & \vdots & \vdots & \vdots & & \vdots \\ \phi_n^T N_1 c_{t1} & \phi_n^T N_2 c_{t2} & \cdots & \phi_n^T N_{n_{wheel}} c_{tn_{wheel}} & 0 & 0 & \cdots & 0 \end{bmatrix}_{n \times n_{degree}};$$

$$A_2 = -A_1^T;$$

$$B_1 = \begin{bmatrix} \phi_1^T N_1 k_{t1} & \phi_1^T N_2 k_{t2} & \cdots & \phi_1^T N_{n_{wheel}} k_{tn_{wheel}} & 0 & 0 & \cdots & 0 \\ \phi_2^T N_1 k_{t1} & \phi_2^T N_2 k_{t2} & \cdots & \phi_2^T N_{n_{wheel}} k_{tn_{wheel}} & 0 & 0 & \cdots & 0 \\ \vdots & \vdots & & \vdots & \vdots & \vdots & & \vdots \\ \phi_n^T N_1 k_{t1} & \phi_n^T N_2 k_{t2} & \cdots & \phi_n^T N_{n_{wheel}} k_{tn_{wheel}} & 0 & 0 & \cdots & 0 \end{bmatrix}_{n \times n_{degree}};$$

$$B_2 = -B_1^T - v \begin{bmatrix} N_{1,x}^T \phi_1 c_{t1} & N_{1,x}^T \phi_2 c_{t1} & \cdots & N_{1,x}^T \phi_n c_{t1} \\ N_{2,x}^T \phi_1 c_{t2} & N_{2,x}^T \phi_2 c_{t2} & \cdots & N_{2,x}^T \phi_n c_{t2} \\ \vdots & \vdots & & \vdots \\ N_{n_{wheel},x}^T \phi_1 c_{tn_{wheel}} & N_{n_{wheel},x}^T \phi_2 c_{tn_{wheel}} & \cdots & N_{n_{wheel},x}^T \phi_n c_{tn_{wheel}} \\ 0 & 0 & \cdots & 0 \\ 0 & 0 & \cdots & 0 \\ \vdots & \vdots & & \vdots \\ 0 & 0 & \cdots & 0 \end{bmatrix}_{n_{degree} \times n};$$

$$F_g = \begin{bmatrix} -\Phi^T \sum_{i=1}^{n_{wheel}} N_i^T f_{gi} \\ 0 \end{bmatrix}_{(n+n_{degree}) \times 1};$$

$$F_w = \begin{bmatrix} -\Phi^T \sum_{i=1}^{n_{wheel}} N_i k_{ti} q_i \\ k_{t1} \\ \vdots \\ k_{tn_{wheel}} \\ 0 \end{bmatrix}_{(n+n_{degree}) \times 1} + \begin{bmatrix} -\Phi^T \sum_{i=1}^{n_{wheel}} N_i c_{ti} \dot{q}_i \\ c_{t1} \dot{q}_1 \\ \vdots \\ c_{tn_{wheel}} \dot{q}_{n_{wheel}} \\ 0 \end{bmatrix}_{(n+n_{degree}) \times 1};$$

n_{degree} 为车辆自由度个数;M_{bv}、C_{bv}、K_{bv} 分别为车-桥耦合模型的质量、阻尼和刚度矩阵;F_g 为车辆自重荷载向量;F_w 为桥面不平顺随机激励引起的竖向荷载向量。

2.2 车-桥耦合振动方程的数值求解方法

2.2.1 Newmark-β 法

Newmark-β 法将时间离散化,动力方程仅要求在离散时间点上满足。假设 t_i 时刻的运动 u_i、$\dot{u}_i$、$\ddot{u}_i$ 均已求得,根据 Newmark-β 法的基本递推公式,计算 t_{i+1} 时刻的运动:

$$\begin{cases} \dot{u}_{i+1} = \dot{u}_i + [(1-\alpha)\ddot{u}_i + \alpha\ddot{u}_{i+1}]\Delta t \\ u_{i+1} = u_i + \dot{u}_i\Delta t + [(0.5-\beta)\ddot{u}_i + \beta\ddot{u}_{i+1}]\Delta t^2 \end{cases} \quad (2.33)$$

式(2.33)中的控制参数 α、β 影响着算法的精度和稳定性。可以证明,当 $\alpha=0.25$,$\beta=0.5$ 时,Newmark-β 法对应的逐步积分法为平均常加速度法,它是无条件稳定的。由式(2.33)可进一步求得 t_{i+1} 时刻的速度和加速度:

$$\begin{cases} \ddot{u}_{i+1} = \dfrac{1}{\beta\Delta t^2}(u_{i+1} - u_i) - \dfrac{1}{\beta\Delta t}\dot{u}_i - \left(\dfrac{1}{2\beta} - 1\right)\ddot{u}_i \\ \dot{u}_{i+1} = \dfrac{\alpha}{\beta\Delta t}(u_{i+1} - u_i) + \left(1 - \dfrac{\alpha}{\beta}\right)\dot{u}_i + \left(1 - \dfrac{\alpha}{2\beta}\right)\ddot{u}_i\Delta t \end{cases} \quad (2.34)$$

则,式(2.34)给出的运动满足 t_{i+1} 时刻的运动方程:

$$m\ddot{u}_{i+1} + c\dot{u}_{i+1} + ku_{i+1} = P_{i+1} \quad (2.35)$$

将式(2.34)代入式(2.35)可得 t_{i+1} 时刻的位移 u_{i+1}:

$$\hat{k}u_{i+1} = \hat{P}_{i+1} \quad (2.36)$$

式中,$\hat{k} = k + \dfrac{1}{\beta\Delta t^2}m + \dfrac{\alpha}{\beta\Delta t}c$;

$$\hat{P}_{i+1} = P_{i+1} + \left[\dfrac{1}{\beta\Delta t^2}u_i + \dfrac{1}{\beta\Delta t}\dot{u}_i + \left(\dfrac{1}{2\beta} - 1\right)\ddot{u}_i\right]m + \left[\dfrac{\alpha}{\beta\Delta t}u_i + \left(\dfrac{\alpha}{\beta} - 1\right)\dot{u}_i + \dfrac{\Delta t}{2}\left(\dfrac{\alpha}{\beta} - 2\right)\ddot{u}_i\right]c \ .$$

可见,$\hat{P}_{i+1}$ 是由 t_i 时刻的位移、速度、加速度和 t_{i+1} 时刻的外荷载决定的,是已知的和预先已求得的,则用式(2.36)可求得 t_{i+1} 时刻的位移 u_{i+1};再利用式(2.34)可求得 t_{i+1} 时刻的速度 $\dot{u}_{i+1}$ 和加速度 $\ddot{u}_{i+1}$;循环上述步骤,可以得到所有离散时间点的位移、速度和加速度。对于车-桥耦合振动方程式(2.32)的求解,可以近似认为在每一时间步 Δt 内的各矩阵为常矩阵,在每个积分步长 Δt 的起点和终点建立动力平衡条件。具体流程如下:

（1）初始计算。

① 形成车辆系统矩阵 $\boldsymbol{M}_v$、$\boldsymbol{C}_v$ 和 $\boldsymbol{K}_v$。

② 计算桥梁固有频率和对应的模态向量，形成 $\boldsymbol{\Omega}$ 和 $\boldsymbol{\Phi}$ 矩阵。

③ 选定车辆和桥梁的初始条件。

④ 选择积分步长 Δt、参数 α 和 β，计算积分常数：

$$a_0 = \frac{1}{\beta \Delta t^2}; \quad a_1 = \frac{\alpha}{\beta \Delta t}; \quad a_2 = \frac{1}{\beta \Delta t}; \quad a_3 = \frac{1}{2\beta} - 1; \quad a_4 = \frac{\alpha}{\beta} - 1; \quad a_5 = \frac{\Delta t}{2}\left(\frac{\alpha}{\beta} - 2\right);$$

$$a_6 = \Delta t(1-\alpha); \quad a_7 = \alpha \Delta t$$

（2）对每一时间步 Δt。

（3）对每一个车轮 i：

① 判定该车轮在桥梁上的纵向位置。

② 形成 i 车轮处桥梁的插值函数。

③ 计算矩阵 $\boldsymbol{A}_1$、$\boldsymbol{A}_2$、$\boldsymbol{B}_1$ 和 $\boldsymbol{B}_2$。

④ 计算荷载列阵 $\boldsymbol{F}(x,t)$。

⑤ 形成车-桥耦合的广义质量、阻尼和刚度矩阵 $\boldsymbol{M}_{bv}$、$\boldsymbol{C}_{bv}$、$\boldsymbol{K}_{bv}$。

⑥ 形成有效刚度矩阵 $\boldsymbol{K}_{bv}^* = \boldsymbol{K}_{bv} + a_0 \boldsymbol{M}_{bv} + a_1 \boldsymbol{C}_{bv}$。

（4）求每个时间步响应：

① 计算 $t + \Delta t$ 时刻的有效荷载：

$$\boldsymbol{F}_{i+1}^* = \boldsymbol{F}_{i+1} + \boldsymbol{M}_{bv}(a_0 \boldsymbol{U}_i + a_2 \dot{\boldsymbol{U}}_i + a_3 \ddot{\boldsymbol{U}}_i) + \boldsymbol{C}(a_1 \boldsymbol{U}_i + a_4 \dot{\boldsymbol{U}}_i + a_5 \ddot{\boldsymbol{U}}_i)$$

② 求解 $t + \Delta t$ 时刻的位移，解方程：

$$\boldsymbol{K}_{bv}^* \boldsymbol{U}_{i+1} = \boldsymbol{F}_{i+1}^*$$

③ 计算 $t + \Delta t$ 时刻的加速度和速度：

$$\ddot{\boldsymbol{U}}_{i+1} = a_0 (\boldsymbol{U}_{i+1} - \boldsymbol{U}_i) - a_2 \dot{\boldsymbol{U}}_i - a_3 \ddot{\boldsymbol{U}}_i$$

$$\ddot{\boldsymbol{U}}_{i+1} = a_0 (\boldsymbol{U}_{i+1} - \boldsymbol{U}_i) - a_2 \dot{\boldsymbol{U}}_i - a_3 \ddot{\boldsymbol{U}}_i$$

$$\dot{\boldsymbol{U}}_{i+1} = \dot{\boldsymbol{U}}_i + a_6 \ddot{\boldsymbol{U}}_i + a_7 \ddot{\boldsymbol{U}}_{i+1}$$

$$t^* = t + \Delta t$$

1. 移动荷载作用的简支梁桥振动响应

定义 $\xi = T_1/t$，$t = L/v$，$\mu = (R_d - R_s)/R_s$。其中，T_1 是桥梁第一阶固有振动周期；t 为移动荷载通过桥梁的时间；L 为桥梁的计算跨径；R_d 是跨中振动响应最大值；R_s 是跨中最大静态位移；μ 为位移冲击系数。以图 2.5 所示的简支梁桥为例，采用 Newmark-β 法并结合模态综合法求解桥梁的振动响应，桥梁结构参数为：$L = 1.1938 \text{ m}$；$\rho = 2.9602 \times 10^3 \text{ kg/m}^3$；$A = 0.51 \times 10^{-2} \text{ m}^2$；$I = 0.9448 \times 10^{-6} \text{ m}^4$；$E = 10.48 \times 10^{10} \text{ N/m}^2$。

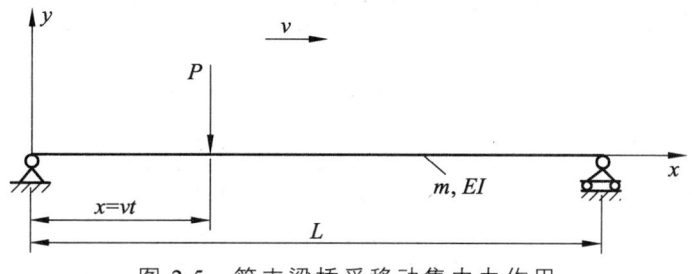

图 2.5　简支梁桥受移动集中力作用

不计结构阻尼，当集中力以各种 ζ 值通过桥梁时，图 2.6 给出了各种速度情况下，简支梁桥跨中动态位移与静态位移比值的时程曲线，当速度很小时（$\zeta = 0.1$），桥梁振动响应位移曲线与静态位移曲线很接近；当移动速度进一步减小时，振动响应曲线将收敛到静态位移曲线。表 2.2 列出了图 2.6 计算结果的冲击系数值，也列出了已有研究的计算结果。其中，文献[14]的结果是仅考虑一阶振动模态的理论值（这对于跨中节点具有足够高的精度，而当 $\zeta = 2$ 时，它是精确解），ANSYS 结果是用商用软件 ANSYS 15.0 计算得到，Full-Size 结果是采用全自由度直接耦合方法计算得到，而 Modal Method 结果是采用模态综合法计算得到。从表 2.2 可知，当 $\zeta = 1.234$ 时，也即当力通过时间等于梁的一阶固有振动周期的 0.8104 倍时，跨中竖向振动位移取得最大值，模态综合法计算得到的冲击系数为 1.734。与文献[14]的比较表明，模态综合法的计算效果良好，最大差值小于 1%，与其他结果比较也吻合很好，说明了该计算方法的有效性。

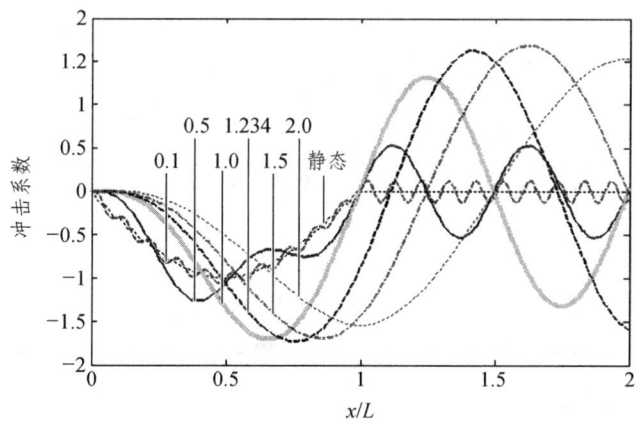

图 2.6　不同荷载移动速度的跨中位移冲击系数

表 2.2 不同方法计算的简支梁桥跨中位移冲击系数

ζ	(1) Exact[14]	(2) Lin[15]	(3) ANSYS	(4) Full-Size	(5) Modal Method	[(5)−(1)]/(1) /%
0.1	1.050	1.053	1.076	1.065	1.057	0.667
0.5	1.250	1.252	1.251	1.256	1.254	0.320
1.0	1.707	1.705	1.692	1.703	1.702	−0.293
1.234	1.743	1.730	1.729	1.737	1.734	−0.516
1.5	1.710	1.704	1.686	1.695	1.695	−0.877
2.0	1.550	1.550	1.543	1.549	1.551	0.064

2. 两自由度车辆荷载作用的简支梁桥振动响应

两自由度车辆作用的车-桥耦合模型如图 2.7 所示，为了与已有研究结果进行比较，桥梁结构参数和车辆参数与文献[14]相同，如表 2.3 所示，表中的车轮质量均为一小值，表示车辆退化为一个只有车厢竖向和旋转振动的两自由度系统。为分析桥梁结构阻尼和车辆阻尼对振动响应的影响，讨论两种工况：工况 1，有阻尼；工况 2，无阻尼。当车辆以不同速度通过桥梁时（无量纲参数 ζ 表示），图 2.8 给出了工况 1 的桥梁跨中位移冲击系数时程曲线，结果表明：当 $\zeta=2$ 时，也就是车辆通过桥梁的时间是桥梁一阶振动周期的一半时，跨中位移冲击系数最大，约为 1.7。与文献[16]的结果比较，两者的最大差值不超过 1%，与文献[15]的结果也吻合较好。

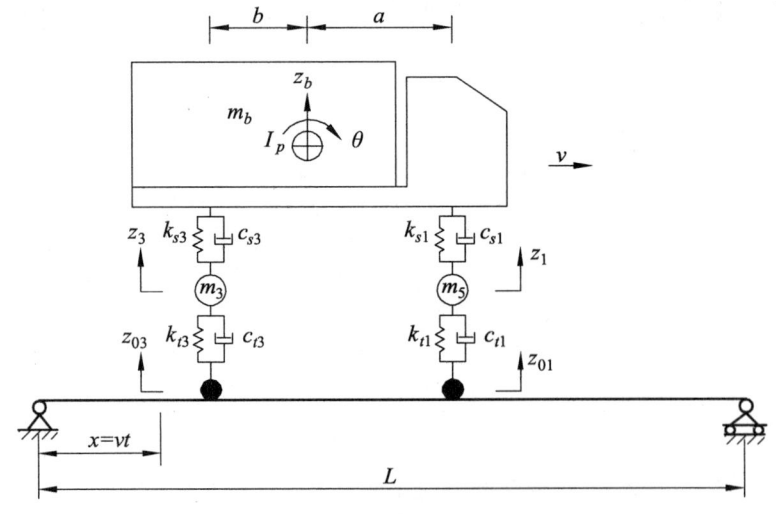

图 2.7 车-桥耦合模型

第2章 公路桥梁车–桥耦合振动模型及算法

表 2.3 桥梁和车辆参数

简支梁参数	车辆参数
$L = 1.1938$ m	$m_b = 4.405$ kg $m_1 = m_3 = 10^{-10}$ kg
$\rho = 2.9602 \times 10^3$ kg/m^3	$I_p = 0.568$ kg/m
$A = 0.51 \times 10^{-2}$ m^2	$k_{t1} = k_{s1} = 0.9015 \times 10^6$ N/m
$I = 0.9448 \times 10^{-6}$ m^4	$k_{t3} = k_{s3} = 1.082 \times 10^6$ N/m
$E = 10.48 \times 10^{10}$ N/m^2	$a = 0.371$ m, $b = 0.348$ m
工况 1：$\xi_1 = \xi_2 = 0$	工况 1：$c_{t1} = c_{s1} = c_{t3} = c_{s3} = 0$
工况 2：$\xi_1 = 2\%, \xi_2 = 5\%$	工况 2：$c_{t1} = c_{s1} = 39.205$ N·s/m $c_{t3} = c_{s3} = 44.340$ N·s/m

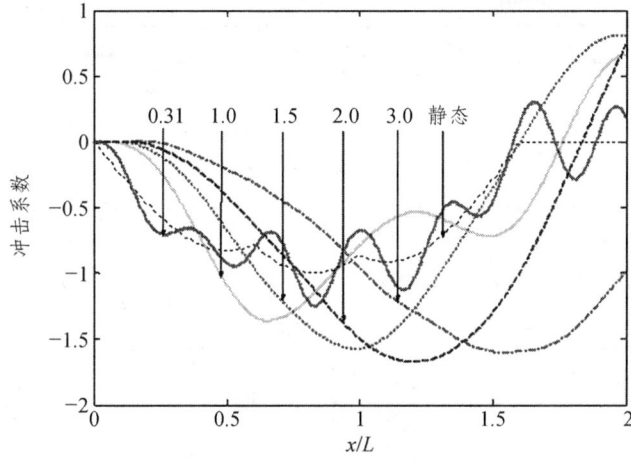

图 2.8 桥梁跨中位移冲击系数时程曲线（工况 1）

图 2.9 给出了工况 1 和工况 2 的桥梁跨中位移冲击系数随车速的变化，并与文献[16]的结果进行了比较，结果表明：工况 2 的冲击系数小于工况 1 的冲击系数，同时也说明了本算法得到的结果和文献[14]的结果是很吻合的。

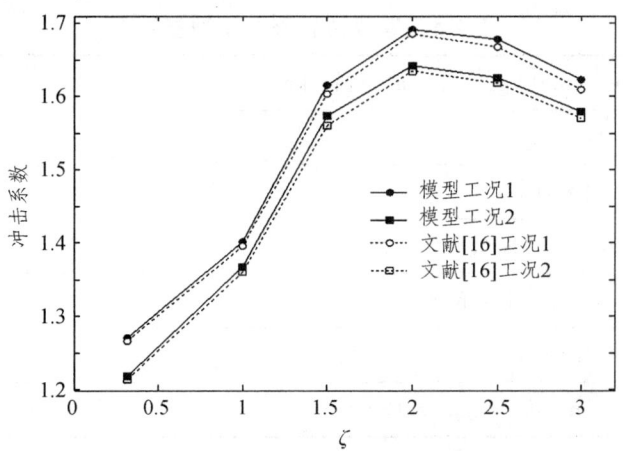

图 2.9 不同工况的桥梁跨中位移冲击系数

3. 两轴整车荷载作用的简支板结构振动响应

为分析三维整车荷载作用的简支板振动响应,在此以图 2.10 的简支板和图 2.11 的两轴整车为研究对象,为便于与已有的研究结果进行比较,结构参数和车辆参数与文献[16]一致,板的长度 $L = 80$ m,宽度 $W = 8$ m,厚度 $h = 0.8$ m,弹性模量 $E = 3.0 \times 10^{10}$ N/m^2,$\rho = 3\,500$ kg/m^3,板的一阶模态频率为 0.52 Hz。车辆参数如表 2.4 所示,车辆一阶模态频率为 2.31 Hz。使用 4 节点壳单元模拟板结构,沿板纵向划分为 10 个单元,横向划分为 4 个单元,共 40 个单元。

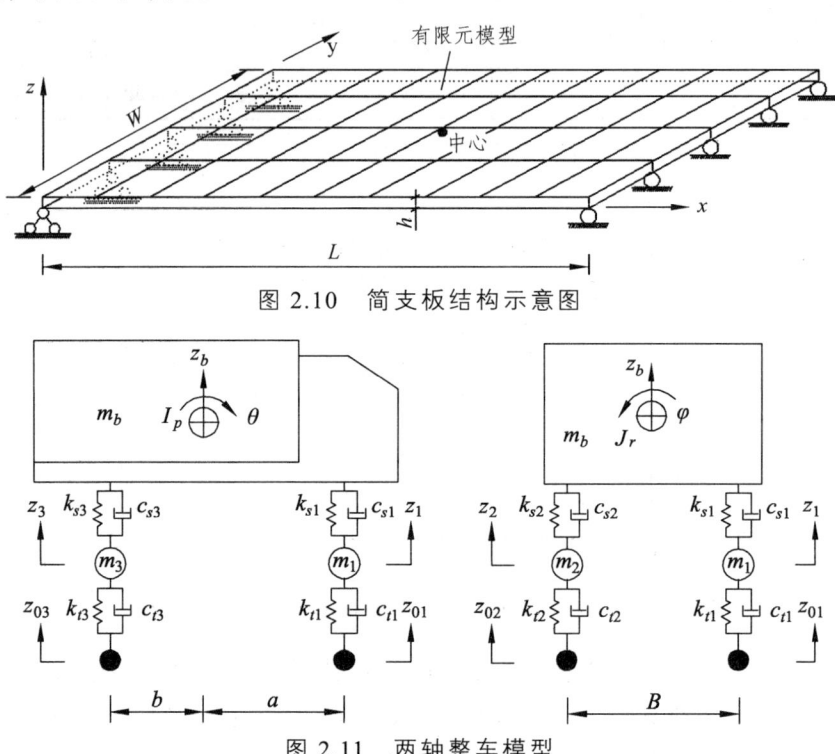

图 2.10 简支板结构示意图

图 2.11 两轴整车模型

表 2.4 等效两轴整车模型参数

$m_b = 1\,460$ kg, $m_1 = m_2 = 800$ kg, $m_3 = m_4 = 710$ kg
$I_p = 1\,560$ kg·m^2, $I_r = 449$ kg·m^2
$k_{t1} = k_{t2} = k_{t3} = k_{t4} = 3.351 \times 10^5$ N/m
$k_{s1} = k_{s2} = k_{s3} = k_{s4} = 3.99 \times 10^5$ N/m
$a = 1.729$ m, $b = 1.73$ m, $B = 1.5$ m
$c_{t1} = c_{t2} = c_{t3} = c_{t4} = 800$ N·s/m
$c_{s1} = c_{s2} = 232\,210$ N·s/m, $c_{s3} = c_{s4} = 5\,180$ N·s/m

不考虑结构的阻尼，车辆沿板中线纵向行驶，采用 Newmark-β 法并结合模态综合法（Modal General Method）求解简支板的振动响应，取简支板结构前十阶模态的计算结果如图 2.12 所示，表 2.5 也列出了模态综合法和全自由度直接耦合方法（Full-Size）两种计算方法得到的中点竖向振动位移最大值，并与文献[7]的结果进行了对比分析。结果表明：模态综合法得到的结果与文献[7]的结果接近，最大差别不超过 1%，直接耦合法和模态耦合方法的计算结果也吻合较好，而直接耦合法包括结构的所有模态，得到的结果更可靠。应该指出的是，采用直接耦合法求解的自由度个数是所有未知位移的节点自由度数，共计 315 个，加上车辆自由度共计 322 个未知量；而模态综合法求解取前十阶模态，有 10 个广义坐标未知量，加上车辆自由度共计只有 17 个未知量。由于系统的振动方程是随时间变化的，每个积分步均需重新计算系统特性矩阵的逆矩阵，Full-Size 方法计算时间约 5 分钟，而 Modal General Method 方法计算时间约 6 秒。显然，采用模态综合法是更加有效的，对于更复杂的结构直接耦合法很不经济。

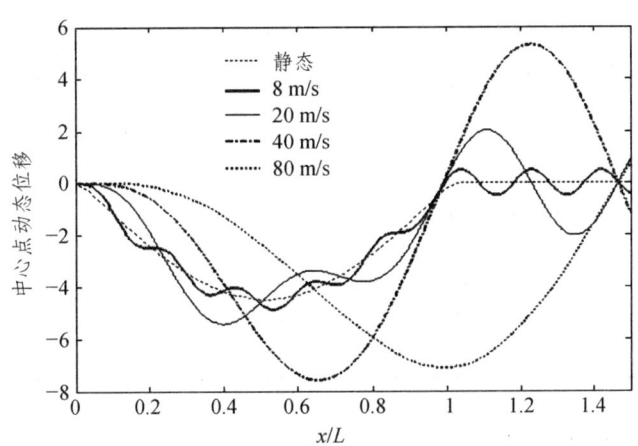

图 2.12　不同车速的简支板中点振动位移响应

表 2.5　两轴整车作用的简支板中点位移最大值

v/（m/s）	（1）Henchi[7]/mm	（2）Full-Size/mm	（3）Modal Method/mm	[（3）-（1）]/（1）/%
静态	—	-4.489	-4.499	—
8	-4.822	-4.856	-4.869	-0.970
20	-5.400	-5.401	-5.421	-0.389
40	-7.524	-7.571	-7.576	-0.689
80	—	-7.094	-7.098	—

2.2.2　精细积分法

采用 Newmark-β 法求解车-桥耦合动力方程时，在每一个时间步内，移动车辆的位置和车-桥相互作用力的大小都是固定不变的，下一个时间步的车-桥相互作用力是突然施加到下一个位置且力的大小也是突然改变的。如果时间步长较大，就会造成较大的计算误差，要想获得高精度的计算结果，就必须减小时间步长。实际上，车辆过桥是一个连续移动的过程，前后时间点的车-桥相互作用力是连续变化的，并非在一个时间步内固定不变，为了提高求解速度和精度，可以采用精细积分法[17]求解车-桥耦合动力方程。

1. 车-桥相互作用力的节点等效分解

如图 2.13 所示，假设跨径为 L 的简支梁，第 i 单元长度为 l_i，移动弹簧-质量系统自单元 i 的 i 端向 j 端以速度 v 匀速行驶。在数值迭代格式的某一积分步长 Δt 内，弹簧质量系统由 A 点移动到 B 点，这时 A、B 两点均在单元 i 内。数值迭代时，t_k 时刻作用于 A 点，而 t_{k+1} 时刻移动到 B 点，A 点和 B 点分别距离简支梁起点的距离为 x_1 和 x_2。如果任意 k 时刻，移动弹簧-质量车模型所在 i 单元起点距桥梁起点距离为 x_k，则移动弹簧-质量车模型在 i 单元内距离 i 结点的距离为 x：

$$x = vt_k - x_k, \quad \xi = x/l_i = vt/l_i - x_k/l_i = \xi_1 t - \xi_2 \tag{2.37}$$

令 $\xi_1 = v/l_i$，$\xi_2 = x_k/l_i$，假设车辆以匀速 v 行驶，各单元长度相等，则在全桥范围内 ξ_1 为常数；若各单元长度不同，则在每一个单元内 ξ_1 相同，不同单元内 ξ_1 不同。

$$\xi = \xi_1 t - \xi_2 \tag{2.38}$$

$$\xi^2 = \xi_1^2 t^2 - 2\xi_1 \xi_2 t + \xi_2^2, \quad \xi^3 = \xi_1^3 t^3 - 3\xi_1^2 \xi_2 t^2 + 3\xi_1 \xi_2^2 t - \xi_2^3 \tag{2.39}$$

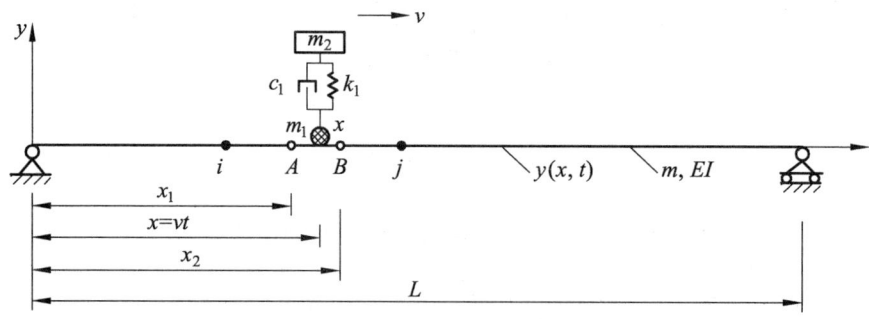

图 2.13 移动弹簧-质量在单元 i 内移动

根据车桥耦合振动理论，作用于简支梁桥单元内部的荷载为：

$$F_v^{\text{int}}(t) = \mathbf{N}^T \{(m_1 + m_2)g + k_1[z - y(x,t)] + c_1[\dot{z} - \dot{y}(x,t)]\} \tag{2.40}$$

采用车辆模型所在单元的有限元插值函数 $\mathbf{N}$，将单元内部荷载 $F_v^{\text{int}}(t)$ 等效分解到 i 节点和 j 节点，如图 2.14 所示。在任意时刻 $t = t_k + \tau$，移动荷载 $F_v^{\text{int}}(t)$ 在节点 i 和节点 j 产生的等效节点荷载为：

$$f_1(t) = N_1(\xi)\mathbf{P}(t), \quad f_2(t) = N_2(\xi)\mathbf{P}(t), \quad f_3(t) = N_3(\xi)\mathbf{P}(t), \quad f_4(t) = N_4(\xi)\mathbf{P}(t) \tag{2.41}$$

式中，$N_i(\xi)(i=1,2,3,4)$ 是梁单元的插值函数。

$$N_1 = 1 - 3\xi^2 + 2\xi^3, \quad N_2 = (1 - 3\xi^2 + 2\xi^3)l, \quad N_3 = 3\xi^2 - 2\xi^3, \quad N_4 = (-\xi^2 + \xi^3)l \tag{2.42}$$

将式（2.37）代入（2.42）中可以得到：

$$N_1 = b_{11} + b_{12}t + b_{13}t^2 + b_{14}t^3, \quad N_2 = b_{21} + b_{22}t + b_{23}t^2 + b_{24}t^3$$

$$N_3 = b_{31} + b_{32}t + b_{33}t^2 + b_{34}t^3, \quad N_4 = b_{41} + b_{42}t + b_{43}t^2 + b_{44}t^3 \tag{2.43}$$

此时桥梁上的外荷载向量可以表示成：

$$\boldsymbol{F}(t) = \{0, 0, \cdots, f_1(t), f_2(t), f_3(t), f_4(t), \cdots, 0, 0\}^{\mathrm{T}} \tag{2.44}$$

将式（2.41）、式（2.43）代入式（2.44），并整理可得：

$$\boldsymbol{F}(t) = (\boldsymbol{r}_0 + \boldsymbol{r}_1 t + \boldsymbol{r}_2 t^2 + \boldsymbol{r}_3 t^3)[-\boldsymbol{\Phi}^{\mathrm{T}}(m_1 + m_2)g] \tag{2.45}$$

式中，$\boldsymbol{r}_i$（$i = 0, 1, 2, 3$）是常系数向量，分别为：

$$\boldsymbol{r}_0 = \{0, 0, \cdots, b_{11}, b_{21}, b_{31}, b_{41}, \cdots, 0, 0\}^{\mathrm{T}}$$

$$\boldsymbol{r}_1 = \{0, 0, \cdots, b_{12}, b_{22}, b_{32}, b_{42}, \cdots, 0, 0\}^{\mathrm{T}}$$

$$\boldsymbol{r}_2 = \{0, 0, \cdots, b_{13}, b_{23}, b_{33}, b_{43}, \cdots, 0, 0\}^{\mathrm{T}}$$

$$\boldsymbol{r}_3 = \{0, 0, \cdots, b_{14}, b_{24}, b_{34}, b_{44}, \cdots, 0, 0\}^{\mathrm{T}} \tag{2.46}$$

式中，$b_{11} = 1 - 3\xi_2^2 - 2\xi_2^3$，$b_{12} = 6\xi_1\xi_2 + 6\xi_1\xi_2^2$，$b_{13} = -3\xi_1^2 - 6\xi_1^2\xi_2$，$b_{14} = 2\xi_1^3$，
$b_{21} = (-\xi_2 - 2\xi_2^2 - \xi_2^3)l_i$，$b_{22} = (\xi_1 + 4\xi_1\xi_2 + 3\xi_1\xi_2^2)l_i$，$b_{23} = (-2\xi_1^2 - 3\xi_1^2\xi_2)l_i$，$b_{24} = \xi_1^3 l_i$，
$b_{31} = 3\xi_2^2 + 2\xi_2^3$，$b_{32} = -6\xi_1\xi_2 - 6\xi_1\xi_2^2$，$b_{33} = 3\xi_1^2 + 6\xi_1^2\xi_2$，$b_{34} = -2\xi_1^3$，
$b_{41} = (-\xi_2^2 - \xi_2^3)l_i$，$b_{42} = (2\xi_1\xi_2 + 3\xi_1\xi_2^2)l_i$，$b_{43} = (-\xi_1^2 - 3\xi_1^2\xi_2)l_i$，$b_{34} = \xi_1^3 l_i$。

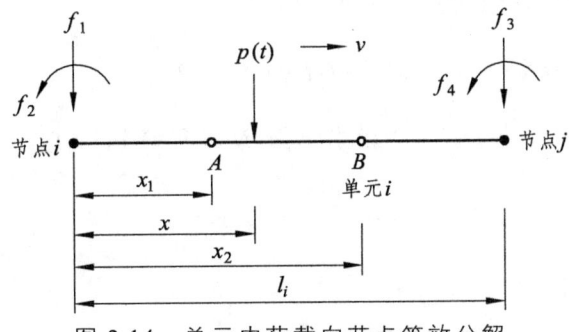

图 2.14　单元内荷载向节点等效分解

2. 车桥耦合方程的精细积分求解

当不考虑桥面不平顺的影响时，车-桥耦合系统时变振动方程为：

$$\boldsymbol{M}_{\mathrm{bv}}\ddot{\boldsymbol{U}} + \boldsymbol{C}_{\mathrm{bv}}\dot{\boldsymbol{U}} + \boldsymbol{K}_{\mathrm{bv}}\boldsymbol{U} = \boldsymbol{F}_g \tag{2.47}$$

将式（2.47）转化成如下的状态方程：

$$\dot{\boldsymbol{v}}(t) = \boldsymbol{H}\boldsymbol{v}(t) + \boldsymbol{r}(t) \tag{2.48}$$

式中，$v^T(t) = \begin{bmatrix} U^T & \dot{U}^T \end{bmatrix}$；$H = \begin{bmatrix} 0 & I \\ B & G \end{bmatrix}$，其中 $B = -M_{bv}^{-1}K_{bv}$，$G = -M_{bv}^{-1}C_{bv}$；$r(t) = \begin{bmatrix} 0 \\ M_{bv}^{-1}F(t) \end{bmatrix}$，

其中 $F(t) = \begin{bmatrix} 0 \\ -\boldsymbol{\Phi}^T N^T(m_1 + m_2)g \end{bmatrix}$。

方程 $\dot{v}(t) = Hv(t) + r(t)$ 的通解为齐次解 $v_h(t)$ 与特解 $v_p(t)$ 之和，即：

$$v(t) = v_h(t) + v_p(t) \tag{2.49}$$

假设 t_k 时刻，状态量为 $v(t_k)$，则在 $t_{k+1} = t_k + \Delta t$ 时刻，桥梁的状态向量 $v(t_{k+1})$ 为：

$$v(t_{k+1}) = T(\Delta t)[v(t_k) - v_p(t_k)] + v_p(t_{k+1}) \tag{2.50}$$

式中，$T(\Delta t)$ 是指数矩阵，$v_p(t_k)$ 是特解向量。

在某一积分步 $t \in (t_k, t_{k+1})$ 中，齐次解为：

$$v_h(t) = T(\tau)c \tag{2.51}$$

$$T = \exp(H\tau) \quad \tau = t - t_k \tag{2.52}$$

式中，c 是由初始状态 $t = t_k$ 所决定的积分常量，T 为指数矩阵。

在（2.52）式中，$\exp(H\tau) = [\exp(H\tau/m)]^m$，$m = 2^N$，当 N 取 20 时，$m = 1\,048\,576$。当 τ 并不是很大的时间区段时，$\Delta t = \tau/m$ 将是一个非常小的时间区段[18]。因此，对于 Δt 积分区段，有 $\exp(H\Delta t) = I + T_a$，其中 I 是单位矩阵。

$$T = (I + T_a)^{2N} = (I + T_a)^{2(N-1)} \times (I + T_a)^{2(N-1)} \tag{2.53}$$

$$T_a \approx H\Delta t + (H\Delta t)^2[I + H\Delta t]/3 + (H\Delta t)^2/12]/2 \tag{2.54}$$

将式（2.53）分解一直做 N 次，相当于做 N 次循环执行 $T_a = 2T_a + T_a \times T_a$，当循环结束后，$T = I + T_a$。

从而方程有：

$$v(t_k) = T \cdot v(t_{k-1}) \quad v_1 = Tv_0 \tag{2.55}$$

（1）Cotes 积分格式求非齐次方程特解。

式（2.48）的非齐次方程特解 $v_p(t)$，可以采用 Cotes 积分格式进行求解。对于如下的非齐次方程：

$$\dot{v} = Hv + Gr(t) \tag{2.56}$$

式中，G 为时间 t 的函数。

则，方程（2.56）的通解可以写成：

$$\boldsymbol{v} = e^{Ht}\boldsymbol{v}_0 + \int_0^{t_{k+1}} \boldsymbol{G} \cdot e^{H(t_{k+1}-\tau)} d\tau \tag{2.57}$$

对上式进行离散化 $\Delta t = t_{k+1} - t_k$，Δt 为时间步长。

$$\begin{aligned}
\boldsymbol{v}_{k+1} &= e^{Ht_{k+1}}\boldsymbol{v}_0 + \int_0^{t_{k+1}} e^{H(t_{k+1}-\tau)} \cdot \boldsymbol{G} \cdot \boldsymbol{r}(\tau) d\tau \\
&= e^{H\Delta t} e^{Ht_k} \boldsymbol{z}_0 + \int_0^{t_k} e^{[H(t_k-\tau)+H\Delta t]} \cdot \boldsymbol{G} \cdot \boldsymbol{r}(\tau) d\tau + \int_{t_k}^{t_{k+1}} e^{H(t_{k+1}-\tau)} \cdot \boldsymbol{G} \cdot \boldsymbol{r}(\tau) d\tau \\
&= \boldsymbol{T}\boldsymbol{v}_k + \int_{t_k}^{t_{k+1}} e^{H(t_{k+1}-\tau)} \cdot \boldsymbol{G} \cdot \boldsymbol{r}(\tau) d\tau
\end{aligned} \tag{2.58}$$

$$\int_{t_k}^{t_{k+1}} e^{H(t_{k+1}-\tau)} \cdot \boldsymbol{G} \cdot \boldsymbol{r}(\tau) d\tau$$

$$= \left[7e^{\Delta t} \cdot G(t_k) r(t_k) + 32 e^{H\frac{3}{4}\Delta t} \cdot G\left(t_k + \frac{1}{4}\Delta t\right) \cdot r\left(t_k + \frac{1}{4}\Delta t\right) + 12 e^{H\frac{1}{2}\Delta t} \cdot G\left(t_k + \frac{1}{2}\Delta t\right) \cdot r\left(t_k + \frac{1}{2}\Delta t\right) + \right.$$

$$\left. 32 e^{H\frac{1}{4}\Delta t} \cdot G\left(t_k + \frac{3}{4}\Delta t\right) \cdot r\left(t_k + \frac{3}{4}\Delta t\right) + 7 G(t_{k+1}) \cdot r(t_{k+1}) \right] \cdot \frac{\Delta t}{90} \tag{2.59}$$

（2）Gauss 积分法。

采用 Gauss 积分公式展开式（2.57）中 Duhamel 项，得：

$$\boldsymbol{v}_{t+\Delta t} = \exp(H\Delta t) + \Delta t/2 \times \sum_{i=1}^{n} w_i \exp[H\Delta t(1-\theta_i)] f_{t+\theta_i\Delta t}(\boldsymbol{v}_{t+\theta_i\Delta t}) \tag{2.60}$$

式中，n 为 Gauss 积分点的个数；θ_i、w_i 分别为 Gauss 积分点位置、权重系数。

当 r 增大时，积分精度随之提高，计算量亦随之增大。综合考虑上述两种因素并结合有限元中等参元 Gauss 积分计算的经验，取 $n=3$。与之对应，式（2.60）中的参数取值如下：

$$\theta_1 = (1-\sqrt{3/5}); \quad \theta_2 = 0.5; \quad \theta_3 = (1+\sqrt{3/5})/2;$$
$$w_1 = 5/9; \quad w_2 = 8/9; \quad w_3 = 5/9 \tag{2.61}$$

式（2.61）离散后的非线性荷载项涉及 $t+\theta_i\Delta t$ 时刻的系统运动状态，可以由以下方法确定。假定 t 到 $t+\Delta t$ 之间任一时刻 τ 的位移可由 t、$t+\Delta t$ 时间步的位移、速度依据三次 Hermite 函数插值唯一确定：

$$\boldsymbol{v}_\tau = \boldsymbol{v}_t N_1(\theta) + \boldsymbol{v}_{t+\Delta t} N_2(\theta) + \Delta t [\dot{\boldsymbol{v}}_t N_3(\theta) + \dot{\boldsymbol{v}}_{t+\Delta t} N_4(\theta)] \tag{2.62}$$

式中，$N_1(\theta) = 1 - 3\theta^2 + 2\theta^3$；$N_2(\theta) = 3\theta^2 - 2\theta^3$；$N_3(\theta) = \theta - 2\theta^2 + \theta^3$；$N_4(\theta) = \theta^3 - \theta^2$；$\theta = (\tau-t)/\Delta t$；$0 \leq \theta \leq 1$。

（3）待定系数法。

设方程（2.49）的特解为：

$$\boldsymbol{v}_{\mathrm{p}}(t) = k_0 + k_1 t + k_2 t^2 + k_3 t^3 \tag{2.63}$$

则：

$$\dot{\boldsymbol{v}}(t) = k_1 t + 2k_2 t + 3k_3 t^2 \tag{2.64}$$

将式（2.63）和式（2.64）代入式（2.49）可得：

$$\dot{\boldsymbol{v}}_{\mathrm{p}}(t) = \boldsymbol{H}\boldsymbol{v}_{\mathrm{p}}(t) + (r_0 + r_1 t + r_2 t^2 + r_3 t^3) \tag{2.65}$$

联立式（2.63）~（2.65）可得：

$$k_3 = -\boldsymbol{H}^{-1} r_3, \quad k_2 = \boldsymbol{H}^{-1}(3k_3 - r_2), \quad k_1 = \boldsymbol{H}^{-1}(2k_2 - r_1), \quad k_1 = \boldsymbol{H}^{-1}(k_1 - r_0) \tag{2.66}$$

则：

$$\boldsymbol{v}_{\mathrm{p}}(t_{k+1}) = \boldsymbol{v}_{\mathrm{p}}(t_k) + k_0 + k_1 t + k_2 t^2 + k_3 t^3 \tag{2.67}$$

3. 精细积分法求解车-桥耦合振动方程

（1）初始计算。

① 建立车辆模型的动力方程，形成车辆系统矩阵 $\boldsymbol{M}_\mathrm{v}$、$\boldsymbol{C}_\mathrm{v}$、$\boldsymbol{K}_\mathrm{v}$。

② 建立桥梁有限元模型，计算桥梁固有频率及模态向量，形成 $\boldsymbol{I}$、$\boldsymbol{\Omega}$、$\boldsymbol{\Phi}$、$\boldsymbol{X}$ 矩阵。

③ 选定车辆和桥梁的位移和速度初始条件。

④ 选择精细积分通解积分次数 N 和积分步长 Δt，生成精细积分法子程序 EXPHDT。

（2）对每一时间步 Δt。

（3）对每一个车轮。

① 识别车轮在桥上所处单元。

② 计算车轮在单元内的相对位置及插值函数。

③ 考虑节点响应在积分步长内按线性变化，计算插值函数多项式系数 b_{ii}，形成车辆荷载作用于桥梁的荷载多项式系数 r_0、r_1、r_2、r_3。

④ 计算矩阵 $\boldsymbol{Q}$、$\boldsymbol{S}$、$\boldsymbol{A}_1$、$\boldsymbol{A}_2$、$\boldsymbol{B}_1$、$\boldsymbol{B}_2$。

（4）对车桥耦合整体模型。

① 形成车-桥耦合振动的广义质量、阻尼和刚度矩阵 $\boldsymbol{M}_\mathrm{bv}$、$\boldsymbol{C}_\mathrm{bv}$ 和 $\boldsymbol{K}_\mathrm{bv}$。

② 计算 $\boldsymbol{M}_\mathrm{bv}^{-1}$，计算 $\boldsymbol{B}$、$\boldsymbol{G}$ 矩阵，形成精细积分矩阵 $\boldsymbol{H}$。

③ 形成精细积分荷载向量矩阵 $r(t)$。

（5）求每个时间步广义坐标向量响应。

① 调用 EXPHDT 函数，根据 Cotes 积分点坐标，形成精细积分荷载向量 $r(t)$。

② 计算通解指数矩阵 $\boldsymbol{T}$，求解通解 $v_\mathrm{h}(t_k)$。

③ 调用 Cotes 迭代积分格式，求解非齐次项。

④ 精细积分求解非齐次项特解 $v_\mathrm{p}(t_k)$。

⑤ 根据式（2.50），计算 $v(t_{k+1})$。

第 2 章 公路桥梁车-桥耦合振动模型及算法

（6）进入下一时间积分区间 $t^* = t + \Delta t$，判断车轮是否出桥，如果车轮在桥上，转步骤（2），若车轮已出桥，转步骤（7）。

（7）根据模态叠加法求解桥梁关键位置的响应。

4. 移动常量力作用的简支梁桥振动响应

为研究本节的车-桥耦合振动方程精细积分算法的精确性，同时采用解析法、Newmark-β 法（全自由度法及模态叠加法）、Rungekutta 法、ANSYS 软件计算图 2.5 所示简支梁桥在移动常量力作用下的跨中位移冲击系数，表 2.6 列出了各种数值方法计算的跨中位移冲击系数。其中，exact 结果是取简支梁前十阶模态计算的解析解；full-size 结果是采用全自由度直接耦合方法计算得到；ANSYS 结果是由 ANSYS 进行瞬态分析计算得到；Runge-kutta 结果则是取简支梁桥前十阶模态解析方程，采用 Runge-kutta 法求解而得；而 Newmark-β 结果是采用 ANSYS 将简支梁离散成有限元模型，提取前十阶模态向量计算而来；PIM 法则是采用本节的精细积分法计算而得。

表 2.6 移动集中力作用的简支梁桥跨中位移冲击系数

ξ	① exact[1]	② lin[15]	③ full-size[19]	④ Warburtd[1]	⑤ ANSYS	⑥ Runge-kuta	⑦ Newmark-β	⑧ PIM	(⑧-①)/①/%
0.1	0.050	0.053	0.065	0.057	0.047 6	0.047 6	0.051 1	0.050 8	1.6
0.5	0.250	0.252	0.256	0.254	0.255 3	0.255 3	0.255 9	0.255 8	2.32
1.0	0.707	0.705	0.703	0.702	0.703 1	0.704 6	0.703 3	0.703 3	−0.52
1.23	0.743	0.730	0.737	0.734	0.733 8	0.731 6	0.732 6	0.732 6	−1.40
1.5	0.710	0.704	0.695	0.695	0.699 1	0.702 4	0.699 3	0.699 3	−1.51
2.0	0.550	0.550	0.549	0.551	0.550 7	0.549 8	0.549 8	0.549 8	−0.037

从表 2.6 可以看出，ξ 值越小，即移动常量力的移动速度越小，桥梁振动响应曲线越接近静态响应曲线；当 ξ 值接近 1 时，移动常量力在桥上的运行时间与桥梁第一阶自振周期接近，跨中位移冲击系数较大。Runge-kutta 法、Newmark-β 法和 PIM 法的计算结果非常接近，模态综合叠加法的计算结果比 ANSYS 瞬态分析结果、全自由度法结果[19] 更接近解析解[1]。模态综合叠加法的 Newmark-β 解和精细积分法解与解析方程的 Runge-kutta 法数值解非常接近，但 Runge-kutta 法与其他几种方法相比，波动偏差较大。精细积分法比 Newmark-β 法更接近解析解，精细积分法计算的冲击系数误差与解析解相对误差小于 2%，本节所提出的精细积分算法准确可行。

5. 移动弹簧-质量车作用的简支梁桥振动响应

移动弹簧质量作用的车-桥耦合振动模型如图 2.15 所示，简支梁桥结构参数和车辆模型动力特性参数见表 2.7。当移动弹簧-质量车分别以 5 m/s、15 m/s、30 m/s 的速度匀速通过简支梁桥时，表 2.8 给出了 Runge-kutta 法、Newmark-β 法、PIM 法 3 种数值方法计算的跨中最大动挠度、相对于数值计算稳定解的误差和计算时间。Runge-kutta 法在分析移动弹簧-质量过桥的振动响应时，可以采用自适应步长计算，计算步长对计算结果影响较小，500 积分步即可获得稳定解。相同的行车速度，Newmark-β 法需要 PIM 法的 5 倍积分步才可以达到相同的稳定解；达到相同的计算精度时，PIM 法计算时间也比 Newmark-β 法短。

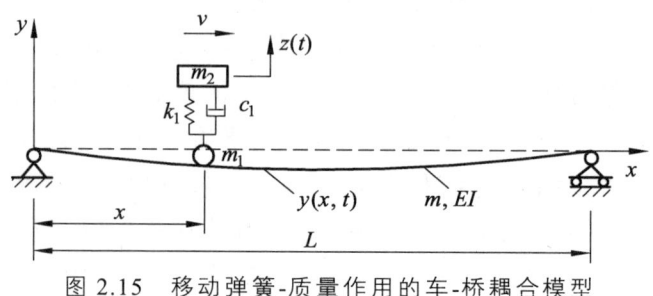

图 2.15 移动弹簧-质量作用的车-桥耦合模型

表 2.7 桥梁结构参数和车辆参数

简支梁参数	车辆参数
$L = 30$ m	$P = 3.278 \times 10^5$ N
$\rho = 2\ 600$ kg/m	$m_1 = 1\ 425$ kg
$A = 1.062\ 2$ m^2	$m_2 = 32\ 025$ kg
$I = 0.509\ 2$ m^4	$k_1 = 6.5 \times 10^5$ N/m
$E = 3.5 \times 10^{10}$ N·m^2	$c_1 = 2.1 \times 10^4$ N·s/m

表 2.8 不同计算方法的桥梁跨中最大动位移对比

车速/(m/s)	① Runge-kutta 法		② Newmark-β 法				③ PIM 法			
	总积分步	最大挠度/mm	总积分步	最大挠度/mm	计算时间/s	误差%	总积分步	最大挠度/mm	计算时间/s	误差/%
5	100	11.362	600	11.255	0.264	−0.787				
	500	11.372	1 200	11.323	0.523	−0.186	600	11.337	1.008	−0.062
	5 000	11.372	6 000	11.344	2.533	−0.004	1 200	11.345	1.962	0.005
	50 000	11.372	12 000	11.344	5.033	−0.002	6 000	11.344	9.772	0
			60 000	11.344	24.97	0				
15	100	10.891	200	10.854	0.098	−0.194				
	500	10.891	400	10.864	0.178	0.104	200	10.876	0.346	0.011
	5 000	10.892	2 000	10.874	0.848	−0.006	400	10.874	0.667	−0.006
	50 000	10.892	4 000	10.875	1.678	−0.002	2 000	10.875	3.365	0
			20 000	10.875	8.204	0				
30	100	11.246	100	11.306	0.055	0.460				
	500	11.258	200	11.250	0.101	−0.032	100	11.255	0.179	0.009
	5 000	11.258	1 000	11.256	0.434	0.008	200	11.259	0.344	0.043
	50 000	11.258	2 000	11.254	0.849	0.002	1 000	11.254	1.685	0
			10 000	11.254	4.234	0				

6. 精细积分法迭代格式对车-桥耦合振动响应的影响

算例1 为研究 PIM 数值积分法计算车-桥耦合振动响应的有效性和积分步长内荷载分解方法对车-桥耦合振动响应的影响,以图 2.5 移动常量力作用的简支梁桥为例,分别采用解析法、Runge-kutta 法(解析方程数值解)、Newmark-β 法(全自由度和模态综合叠加两种方法)、精细积分法(积分步长内荷载的协调分解及不变常量)求解桥梁的振动响应。

不同求解方法的跨中位移冲击系数计算结果如表 2.9 所示。其中:exact[1]结果为取简支梁前十阶模态的解析解;full-size[19]结果为采用全自由度直接耦合法计算所得;Newmark-β[20]结果是利用 ANSYS 将简支梁离散成有限元模型,提取前十阶模态向量计算所得;PIM-Cotes-Harmonize(PIM-C-H)法为荷载在积分步长内等效协调分解,采用精细积分法,结合科茨积分格式求解;PIM-Cotes-Same(PIM-C-S)法的荷载在积分步长内为不变常量,采用精细积分法,结合科茨积分格式求解;PIM-Gauss-Same(PIM-G-S)法为荷载在积分步长内为不变常量,采用精细积分法,结合高斯积分格式求解。

表 2.9 不同计算方法的跨中位移冲击系数

ξ	exact[1]	lin[15]	full-size[19]	Runge-kuta	Newmark-β	PIM-C-S	PIM-C-H	(⑦-①)/① /%
0.1	0.050	0.053	0.065	0.048	0.051	0.051	0.051	1.6
0.5	0.250	0.252	0.256	0.255	0.256	0.256	0.256	2.32
1.0	0.707	0.705	0.703	0.705	0.702	0.703	0.703	-0.52
1.23	0.743	0.730	0.737	0.732	0.732	0.733	0.733	-1.40
1.5	0.710	0.704	0.695	0.702	0.699	0.699	0.699	-1.51
2.0	0.550	0.550	0.549	0.550	0.549	0.549	0.550	-0.037

从表 2.9 可以看出:模态综合叠加法+精细积分法计算的跨中位移冲击系数与解析解最大相对误差为 1.96%;当 ξ = 1.5 时,各种数值算法计算的冲击系数均与文献[1]有较大偏差,其他 ξ 值的冲击系数最大绝对误差值为 0.005 8;PIM-C-H 与 PIM-C-S 的误差最大值为 0.05%;PIM-C-H 计算结果比 Newmark-β 法更接近解析值,且不受积分步长限制,能更快收敛。

算例2 以图 2.15 所示的移动弹簧-质量车在简支梁桥上行驶为例,在精细积分法的基础上,分别采用 Cotes 积分、待定系数法和 Gauss 积分 3 种迭代格式求解桥梁的振动响应。分别采用 PIM-C-H、PIM-C-S、Runge-kutta 法和 Newmark-β 法计算的简支梁桥跨中位移响应如图 2.16 所示。从图 2.16 中可以看出:Runge-kutta 法计算结果与 PIM 法、Newmark-β 法相差较大;PIM-C-H 法与 Newmark-β 法曲线重合,PIM-C-H 法和 PIM-C-S 存在一定的差值,荷载分解方式对计算结果有一定的影响;Runge-kutta 法计算结果偏离其他三者较大。

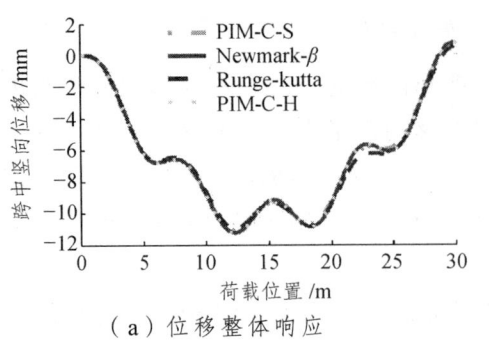
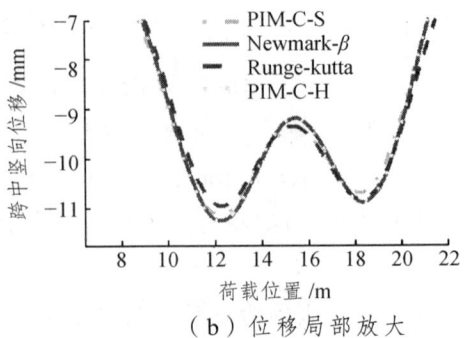

（a）位移整体响应　　　　　　（b）位移局部放大

图 2.16　不同计算方法的桥梁跨中位移响应

采用 PIM-C-H 法、PIM-C-S 法、PIM-G-S 法求解的桥梁振动响应曲线如图 2.17 所示，采用 PIM-G-H 法求解的桥梁振动响应曲线如图 2.18 所示。从图 2.17 和图 2.18 可以看出：当积分步长内荷载为不变常量时，精细积分法的特解采用 Gauss 或 Cotes 迭代格式，两者计算结果完全吻合；但当考虑积分步长内荷载协调分解时，Gauss 算法发散，文献[21]针对车桥耦合的 Gauss 算法提出一种预测-校正的精细积分-高斯积分格式，三节点高斯积分格式求解任意荷载形式的车-桥耦合振动特解需进行校正。采用待定系数法计算车-桥耦合振动响应，需对矩阵求逆，计算结果虽不发散，但曲线明显与实际不符。

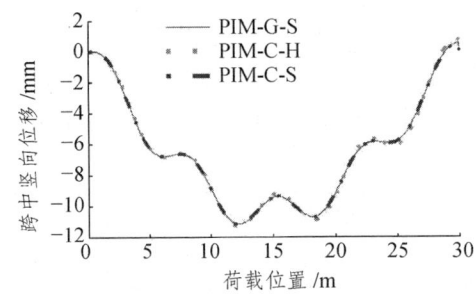

图 2.17　不同特解迭代格式的桥梁跨中位移响应

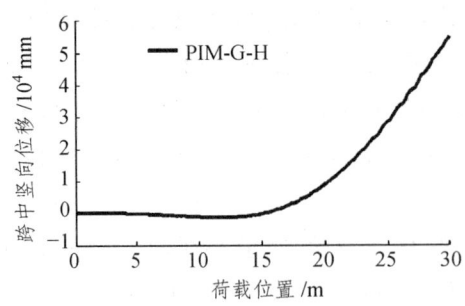

图 2.18　PIM-G-H 法的桥梁跨中位移响应

根据上文分析，Newmark-β 法、PIM-C-S 法、PIM-G-S 法、PIM-C-H 法能有效计算车-桥耦合振动响应，表 2.10 给出了积分步长对程序计算时间、收敛速度及跨中最大动位移的影响。从表 2.10 可以看出：相同积分步长，Newmark-β 法计算精度小于 PIM-C-H 法；相同积分次数，Newmark-β 法计算时间较 PIM-C-H 法少；在保证相同计算精度的条件下，PIM-C-H 法能快速稳定。采用高斯积分格式或科茨积分格式，若不考虑荷载在积分步长内协调分解，计算误差均较 Newmark-β 法大，但考虑荷载在积分步长内协调分解时，计算误差均较 Newmark-β 法小。相同的行车速度，Newmark-β 法需要 PIM-C-H 法近 10 倍的积分步长、3 倍的计算时间方可达到相同的稳定解，PIM-C-H 法能快速收敛。科茨积分格式，计算结果不受积分步长的影响，考虑积分步内荷载协调分解时，其计算精度高，PIM-C-H 法具有快速收敛且计算较快的优势。

表 2.10 PIM 法与 Newmark-β 法计算方法对比

车速/(m/s)	① Newmark-β 法			② PIM-G-S			③ PIM-C-S			④ PIM-C-H		
	总积分步	最大动位移/mm	计算时间/s	总积分步	最大动位移/mm	计算时间/s	总积分步	最大动位移/mm	计算时间/s	总积分步	最大动位移/mm	计算时间/s
5	300 600 1 200 6 000 12 000 60 000	11.056 11.255 11.323 11.344 11.344 11.344	0.133 0.264 0.523 2.533 5.033 24.970	300 600 1 200 6 000	10.771 10.779 10.779 10.780	0.466 0.903 1.767 8.729	300 600 1 200 6 000	10.765 10.778 10.779 10.780	0.447 0.853 1.715 8.550	300 600 1 200 6 000	11.152 11.337 11.345 11.344	0.504 1.009 1.962 9.772
15	200 400 2 000 4 000 20 000	10.854 10.864 10.874 10.875 10.875	0.098 0.178 0.848 1.678 8.204	200 400 2 000 4 000	10.691 10.689 10.691 10.691	0.301 0.590 2.967 5.843	200 400 2 000 4 000	10.691 10.689 10.691 10.691	0.303 0.586 2.879 5.667	200 400 2 000	10.876 10.874 10.875	0.346 0.667 3.365
30	100 200 1 000 2 000 10 000	11.306 11.250 11.255 11.254 11.254	0.055 0.101 0.434 0.849 4.234	100 200 1 000 2 000	11.121 11.126 11.129 11.129	0.156 0.297 1.479 2.957	100 200 1 000 2 000	11.121 11.126 11.129 11.129	0.154 0.294 1.418 2.932	100 200 1 000 2 000	11.255 11.259 11.254 11.256	0.179 0.344 1.685 3.319

参考文献

[1] WARBURTON G. B. The dynamic behavior of structure[M]. Oxford: Pregamon Press, 1976.

[2] 瞿伟廉, 刘嘉. 万州长江大桥车桥耦合振动的研究[J]. 华中科技大学学报（城市科学版），2004（3）：1-4.

[3] 李小珍, 马文彬, 强士中. 车桥系统耦合振动分析的数值解法[J]. 振动与冲击，2002（3）：23-27, 92.

[4] 张楠, 夏禾. 铁路桥梁在高速列车作用下的动力响应分析[J]. 工程力学，2005（3）：144-151.

[5] HUANG D. Z, WANG T L, SHAHAWY M. Impact studies of multigirder concrete

bridges[J]. Journal of Structural Engineering, 1993, 119(8): 2387-2402.

[6] LI H Y, WEKEZER J, KWASNIEWSKI L. Dynamic response of a highway subjected to moving vehicles[J]. Journal of Bridge Engineering, 2008, 13(5): 439-447.

[7] HENCHI K, FAFARD M, TALBOT M, et al. An efficient algorithm for dynamic analysis of bridges under moving vehicles using a coupled modal and physical components approach[J]. Journal of sound and vibration, 1998, 212(4): 663-683.

[8] 夏禾. 车辆与结构动力相互作用[M]. 北京：科学出版社，2002.

[9] 王达. 基于有限元模型修正的大跨度悬索桥随机车流车-桥耦合振动分析[D]. 西安：长安大学，2008.

[10] 王硕. 桥梁运营荷载状况研究[D]. 上海：同济大学，2007.

[11] 中国汽车工业总公司，中国汽车技术研究中心. 中国汽车车型手册[M]. 济南：山东科学技术出版社，1993.

[12] 韩万水，李彦伟，乔磊，等. 基于车-桥耦合振动理论的移动荷载识别[J]. 中国公路学报，2013，26（1）：74-86.

[13] 刘晶波，杜修力. 结构动力学[M]. 北京：机械工业出版社，2016.

[14] WARBURTON G B. The dynamic behavior of structure[M]. Oxford: Pregamon Press, 1976.

[15] LIN Y H, TRETHEWEY M W. Finite element of elastic beams subjected to moving dynamic loads[J]. Journal of Sound and Vibration, 1990, 136(2): 323-342.

[16] HENCHI K, FAFARD M, TALBOT M, et al. An efficient algorithm for dynamic analysis of bridges under moving vehicles using a coupled modal and physical components approach[J]. Journal of Sound and Vibration, 1998, 212(4): 663-683.

[17] 钟万勰. 结构动力方程的精细时程积分法[J]. 大连理工大学学报，1994，23（4）：131-136.

[18] ZHONG W X. On precise integration method[J]. Journal of Computational and Applied Mathematic, 2004（163）:59-78.

[19] 陈水生. 公路车桥耦合振动响应计算方法对比研究[J]. 华东交通大学学报，2011，28（3）：18-25.

[20] 王运金，桂水荣，陈水生. 连续梁桥车桥耦合振动分析的数值解法[J]. 华东交通大学学报，2007，24（4）：25-29.

[21] 杜宪亭，夏禾，李慧乐，等. 基于改进高斯精细积分法的车桥耦合振动分析框架[J]. 工程力学，2013，30（9）：171-176.

第 3 章
车-桥耦合振动缩尺模型试验

模型试验法是定量研究客观实体特征的普遍而有效的方法，能更深刻、更普遍、更集中地反应出实体的特定特征，长久以来一直是研究复杂桥梁工程问题的重要方法。模型试验研究中依据相似准则建立缩尺模型，使之能够集中表达原型的主要特征，为研究原型相应的规律提供了试验和测试条件。随着计算机和有限元技术的发展，数值模拟在桥梁工程问题研究中发挥了越来越大的作用，然而，数值模型存在对原结构大量的简化处理，导致数值模拟结果与实际之间往往存在不小的差异，此种情况下，开展缩尺模型试验是弥合这种差异的重要方法。

车-桥耦合振动是一个涉及桥梁、车辆及两者相互作用的复杂结构系统，该系统关联因素众多、各因素之间影响机理复杂，理论分析、数值模拟和现场测试均存在一定的难度。本书以相似理论为基础，采用量纲分析法推导相似准则，建立了车-桥耦合振动的室内缩尺模型。缩尺模型具有原型结构系统全部或部分的特征，可通过缩尺模型试验结果间接地反应原型结构的工作状态，车-桥耦合振动缩尺模型克服了现场试验存在的费用大、周期长、测试条件差、影响因素多等问题。本章内容详细介绍了车-桥耦合振动缩尺模型试验的相似准则推导、试验系统设计与制作、试验测试方法并对试验结果进行了分析总结。

3.1 相似理论

相似理论[1]是研究自然界和工程中各相似现象相似原理的学说。在结构模型试验研究中，只有模型和原型保持相似，才能由模型试验结果推算出原型结构的相应结果。因此依据相似理论推导相似关系和相似准则是模型试验研究的基础。

3.1.1 相似理论基本概念

1. 相似及相似常数

如果原型和模型相对应的各点及在时间上对应的各瞬间的一切物理量成比例，则两个系统相似。相似常数（也称为相似比、比尺、模拟比、相似系数等）是原型物理量同模型物理量之比，主要有几何尺寸、应力、应变、位移、弹性模量、泊松比、边界应力、体积力、材料密度等参数的相似常数。在这些相似常数中，长度、时间、力所对应的相似常数称为基本相似常数。

2. 相似指标和相似判据

相似常数之间的关系式称为相似指标。由相似指标导出的无量纲群称为相似判据（又称相似准则），相似判据用于描述物理量之间的制约关系。

3. 现象相似

这里所指的现象是自然界的物理现象，并将其置于场的概念中加以考虑。

设有 N 个性质相同的现象，其中每个现象都由下列变量构成：$x_{1\beta}$，$x_{2\beta}$，$\cdots$，$x_{n\beta}$（$\beta = 1, 2, \cdots, N$）。前面 k 个变量为自变量：$x_{1\beta}$，$x_{2\beta}$，$\cdots$，$x_{k\beta}$，其余 $m = n-k$ 个变量为因变量：$x_{(k+1)\beta}$，$x_{(k+2)\beta}$，$\cdots$，$x_{n\beta}$，并且这些变量满足方程组：

$$D_l(x_{1\beta}, x_{2\beta}, \cdots, x_{n\beta}) = 0, (l = 1, 2, \cdots, m) \tag{3.1}$$

对应于脚标 $\beta = 1$ 的现象称之为现象组的原型。只要存在相似变换：

$$x_{\alpha\beta} = c_{\alpha\beta} x_{\alpha 1} \ (\alpha = 1, 2, \cdots, n; \beta = 1, 2, \cdots, N) \tag{3.2}$$

则这 N 个现象成了相似现象。

3.1.2 相似理论三大基本定理

相似理论三大定理是相似理论的重要组成，没有这三大定理，相似理论也就不存在。

相似第一定理是由别尔特朗确定的，其表述为：彼此相似的现象，单值条件相同，其相似判据的数值也相同。

如牛顿第二定律说明为：

$$\frac{Ft}{mv} = \pi \tag{3.3}$$

此式表示各物理量之间的比例是一个定数，称为相似现象的相似判据；当有多个相似现象时，其相似判据是一个相同的不变量。

相似第二定理是俄国人费吉尔曼和美国人布海金提出来的：当一现象由 n 个物理量的函数关系来表示，且这些物理量中含有 m 种基本量纲时，则能得到（$n-m$）个相似判据。描述这一现象的函数关系式可表示成如下过程：

一般物理方程：

$$f(x_1, x_2, \cdots, x_n) = 0 \tag{3.4}$$

按照相似第二定理，可改写成：

$$\varphi(\pi_1, \pi_2, \cdots, \pi_n) = 0 \tag{3.5}$$

这样就把物理方程转化为判据方程，使问题得以简化。同时，因为现象相似，在对应点和对应时刻上的相似判据都保持同值，则它们的 π 关系式也相同。相似第二定理又称为 π 定理。

相似第三定理是苏联人基尔皮契夫提出的：凡具有同一特性的现象，当单值条件彼此相似，且由单值条件的物理量所组成的相似判据在数值上相等，则这些现象必定相似。物理方程（3.3）所表达的现象仍然是不确定、不具体的，它仅规定了现象的内部规律性。现象发生时的时空范围及其外部联系等的规定，对确定具体的现象是必不可少的，这种描述可称之为过程式的外部条件，在数理方程中称为单值条件。结构模型试验中的这些单值条件有：几何相似、边界条件（支撑位置、支撑形式、荷载性质、荷载位置）相似、物理参数相似、时间相似、起始条件相似。

当利用相似三大定理指导模型试验时，首先应立足于相似第三定理正确、全面地确定现象的参量，然后通过相似第一定理提示的原则建立起该现象的全部 π 项，最后则是将所得 π 项按相似第二定理的要求组成 π 关系式，以用于模型设计和模型试验结果的推广。

3.1.3 相似判据的导出方法

相似判据的导出方法主要有三种：定律导出法、方程分析法和量纲分析法。从理论上说，三种方法可以得出同样的结果，只是用不同的方法来对物理现象（或过程）做数学上的描述，但在实际运用上，却有各自不同的特点、限制和要求。

（1）定律导出法是根据相似理论，直观地得出相似判据。

（2）用方程分析法进行相似性分析的前提是所讨论现象的数理方程为已知，用它来决定相似判据时有两种方法：相似转换法和积分类比法。

用相似转换法求相似准则的基本步骤为：

① 写出现象的数理方程。
② 写出全部单值条件。
③ 写出相似常数的表达式。
④ 将相似常数代入方程组进行相似变换，求出相似指标方程式，再转化为相似判据。
⑤ 将相似常数代入单值条件方程，经相似变换得相似指标方程，并转化为相似判据。
⑥ 将所有求得的相似判据进行分解、组合，向常用相似判据靠拢。

积分类比法是一种比较简单的方法，一般都用它来代替相似转换法，其分析步骤如下：

① 写出现象的基本微分方程。
② 用方程中的任一项去除其他各项。
③ 将上一步中各式涉及的导数用相应量的比值代替。就是说，以 $\dfrac{y}{t}$ 替代 $\dfrac{dy}{dt}$，以 $\dfrac{y}{t^2}$ 替代 $\dfrac{d^2 y}{dt^2}$，即把所有的微分符号统统去掉。

④ 以单值条件补充基本微分方程的不足，建立新的方程或等式，求出其余的相似判据。

⑤ 建立 π 关系。

文献[1]指出：在推导物理现象相似判据时，对于特征量的任意阶导数都可用相应的特征量比值代替，对于积分也同样，可将积分号去掉，使积分问题变成可以使用积分类比法的微分问题。

（3）量纲方程：将数学物理方程中的物理量均用量纲表示，并将其表示为因变量纲和基本量纲之关系。量纲分析法是以量纲方程为核心，以方程的齐次性为依据而进行的，量纲方程的真正作用表现在物理方程尚未掌握时，对物理现象的分析上。量纲方程能根据正确选择的参量建立起含未知系数的、供相似分析用的物理方程；可剔除被多余考虑的物理量；当正确的物理量被忽略时，能给以判断；还能减少方程未知数数目，从而减少试验工作量。根据量纲分析法基本规则可以演化为用量纲矩阵分析法进行量纲分析，本书 3.2 节中就使用了量纲矩阵分析方法进行相似判据推导。

量纲分析法相似判据的导出步骤为：

① 罗列现象的物理参数，写出现象的函数式：

$$\varphi(x,y,z,u,v,w\cdots)=0 \tag{3.6}$$

此函数式不一定要用显式，它只是对所求函数关系的一种估计，常写成幂函数形式。

② 写出 π 关系项：

$$\pi = x^a y^b z^c u^d \cdots \tag{3.7}$$

③ 列出 $x, y, z, u \cdots$ 各参数的基本量纲。

④ 把各物理量量纲代入 π 关系项，列出量纲等价式。

⑤ 根据量纲齐次原则，列出物理量指数间的联立方程。

⑥ 解得 $n-k$ 个独立的 π 项，即相似判据项。

量纲分析法以 π 定理为理论基础，不仅可用于研究已知数理方程的物理现象，也适用于研究未充分掌握规律的复杂现象，并可通过相似性试验快速核定所选参量的正确性，是应用最为广泛的相似准则导出方法。但对于复杂的现象，量纲分析法存在无法充分考虑现象的单值条件，很难区别量纲相同却具有不同物理意义的物理量，从而无法显示现象的内部结构和各物理量所占的地位，难以控制量纲为零的量和带有量纲的物理常数量等限制。

相似判据项经过变换，可得到不同形式的相似判据表达式，但应遵循如下基本原则：① 相似判据应具有明显的物理意义；② 通过代数转换去掉相似判据中无法测量或难以测量的量；③ 将 π 关系式变换成形式最简单的一组；④ 应使待测物理量仅仅出现在因变 π 项内；⑤ 应使相对次要的独立变量仅仅出现在一个独立 π 项内。

3.2 车-桥耦合相似关系推导

迟世春[4]详细推导了结构动力模型相似关系，并通过同一结构不同比例尺有机玻璃模型的振动台试验，验证了结构弹性相似律和弹性力-重力相似律；林皋[5]等则总结了结构动力相似模型的相似技巧，提出了保持原型与模型相似的 3 种基本要求和处理技巧。陈星烨[6]等则探讨了斜拉桥模型的塔索配重问题。车-桥耦合振动缩尺模型试验属于结构动力模型试验的一种，其相似关系的推导可以在结构动力模型试验推导的基础上，结合车-桥耦合振动模型试验的具体要求进行推导和确定。

3.2.1 结构动力模型相似一般要求

1. 结构动力模型试验的一般要求

要使试验模型与被模拟的原型结构满足物理力学相似，需要满足以下四方面的相似关系：即几何尺寸相似、模型材料与原型材料的应力-应变关系相似、质量和重力相似以及初始条件和边界条件相似。几何相似要求模型尺寸按固定比例缩小；保持模型材料与原型材料应力-应变关系相似非常困难，但对于不同的研究目的，应力-应变关系可以不同；质量和重力相似是模型设计中最灵活的相似关系，可以根据不同的试验目的，选择满足质量相似关系或重力相似关系或质量-重力相似关系。

2. 结构动力模型试验的量纲分析

在一般动力问题中，根据 π 定理，运用量纲分析法推导动力模型试验的各物理量相似比关系。研究中涉及的物理量包括：表征材料特性的应力 σ、应变 ε、弹性模量 E、密度 ρ；表征几何特征的长度 l、位移 u；表征动力特性的频率 f、时间 t、速度 v、加速度 a、重力加速度 g；作用外力 F。选取 T、L、F 为基本量纲，用 $a_1, a_2, a_3, \cdots, a_{12}$ 分别代表各物理量的指数，则该物理系统的量纲矩阵为：

	a_1	a_2	a_3	a_4	a_5	a_6	a_7	a_8	a_9	a_{10}	a_{11}	a_{12}
	u	v	a	t	σ	ε	f	F	g	l	ρ	E
F	0	0	0	0	1	0	0	1	0	0	1	1
L	1	1	1	0	-2	0	0	0	1	1	-4	-2
T	0	-1	-2	1	0	0	-1	0	-2	0	2	0

根据量纲矩阵，分别考虑量纲 F、L、T 的指数为 0，可得齐次方程组：

$$\begin{cases} a_5 + a_8 + a_{11} + a_{12} = 0 \\ a_1 + a_2 + a_3 - 2a_5 + a_9 + a_{10} - 4a_{11} - 2a_{12} = 0 \\ -a_2 - 2a_3 + a_4 - a_7 - 2a_9 + 2a_{11} = 0 \end{cases} \quad (3.8)$$

根据 π 定理，共有 9 个 π 项。取 l、ρ、E 为基本未知量，对线性方程组（3.8）进行求解，整理得 π 矩阵如下（矩阵中空白处为零值）：

	a_1	a_2	a_3	a_4	a_5	a_6	a_7	a_8	a_9	a_{10}	a_{11}	a_{12}
	u	v	a	t	σ	ε	f	F	g	l	ρ	E
π_1	1									-1	0	0
π_2		1								0	1/2	$-1/2$
π_3			1							1	1	-1
π_4				1						-1	$-1/2$	1/2
π_5					1					0	0	-1
π_6						1				0	0	0
π_7							1			1	1/2	$-1/2$
π_8								1		-2	0	-1
π_9									1	1	1	-1

由 π 矩阵可得到 9 个 π 准则：

$$\begin{cases} \pi_1 = \dfrac{u}{l}, \pi_2 = \dfrac{v\rho^{1/2}}{E^{1/2}}, \pi_3 = \dfrac{a\rho l}{E}, \pi_4 = \dfrac{tE^{1/2}}{l\rho^{1/2}}, \pi_5 = \dfrac{\sigma}{E}, \\ \pi_6 = \varepsilon, \pi_7 = \dfrac{fl\rho^{1/2}}{E^{1/2}}, \pi_8 = \dfrac{F}{l^2 E}, \pi_9 = \dfrac{g\rho l}{E} \end{cases} \quad (3.9)$$

式中，π_1，π_2，$\cdots$，π_9 为无量纲参数，对于模型结构与原型结构，要求保持这些参数相等。

定义 λ 为原型与模型之间物理量的相似比尺，则根据 $\pi_1 \sim \pi_9$ 共 9 个无量纲参数，可以得到各量相似比须满足的条件：

$$\begin{cases} \lambda_u = \lambda_l, \lambda_v = \lambda_E^{1/2} \lambda_\rho^{-1/2}, \lambda_a = \lambda_E \lambda_l^{-1} \lambda_\rho^{-1}, \lambda_t = \lambda_l \lambda_E^{-1/2} \lambda_\rho^{1/2}, \lambda_\sigma = \lambda_E, \\ \lambda_\varepsilon = 1, \lambda_\omega = \lambda_E^{1/2} \lambda_\rho^{-1/2} \lambda_l^{-1}, \lambda_F = \lambda_l^2 \lambda_E, \lambda_g = \lambda_E \lambda_l^{-1} \lambda_\rho^{-1} \end{cases} \quad (3.10)$$

式中，λ_l、λ_ρ、λ_E 分别为几何比尺、质量密度比尺、弹性模量比尺；λ_σ、λ_t、λ_u、λ_v、λ_a、λ_g、λ_ω 分别为应力比尺、时间比尺、变形比尺、速度比尺、加速度比尺、重力加速度比尺和圆频率比尺；$\lambda_l = l_p / l_m$，下标 p、m 分别代表原型和模型。

实际上，全部满足式（3.10）所列的相似关系是困难的。因为 $\lambda_a = \lambda_g$，而重力加速度是不能改变的，即 $\lambda_a = \lambda_g = 1$。这样，$\lambda_E \lambda_l^{-1} \lambda_\rho^{-1} = 1$，$\lambda_l$、$\lambda_\rho$ 和 λ_E 三者不能独立选择。假设模型采用与原型相同的材料 $\lambda_E = 1$，有 $\lambda_\rho = 1/\lambda_l$。显然这给模型设计带来了极大的困难。为此，可视研究问题的不同，分析影响因素的主次要关系，对相似准则做出取舍，从而形成不同的相似规律。

3.2.2 结构动力模型试验三大相似律

1. 弹性相似律

弹性结构在外荷载作用下，振动基本方程为：

$$M\ddot{u} + C\dot{u} + Ku = F(t) \quad (3.11)$$

式中，M、C、K 分别为结构的质量矩阵、阻尼矩阵、刚度矩阵。$F(t)$ 为外部作用力，u 为结构广义坐标向量。

从式（3.11）可以看出，结构振动的主要影响因素有惯性力、阻尼力、弹性恢复力及作用外力。研究结构的动力特性（自振频率和模态），主要就是求解方程：

$$M\ddot{u} + Ku = 0 \tag{3.12}$$

即：主要保证原型结构与模型结构的惯性力和弹性恢复力相似，简称为弹性相似律。弹性相似律的实质就是在模型设计中不考虑重力加速度的相似条件，忽略 $\lambda_g = 1$ 的相似要求。根据惯性力与弹性恢复力相似要求，可以推出：

$$\lambda_\rho \cdot \lambda_l^3 \cdot \lambda_u \cdot \lambda_t^{-2} = \lambda_E \cdot \lambda_l \cdot \lambda_u \tag{3.13}$$

整理式（3.13）可得：

$$\lambda_t^2 = \lambda_l^2 \cdot \lambda_E^{-1} \cdot \lambda_\rho \tag{3.14}$$

根据量纲关系，满足弹性相似律要求：

$$\begin{cases} \lambda_\sigma = \lambda_E, \lambda_t = \lambda_l \lambda_E^{-1/2} \lambda_\rho^{1/2}, \lambda_u = \lambda_l, \lambda_v = \lambda_E^{1/2} \lambda_\rho^{-1/2} \\ \lambda_a = \lambda_E \lambda_l^{-1} \lambda_\rho^{-1}, \lambda_f = \lambda_E^{1/2} \lambda_\rho^{-1/2} \lambda_l^{-1}, \lambda_m = \lambda_\rho \lambda_l^3 \end{cases} \tag{3.15}$$

式中，λ_m 为质量比尺。

当研究结构弹性阶段的动力响应时，除了上述相似关系外，还要保持作用外力的相似条件。根据量纲分析可以得到：

$$\lambda_F = \lambda_E \lambda_l \lambda_u \tag{3.16}$$

结构在线弹性小应变范围内振动，适用叠加原理，变形比尺 λ_u 可以不等于几何比尺 λ_l，自由选定。即：可以在试验中使变形加大，以提高测试精度，而不影响时间相似关系，只是应力比尺、速度比尺、加速度比尺按变形比尺做适当调整。

2. 重力相似律

模型试验中保证原型与模型之间惯性力与重力的相似比尺相同的要求，即重力相似律。重力相似律适合于摆动问题或结构的破坏形态研究，需要加速度比尺 λ_a 同重力相似比尺 λ_g 一样都取 1，这意味着放弃弹性恢复力的相似。根据量纲关系，在变形比尺 λ_u 等于几何比尺 λ_l 的情况下，可以得到：

$$\lambda_\rho \cdot \lambda_l^4 \cdot \lambda_t^{-2} = \lambda_\rho \cdot \lambda_l^3 \tag{3.17}$$

从而得出：

$$\lambda_t = \lambda_l^{1/2} \tag{3.18}$$

若变形比尺 λ_u 不等于几何比尺 λ_l，则有：

$$\lambda_t = \lambda_u^{1/2} \tag{3.19}$$

3. 弹性力-重力相似律

在许多情况下，重力会对结构振动产生非常重要的影响。例如，研究移动车辆荷载作用下桥梁的振动响应，由移动车辆荷载引起的桥梁振动响应曲线，动载响应曲线围绕着静载响应曲线上下波动，车辆与桥梁相互作用过程中，静载作用不可忽略，需满足重力相似关系[5]。研究车-桥耦合振动缩尺模型试验相似关系，需同时满足弹性力-重力相似律要求，因而模型设计同时满足式（3.13）和式（3.17），可以推出：

$$\lambda_\rho = \lambda_u \cdot \lambda_E \cdot \lambda_l^{-2} \tag{3.20}$$

模型设计中，当选取变形比尺 λ_u 与几何比尺 λ_l 相等时，则式（3.20）可以改写为：

$$\lambda_\rho' = \lambda_E \cdot \lambda_l^{-1} \tag{3.21}$$

在模型设计过程中，因可选材料限制，模型材料很难满足式（3.21）要求，实际模型设计时，可以通过添加配重来改变 λ_ρ。定义添加配重后的密度比尺为 λ_ρ'，由量纲关系可知：

$$\lambda_\rho' = \lambda_E \cdot \lambda_l^{-1}, \quad \lambda_m = \lambda_\rho' \cdot \lambda_l^3 \tag{3.22}$$

因而模型设计过程中，按照质量相似要求，需添加的配重质量 m_{ad} 为：

$$m_{ad} = m_p / (\lambda_E \lambda_l^2) - m_m \tag{3.23}$$

式中，m_p、m_m 分别为原型、模型实际质量。

各量的相似关系为：

$$\begin{cases} \lambda_\sigma = \lambda_E, \lambda_t = \lambda_l^{1/2}, \lambda_u = \lambda_l, \lambda_v = \lambda_l^{1/2}, \\ \lambda_a = \lambda_E \lambda_l^{-1} \lambda_\rho^{-1} = \lambda_g = 1, \lambda_f = \lambda_l^{-1/2}, \lambda_m = \lambda_E \lambda_l^2 \end{cases} \tag{3.24}$$

3.2.3 车-桥耦合振动缩尺模型的相似关系推导

根据前文分析，车-桥耦合振动缩尺模型试验中结构处于弹性阶段，可不考虑结构破坏阶段的力学性能，但是由于车桥耦合振动过程中重力相似关系对试验结果具有不可忽略的影响，因此，车-桥耦合振动模型试验的相似关系应满足弹性力-重力相似律。根据模型试验相似理论，运用矩阵量纲分析法推导车桥耦合振动模型试验的各项相似比尺。具体推导过程如下：

选取模型试验设计、制作、测试等过程中涉及的物理量有：表征材料特性的应力 σ、应变 ε、弹性模量 E、泊松比 μ、密度 ρ；表征几何特性的长度 l、位移 u、截面惯性矩 I；表征动力特性的质量 m、刚度 k、阻尼 c、频率 f、速度 v、加速度 a、时间 T、重力加速度 g；外力 F 等 16 个物理量。选取长度 L、时间 T、力 F 等 3 个基本量纲，用 $a_1, a_2, \cdots, a_{17}$

分别代表各物理量的指数，则该物理系统的量纲矩阵如下：

	a_1	a_2	a_3	a_4	a_5	a_6	a_7	a_8	a_9	a_{10}	a_{11}	a_{12}	a_{13}	a_{14}	a_{15}	a_{16}	a_{17}
	u	v	a	f	σ	ε	μ	I	m	k	c	g	F	T	l	ρ	E
F	0	0	0	0	1	0	0	0	1	1	1	0	1	0	0	1	1
L	1	1	1	0	−2	0	0	4	−1	−1	−1	1	0	0	1	−4	−2
T	0	−1	−2	−1	0	0	0	0	2	0	1	−2	0	1	0	2	0

根据量纲矩阵，分别考虑基本量纲 F、L、T 的指数为 0，可得齐次方程组：

$$\begin{cases} a_5 + a_9 + a_{10} + a_{11} + a_{13} + a_{16} + a_{17} = 0 \\ a_1 + a_2 + a_3 - 2a_5 + 4a_8 - a_9 - a_{10} - a_{11} + a_{12} + a_{15} - 4a_{16} - 2a_{17} = 0 \\ -a_2 - 2a_3 - a_4 + 2a_9 + a_{11} - 2a_{12} + a_{14} + 2a_{16} = 0 \end{cases} \quad (3.25)$$

选取 l、ρ、E 为基本未知量，对线性方程组（3.25）进行求解，整理得 π 矩阵如下：

	a_1	a_2	a_3	a_4	a_5	a_6	a_7	a_8	a_9	a_{10}	a_{11}	a_{12}	a_{13}	a_{14}	a_{15}	a_{16}	a_{17}
	u	v	a	f	σ	ε	μ	I	m	k	c	g	F	T	l	ρ	E
π_1	1														−1	0	0
π_2		1													0	1/2	−1/2
π_3			1												1	1	−1
π_4				1											1	1/2	−1/2
π_5					1										0	0	−1
π_6						1									0	0	0
π_7							1								0	0	0
π_8								1							−4	0	0
π_9									1						−3	−1	0
π_{10}										1					−1	0	−1
π_{11}											1				−2	−1/2	−1/2
π_{12}												1			1	1	−1
π_{13}													1		−2	0	−1
π_{14}														1	−1	−1/2	1/2

可得 π 准则为：

$$\begin{cases} \pi_1 = \dfrac{u}{l}, \pi_2 = \dfrac{v\rho^{1/2}}{E^{1/2}}, \pi_3 = \dfrac{al\rho}{E}, \pi_4 = \dfrac{fl\rho^{1/2}}{E^{1/2}}, \pi_5 = \dfrac{\sigma}{E}, \pi_6 = \varepsilon, \pi_7 = \mu, \pi_8 = \dfrac{I}{l^4}, \\ \pi_9 = \dfrac{m}{l^3\rho}, \pi_{10} = \dfrac{k}{\rho E}, \pi_{11} = \dfrac{c}{l^2(\rho E)^{1/2}}, \pi_{12} = \dfrac{gl\rho}{E}, \pi_{13} = \dfrac{F}{l^2 E}, \pi_{14} = \dfrac{TE}{l\rho^{1/2}} \end{cases} \quad (3.26)$$

若以模型试验系统响应中的位移 u、速度 v、加速度 a 为研究对象，还可以得到 π 准则方程为：

$$\begin{cases} \dfrac{u}{l} = f_1\left[\dfrac{fl\rho^{1/2}}{E^{1/2}}, \dfrac{\sigma}{E}, \varepsilon, \mu, \dfrac{I}{l^4}, \dfrac{m}{l^3\rho}, \dfrac{k}{\rho E}, \dfrac{c}{l^2(\rho E)^{1/2}}, \dfrac{gl\rho}{E}, \dfrac{F}{l^2 E}, \dfrac{TE}{l\rho^{1/2}}\right] \\ \dfrac{v\rho^{1/2}}{E^{1/2}} = f_2\left[\dfrac{fl\rho^{1/2}}{E^{1/2}}, \dfrac{\sigma}{E}, \varepsilon, \mu, \dfrac{I}{l^4}, \dfrac{m}{l^3\rho}, \dfrac{k}{\rho E}, \dfrac{c}{l^2(\rho E)^{1/2}}, \dfrac{gl\rho}{E}, \dfrac{F}{l^2 E}, \dfrac{TE}{l\rho^{1/2}}\right] \\ \dfrac{al\rho}{E} = f_3\left[\dfrac{fl\rho^{1/2}}{E^{1/2}}, \dfrac{\sigma}{E}, \varepsilon, \mu, \dfrac{I}{l^4}, \dfrac{m}{l^3\rho}, \dfrac{k}{\rho E}, \dfrac{c}{l^2(\rho E)^{1/2}}, \dfrac{gl\rho}{E}, \dfrac{F}{l^2 E}, \dfrac{TE}{l\rho^{1/2}}\right] \end{cases} \quad (3.27)$$

以上是该模型试验中的 π 准则和 π 准则方程的推导过程。其中，π 准则即式（3.26）表明了试验中各物理量相似时所满足的关系，可由此推导各物理量的相似比尺；π 准则方程即式（3.27）表达的是方程右边的准则项与方程左边准则项之间的函数关系，如果通过试验数据分析发现方程式右边的准则项可以由某一个函数关系得出函数左边的准则项，就可以将该结果推广至原型结构，也就达到了通过模型试验寻找各物理量之间关系的试验目的。

根据相似理论及前述分析，车-桥耦合振动模型试验应遵循弹性力-重力相似律进行设计、制作和测试，即在没有特殊手段改变环境重力加速度的情况下，应取重力加速度相似比尺为 1，即：$\lambda_g = \lambda_E \cdot \lambda_\rho^{-1} \cdot \lambda_l^{-1} = 1$，经变换可得 $\lambda_\rho = \lambda_E \cdot \lambda_l^{-1}$。三个基本未知量在弹性力-重力相似律的限制下可选择的基本未知量相似比尺变成两个，此处选择 λ_E、λ_l 作为选定相似比尺，其他各物理量的相似比尺则由两者导出，如表 3.1 所示。表中各相似比尺名称的下标分别表示代表各物理量。

表 3.1 各相似比尺的计算公式

名称	λ_l	λ_E	λ_ρ	λ_u	λ_σ	λ_ε	λ_μ	λ_I
公式	选定	选定	$\lambda_E \lambda_l^{-1}$	λ_l	λ_E	1	1	λ_l^4
名称	λ_F	λ_m	λ_T	$\lambda_a = \lambda_g$	λ_v	λ_f	λ_k	λ_c
公式	$\lambda_E \lambda_l^2$	$\lambda_E \lambda_l^2$	$\lambda_l^{1/2}$	1	$\lambda_l^{1/2}$	$\lambda_l^{-1/2}$	$\lambda_l \lambda_E$	$\lambda_E \lambda_l^{3/2}$

3.3 车-桥耦合振动缩尺模型制作

3.3.1 模型试验相似比尺的确定

昌铜高速公路上大量采用先简支后连续 T 梁桥的结构形式，以此桥中 3×30 m 先简支后连续 T 梁桥为原型进行模型试验，选取东风 EQ3166 三轴自卸汽车为车辆原型。根据试验研究目的及实施要求，从空间上将模型试验系统分为四部分：① 桥梁模型前供车辆模型加速的桥前加速段；② 模型桥试验测试段；③ 用于车辆模型减速的桥后减速段；④ 预留的模型试验系统的动力装置位置。依据试验场地的大小，考虑操作空间，将桥梁的几何缩尺比确定为 10∶1，确定后得出桥梁模型的总体尺寸如表 3.2 所示。

表 3.2　桥梁模型系统尺寸

类别	桥梁模型			桥前加速段	桥后减速段	模型总长
	长度	宽度	高度			
尺寸/m	9	1.278	0.20	10.0	4.00	23.00

整个车桥耦合振动缩尺模型试验系统加上前面的牵引系统所占空间以及系统最后面的减速装置的操作空间,整个系统在长度上至少要有 25 m 长,已达到试验室所能提供空间的极限。在满足尽可能大的比例尺这一原则情况下,最终将几何比尺定为 10∶1,模型系统布置如图 3.1 所示。

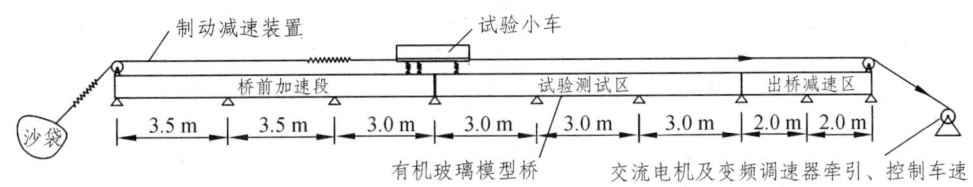

图 3.1　桥梁模型系统示意图

考虑模型制作难易程度、相似要求、材料特性等因素,选用相对强度高、弹性模量低且易于制作的有机玻璃作为模型桥的材料。经测试,有机玻璃的弹性模量为 3.3 GPa,原型桥 C50 混凝土的弹性模量为 34.5 GPa,原型桥与模型桥的弹性模量相似比尺 $\lambda_E=10.4545$。将 λ_l、λ_E 代入到表 3.1 给出的公式中,可得各物理量的相似比尺。表 3.3 给出了试验模型各物理量的相似比尺。

表 3.3　各物理量的相似比尺

名称	λ_l	λ_E	λ_ρ	λ_u	λ_σ	λ_ε	λ_μ	λ_I
数值	10	10.454	1.045 4	10	10.454	1	1	10 000
名称	λ_F	λ_M	λ_T	$\lambda_a=\lambda_g$	λ_v	λ_f	λ_k	λ_c
数值	1 045.4	1 045.4	3.16	1	3.16	0.316	1 045.45	330.6

3.3.2　桥梁模型制作

1. 桥梁原型概述

本试验所研究的桥梁原型为 3×30 m 先简支后连续 T 梁桥,桥宽 12.65 m,横断面共 6 片 T 梁,梁高 2.0 m,边梁宽 2.065 m,中梁宽 2.13 m,距梁端 1.57 m 处设置 3.6 m 长的变截面区,每隔 10 m 设置梁间横隔板,其标准横断面见图 3.2,单片 T 梁的横断面见图 3.3,一般构造图见图 3.4。

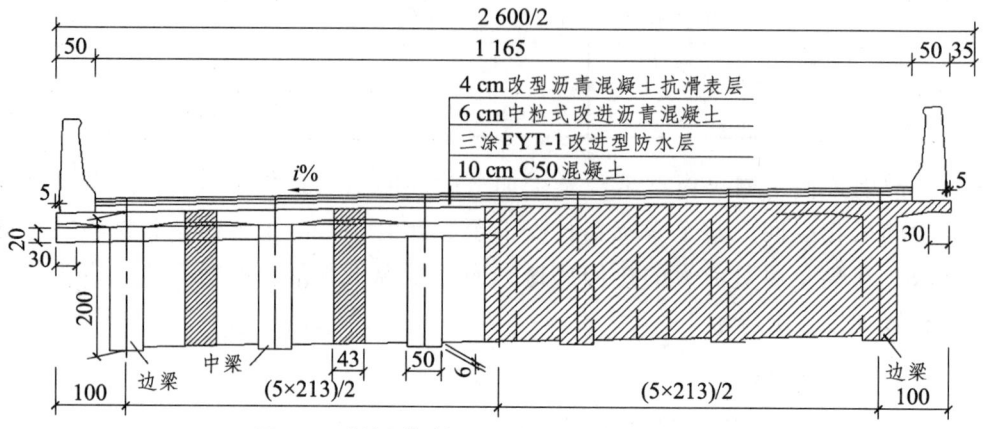

图 3.2 桥梁横断面图（尺寸单位：cm）

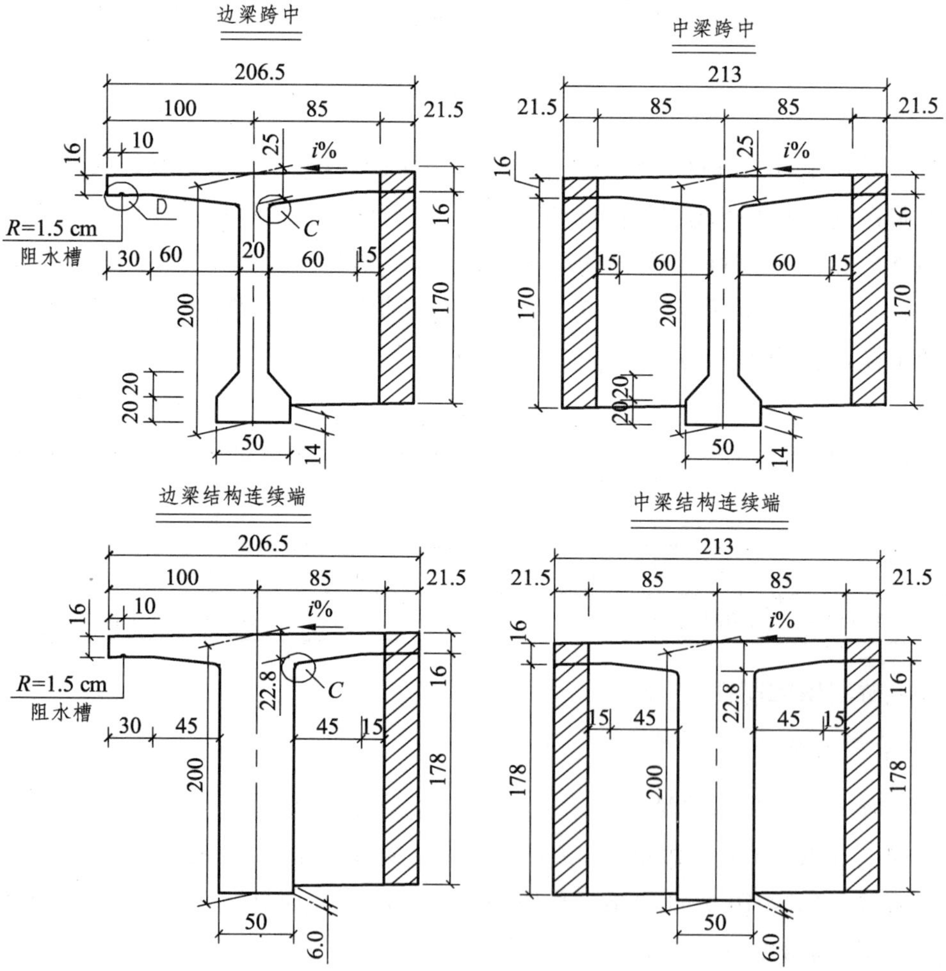

图 3.3 梁横截面图

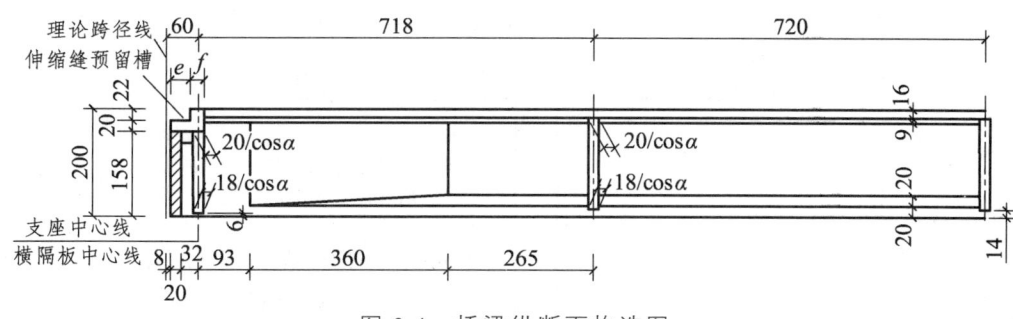

图 3.4 桥梁纵断面构造图

根据模型试验研究内容及研究方法，结合本试验的实际情况，将桥梁模型的设计分解为以下几个步骤：

（1）根据试验内容和研究条件选择合适的模型材料，本试验桥梁模型的制作材料选取了弹性模量为 3.3 GPa、密度为 $1.167×10^3$ kg/m³ 的有机玻璃板（亚克力板）。关于模型材料的弹模及密度的测试方法见《塑料 弯曲性能的测定》（GB/T 9341—2008）[8]。

（2）根据选择的材料特性以及试验场地情况，确定几何相似比尺 λ_l。

（3）根据 λ_l 和原型的几何尺寸确定桥梁模型的设计。

（4）根据模型桥梁的设计，确定出模型的制作方案。

2. 模型桥上部结构的制作加工

有机玻璃作为模型材料在切割、黏合等加工过程中有其相应的特点，试验中借鉴了周义武[9]、宋广君[10]的相应做法。本模型桥的上部结构的制作从总体上可以分为以下几个步骤：

（1）确定有机玻璃板材的裁剪切割加工方案。

（2）单片 T 梁的拼接成型。

（3）各片 T 梁进行横向连接（简支梁桥成型）。

（4）增加配重钢板以满足模型的质量相似关系。

（5）模型桥的跨间纵向连接（转成连续梁桥）。

考虑到整个试验的方案内容，在步骤（4）结束后即开始进行简支梁桥的试验，在完成对简支梁桥的动载试验（即车桥耦合振动试验）分析后，再进行步骤（5）。值得指出的是，该制作步骤与实际桥梁的施工顺序是很相似的，因此，该模型桥的制作过程也可以看成是对实际桥梁施工过程的一种模拟。

（1）确定有机玻璃板材的裁剪切割加工方案。

市面上常用的有机玻璃板一般在厚度上有 20 mm、16 mm、8 mm 三种规格，通过这几种板材的组合可以得到我们需要厚度的翼板、腹板、马蹄等，图 3.5 所示为单片 T 梁所需要的各组合部分板材裁剪的横截面图。需要指出的是，为实现腹板截面变化，专门为每片梁制作了 4 块变截面板，每块变截面板是按照尺寸用专业机械加工出来的，图 3.6 所示为梁端部的一块变截面板。

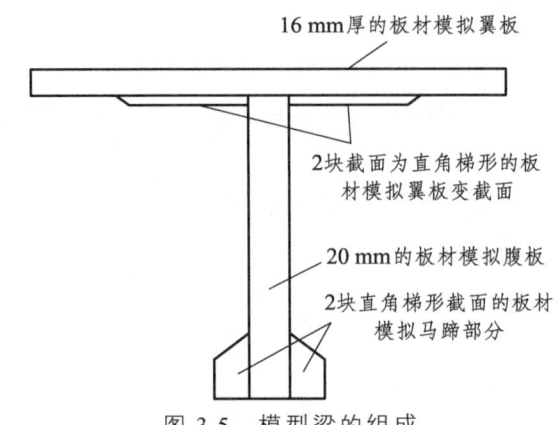

图 3.5　模型梁的组成

图 3.6　梁端变截面模拟

（2）单片 T 梁的拼接成型。

拼接施工采用普通的一次性注射器在黏合面注入有机玻璃专用黏合剂（以下简称有机玻璃胶水），实现有机玻璃板材的黏合拼接。在单片 T 梁的制作过程中有几点需要特别注意：第一，要及时发现并处理 T 梁各组成部分切割和制作缺陷，以免在成型后形成薄弱面；第二，有机玻璃锯末和胶水按 1∶1 的比例混合成的液体可用于非承重部位小缺陷的黏结；第三，在黏结单片梁各组成部分的时候必须保证将梁体置于平整的场地，以免出现梁的整体变形；第四，由于翼板板材的切割边较长，易因切割边的不平直导致梁与梁之间的拼接困难，可通过标记翼缘板在板材上的切割位置，保证梁与梁拼接的时候按标记拼接同一条切割缝的两片梁。图 3.7 所示为单片 T 梁成型图。

图 3.7　单片 T 梁成型

（3）各片 T 梁的横向连接。

各片梁的横向连接主要包括翼板的连接和横隔板的连接，横向连接完成后在桥面上再黏结厚度为 10 mm 的板材以模拟桥面铺装层。T 梁的横向连接在其安装位置进行，要求支座安装已完成，且要保证各片梁横向齐平、纵向水平。在进行横向连接的时候，确保有机玻璃胶水充满整个连接缝，在胶水硬化的过程中密切注意连接缝中是否有气泡，发现气泡要及时处理。另外，在连接的过程中需避免梁片受额外荷载，以免 T 梁在连接胶水硬化后产生不可逆的变形，从而导致桥梁产生初始内力。图 3.8 所示为 T 梁横向拼接的过程。

图 3.8　各片 T 梁的横向拼接

桥面铺装层的模拟是在拼接好的每一跨模型桥上铺设 10 mm 的板材。实际铺装时，为避免铺装层与 T 梁表面之间出现大的气泡和空隙，可以将所需黏结的板材切割成宽度为 0.3～0.35 m、长度为 3 m 的条形板材，然后再分别铺设黏结。在铺设模拟桥面铺装层的桥面时，应保证桥面板与桥梁以及相邻的两块条形桥面板之间黏结可靠，有机玻璃胶水硬化过程中如有出现气泡的情况应予以钻孔、注胶和封孔处理。图 3.9 为制作完成的单跨模型桥梁。

图 3.9　单跨模型桥梁成型

其余两跨桥梁按照同样方法进行制作。为方便后续的简支转连续的顺利拼接，跨与跨之间应尽量控制等高齐平，在架设的时候应用水平尺对连接处以及桥梁的纵向、横向进行实时观察调整。图 3.10 所示为制作完成的 3 跨简支梁桥上部结构。

图 3.10　3 跨模型桥梁成型

（4）增加配重钢板以满足模型的质量相似关系。

根据表 3.3 给出的质量相似比可以看出，有机玻璃材料是不能满足质量相似的，必须通过人为地增加配重来达到质量相似关系：设满足质量相似的模型桥的质量为 m'_M，未加配重的模型桥的质量为 m_M，所需增加的配重为 m_a，原型的质量为 m_p，根据相似的概念及前述相似关系不难得出：

$$m_a = \frac{m_p}{\lambda_m} - m_M \tag{3.28}$$

式（3.28）表示的不仅仅是总体质量的相似，其实质上可以理解为单位体积内所需增加的质量。因此，对配重的添加要均匀，但要做到绝对均匀是不可能的，这里借用有限单元法处理问题的思路来处理：将各片梁分成有限段数，分别计算各段所需配重，选取钢板作为配重固定于该段的中间位置。这样处理是用集中质量替代了均布质量，在分段较多的情况下是有足够的精确度的。图 3.11 所示为添加配重后的模型桥梁。

图 3.11　添加配重后的模型桥梁

（5）模型桥的跨间纵向连接。

模型桥的跨间纵向连接是从简支梁桥转变成连续梁桥的工序，在简支梁的所有相关试验结束后进行。该步骤主要工作为更换连续支座和对相邻两跨之间进行纵向连接，由于桥梁连接处的操作空间小，连接的操作难度很大。试验中用多个千斤顶配合钢横梁将

3 跨桥全部顶起，卸去盖梁，调整各跨的高度位置，然后再连接相邻桥跨，而后架设盖梁、放置支座，等黏结可靠后再将模型桥梁整体下落至支座上。这一过程中有几点需特别注意：第一，模型连接之前一定要保持水平；第二，一定要等连接处强度可靠后再进行下一步操作；第三，在连接处胶水硬化期间，需要在千斤顶旁边加设不会变形的支撑物（本试验采用了空心钢管）；第四，在模型桥的整体下落过程中要保持各千斤顶的同步。图 3.12 所示为一纵向连接处的连接效果图。

图 3.12　两跨模型桥梁之间的连接

3. 模型桥下部结构的制作加工

车桥耦合振动的理论研究通常不考虑桥墩和盖梁的振动影响，这是因为车桥耦合振动中，桥梁的前几阶振动模态都是竖向振动，桥墩和盖梁在实际桥梁中对桥梁的振动影响很小，因此在模型桥的桥墩和盖梁的处理上应把握的原则是尽量提高桥墩和盖梁的竖向刚度来减小桥墩和盖梁的竖向振动，从而减小桥墩和盖梁对本试验的影响。

模型桥下部结构主要包括盖梁、桥墩、支座。本试验中模型桥盖梁选用了型号为 28a 的工字钢，并在其翼板上加焊宽度为 250 mm、厚度为 4 mm 的方形钢板，在上下翼板间加焊角钢来提高其刚度，桥墩用型号为 32a 的工字钢，并在其端部加焊钢板以方便盖梁与桥墩的连接和拆卸。桥墩和盖梁之间采用螺栓连接，而桥墩则是通过地锚固定在试验室的地面上，如图 3.13 所示。

图 3.13　模型桥下部结构

同盖梁和桥墩相比,支座对模型桥的动力学特性影响更大,因此,对支座的模拟要符合相似关系。本试验桥梁模型的支座采用橡胶片支座,弹性模量为 7.0 MPa,按照表 3.3 中的相似关系有:

$$\lambda_A = \frac{\lambda_E \lambda_l}{\lambda_F} \tag{3.29}$$

可以得出模型支座的面积:

$$A_m = \frac{A_p \lambda_F}{\lambda_E \lambda_l} \tag{3.30}$$

在确定模型支座面积基础上可以计算确定模型支座的规格尺寸,本试验选用的模型橡胶支座的规格为 51 mm×53.2 mm,厚度为 2 mm,并通过在模型橡胶支座的表面粘贴一层四氟乙烯板模拟滑动橡胶支座。

3.3.3 试验模型车的制作

1. 车辆原型概述

本试验选用公路桥梁中常见的东风 EQ3166 三轴载重汽车为原型车辆进行研究。从车辆参数说明书中可以得到车辆外形尺寸参数:车辆的整体尺寸为 7.425 m×2.48 m×2.98 m,横断面尺寸为 4.55 m×2.3 m×0.93 m,车辆的前轴与中轴的轴距为 3.6 m,中轴与后轴的轴距为 1.2 m,前后轮距分别为 1.94 m 和 1.86 m。车辆的载重参数为:空载时前轴轴重为 44.7 kN,中、后轴轴重均为 56.1 kN;满载时,前轴轴重为 64.7 kN,中、后轴轴重均为 129.4 kN。本试验选取的车辆原型为满载时的车辆。另外,该型号车的最高车速为 80 km/h,采用的驱动方式为 6×4,整车外形如图 3.14 所示。数值模拟中选取的车辆动力特性参数如表 3.4 所示。

图 3.14 车辆原型

表 3.4　车辆模型参数

类别	质量/kg	刚度/（N/mm）	阻尼系数/（N·s/mm）	与车身质心的距离/m
前轴	594	2 800	—	3.4
中轮	932	3 390	—	0.2
后轮	932	3 390	—	1.4
车身	30 542	—	—	—
前悬架	—	6 300	27.3	—
中悬架	—	7 900	38.4	—
后悬架	—	7 900	38.4	—

本试验选用车辆原型在结构上主要由悬挂系统、传动系统、车架与车身、转向系统、动力系统、制动系统等组成。考虑课题研究的主要内容为车桥耦合振动响应，试验模拟中对车辆的制动系统、传动系统、转向系统等进行简化或忽略。综合理论模型中车-桥耦合振动影响因素及实际模拟时的可行性，确定本试验对原型车辆结构模拟需要考虑的因素包括：车辆的悬挂系统、车架与车身、车辆的各部分尺寸、车辆的各部分质量、车轴与轮胎。

2. 试验模型车的设计与制作

根据表 3.1 给出的相似比尺可以计算出试验车模型的理论参数如表 3.5 所示。

表 3.5　试验模型车辆参数（理论值）

类别	质量/kg	刚度/（kN/m）	阻尼系数/（N·s/m）	与车辆质心的距离/m
前轴	0.48	22.7	—	0.34
中轮	0.755	27.5	—	0.02
后轮	0.755	27.5	—	0.14
车身	24.75	—	—	—
前悬架	—	5.11	6.996	—
中悬架	—	6.40	9.84	—
后悬架	—	6.40	9.84	—

模型车的设计制作主要考虑车辆的质量、几何尺寸、悬挂系统和轮胎竖向刚度等物理量的相似模拟。其中，车辆的悬挂系统及轮胎刚度等对车辆的动力特性影响极大，是车辆模拟的一个关键因素。试验中，通过在模型车前、中、后悬架中设置适当刚度的弹簧来对整个车辆的悬挂系统进行模拟。文献[7]中介绍了圆截面线材压缩弹簧的刚度计算

公式：

$$K = \frac{Gd^4}{8D^3 n} \tag{3.31}$$

式中，G 为弹簧线材剪切弹性模量，一般取 $G = 7.931 \times 10^4$ MPa；d 为弹簧线材直径；D 为弹簧簧圈直径；n 为弹簧的有效圈数。

根据式（3.31）可知，弹簧刚度与弹簧线材直径、有效圈数和簧圈直径相关，适当调整以上参数可实现车辆模型悬挂系统刚度的模拟与调整。

车轮的刚度对车辆的动力特性也有一定的影响，因此有必要对车轮的模拟进行讨论与分析。限于定制符合相似关系的模型车轮的困难性，试验中通过考虑各轴总体刚度相似来简化问题。通过调整悬挂体系的刚度来弥补车轮刚度难以相似的不足，从而达到各轴上的车轮-悬挂系统的总体刚度与原型相似。虽然这样做会导致车轮的振动与理想化模型上有所偏差，但考虑到车轮的刚度较弹簧刚度大而质量又只占整体车辆的很小一部分，其所造成的偏差是在可接受的范围之内的，加之在考虑车桥耦合振动理论分析中，通常对各轴的刚度也只是考虑一个总体刚度，因此这样的处理是合理的。

试验中将车轮与其对应的悬挂系统（钢板弹簧）按弹簧串联等效为一组弹簧，共采用六个定做的压缩弹簧和阻尼器来模拟车辆悬挂系统的振动特性。选取符合几何缩尺要求的硬质塑料承重轮（ϕ120 mm×25 mm）为试验小车车轮，通过车轮中间的轴承由螺栓杆连接形成车轴。模型试验小车的车架刚度远大于悬挂系统刚度，可近似认为车架为刚性，不考虑其弯曲变形，实施过程中车架按几何缩尺比例，选取刚度较大的角钢制作。车辆模型各部分之间的连接是车辆模型制作的关键，经反复试验，采取在车轴上焊接圆筒，将弹簧放置圆筒内，每个圆筒外侧焊接两根光滑的细钢筋，并穿过车架预先制好的孔位的措施，以上措施能在不影响车辆振动特性的情况下，确保车桥与车架之间不发生过大的横向及纵向变位。图 3.15 所示为车架与车轴间的连接效果。

图 3.15　模型车辆车轴与车架的连接

综合以上分析，按照相似关系对模型车辆的主体结构及连接进行设计，如图 3.16 所示。

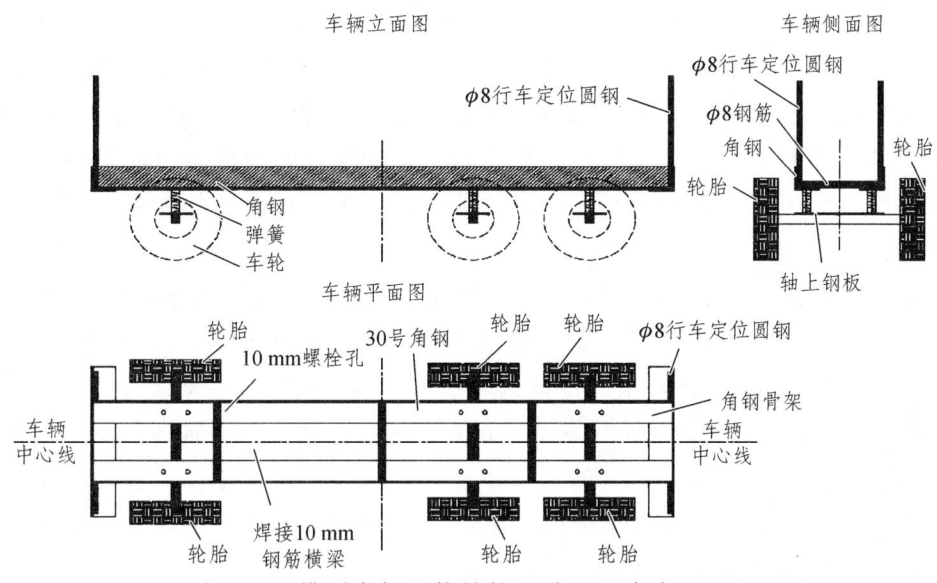

图 3.16 模型车辆主体结构设计图（未含配重）

试验模型车辆与原型车的质量相似通过在现有模型主体上添加配重钢板来实现。添加配重时可以通过先进行估算所添加钢板的重心位置来分配钢板及其所在位置，以车辆重心落在理论重心为基准，计算钢板配置方案，确保实际车辆与模型车辆满足基频、刚度、各轴重相似。图 3.17 为完成制作的试验车辆。

图 3.17 制作完成的车辆模型

3.3.4 模型试验辅助设施

1. 牵引系统

牵引系统是该试验中另一个关键问题，它使模型车辆按确定的速度和方向前进。牵引系统考虑用变速电机带动滚筒卷起绳子从而将车子牵引向前的办法实现，但在实现该功能时有以下几点必须得以满足，也就是设计和选取牵引系统的限制条件：一是变速电机的速度能准确而快速地调节；二是电机能够提供足够的牵引力使车辆模型能在特定时间加速到预定的速度；三是电机能够在尽量短的时间内停止转动，使模型车辆能够在短距离内实现停车；四是电机运行应平稳，避免车辆模型在行驶过程中出现忽快忽慢。

首先是电动机的选取问题。经过市场调查，发现符合以上要求的电机常见的有 MB 系列无级变速电机、YCT 系列电磁调速电机和 YVF2 系列变频调速电机等，这三种都能实现速度的无极调节功能。但相对来说，前两种电机控制麻烦、调速精确度较低，而变频调速电动机配合变频器能够精确调速，调速范围较广，低频启动时力矩对负载冲击小，并能对电机的启动时间和停止时间进行精确调节，能够较好地满足试验的动力要求。经过比较，最终确定采用美国爱迪森香港自动化科技有限公司生产的变频器，配合相同功率的变频电动机使用。

其次是变频电机和变频器的选型问题。选择电动机，主要考虑电动机的工作环境、负载转矩、传动比、输出转速等因素。在现有模型试验场地条件下，通过计算，功率为 3 kW 的电动机满足试验场地限制，符合试验要求。最终确定的变频器型号为 ADS-A 5/3 3 0030，配合功率为 3 kW 的变频调速电动机。这里应注意，变频器是可以配合普通电机使用的，但由于普通电机没有独立的风扇系统，长时间低频率工作，容易发生电机过热而导致烧毁的事故，因而选择电动机时应选择专门的变频电机来配合变频器使用。最终选择的变频电机和变频器如图 3.18 所示。

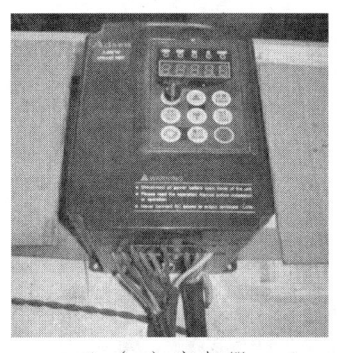 

（a）变频器　　　　　　　　（b）变频电机

图 3.18　变频器和变频电机

最后是电动机与滚筒之间的工作方式的研究。本试验参照卷扬机的工作原理，在尽量保证电动机和滚筒能够稳定工作的前提下，我们采取了如图 3.19 所示的连接和固定方式。

图 3.19　变频电机与滚筒的连接固定

2. 制动系统

因为试验场地限制，车辆模型的减速距离较短，必须设置适当的制动系统来保证车辆模型能够在限定的距离内平稳安全地停止。制动系统需解决两个问题：一是制动力问题，试验中采取在车后用沙袋配合弹簧进行拖拽，在模型减速区垫棉毯和海绵减速的双重措施来提供足够的制动力；二是制动控制，相对于具有充为时间操作的启动控制，制动控制则必须在车辆模型通过桥梁模型后极短的时间内实现，这样的要求对于人工操作来说非常困难，容易出错。经过研究，最终采用变频器外部端子控制的方式来实现电动机的启动与停止，通过设置一个机械装置，使车辆模型在通过桥梁后能通过触发装置切断外部端子电源，实现停车的自动化。控制装置如图3.20所示。

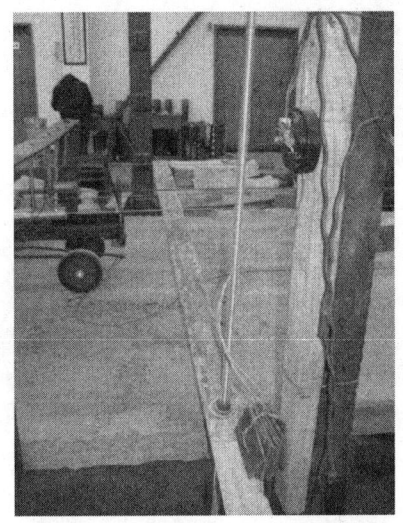

图 3.20 变频器自动控制装置

模型试验的辅助设施主要包括车辆的动力牵引装置、车辆加速所需桥段、减速设施、车辆走行所需的导向设施以及安全设施。整个试验的辅助设施示意如图3.21所示。

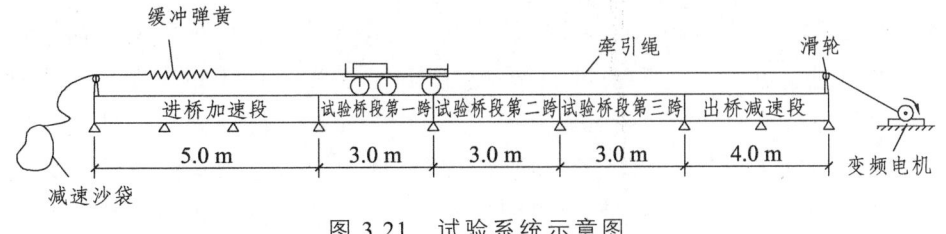

图 3.21 试验系统示意图

3. 横向限位装置

模型车在桥面行驶过程中会因为各种原因而导致走行轨迹与试验设定的走行轨迹有偏差，甚至发生车辆掉下桥梁的事故，为了试验的准确性与安全性，设置了车辆导向设施。导向设施由支架、铁丝导轨、拉紧锚固设施组成，确保车辆每次通过试验桥时，车轮横向作用位置一致，绝对限制车辆行驶路线。在全部设施制作安装完成后，对整个试验系统进行试运行，确保整个试验系统运行的顺畅与稳定，如图3.22~图3.24所示。

图 3.22 横向限位装置

图 3.23 模型车辆按导轨行驶

图 3.24 车辆行驶位置矫正装置

3.4 车-桥耦合振动缩尺模型校验

目前，桥梁结构开展的室内模型试验较多，但主要以静力特性研究[10-13]为主，动力缩尺模型试验则主要集中于结构动力性能、地震和风洞效应等方面研究[10,14]。文献[16]以移动车辆荷载作用下响应识别为主要研究目的，制作了车桥耦合振动模型试验装置。该装置因车辆参数未严格按相似关系进行处理，测试结果能否真实反映车辆对桥梁的冲击影响，有待于进一步验证。车-桥耦合振动模型试验装置不同于桥梁结构动力性能、地震、风荷载作用的试验装置，后者侧重于桥梁模型的处理。车-桥耦合振动模型因车辆行驶位置、车辆自身动力特性、车辆行驶速度、桥面路况等众多因素的影响，其在模型制作过程中除必须保证桥梁结构的动力特性相似外，还必须保证车辆动力特性相似，从而达到每一时刻车辆作用于桥梁上的力相似。车桥耦合振动缩尺模型试验对相似律及设计制作要求更为精确、严格，因此，试验中依据相似理论制作的模型是否能达到要求，仍需对其进一步校验。

3.4.1 模型车特性的测定与分析

模型车辆的制作效果直接影响到后续试验的测试结果和精度，其静力和动力特性值是判断模型与原型是否相似的重要依据。根据车桥耦合振动的主要影响因素和试验测定设备限制，试验模型车的测定和分析包括三个方面：第一，模型车辆的轴重测试；第二，模型车辆的基频测定；第三，测试结果与理论计算值的对比分析。

1. 模型车辆的各轴轴重测试与理论计算结果

模型车辆的各轴轴重是否相似是模型质量相似和几何相似的综合表征，对各轴轴重的测试采用了如图 3.25 所示的测量方法。

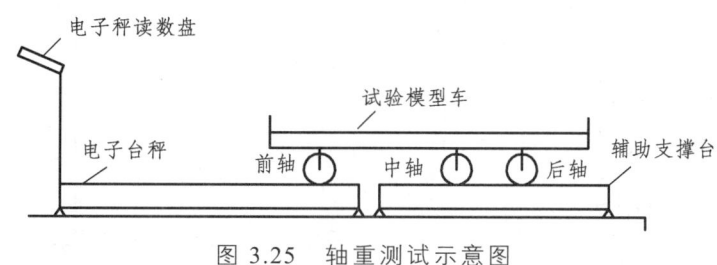

图 3.25　轴重测试示意图

测试时，电子秤的台面与辅助支撑台面保持等高、水平，测试前轴轴重时，将前轴落在电子秤上，中轴和后轴落在辅助支撑平台上，电子秤的读数即为模型试验小车的前轴轴重，采用相同方法可以测试出中、后轴的轴重，结果如表 3.6 所示。

表 3.6　各轴轴重测试结果

轴重类型	测试结果/kg
前轴	6.44
中轴	12.54
后轴	12.52

按照公式 $m_p = \lambda_m M_m$ 可以计算出试验车模型的理论轴重，表 3.7 给出了模型试验车的各轴轴重的理论值。

表 3.7　车辆轴重理论值

轴类型	原型车轴重/kg	相似比 λ_m	模型车轴重理论值/kg
前轴	6 600	1 045.45	6.314
中轴	13 200	1 045.45	12.628
后轴	13 200	1 045.45	12.628

2. 模型车基频的测试与理论基频的计算

基频测试采用的仪器是 941D 型拾振器、东华 DH5922 型动态信号采集仪，并采用

DHDAS（5922_1394）信号分析测试系统进行数据分析处理，采样频率为 1 000 Hz，分析频率为 390.63 Hz。测试方法是将拾振器固定在试验车上，通过对试验车进行激振，采集振动过程速度的时程响应，采样时间为 3 min 以上。图 3.26 为截取的速度时程曲线的一部分，外界激励的频率不宜过大，幅值也应该适当。图 3.27 给出了测试的频谱分析结果，通过查询峰值可以确定试验车辆的基频为 5.86 Hz。

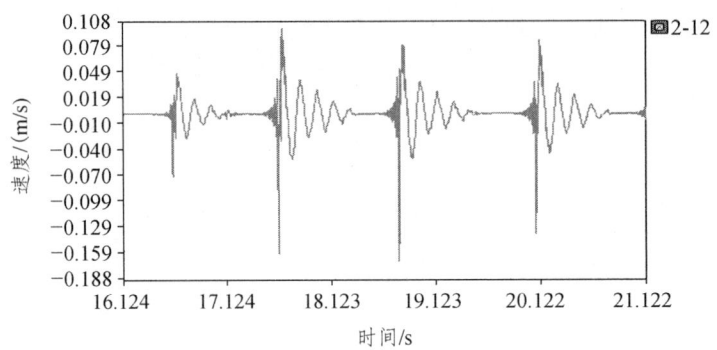

图 3.26 模型车的振动速度时程曲线

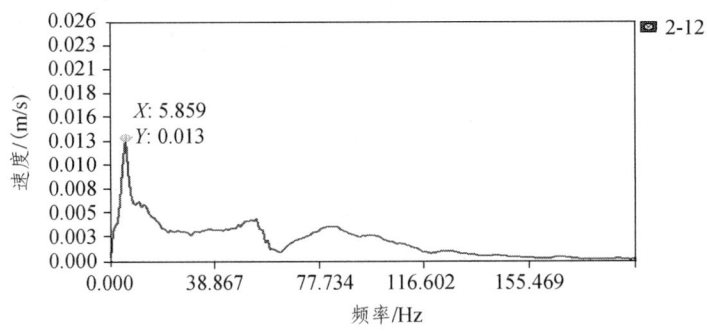

图 3.27 试验模型车的频谱分析结果

模型车的基频取决于车体质量和车轮及悬挂系统的刚度。为确定模型车的基频理论值，将模型车简化成如图 3.28 所示的计算模型，计算其整体刚度。模型中 K_1、K_2、K_3 为车辆各轴悬挂系统的并联刚度，K_4、K_5、K_6 为各轴车轮并联刚度。

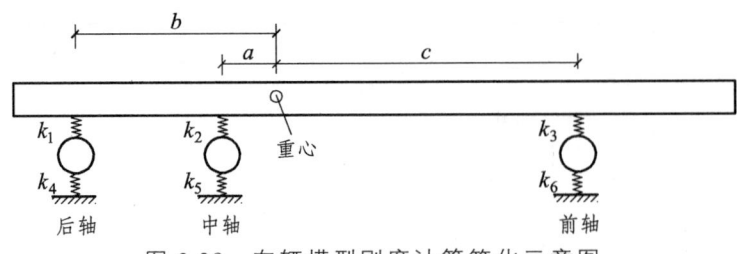

图 3.28 车辆模型刚度计算简化示意图

根据弹簧串并联关系，由虚功原理推导出模型试验小车总体刚度的计算公式，并根据实测模型试验小车弹簧刚度计算模型试验小车总体刚度及基频，如表 3.8 所示。

表 3.8　模型车的总体刚度计算公式及相关参数

各轴悬挂系统及车轮并联刚度	$K_1 = K_2 = K_3 = 14\,926\ \text{N/m}$，$K_4 = 227\,000\ \text{N/m}$，$K_5 = K_6 = 27\,500\ \text{N/m}$
参数	$a = 0.02\ \text{m}$，$b = 0.156\ \text{m}$，$c = 0.34\ \text{m}$
后轴、中轴、前轴的合并总刚度	$K_7 = \dfrac{K_1 \times K_4}{K_1 + K_4}$，$K_8 = \dfrac{K_2 \times K_5}{K_2 + K_5}$，$K_9 = \dfrac{K_3 \times K_6}{K_3 + K_6}$
总体刚度	$K_{总} = K_7 + K_8 + K_9 + (K_7 + K_8 - K_9) \times \dfrac{(c \times K_9 - b \times K_7 - a \times K_8)}{a^2 \times K_8 + b^2 \times K_7 + c^2 \times K_9} = 42\,416.73\ \text{N/m}$
基频	$f = \dfrac{1}{2\pi}\sqrt{K_{总}/m} = 5.84\ \text{Hz}$

将理论值与实测值进行对比，分析前、中、后轴的轴重以及整车频率的相对误差，计算结果如表 3.9 所示。从表中的相对误差可以看出试验模型车的各实测值与理论值相符，说明模型车在其特性值上是符合试验要求的。

表 3.9　车辆模型特性的实测值与理论值的对比

对比项目	①理论值	②试验模型测定值	(②-①)/①/%
前轴轴重/kg	6.314	6.44	1.995
中轴轴重/kg	12.628	12.54	0.69
后轴轴重/kg	12.628	12.52	0.85
基频 f/Hz	5.84	5.86	0.34

3.4.2　模型桥特性的测定与分析

针对模型试验桥而言，静力试验是检验模型试验制作、安装、拼接效果的综合评判手段，而动力试验（如基频）则反映出模型桥梁重要的动力特性参数。

1. 静力试验

为更加真实地模拟实际情景，静力测试采用与模型车车重相近的荷载进行加载，以避免因有机玻璃材料应力水平不同产生的弹性模量偏差。本次静载试验采用了四块标准混凝土试块分四级加载，四块试块质量分别为：7.317 kg、7.076 kg、7.233 kg、7.058 kg。选取 1 号梁与 3 号梁分别按偏载和中载进行加载，加载时，在每一片梁跨中及距支座中心 40 cm 两处分别进行加载。

2. 模型桥基频的测试

模型桥的基频是通过多点激振模型桥，采集各测点的位移、应变等动态响应数据并进行频谱分析而得出。基频测试采用东华 DH5922 型动态测试系统，并对模型试验桥采用橡胶锤多点连续激振 10 min 以上，多次测试并分析不同测点的应变和位移的功率谱密度曲线。

图 3.29 给出了简支梁模型桥 3 号梁的位移时程响应曲线和频谱分析结果。对 3 号梁的位移时程曲线进行 FFT 变换，通过频谱分析可得如图 3.30 所示的位移谱曲线，从图中可以得出模型桥的一阶频率及二阶频率分别为 12.45 Hz 和 16.16 Hz。

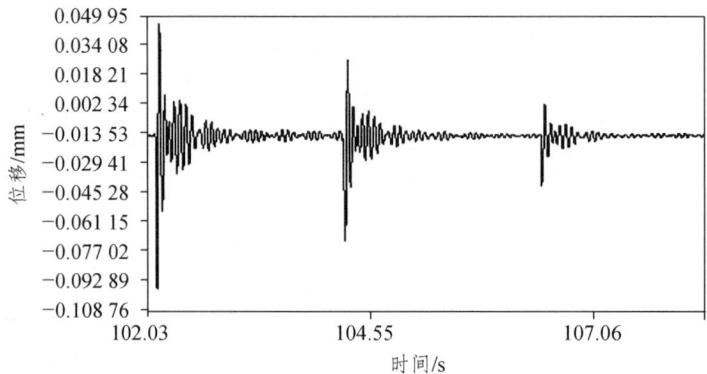

图 3.29 简支梁桥模型 3 号梁位移时程响应

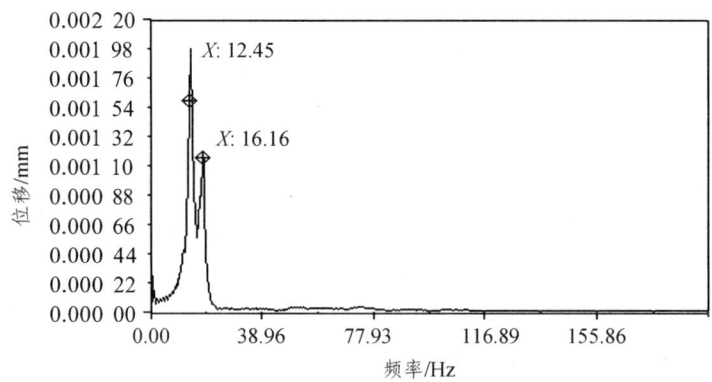

图 3.30 简支梁桥 3 号梁位移频谱分析结果

3. 理论值的计算

有机玻璃弹性模量为 3.3 GPa，密度为 1 167 kg/m³，泊松比为 0.35，采用有限单元软件 ANSYS 对其进行动力特性分析。有限元建模过程中，桥面铺装层采用 shell62 板单元，其余采用 solsh190 单元，主梁配重单元采用 mass21 单元，通过模态分析并提取前十阶自振频率，如表 3.10 所示。通过分析前十阶振型的特点还可以看出：多片简支梁桥和连续梁桥主要以竖向振动为主，横向振动较小。

表 3.10 简支梁桥理论模型桥的前十阶自振频率

阶数	频率/Hz	阶数	频率/Hz
一	12.043	六	51.776
二	16.239	七	64.540
三	30.719	八	78.360
四	37.795	九	83.385
五	44.559	十	87.890

4. 理论值与实测值对比分析

（1）静力试验结果分析。

图 3.31 给出了荷载加在 1 号梁跨中时各片梁的跨中位移的大小，图 3.32 给出了荷载加在 1 号梁上距支座 40 cm 处时各片梁的跨中应变的大小。从图中可以看出，荷载、ANSYS 计算结果与试验测试结果几乎重合，拟合度很好，模型试验桥的制作安装效果符合试验要求。

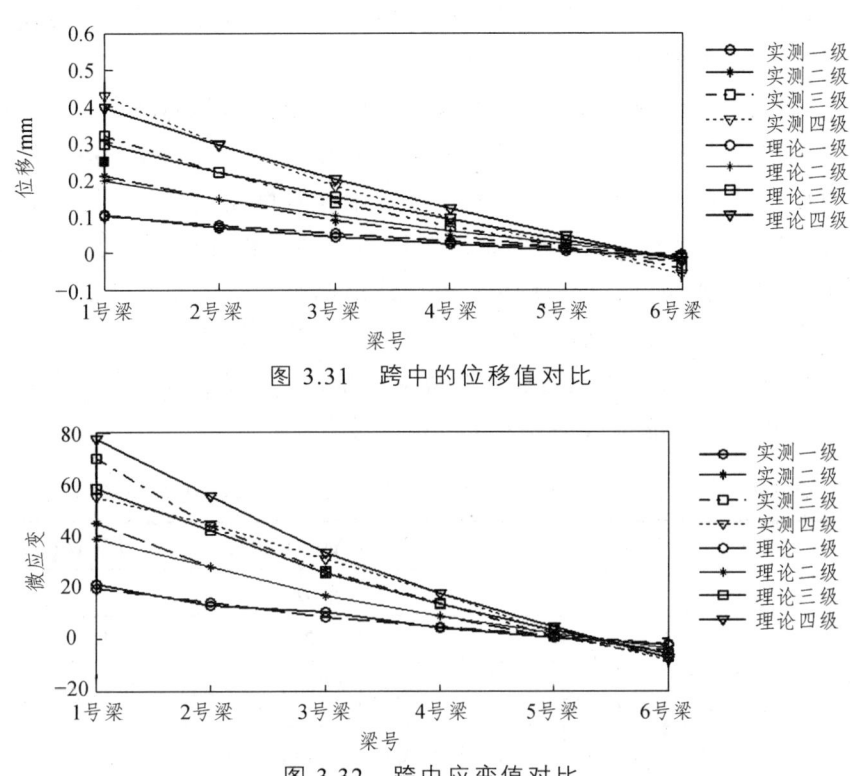

图 3.31　跨中的位移值对比

图 3.32　跨中应变值对比

（2）模型桥自振频率测试结果分析。

从模型试验桥的实测功率谱我们可以清楚地识别出模型桥的一阶与二阶频率，但由于简支梁桥以低阶振动为主，且因试验精度及试验过程中存在各种因素的干扰，高阶自振频率难以测试识别出来，因此只取其前两阶自振频率进行分析。通过表 3.11 对比可以看出：试验模型与理论模型的自振频率之间的误差一阶为 2.6%，二阶为 4.4%，模型试验桥的频率误差在试验可接受范围。

表 3.11　试验模型与理论桥模型的自振频率对比

频率	①理论模型计算值/Hz	②试验模型实测值/Hz	（②－①）/①/%
一阶	12.043	12.36	2.6
二阶	16.239	16.96	4.4

3.4.3 车-桥耦合缩尺模型试验系统校验

为进一步校验本节设计制作的车桥耦合振动模型试验装置的可行性,分别采用移动弹簧质量振动系统、LS-DYNA 有限元分析和模型试验对比分析单车荷载按正常行车道工况行驶在光滑桥面上各片梁跨中静态、动态位移响应。本节车辆行驶速度取模型试验车以 6 m/s(原型桥数值分析取车速为 18.9 m/s,即 68.3 km/h)为例进行分析。

表 3.12 为缩尺模型试验实测值与弹簧-质量振动系统 MATLAB 数值模拟、LS-DYNA 仿真分析动态响应对比分析表,其中模型试验所测结果应通过相似比尺转换后应用。从表中可以看出:① 模型桥 1 号梁的跨中最大静位移、静应变理论值与实测值误差最大,位移最大误差为 2.8%,应变最大误差为 3.1%;② 模型桥实测的静态应变、位移与原型桥理论应变、位移变化规律一致,但模型桥实测值和理论值的位移、应变横向变化幅度较原型桥更明显,这主要是由于模型桥制作过程中,对桥面板进行了等厚处理,导致模型桥横向连接刚度比原型桥大;③ 模型试验桥实测动位移峰值更接近弹簧-质量系统的 MATLAB 数值模拟峰值响应,LS-DYNA 仿真结果偏小,主要是因 LS-DYNA 建模考虑了桥面铺装层参与作用,静、动态响应均比模型试验及弹簧质量振动系统数值结果小;④ 各片梁跨中位移及应变冲击系数,模型桥与原型桥(数值模拟、仿真分析)变化规律一致,三种方法计算的冲击系数均在 0.08~0.10 变化。

表 3.12　数值模拟、LS-DYNA 分析与模型试验测试动力响应对比

力学指标	模型试验			MATLAB 数值模拟			LS-DYNA 仿真分析		
	梁号								
	1	2	3	1	2	3	1	2	3
跨中最大静位移 /mm	0.255 (0.248)	0.215 (0.217)	0.178 (0.181)	2.504	2.192	1.835	2.315	2.145	1.935
跨中最大动位移 /mm	0.279	0.235	0.188	2.741	2.374	2.016	2.526	2.363	2.030
跨中位移冲击系数	0.094	0.093	0.086	0.095	0.083	0.099	0.091	0.102	0.049
跨中最大静应变 /με	50.45 (48.9)	36.78 (37.9)	27.96 (27.6)	47	39.4	32.1	43.82	35.24	28.91
跨中最大动应变 /με	55.22	40.46	30.7	—	—	—	—	—	—
跨中应变冲击系数	0.095	0.100	0.098	—	—	—	—	—	—

注:括号内数值为理论计算结果。

经过系统性的校验分析,可以得出以下几点结论:

(1)本试验项目设计并制作的公路桥梁车桥耦合振动缩尺模型试验装置可行,模型桥及模型车的静、动力特性满足试验要求。

(2)模型桥实测动位移与原型桥数值模拟结果变化规律一致,位移冲击系数和应变冲击系数略有差异,实测位移冲击系数略小,均小于目前我国规范计算得到的值。

(3) 车-桥耦合振动缩尺模型试验系统满足相似要求,针对模型系统的试验测试能够反映原型系统。

(4) 本试验设计的动力牵引装置、减速装置、横向限位装置等准确有效,能保证模型车按指定的速度匀速行驶,并在减速区实现平稳停车,试验各项操作准确便捷,完整实现了预定功能。

3.5 车-桥耦合振动缩尺模型试验

车桥耦合振动的影响因素有很多,就目前的研究结果表明,这些因素主要包括桥梁的动力特性、车辆的动力特性、桥梁的路面状况,车辆的走行速度以及车辆在桥梁上走行位置(车道)等。车-桥耦合振动缩尺模型试验的研究目的就在于厘清车桥耦合振动的各种影响因素、影响程度及影响机理。本节是在完成模型系统的设计、制作及校验的前提下,开展车桥耦合振动缩尺模型的静载和动载试验研究。因试验中模型桥先后呈现三跨简支梁桥和三跨连续梁桥两种状态,试验分为简支梁和连续梁两阶段进行,但为便于分析,按照静载试验和动载试验分别描述。

3.5.1 静载试验方案

桥梁的静载试验是测试静态荷载作用下的桥梁各测点的静应变、挠度(位移)及其他内容的试验,通过对测试结果的分析来评判桥梁的受力特性和承载能力。本静载试验的目的主要是为确定模型桥梁结构特性及参数,为研究车桥耦合振动的动力响应问题做好准备。

本试验只研究单车荷载作用下的车桥耦合振动问题,静载试验加载也只考虑单车加载的试验情况。模型试验车辆布载参照《公路桥涵设计通用规范》(JTG D60—2004)[17],分别按两种行车道工况进行布载,工况一:最不利偏载,以车轮中心距路缘石 0.5 m 的距离行驶;工况二:正常行车道工况,车辆按正常行车道位置行驶在车道中间位置。

1. 试验的主要内容

结合试验目的和试验设备条件,确定简支梁和连续梁桥静载试验的主要内容如下:

(1) 模型试验车按偏载车道,依次加载在模型桥行车方向的不同位置时,各片梁跨中梁底的静挠度和静应变。

(2) 模型试验车按正常行车道,依次加载在模型桥行车方向不同位置时,各片梁跨中梁底的静挠度和静应变。

试验过程可以简述为将模型车辆按预定的车道位置通过桥梁,当模型车处于预定的桥梁纵向位置时进行挠度和应变的测量。测试时,模型车在通过桥梁时应尽量慢,以免引起车桥耦合振动。

2. 试验所需仪器设备

(1) 箔式电阻应变片;

(2) 电涡流式位移传感器;

（3）DH3810-1 型应变信号放大器；

（4）位移信号适调器；

（5）计算机；

（6）东华（DH-5922 型）动态信号采集仪；

（7）模型试验车；

（8）电烙铁、环氧树脂、导线（带屏蔽网）、焊锡、酒精、脱脂棉、45 号钢片、万用表。

3. 试验前准备工作

静载试验准备工作包括：粘贴应变片、架设位移传感器、接线、仪器设备调试等。应当指出的是，用传统的 502 胶水黏贴应变片效果并不理想，文献[9]指出可以用有机玻璃碎屑混合氯仿配成的溶液替代传统的黏结剂，经过试验，该方法简单方便、效果很好。在进行位移传感器的架设前，必须事先在模型桥的位移测点处用环氧树脂粘贴 45 号圆钢片，这是因为电涡流传感器只能探测到金属物质的位移，而 45 号圆钢的效果最好，所贴钢片必须保证水平、表面光洁、黏结牢固。

连续梁桥的静载试验是在完成模型桥梁简支转连续后进行的，试验之前应检查并确保纵向连接处胶结物的强度达到试验要求方可进行，避免因此影响车辆荷载的跨间传递效果，导致测试结果与理论值的误差。

4. 试验工况和测点布置

按照整个试验的研究内容要求，静载试验分偏载车道和正常行车道两个工况进行加载。试验中模型车缓慢地从一端前进至每一个加载位置后进行测量记录，考虑车辆重心与模型车中轴间距很小（车辆重心距中轴 2 cm），且中轴加载于测点是车辆最不利的加载方式，因此以模型车中轴所在位置代表车辆位置。

（1）简支梁桥加载位置与测点布置。

简支梁桥在偏载车道和正常行车道两个工况分别加载于桥跨的 1/4、跨中、3/4 共三个位置，如图 3.33 所示。

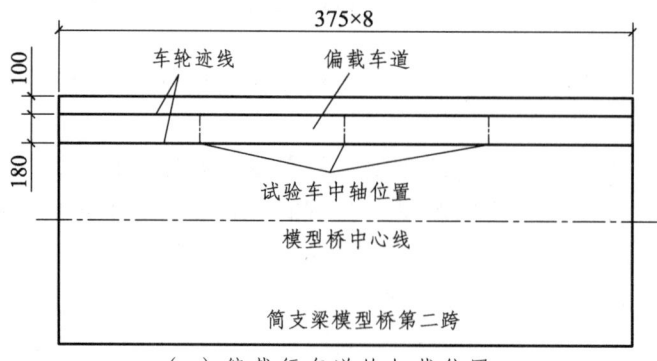

（a）偏载行车道的加载位置

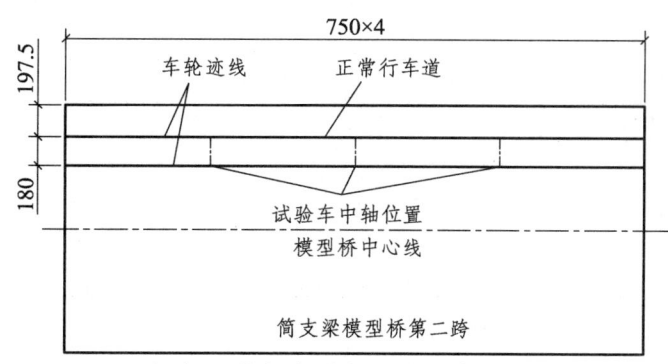

（b）正常行车道位置的加载位置

图 3.33　简支梁模型桥各车道车辆荷载加载位置（尺寸单位：mm）

对于简支梁桥主要研究跨中位移、应变以及 1/4 位置的应变，因而简支梁桥静载试验在 1 至 6 号梁跨中梁底各布置一个电涡流位移传感器和一个应变测点，在 1 至 4 号梁 1/4 位置各布置一个应变测点，全桥共布置 6 个位移测点，10 个应变测点。测点布置如图 3.34 所示。

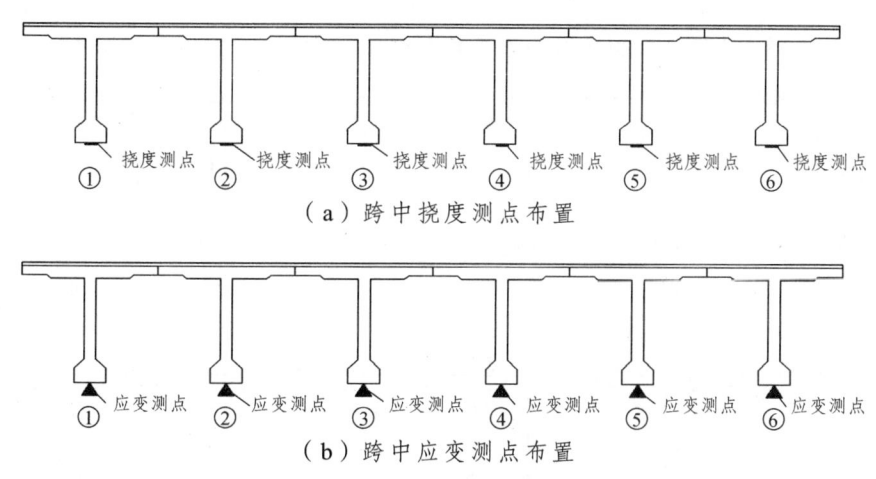

（a）跨中挠度测点布置

（b）跨中应变测点布置

图 3.34　静载试验测点布置示意图

（2）连续梁桥加载位置与测点布置。

连续梁桥静载试验的车道工况和简支梁桥一致，但车辆的加载位置有所不同，具体加载位置方案如图 3.35 所示。连续梁桥的静载试验需要布置的测点很多，考虑到仪器设备的数量限制，因此选取了响应较大的梁片应变和位移测点。在第一跨跨中的 1、2、3 号梁跨中各布置一个应变和位移测点；第二跨 1、2、3 号梁跨中各布置一个应变和位移测点；第三跨 1、2 号梁跨中各布置一个位移测点，1、2、3 号梁各布置一个应变测点，1、2 号梁翼板处各布置一个应变测点。具体的布测方案如图 3.36 所示。

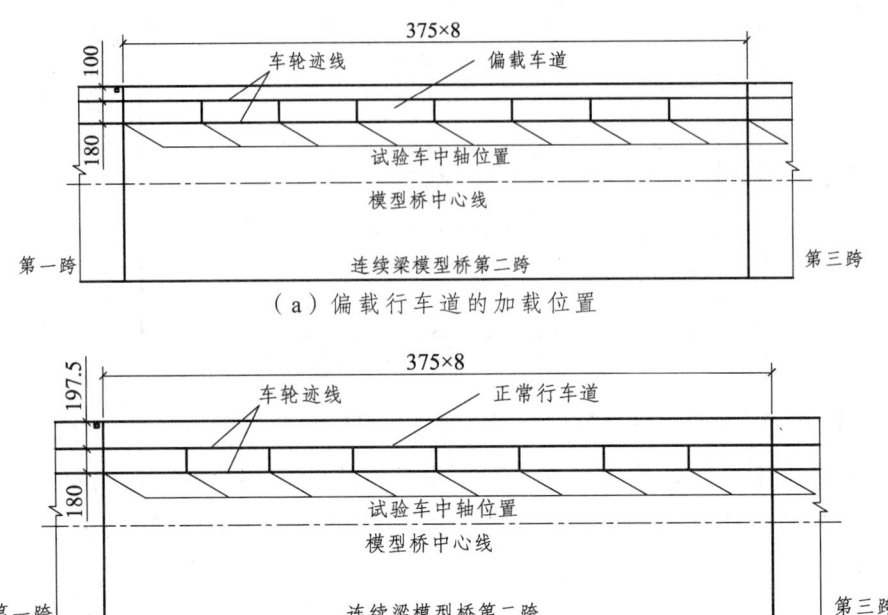

(a) 偏载行车道的加载位置

(b) 正常行车道位置的加载位置

图 3.35 连续梁模型桥各车道车辆荷载加载位置（尺寸单位：mm）

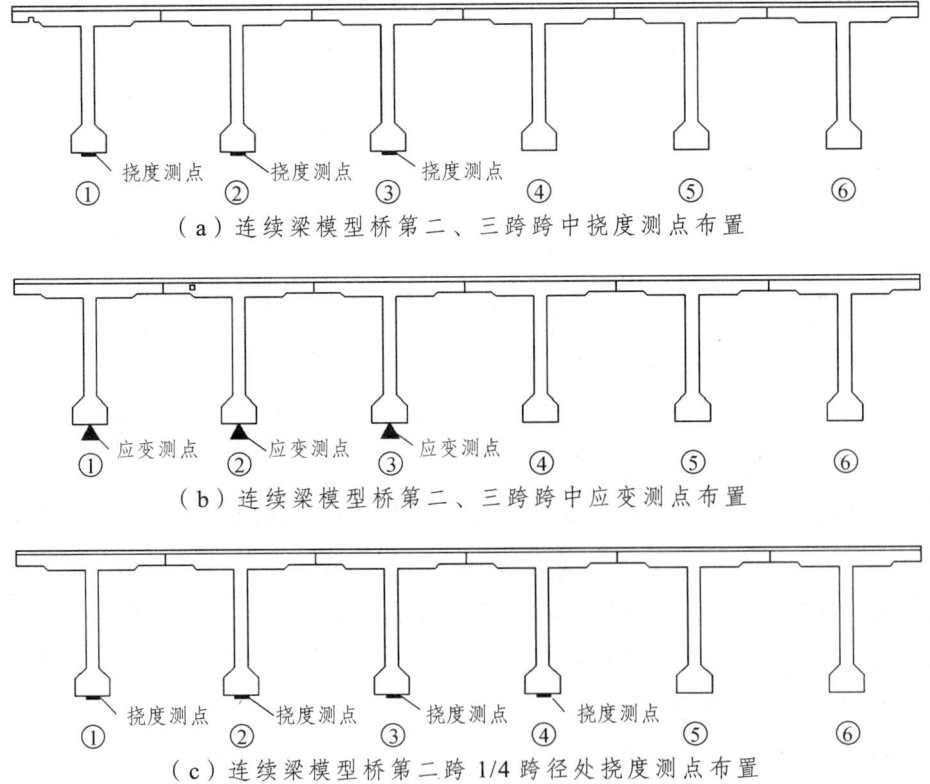

(a) 连续梁模型桥第二、三跨跨中挠度测点布置

(b) 连续梁模型桥第二、三跨跨中应变测点布置

(c) 连续梁模型桥第二跨 1/4 跨径处挠度测点布置

第 3 章　车–桥耦合振动缩尺模型试验

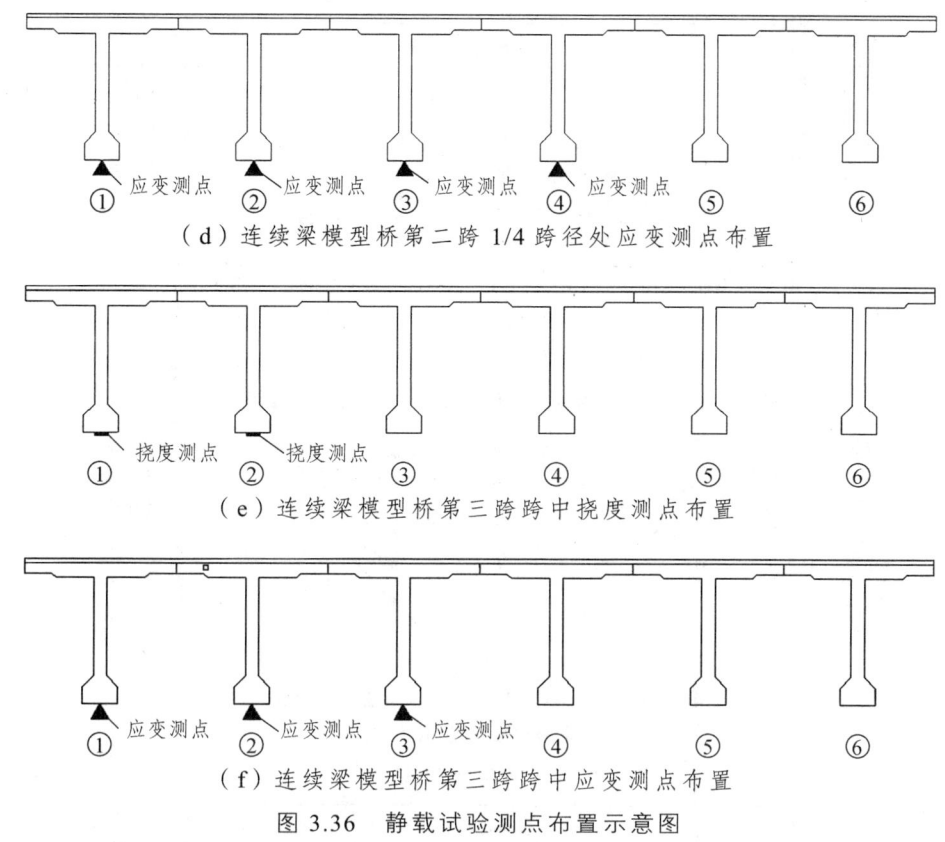

（d）连续梁模型桥第二跨 1/4 跨径处应变测点布置

（e）连续梁模型桥第三跨跨中挠度测点布置

（f）连续梁模型桥第三跨跨中应变测点布置

图 3.36　静载试验测点布置示意图

3.5.2　静载试验测试结果分析

为与动载试验结果进行对比，静载试验采用动态采集仪进行数据记录。动态采集仪采集数据具有设备调试方便、读数准确便捷的特点。但应注意，试验前需对模型桥梁进行预加载，以避免试验仪器出现零漂现象，记录试验结果应取稳定部分的平均值作为静态数据。

1. 简支梁桥试验结果分析

图 3.37 给出了正常行车道工况的静载试验结果，图 3.38 给出了偏载车道工况的试验结果。

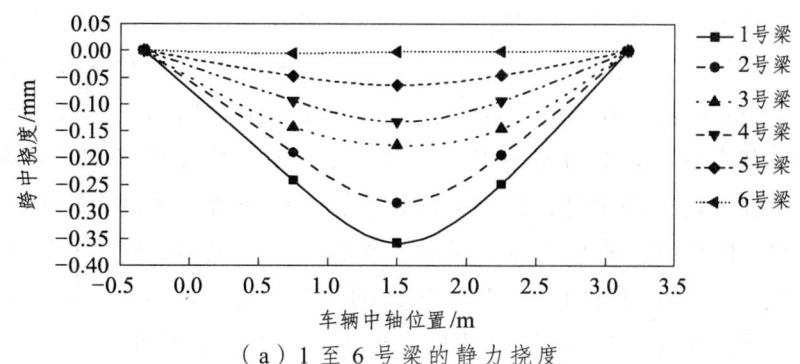

（a）1 至 6 号梁的静力挠度

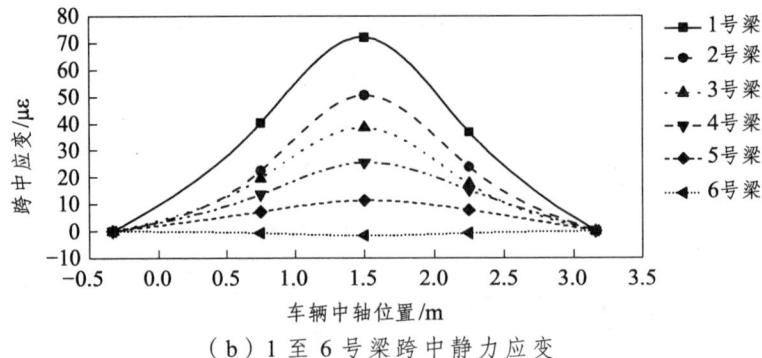

（b）1至6号梁跨中静力应变

图3.37 正常行车道静力加载下各片梁的挠度应变

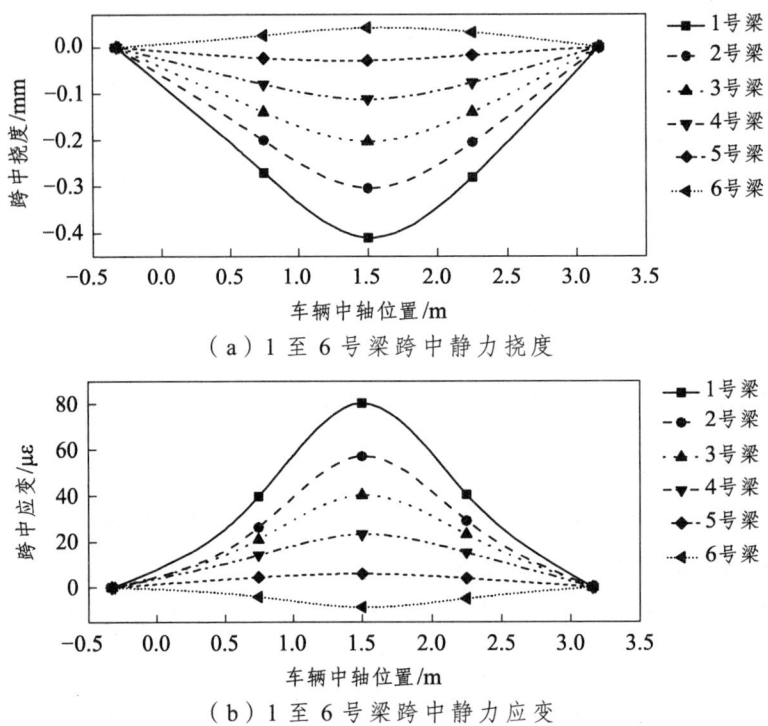

（a）1至6号梁跨中静力挠度

（b）1至6号梁跨中静力应变

图3.38 偏载行车道静力加载下各片梁的挠度应变

从简支梁模型桥的静载试验可以看出，当模型车处于某个位置时，各片梁的挠度和应变之间基本是线性变化关系。这与按照刚性横梁法计算桥梁横向分布系数，得到各片梁的挠度大小呈线性关系的结果一致，这一点也体现出了桥梁模型横向连接的可靠性。

从挠度、应变曲线的对称性可以很容易看出桥梁模型在结构上的对称性。如图3.37所示，当车辆荷载布置在正常行车道上时，各片梁的跨中挠度曲线和应变有较好的连续性，当车辆中轴位于桥梁跨中时，各片梁的挠度值、应变值达到最大，由图3.38也可以看出同样的规律。模型试验车按偏载工况和正常行车道工况加载时，均是1号梁（边梁）的挠度和应变最大，这与设计过程一致，边梁的承担荷载比例最大，边梁最不利。

通过对简支梁模型桥的静载试验，我们得出了模型车在偏载和正常行车道上行驶时，桥梁跨中静力挠度、应变的最大值，如表3.13所示。通过对挠度曲线、应变曲线的线形分析可以得出简支梁T梁桥其跨中的挠度、应变影响线和二维简支梁的分析是一致的，这也从反面说明模型桥的横向联系是可靠的。通过以上的分析可以推断，本试验模型桥的整体受力合理，结构可靠，能满足本次试验的要求。

表3.13 简支梁模型桥的最大静力挠度和应变

梁号	偏载		正常行车道	
	跨中最大挠度/mm	跨中最大应变（微应变）	跨中最大挠度/mm	跨中最大应变（微应变）
1	-0.409 8	80.4	-0.358 1	72.2
2	-0.304 1	57.1	-0.283 5	50.6
3	-0.203 1	40.3	-0.176 8	38.6
4	-0.112	23.2	-0.132 3	25.5
5	-0.028 8	5.9	-0.064 1	11.4
6	0.041 5	-8.6	-0.002 4	-1.7

2. 连续梁模型桥静载试验

模型桥在结构上由简支梁转为连续梁桥后，按照试验方案开展了静载试验测试。图3.39为车辆按正常行车道工况加载时各测点的位移和应变测量结果，图3.40为车辆按偏载工况加载时各测点位移和应变测量结果，各测点的数据按照样条曲线进行拟合以表征其变化趋势。

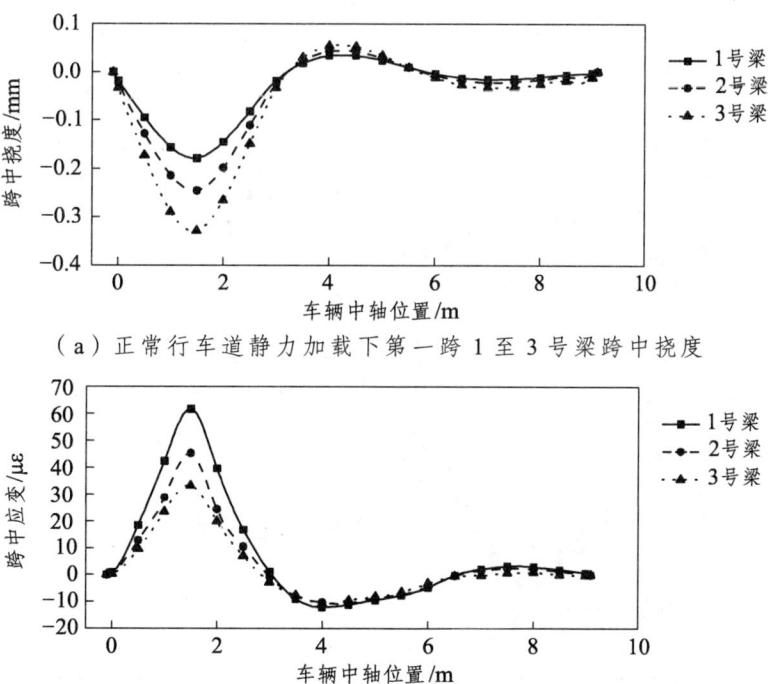

（a）正常行车道静力加载下第一跨1至3号梁跨中挠度

（b）正常行车道静力加载下第一跨1至3号梁跨中应变

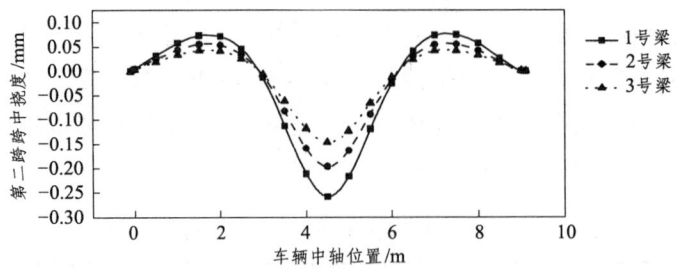

（c）正常行车道静力加载下第二跨1至3号梁跨中挠度

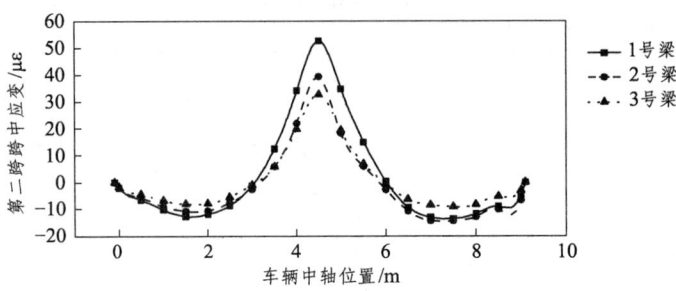

（d）正常行车道静力加载下第二跨1至3号梁跨中应变

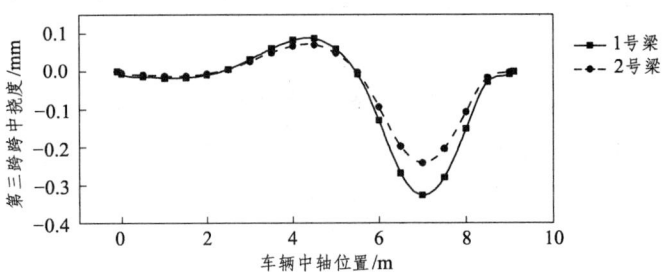

（e）正常行车道静力加载下第三跨1、2号梁跨中挠度

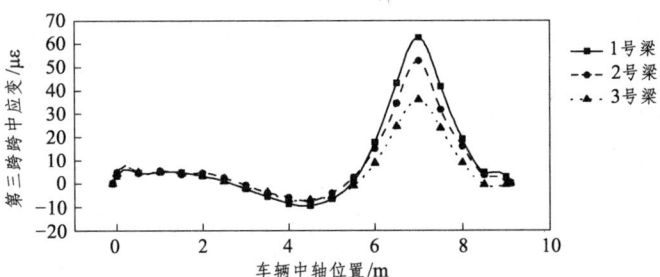

（f）正常行车道静力加载下第三跨1至3号梁跨中应变

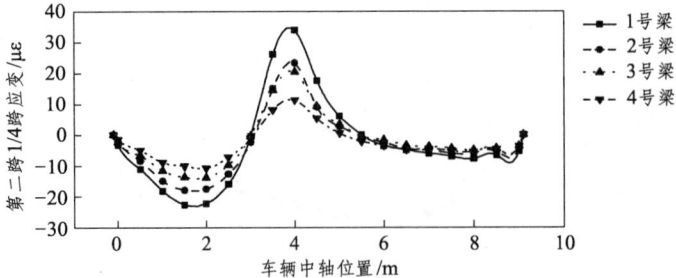

（g）正常行车道静力加载下第二跨1至4号梁1/4跨应变

图3.39　正常行车道静力加载下各跨的挠度和应变

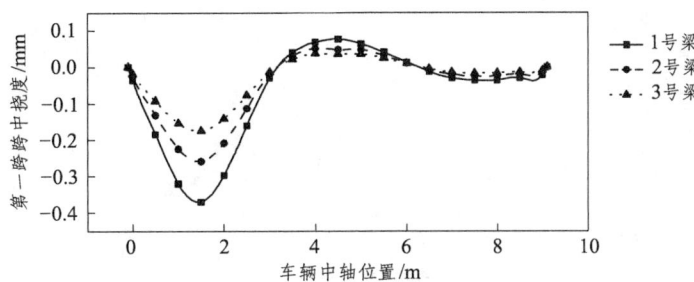

(a)偏载行车道静力加载下第一跨1至3号梁跨中挠度

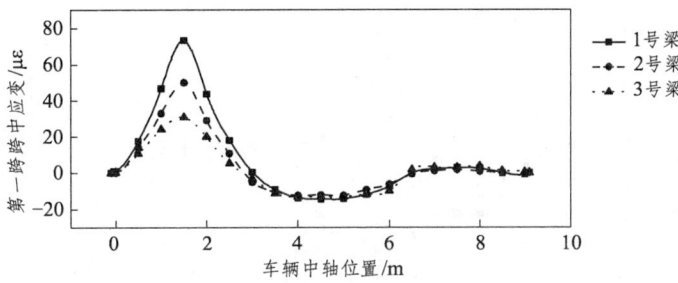

(b)偏载行车道静力加载下第一跨1至3号梁跨中应变

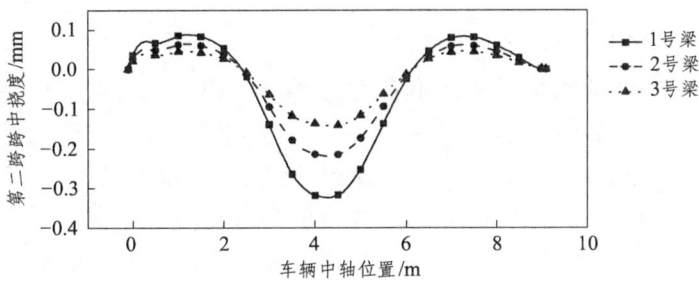

(c)偏载行车道静力加载下第二跨1至3号梁跨中挠度

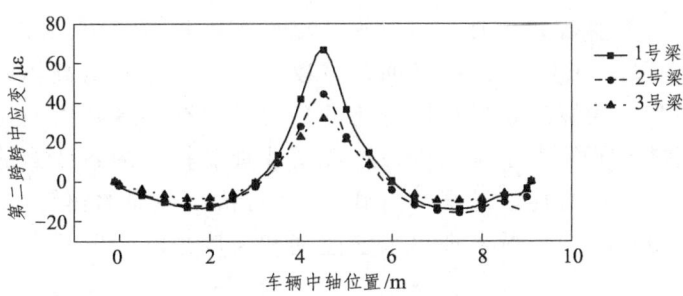

(d)偏载行车道静力加载下第二跨1至3号梁跨中应变

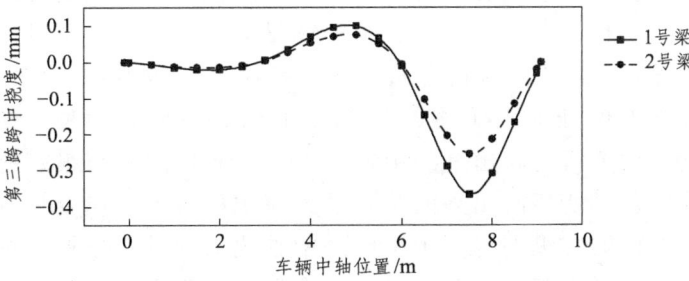

(e)偏载行车道静力加载下第三跨1、2号梁跨中挠度

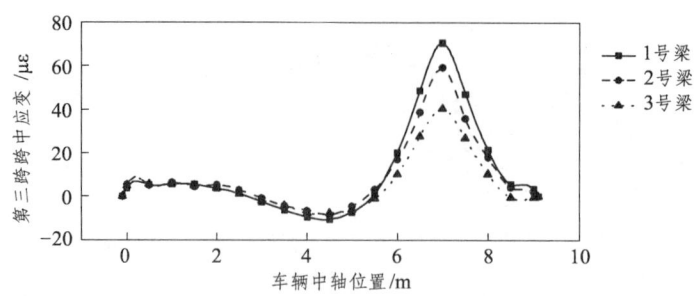

(f)偏载行车道静力加载下第三跨1至3号梁跨中应变

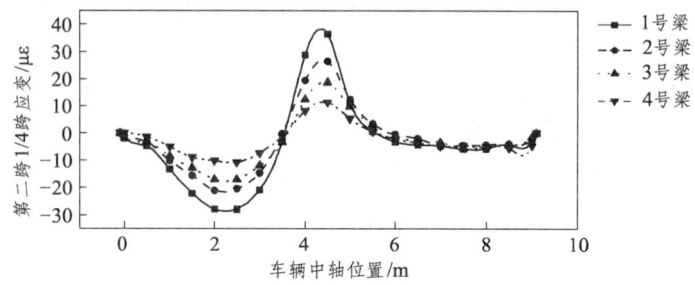

(g)偏载行车道静力加载下第二跨1至4号梁1/4跨应变

图3.40 偏载行车道静力加载下各跨的挠度和应变

从图3.39和图3.40的数据结果中我们可以得到：第一、二跨模型桥在偏载和正常行车道这两种工况作用下的1～3号梁跨中的应变、挠度值；第三跨模型桥在两种工况作用下的1、2号梁跨中的应变、挠度值；第二跨模型桥在两种工况下1/4跨处的1～4号梁的跨中应变值。表3.14给出了不同工况下各跨的最大应变值和挠度值。

从图3.39(a)、(b)和图3.40(a)、(b)可以看出，模型车辆加载在各跨桥上时，第一跨桥梁1、2、3号梁的跨中挠度和应变的变化呈现出很好的连续性，这说明整个连续梁模型桥没有刚度突变截面和薄弱面，这一点也可以从图3.39和图4.40的其他数据中看出。从图3.39和图3.40中的挠度曲线可以看出，当车辆荷载作用在某一跨桥梁上时，该跨桥各片梁跨中的挠度是呈线性变化的，而其他跨的各片梁的挠度变化不具有明显的线性关系，其挠度值的大小也相近，这说明非加载桥跨的各片梁的受力可以看成是该跨桥梁的整体受加载跨所传递过来的荷载,且其对桥梁截面的扭转作用已经大大减弱，因此每一片梁的受力较均匀，所表现出来的应变和挠度也就相差不大，这一点也可以用圣维南原理解释。

分析3跨连续梁各跨跨中应变和挠度的影响线形状，不难发现各跨的挠度和应变的线形都和影响线的线形相符，这说明了二维连续梁的影响线分析可以运用于3跨连续T梁桥，并且该模型桥梁有可靠的纵向连接，特别是从图3.39和图3.40中的(c)、(d)可以看出这一点。从图3.39和图3.40中的图(c)、(d)以及对比两种工况下的图(e)、(f)可以发现，图(c)、(d)所反映出来的中跨跨中应变和挠度具有很好的自身对称性，图(a)、(b)和图(e)、(f)所反映出来的两个边跨跨中的挠度和应变具有很好的相互对称性，这说明整个模型桥梁在纵向是关于中跨跨中轴线对称的；分析两种工况下的中跨、边跨跨中挠度和应变可以发现，边跨跨中的静态挠度、应变要大于中跨跨中的静态挠度和应变,这一结论同 ANYSY 数值分析相一致。分析图 3.39(g)和图 3.40(g)可知,中跨 1/4 处的最大应变值的荷载位置正好是车辆中轴(车辆重心)处于中跨的 1/4 跨处。综合分析认为,3 跨连续梁模型桥整体结构经测试是符合试验要求的。

表 3.14 各跨在不同工况下的最大静态挠度和应变

第一跨				
工况	偏载工况		正常行车道工况	
梁号	最大挠度/mm	最大应变(微应变)	最大挠度/mm	最大应变(微应变)
1	−0.370 6	73.3	−0.329	61.7
2	−0.258 9	50	−0.245 7	45.3
3	−0.173 9	30.8	−0.179	33.3
第二跨				
工况	偏载工况		正常行车道工况	
梁号	最大挠度/mm	最大应变(微应变)	最大挠度/mm	最大应变(微应变)
1	−0.317 4	66.5	−0.216 3	52.7
2	−0.215 5	44.3	−0.163 1	39.3
3	−0.141 4	31.8	−0.122 8	32.6
第三跨				
工况	偏载工况		正常行车道工况	
梁号	最大挠度/mm	最大应变(微应变)	最大挠度/mm	最大应变(微应变)
1	−0.365 1	70.4	−0.326	62.6
2	−0.254 1	59.2	−0.241 3	52.6
3	—	40.4	—	35.9

3.5.3 动载试验方案

1. 试验内容和目的

综合考虑车桥耦合振动的影响因素和试验条件,确定本试验的内容如下:

(1)光滑桥面情况下简支梁模型桥分别按偏载车道、正常行车道进行模型车辆加载的振动响应。

(2)粗糙桥面情况下简支梁模型桥分别按偏载车道、正常行车道进行模型车辆加载的振动响应。

(3)光滑桥面情况下连续梁模型桥分别按偏载车道、正常行车道进行模型车辆加载的振动响应。

(4)粗糙桥面情况下连续梁模型桥分别按偏载车道、正常行车道进行模型车辆加载的振动响应。

本试验的目的简而言之就是通过试验测试,得到两种结构形式的模型桥梁在不同车道、不同行驶速度、不同路面状况下的动态响应时程曲线,通过多次的重复测试,对所得到的试验数据进行分析、讨论。

2. 试验加载工况

影响车桥耦合振动响应的因素有很多,包括路面平整度、车辆行驶速度、车辆行驶位置、车辆刚度、阻尼等,考虑到试验条件和工作量,本试验按桥面平整度、车辆行驶速度和车辆行驶位置这三个因素来划分试验工况。

(1)路面工况。

路面工况按路面平整状况可以分为粗糙路面和光滑路面。考虑到模型桥梁的表面是有机玻璃材料,其平整度是接近光滑路面的,因此这一工况可以直接利用模型桥梁的路面状况。任永明在文献[19]中对粗糙路面的模拟采用的方案是在桥面抹一层1 cm厚的水泥砂浆,并破碎开以降低其对桥梁刚度的影响。考虑整个试验过程至少要铺设两次水泥砂浆而且还要更改桥梁模型的配重,工作量很大,而且即使破碎了水泥砂浆,整个桥梁的刚度也会受到影响,因此改用铺设塑料质地毯来模拟粗糙路面。由于塑料质地毯的质量很小,对模型桥梁的刚度和自振频率产生的影响可以忽略不计,而且塑料地毯的铺设和拆除非常容易,能有效地减小试验的工作量。两种路面状况如图3.41所示。

(a)粗糙路面　　　　　　　　　　(b)光滑路面

图3.41　两种路面状况

(2)行车道位置。

同模型桥梁的静载试验车道布置一样,动载试验也将行驶位置分为两个车道:偏载行车道和正常行车道。偏载行车道的位置为车轮距桥梁边缘10 cm,正常行车道位置为车轮距桥梁边缘19.7 cm,具体方式如图3.42所示。

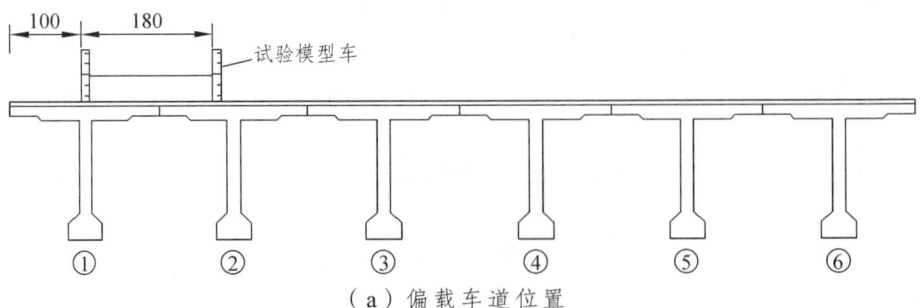

(a)偏载车道位置

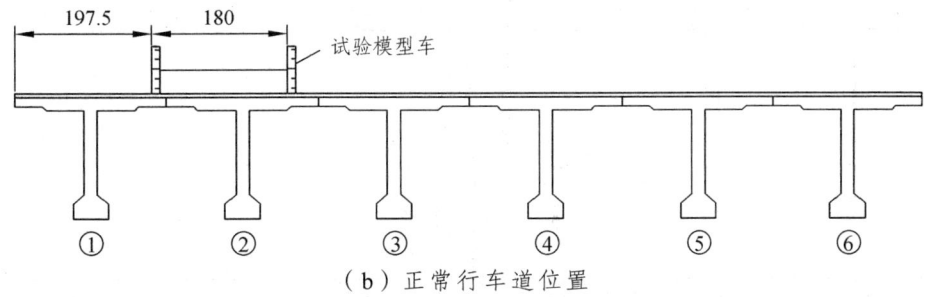

(b) 正常行车道位置

图 3.42 两种车道布置（尺寸单位：mm）

(3) 车辆行驶速度。

实际车辆在桥梁上行驶的速度一般不超过 80 km/h，按照第 2 章推导的速度相似比尺 $\lambda_v = 3.162$，可以计算出模型车辆的最高行驶速度为 25.3 km/h，也就是 7.03 m/s，因此对模型车的速度选取 1 m/s、2 m/s、3 m/s、4 m/s、5 m/s、6 m/s、7 m/s 共 7 个试验速度值。考虑到简支梁模型桥的桥前加速段足够长，模型车辆能在进入试验桥跨前加速至 7 m/s，而连续梁桥的桥前加速段较短，在进入试验桥前无法加速至 6 m/s，因此对简支梁模型桥的动载试验的车速选取为 1~7 m/s 共 7 个速度，对连续梁模型桥的车速选取为 1~5 m/s 共 5 个速度。

将路面状况、车道位置、车辆速度三者进行结合，可以得到如图 3.43 所示的动载试验的所有工况。

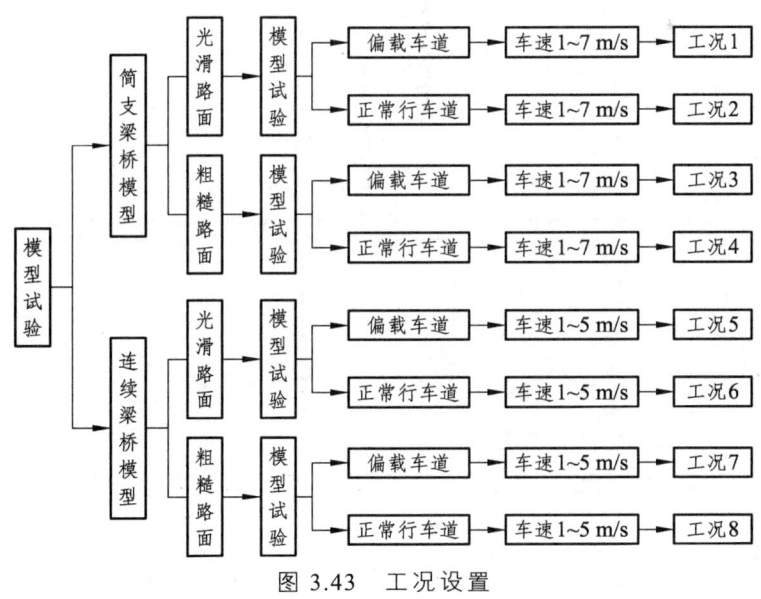

图 3.43 工况设置

3. 测点布置及试验过程

为了动载试验结果同静载试验所得数据的一致性，动载试验采用静载试验相同的测点布置。图 3.44、图 3.45 给出了动载试验的测点布置图。

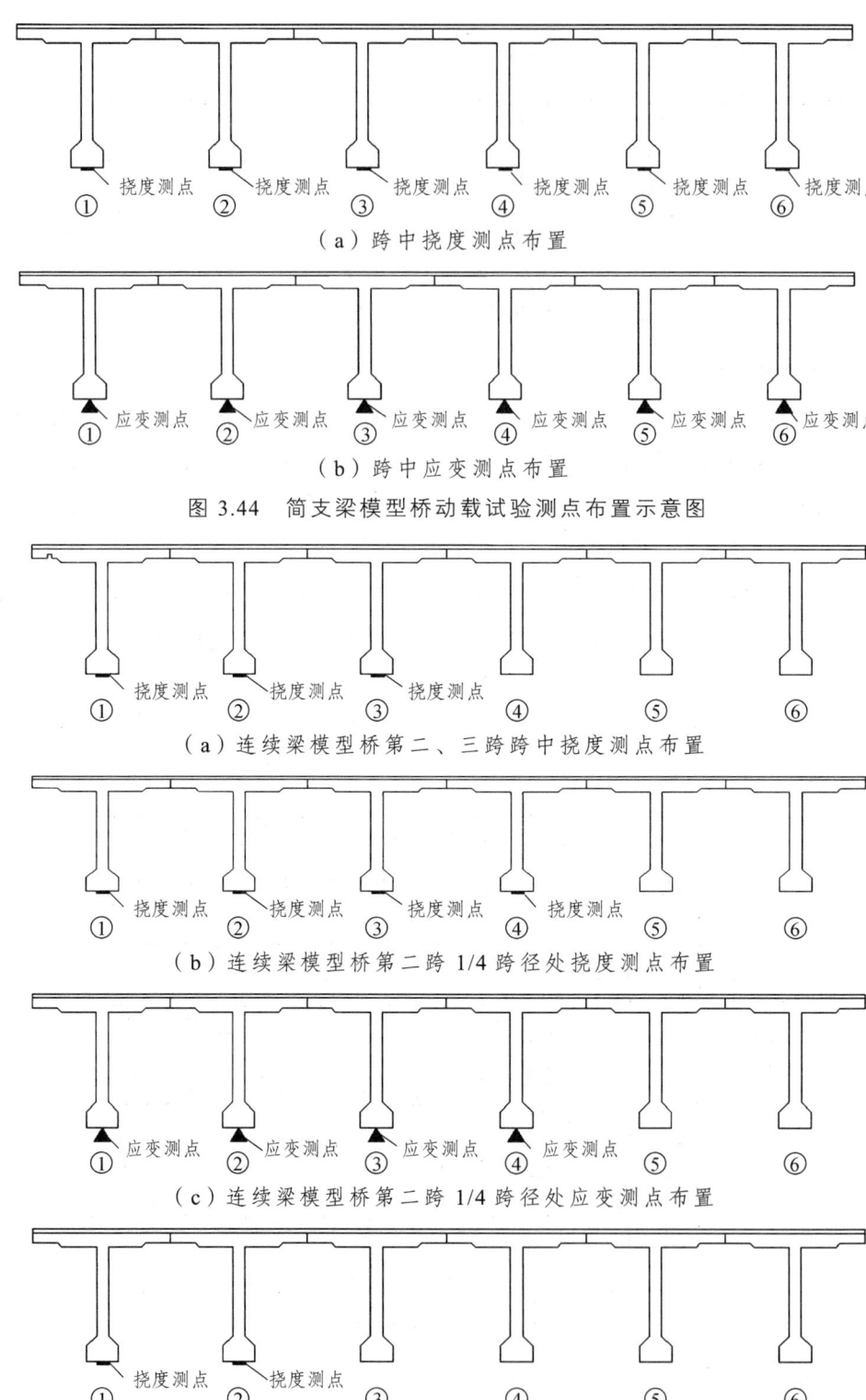

图 3.44 简支梁模型桥动载试验测点布置示意图

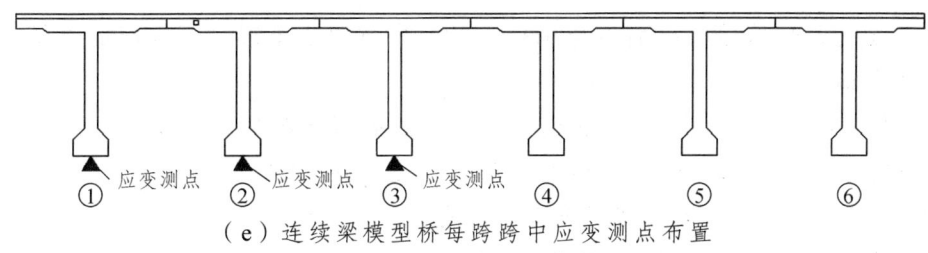

（e）连续梁模型桥每跨跨中应变测点布置

图 3.45　连续梁模型桥动载试验测点布置示意图

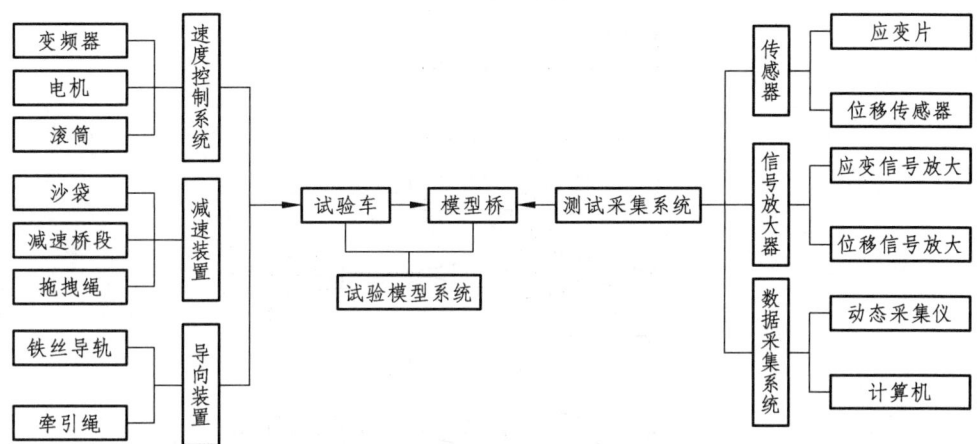

图 3.46　试验中各系统的关系及组成

图 3.46 为车桥耦合振动模型试验中试验系统的组成及各自关系。从图中可以看出，试验中各系统的工作是相互独立的，因此要设计一个简单、安全、高效的试验流程来确保试验中各个系统的稳定及系统间的协调。试验的操作流程如图 3.47 所示。

（1）按照图 3.44 和图 3.45 中所示的测点布置方案在试验模型桥上面安装应变和位移传感器，连接传感器与信号放大器，以及信号放大器与数据采集系统。连接过程中要保证各处连接的可靠性，并在连接完毕后进行通电测试，避免线路故障和仪器故障。

（2）将模型车移至进桥加速段起始位置，在变频器中设定速度后启动电机，通过模型车试跑观察各个系统的工作情况，尤其是减速装置，出现任何问题要及时调整，保证后续试验的顺利开展。

（3）打开计算机中的采样软件和动态信号采集仪，对采样频率、仪器参数、文件保存方式等进行设置，采集仪和信号放大器预热，然后进行试采样。试采样注意观察空载情况下采集的数据波动情况，是否存在零漂现象以及是否有严重的外界干扰信号，如果存在上述问题，要逐一排除解决，直到采集到的各个测点的空载信号稳定，无干扰、无零漂现象。

（4）将变频器的频率调至与试验速度相应的频率大小，确定试验模型车处于进桥加速段的起始位置，减速装置处于合适位置。

（5）启动计算机中的采样开关，同时打开电机的电源开关，开始进行采样。

（6）待模型车辆进入出桥减速段，切断电机电源，待车辆停止后，观察计算机中的测试信号的变化，待信号稳定后停止采样，然后将试验小车移动至桥前加速段的末端，完成了一次测试。

（7）重复步骤（4）至（6）直至该工况下的所有速度都测试完成。

（8）按照下一工况的要求重新布置，然后重复步骤（2）至（7）。

（9）重复步骤（8）直至全部工况都测试完。

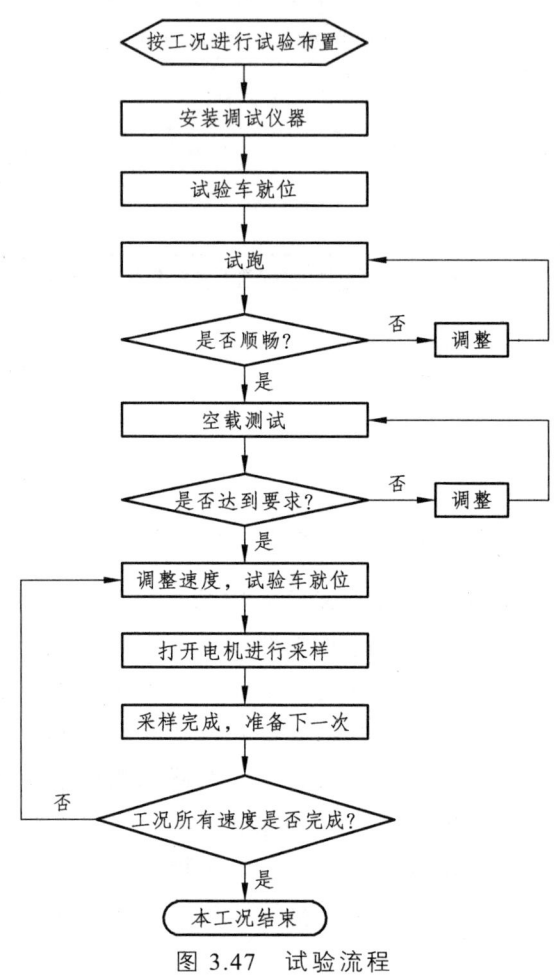

图 3.47　试验流程

3.5.4　试验测试结果分析

动载试验的测试结果包含两个部分，即：简支梁模型桥的动载测试结果和连续梁模型桥的动载测试结果。两种结构形式的试验中所考虑的变量因素均为速度、车道位置和路面状况，本节先分别针对两种结构形式下的各个变量因素测试结果进行分析，然后再分析不同结构形式的影响。

1. 简支梁动载试验结果分析

（1）车辆行驶速度对桥梁响应的影响。

考虑速度对车桥耦合振动响应的影响就必须固定车道位置、桥面状况这两个因素，首先选择正常行车道、光滑路面这一工况来分析,即图 3.43 中所示的工况 2。图 3.48 给出了车速为 1~7 m/s 的简支梁模型桥各片梁的跨中动挠度响应曲线。

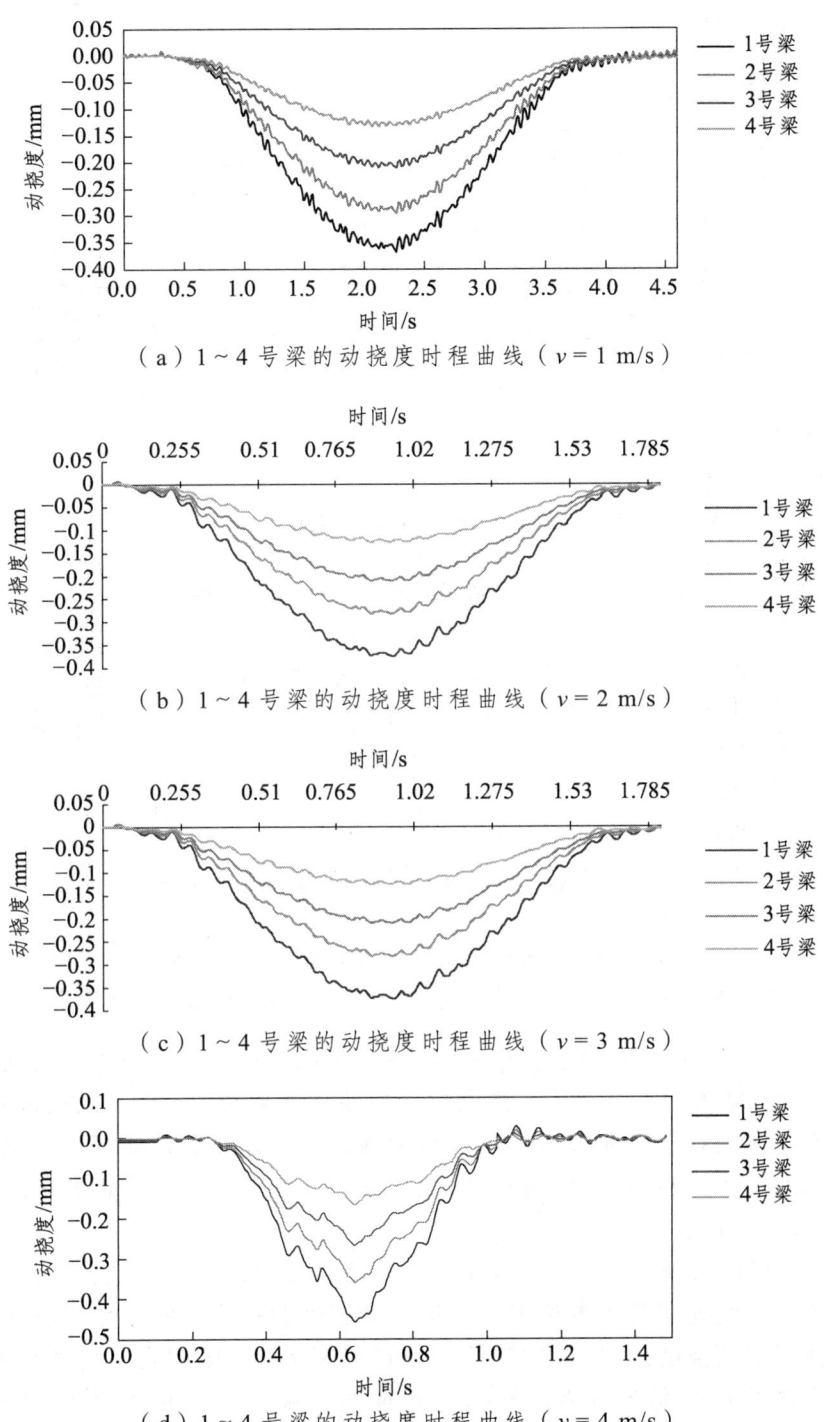

(a) 1~4 号梁的动挠度时程曲线（$v = 1$ m/s）

(b) 1~4 号梁的动挠度时程曲线（$v = 2$ m/s）

(c) 1~4 号梁的动挠度时程曲线（$v = 3$ m/s）

(d) 1~4 号梁的动挠度时程曲线（$v = 4$ m/s）

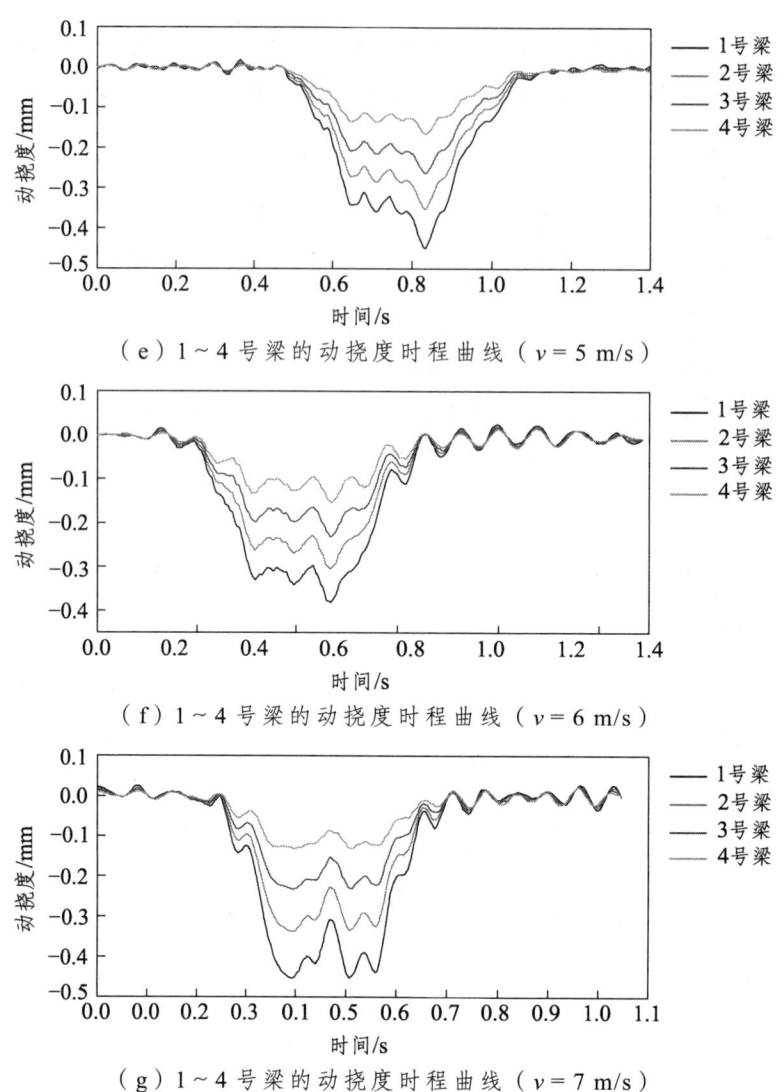

(e) 1~4号梁的动挠度时程曲线（$v = 5$ m/s）

(f) 1~4号梁的动挠度时程曲线（$v = 6$ m/s）

(g) 1~4号梁的动挠度时程曲线（$v = 7$ m/s）

图 3.48 简支梁模型桥在速度 1~7 m/s 时的动挠度时程曲线（工况1）

由图3.48可以很显然地发现这样一个规律：在低速情况下，模型桥的动挠度响应波动密集但波动小，随着速度的增大，挠度响应的波动越来越大，但曲线反而越来越光滑。这一现象说明了车辆以低速通过桥梁时，桥梁的高频振动显著，而提高车速则能有效地遏制高频振动的发展，从而使得动挠度曲线显得更加光滑。通过分析其他工况的动挠度时程曲线，发现均有这一规律。

进一步观察可以发现，在车辆处于低速时，动挠度曲线与静载试验的挠度曲线相似，其最大值发生在车辆处于跨中的位置处，但随着速度的增大，峰值位置有了改变。分析模型车通过桥梁的动挠度曲线,通过计算可得到车辆在相应时间点对应的模型桥上位置，由此可以得到图3.49所示的车辆位置-动挠度曲线。从图3.49可以看出，随着速度的增大，最大动力响应的峰值位置离最大静态挠度位置相差越大，桥梁的最大动态响应通常并非发生在静态荷载处于最不利位置时。

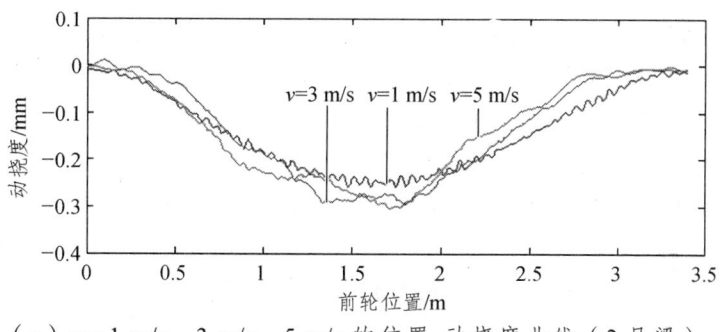

（a）v = 1 m/s、3 m/s、5 m/s 的位置-动挠度曲线（2 号梁）

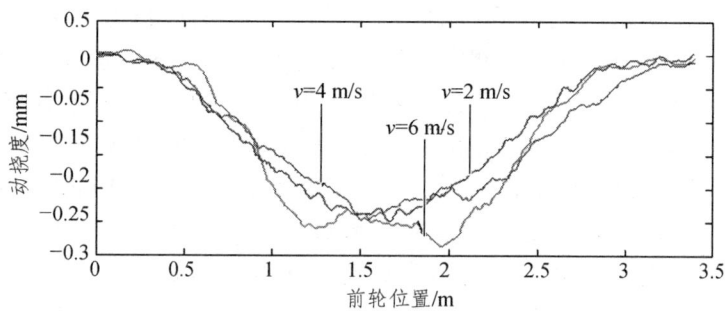

（b）v = 2 m/s、4 m/s、6 m/s 的位置-动挠度曲线（2 号梁）

图 3.49 2 号梁在工况 1 下的位置-动挠度曲线

提取各片梁在工况 3 下的最大动挠度和最大动应变，与本章所得的最大静挠度和最大静应变相比，得出了如图 3.50 所示的冲击系数和应变放大系数随速度变化图。

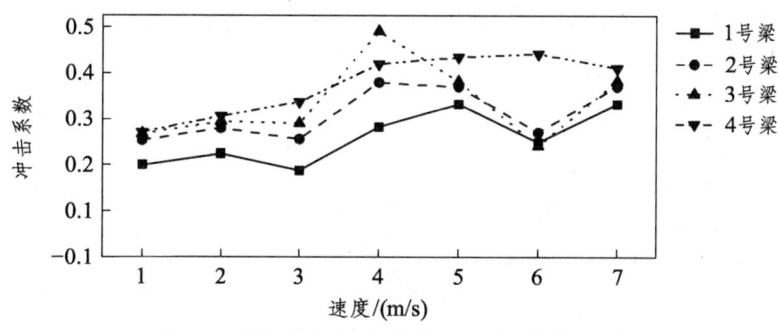

（a）1～4 号梁在不同速度下的位移冲击系数

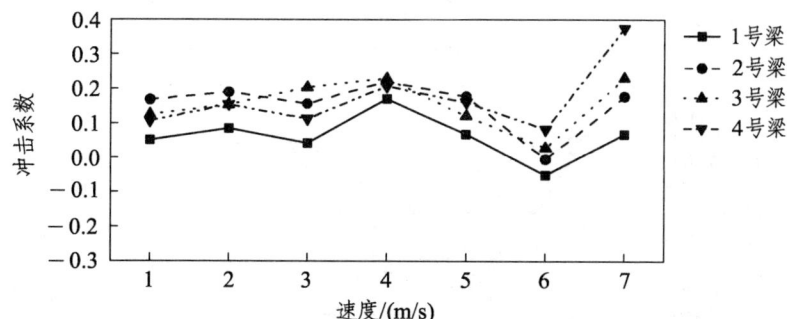

（b）1～4 号梁在不同速度下的应变冲击系数

图 3.50 各片梁的位移冲击系数和应变冲击系数

受试验条件的限制，模型车辆的速度最大只能达到 7 m/s，因此，以下分析只能在速度低于 7 m/s（原型速度低于 22.12 m/s 或 79.63 km/h）时该结论才能适用。

从图 3.50（a）可以看出，随着速度的增大，位移冲击系数和应变冲击系数是波动的，而且波动越来越大。在速度达到 4 m/s（对应原型车速为 12.64 m/s 或 45.504 km/h）时位移冲击系数达到最大值，之后随着速度的增大，位移冲击系数反而减小，当速度到达 6 m/s 时达到谷值。

从图 3.50 可以看出，各片梁的位移冲击系数和应变冲击系数各不相同，但随着车速的改变，其变化趋势是一致的，并且在同一速度下边梁的位移冲击系数较中梁的小，但由于边梁的挠度是最大的，在桥梁的设计中边梁仍然是值得最为关注的。

由于图 3.50 中的数据均为离散的，不能确定速度到达 4 m/s 时模型桥的位移冲击系数最大，但可以肯定的是，最大的位移冲击系数所对应的模型车的行驶速度在 4 m/s 附近，即在实际情况中，车辆按正常行车道通过简支梁桥时，当车辆的速度在 45.5 km/h 附近时，桥梁所受到来自车辆的冲击作用是最大的，这与任永明在文献[26]中得出的结论是一致的。

总的来说，车辆的行驶速度对位移冲击系数的影响是很大的，但就试验结果来看，速度对位移冲击系数的影响并不具有很明显的规律性，需要依靠大量的试验数据经过统计分析才能得出较明确的相关关系。

（2）行车道位置对冲击系数的影响。

行车道位置的不同直接影响到桥梁的内力分布和变形，本试验中各片梁的所有工况可以通过车道位置将其划分成两部分：正常行驶车道工况和偏载车道工况。首先选取光滑路面的情况进行分析，即工况 1 和工况 2。

由于分析对象为行车道位置，因此要保证速度相同，选取工况 1 和工况 2 中 $v = 1$ m/s、$v = 5$ m/s 两个速度进行对比分析，如图 3.51 所示。

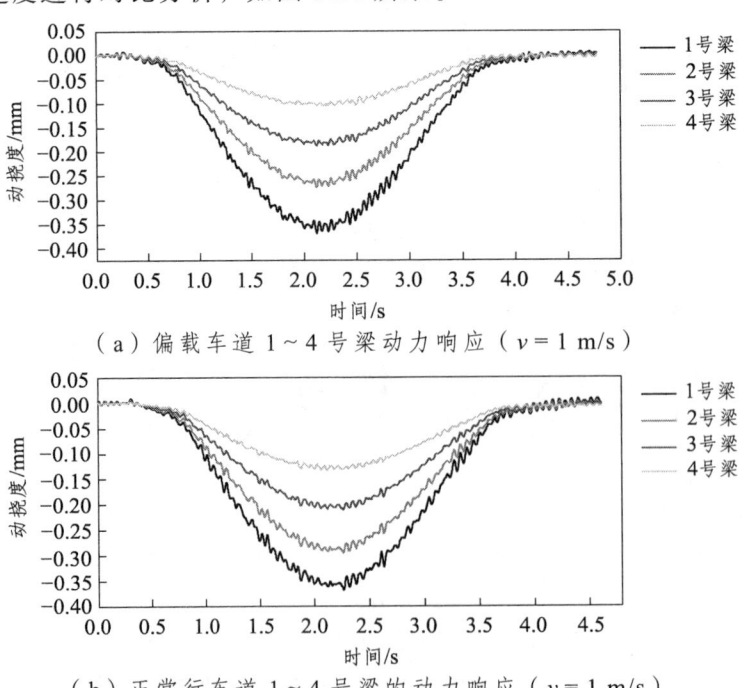

（a）偏载车道 1~4 号梁动力响应（$v = 1$ m/s）

（b）正常行车道 1~4 号梁的动力响应（$v = 1$ m/s）

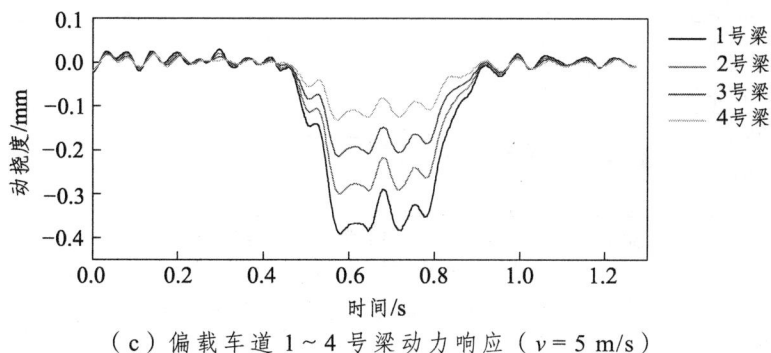

(c) 偏载车道 1~4 号梁动力响应（$v = 5$ m/s）

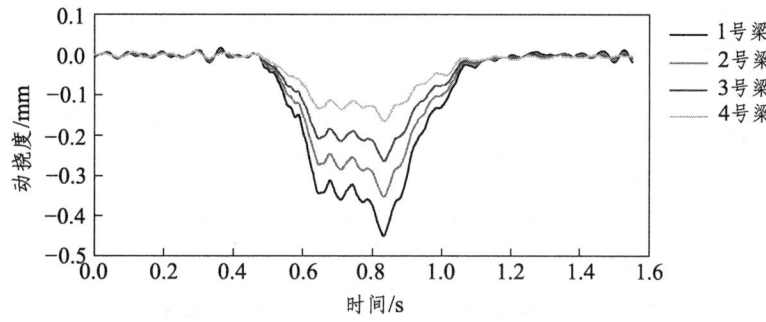

(d) 正常行车道 1~4 号梁动力响应（$v = 5$ m/s）

图 3.51 车辆在不同行车道上行驶时的跨中动力响应

通过对比图 3.51 中（a）、（b）发现，在车辆低速通过桥梁时，两种行车道情况下的桥梁动力响应均有波动小而密的特点，动力响应的线形十分相似，仅是在数值上有所不同。对比图 3.51 中（c）、（d），当车辆高速通过桥梁时，两种车道情况下的桥梁动力响应均有波动大而疏的特点。总的来说，不同车道情况下，桥梁的振动响应均有车辆低速时高频振动显著、车辆高速时波动大的特点。行车道位置对桥梁振动响应影响的大小还应通过对两种情况下的冲击系数的统计和分析才能得出。图 3.52 给出了不同车道下的各梁的位移冲击系数，图 3.53 给出了不同车道下的应变放大系数。

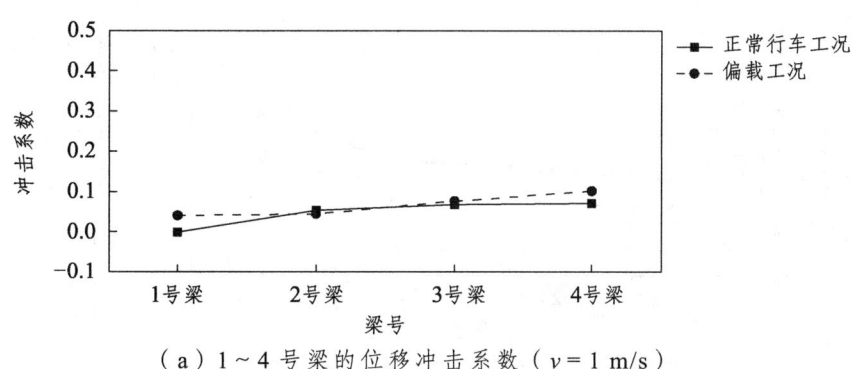

(a) 1~4 号梁的位移冲击系数（$v = 1$ m/s）

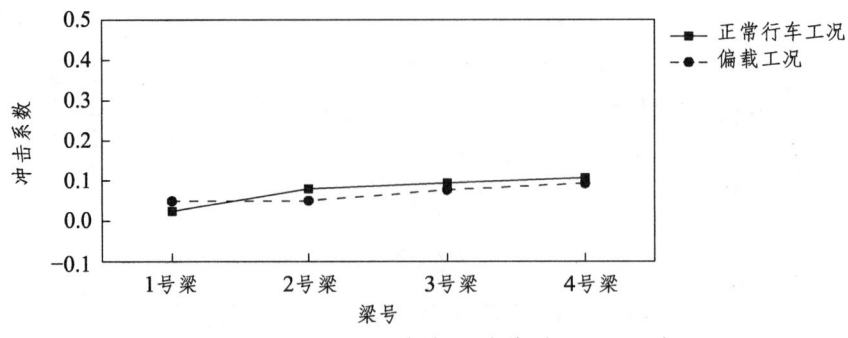

（b）1~4号梁的位移冲击系数（v = 2 m/s）

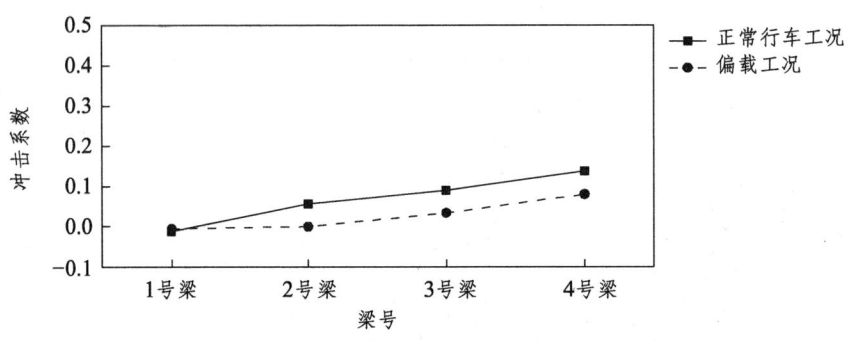

（c）1~4号梁的位移冲击系数（v = 3 m/s）

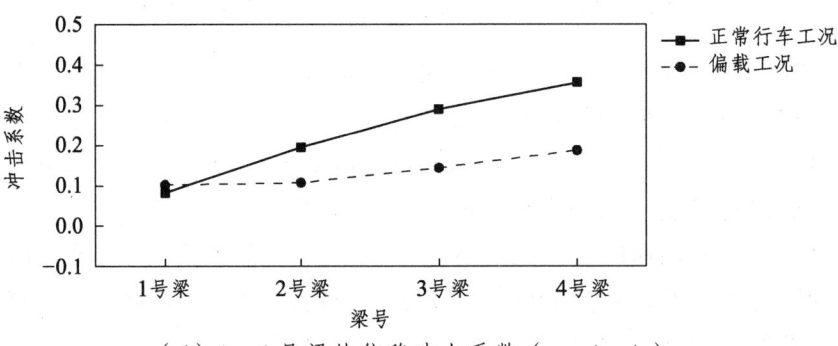

（d）1~4号梁的位移冲击系数（v = 4 m/s）

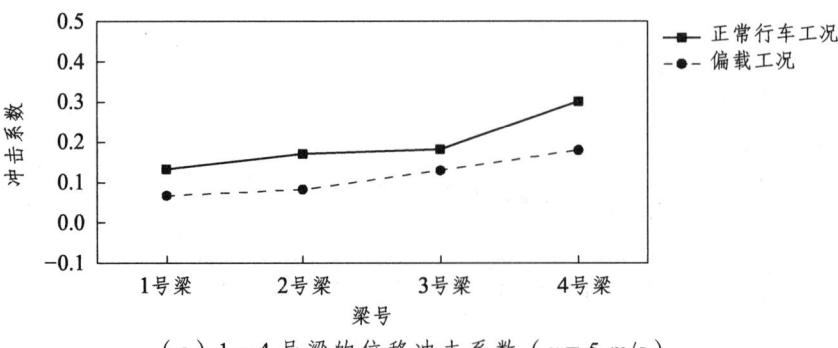

（e）1~4号梁的位移冲击系数（v = 5 m/s）

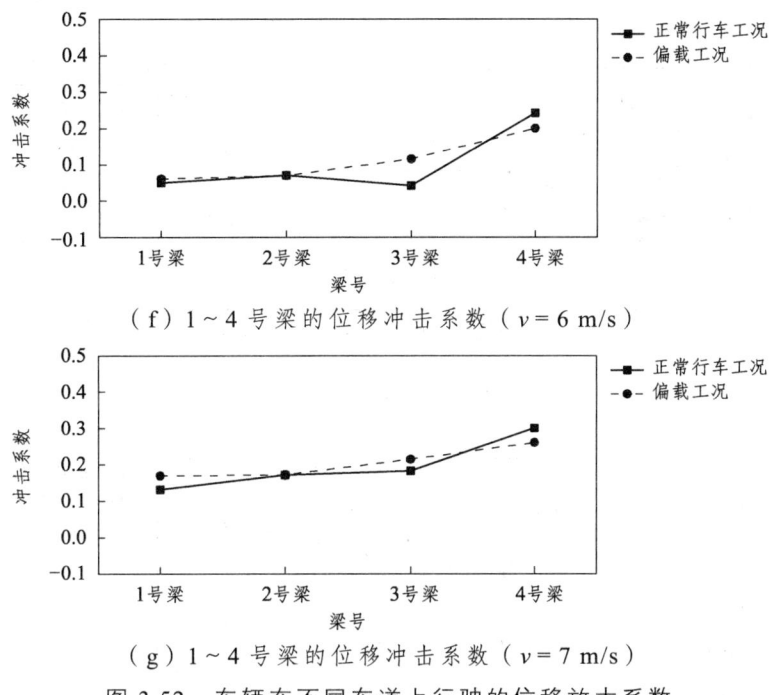

（f）1~4号梁的位移冲击系数（$v=6$ m/s）

（g）1~4号梁的位移冲击系数（$v=7$ m/s）

图 3.52　车辆在不同车道上行驶的位移放大系数

由图 3.52 中可以很清楚地发现，无论是偏载车道的测试结果还是正常行车道的测试结果，位移冲击系数都随着梁号的增加而增大，说明在正常行车道和偏载这两种工况下，中梁的位移冲击系数要比边梁的大。通过对比每个速度下的偏载行车道和正常行车道的冲击系数可以发现，当速度为 1~5 m/s 时，正常行车道工况下的位移冲击系数总体上要大于偏载工况下的位移冲击系数，当车辆处于高速时，两种车道工况下的位移冲击系数大小很接近。总的来说，行车道位置的改变对位移冲击系数的影响较大，就偏载行车道和正常行车道这两个行车道来说，车辆按正常行车道行驶对桥梁产生的位移冲击系数较按偏载行车道行驶时产生的大。

图 3.53 为车辆在不同车道上行驶的跨中应变冲击系数，应变冲击系数较位移冲击系数更能体现车-桥耦合振动下桥梁受振动影响而引起内力的放大效应。通过分析图 3.53 中给出的应变冲击系数数据，能得出和位移冲击系数一样的结论。虽然应变放大系数和冲击系数有着相同的变化趋势，但应变冲击系数并不等同于位移冲击系数，两者不具备相互的线性关系，在意义上和数值上也都是有差异的。

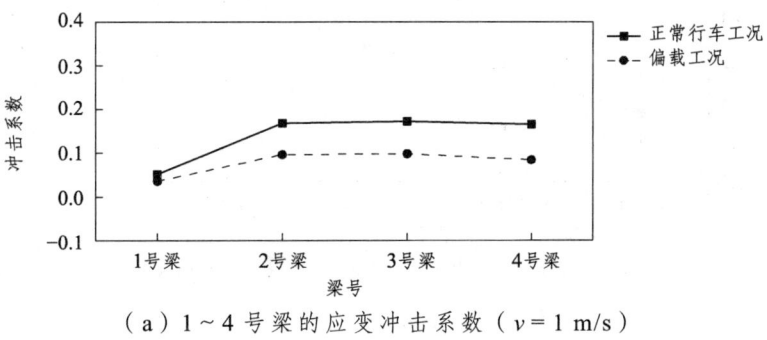

（a）1~4号梁的应变冲击系数（$v=1$ m/s）

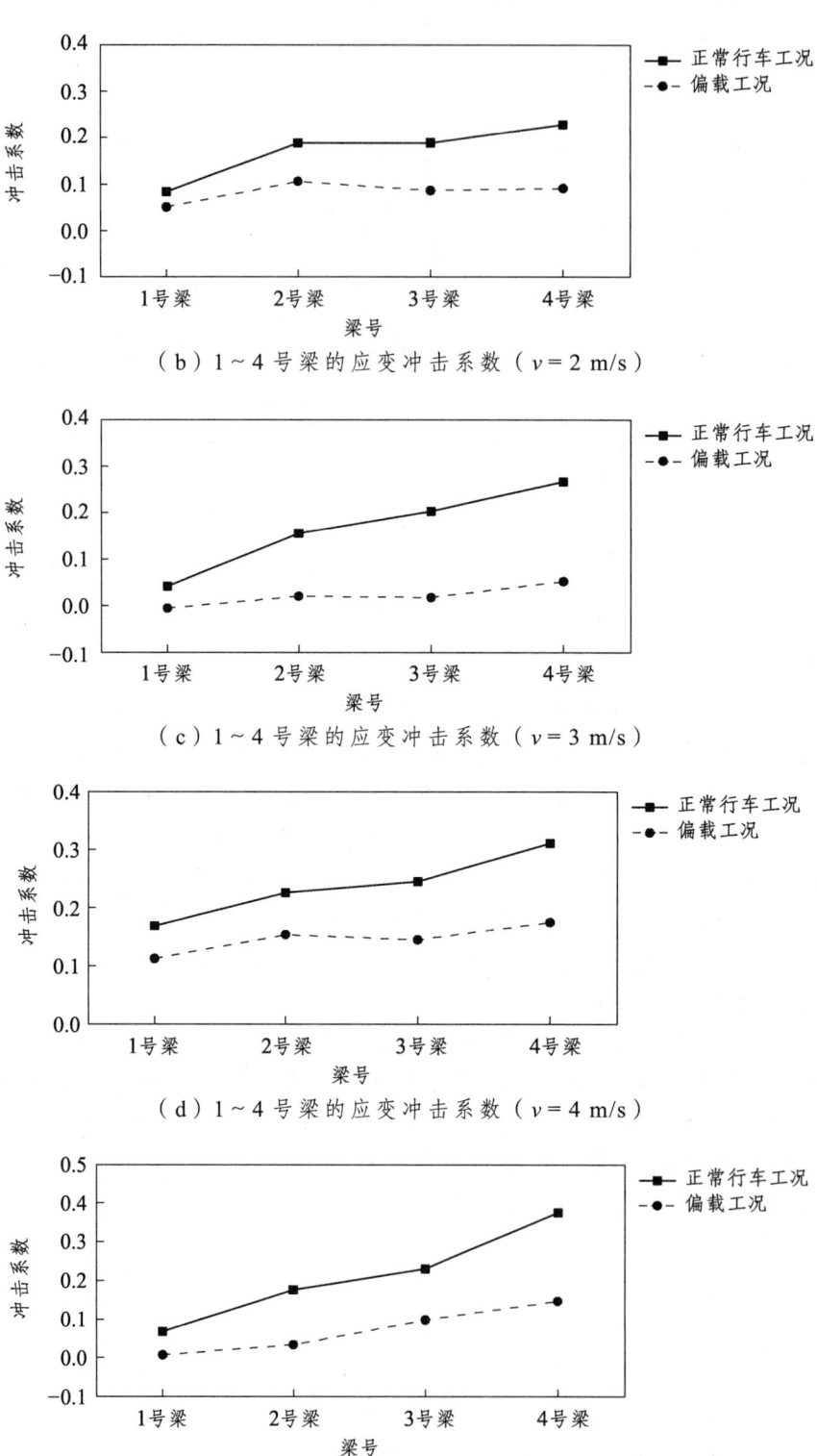

(b) 1~4号梁的应变冲击系数（$v = 2$ m/s）

(c) 1~4号梁的应变冲击系数（$v = 3$ m/s）

(d) 1~4号梁的应变冲击系数（$v = 4$ m/s）

(e) 1~4号梁的应变冲击系数（$v = 5$ m/s）

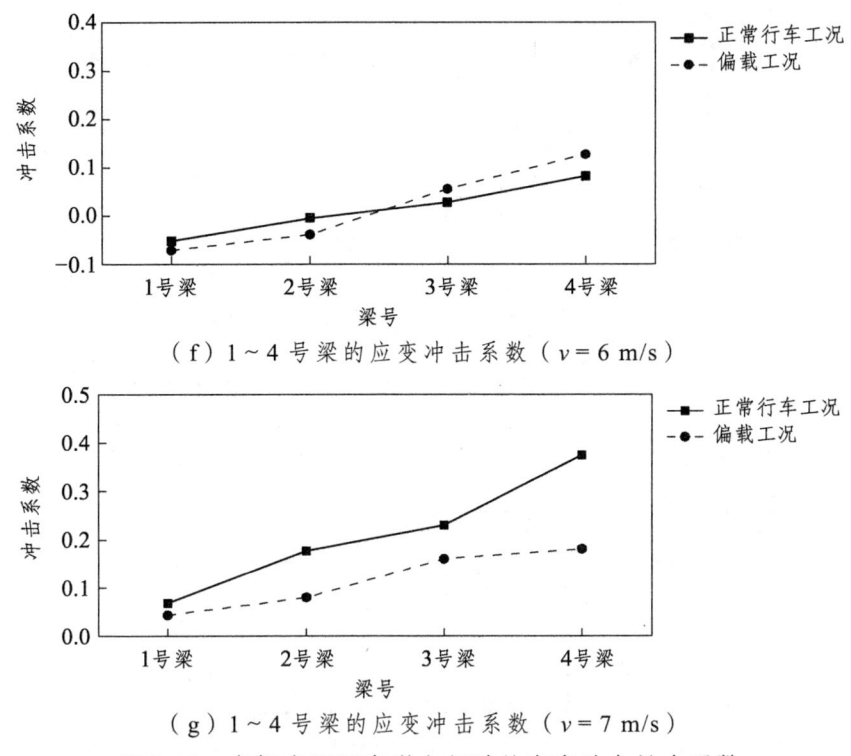

（f）1~4号梁的应变冲击系数（$v=6$ m/s）

（g）1~4号梁的应变冲击系数（$v=7$ m/s）

图 3.53　车辆在不同车道上行驶的应变动力放大系数

（3）桥面状况对桥梁振动响应的影响。

本试验模拟了两种路面情况：一种是利用有机玻璃表面光滑平整的特性而模拟的光滑桥面，另一种是在桥面上铺设塑胶地毯模拟粗糙桥面。分别在两种路面条件下进行试验，借此来验证路面状况对车桥耦合振动的影响。图3.54中对比（a）和（b）可以看出，在粗糙路面情况下的动挠度曲线较光滑路面情况下的动挠度曲线波动大，动应变时程曲线也有同样的规律，这主要是由于车辆在粗糙路面上行驶时自身的振动加强而导致桥梁的振动也加强，最终两者的耦合振动也增强。值得注意的是，就动应变的曲线线形和动挠度的曲线线形相比较，可以发现动应变的曲线线性更接近低次的曲线，而动挠度的曲线线形状更加接近于较高次曲线，这一点充分说明了动挠度和动应变两者在描述桥梁振动响应时是不能相互替代的，必须综合考虑。

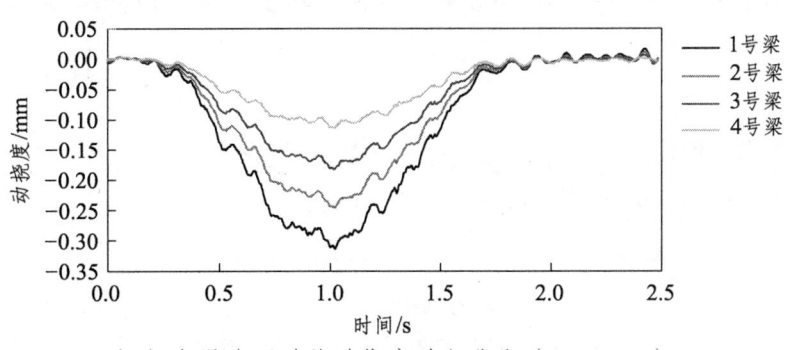

（a）光滑路面时的动挠度时程曲线（$v=2$ m/s）

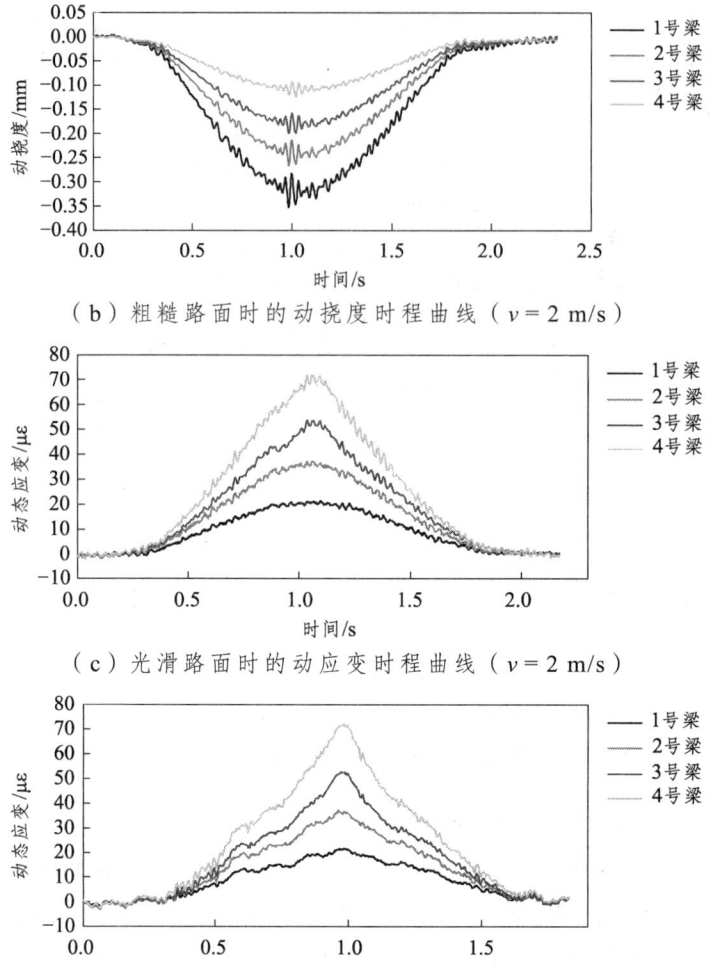

(b)粗糙路面时的动挠度时程曲线（$v = 2$ m/s）

(c)光滑路面时的动应变时程曲线（$v = 2$ m/s）

(d)粗糙路面时的动应变时程曲线（$v = 2$ m/s）

图 3.54　两种路面状况下的动挠度和动应变时程曲线

图 3.55 给出了两种路面下 1、2 号梁的位移冲击系数在不同速度情况下的值。对于动力响应较大的 1 号梁和 2 号梁，在粗糙路面情况下的位移冲击系数总体上较光滑路面情况下的大，这与数值模拟结果是一致的。受试验条件限制，本试验所模拟的粗糙路面虽然不能与实际路面等效，但可以说明路面状况对桥梁振动响应的影响。

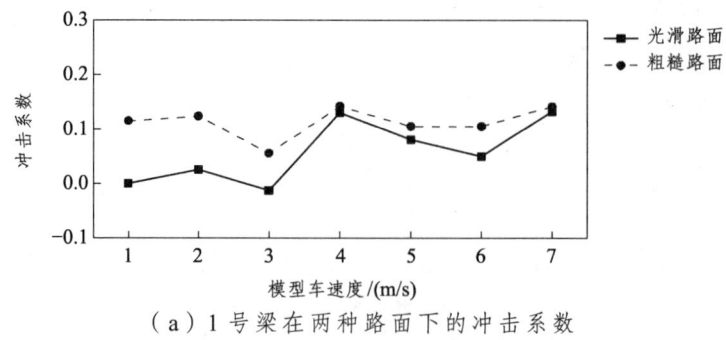

(a)1 号梁在两种路面下的冲击系数

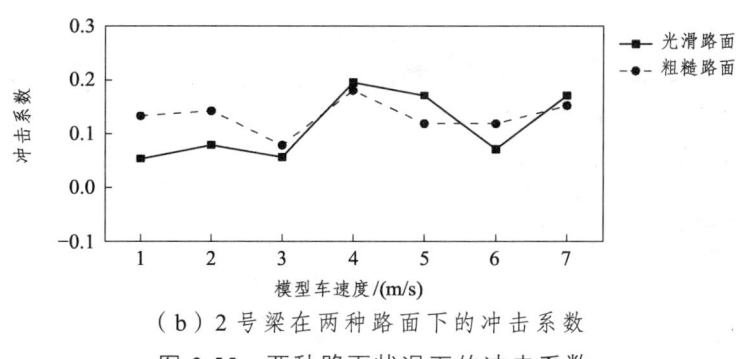

（b）2号梁在两种路面下的冲击系数

图 3.55　两种路面状况下的冲击系数

2. 连续梁模型桥的试验数据分析

连续梁模型桥的试验工况设置同简支梁模型桥试验的工况一样，也考虑了车辆行驶速度、桥面状况、行车道位置这三个因素，对连续梁模型桥的试验数据分析同简支梁桥的分析内容一样，按照行车速度、行车道位置、桥面状况这三个影响因素分别进行分析。

（1）行车速度对连续梁桥的振动响应的影响。

对于行车速度的影响分析，首先通过分析各个速度状态下的动挠度时程曲线来比较速度大小对桥梁振动的影响。图 3.56~图 3.58 分别给出了光滑路面情况下桥梁各跨在车速分别为 1 m/s、3 m/s、5 m/s 时的动挠度时程曲线和动应变时程曲线。

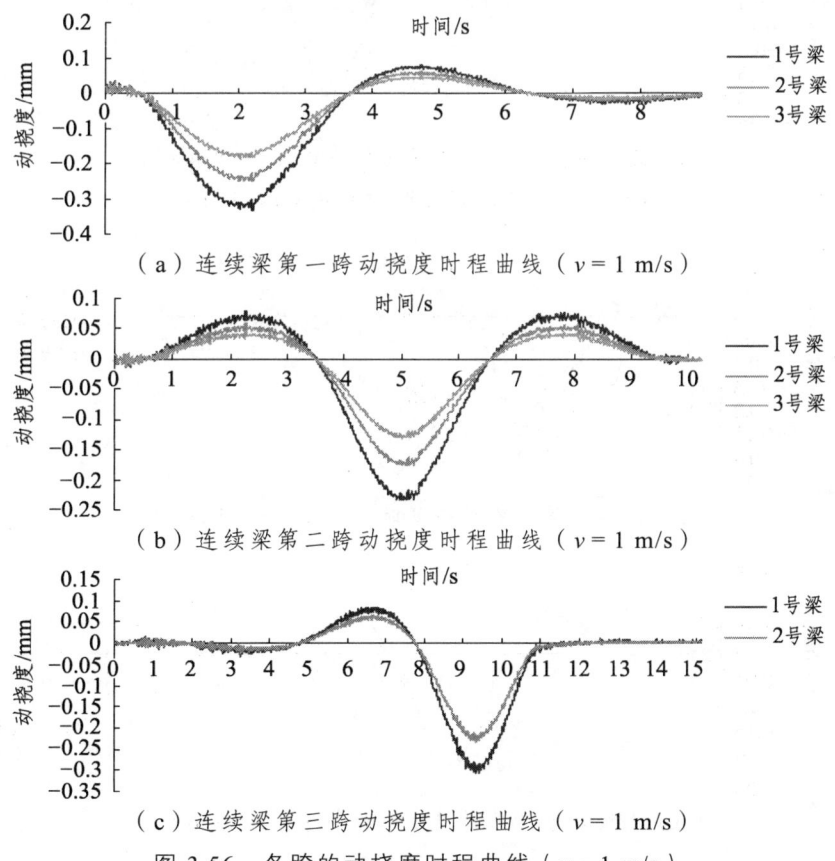

（a）连续梁第一跨动挠度时程曲线（$v = 1$ m/s）

（b）连续梁第二跨动挠度时程曲线（$v = 1$ m/s）

（c）连续梁第三跨动挠度时程曲线（$v = 1$ m/s）

图 3.56　各跨的动挠度时程曲线（$v = 1$ m/s）

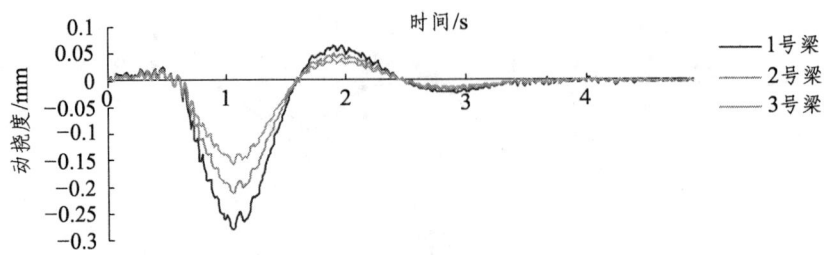

（a）连续梁第一跨动挠度时程曲线（$v = 3$ m/s）

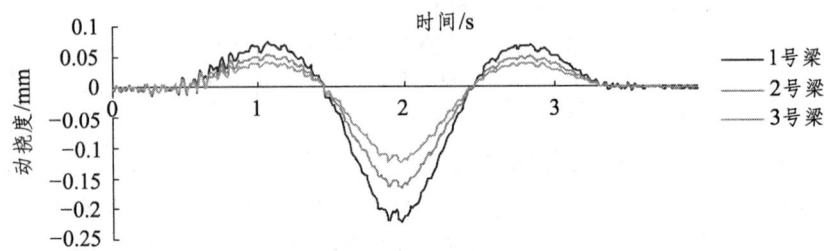

（b）连续梁第二跨动挠度时程曲线（$v = 3$ m/s）

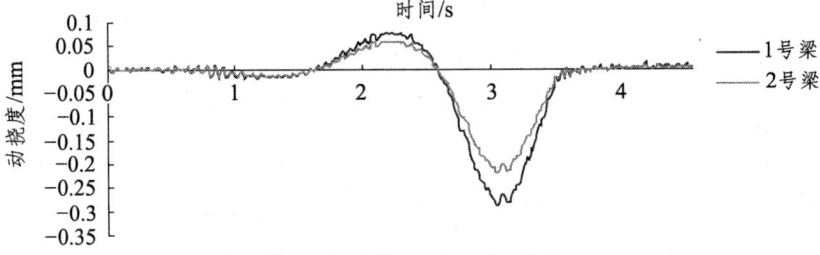

（c）连续梁第三跨动挠度时程曲线（$v = 3$ m/s）

图 3.57　各跨的动挠度时程曲线（$v = 3$ m/s）

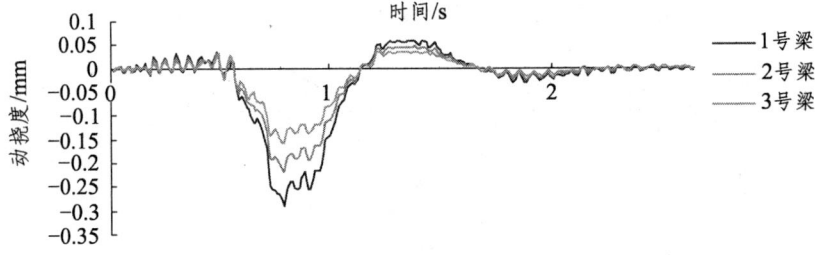

（a）连续梁第一跨动挠度时程曲线（$v = 5$ m/s）

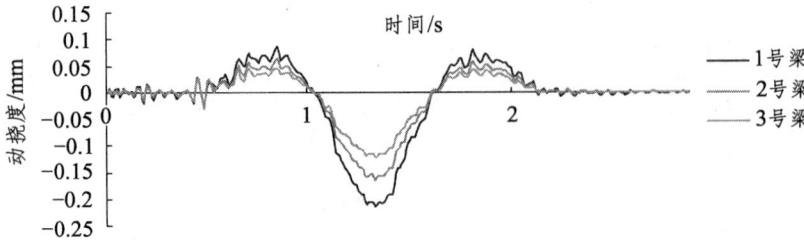

（b）连续梁第二跨动挠度时程曲线（$v = 5$ m/s）

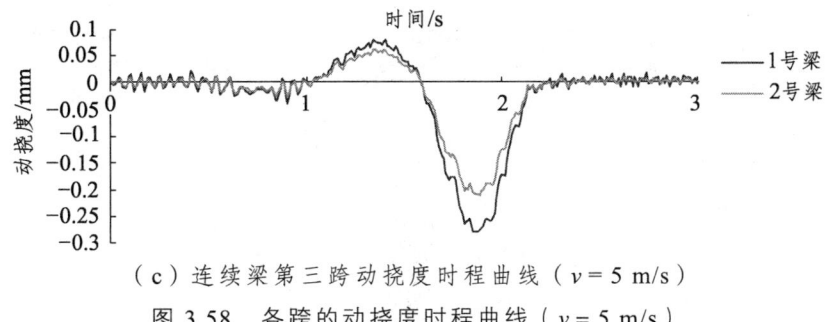

（c）连续梁第三跨动挠度时程曲线（$v = 5$ m/s）

图 3.58　各跨的动挠度时程曲线（$v = 5$ m/s）

由图 3.56～图 3.58 中可以发现，连续梁桥和简支梁桥具有相同的规律，即在低速情况下，模型桥的动挠度响应波动密集但波动小，随着速度的增大，挠度响应的波动越来越大，但曲线反而越来越光滑。这一现象充分说明了车辆以低速通过桥梁时，桥梁的高频振动显著，而提高车速则能有效地遏制高频振动的发展，从而使得动挠度曲线显得更加光滑。通过分析其他工况的动挠度时程曲线，发现均有这一规律，这一点也验证了桂水荣在文献[18]中的数值分析结果。

通过观察图中所给出的各跨在同一速度下的动挠度时程曲线发现，各跨的动挠度曲线的线形与相应的挠度影响线的线形是一致的，第一跨跨中的动挠度曲线与第三跨跨中的动挠度曲线基本上是成反对称的，而第二跨跨中的动挠度曲线则是关于自身的中线对称轴对称的，这一点充分反映出该三跨连续梁模型桥纵向连续的可靠性以及模型桥梁自身结构的对称性。

观察同一速度下的中跨和边跨的动挠度曲线，发现边跨的响应明显较中跨的响应要大，这与数值分析的结果是相一致的。

提取各片梁的最大动挠度和最大动应变，并与 3.5.2 节所得的最大静力挠度和最大静力应变相比，得到了如图 3.59 所示的位移冲击系数和应变冲击系数随速度变化图。

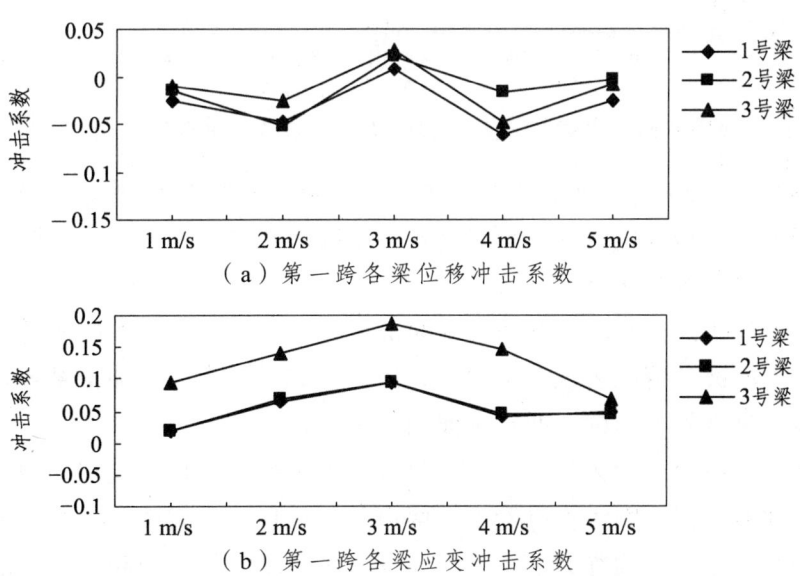

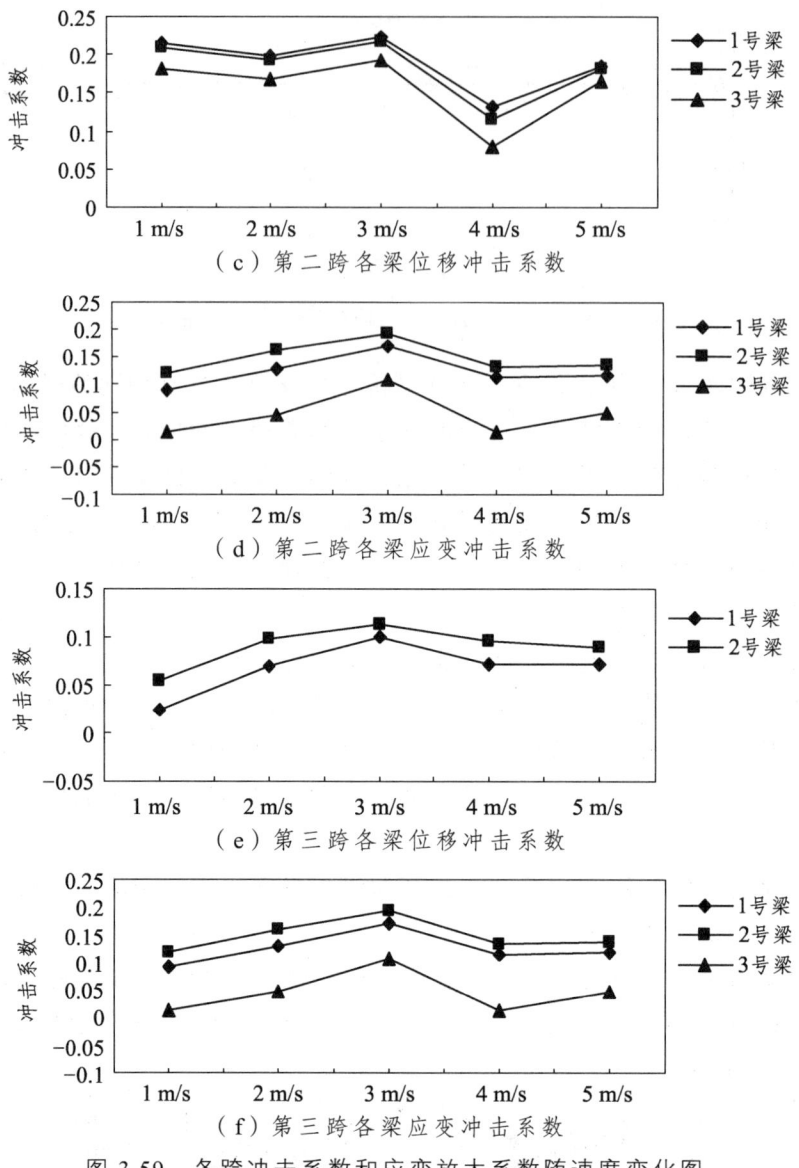

图 3.59 各跨冲击系数和应变放大系数随速度变化图

从图 3.59（a）、（c）、（e）可以看出，各跨位移冲击系数随速度的变化趋势各不相同，随着速度的增加，各跨的位移冲击系数呈现一个波动状态，说明行车速度对位移冲击系数的影响较大，但两者并非线性相关。

对比相同桥跨的位移冲击系数和应变冲击系数，可以发现两者的变化趋势大体上相近，但就数值上的波动情况来说并不相同，这一点充分说明应变冲击系数与位移冲击系数两者所代表的意义是不同的，两者不能相互替代。

对比图 3.59（a）、（e）及（b）、（f），虽然模型桥的三跨桥梁是相同的，整个桥梁在纵向上也是对称的，但从图中可以看出，两边跨的位移冲击系数和应变冲击系数随速度的变化并不相同，这一点和静力加载是不同的，进一步分析两边跨位移冲击系数的大小可以发现，第三跨的位移冲击系数较第一跨的位移冲击系数总体上略大，这是由于在车辆还未驶入第三跨时，第三跨已经有了振动响应，当车辆驶入第三跨桥梁时，桥梁的振动响应较第一跨的振动响应就略大。

对比图 3.59（a）、（c）和（b）、（d）可以看出，中跨的位移冲击系数和应变冲击系数较边跨的要大，但就图 3.56~图 3.58 中的边跨和中跨的动挠度响应来看，边跨的动挠度较中跨的大，这一点是连续梁桥的结构形式决定的。虽然中跨的位移冲击系数较大，但在实际工程中，边跨仍然是最需要关注的。

图 3.59 中（a）~（f）的变化趋势虽然并不一致，但可以很清楚地看出，当速度为 3 m/s 时，各跨的位移冲击系数和应变冲击系数均达到最大值，按照相似比反推可以确定当实际车辆的行驶速度在 9.48 m/s（或 34.13 km/h）附近时，实际桥梁的振动响应达到最大值，当然该结论只适用于车速上限为 57 km/h 的情况。

图 3.60（a）、（b）分别汇总了不同速度下，不同桥跨的冲击系数和应变放大系数的关系。从图中可以看出，中跨的位移冲击系数和应变冲击系数较边跨的要大，两边跨的位移冲击系数和应变冲击系数相近，但第三跨的位移冲击系数较第一跨的略大。

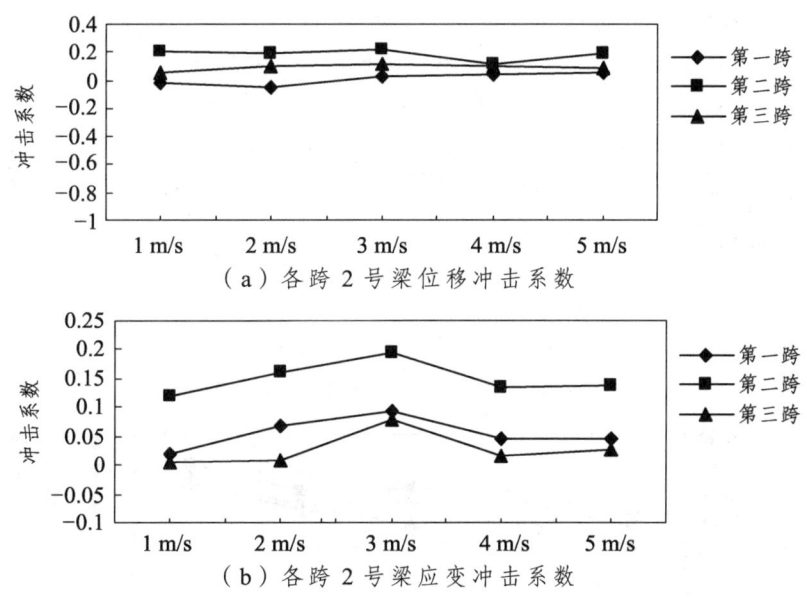

图 3.60　各跨 2 号梁的冲击系数和应变放大系数（$v = 2$ m/s）

（2）行车道位置对桥梁振动响应的影响。

同简支梁桥一样，行车道位置也是影响连续梁桥的车桥耦合振动响应的重要因素。以下取光滑路面三跨连续梁桥各跨在车辆速度为 3 m/s 的情况下，车辆行驶位置为偏载行车道和正常行车道的振动时程曲线进行分析比较。

通过对比图 3.57 和图 3.61 中的（a）、（b）、（c），发现在车辆低速通过桥梁时，两种行车道情况下的桥梁动力响应的线形十分相似。行车道位置对桥梁振动响应影响的大小还应通过对两种情况下的位移冲击系数的统计和分析才能得出。通过查询行车速度为

1 m/s、2 m/s、3 m/s 这三个速度情况下每次偏载工况下的各跨桥梁的最大动力反应，并与静态最大值比较，得到如图 3.62 所示的偏载情况的位移冲击系数和如图 3.63 所示的偏载情况下的应变冲击系数。

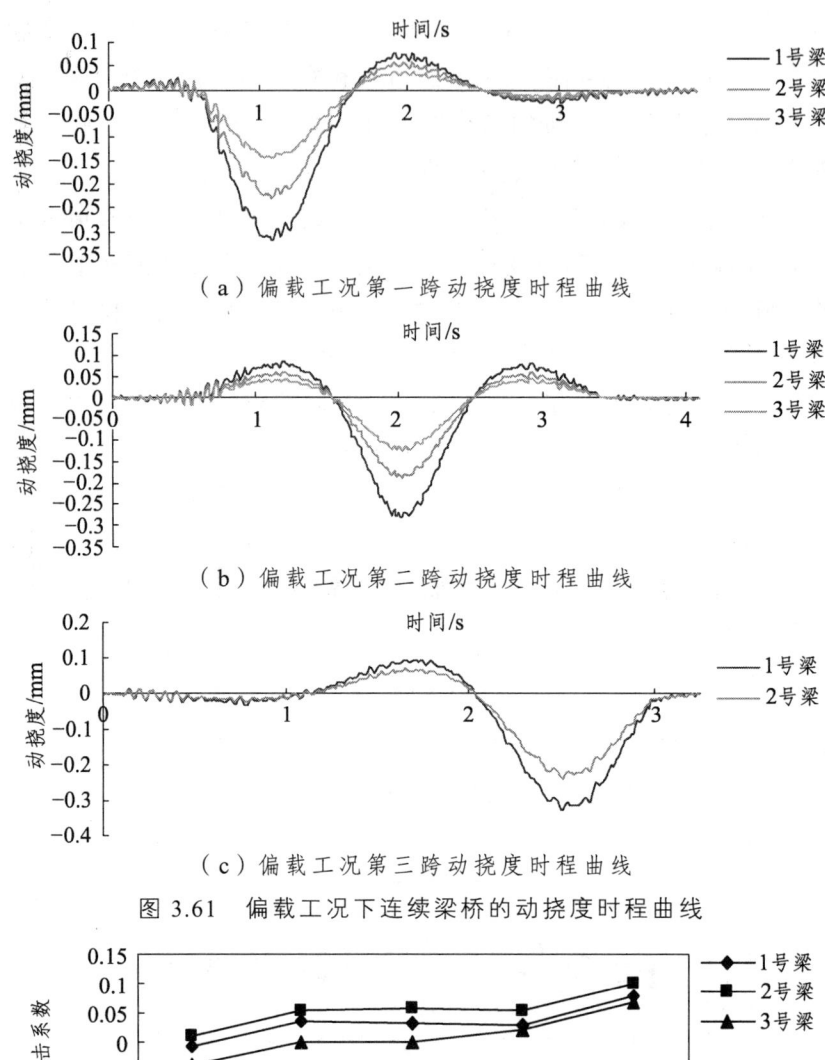

（a）偏载工况第一跨动挠度时程曲线

（b）偏载工况第二跨动挠度时程曲线

（c）偏载工况第三跨动挠度时程曲线

图 3.61　偏载工况下连续梁桥的动挠度时程曲线

（a）偏载第一跨位移冲击系数

（b）偏载第二跨位移冲击系数

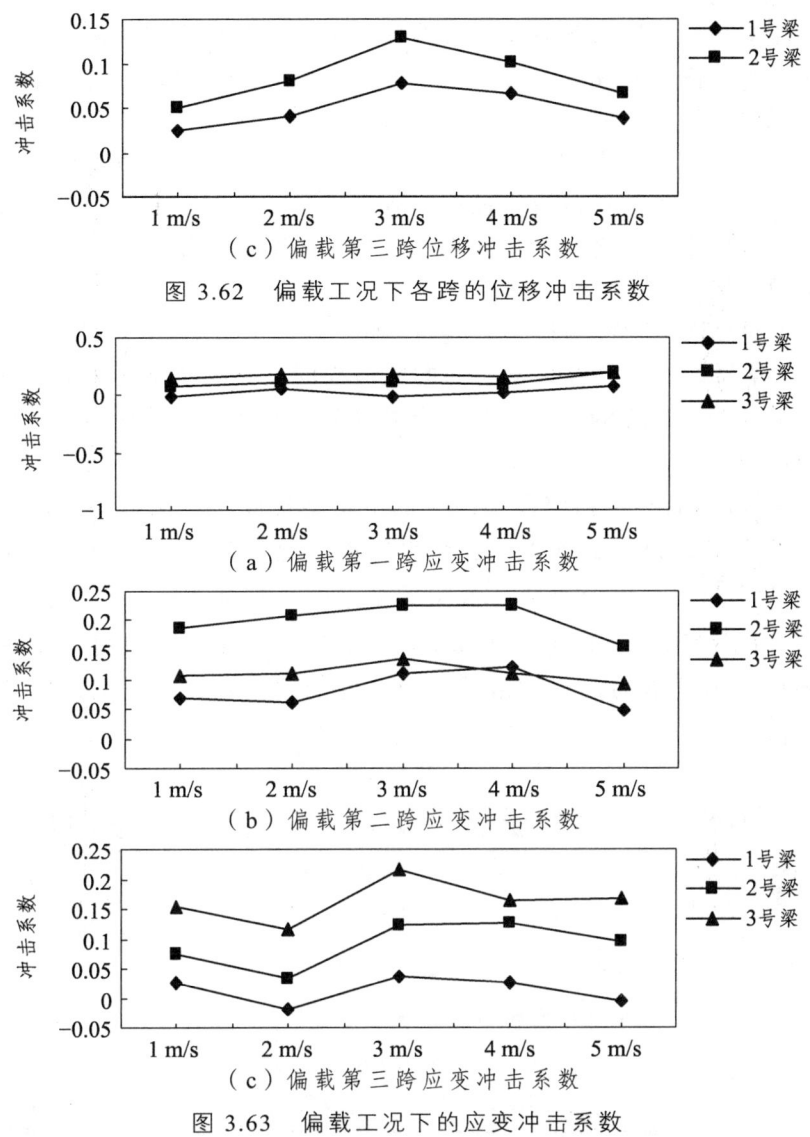

图3.62 偏载工况下各跨的位移冲击系数

图3.63 偏载工况下的应变冲击系数

图3.62和图3.63给出了连续梁桥各跨在行车道位于偏载工况时的桥梁各跨的位移冲击系数和应变冲击系数的大小。从图3.62中的(a)、(b)、(c)可以看出,偏载工况下的各跨的位移冲击系数随着速度的改变拥有不同的变化趋势。在偏载工况下,两个边跨的位移冲击系数并不相同,第一跨的位移冲击系数随速度的波动较小,第二跨和第三跨的波动较大。从数值上来看,第三跨的位移冲击系数较第一跨的要大,这与正常行车道工况下的试验结果一致。在偏载工况下,中跨的位移冲击系数不再是三跨中最大的了,这与正常行车道工况下的试验结果不同。对比图3.59中的(a)、(c)、(e)和图3.62中的(a)、(b)、(c)发现,无论是正常行车道工况还是偏载行车道工况,对于连续梁桥的边跨位移冲击系数,中梁的位移冲击系数要略大于边梁的位移冲击系数,这一点与简支梁桥的试验结果相同。另外,对于偏载行车道和正常行车道两种工况,可以发现偏载工况下的各片梁的位移冲击系数总体上要略小于正常行车道工况下的位移冲击系数,并且

偏载工况下各片梁的位移冲击系数之间的差异较正常行车道工况下的大。

对于偏载工况下各跨的应变冲击系数，可以发现对于同一跨，各片梁的位移冲击系数的大小关系和应变冲击系数关系并不一致。对比图3.59中的（b）、（d）、（f）和图3.63中（a）、（b）、（c）可以发现，两种工况下的应变冲击系数随速度的变化趋势并不一致，这一点充分说明了行车道位置对桥梁振动响应的影响。通过进一步观察发现，偏载工况下的各片梁的应变冲击系数之间的差异较正常行车道工况下的大，这一点与位移冲击系数所反映出来的一致。

（3）桥面状况对连续梁桥的振动响应的影响。

通过对简支梁桥的试验已经证实桥面的粗糙程度是影响桥梁振动响应的一个重要因素，其对连续梁的振动响应的影响也是一个值得关注的问题，参照简支梁桥中对该因素的研究方法进行分析。

图3.64为光滑路面和粗糙路面情况下的中跨动挠度时程曲线，从两种路面情况下的动挠度曲线线形可以很明显地看出，粗糙路面情况下的动挠度曲线较光滑路面情况下的动挠度曲线波动大、线形光滑，桥梁的振动明显加强，这一点与简支梁桥的情况是一致的。图3.65给出了两种桥面状况下的位移冲击系数和应变冲击系数，从图中可以看出，粗糙路面情况下的位移冲击系数随速度的波动较光滑路面的大，位移冲击系数的值也较大。

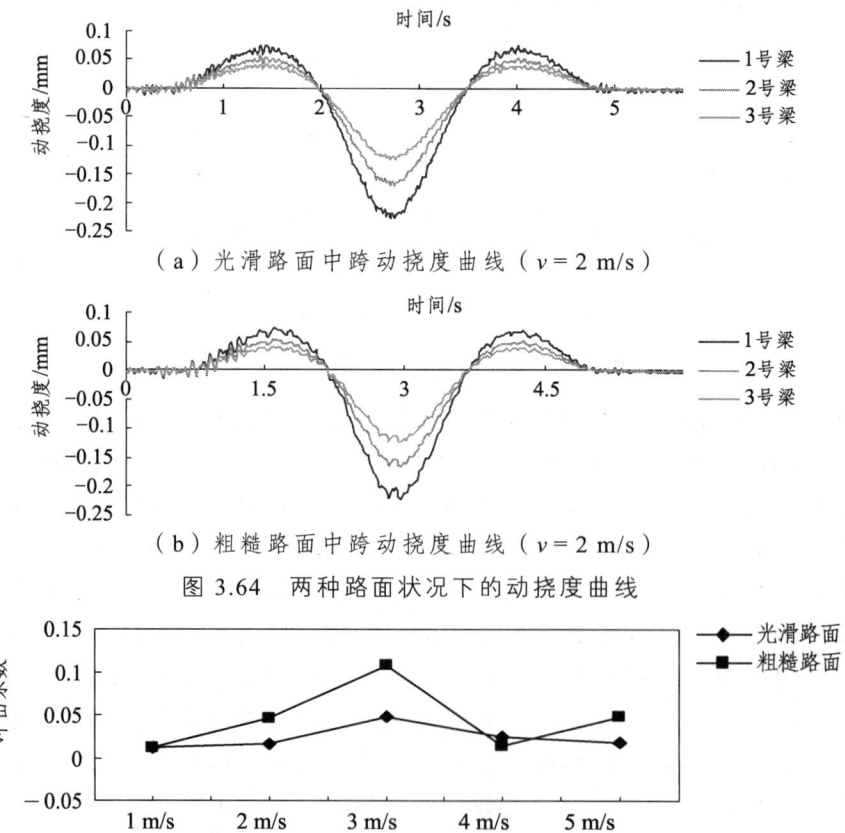

（a）光滑路面中跨动挠度曲线（$v=2$ m/s）

（b）粗糙路面中跨动挠度曲线（$v=2$ m/s）

图3.64 两种路面状况下的动挠度曲线

（a）两种路面下的位移冲击系数（2号梁）

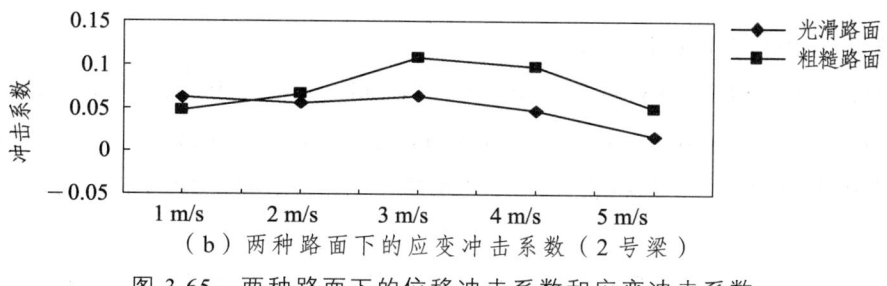

（b）两种路面下的应变冲击系数（2号梁）

图3.65 两种路面下的位移冲击系数和应变冲击系数

参考文献

[1] 杨俊杰. 相似理论与结构模型试验[M]. 武汉：武汉工业大学出版社，2005.

[2] 徐挺. 相似方法及其应用[M]. 北京：机械工业出版社，1995.

[3] 哈里斯. 混凝土结构动力模型[M]. 朱世杰，译. 北京：地震出版社，1987.

[4] 迟世春，林少书. 结构动力模型试验相似理论及其验证[J]. 世界地震工程，2004，20（4）：10.

[5] 林皋，朱彤，林蓓. 结构动力模型试验的相似技巧[J]. 大连理工大学学报，2000(1)：1-8.

[6] 陈星烨，颜东煌，马晓燕. 斜拉桥试验模型相似性推导与动力问题的数值分析[J]. 岩石力学与工程学报，2006（S1）：3206-3211.

[7] 胡尔夫. 螺旋弹簧的种类、计算与制造[M]. 上海：上海科学技术出版社，1958.

[8] 中石化北化院国家化学建筑材料测试中心. 塑料 弯曲性能的测定：GB/T 9341—2008[S]. 北京：中国标准出版社，2008.

[9] 周义武. 桥梁有机玻璃模型试验的几个技术问题[J]. 中南公路工程，1985（1）：23+59-65.

[10] 宋广君. 琴桥模型试验研究[D]. 大连：大连理工大学，2004.

[11] 张哲，杜高明，谭延武，等. 大跨度自锚式斜拉-悬吊协作体系桥模型试验研究[J]. 公路交通科技，2007（6）：75-79，91.

[12] 刘爱荣，张俊平，赵新生，等. 中山一桥模型试验及理论分析[J]. 中国公路学报，2005，18（3）：75-79，83.

[13] 康厚军，赵跃宇，周海兵，等. 湘潭湘江四大桥模型试验的加载方法研究[J]. 湖南大学学报（自然科学版），2007（10）：25-30.

[14] 张令弥，刘福强. 大跨径斜拉桥相似模型结构动态特性试验的分离模态法[J]. 振动、测试与诊断，1999，19（2）：50-54，73.

[15] 王英学，骆建军，李伦贵，等. 高速列车模型试验装置及相似特征分析[J]. 西南交通

大学学报，2004（1）：20-24.

[16] CHAN T H T, ASHEBO D B. Moving Axle Load From Multi-Span Continuous Bridge: Laboratory Study[J]. Journal of vibration and Acoustics，2006（128）：521-526.

[17] 中交公路规划设计院. 公路桥涵设计通用规范：JTG D60—2004[S]. 北京：人民交通出版社，2004.

[18] 桂水荣，陈水生，任永明. 先简支后连续梁桥车辆冲击系数影响因素研究[J]. 公路交通科技，2011，28（5）：54-60.

[19] 任永明. 公路桥梁车桥耦合振动模型试验研究[D]. 南昌：华东交通大学，2011.

第 4 章
车辆各轮桥面不平顺输入的数值模拟

桥面不平顺既影响过桥车辆乘坐的舒适性,又影响桥梁的车致振动响应,其是车-桥系统振动的主要激励源。当桥面路况越来越差时,过桥车辆的乘坐舒适性逐渐降低,过桥车辆对桥梁的冲击作用增大[1,2]。近十年的统计数据表明,在各地区经济快速发展的背景下,我国四级及以上在役公路总里程达到494.45万千米[3],在役公路桥梁的数量约为 83.25 万座[4]。庞大的桥梁数目,桥梁养护需求越来越大,然而,我国公路桥梁桥面养护的技术、材料、资金和人员不足,导致桥面养护工作相对滞后,很多桥梁的桥面出现了大小不同的严重凸起和凹陷,降低了桥面等级,直接影响了在役桥梁的运营安全和桥梁局部构件的使用性能,给政府和管理单位带来巨大的压力。特别是桥面不平顺离散性事件多发,过桥车辆行驶速度多变,导致桥面不平顺出现非平稳特征;在桥面凹陷严重或行车环境条件恶化时,桥面不平顺还是非高斯随机过程。并且,重载和超载货车出现的频率越来越高,其加速了桥面的老化和破损,桥面路况的恶化又增加了车辆对桥梁的冲击作用。对于多轴多轮货车而言,车辆与桥面的接触点增加,其具有更多的桥面不平顺随机激励点,每一个车轮的桥面不平顺激励输入又各不相同。为了减小行驶车辆对在役桥梁产生的冲击作用和提高过桥车辆司乘人员的乘坐舒适性,桥梁工程师和管养单位越来越重视桥面不平顺对车-桥系统振动特性的影响。因此,为了给车-桥耦合系统提供更加真实有效的系统激励输入,就很有必要研究更有效、更贴近实际的桥面不平顺随机激励生成方法,并探究桥面不平顺对桥梁振动特性的影响。

4.1 平稳高斯桥面不平顺

4.1.1 平稳高斯桥面不平顺的生成方法

1. 谐波叠加法

随机谐波有正弦和余弦两种,在此采用正弦波来进行随机谐波叠加算法模拟。当车辆以一定速度 v 通过一段道路时,根据时间频率 f 与空间频率 n 的关系 $f=v\cdot n$,可以将空间频率 (n_1,n_2) 内的路面位移谱密度转换成时间频率 (f_1,f_2) 内的路面位移谱密度 $G_q(f)$:

$$G_q(f)=G_q(n_0)n_0^2\frac{v}{f^2} \tag{4.1}$$

将区间 (f_1, f_2) 划分为 m 个小区间，用第 i 个小区间的中心频率 $f_{\text{mid}-i}$ 处的功率谱密度来代替整个小区间上的功率谱的值，得到第 i 个小区间的功率谱：

$$w = G_q(f_{\text{mid}-i}) \cdot \Delta f_i \quad (i=1,2,3,\cdots,m) \tag{4.2}$$

式中，Δf_i 为频率间隔。

由功率谱与幅值谱的关系 $|A^2| = w^2$ 可以得到每一小段频率所对应的不平度幅值：

$$A_i = \sqrt{w} = \sqrt{G_q(f_{\text{mid}-i}) \cdot \Delta f_i} \tag{4.3}$$

将对应于各个区间的正弦波函数叠加起来，就得到时域路面不平度随机位移输入，即：

$$q(t) = \sum_{i=1}^{m} \sqrt{2} A_i \sin(2\pi \cdot f_{\text{mid}-i} t + \theta_i) \tag{4.4}$$

此时，若将 $t = x/v$ 和 $f_{\text{mid}-i} = v \cdot n_{\text{mid}-i}$ 代入式（4.4）中，则该式可表示为：

$$Z = \sum_{i=1}^{m} \sqrt{2} A_i \sin(2\pi \cdot x \cdot n_{\text{mid}-i} + \theta_i) \tag{4.5}$$

式中，x 为汽车在纵向的前进位移；θ_i 为在 $[0, 2\pi]$ 上均匀分布的相互独立的随机变量。从式（4.5）可以看出，路面谱的生成和车速没有关系。

2. 逆傅里叶变换法

在计算功率谱密度时，为避免频率混叠，距离采样间隔 Δl 应满足 $\Delta l \leqslant 1/2n_u$，若采样点数为 N（$N = 2^m$，m 为正整数），总采样距离为 $L = N\Delta l$，则采样的空间频率分辨率 $\Delta n = 1/L$。为保证在计算离散的功率谱密度时其有效空间频率下限 n_l 准确，应有 $n_l \geqslant \Delta n$，即 $L \geqslant 1/n_l$。设 $x_m(m=0,1,2,\cdots,N-1)$ 是路面不平度的采样数据，则其离散傅里叶变换为：

$$X_k = \sum_{m=0}^{N-1} x_m e^{-\frac{j2\pi km}{N}} \quad (k=0,1,2,\cdots,N-1) \tag{4.6}$$

则，可得出 X_k 与路面不平度的功率谱密度 $G_x(n_k)$ 的关系为：

$$|X_k| = \sqrt{\frac{N}{2\Delta l} G_x(n_k)} \quad \left(k=0,1,2,\cdots,\frac{N}{2}\right) \tag{4.7}$$

式中，$n_k = k\Delta n$。

由式（4.7）得到的只是离散傅里叶变换的模值，而 X_k 是复数，若相角为 φ_k，则有：

$$X_k = |X_k| e^{j\varphi_k} \quad \left(k=0,1,2,\cdots,\frac{N}{2}\right) \tag{4.8}$$

式中，φ_k 可以在 $[0, 2\pi]$ 内随机选取。

对具有 N 个数据的离散采样 $x_m(m=0,1,2,\cdots,N-1)$，其离散傅里叶变换有 N 个数据，但在计算其功率谱密度时只需其离散傅里叶变换的前 $\frac{N}{2}+1$ 个数据。现利用公式（4.6）和（4.7）得到了离散傅里叶变换的前 $\frac{N}{2}+1$ 个数据，所以若要通过离散傅里叶逆变换得出离散信号 $x_m(m=0,1,2,\cdots,N-1)$，就必须补齐傅里叶变换的后部分数据。

对任意一个具有 N 个数据点的离散信号，式（4.6）所示的离散傅里叶变换是 N 个复数。由式（4.6）可以看出：X_0 是实数，且 $X_0 = \sum_{m=0}^{N-1} x_m$。若离散信号经过了零均值化，则 $X_0 = 0$；X_1 与 X_{N-1}、X_2 与 X_{N-2}、$\cdots$、$X_{\frac{N}{2}-1}$ 与 $X_{\frac{N}{2}+1}$ 分别互成共轭。离散傅里叶变换对应的最大频率为 $\frac{N}{2}\Delta f$，为不发生频率混叠现象，常使 $f_u < \frac{1}{2\Delta t} = \frac{N}{2T} = \frac{N}{2}\Delta f$，所以有 $X_{\frac{N}{2}} = 0$。

根据离散傅里叶变换数据的上述特性，对由式（4.8）得到的 $\frac{N}{2}+1$ 个离散傅里叶变换值 $X_k(k=0,1,2,\cdots,\frac{N}{2})$ 进行补齐，于是得到 $X_k(k=0,1,2,\cdots,\frac{N}{2},\frac{N}{2}+1,\cdots,N-1)$。由离散傅里叶逆变换得到路面不平度：

$$x_m = \frac{1}{N}\sum_{k=0}^{N-1} X_k \mathrm{e}^{-\frac{\mathrm{j}2\pi km}{N}} \quad (m=0,1,2,\cdots,N-1) \tag{4.9}$$

4.1.2 数值算例

由于空间频率带宽的选择须包括汽车系统振动的主要固有频率，假设汽车的行驶速度为 v（单位：m/s），路面不平度的空间频率为 n，那么汽车轮胎受到的激振频率 $f = n \cdot v$。若汽车振动的主要固有频率范围为 (f_l, f_u)，可以得出路面不平度功率谱的有效空间频率上、下限分别为 $n_u = f_u/v$ 和 $n_l = f_l/v$。一般来讲，汽车振动系统的固有频率分布在 0.7～15 Hz，常用车速为 36～180 km（10～50 m/s）。若地面作用于轮胎的激励时间频率下限为 $f_l = 0.5$ Hz、上限为 $f_u = 30$ Hz，那么在此激励的频率范围内，可以得出需要的路面谱空间频率的上、下限为：$n_u = f_u/v = 30/10 = 3 \text{ m}^{-1}$，$n_u = f_l/v = 0.5/50 = 0.01 \text{ m}^{-1}$。可见，只需在 0.01～3 m^{-1} 的空间频率范围内模拟路面不平度，便可覆盖汽车振动系统的固有频率。

为避免频率混叠和使有效空间频率下限 n_l 准确，$\Delta l \leqslant 1/2n_u = 0.1667$ m，$L \geqslant 1/n_l = 100$ m；在本算例中，取 $\Delta l = 0.05$ m，$L = 400$ m，可以满足上述要求。因此，采样点数 $N = L/\Delta l = 8\,000$，空间频率间隔 $\Delta n = 1/L = 0.0025 \text{ m}^{-1}$。根据国家标准 GB/T 7031—1986 建议的按路面不平度功率谱将公路路面分为 A～H 共 8 个等级，我国高等级公路基本属于 A、B、C 三个等级，本节模拟了 B、C 级路面不平度随机序列，并编制谱分析程序来估算路面不平度随机序列的功率谱。对于 A、B、C 级路面，其路面不平度系数 $G_q(n_0)$ 的几何平均值分别取 16 mm^2/m^{-1}、64 mm^2/m^{-1}、256 mm^2/m^{-1}。

图 4.1 中的（a）、（c）、（e）为采用快速傅里叶逆变换法模拟的 A、B、C 级路面不平度样本，横坐标是沿道路走向的长度，纵坐标是路面相对于基准面的不平度值，从图中可以看出，随着路面等级的增加，路面起伏波动增大。图 4.1 中的（b）、（d）、（f）为

快速逆傅里叶变换法模拟的 A、B、C 级路面不平度样本的功率谱密度图,横坐标是空间频率,纵坐标是功率谱密度 $G_q(n_0)$,从图可以看出,逆傅里叶变换法模拟出的路面不平度功率谱密度与给定功率谱密度吻合较好。图 4.2 为采用三角级数叠加法模拟的路面不平度样本及对应路面不平度样本的功率谱密度。对比两种路面不平度的模拟方法可知,采用快速逆傅里叶变换法生成的路面不平度样本,其功率谱密度与给定功率谱密度的吻合程度优于三角级数叠加法,且三角级数叠加法涉及大量的三角函数运算,计算结果相对较慢。

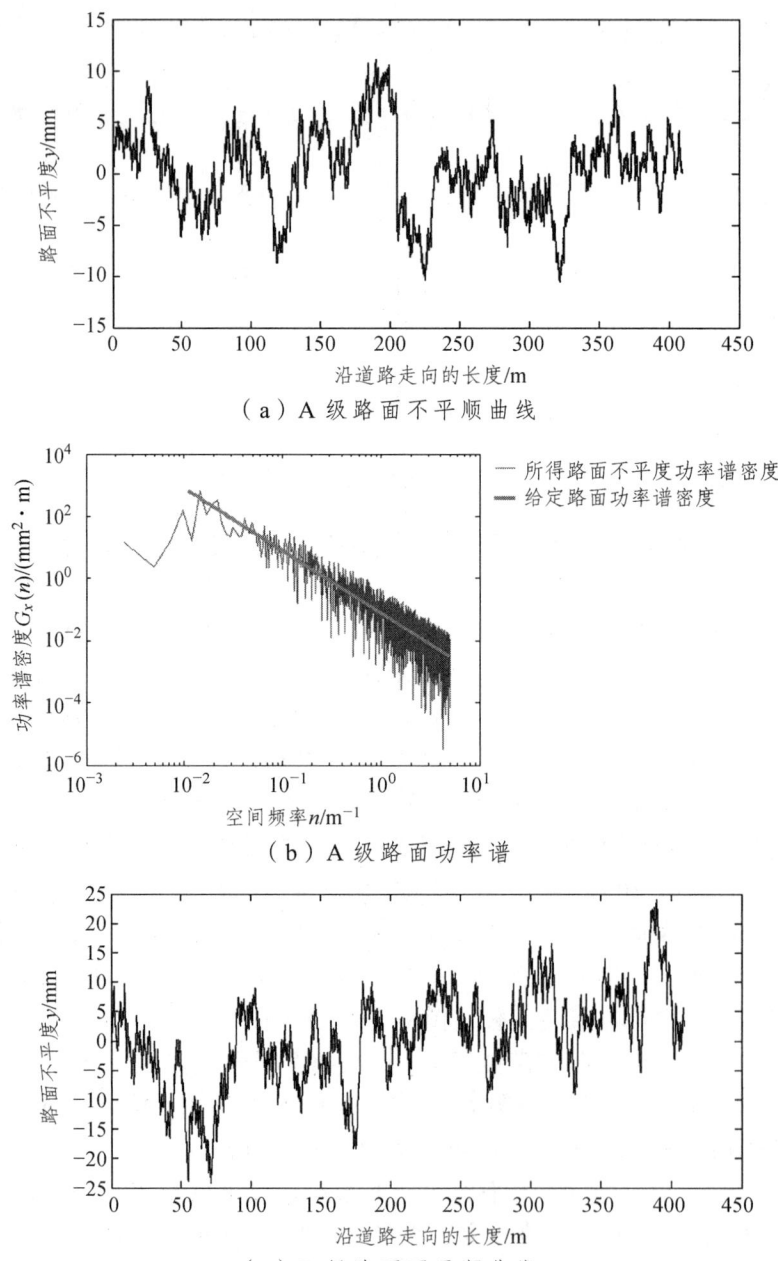

(a) A 级路面不平顺曲线

(b) A 级路面功率谱

(c) B 级路面不平顺曲线

第 4 章　车辆各轮桥面不平顺输入的数值模拟

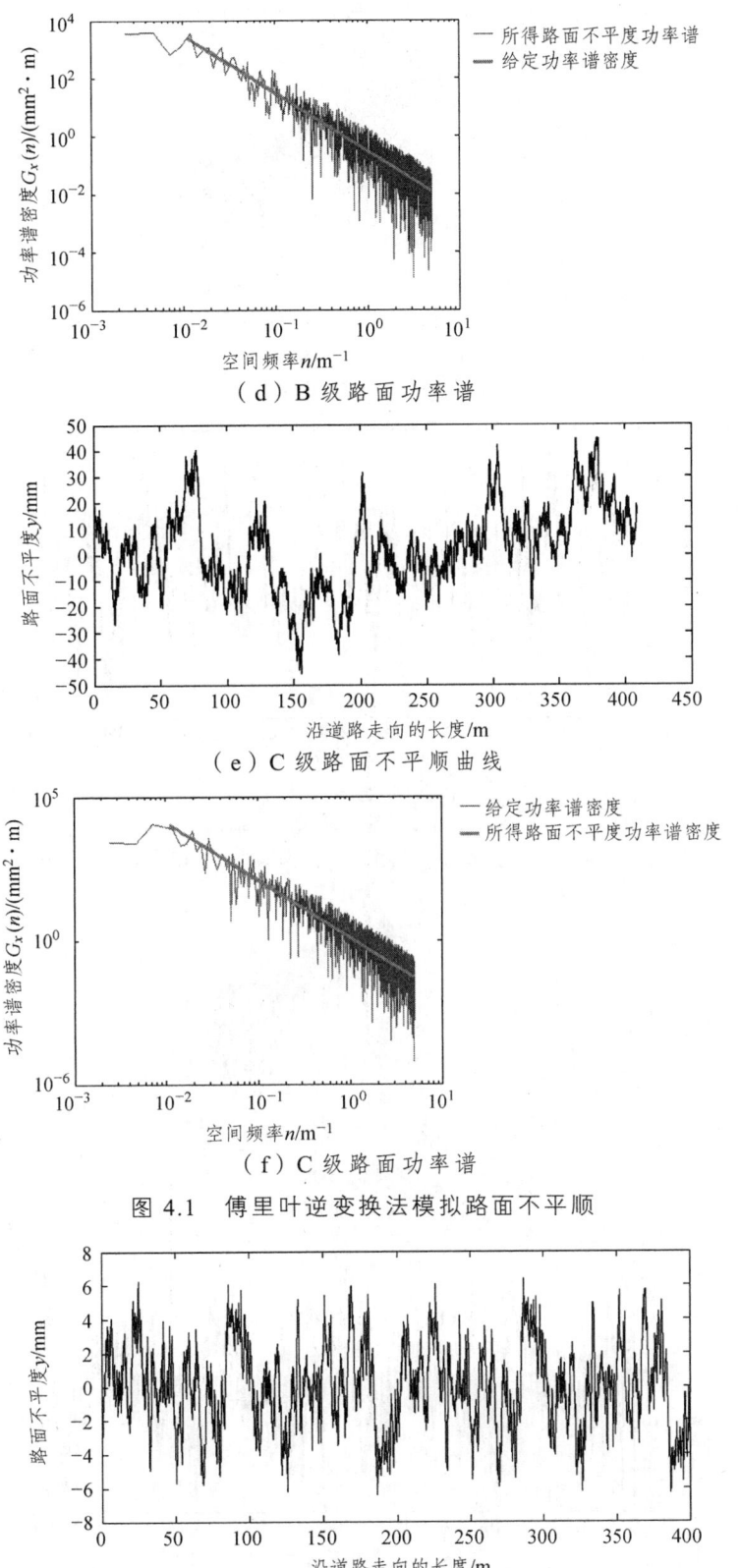

（d）B 级路面功率谱

（e）C 级路面不平顺曲线

（f）C 级路面功率谱

图 4.1　傅里叶逆变换法模拟路面不平顺

（a）A 级路面不平顺曲线

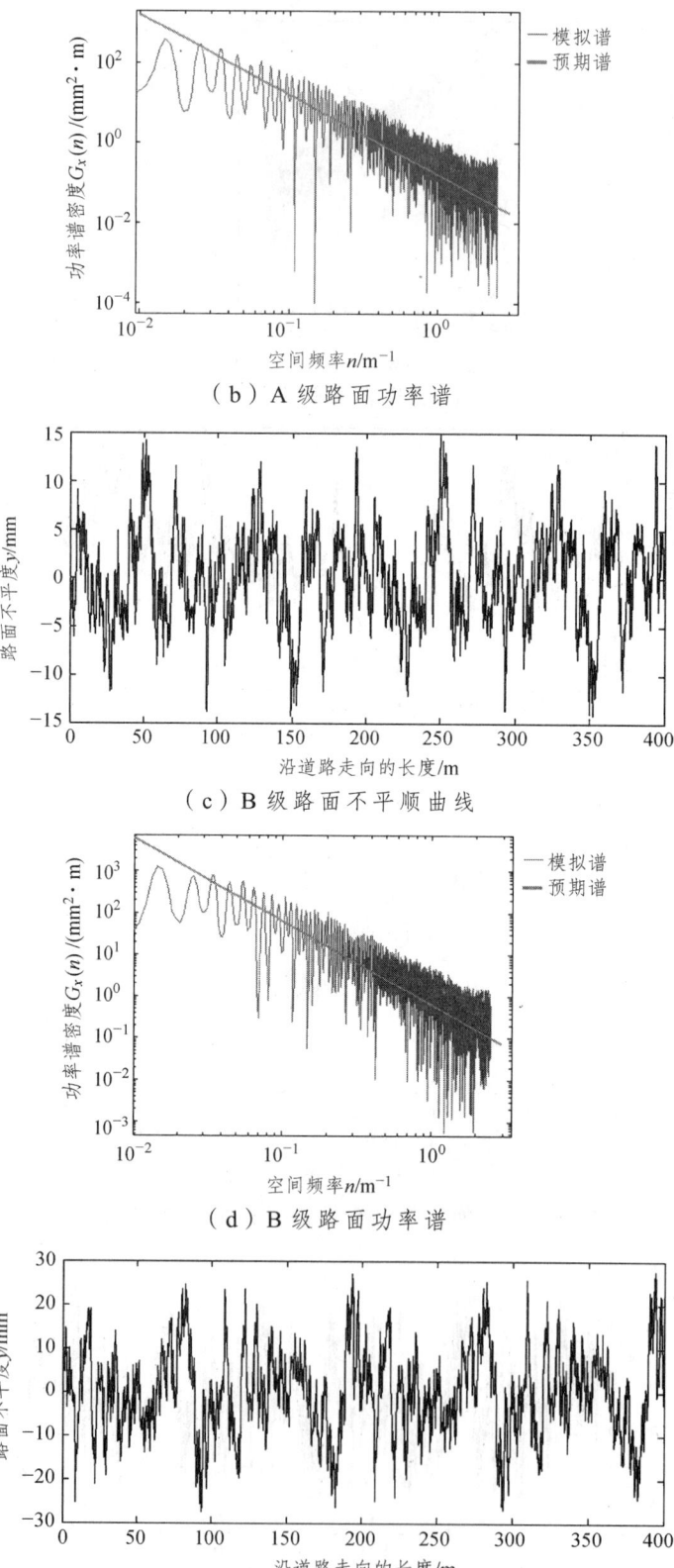

（b）A级路面功率谱

（c）B级路面不平顺曲线

（d）B级路面功率谱

（e）C级路面不平顺曲线

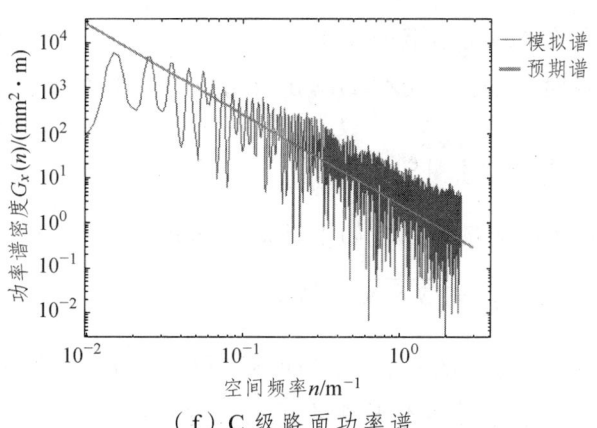

（f）C级路面功率谱

图 4.2 谐波叠加法模拟路面不平顺

4.2 车辆各轮相干的桥面不平顺

4.2.1 车辆各轮相干桥面不平顺的生成方法

以一辆三轴重载车为研究对象，车辆前轴左右轮的桥面不平顺随机激励输入分别为 $r_1(t)$ 和 $r_2(t)$，车辆中轴左右轮的桥面不平顺随机激励输入分别为 $r_3(t)$ 和 $r_4(t)$，车辆后轴左右轮的桥面不平顺随机激励输入分别为 $r_5(t)$ 和 $r_6(t)$，L_1 为前轴到中轴的距离，L_2 为前轴到后轴的距离，B 为车辆左右轮迹间的距离，车辆各轮的平面布置如图 4.3 所示。

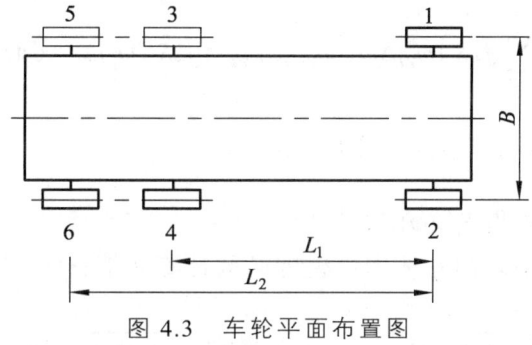

图 4.3 车轮平面布置图

1. 单轮桥面不平顺的模拟

基于功率谱表征的方法，车辆单轮桥面不平顺随机过程 $r(t)$ 可以表示为傅里叶随机增量的 Fourier-Stieltjes 积分[5]：

$$r(t) = \int_{-\infty}^{+\infty} e^{i\omega t} dZ(\omega) \tag{4.10}$$

随机增量 $dZ(\omega)$ 必须满足如下的正交条件：

$$E\{dZ(\omega)\} = 0 \tag{4.11}$$

$$E\{dZ^*(\omega) dZ(\omega^*)\} = \delta(\omega - \omega^*) S_r(\omega) d\omega \tag{4.12}$$

式中，$S_r(\omega)$ 为桥面不平顺的功率谱密度函数。

当随机过程为实数时，需满足 $dZ(-\omega) = dZ^*(\omega)$，方程（4.10）可以表示为：

$$r(t) = \int_0^{+\infty} e^{i\omega t} dZ(\omega) + \int_0^{+\infty} \left[e^{i\omega t} dZ(\omega) \right]^* \tag{4.13}$$

对式（4.13）中的随机增量可以有如下近似表达式：

$$dZ(\omega)\big|_{\omega=\omega_k} \approx \Delta Z(\omega_k) = \sqrt{S_r(\omega)} e^{i\phi_k} \sqrt{\Delta \omega} \tag{4.14}$$

式中，ϕ_k 为随机相位角；ω_k 为区间 (ω^L, ω^U) 的频率点；$\Delta\omega = (\omega^L, \omega^U)/N$。将式（4.14）代入式（4.13）便可求得单轮桥面不平顺的时域表达式：

$$r(t) = 2\sqrt{\Delta\omega} \sum_{k=0}^{N-1} \sqrt{S_r(\omega_k)} \cos(\omega_k t + \phi_k) \tag{4.15}$$

2. 左右轮桥面不平顺的模拟

基于维纳-辛钦关系，平稳高斯随机过程的功率谱密度函数与相关函数可以相互转换，因此可以利用桥面不平顺的时域表达式推导其功率谱密度函数。设车辆左右轮迹的桥面不平顺分别为 $r^L(t)$ 和 $r^R(t)$，自功率谱密度函数为 $S_r^L(\omega)$ 和 $S_r^R(\omega)$，则：

$$\begin{aligned}
S_r^L(\omega) &= 2\int_{-\infty}^{+\infty} \lim_{T\to\infty} \left[\int_0^T \frac{r^L(t) r^L(t+\tau)}{T} dt \right] e^{-i\omega\tau} d\tau \\
&= 2\int_{-\infty}^{+\infty} \lim_{T\to\infty} \left\{ \frac{1}{T} \int_0^T \sum_{k=1}^N \sum_{j=1}^N \sqrt{2S_r(\omega_k)\Delta\omega} \cos(\omega_k t + \phi_k^L) \sqrt{2S_r(\omega_j)\Delta\omega} \cos[\omega_j(t+\tau) + \phi_j^L] dt \right\} e^{-i\omega\tau} d\tau \\
&\approx \int_0^{+\infty} S_r(\omega_k) \left[\delta(\omega-\omega_k) + \delta(\omega+\omega_k) \right] d\omega = S_r(\omega)
\end{aligned} \tag{4.16}$$

同样的推导过程，可得 $S_r^R(\omega) = S_r(\omega)$。

车辆左右轮桥面不平顺的互功率谱密度函数计算如下：

$$\begin{aligned}
S_r^{LR} &= 2\int_{-\infty}^{+\infty} \lim_{T\to\infty} \left\{ \frac{1}{T} \int_0^T \sum_{k=1}^N \sum_{j=1}^N \sqrt{2S_r(\omega_k)\Delta\omega} \cos(\omega_k t + \phi_k^L) \sqrt{2S_r(\omega_j)\Delta\omega} \cos[\omega_j(t+\tau) + \phi_j^R] dt \right\} e^{-i\omega\tau} d\tau \\
&= \sum_{i=1}^N S_r(\omega_k) \left[\delta(\omega-\omega_k) + \delta(\omega+\omega_k) \right] \cos(\phi_k^L - \phi_k^R) \Delta\omega + \sum_{i=1}^N S_r(\omega_k) \left[\delta(\omega+\omega_k) - \delta(\omega-\omega_k) \right] i\sin(\phi_k^L - \phi_k^R) \Delta\omega \\
&\approx \int_0^{+\infty} S_r(\omega_k) \left[\delta(\omega-\omega_k) + \delta(\omega+\omega_k) \right] \cos(\phi_k^L - \phi_k^R) d\omega_k + \int_0^{+\infty} S_r(\omega_k) \left[\delta(\omega+\omega_k) - \delta(\omega-\omega_k) \right] i\sin(\phi_k^L - \phi_k^R) d\omega_k \\
&= S_r(\omega) \cos(\phi_k^L - \phi_k^R), \quad \omega = \omega_k
\end{aligned} \tag{4.17}$$

根据车辆左右轮迹相干函数的定义，可以得到相干函数与车辆左右轮迹桥面不平顺特性中相位角的关系：

$$\text{coh}_{LR}^2(\omega) = \frac{|S_{LR}(\omega)|^2}{S_L(\omega) S_R(\omega)} = \cos^2\left(\phi_k^L - \phi_k^R\right) \tag{4.18}$$

$$\phi_k^L = \phi_k^R - \text{sign}(x)\arccos(\text{coh}_{LR}) \tag{4.19}$$

式（4.19）中 sign(x) 为符号函数，x 为正负随机数。已知左右轮迹的相干函数，并将式（4.19）的右轮迹相位角代入式（4.15），可得右轮迹的桥面不平顺时域样本。

3. 前后轮桥面不平顺的模拟

车辆同一侧的车轮，车辆中轮和后轮的桥面不平顺滞后车辆前轮。那么，在已知前轮桥面不平顺的情况下，车辆中轮和后轮的桥面不平顺可以写成：

$$\begin{cases} r_3(t) = r_1\left(t - \dfrac{L_1}{v}\right), & r_5(t) = r_1\left(t - \dfrac{L_2}{v}\right) \\ r_4(t) = r_2\left(t - \dfrac{L_1}{v}\right), & r_6(t) = r_2\left(t - \dfrac{L_2}{v}\right) \end{cases} \tag{4.20}$$

根据前后轮桥面不平顺的时间滞后关系，结合式（4.17）可以求得中轮和后轮的桥面不平顺样本，例如：车辆左侧中轮的桥面不平顺随机激励输入为：

$$r_3(t) = 2\sqrt{\Delta\omega}\sum_{k=0}^{N-1}\sqrt{S_r(\omega_r)}\cos\left[\omega_k\left(t - \dfrac{L_1}{v}\right) + \phi_k^L\right] \tag{4.21}$$

4.2.2 数值算例验证

为验证本章车辆各轮相干桥面不平顺时域模型建立方法的有效性，在此采用文献[6]的相干函数，其表达式为：

$$\text{coh}(\omega) = \begin{cases} e^{\dfrac{-\rho\omega B}{2\pi v}}, & \omega \in (\omega^L, \omega^U) \\ 0, & \omega \notin (\omega^L, \omega^U) \end{cases} \tag{4.22}$$

式中，ρ 为桥面不平顺的经验值，在此取 $\rho=1$；B 为车辆左右轮迹的间距。

已知：桥面路况等级为 C 级，车辆左右轮迹的间距 $B = 1.8$ m，前中轴距 $L_1 = 3.6$ m，前后轴距 $L_2 = 4.8$ m，车辆过桥速度 $v = 36$ km/h，车辆在桥上行驶时间为 10 s。根据上文的车辆各轮相干桥面不平顺生成方法，可得车辆各轮的桥面不平顺样本如图 4.4 所示，同一轮迹的前中后轮桥面不平顺存在明显的时间延迟。

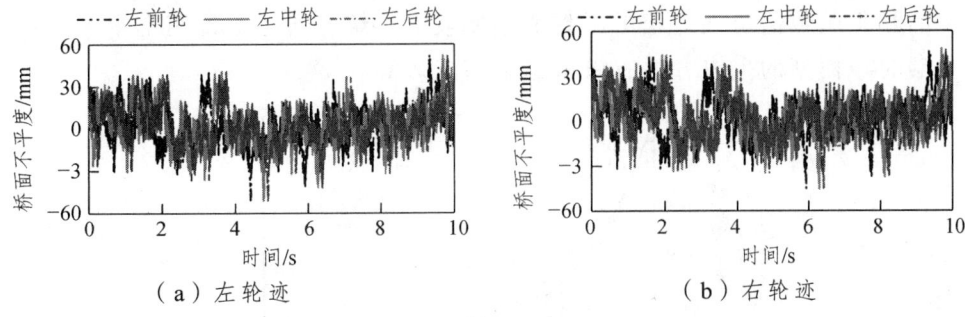

（a）左轮迹　　　　　　　　（b）右轮迹

图 4.4　车辆六轮相干的桥面不平顺样本

同时，图 4.5 给出了左轮迹前轮和中轮、前轮和后轮桥面激励样本的互相关函数。从图中可以看出：在时差 $t = -0.36$ s 时，车辆前轮和中轮的桥面不平顺随机激励样本的互相关函数值最大，该时差与前中轮的时间差 $L_1/v = 0.36$ s 吻合；在时差 $t = -0.48$ s 时，车辆前轮和后轮的桥面不平顺随机激励样本的互相关函数值最大，该时差与前后轮的时差 $L_2/v = 0.48$ s 吻合。这充分说明车辆六轮相干桥面不平顺随机激励存在时间滞后性。

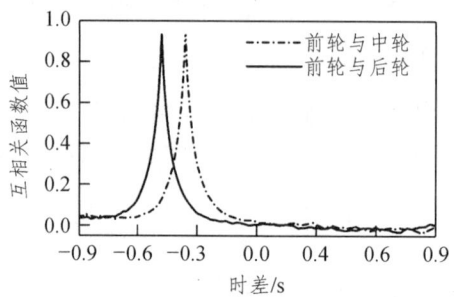

图 4.5　前中后轮互相关函数值

车辆各轮相干桥面不平顺样本的功率谱密度与 C 级桥面不平顺功率谱密度理论值的对比如图 4.6 所示。从图中可以看出，车辆各轮相干桥面不平顺样本的功率谱密度与理论功率谱密度吻合得很好。

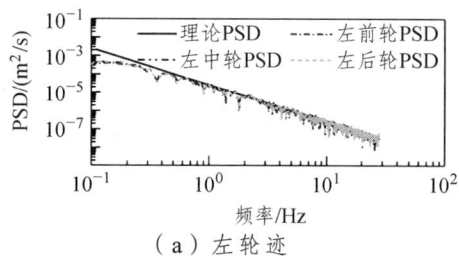
（a）左轮迹

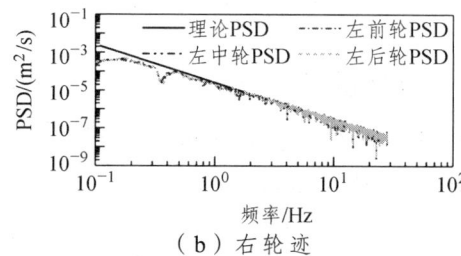
（b）右轮迹

图 4.6　六轮相干桥面激励的功率谱密度

采用相同的相干函数模型，图 4.7 给出了由本书方法生成的左右轮桥面不平顺时域样本的相干函数计算值，并与文献[7]和文献[8]桥面不平顺生成方法的研究结果进行对比。从图 4.7 可以看出：频率越低，车辆各轮相干桥面不平顺的相干性越强；反之，频率越高，车辆各轮相干桥面不平顺的相干性就越弱。本书方法生成的左右轮迹桥面不平顺的相干函数值与理论相干函数值吻合较好，而文献[7]和文献[8]的车辆各轮相干桥面不平顺样本的相干函数值与理论相干函数值相差较大。综上所述，说明本章车辆各轮相干桥面不平顺时域模型的生成方法有效可靠且精度较高。

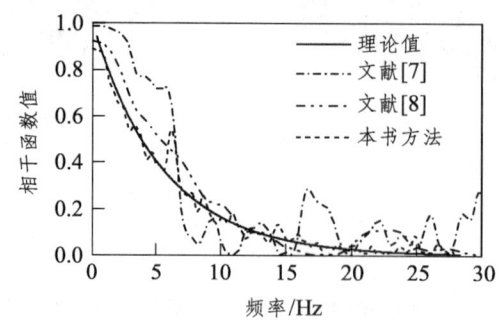

图 4.7　左右轮桥面不平顺的相干函数计算值

4.2.3 工程应用

以图 4.8 的三轴重载汽车为例,将车辆简化为 9 自由度的弹簧-质量-阻尼系统,车辆总质量 30.36 t,图中车辆参数参考文献[9]。以某预应力混凝土梁桥为工程实例,桥梁标准横断面如图 4.9 所示,采用 ANSYS 软件建立该桥的有限元模型如图 4.10 所示。

(a)实际车辆

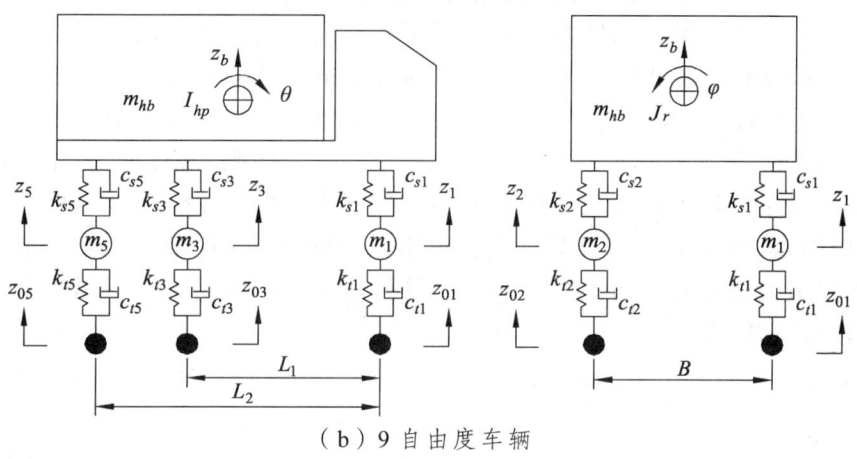

(b)9 自由度车辆

图 4.8 车辆模型

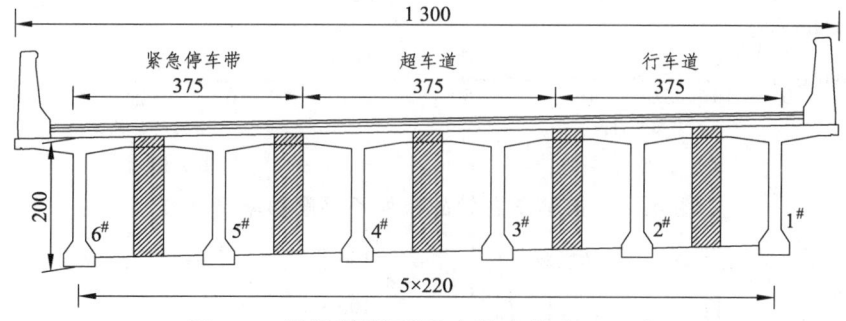

图 4.9 桥梁横断面图(尺寸单位:cm)

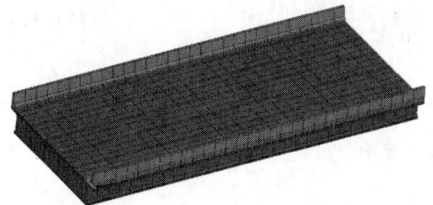

图 4.10 桥梁有限元模型

为体现桥面不平顺随机激励的随机性特征，本节在分析车辆各轮相干平稳高斯桥面不平顺随机激励的车桥耦合系统振动响应时，采用传统蒙特卡罗法对多个车桥系统振动响应样本进行统计分析。按照上文提出的车辆各轮相干桥面不平顺生成方法，随机产生 10 000 个桥面不平顺随机激励样本，并求解车辆和桥梁的振动响应。无特别说明，车辆荷载只考虑一种布置方式，即车辆在行车道行驶；车辆行驶速度为 72 km/h，桥面路况等级为 B 级。

1. 考虑车辆六轮相干性

学者们在研究车桥耦合振动响应时，并没有考虑车辆多轮多点的相干性，为了分析车辆左右轮相干桥面不平顺激励对车桥系统的影响，以前轴左右车轮为例，图 4.11 给出了左右轮相干和不相干的桥面不平顺激励样本的功率谱密度。从图中可以看出，考虑相干的前轴左右轮桥面不平顺激励的功率谱曲线几乎是重合的，即左右轮桥面不平顺激励频率几乎相同；而不相干的前轴左右轮桥面不平顺激励的功率谱曲线明显不同，即左右轮桥面不平顺激励频率不相同。从图 4.12 前轴左右轮的车桥相互作用力也可以看出，相干桥面不平顺激励的左右轮车桥相互作用力几乎是重合的，左右轮的车桥相互作用力均值都是 31.754 kN，标准差都是 24.25 kN；不相干桥面不平顺激励的左右轮车桥相互作用力完全不同，其左右轮车桥相互作用力的均值分别为 32.314 kN 和 32.55 kN，标准差分别为 26.781 kN 和 28.481 kN。可见，左右轮相干的桥面不平顺激励频率相同，左右车轮的车桥相互作用力也相同；而不相干的左右轮桥面不平顺激励频率不同，且左右轮的车桥相互作用力差别较大。

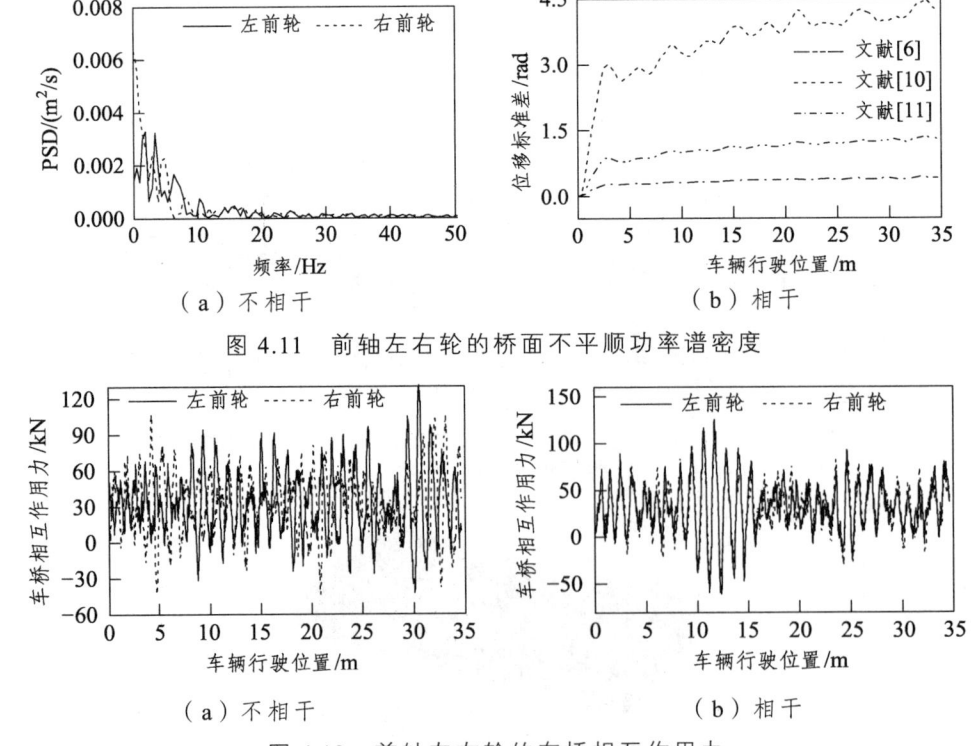

图 4.11 前轴左右轮的桥面不平顺功率谱密度

图 4.12 前轴左右轮的车桥相互作用力

第 4 章 车辆各轮桥面不平顺输入的数值模拟

车辆各轮相干和不相干桥面不平顺激励下的桥梁边梁跨中竖向位移响应如图 4.13 所示。从图中可以看出：车辆六轮相干与不相干的桥梁竖向位移响应均值基本重合，说明桥梁的振动响应主要还是由车辆自身重力这一确定性荷载激励引起；车辆六轮相干的桥面随机激励对桥梁竖向位移响应均值影响很小，但对桥梁竖向振动响应标准差的影响大于不相干桥面激励，其增大了桥梁振动响应的离散程度；相干桥面激励下的桥梁竖向位移标准差最大值是不相干桥面激励效应最大值的 1.4 倍。

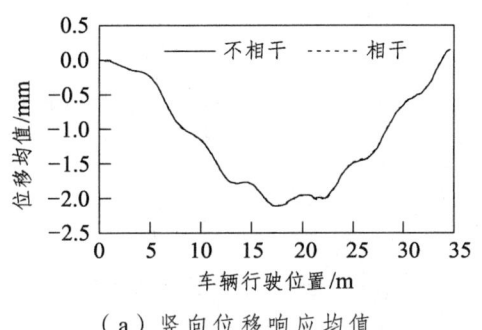
（a）竖向位移响应均值

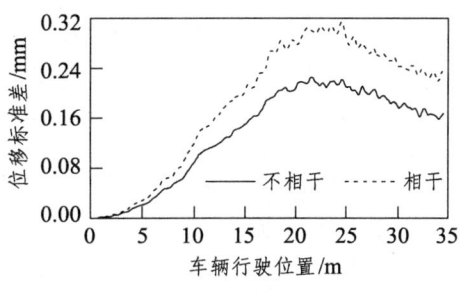
（b）竖向位移响应标准差

图 4.13　桥梁振动响应

为了探究车辆六轮相干桥面不平顺激励对车体竖向、俯仰和侧倾三个方向振动响应的影响，图 4.14 和图 4.15 分别给出了车体的振动位移和振动加速度响应。从图中可以看出：车体竖向位移响应的均值受车辆六轮相干桥面激励的影响较大，相干桥面激励的车体竖向位移响应均值最大值是不相干桥面激励效应最大值的 1.12 倍；相干桥面激励的车体竖向位移标准差和加速度响应标准差的最大值分别是不相干桥面激励效应最大值的 1.46 倍和 1.43 倍；相干桥面激励的车体俯仰角位移标准差和加速度标准差最大值分别是不相干桥面激励效应最大值的 1.41 倍和 1.38 倍；但是，相干桥面激励的车体侧倾角位移标准差和加速度标准差小于不相干桥面激励效应，不相干的位移标准差最大值和加速度标准差最大值分别是相干的 4.83 倍和 3.72 倍。车体侧倾角振动响应出现相干情况小于不相干情况，这与图 4.11 和图 4.12 的结果是一致的，不相干的桥面不平顺激励频率不同和左右轮车桥相互作用力大小不同，导致了车体左右摇摆较为剧烈，引起较大的侧倾角振动响应。

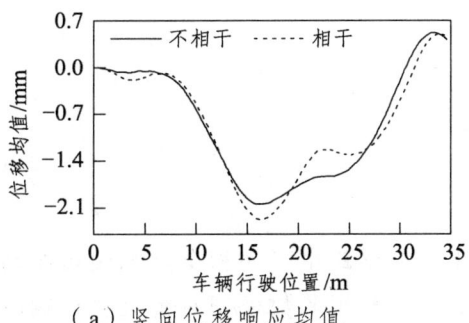
（a）竖向位移响应均值

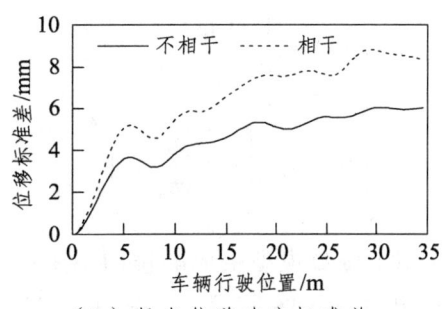
（b）竖向位移响应标准差

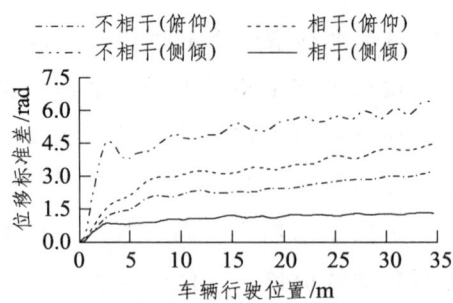

（c）俯仰角和侧倾角位移响应标准差

图 4.14　车体振动位移响应

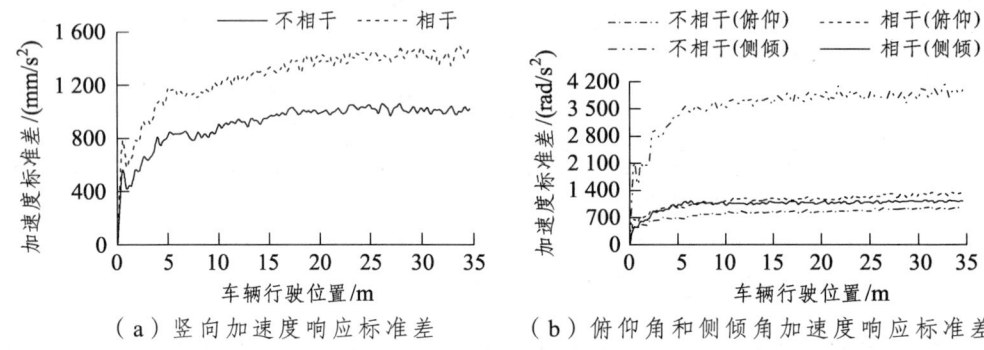

（a）竖向加速度响应标准差　　　　（b）俯仰角和侧倾角加速度响应标准差

图 4.15　车体振动加速度响应

可见，车辆各轮相干桥面不平顺激励对车桥耦合振动系统的影响较大，且对车体振动的影响大于对桥梁振动的影响，使车辆竖向振动和前后点头振动更激烈，但又减弱了车辆左右摇摆的激烈程度；车桥耦合系统的振动位移响应对车辆各轮相干桥面激励比振动加速度响应敏感，特别是车辆振动位移标准差会随着车辆的行驶而有小幅度缓慢增加，而振动加速度标准差却趋于平缓。因此，在研究车桥耦合振动时，有必要考虑车辆各轮桥面不平顺激励的相干性。

2. 不同相干函数及相干强度对车桥系统振动的影响

车辆左右轮的相干函数模型通常是对现场实测数据进行拟合得到的，除了本章分析中采用的文献[6]相干函数模型，还有文献[10]中长春汽车研究所在柏油路上测定的相干函数模型和文献[11]相干函数模型，其模型的数学表达式分别为：

$$\mathrm{coh}(f) = \begin{cases} 1 - 0.45f, & f \leq 2\ \mathrm{Hz} \\ 0.1, & f > 2\ \mathrm{Hz} \end{cases} \quad (4.23)$$

$$\mathrm{coh}(f,B) = \left[1 + \left(\frac{fB^a}{vn_p}\right)^w\right]^{-p} \quad (4.24)$$

不同相干函数模型生成的桥面不平顺，其对 1# 梁跨中竖向和车辆侧倾角振动响应标准差的影响如图 4.16 所示。从图中可以看出，三种相干函数模型对桥梁振动响应的影响相差不大，呈现出了文献[10]相对较小，文献[6]和文献[11]较为接近的结果。但是，车辆侧倾角振动响应对不同相干函数模型很敏感，文献[10]相干函数模型影响最大，而文献[11]相干函数模型影响最小。

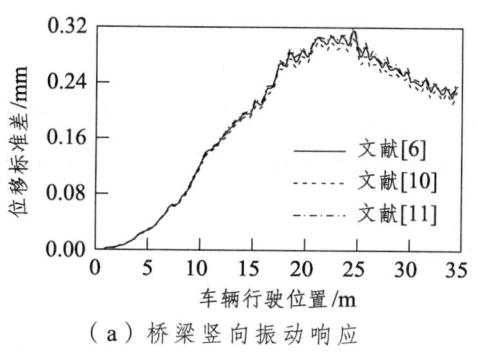
（a）桥梁竖向振动响应

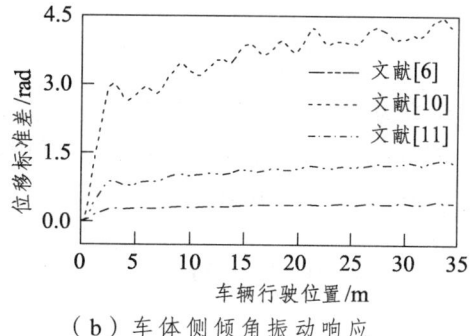
（b）车体侧倾角振动响应

图 4.16 不同相干函数模型的车桥系统振动响应

从文献[6]的研究结果可知，当左右车轮间距不变时，改变相干函数模型中参数 ρ 的取值大小，就可以得到不同相干强度的相干函数模型，相干强度随着参数 ρ 的增大而减小，且桥面不平顺的功率谱密度不会改变。不同相干强度的桥面不平顺，其对 1# 梁跨中竖向位移标准差和车辆侧倾角标准差的影响如图 4.17 所示。由图可知，车辆各轮桥面不平顺相干强度的大小对车桥系统的振动响应影响较大；相干强度越大，则桥梁位移响应标准差就越大，车辆侧倾角响应标准差就越小。

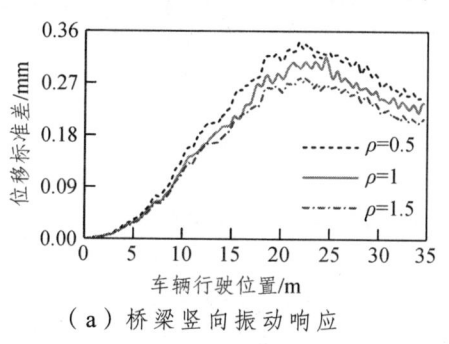
（a）桥梁竖向振动响应

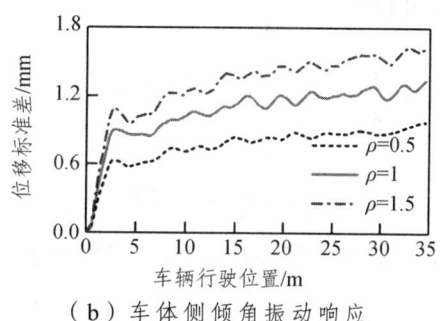
（b）车体侧倾角振动响应

图 4.17 不同相干强度的车桥系统振动响应

4.3 非平稳桥面不平顺

4.3.1 单变量非平稳桥面不平顺的生成方法

1. 非平稳桥面不平顺的时变功率谱

当车辆在桥上匀速行驶时，桥面不平顺是一典型的平稳高斯随机过程，其功率谱密度为不变量。但是，当车辆在桥上变速行驶时，桥面不平顺就成为非平稳随机过程，其功率谱密度随着时间而变；车辆变速行驶所引起的桥面不平顺激励幅值的方差不再是常量，同样随时间而变。设 $X(t)$ 为一时变的非平稳历程，则 $X(t)$ 的自相关函数 $R_X(t,\tau)$ 为：

$$R_X(t,\tau) = E\left[X\left(t-\frac{\tau}{2}\right)X\left(t+\frac{\tau}{2}\right)\right] \tag{4.25}$$

根据 Wigner 谱的性质，$R_X(t,\tau)$ 与瞬时功率谱 $w_X(t,\omega)$ 满足如下关系：

$$w_X(t,\omega) = \int_{-\infty}^{+\infty} R_X(t,\tau) e^{-j\omega\tau} d\tau \tag{4.26}$$

为研究方便，在此设桥面不平度函数为 $q(s)$，s 为车辆在桥上行驶的位移，$q(s)$ 是桥面本身固有的不平度，其空间频谱密度用 $G_q(\Omega)$ 表示，Ω 为空间频率。当过桥车辆在桥上变速行驶时，可以得到：

$$s = s(t) = \int_{-\infty}^{t} v(t) d\tau \tag{4.27}$$

$$q = q(s) = q[s(t)] = q(t) \tag{4.28}$$

因为车速是时变的，式（4.28）中的 $q(t)$ 就变成了非平稳随机过程，由式（4.25）可得 $q(t)$ 的自相关函数为：

$$R_q(t,\tau) = E\left\{q\left(t-\frac{\tau}{2}\right)q\left(t+\frac{\tau}{2}\right)\right\} = E\left\{q\left(s-\frac{\zeta}{2}\right)q\left(s+\frac{\zeta}{2}\right)\right\} \tag{4.29}$$

式中，$s+\frac{\zeta}{2} = s\left(t+\frac{\tau}{2}\right)$，$s-\frac{\zeta}{2} = s\left(t-\frac{\tau}{2}\right)$。

进而可得：

$$s = \left[s\left(t+\frac{\tau}{2}\right) + s\left(t-\frac{\tau}{2}\right)\right]/2 \tag{4.30}$$

$$\zeta = s\left(t+\frac{\tau}{2}\right) - s\left(t-\frac{\tau}{2}\right) \tag{4.31}$$

又因为 $q(s)$ 是平稳高斯的，所以得到：

$$R_q(s,\zeta) = \frac{1}{2\pi}\int_{-\infty}^{+\infty} G_q(\Omega) e^{j\Omega\zeta} d\Omega \tag{4.32}$$

根据式（4.26），$q(t)$ 的瞬时功率谱就可以写成：

$$w_q(t,\omega) = \int_{-\infty}^{+\infty} R_q(t,\tau) e^{-j\omega\tau} d\tau = \int_{-\infty}^{+\infty} R_q(s,\zeta) e^{-j\omega\tau} d\tau = \int_{-\infty}^{+\infty}\int_{-\infty}^{+\infty} G_q(\Omega) e^{j(\Omega\zeta-\omega\tau)} d\Omega d\tau \tag{4.33}$$

从式（4.33）可以看出，已知桥面不平顺的 $G_q(\Omega)$ 和车辆行驶速度 $v(t)$，就可以计算出过桥车辆变速行驶时任意时刻的桥面不平顺的瞬时功率谱。例如，当车辆以初始速度 v_0、加速度 a 过桥时，可得：

$$v(t) = v_0 + at \tag{4.34}$$

$$s(t) = v_0 t + \frac{1}{2}at^2 \tag{4.35}$$

将式（4.34）和式（4.35）代入式（4.31）得到：

$$\zeta = v_0 t + at\tau \tag{4.36}$$

再将式（4.36）代入式（4.33）可得：

$$w_q(t,\omega) = \frac{1}{2\pi}\int_{-\infty}^{+\infty}\int_{-\infty}^{+\infty} G_q(\Omega)e^{j[\Omega(v_0 t + at\tau)-\omega\tau]}d\Omega d\tau = \int_{-\infty}^{+\infty} G_q(\Omega)\left[\frac{1}{2\pi}\int_{-\infty}^{+\infty} e^{j(\omega-\Omega v_0 - \Omega at)\tau}d\tau\right]d\Omega$$

$$= \int_{-\infty}^{+\infty} G_q(\Omega)\delta(\omega - \Omega v_0 - \Omega at)d\Omega = \frac{1}{v_0 + at}\int_{-\infty}^{+\infty} G_q(\Omega)\delta(\omega - \Omega v_0 - \Omega at)d[\Omega(v_0 + at)]$$

$$= \frac{1}{v_0 + at}G_q(\Omega)\bigg|_{\Omega = \frac{\omega}{v_0 + at}} \tag{4.37}$$

当车辆匀速行驶时，式（4.37）就变成：

$$w_q(t,w) = \frac{1}{v_0}G_q(\Omega) \tag{4.38}$$

式（4.38）的瞬时功率谱与时间无关，说明桥面不平顺瞬时功率谱与桥面空间频率谱密度的关系包括了车辆匀速行驶的特殊情况。

2. 功率谱表征法生成非平稳桥面不平顺

在实际工程中，我们可以对平稳历程进行调制，即可生成非平稳历程[12]，在不失一般性的前提下，假设时间和频率的复调制函数为$A(t,\omega)$，则一个零均值演化过程$Y(t)$可以表示为：

$$Y(t) = \int_{-\infty}^{+\infty} A(t,\omega)e^{i\omega t}dZ(\omega) \tag{4.39}$$

式中，$Z(\omega)$为正交增量随机过程：

$$E\{dZ(\omega)\} = 0 \tag{4.40}$$

$$E\{dZ^*(\omega)dZ(\omega^*)\} = E\{|dZ(\omega)^2|\}\delta(\omega - \dot\omega) = \delta(\omega - \dot\omega)S_X(\omega)d\omega \tag{4.41}$$

式中，$S_X(\omega)$为平稳高斯随机过程的自谱；$Y(t)$的自相关函数和方差可以通过下式计算得到：

$$R_Y(t,\tau) = E\{Y^*(t)Y(t+\tau)\} = \int_{-\infty}^{+\infty} A^*(t,\omega)A(t+\tau,\omega)e^{i\omega\tau}S_X(\omega)d\omega \tag{4.42}$$

$$E\{Y^2(t)\} = R_Y(t,t) = \int_{-\infty}^{+\infty} A^*(t,\omega)A(t,\omega)S_X(\omega)d\omega = \int_{-\infty}^{+\infty} S_Y(t,\omega)d\omega \tag{4.43}$$

从式（4.43）可以得到非平稳随机过程的瞬时谱[13]：

$$S_Y(t,\omega) = |A(t,\omega)|^2 S_X(\omega) \quad (4.44)$$

对比式（4.37）和式（4.44），两者表达的含义是相同的，都表示非平稳随机过程的时变功率谱密度。因此，结合空间域功率谱密度与时间域功率谱密度的关系，非平稳桥面不平顺的慢变调制函数就可以表示为：

$$A(t,\omega) = \sqrt{v(t)} \quad (4.45)$$

非平稳随机过程的生成方法有很多种，其中的频谱表示法[13]在各个领域中应用广泛，本书将采用该方法生成非平稳桥面不平顺随机过程，其数学表达式为：

$$q(t) = \sqrt{2} \sum_{k=0}^{N} [w_q(t,\omega_k)\Delta\omega_k]^{1/2} \cos(\omega_k t + \Phi_k) \quad (4.46)$$

式中，Φ_k 为独立随机相位，均匀分布于 $(0, 2\pi)$；ω_k 为频率区间 (ω^L, ω^U) 的频率点；$\Delta\omega_k = (\omega^L - \omega^U)/N$。

3. 非平稳桥面不平顺的时变功率谱估计

针对非平稳随机过程，常用的功率谱估计方法有 DWT[14]、STFT[15]、HHT[16] 和 Wigner-Ville 转换[17]，它们都有各自的优点和不足。小波变换的时变功率谱估计方法因其具有较好的时-频分辨率和丰富的小波基函数，其在实际工程中得到广泛的应用。特别是 Littlewood-Paley 小波，它是谐波小波的实部，也具有盒形谱特性和良好的频率分割特性。Basu 等[18]提出了一种改进的 L-P 小波，可以得到更精细的频率划分，改进 L-P 小波的基函数和频域表达式为：

$$\psi(t) = \frac{1}{\pi\sqrt{\sigma-1}} \frac{\sin(\sigma\pi t) - \sin(\pi t)}{t} \quad (4.47)$$

$$\hat{\psi}(\omega) = \begin{cases} \dfrac{1}{\sqrt{2\pi(\sigma-1)}}, & \pi < |\omega| < \sigma\pi \\ 0, & \pi \geqslant |\omega|, |\omega| \geqslant \sigma\pi \end{cases} \quad (4.48)$$

可以通过改变参数 σ 的大小得到不同频率划分和不同中心频率的小波。非平稳历程 $Y(t)$ 在尺度 a_j、时间点 b 上的小波变换为：

$$W(a_j, b) = \frac{1}{\sqrt{a_j}} \int_{-\infty}^{+\infty} q(t)\psi^*\left(\frac{t-b}{a_j}\right) dt \quad (4.49)$$

将式（4.39）代入上式可得：

$$W(a_j, b) = \frac{1}{\sqrt{a_j}} \int_{-\infty}^{+\infty} \left[\int_{-\infty}^{+\infty} A(t,\omega) e^{i\omega t} \psi^*\left(\frac{t-b}{a_j}\right) dt \right] dZ(\omega) \quad (4.50)$$

设 $(t-b)/a_j = \tau$，式（4.50）可化简为：

$$W(a_j,b) \approx \int_{-\infty}^{+\infty} A(b,\omega)\sqrt{2\pi a_j}\,\mathrm{e}^{\mathrm{i}\omega b}\hat{\psi}^*(\omega a_j)\mathrm{d}Z(\omega) \qquad (4.51)$$

那么，结合式（4.41）可得尺度 a_j 的小波系数平方的期望值：

$$E\{W(a_j,b)^2\} = 4\pi a_j \int_0^{+\infty} |A(b,\omega)|^2 |\hat{\psi}(\omega a_j)|^2 S_X(\omega)\mathrm{d}\omega \qquad (4.52)$$

再将式（4.44）代入式（4.52）可得下式：

$$E\{W(a_j,b)^2\} = 4\pi a_j \int_0^{+\infty} |\hat{\psi}(\omega a_j)|^2 S_Y(b,\omega)\mathrm{d}\omega \qquad (4.53)$$

求解式（4.53），可得非平稳随机过程 $Y(t)$ 的时变功率谱密度[19]：

$$S_Y(b,\omega) = \sum_{j=1}^{m_a} c_j(b) |\hat{\Psi}(\omega a_j)|^2 \qquad (4.54)$$

式中，m_a 为小波变换总的尺度数，$c_j(b)$ 为时间独立系数，可用下式求得：

$$\begin{bmatrix} c_1(b) \\ c_2(b) \\ \vdots \\ c_3(b) \end{bmatrix} = \begin{bmatrix} Q_{1,1} & Q_{1,2} & \cdots & Q_{1,m_a} \\ Q_{2,1} & Q_{2,2} & \cdots & Q_{2,m_a} \\ \vdots & \vdots & & \vdots \\ Q_{m_a,1} & Q_{m_a,1} & \cdots & Q_{m_a,m_a} \end{bmatrix}^{-1} \begin{bmatrix} E\{W(a_1,b)^2\} \\ E\{W(a_2,b)^2\} \\ \vdots \\ E\{W(a_{m_a},b)^2\} \end{bmatrix} \qquad (4.55)$$

式中，$Q_{r,s} = \int_{-\infty}^{+\infty} |\hat{\Psi}(\omega a_r)|^2 |\hat{\Psi}(\omega a_s)|^2 \mathrm{d}\omega$。

从式（4.54）可以看出，在特定时间点 b 处，非平稳随机过程的时变谱估计值由各阶小波系数的傅里叶变换的模的平方构造而成。

4. 数值算例验证

当车辆匀速过桥时，桥面不平顺随机激励输入是平稳高斯随机过程，其功率谱密度可以描述为[20]：

$$G_q(\Omega) = G_q(\Omega_0)\left(\frac{\Omega_0}{\Omega}\right)^2 \qquad (4.56)$$

但是，当车辆在桥上行驶时，经常遇见桥面离散事件或突发事件，迫使正常行驶的车辆不得不突然减速或刹车，然后再次加速，这一行驶过程所引起的桥面激励完全是非平稳的，且非平稳特征更明显。为模拟这一非平稳桥面激励随机过程，设车辆在 C 级桥面上做匀速—减速—加速行驶，行驶距离 90 m，行车速度如下：

$$v(t) = \begin{cases} 20, & t \leq 1.5 \\ 20-8t, & 1.5 < t \leq 3.375 \\ 5+2t, & t > 3.375 \end{cases} \qquad (4.57)$$

将式（4.37）的时变功率谱密度代入式（4.46），可以得到车辆匀速—减速—加速行驶的非平稳桥面激励样本如图 4.18 所示。从图中可以看出，车辆行驶速度对桥面激励的幅值影响较大，匀速行驶的平稳激励幅值波动幅度大小接近，而减速行驶的非平稳激励幅值变小，加速行驶的非平稳激励幅值变大。

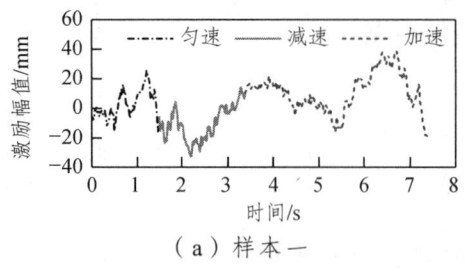
（a）样本一

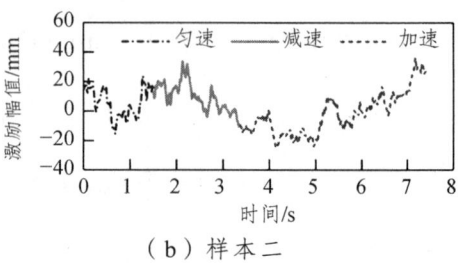
（b）样本二

图 4.18 非平稳桥面不平顺样本

为验证功率谱表征法生成非平稳桥面激励的有效性，随机生成 5 000 个时域样本，采用改进 L-P 小波估计非平稳桥面激励的时变功率谱密度（EPSD），小波参数 $\sigma = 2^{0.25}$，小波中心频率为 0.812 5 Hz。图 4.19 为非平稳桥面激励的理论时变功率谱密度和改进 L-P 小波估计的时变功率谱密度，两者非常接近，非平稳桥面激励的时变功率谱能量大小随着车速的变化而同步变化。

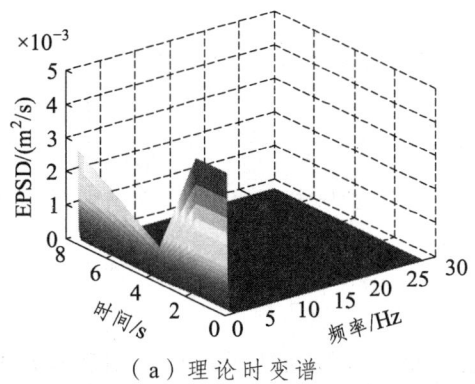
（a）理论时变谱

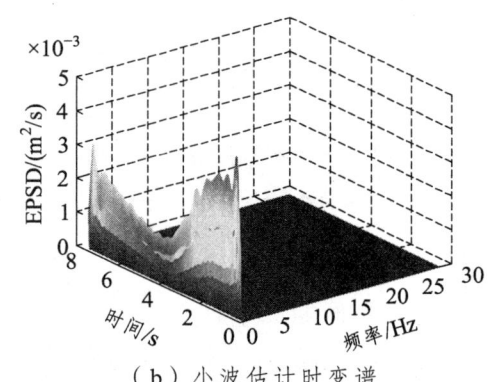
（b）小波估计时变谱

图 4.19 理论和估计的时变功率谱密度对比

图 4.20 为 $t = 1$ s 和 $t = 7$ s 时非平稳桥面激励的理论和估计功率谱密度，图 4.21 为非平稳桥面激励的目标均方值和估计均方值。由图可知，利用小波估计的功率谱与理论谱吻合较好，说明本书的非平稳桥面激励生成方法是有效的，可以满足实际工程的应用要求。

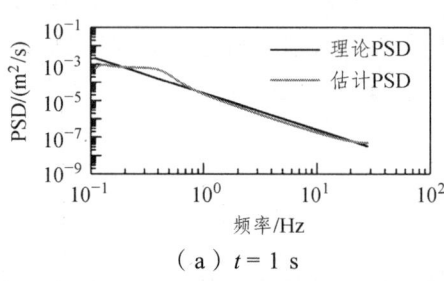
（a）$t = 1$ s

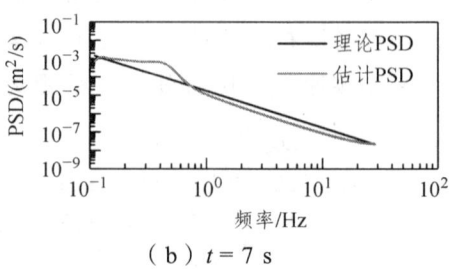
（b）$t = 7$ s

图 4.20 理论和估计的瞬时功率谱密度对比

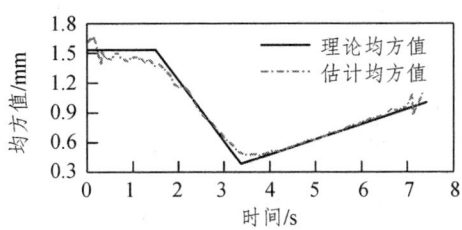

图 4.21 理论和估计的均方值对比

5. 工程应用

为分析非平稳桥面不平顺对车桥系统振动的影响，以图 4.22 所示的车桥耦合模型为研究对象，$y(x,t)$ 为桥梁的竖向动位移，z_1、z_2 分别为车体动位移和悬架动位移。车辆和桥梁参数如下：

桥梁：跨径 $L = 30$ m，混凝土密度 $\rho = 2\,600$ kg/m^3，横截面面积 $A = 1.062\,2$ m^2，截面惯性矩 $I = 0.509\,2$ m^4，弹性模量 $E = 3.5 \times 10^{10}$ N/m^2。

车辆：车体质量 $m_1 = 32\,025$ kg，悬架系统质量 $m_2 = 2\,382$ kg，悬架系统弹簧刚度 $k_1 = 1.9 \times 10^5$ N/m，悬架系统阻尼 $c_1 = 5 \times 10^3$ N·s/m，轮胎刚度 $k_2 = 1.21 \times 10^6$ N/m，轮胎阻尼 $c_2 = 3 \times 10^3$ N·s/m。

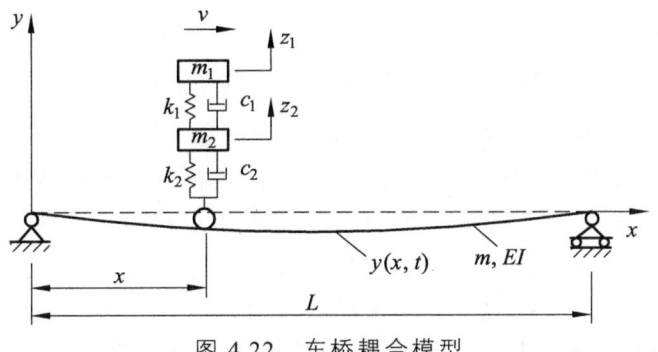

图 4.22 车桥耦合模型

考虑桥面等级为 B 级，采用传统蒙特卡罗法对 10 000 个非平稳桥面不平顺激励样本所引起的车桥振动响应进行统计。图 4.23 为车辆以初始速度 10 m/s、加速度为 2 m/s^2 通过桥梁时，桥梁跨中竖向振动位移和车体竖向振动位移的均值。从图中可以看出：平稳桥面不平顺激励与非平稳桥面不平顺激励的桥梁竖向振动位移均值基本重合，也充分说明桥梁的振动响应主要还是由车辆重力这一确定性荷载激励引起，非平稳桥面不平顺激励对桥梁振动响应的均值影响很小。但是，车辆振动对桥面不平顺随机激励很敏感，非平稳桥面不平顺激励的车体振动响应均值为 9～17.73 mm，平稳桥面不平顺激励的车体振动响应均值为 4.74～17.86 mm，车辆行驶 22 m 后的非平稳桥面不平顺激励的车体振动响应均值明显大于平稳桥面不平顺激励的车体振动响应均值。车辆以初始速度 10 m/s、加速度 2 m/s^2 过桥时的桥梁跨中竖向位移响应标准差和车体竖向位移响应标准差的时程曲线如图 4.24 所示。从图中可以看出，车辆和桥梁在非平稳桥面不平顺随机激励下的振动响应标准差明显大于平稳桥面不平顺随机激励的振动响应标准差，非平稳桥面不平顺使车辆和桥梁的振动响应标准差分别增加了 3.21 mm 和 0.113 mm。可见，非平稳桥面不平顺激励的离散性较大，引起更大的桥梁振动响应，降低了车辆的乘坐舒适性。

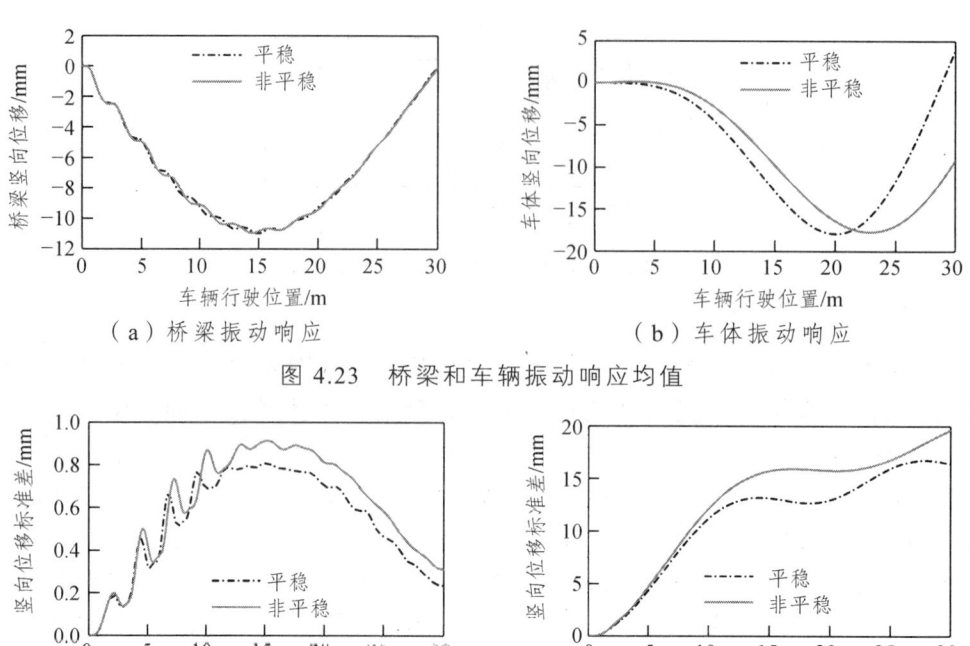

图 4.23 桥梁和车辆振动响应均值

图 4.24 桥梁和车辆振动响应标准差

相同的简支梁截面形式和截面参数，相同的车辆上桥初速度（10 m/s）和加速度（2 m/s²），不同的桥梁跨径（20 m、30 m、40 m），平稳和非平稳桥面不平顺激励的车桥系统振动响应标准差时程曲线如图 4.25 所示。从图中可以看出，桥梁跨径越大，车桥系统的振动响应标准差就越大，峰值成倍增加，并且平稳桥面不平顺激励与非平稳桥面不平顺激励的振动响应差值就越大。不同跨径的桥梁其跨径越大，桥梁竖向振动的基频越小，刚度降低，本节 20 m、30 m、40 m 跨径的简支梁桥其第一阶基频分别为 9.918 Hz、4.422 Hz、2.492 Hz，可见桥梁的振动响应不仅受到车辆荷载激励和桥面不平顺激励的影响，还受到桥梁固有动力特性的影响。在跨度较大的桥梁上加速行车，不仅大大增加了桥梁的振动响应，还使车辆的乘坐舒适性降低。

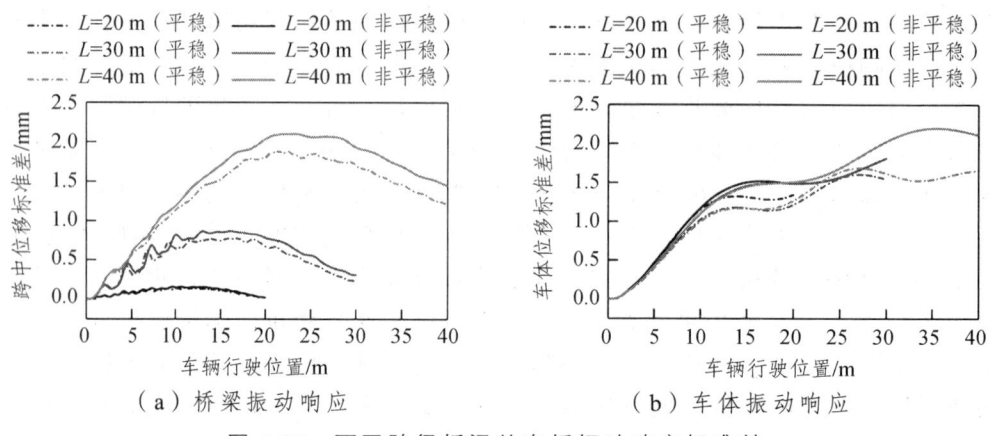

图 4.25 不同跨径桥梁的车桥振动响应标准差

4.3.2 多变量非平稳桥面不平顺的生成方法

以一辆三轴汽车为研究对象，设其前轴左右车轮的桥面不平顺随机激励输入分别为 $q_1(t)$ 和 $q_2(t)$，中轴左右车轮的桥面不平顺随机激励输入分别为 $q_3(t)$ 和 $q_4(t)$，后轴左右车轮的桥面不平顺随机激励输入分别为 $q_5(t)$ 和 $q_6(t)$，L_1 是前轴到中轴的距离，L_2 是前轴到后轴的距离，B 为车辆左右轮迹的距离，车辆各轮的平面布置如图 4.26 所示。

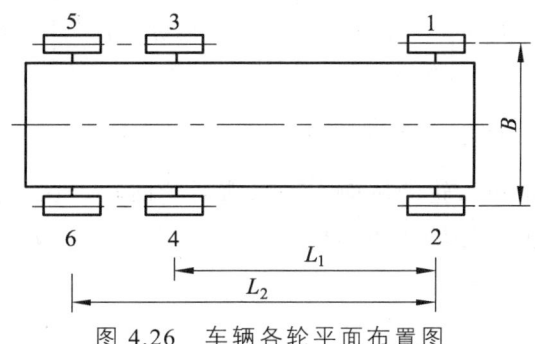

图 4.26 车辆各轮平面布置图

1. 单轮非平稳桥面不平顺的模拟

以车辆行驶的距离 s 为变量，根据滤波白噪声法可得单轮桥面不平顺为：

$$\dot{q}_1(s) + \Omega_c q_1(s) = 2\pi n_0 \sqrt{G_q(n_0)} W(s) \tag{4.58}$$

式中，Ω_c 是桥面空间截止频率；$n_0 = 0.1\,\mathrm{m}^{-1}$；$W(s)$ 为单位白噪声激励。由于：

$$\frac{\mathrm{d}}{\mathrm{d}s} = \frac{1}{\dot{s}} \frac{\mathrm{d}}{\mathrm{d}t} \tag{4.59}$$

将（4.59）式带入（4.58）式可得：

$$\dot{q}_1(s) + \dot{s}\Omega_c q_1(s) = \dot{s} 2\pi n_0 \sqrt{G_q(n_0)} W(s) \tag{4.60}$$

因为 $W(s)$ 是参数化白噪声，不能直接在式（4.60）中应用，根据协方差等效法可得单轮桥面非平稳随机激励输入方程[21]：

$$\dot{q}_1(t) + \dot{s} 2\pi n_c q_1(t) = 2\pi n_0 \sqrt{G_q(n_0)\dot{s}} W_1(t) \tag{4.61}$$

在式（4.61）中，因为 $W_1(t)$ 为平稳过程，可以直接使用。

2. 左右轮非平稳桥面不平顺的模拟

车辆左右轮迹的桥面激励相干模型需要输入左右轮的相干函数，在此采用文献[6]的相干函数模型。依据随机振动的理论，振动系统的输入激励与输出响应之间的互功率谱 $S_{xy}(\omega)$ 为振动系统频响函数 $H_{xy}(\omega)$ 与输入激励自谱密度 $S_{xy}(\omega)$ 的乘积，系统频响函数的模与相干函数相等，即：

$$\left| H_{xy}(\omega) \right| = \mathrm{coh}_{xy}(\omega) \tag{4.62}$$

采用二阶 Pade 近似计算，将式（4.62）转换为左前轮及右前轮桥面激励输入的状态方程和输出方程：

$$\begin{cases} \dot{X}(t) = A_{12}X(t) + B_{12}q_1(t) \\ q_2(t) = C_{12}X(t) + D_{12}q_1(t) \end{cases} \quad (4.63)$$

式中，$A_{12} = \begin{bmatrix} 0 & 1 \\ -\dfrac{b_0}{b_2} & \dfrac{b_1}{b_2} \end{bmatrix}$；$B_{12} = \begin{bmatrix} 0 \\ \dfrac{1}{b_2} \end{bmatrix}$；$C_{12} = \begin{bmatrix} a_0 - a_2\dfrac{b_0}{b_2} & a_1 - a_2\dfrac{b_1}{b_2} \end{bmatrix}$；$D_{12} = \begin{bmatrix} \dfrac{a_2}{b_2} \end{bmatrix}$。

3. 前后轮非平稳桥面不平顺的模拟

同一侧的轮迹，中轮和后轮的桥面不平顺滞后于前轮，在车辆行驶速度为 v 时，左侧中轮和左侧后轮的桥面激励输入可写成：

$$\begin{cases} q_3(t) = q_1(t - L_1/v) \\ q_5(t) = q_1(t - L_2/v) \end{cases} \quad (4.64)$$

根据前后轮的传递函数关系，采用二阶 Pade 近似计算即可求出左前轮和左中轮桥面激励输入相干性的状态方程和输出方程[22]：

$$\begin{cases} \dot{X}(t) = A_{13}X(t) + B_{13}q_1(t) \\ q_3(t) = C_{13}X(t) + D_{13}q_1(t) \end{cases} \quad (4.65)$$

式中，$A_{13} = \begin{bmatrix} 0 & 1 \\ -12\dfrac{\dot{s}^2}{L_1^2} & -\dfrac{6\dot{s}}{L_1} \end{bmatrix}$；$B_{13} = \begin{bmatrix} -12\dfrac{\dot{s}}{L_1} \\ 72\dfrac{\dot{s}^2}{L_1^2} \end{bmatrix}$；$C_{13} = [1\ 0]$；$D_{13} = [\,1\,]$。

同理可得 $q_5(t)$ 的桥面非平稳随机激励输入的状态方程和输出方程。综上所述，便可得到车辆六轮桥面非平稳随机激励输入的时域方程为：

$$\begin{cases} \dot{Q}(t) + F_0 Q(t) + B_{0\eta} X(t) + B_0 W(t) \\ \dot{X}(t) = A_\eta X(t) + B_\eta W_1(t) \end{cases} \quad (4.66)$$

式中：

$$B_{0\eta} = \begin{bmatrix} 0 & 0 & 0 & 0 & 0 & 0 \\ a_1 - a_2\dfrac{b_1}{b_2} & a_0 - a_2\dfrac{b_0}{b_2} & 0 & 0 & 0 & 0 \\ 0 & 0 & 1 & 0 & 0 & 0 \\ a_1 - a_2\dfrac{b_1}{b_2} & a_0 - a_2\dfrac{b_0}{b_2} & 1 & 0 & 0 & 0 \\ 0 & 0 & 0 & 0 & 1 & 0 \\ a_1 - a_2\dfrac{b_1}{b_2} & a_0 - a_2\dfrac{b_0}{b_2} & 0 & 0 & 1 & 0 \end{bmatrix};\quad A_\eta = \begin{bmatrix} -\dfrac{b_1}{b_2} & -\dfrac{b_0}{b_2} & 0 & 0 & 0 & 0 \\ 1 & 0 & 0 & 0 & 0 & 0 \\ 0 & 0 & 0 & 1 & 0 & 0 \\ 0 & 0 & -12\dfrac{\dot{s}^2}{L_1^2} & -\dfrac{6\dot{s}}{L_1} & 0 & 0 \\ 0 & 0 & 0 & 0 & 0 & 1 \\ 0 & 0 & 0 & 0 & -12\dfrac{\dot{s}^2}{L_2^2} & -\dfrac{6\dot{s}}{L_2} \end{bmatrix}_{6 \times 6};$$

$$F_0 = \begin{bmatrix} -2\pi n_c \dot{s} & & & & & 0 \\ & -2\pi n_c \dot{s} & & & & \\ & & -2\pi n_c \dot{s} & & & \\ & & & -2\pi n_c \dot{s} & & \\ & & & & \ddots & \\ 0 & & & & & -2\pi n_c \dot{s} \end{bmatrix}_{6\times 6} ;$$

$Q(t) = [q_1(t) \ q_2(t) \ q_3(t) \ q_4(t) \ q_5(t) \ q_6(t)]$; $X(t) = [X_1(t) \ X_2(t) \ X_3(t) \ X_5(t) \ X_6(t)]$;
$B_0 = [1 \ a_2/b_2 \ 1 \ a_2/b_2 \ 1 \ a_2/b_2]^T$; $B_\eta = [1/b_2 \ 0 \ -12\dot{s}/L_1 \ -72\dot{s}^2/L_1^2 \ -12\dot{s}/L_2 \ -72\dot{s}^2/L_2^2]^T$。

4. 数值算例验证

已知：车辆左右轮距 $B = 1.8$ m，前中轴距 $L_1 = 3.6$ m，前后轴距 $L_2 = 4.8$ m，B 级桥面路况，车辆初速度 $v_0 = 0$ m/s，车辆加速度 $a = 2$ m/s^2，采样时间 10 s。按照上文方法生成的车辆各轮相干非平稳桥面不平顺如图 4.27 所示。从图中可以看出，当车辆加速行驶时，非平稳桥面不平顺的幅值随车速的增大而增大。

为验证多变量非平稳桥面激励生成方法的有效性，以左前轮的非平稳桥面激励为例，随机生成 5 000 个时域样本，图 4.28 为非平稳桥面激励的理论时变功率谱密度和小波估计的时变功率谱密度，图 4.29 为非平稳桥面激励在 $t = 1$ s 和 $t = 7$ s 时的理论功率谱密度和小波估计功率谱密度。由图可知：小波估计的 EPSD 与理论 EPSD 非常接近，都反映了非平稳桥面激励的时-频谱特点，即在时域上桥面激励的能量不断增加，在频域上桥面激励的能量集中在低频段，表现出时域较宽而频域窄带的特性。

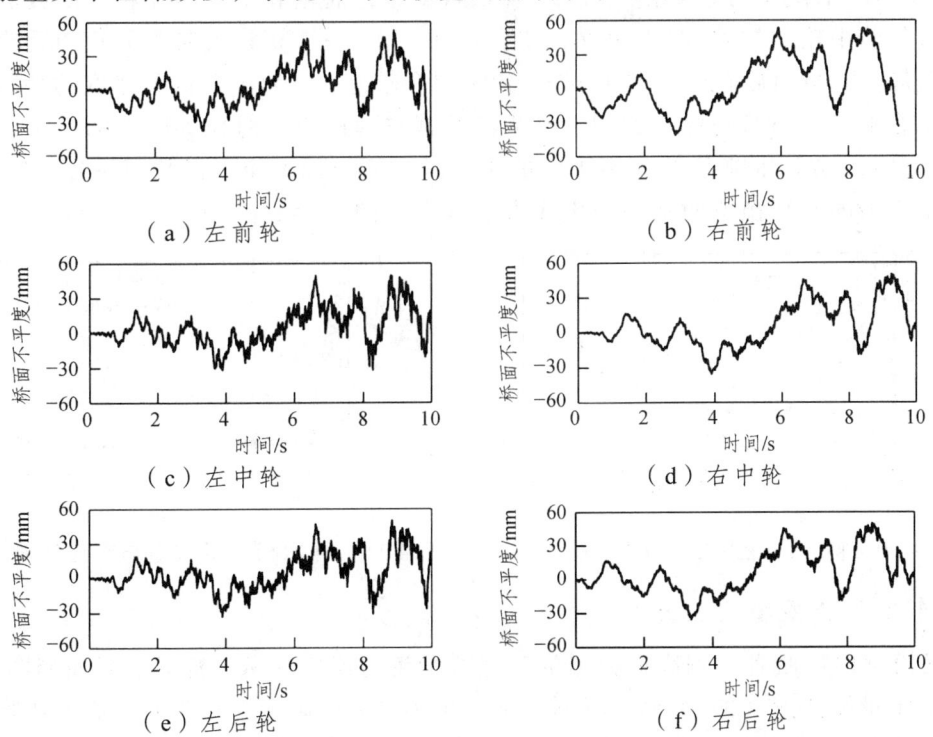

图 4.27 车辆各轮的非平稳桥面不平顺样本

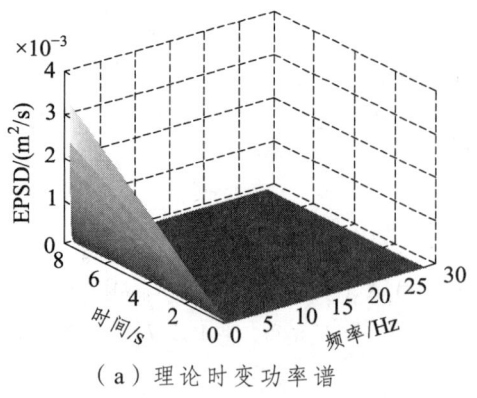
(a) 理论时变功率谱

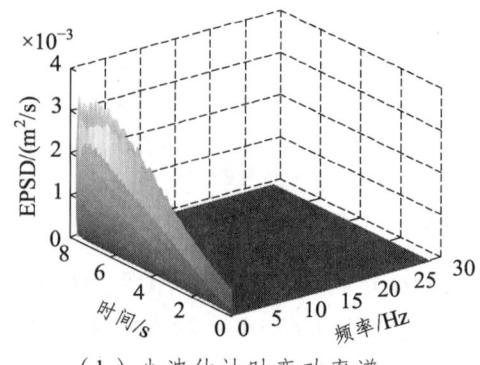
(b) 小波估计时变功率谱

图 4.28　理论和估计的时变功率谱密度对比

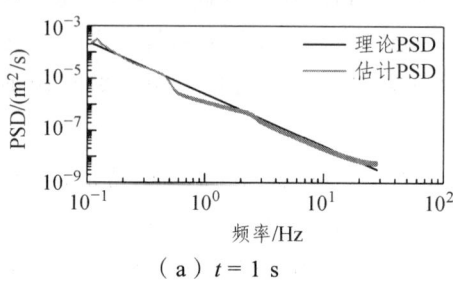
(a) $t=1$ s

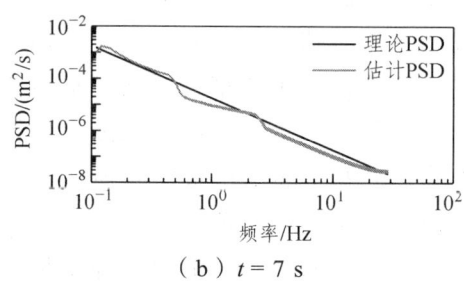
(b) $t=7$ s

图 4.29　理论和估计的瞬时功率谱密度对比

根据前轮和中轮、前轮和后轮的桥面激励样本可以计算出它们之间的互相关函数如图 4.30 所示。从图中可以看出：在 $t=-0.34$ s 时，前轮和中轮的互相关函数值最大，该时间点与前中轮的时差 $L_1/\bar{v}=0.36$ s 吻合较好；在 $t=-0.41$ s 时，前轮和后轮的互相关函数值最大，与前后轮的时差 $L_2/\bar{v}=0.48$ s 吻合较好，$\bar{v}$ 为车辆行驶速度的平均值。前轴左右轮非平稳桥面激励样本的相干函数值及其与理论值的对比如图 4.31 所示，从图中可以看出：左右轮迹非平稳桥面不平顺的相干函数值与理论相干函数值一致。综上所述，车辆六轮相干的非平稳桥面不平顺生成方法是有效的。

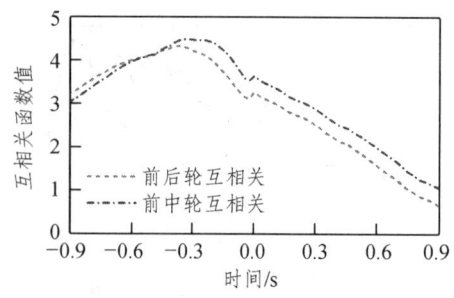

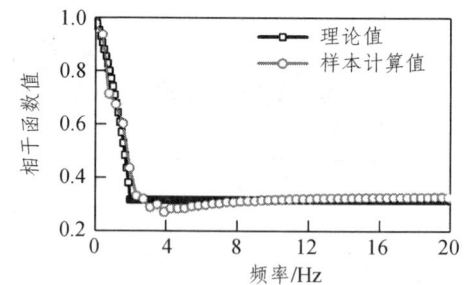

图 4.30　前中后轮互相关函数值　　图 4.31　样本相干函数值与理论值对比

5. 车桥耦合振动响应分析

桥梁模型以江西省奉铜高速公路的某连续梁桥为研究对象，桥梁横断面如图 4.32 所示，桥梁实景图如图 4.33 所示。车辆模型采用第 2.1.1 节的三轴汽车。基于经典车桥耦合振动理论分析车辆各轮相干非平稳桥面不平顺对车桥耦合系统振动响应的影响。

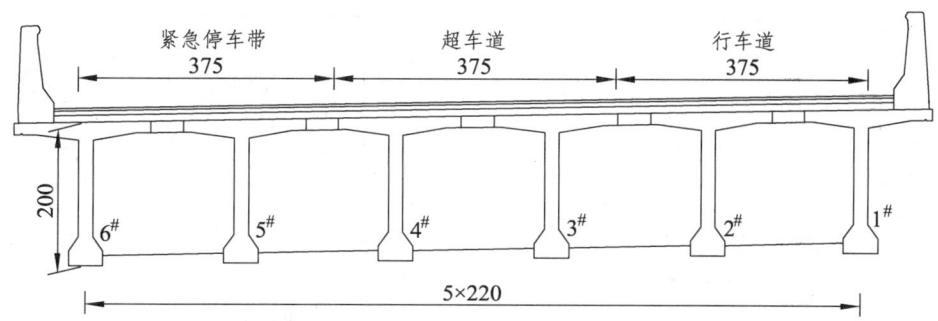

图 4.32　桥梁横断面图（尺寸单位：cm）

图 4.33　桥梁实景

为研究方便，在此只考虑一种荷载布置方式，即车辆在行车道位置行驶。按照 B 级桥面路况生成一组确定性平稳桥面不平顺和非平稳桥面不平顺样本，图 4.34 给出了车辆以初始速度 40 km/h、加速度为 2 m/s^2 通过桥梁时，中跨 1$^\#$ 梁跨中竖向振动和车体竖向振动的时程曲线。从图中可以看出，非平稳桥面不平顺激励的车桥系统振动响应大于平稳桥面不平顺激励的车桥系统振动响应，且曲线波动大于平稳桥面不平顺激励的车桥系统振动响应。

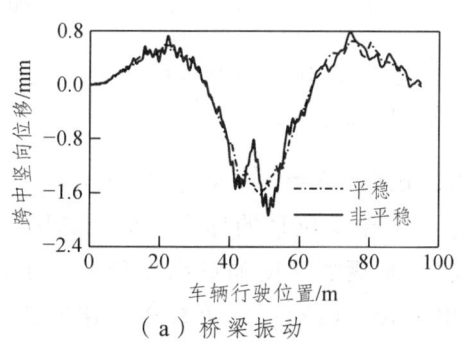
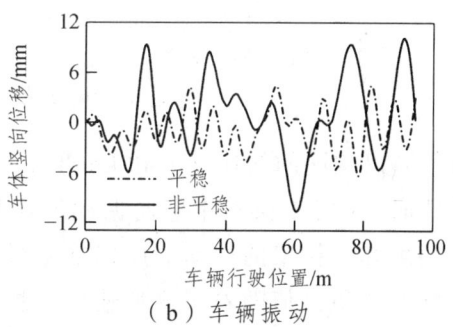

（a）桥梁振动　　　　　　　　　　（b）车辆振动

图 4.34　桥梁和车辆的振动响应

采用蒙特卡罗法对 10 000 个非平稳桥面不平顺随机激励的车桥系统振动响应样本进行统计，可得车桥系统振动响应的均值和标准差。当车辆以初速度 40 km/h、加速度 2 m/s^2 过桥时，图 4.35 给出了中跨 1$^\#$ 梁跨中竖向振动位移和车体竖向振动位移的均值。从图中可以看出：平稳桥面不平顺与非平稳桥面不平顺激励的桥梁竖向振动位移均值基本重合，非平稳桥面不平顺对桥梁振动响应的均值影响很小。但是，车辆振动对非平稳桥面不平顺很敏感，平稳桥面不平顺激励的车体振动响应均值范围为 -2~0.36 mm，而非平稳桥面不平顺激励的车体振动响应均值范围为 -2.58~0.86 mm。显然，非平稳桥面不平顺增大了车体振动响应。

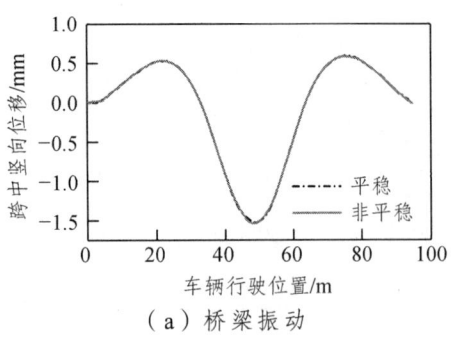
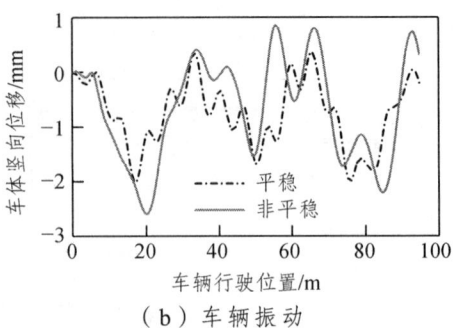

（a）桥梁振动　　　　　　　　　　（b）车辆振动

图 4.35　桥梁和车辆的振动响应均值

当车辆以初始速度 40 km/h、加速度 2 m/s² 过桥时，中跨 1# 梁跨中竖向位移响应标准差和车体竖向振动响应标准差如图 4.36 所示，桥梁在非平稳桥面不平顺随机激励下的振动响应标准差明显大于平稳桥面不平顺激励的振动响应标准差。同时，非平稳桥面不平顺激励的车体振动响应标准差随着车辆的前行而增大，而平稳桥面不平顺激励的车体振动响应离散性较小，车体振动响应标准差变化不大。

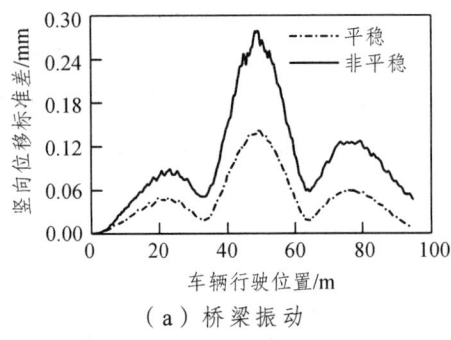
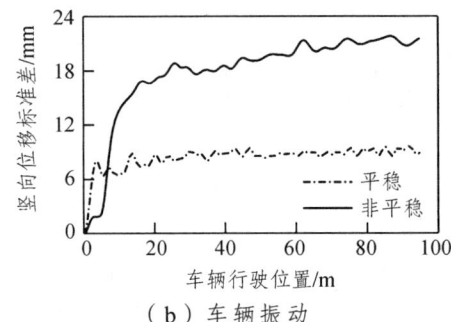

（a）桥梁振动　　　　　　　　　　（b）车辆振动

图 4.36　桥梁和车辆的振动响应标准差

当车辆以相同的初速度（40 km/h）、不同的加速度（2 m/s²、4 m/s²、6 m/s²、8 m/s²）通过桥梁时，中跨 1# 梁跨中竖向振动位移和车体竖向振动位移的标准差曲线如图 4.37 所示。由图可知，桥梁的振动响应标准差最大值随着车辆加速度的提高而增大，车辆的振动响应标准差最大值随着车辆加速度的提高而出现较大波动；因为车辆加速度的变化引起非平稳桥面不平顺激励的幅值和频率产生变化，进而影响车桥耦合系统的振动响应。

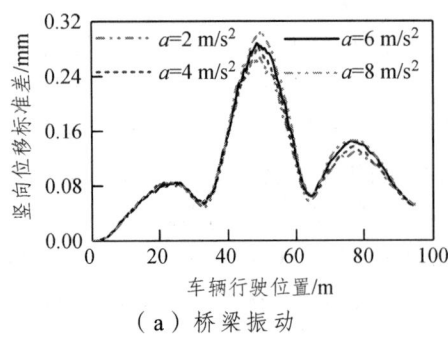
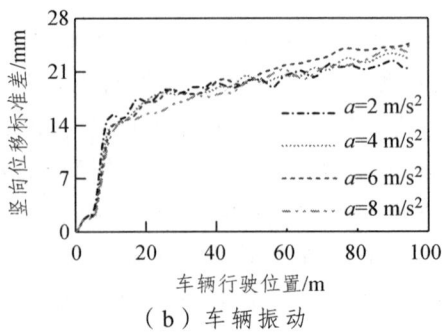

（a）桥梁振动　　　　　　　　　　（b）车辆振动

图 4.37　不同车辆加速度的车桥振动响应标准差

4.4 非高斯桥面不平顺

4.4.1 平稳非高斯随机过程生成理论

1. 平稳高斯随机过程

采用 IFFT 的方法生成平稳高斯随机过程时,桥面不平顺随机激励的自功率谱密度必须转换成随机激励信号的幅值谱,并对幅值谱进行相位调制,然后才能进行 IFFT 变换,生成离散的桥面不平顺随机激励信号。为研究方便,桥面不平顺用 $q(n)$ 表示,其幅值谱序列为 $Q(f)$,根据双边自谱的定义:

$$S_q(f) = \lim_{T \to \infty} \frac{1}{T} Q_T(f) Q_T^*(f) = \lim_{T \to \infty} \frac{1}{T} |Q_T(f)|^2 \qquad (4.67)$$

进而可以得到单边谱 $G_q(f)$:

$$G_q(f) = \begin{cases} 2S_q(f), & f \geq 0 \\ 0, & f < 0 \end{cases} \qquad (4.68)$$

在此设 $G_q(k)$ 为桥面不平顺随机激励的单边谱在频率点 f_k 处的离散值,其表达式为:

$$G_q(k) = G_q(f), \quad f = f_k, k = 0, 1, 2, \cdots, N-1 \qquad (4.69)$$

根据离散傅里叶变换公式:

$$\text{DFT}: Q(k) = \sum_{n=0}^{N-1} q(n) e^{-j\left(\frac{2\pi}{N}\right)nk}, \quad k = 0, 1, 2, \cdots, N-1 \qquad (4.70)$$

$$\text{IDFT}: q(n) = \sum_{n=0}^{N-1} Q(k) e^{j\left(\frac{2\pi}{N}\right)nk}, \quad n = 0, 1, 2, \cdots, N-1 \qquad (4.71)$$

将式(4.70)代入式(4.67)可得:

$$S_q(f) = \lim_{T \to \infty} \frac{1}{T} |Q_T(f)|^2 = \lim_{T \to \infty} \frac{1}{T} \left| \int_0^T q(t) e^{-j2\pi ft} dt \right|^2 \qquad (4.72)$$

上式的离散表达式可以写成:

$$S_q(k) = \frac{\Delta t}{N} \left| \sum_{n=0}^{N-1} q(n) e^{-j\left(\frac{2\pi}{N}\right)nk} \right|^2 \qquad (4.73)$$

结合式(4.68)、式(4.69)和式(4.72)可以推得:

$$G_q(k) = \frac{2\Delta t}{N} |Q(k)|^2 = \frac{2}{N f_s} |Q(k)|^2, \quad k = 0, 1, 2, \cdots, N-1 \qquad (4.74)$$

在给定桥面路谱的条件下,由式(4.74)可以计算桥面不平顺随机激励幅值谱离散值的模:

$$|Q(k)| = \sqrt{\frac{N f_s G_q(k)}{2}}, \quad k = 0, 1, 2, \cdots, N-1 \qquad (4.75)$$

由于随机激励信号的自功率谱不包含相位角信息，如果桥面不平顺随机激励幅值谱的模 $|Q(k)|$ 相同，而相位角 $\phi(k)$ 不同，则可以采用 IFFT 变换生成平稳高斯桥面不平顺：

$$q(n) = \frac{1}{n}\sum_{n=0}^{N-1} Q(k) e^{j\left[\frac{2\pi}{N}nk + \phi(k)\right]}, \quad n = 0,1,2,\cdots,N-1 \tag{4.76}$$

2. 平稳非高斯随机过程

非高斯随机过程的高阶中心矩不为零，通常采用偏斜度 S 和峭度 K 两个特征参数来描述：

$$S = \frac{E[X-E(X)]^3}{\{E[X-E(X)]^2\}^{3/2}} = \frac{M_3^q}{(M_2^q)^{3/2}} \tag{4.77}$$

$$K = \frac{E[X-E(X)]^4}{\{E[X-E(X)]^2\}^2} = \frac{M_4^q}{(M_2^q)^2} \tag{4.78}$$

上式中的 M_n^q 为随机过程的 n 阶中心矩，峭度 K 常用来表示非高斯随机过程振幅概率密度函数的尾部特征，偏斜度 S 常用来表示非高斯随机过程振幅概率密度函数的不对称性。众所周知，当 $S=0$、$K=3$ 时，为高斯；当 $K>3$ 时，为过高斯或超高斯；当 $K<3$ 时，为亚高斯。为了采用相位调制的方法生成非高斯桥面不平顺，并使模拟结果满足给定 PSD、偏斜度值和峭度值，需要推导目标特征（PSD、偏斜度和峭度）与式（4.76）傅里叶级数模型中的变量（振幅和相位角）之间的关系。虽然功率谱密度与随机过程的振动幅度紧密相关，但却不依赖于随机过程的相位角，也就是说，相位角的变化不影响随机过程的二阶矩，不会改变 PSD，并且时域的峰值与傅里叶变换的相位角有很强的相关性，只要能推导出偏斜度和峭度与相位角的关系，就可以生成满足要求的平稳非高斯桥面不平顺。因此，首先对式（4.76）进行欧拉展开得到：

$$q(t) = \frac{1}{N}\sum_{n=0}^{N-1}|Q(k)|\cos\left[\frac{2\pi}{N}nk + \phi(k)\right] = \sum_{n=0}^{N-1}\sqrt{\frac{f_s G_q(k)}{2N}}\cos[2\pi k\Delta ft + \phi(k)], \ t = n\Delta t \tag{4.79}$$

如果随机过程的周期为 T，则可以通过在 T 周期内对式（4.79）进行积分来近似前四阶中心矩，可得：

$$M_n^q = \lim_{r\to\infty}\frac{1}{r}\int_0^r \{x(t)\}^n dt = \frac{1}{T}\int_0^T \{x(t)\}^n dt, \quad n=2,3,4 \tag{4.80}$$

进一步可求得：

$$M_2^q = \frac{1}{2}\sum_{n=0}^{N-1}(a_k^2 + b_k^2) \tag{4.81}$$

$$M_3^q = \frac{1}{T}\int_0^T\left[\sum_{n=0}^{N-1}a_k\cos(2\pi k\Delta ft) + b_k\sin 2\pi k\Delta ft\right]^3 dt \tag{4.82}$$

$$M_4^q = \frac{1}{T}\int_0^T\left[\sum_{n=0}^{N-1}a_k\cos(2\pi k\Delta ft) + b_k\sin 2\pi k\Delta ft\right]^4 dt \tag{4.83}$$

$$a_k = A_k\cos[\phi(k)], \quad b_k = -A_k\sin[\phi(k)] \tag{4.84}$$

$$A_k = \sqrt{\frac{f_s G_q(k)}{2N}} \tag{4.85}$$

将式（4.81）~（4.83）代入式（4.77）~（4.78）可以得到：

$$S = \left\{\frac{1}{2}\sum_{k=0}^{N-1} A_k^2\right\}^{-1.5} \left\{\frac{3}{4}\sum_{j=2k} A_j A_k^2 \cos(\phi_j - 2\phi_k) + \frac{3}{2}\sum_{\substack{j+k=m \\ j<k}} A_j A_k A_m \cos(\phi_m - \phi_j - \phi_k)\right\} \tag{4.86}$$

$$K = \left\{\sum_{k=0}^{N-1} A_k^2\right\}^{-2} \left\{\frac{3}{2}\sum_{k=0}^{N-1} A_k^4 + 2\sum_{j=3k} A_j A_k^3 \cos(\phi_j - 3\phi_k) + 6\sum_{\substack{j=k+2n \\ k \neq n}} A_j A_k A_n^2 \cos(\phi_j - \phi_k - 2\phi_n) + \right.$$

$$6\sum_{\substack{j+k=2n \\ j<k}} A_j A_k A_n^2 \cos(\phi_j + \phi_k - 2\phi_n) + 12\sum_{\substack{j+k=n+m \\ j<k, n<m, j<n}} A_j A_k A_n A_m \cos(\phi_j + \phi_k - \phi_n - \phi_m) +$$

$$\left. 12\sum_{\substack{j+k+n=m \\ j<k<n}} A_j A_k A_n A_m \cos(\phi_j + \phi_k + \phi_n - \phi_m)\right\} \tag{4.87}$$

式（4.86）和式（4.87）中的相位角 ϕ_j、ϕ_k、ϕ_m、ϕ_n 满足[0，2π]内的均匀分布函数，在所有幅值 A_j、A_k、A_m、A_n 和部分相位角不变的情况下，我们只需要对式（4.86）和式（4.87）中的少数相位角进行调制，就可以得到不同的峭度值和偏斜度值。根据 IFFT 法生成平稳高斯桥面不平顺可知，时域信号的随机性由相位角来控制。因此，不宜对多个相位角同时进行相位调制，大范围地对相位角进行调制就难以保证经逆傅里叶变换得到的非高斯时域信号依然具有随机性特征。并且，从式（4.86）和式（4.87）也可以明显看出，改变某一求和项就可以使偏斜度值和峭度值增加或减小，程序编写也方便。

3. 平稳非高斯桥面不平顺的生成算法

根据上文建立的峭度、偏度与相位角的关系，可以通过调制式（4.87）第 2 项的相位角 ϕ_j、ϕ_k 来改变峭度的大小，首先找出生成高斯桥面不平顺的相位角序列中所有满足 $j = 3k$ 的多组相位角 $\{\phi_{j1}, \phi_{k2}; \phi_{j2}, \phi_{k2}; \cdots\}$，再对第一组相位角 $\{\phi_{j1}, \phi_{k1}\}$ 中的 ϕ_{j1} 进行调制，用新的 ϕ_{j1}^* 代替 ϕ_{j1}，$\phi_{j1}^* = 3\phi_{k1}$，并采用 IFFT 法生成非高斯桥面不平顺；然后计算新生成非高斯信号的峭度值 K_1，若 K_1 与给定目标峭度值的差值小于已知误差，则调制结束；若 K_1<目标峭度值且 K_1 与给定目标峭度值的差值大于已知误差，则调制下一组相位角 $\{\phi_{j2}, \phi_{k2}\}$ 中的 ϕ_{j2}，取新值 $\phi_{j2}^* = 3\phi_{k2}$；若 K_1>目标峭度值且 K_1 与给定目标峭度值的差值不满足已知误差，则调制下一组相位角 $\{\phi_{j2}, \phi_{k2}\}$ 中的 ϕ_{j2}，取新值 $\phi_{j2}^* = 3\phi_{k2} + \pi$；再次计算峭度值 K_2 进行判断，反复按照上述迭代方法进行调整，就可以生成满足目标峭度要求的非高斯桥面不平顺。相同的方法，也可以对式（4.86）中的某些求和项进行不断调整，就可以生成满足目标偏斜度要求的非高斯桥面不平顺。如果同时对峭度和偏斜度进行调整，就可以生成既满足目标偏斜度要求，又满足目标峭度要求的平稳非高斯桥面不平顺，其算法的流程如图 4.38 所示。

调制式（4.87）其他求和项相位角的算法与调制第 2 项算法相同，但计算效率却不同，调制第 5、6 项的效率最高，调制第 3、4 项次之，调制第 2 项效率最低，因为幅值 A_j、A_k、A_m、A_n 不变，余弦函数的取值区间为 $[-1,1]$，式（4.87）大小取决于各求和项的大小，而每一求和项又取决于各项前的常系数，常系数越大，越能快速接近目标峭度 K_p，算法迭代次数就少。为了保证峭度、偏斜度与相位角三者之间的平衡协调，采用的方法为：首先对式（4.86）中相位角序列满足 $j=2k$ 的相位角组合进行相位调制，在经过多次调制后，当新生成的非高斯桥面不平顺随机信号的偏斜度值与给定目标偏斜度值的差值满足指定精度要求时，$\phi_{j_q}(j_q=2k_q)$ 即为最后调制的相位角；然后对式（4.87）中相位角序列满足 $j^*=3k$ 的相位角组合进行调制，但不宜从第 1 组相位角 $\phi_{j_1}^*$ 开始进行调制，可以从相位角 $\phi_{j_q}^*(j_q=3k_q)$ 开始调制，即峭度值调整的相位角的序列大于偏斜度值调整的相位角的序列，避免后者相位调制对前者的影响，通过调制相位角来改变偏斜度值和峭度值，当非高斯桥面不平顺随机过程的偏斜度值和峭度值与目标值的误差满足设定精度要求时，即为所求的平稳非高斯桥面不平顺信号。

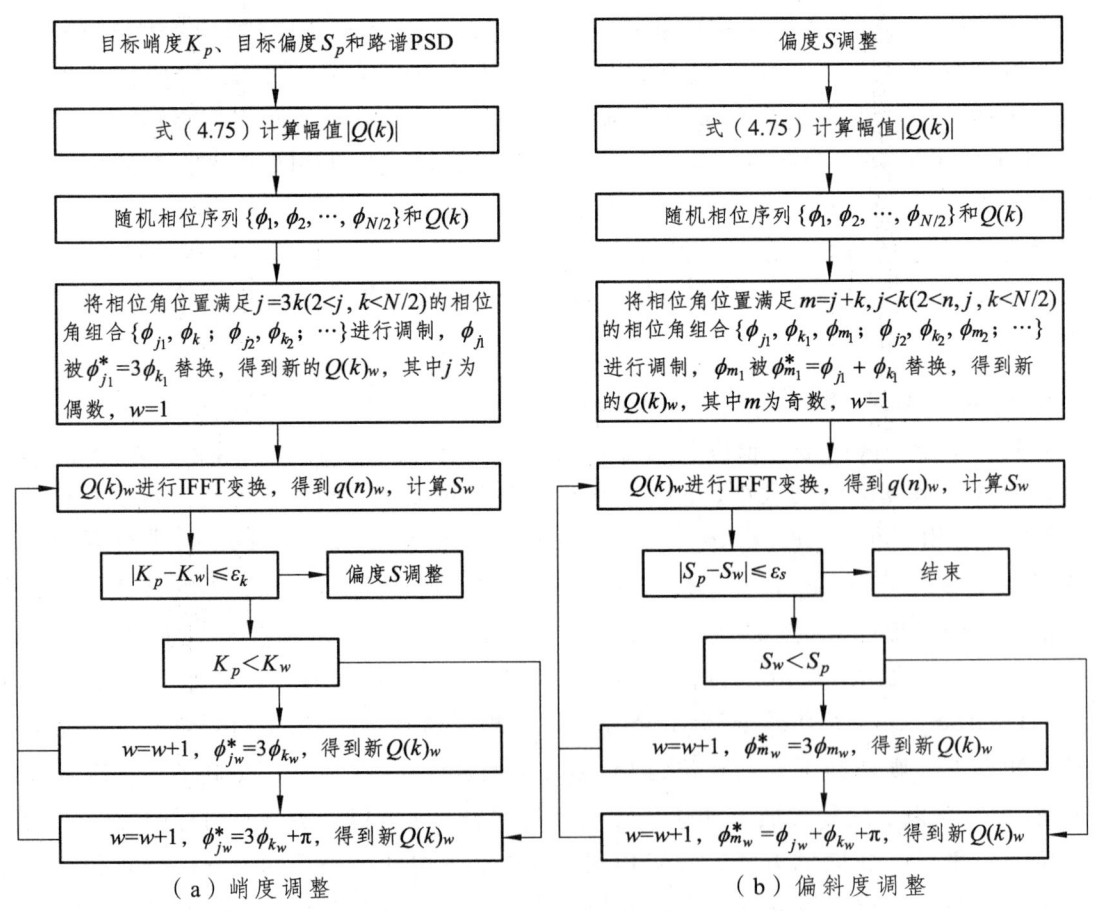

(a) 峭度调整　　　　　　　　　　(b) 偏斜度调整

图 4.38　非高斯桥面不平顺生成算法流程

4.4.2 平稳非高斯桥面不平顺的数值模拟

1. 亚高斯桥面不平顺

当车辆行驶速度为 10 m/s 时,从式(4.56)可以分别得到不同桥面路况等级的 PSD 理论值,在此设定目标 PSD 为 C 级桥面路况的功率谱密度、目标峭度 $K_p = 2$ 和目标偏度 $S_p = 0$,模拟精度控制在 ±0.1 范围之内,车辆行驶距离 60 m,采样频率 1 000 Hz。采用上述相位角调制的方法生成亚高斯桥面不平顺随机过程,生成信号的峭度 $K = 2.09$、偏度 $S = 0.07$,与目标设定值非常接近,生成误差小于 0.1。从图 4.39 的功率谱密度对比可以看出,数值模拟得到的高斯和亚高斯桥面不平顺 PSD 与理论 PSD 吻合非常好;高斯和亚高斯桥面不平顺的均值都为零,方差分别为 15.18 mm、14.86 mm,充分说明调制相位角不会改变功率谱密度。图 4.40 给出了数值模拟得到的高斯和亚高斯桥面不平顺,可以看出,亚高斯桥面不平顺的幅值小于高斯桥面不平顺,且亚高斯桥面不平顺完全在 ±3σ 区域内,而高斯桥面不平顺部分时间点的幅值超过 ±3σ,σ 为 C 级桥面不平顺的标准差,σ = 15.23 mm。从图 4.41 的概率密度曲线也可以看出,高斯桥面不平顺有拖尾,桥面不平度幅值的分布区间为 −43.8 ~ 43.8 mm,而亚高斯桥面不平顺几乎无拖尾,幅值分布相对集中,分布区间为 −30.7 ~ 31.24 mm;相同的 PSD,高斯桥面不平顺的概率密度曲线比亚高斯信号的概率密度曲线要尖锐,说明高斯桥面不平顺的幅值在区间 −9.41 ~ 9.21 mm 出现的概率较大。

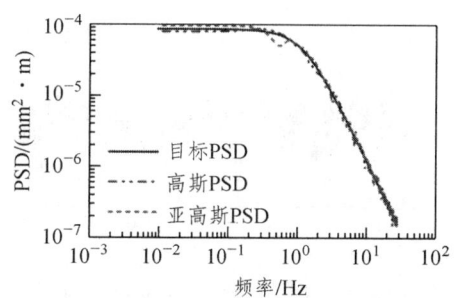

图 4.39 高斯和亚高斯桥面不平顺的功率谱密度

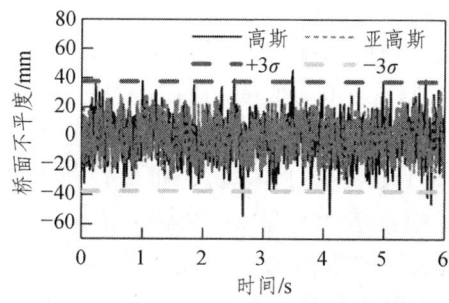

图 4.40 高斯和亚高斯桥面不平顺样本

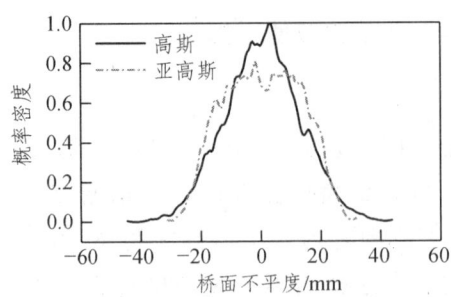

图 4.41 高斯和亚高斯桥面不平顺的概率密度曲线

根据不同桥面路况等级的 PSD 理论值,按照本书的方法可以生成任意给定偏斜度和峭度的亚高斯桥面不平顺,图 4.42 给出了目标峭度 $K_p = 2.5$ 和目标偏斜度 $S_p = -0.5$ 的亚高斯桥面不平顺。从图中可以看出,不同桥面路况等级 PSD 所生成的亚高斯信号幅值分布区间不同,A 级桥面 PSD 的亚高斯信号集中在 $-5 \sim 5$ mm,B 级桥面 PSD 的亚高斯信号集中在 $-10 \sim 10$ mm,C 级桥面 PSD 的亚高斯信号集中在 $-15 \sim 15$ mm;因为目标偏斜度为负值,所以不同桥面路况等级 PSD 的亚高斯信号最大幅值都偏向于负值侧,且随着路况等级的降低而增大。

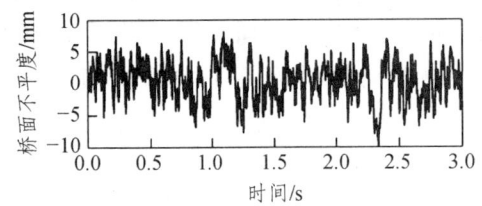 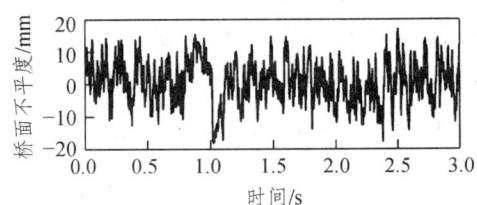

(a) A 级桥面 PSD 生成的亚高斯桥面不平顺　　(b) B 级桥面 PSD 生成的亚高斯桥面不平顺

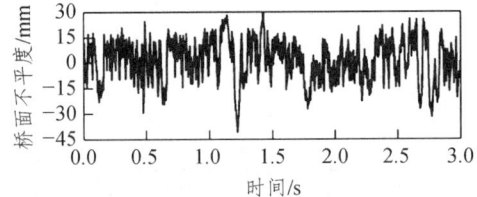

(c) C 级桥面 PSD 生成的亚高斯桥面不平顺

图 4.42 不同桥面等级 PSD 生成的亚高斯桥面不平顺

2. 超高斯桥面不平顺

设车辆行驶速度 10 m/s,目标 PSD 为 C 级桥面的功率谱密度,目标峭度 $K_p = 6$ 和目标偏斜度 $S_p = 0$,模拟精度控制在 ± 0.1 范围之内,采用本章相位调制方法生成的超高斯桥面不平顺随机激励峭度 $K = 5.91$、偏度 $S = -0.02$,满足设定精度要求。由图 4.43 可知,生成的超高斯桥面不平顺 PSD 与目标 PSD 吻合很好。虽然生成的高斯和超高斯桥面不平顺的 PSD 相同,方差值也很接近(分别为 15.48 mm 和 15.6 mm),但从图 4.44 可知,超高斯桥面不平顺超出 $\pm 3\sigma$ 区域的幅值增多,超出部分的最大值达到 77.7 mm,而高斯桥面不平顺只有个别时间点的幅值超出 $\pm 3\sigma$ 区域。从图 4.45 的概率密度曲线也可以明显看出,超高斯桥面不平顺有长长的拖尾,长尾部则说明桥面不平顺中产生高峰值的可能性比高斯桥面不平顺信号要大，且前者幅值分布的区间 – 78.4~73.1 mm 远大于后者幅值分布的区间 – 44~43.9 mm。

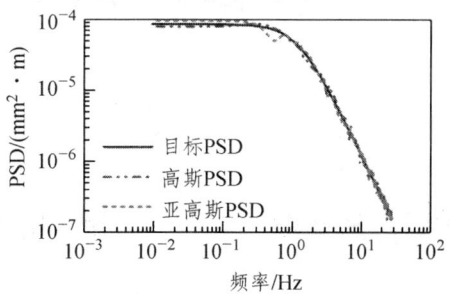

图 4.43　高斯和超高斯桥面不平顺的功率谱密度

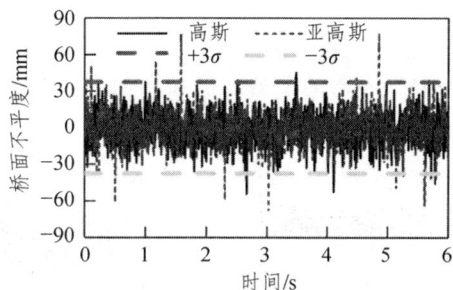

图 4.44　高斯和超高斯桥面不平顺样本

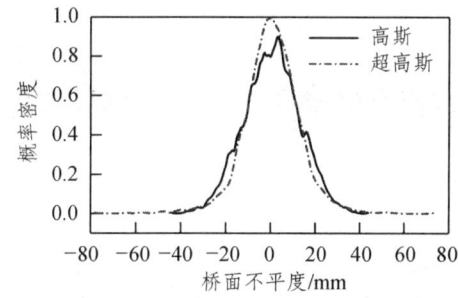

图 4.45　高斯和超高斯桥面不平顺的概率密度曲线

相同的 C 级桥面 PSD、相同行车速度（10 m/s）和相同偏斜度值（$S=0$），图 4.46 给出了不同峭度 K 的超高斯桥面不平顺，可以看出，峭度值越大，超高斯桥面不平顺的峰值就越大。图 4.47 为 C 级桥面 PSD，车辆行驶速度为 10 m/s 时，采用相位调制的方法生成的同一峰度值 $K=7$、不同偏斜度值 S 的超高斯桥面不平顺样本。从图中可以看出，当偏斜度值 S 为正值时，桥面不平顺的峰值分布偏向于桥面不平度的正值，即桥面凸起点多；当偏斜度值为负值时，桥面不平顺的峰值分布偏向于桥面不平度的负值，即桥面凹陷点多；并且偏斜度值 S 越大，桥面不平顺的峰值分布向一侧偏得就越多。根据不同桥面路况等级的 PSD 理论值，图 4.48 给出了目标峭度 $K_p=5$ 和目标偏斜度 $S_p=-0.5$ 的超高斯桥面不平顺样本。从图中可以看出，不同桥面等级 PSD 生成的超高斯桥面不平顺信号的最大幅值分别为 15 mm、38.6 mm、72.4 mm，桥面路况越差，桥面不平顺的非高斯特征就越明显，激励强度相应就越大。

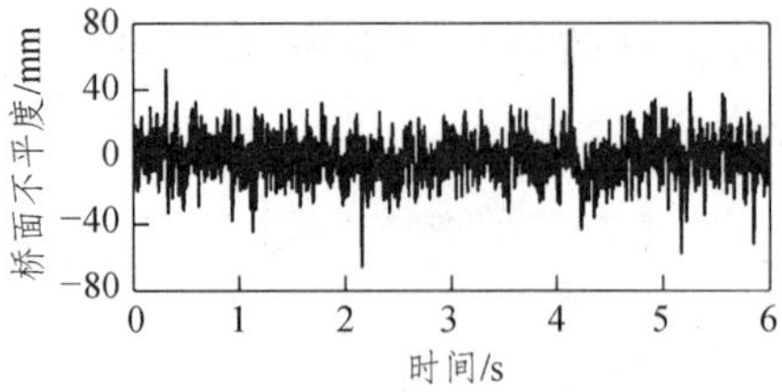

(a) $K = 4.93$，$S = 0$

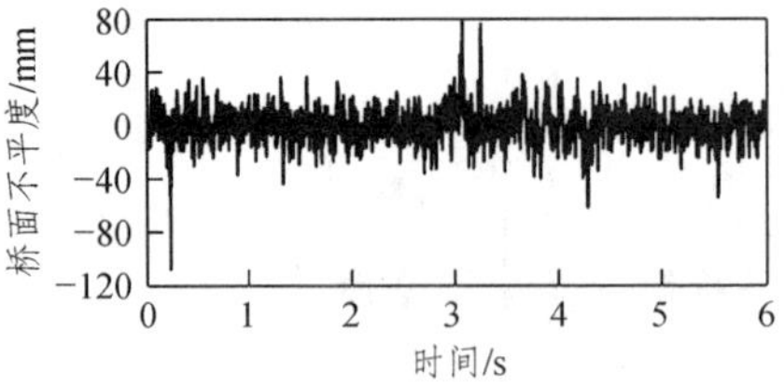

(b) $K = 6.91$，$S = 0.007$ 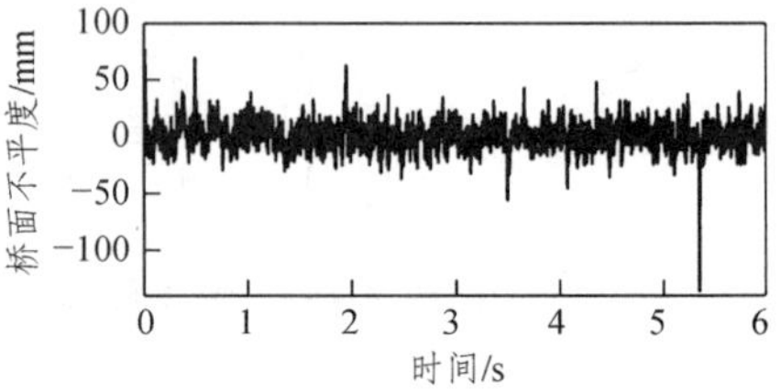 (c) $K = 9.06$，$S = -0.005$

图 4.46 不同峭度的超高斯桥面不平顺样本

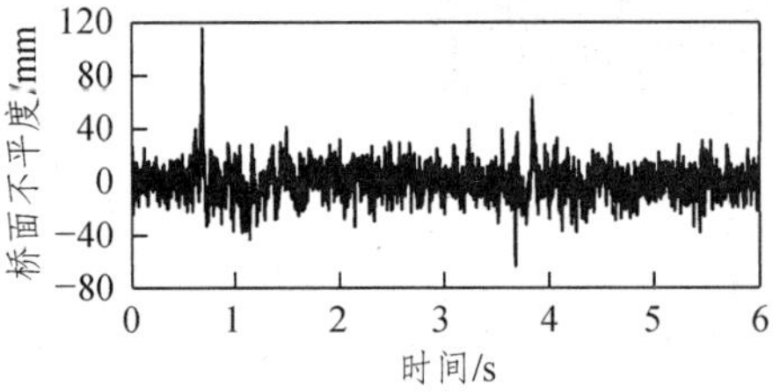

(a) $K = 6.94$，$S = 0.49$ 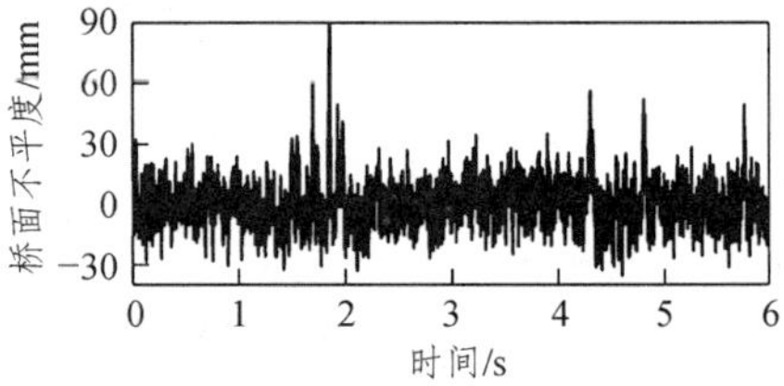 (b) $K = 7.08$，$S = 1.48$

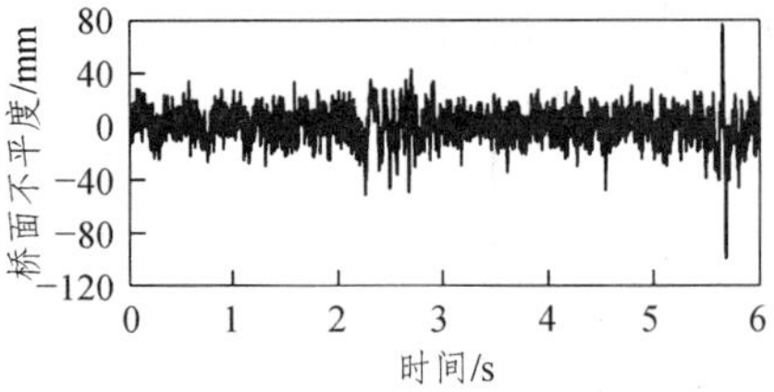

(c) $K = 6.91$，$S = -0.5$ 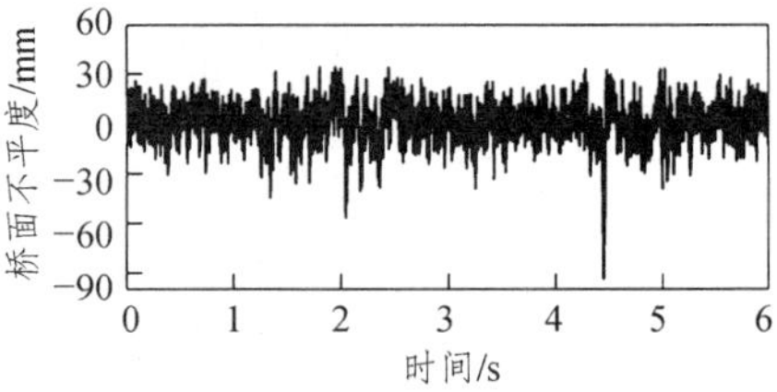 (d) $K = 7.06$，$S = -1.43$

图 4.47 不同偏斜度的超高斯桥面不平顺样本

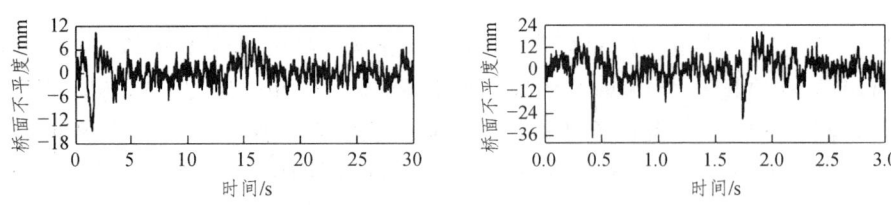

(a) A 级桥面 PSD 生成的超高斯桥面不平顺   (b) B 级桥面 PSD 生成的超高斯桥面不平顺

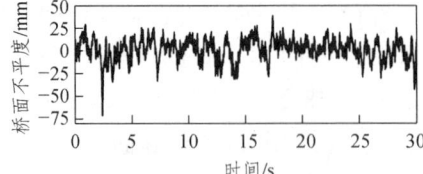

(c) C 级桥面 PSD 生成的超高斯桥面不平顺

图 4.48 不同桥面等级 PSD 生成的超高斯桥面不平顺

4.4.3 平稳非高斯桥面不平顺的重构

为了对公路桥梁桥面不平顺有更深入的认识，课题组进行了桥面不平度现场测试。沿桥梁的不同行车方向采集多组数据。车辆行驶速度由驾驶员凭借测速仪显示屏的速度读数来控制，车速控制较难，故在此选用其中外场环境最理想和车速控制最好的一组数据进行分析，如图4.49所示，采样频率50 Hz，采样点数为3 000。

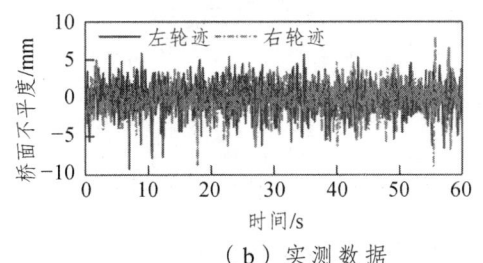

（a）实测现场　　　　　　　　（b）实测数据

图 4.49　实测桥面不平顺

通过计算该桥面不平顺的三阶和四阶中心矩可知，其左右轮迹桥面不平顺的峭度值分别为3.72、3.67，偏斜度值分别为 -0.37、-0.29。实测结果表明，在车辆匀速行驶的理想外场环境下，桥面不平顺也表现出了较强的非高斯特征。可见，将公路桥梁的桥面不平顺视为平稳高斯随机过程就难以真实反映实际桥面路况。根据实测桥面不平度样本数据的功率谱密度，采用 IFFT 法生成车辆左轮迹和右轮迹的平稳高斯桥面不平顺，并通过不断调制相位角来重构非高斯桥面不平顺，生成的非高斯桥面不平顺信号如图4.50所示，重构的左右轮迹非高斯信号峭度值分别为3.719、3.646，偏斜度值分别为 -0.388、-0.285，与实测桥面不平度的峭度值和偏斜度值很接近。左右轮迹高斯桥面不平顺的幅值范围一致，为 -6.426~6.485 mm，比实测桥面不平顺信号的幅值小很多；重构的左右轮迹非高斯桥面不平顺幅值范围分别为 -9.301~6.642 mm、-9.045~5.617 mm，与实测桥面不平顺信号左右轮迹幅值范围 -9.247~6.595 mm、-8.891~5.498 mm 非常接近，且重构的右轮迹非高斯桥面不平顺弱于左轮迹，与现场实测结果吻合。

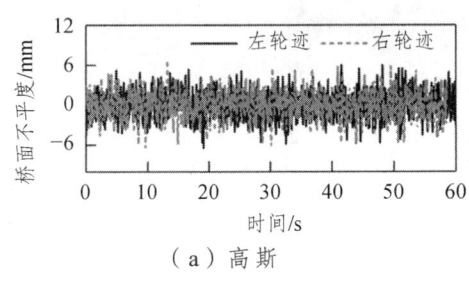
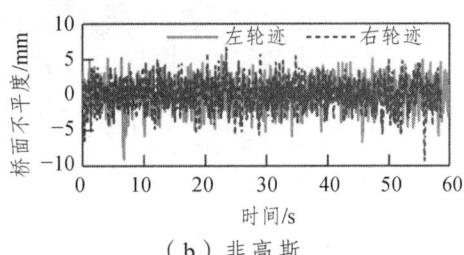

（a）高斯　　　　　　　　　　（b）非高斯

图 4.50　实测桥面不平顺的重构

图4.51为重构的高斯和非高斯桥面不平顺的功率谱密度与现场实测不平顺的功率谱密度对比，重构信号的 PSD 与实测数据的 PSD 吻合得非常好，保证了方差的一致性。图 4.52 为重构桥面不平度的概率密度与现场实测数据的概率密度对比。由图中可以看

出，重构非高斯桥面不平顺与实测桥面不平顺的 PDF 非常接近，拖尾长度一致，比高斯桥面不平顺信号的非高斯特征明显。

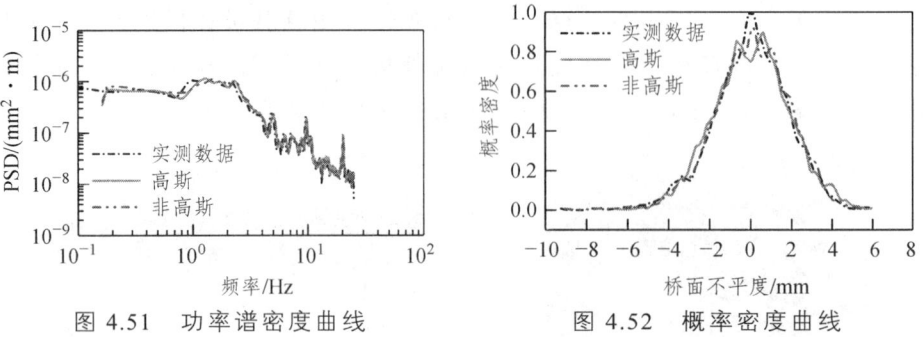

图 4.51 功率谱密度曲线　　　　　图 4.52 概率密度曲线

同时，课题组也对多座在役公路桥梁的桥面平整度进行了测试，根据《车辆振动输入路面平度表示方法》(GB/T 7031—1986)对路面等级的划分，A 级、B 级、C 级路面的标准差分别为 3.81 mm、7.61 mm、15.23 mm，表示路况越来越差。采用本书相位调制的方法对现场实测的不同路况等级 A 级、B 级、C 级的桥面不平顺分别进行重构，如图 4.53 所示。从图中可以看出，桥梁桥面路况恶化越严重，相应桥面不平顺的峭度值就越大，且偏斜度值偏向于负值一侧，这与桥面凹陷较多的实际情况相符；基于本章相位调制法生成的桥面不平顺与实测不平顺吻合较好，桥面不平顺的最大幅值也接近。

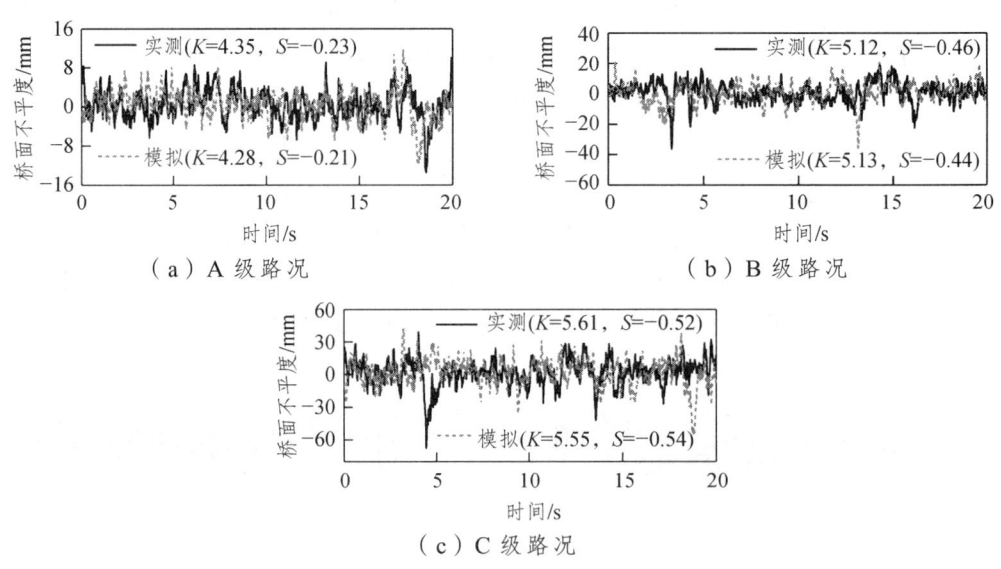

图 4.53 桥面不平顺模拟值与实测值对比

可见，基于相位调制的平稳非高斯桥面不平顺生成方法有效可靠，与目前广泛使用的平稳高斯桥面不平顺生成方法相比，采用本章方法生成的平稳非高斯桥面不平顺更切合实际桥面路况，数值模拟算法清晰且模拟精度满足指定要求，实用性更强。采用相同的功率谱密度，平稳非高斯桥面不平顺相比传统平稳高斯桥面不平顺可以提供更强烈的桥面激励信号，更好地再现了桥面路况等级降低和路况恶化这一实际情况，为研究行车舒适度和桥梁振动提供了更真实的桥面激励输入。

4.4.4 工程应用

为探究非高斯桥面不平顺对车桥耦合振动响应的影响，在此采用第 4.3.1 节的车桥耦合模型，如图 4.54 所示。

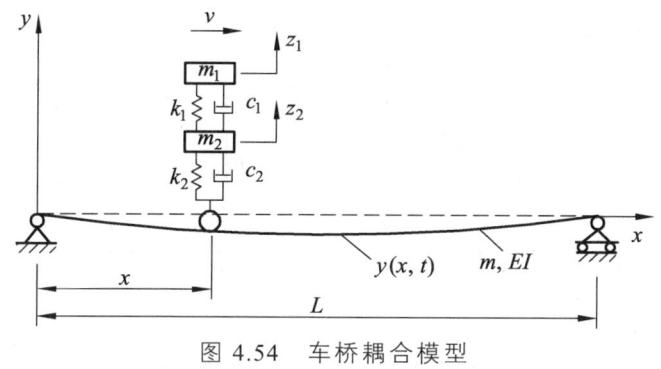

图 4.54　车桥耦合模型

1. 确定性桥面不平顺

当车辆以 10 m/s 的速度行驶在 C 级桥面上时，基于相位调制法分别生成亚高斯、高斯和超高斯桥面不平顺随机激励样本，样本偏斜度 $S=0$，峭度值分别为 $K=2$、$K=3$、$K=4$。图 4.55 分别给出了不同类型桥面不平顺激励的桥梁和车体的振动响应。从图中可以看出，超高斯桥面不平顺激励的车桥系统振动响应大于高斯桥面不平顺激励的车桥系统振动响应，而高斯桥面不平顺激励的车桥系统振动响应大于亚高斯桥面不平顺激励的车桥系统振动响应；超高斯桥面不平顺激励的车桥系统振动响应曲线波动较大，而高斯不平顺和亚高斯不平顺激励的车桥系统振动响应曲线相对平缓。

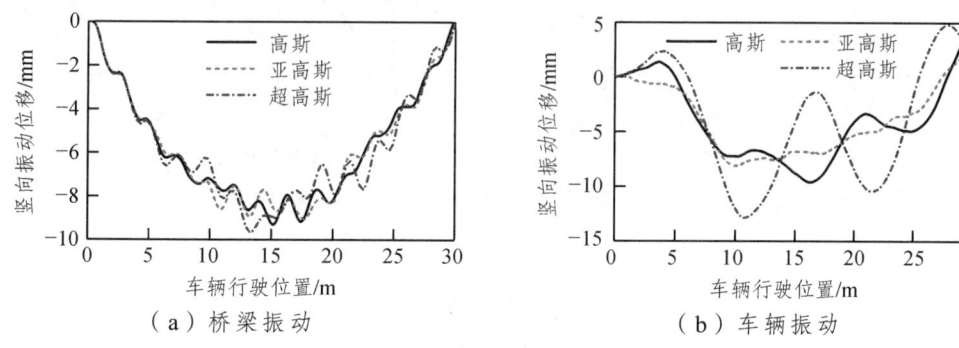

（a）桥梁振动　　　　　　　（b）车辆振动

图 4.55　桥梁和车辆的振动响应

2. 随机性桥面不平顺

为进一步摸清非高斯桥面不平顺激励的车桥系统振动响应规律，基于本章的相位调制法分别生成 5 000 个亚高斯、高斯和超高斯桥面不平顺随机激励样本，并采用传统蒙特卡罗法对所有桥面不平顺样本激励的车辆振动和桥梁振动进行统计分析。图 4.56 为车辆以 10 m/s 速度通过桥梁时，桥梁跨中竖向振动位移和车体竖向振动位移的均值。由图可以看出：亚高斯、高斯、超高斯桥面不平顺随机激励的桥梁跨中振动响应的均值基本重合，平稳非高斯桥面不平顺对桥梁振动响应的均值影响很小；但车辆振动响应的均值对不同类型的桥面不平顺较敏感，平稳高斯桥面不平顺激励的车体振动响应均值大于亚高斯桥面不平顺激励的车体振动响应均值，但又小于超高斯桥面不平顺激励的车体振动响应均值。

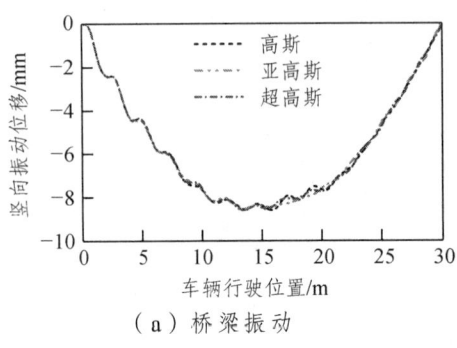
（a）桥梁振动

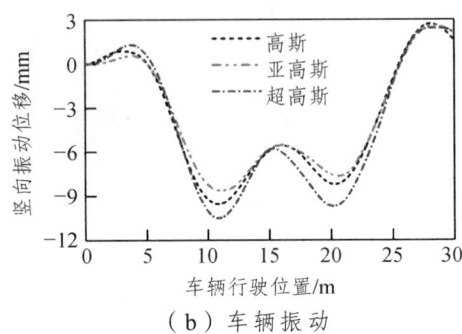
（b）车辆振动

图 4.56　桥梁和车辆振动响应均值

车桥系统振动响应的标准差如图 4.57 所示，平稳高斯桥面不平顺激励的车桥系统振动响应标准差大于亚高斯桥面不平顺激励的车桥系统振动响应标准差，但又小于超高斯桥面不平顺激励的车桥系统振动响应标准差。这是因为超高斯桥面不平顺的离散程度较大，亚高斯桥面不平顺的离散程度较小。

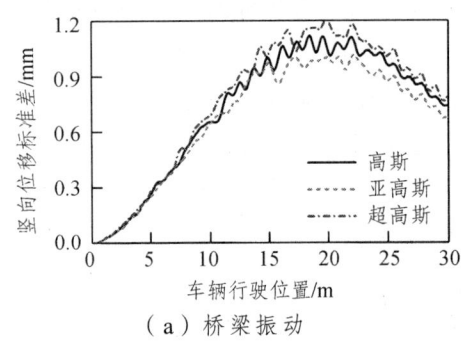
（a）桥梁振动

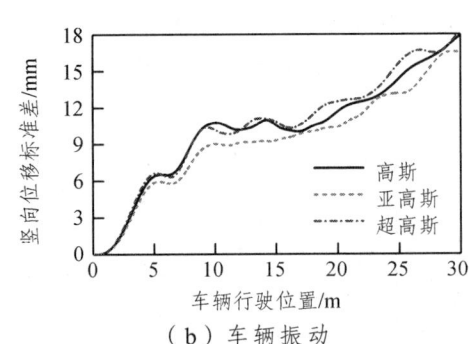
（b）车辆振动

图 4.57　桥梁和车辆振动响应标准差

参考文献

[1] 安里鹏，李德建，胡立华，等. 高速公路大跨度连续梁桥车桥耦合动力响应与参数影响分析[J]. 应用力学学报，2015，32（6）：942-949.

[2] 陈水生，宋元，桂水荣. 公路桥梁在多排车辆激励作用下的振动响应研究[J]. 武汉理工大学学报，2018，40（11）：1-7.

[3] 交通运输部. 2020年交通运输行业发展统计公报[N].中国交通报,2021-05-19(002).

[4] 李文杰,赵君黎. 发展中的中国桥梁——张喜刚谈中国桥梁的现状与展望[J]. 中国公路,2018(13):64-68.

[5] PRIESTLEY M B.Power spectral analysis of non-stationary random processes[J]. Journal of Sound and Vibration,1967, 6(1): 86-97.

[6] BOGSJÖ K. Coherence of road roughness in left and right wheel-path[J]. Vehicle System Dynamics, 2008, 46(S1): 599-609.

[7] 王亚,陈思忠,郑凯锋. 时空相关路面不平度时域模型仿真研究[J]. 振动与冲击,2013,32(5):70-74.

[8] 任宏斌,陈思忠,吴志成,等. 车辆左右车轮路面不平度的时域再现研究[J]. 北京理工大学学报,2013,33(3):257-259.

[9] 舒涛. 基于实测随机车流样本的桥梁冲击系数谱研究[D]. 西安:长安大学,2014.

[10] 赵珧,卢士富. 路面对四轮汽车输入的时域模型[J]. 汽车工程,1999,21(2):112-117.

[11] AMMON D. Problems in road surface modeling[J]. Vehicle System Dynamics, 1991, 20(s): 28-41.

[12] PRIESTLEY M B. Evolutionary spectra and non-stationary process[J]. Journal of the Royal Statistical Society,Series B, 1965, 27:204-237.

[13] LIANG J W,CHAUDHURI S R,MASANOBU S. Simulation of nonstationary stochastic processesby spectral representation[J].Journal of Engineering Mechanics, 2007, 133(6): 616-627.

[14] HUANG N E,SHEN Z,LONG S R,et al. The empirical mode composition and the Hilbert spectrum for nonlinear and nonstationary time series analysis[J].Proceedings of the Royal Society, 1998(454): 903-995.

[15] SPANOSA P D,KOUGIOUMTZOGLOU I A. Harmonic wavelets based statistical linearization for response evolutionary power spectrum determination[J]. Probabilistic Engineering Mechanics, 2012(27):57-68.

[16] NARASIMHAN S V, PAVANALATHA S. Estimation of evolutionary spectrum based on short time Fourier transform and modified group delay[J]. Signal Processing, 2004, 84(11): 2139-2152.

[17] MARTIN W,FLANDRIN P.Wigner-Ville spectral analysis of nonstationary processes[J]. IEEE Transactions on Acoustics, Speech, and Signal Process, 1985, 33(6): 1461-1470.

[18] BASU B,GUPTA V K.Seismic response of single-degree of freedom systems through wavelets[J]. Engineering Structures, 2000, 22(12): 1714-1722.

[19] SPANOS P D, FAILLA G. Evolutionary spectra estimation using wavelets[J]. Journal of

Engineering Mechanics, 2004, 130(8): 952-960.

[20] 孙涛,徐桂红,柴陵江. 四轮非平稳随机激励路面模型的研究[J]. 汽车工程,2013,35(10): 868-872.

[21] 张立军,张天侠. 车辆非匀速行驶时路面随机输入的时频研究[J]. 汽车工程,2005,27(6): 710-714.

[22] 张立军,张天侠. 车辆四轮相关时域随机输入通用模型的研究[J]. 农业机械学报,2005(12): 29-31.

第 5 章
公路简支梁桥车致振动现场测试及数值分析

简支梁桥是梁式桥中应用最早、最广泛的一种桥型,由于它构造简单、施工方便、能适应较大的地基沉降。特别是装配式简支梁桥的预制构件,可以在预制场内批量生产,桥梁下部结构施工的同时便可进行上部构件的预制,节省了施工时间,加快了施工速度,有利于提高经济效益,因而在实际工程中得以普遍应用。针对简支梁桥的结构特点及其在我国高速公路建设中大量使用的现状,研究该类型桥梁在车辆荷载作用下的振动响应特性就很有必要,也具有重要的现实意义[1-5]。本章现场实测公路简支梁桥的车致振动响应,将现场实测结果与数值计算结果进行对比;同时,基于车-桥耦合振动理论,分析了公路简支梁桥在多排车辆激励下的振动响应。

5.1 空心板简支梁桥的车致振动响应

以江西奉铜高速公路 K50+366.5 的三跨装配式预应力混凝土简支空心板梁桥为研究对象,该桥单幅桥由 10 片空心板组成,空心板高 0.95 m,单跨跨径为 20 m。桥梁横向布置: 0.5 m(防撞栏)+11.5 m(行车道)+0.83 m(隔离带),桥梁横断面如图 5.1 所示。下部结构采用桩柱式桥墩,设计荷载为公路-I 级。为分析车辆行车道位置对简支空心板梁桥振动响应的影响,按图 5.1 所示的两种荷载工况加载:工况 1(偏载),车辆按最不利位置行驶(距路缘石 0.5 m),车辆荷载作用于 1、3 号梁;工况 2(正常行车道),车辆荷载按标准车道位置行驶,车辆荷载作用于 2、3 号梁。现场测试采用东华测试系统 DHDAS 5920 配合电涡流位移传感器,测试车辆以不同的速度行驶时,桥梁各片梁的动态位移和动态应变时程响应。

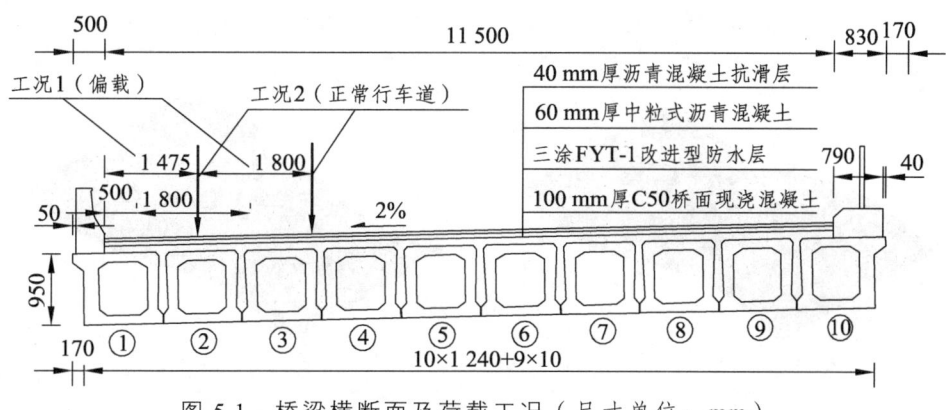

图 5.1 桥梁横断面及荷载工况(尺寸单位: mm)

5.1.1 空心板梁桥的力学特性分析

1. 模型建立及动力特性分析

（1）刚接板梁法。

运用 ANSYS 软件建立装配式空心板梁桥的三维有限元模型,桥面铺装层采用 shell63 壳单元,主梁材料主要由混凝土组成,钢筋对截面的影响通过换算截面刚度进行考虑,取其材料弹性模量为 34.5 GPa,密度为 2 600 kg/m³,泊松比为 0.167。不考虑桥面铺装层及面层沥青混凝土对桥梁刚度的影响（因为沥青混凝土弹性模量较 C50 砼弹性模量小一个数量级）,仅以质量单元分摊至全桥各节点。不考虑墩台、基础的沉降,全桥共计 960 个单元,有限元模型如图 5.2 所示,ANSYS 提取的桥梁前十阶振型如图 5.3 所示。

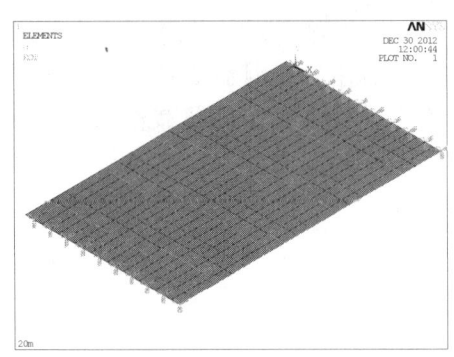

（a）简化模型

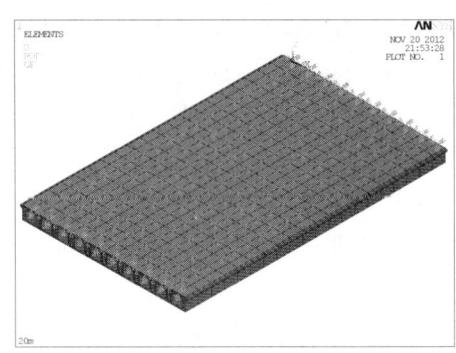

（b）实体模型

图 5.2 刚接板梁法的桥梁有限元模型

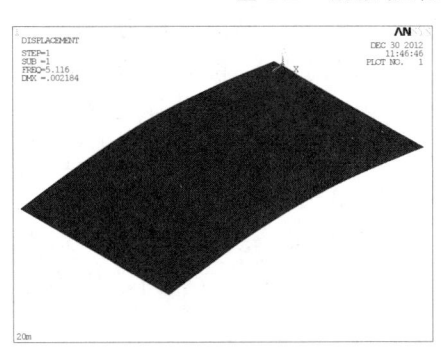

（a）第一阶振型

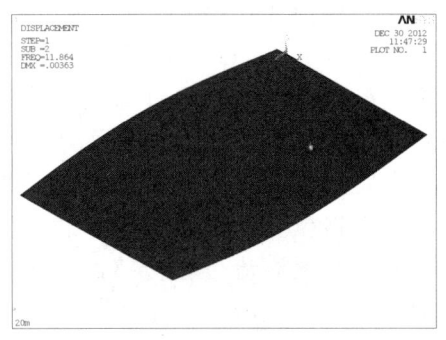

（b）第二阶振型

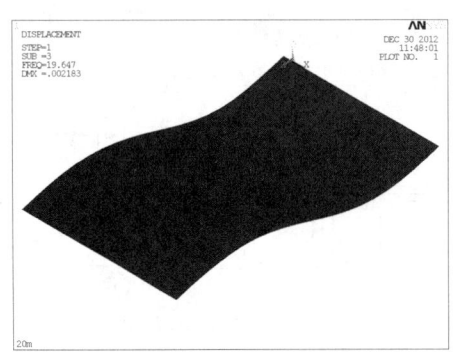

（c）第三阶振型

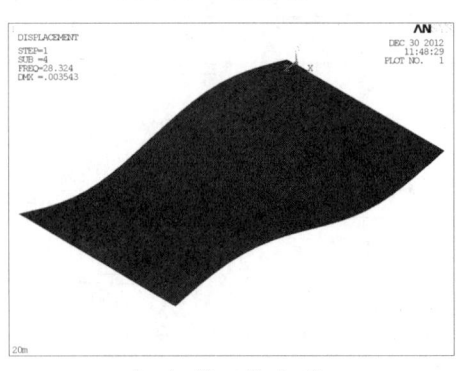

（d）第四阶振型

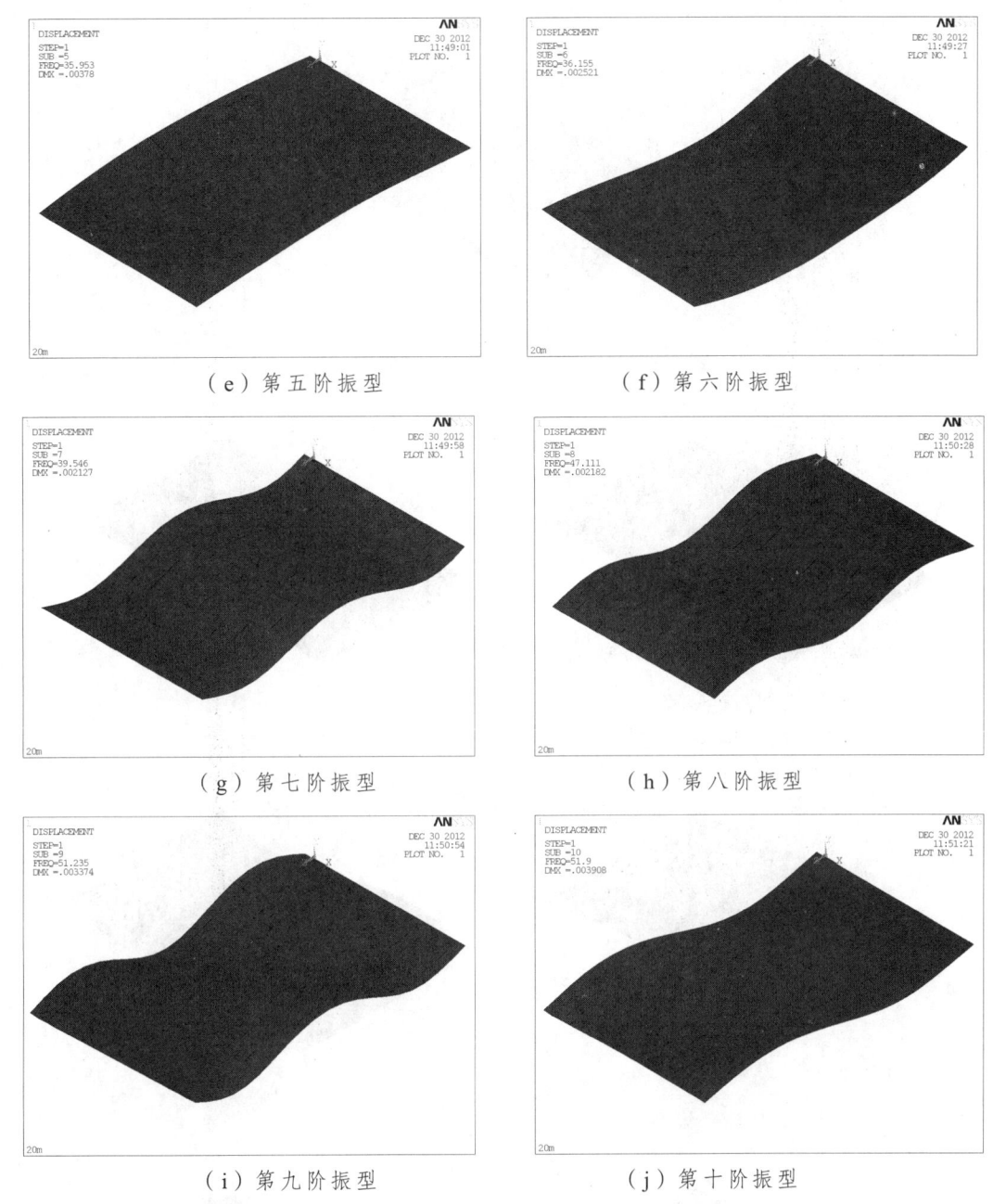

(e) 第五阶振型　　　　　　　　　　(f) 第六阶振型

(g) 第七阶振型　　　　　　　　　　(h) 第八阶振型

(i) 第九阶振型　　　　　　　　　　(j) 第十阶振型

图 5.3　桥梁前十阶振型

(2) 铰接板梁法。

运用 ANSYS 软件建立空心板梁桥铰接板梁有限元模型，空心板截面采用 plan82 单元进行划分，纵向采用 beam44 单元模拟空心板梁，主梁横向铰接。钢筋对截面刚度的影响，通过换算截面刚度予以考虑。桥面铺装层的表层、面层及底层现浇混凝土均不考虑刚度的影响，仅以质量单元分摊至全桥各节点，铰接板梁法建立的桥梁有限元模型如图 5.4 所示，桥梁前十阶振型如图 5.5 所示。

图 5.4 铰接板梁法的桥梁有限元模型

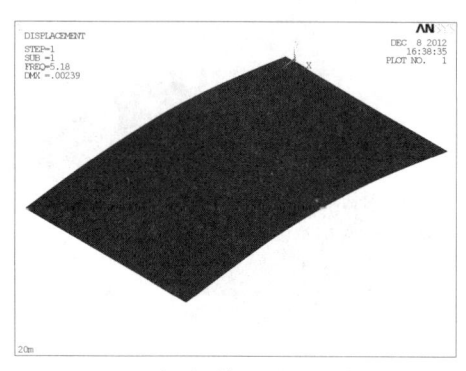

(a) 第一阶振型

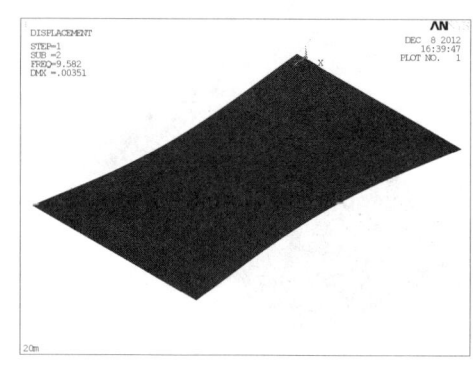

(b) 第二阶振型

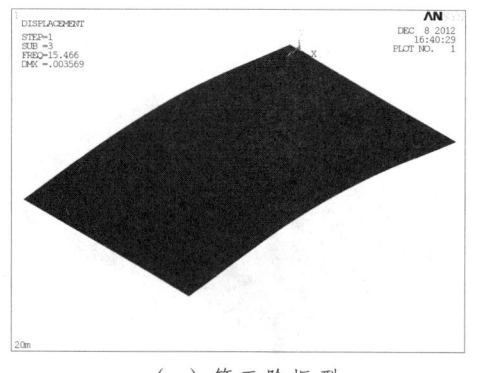

(c) 第三阶振型

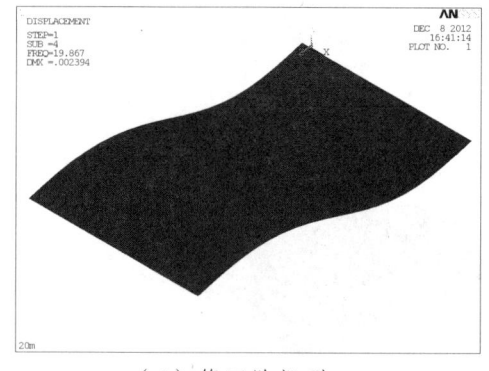

(d) 第四阶振型

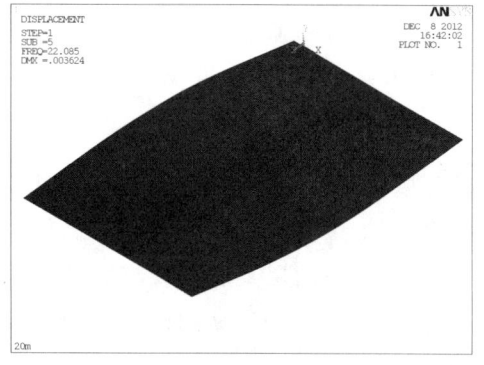

(e) 第五阶振型

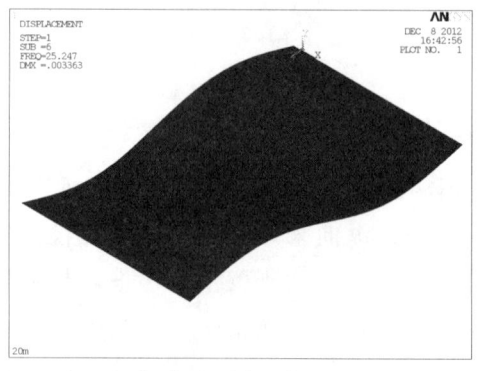

(f) 第六阶振型

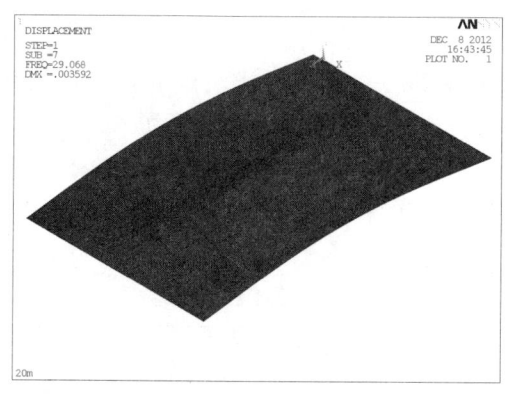
(g）第七阶振型

(h）第八阶振型

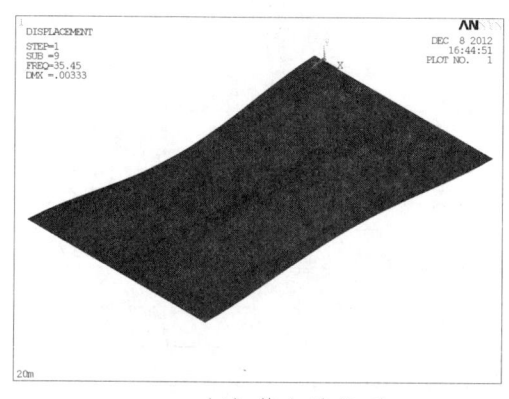
(i）第九阶振型

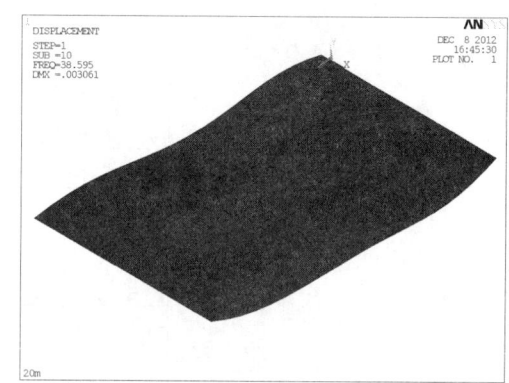
(j）第十阶振型

图 5.5　桥梁前十阶振型

（3）铰接板梁法与刚接板梁法的空心板梁桥动力特性对比分析。

刚接板梁法和铰接板梁法的前四阶频率及其振型特征如表 5.1 所示，结合图 5.3、图 5.5 可以看出，采用刚接板梁法和铰接板梁法建立的桥梁有限元模型，其一阶频率大小接近，一阶振型特征都为对称竖弯，二阶振型特征都表现出了轻微的扭转。但是，由于刚接板梁法横向连接刚度大于铰接板梁法，刚接板梁法的桥梁有限元模型二阶频率大于铰接板梁法桥梁有限元模型的二阶频率；由于铰接板梁法桥梁的横向连接刚度较弱，其桥面横向扭转效应较刚接板梁法桥梁更为明显。

表 5.1　刚接板梁法和铰接板梁法的桥梁前四阶频率及振型特征

频率阶数	刚接板梁法		铰接板梁法	
	频率/Hz	振型特征	频率/Hz	振型特征
一	5.116 5	竖向正对称振型	5.180	竖向正对称振型
二	11.864	竖向翘曲振型	9.582	竖向翘曲振型
三	19.647	竖向反对称振型	15.466	竖向扭转振型
四	28.324	竖向反对称扭转振型	19.867	竖向反对称振型

2. 模型选择

根据空心板梁桥的结构特点，分别采用铰接板梁法和刚接板梁法建立桥梁的有限元模型，基于车-桥耦合振动理论计算的桥梁振动响应与现场实测值的对比如表 5.2 所示。不同的荷载工况的桥梁振动响应最大值如图 5.6～图 5.9 所示。可以看出，刚接板梁法建模的计算结果与实测值更为接近，故本章研究空心板梁桥的车致振动响应时，采用刚接板梁法建立桥梁的有限元模型。

表 5.2 空心板梁桥车致振动响应的理论值与实测值对比

工况	类别	梁号	铰接板梁法理论值	刚接板梁法理论值	现场实测值
偏载工况	跨中位移/mm	1号梁	2.889 9	2.038 5	1.434 8
		2号梁	2.597 8	1.879 5	1.317 5
		3号梁	2.195 4	1.718 7	1.257 9
		4号梁	1.804 4	1.564 4	1.057 5
		5号梁	1.506 2	1.421 5	0.980 1
	1/4 位置位移/mm	1号梁	1.939 9	1.369 3	0.952 2
		2号梁	1.639 2	1.272 4	0.902 3
		3号梁	1.502	1.175 4	0.872 6
	跨中应变/με	1号梁	34.11	26.68	23.831 3
		2号梁	30.52	24.08	19.553 1
		3号梁	24.877	20.79	16.888 6
		4号梁	19.87	18.05	16.023 5
		5号梁	16.79	16.02	15.556 3
	1/4 位置应变/με	1号梁	13.45	11.68	11.505 2
		2号梁	13.09	11.25	9.796 1
		3号梁	12.36	10.63	9.735 1
正常行车道工况	跨中位移/mm	1号梁	2.475 6	1.858 7	1.279 7
		2号梁	2.456 9	1.767 3	1.243 5
		3号梁	2.273 2	1.665 2	1.240 8
		4号梁	1.959	1.552 6	1.164 5
		5号梁	1.637 5	1.439 4	1.097 1
	1/4 位置位移/mm	1号梁	1.681 7	1.293 4	0.861 1
		2号梁	1.662 4	1.201 5	0.847 1
		3号梁	1.543 7	1.136 5	0.865 9
	跨中应变/με	1号梁	28.07	22.675	20.038 1
		2号梁	29.30	22.631	18.069 8
		3号梁	27.259	21.419	17.778 7
		4号梁	22.797	18.956	17.053 2
		5号梁	18.584	16.787	16.414 6
	1/4 位置位移/με	1号梁	12.63	10.947	10.253 9
		2号梁	13.07	11.029	10.040 3
		3号梁	12.83	10.839	9.014 4

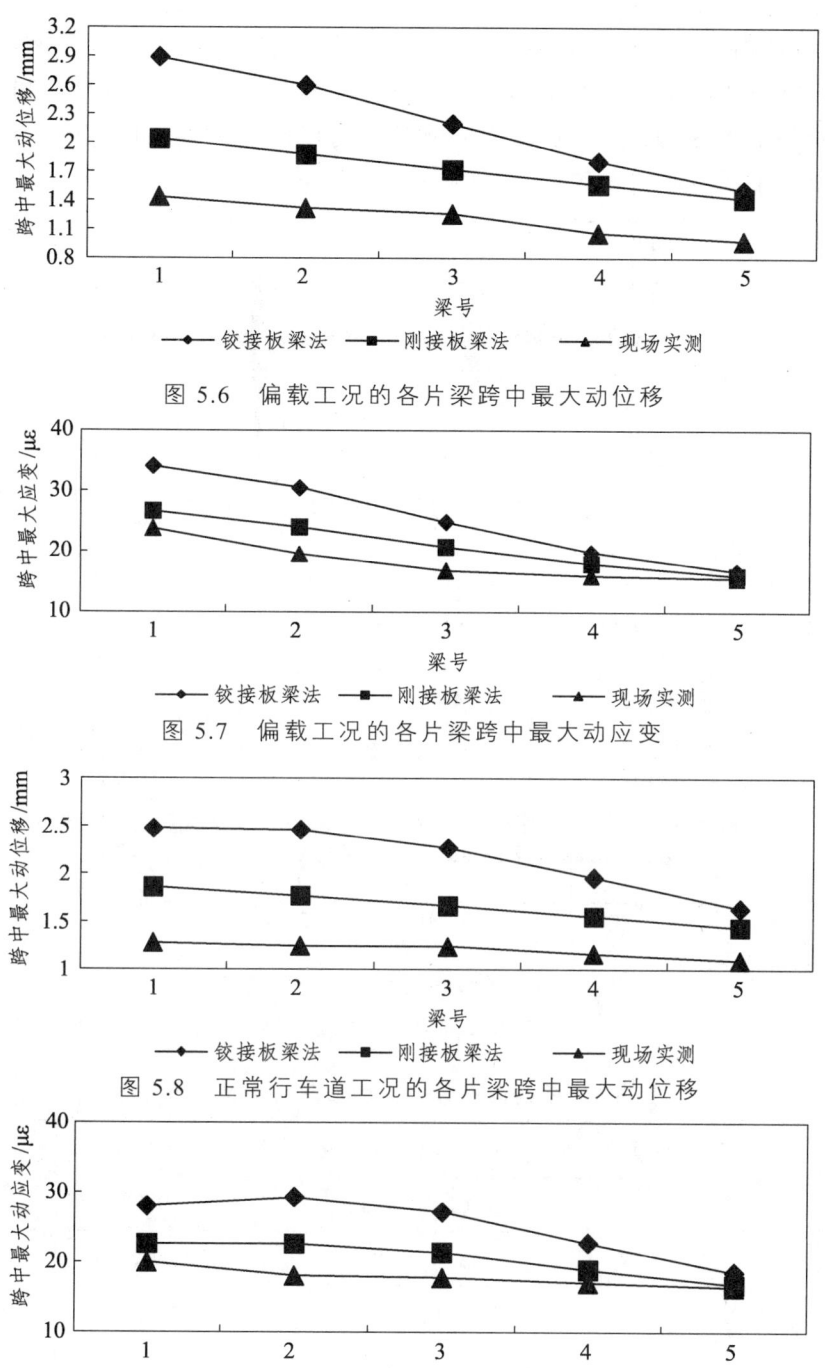

图 5.6 偏载工况的各片梁跨中最大动位移

图 5.7 偏载工况的各片梁跨中最大动应变

图 5.8 正常行车道工况的各片梁跨中最大动位移

图 5.9 正常行车道工况的各片梁跨中最大动应变

5.1.2 空心板梁桥的现场实测振动响应分析

1. 桥梁动力特性分析

将一个高灵敏度加速度传感器布置在边梁跨中,测试桥梁在环境激励下的振动加速度信号,并分析结构的振动频率和阻尼比。桥梁振动加速度信号及其功率谱密度如图5.10所示,空心板梁桥实测自振频率与理论频率的对比见表5.3。可以看出,20 m 空心板梁桥的实测一阶频率为 5.422 Hz,桥梁有限元模型的理论频率为 5.116 Hz,实测频率大于理论计算频率,说明空心板梁桥的实际刚度大于理论刚度。

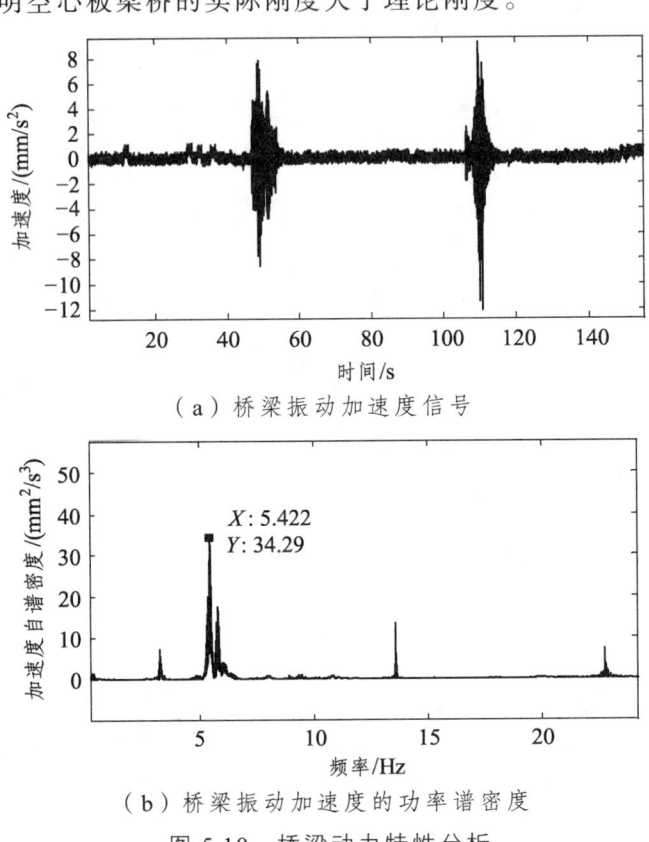

(a)桥梁振动加速度信号

(b)桥梁振动加速度的功率谱密度

图 5.10 桥梁动力特性分析

表 5.3 桥梁自振频率实测值与理论值对比

阶数	实测自振频率/Hz	理论值/Hz	理论/实测	阻尼比/%
一	5.422	5.116 5	0.944	1.527
二	13.293	11.864	0.892	1.932
三	—	19.647	—	—
四	—	28.324	—	—

2. 车辆行驶速度对桥梁振动响应的影响

当车辆以不同的速度在桥上按偏载工况行驶时,图5.11和图5.12分别给出了3号梁跨中动位移和动应变的时程曲线。从图中可以看出,车辆以较高速度行驶时,跨中动位移和动应变时程响应曲线围绕着低速动位移和动应变时程曲线上下波动,随着车辆行驶速度的增加,动位移和动应变响应的波动幅度增大。

第5章 公路简支梁桥车致振动现场测试及数值分析

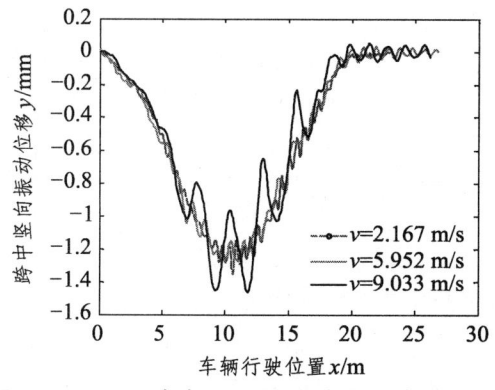 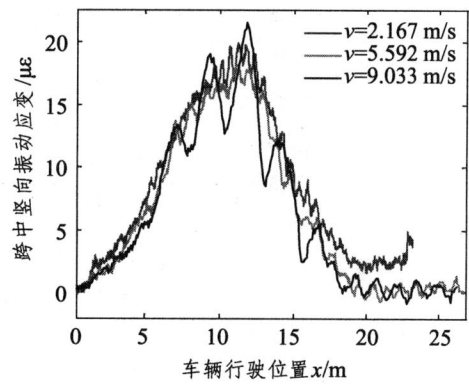

图 5.11 不同速度的 3 号梁跨中动位移响应　　图 5.12 不同速度的 3 号梁跨中动应变响应

当车辆按偏载工况行驶时，不同车速的 1~5 号梁跨中最大动位移和位移冲击系数分别如图 5.13 和图 5.14 所示，不同车速的 1~5 号梁跨中最大动应变和应变冲击系数分别如图 5.15 和图 5.16 所示。从图中可以看出，不同的车辆行驶速度，最大动挠度和最大动应变的变化幅度不大，各片梁动位移和动应变峰值并不完全一致。从实测位移冲击系数和应变冲击系数可以看出，位移冲击系数大于应变冲击系数，且位移冲击系数的离散程度大于应变冲击系数的离散程度。边梁位移冲击系数大于内梁位移冲击系数，车轮直接接触的主梁冲击系数大于车轮非直接接触的主梁冲击系数，应变冲击系数也有相同的规律，但幅值不如位移冲击系数明显。

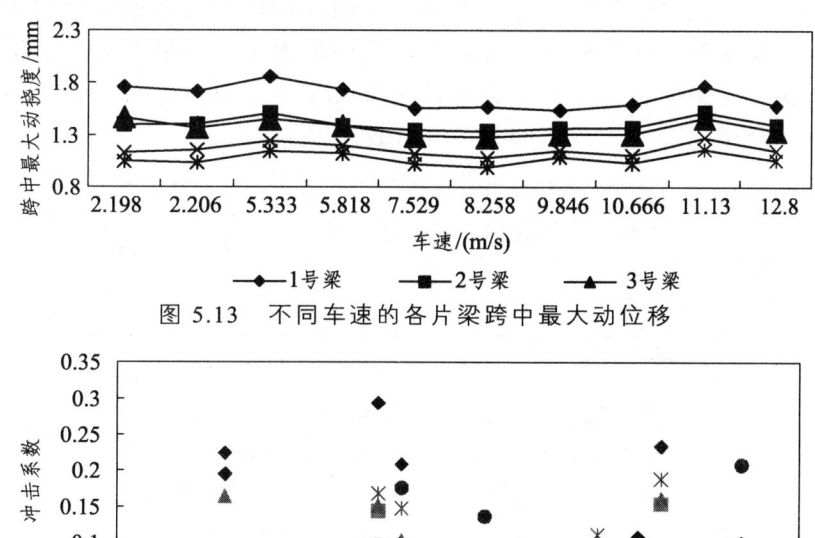

图 5.13 不同车速的各片梁跨中最大动位移

图 5.14 不同车速的各片梁跨中位移冲击系数

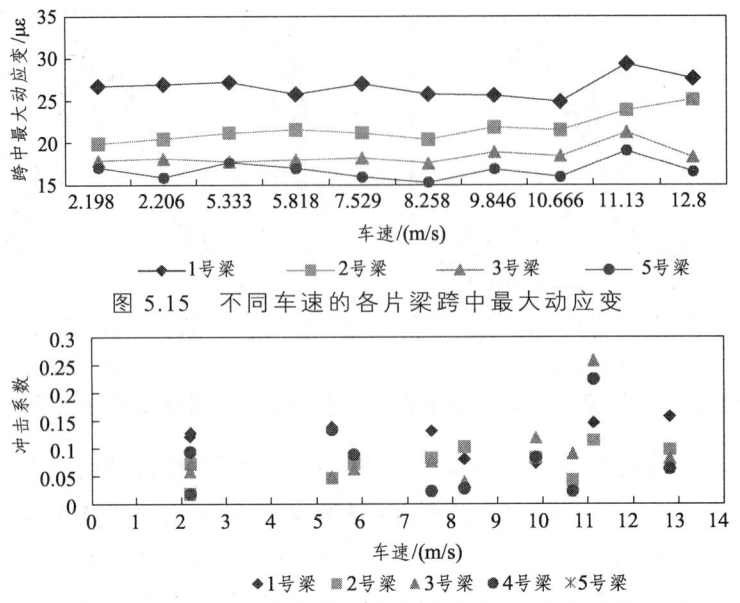

图 5.15　不同车速的各片梁跨中最大动应变

图 5.16　不同车速的各片梁跨中应变冲击系数

3. 车辆行驶位置对桥梁振动响应的影响

当车辆分别按偏载工况和正常行车道工况行驶时，1~5号梁跨中最大动位移和最大动应变分别如图 5.17 和图 5.18 所示。从图中可以看出，空心板梁桥各片梁跨中最大动位移和最大动应变沿桥梁横向的变化并不是完全的线性比例关系或完全的非线性比例关系。车辆以低速按偏载工况行驶时，各片梁的跨中最大位移和最大应变沿桥梁横向表现出较明显的非线性比例关系。车辆以高速按正常行车道工况行驶时，各片梁的跨中最大位移和最大应变沿桥梁横向表现出明显的线性比例关系。

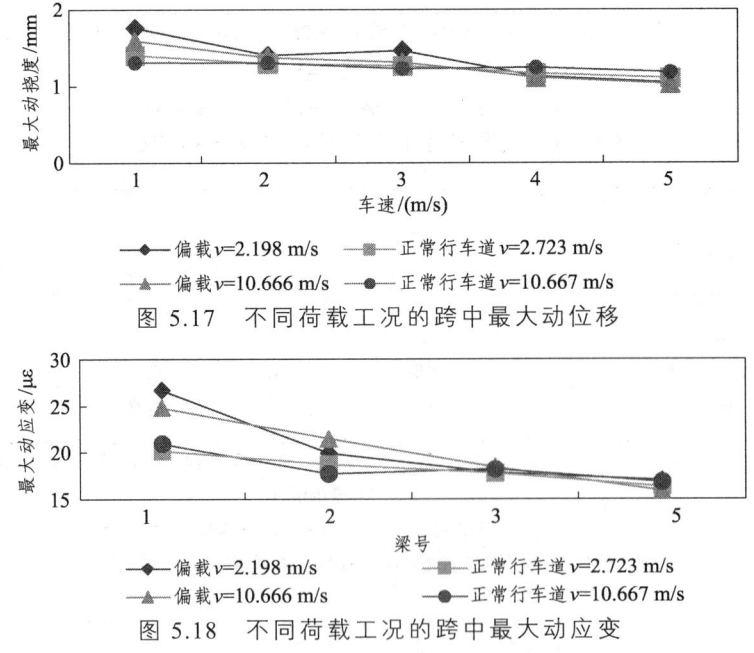

图 5.17　不同荷载工况的跨中最大动位移

图 5.18　不同荷载工况的跨中最大动应变

4. 不同车速的实测应变冲击系数和位移冲击系数

当车辆按偏载工况行驶时，不同车速的主梁跨中和 1/4 位置的应变冲击系数和位移冲击系数如图 5.19 和图 5.20 所示。从图中可以看出，1 号梁的跨中位移和应变冲击系数大于 3 号梁，同一片主梁的实测位移冲击系数大于应变冲击系数；在主梁 1/4 跨位置，1、2 号梁的应变冲击系数大于 3 号梁，1~3 号梁位移冲击系数接近，应变冲击系数大于位移冲击系数。

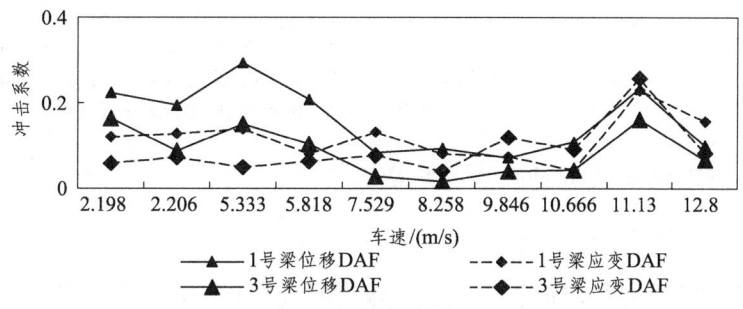

图 5.19　1、3 号梁的实测跨中应变冲击系数和位移冲击系数

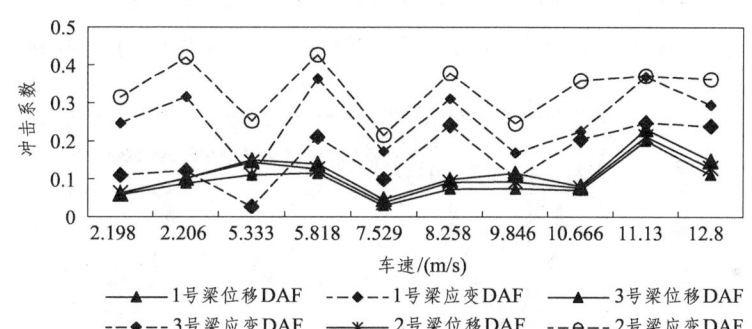

图 5.20　1~3 号梁的实测 1/4 跨应变冲击系数和位移冲击系数

当车辆按正常行车道工况行驶时，不同车速的主梁跨中和 1/4 位置的应变冲击系数和位移冲击系数如图 5.21 和图 5.22 所示。从图中可以看出，实测 1 号梁的跨中位移和应变冲击系数大于 3 号梁；同一片梁，跨中位移冲击系数大于应变冲击系数；主梁 1/4 位置的应变冲击系数大于位移冲击系数。

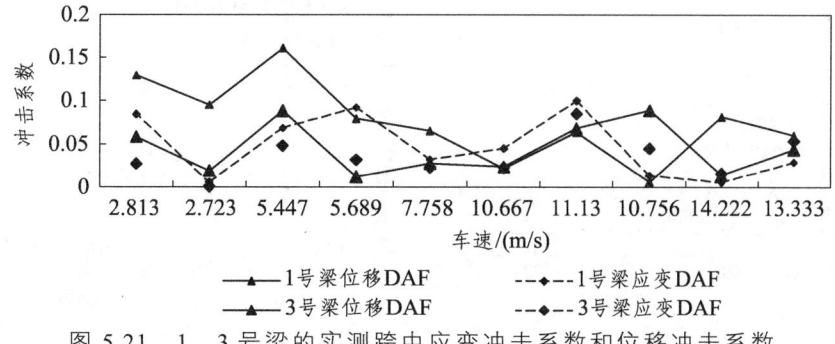

图 5.21　1、3 号梁的实测跨中应变冲击系数和位移冲击系数

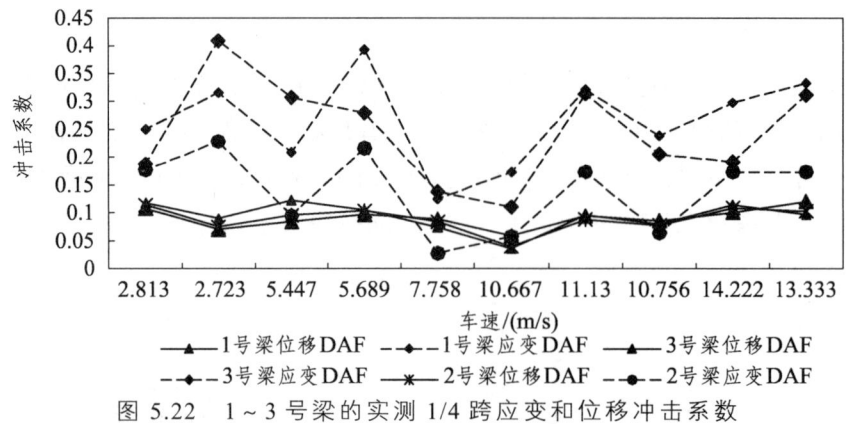

图 5.22　1~3 号梁的实测 1/4 跨应变和位移冲击系数

5.1.3　空心板梁桥车致振动响应的数值分析

1. 桥梁振动特性分析

当车辆按正常行车道行驶时，简支空心板梁桥 1~4 号梁跨中位移响应时程曲线如图 5.23 所示，1~4 号梁跨中位移响应的功率谱密度如图 5.24 所示。从图中可以看出，各片梁竖向振动响应主要由一阶频率控制，高阶频率对竖向振动响应影响不大。

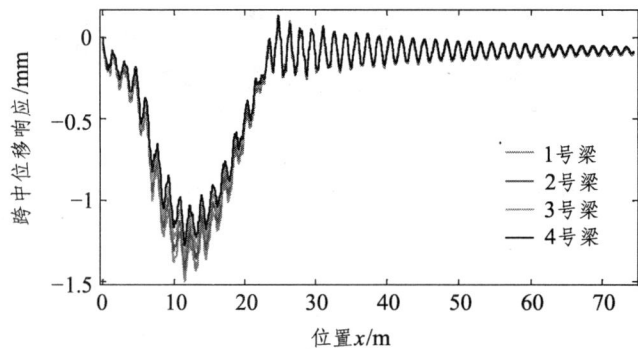

图 5.23　1~4 号梁跨中位移响应时程曲线

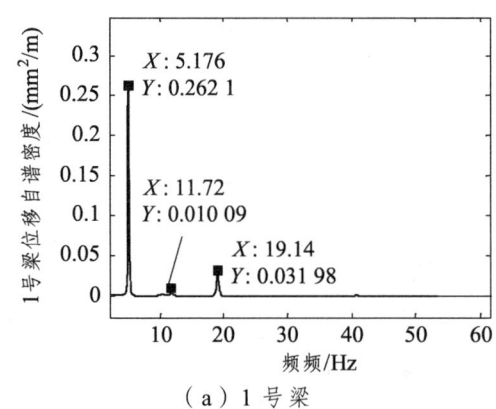

（a）1 号梁

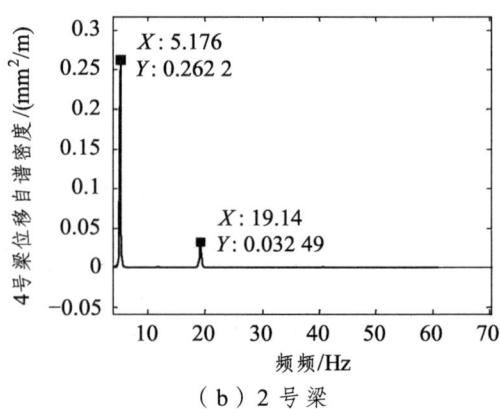

（b）2 号梁

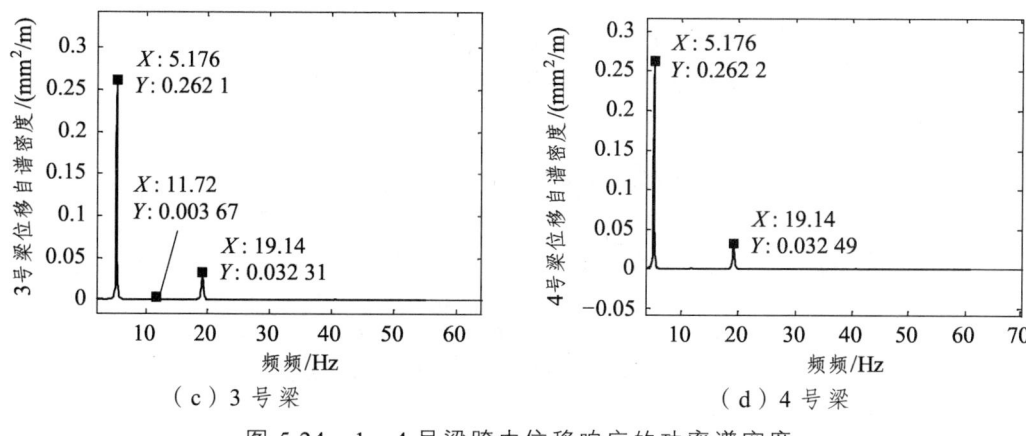

(c) 3号梁　　　　　　　　　　　　　(d) 4号梁

图 5.24　1~4号梁跨中位移响应的功率谱密度

2. 车辆行驶速度对桥梁振动响应的影响

相同的桥面路况等级（A级），当车辆以不同行驶速度按偏载工况行驶时，主梁跨中最大动位移和位移冲击系数如图 5.25、图 5.26 所示。从图中可以看出，不同的荷载工况，各片梁跨中最大动位移有相同的变化规律。虽然各片梁最大动位移随速度的变化波动不大，但存在速度峰值区间。各片梁跨中位移冲击系数随速度的变化有相同的变化规律，该空心板梁桥跨中位移冲击系数在车速为 12~16 m/s 时有明显的峰值，即为车速引起的车-桥共振节拍。

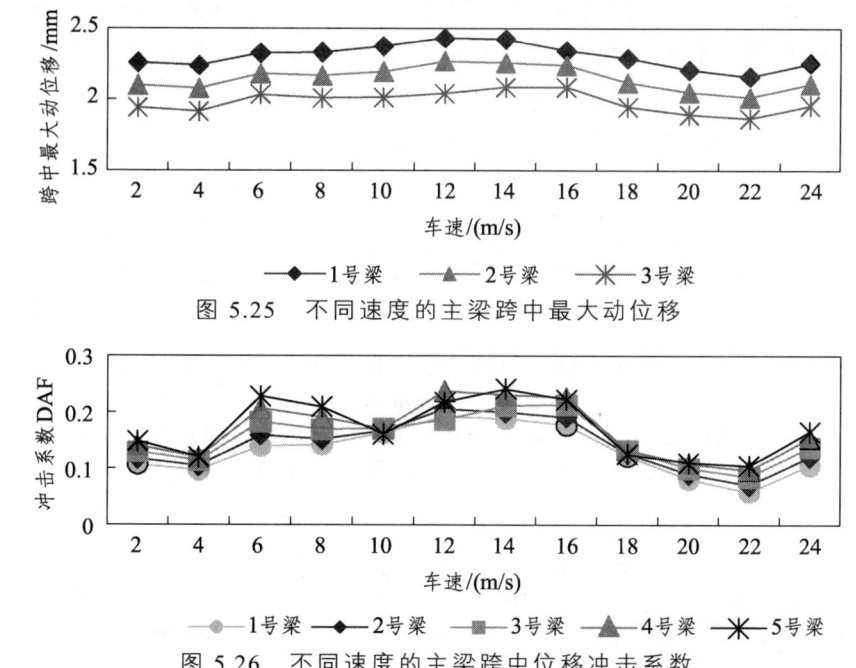

图 5.25　不同速度的主梁跨中最大动位移

图 5.26　不同速度的主梁跨中位移冲击系数

3. 桥面路况对桥梁振动响应的影响

不同的车辆行驶速度，当车辆按偏载工况行驶在不同路况等级的桥面上时，1号梁跨中最大动位移及其冲击系数分别如图 5.27、图 5.28 所示。从图中可以看出，1号梁的车辆冲击系数随着桥面路况的恶化而有不同程度的增加。

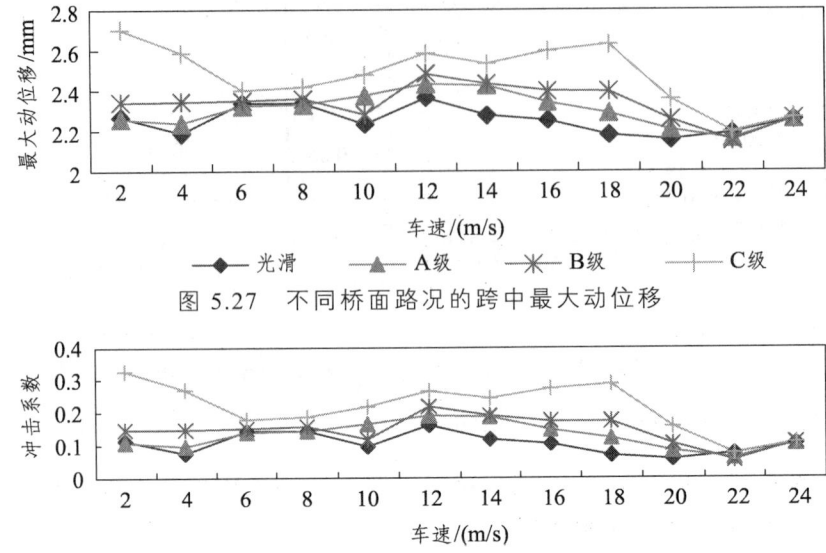

图 5.27　不同桥面路况的跨中最大动位移

图 5.28　不同桥面路况的跨中位移冲击系数

4. 车辆行驶位置对桥梁振动响应的影响

不同的行车速度，当车辆按偏载工况和正常行车道工况在光滑桥面上行驶时，1、2号梁跨中最大动位移及其冲击系数如图 5.29、图 5.30 所示。从图中可以看出，1、2 号梁的跨中最大动位移及其位移冲击系数随车速的变化有相同的变化规律；在车速接近 12 m/s 时出现冲击系数峰值，车辆行驶位置对车辆直接作用主梁的冲击系数影响不大。

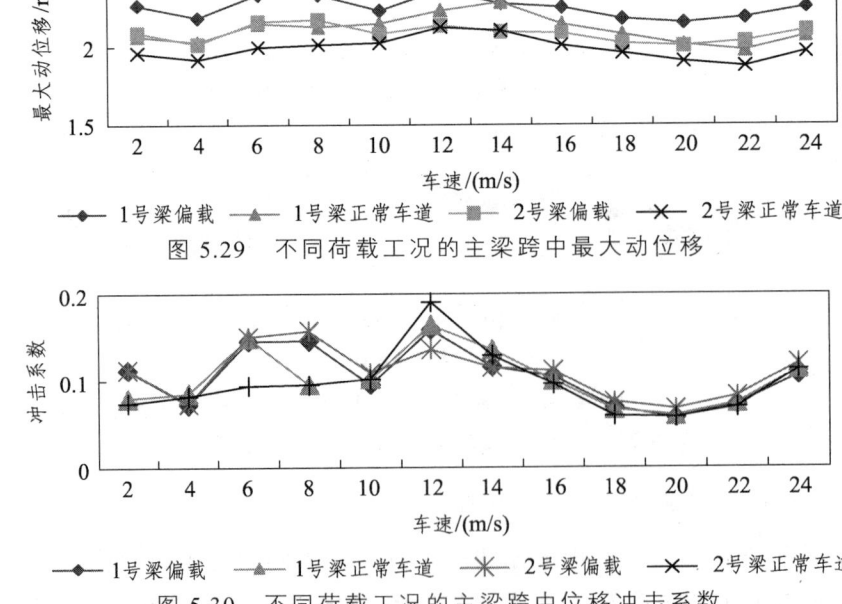

图 5.29　不同荷载工况的主梁跨中最大动位移

图 5.30　不同荷载工况的主梁跨中位移冲击系数

5. 模型简化方法

为研究空心板梁桥建模方法对车-桥耦合振动响应的影响，分别按照刚接梁法和铰接梁法建立桥梁的有限元模型，$1^\#$ ~ $4^\#$ 梁跨中和 1/4 跨位置的最大静位移及其冲击系数如表 5.4 所示。从表中可以看出，铰接梁法在车轮直接作用的各片梁跨中引起的最大静位移大于梁壳组合法，各片梁的跨中位移变化幅值大于 1/4 跨位置位移变化幅值。车辆在光滑路面按偏载工况行驶时，铰接梁法位移冲击系数大于梁壳组合法位移冲击系数；车辆在光滑路面按正常行车道行驶时，铰接梁法位移冲击系数与梁壳组合法位移冲击系数接近；车轮直接作用的空心板主梁，铰接梁模型的冲击系数小于梁壳组合模型的冲击系数。考虑 B 级桥面路况的影响，偏载工况的铰接梁模型跨中位移冲击系数大于梁壳组合模型跨中位移冲击系数，正常行车道工况的铰接梁模型跨中位移冲击系数与梁壳组合模型跨中位移冲击系数较为接近。不同的荷载工况，铰接梁模型 1/4 跨位置的位移冲击系数大于梁壳组合模型的冲击系数，且铰接梁模型冲击系数的横向变化幅度大于梁壳组合模型。

表 5.4 梁壳组合模型与铰接梁模型的冲击系数对比

响应位置	力学指标	荷载工况	刚接梁壳模型				铰接梁模型			
			$1^\#$梁	$2^\#$梁	$3^\#$梁	$4^\#$梁	$1^\#$梁	$2^\#$梁	$3^\#$梁	$4^\#$梁
跨中位置	最大静挠度/mm	偏载	2.039	1.880	1.719	1.564	3.438	3.141	2.677	2.234
		正常行车道	1.859	1.767	1.665	1.553	3.297	3.302	3.075	2.667
	冲击系数（光滑）	偏载	0.057	0.067	0.078	0.088	0.093	0.139	0.222	0.293
		正常行车道	0.084	0.079	0.079	0.084	0.026	0.038	0.059	0.068
	冲击系数（B 级）	偏载	0.106	0.115	0.125	0.132	0.133	0.129	0.238	0.343
		正常行车道	0.084	0.079	0.079	0.084	0.102	0.055	0.099	0.141
1/4 位置	最大静挠度/mm	偏载	1.369	1.272	1.175	1.081	2.103	1.905	1.599	1.314
		正常行车道	1.293	1.202	1.137	1.068	1.786	1.799	1.670	1.430
	冲击系数（光滑）	偏载	0.138	0.137	0.135	0.134	0.314	0.391	0.537	0.664
		正常行车道	0.087	0.118	0.125	0.137	0.409	0.391	0.444	0.482

5.1.4 数值模拟结果与现场实测结果的对比分析

根据现场实测的 A 级桥面路况，当车辆按偏载工况行驶时，$1^\#$、$3^\#$ 梁跨中最大动位移及其冲击系数的实测值与理论值对比如图 5.31 所示。从图中可以看出，现场实测的跨中最大动位移小于数值模拟结果，现场实测的跨中位移冲击系数小于数值模拟的冲击系数；随着车辆行驶速度的变化，实测冲击系数的波动幅度大于数值模拟冲击系数。

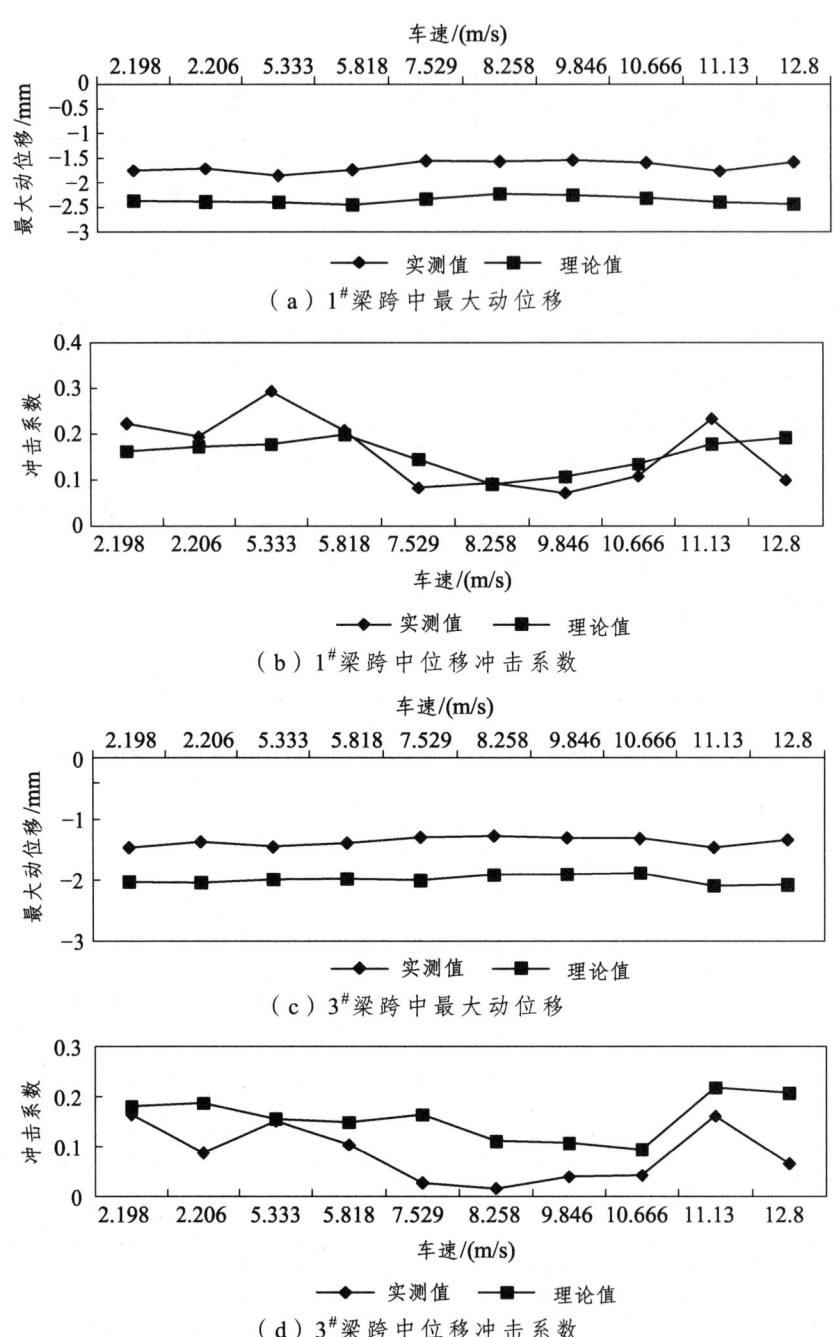

图5.31 1#、3#梁跨中最大动位移及其冲击系数的理论值与实测值对比

当车辆偏载行驶时,现场实测和数值模拟的 1#~5#梁跨中位移冲击系数离散图分别如图 5.32、图 5.33 所示,1#~5#梁跨中最大动位移及其冲击系数的对比见表 5.5。空心板梁桥跨中位移现场实测值与理论值的效验系数在 0.71 左右,虽然数值模拟能体现空心板梁桥车致振动响应随速度的变化关系,但并不能完全一一对应,这是因为桥面不平顺是一个非平稳非高斯随机过程,桥面不平顺的幅值大小对桥梁振动响应影响较大。从图

中可以看出，实测冲击系数总体大于按 A 级桥面路况计算的数值模拟冲击系数，且实测冲击系数随车速变化的离散程度大于数值模拟冲击系数；实测最大冲击系数为 0.294，最小冲击系数接近于 0；理论最大冲击系数为 0.214，最小冲击系数为 0.091，实测冲击系数变化幅度大于理论值，这说明桥梁的车致振动响应是一个离散的随机过程。车辆荷载直接作用的主梁冲击系数小于车辆非直接作用的主梁冲击系数；实测空心板梁桥的冲击系数和数值模拟的冲击系数均能反映桥梁振动响应随车速的变化关系；当测试车辆以 6 m/s 和 12 m/s 的速度在 20 m 空心板梁桥上行驶时，冲击系数均有较明显的增幅。

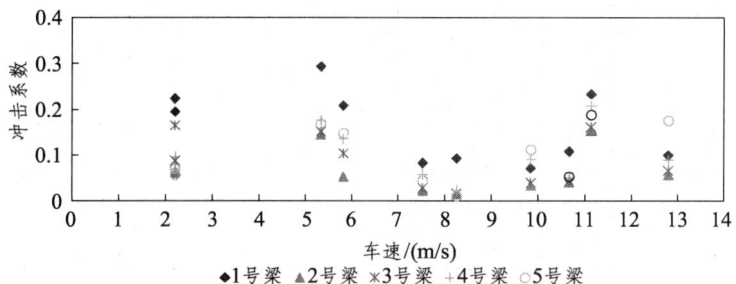

图 5.32 现场实测的主梁跨中位移冲击系数

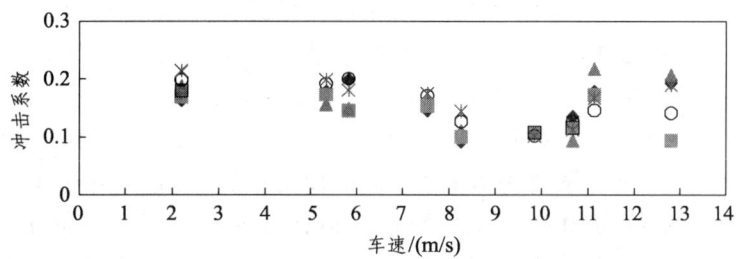

图 5.33 数值模拟的主梁跨中位移冲击系数

表 5.5 主梁振动响应的实测值与理论值对比　　　　单位：mm

车速 /(m/s)	响应 类型	梁号									
		1#梁		2#梁		3#梁		4#梁		5#梁	
		实测值	理论值	实测值	理论值	实测值	理论值	实测值	理论值	实测值	理论值
2.198	MaxS	1.434	2.038	1.317	1.879	1.258	1.718	1.057	1.564	0.980	1.421
	MaxD	1.756	2.370	1.398	2.197	1.464	2.028	1.131	1.874	1.049	1.726
	DAF	0.224	0.163	0.061	0.169	0.164	0.180	0.070	0.198	0.071	0.214
2.206	MaxD	1.714	2.392	1.401	2.217	1.369	2.041	1.159	1.876	1.036	1.726
	DAF	0.195	0.173	0.064	0.180	0.087	0.187	0.096	0.199	0.057	0.214
5.333	MaxD	1.856	2.402	1.507	2.204	1.448	1.986	1.243	1.864	1.145	1.704
	DAF	0.294	0.178	0.144	0.173	0.151	0.155	0.176	0.192	0.168	0.199
5.818	MaxD	1.734	2.444	1.387	2.153	1.388	1.974	1.201	1.878	1.125	1.678
	DAF	0.208	0.199	0.053	0.146	0.103	0.149	0.136	0.200	0.147	0.180
7.529	MaxD	1.554	2.335	1.347	2.169	1.292	2.001	1.119	1.832	1.023	1.670
	DAF	0.083	0.145	0.022	0.154	0.027	0.164	0.058	0.171	0.044	0.175

续表

车速/(m/s)	响应类型	梁号									
		1#梁		2#梁		3#梁		4#梁		5#梁	
		实测值	理论值	实测值	理论值	实测值	理论值	实测值	理论值	实测值	理论值
8.258	MaxD	−1.568	2.224	1.338	2.067	1.278	1.909	1.082	1.762	0.991	1.627
	DAF	0.093	0.091	0.015	0.100	0.016	0.111	0.023	0.126	0.011	0.145
9.846	MaxD	−1.537	2.257	1.363	2.084	1.307	1.903	1.154	1.724	1.089	1.566
	DAF	0.071	0.107	0.035	0.107	0.039	0.107	0.091	0.102	0.111	0.101
10.66	MaxD	1.590	2.313	1.372	2.098	1.311	1.880	1.111	1.762	1.032	1.581
	DAF	0.108	0.135	0.042	0.116	0.042	0.094	0.051	0.126	0.053	0.112
11.13	MaxD	1.770	2.402	1.520	2.203	1.460	2.093	1.277	1.792	1.164	1.660
	DAF	0.233	0.178	0.154	0.172	0.161	0.218	0.208	0.146	0.188	0.168
12.8	MaxD	−1.577	2.431	1.394	2.056	1.341	2.075	1.152	1.785	1.152	1.690
	DAF	0.099	0.192	0.058	0.094	0.066	0.207	0.089	0.141	0.175	0.189

注：MaxS 为边跨跨中最大静态位移；MaxD 为边跨跨中最大动态位移；DAF 为冲击系数。

当车辆按正常行车道行驶时，现场实测和数值模拟的 1~5 号梁跨中位移冲击系数离散图分别如图 5.34、图 5.35 所示，各片梁跨中最大动位移及其冲击系数见表 5.6。数值模拟能体现空心板梁桥车致振动响应随速度的变化关系；实测冲击系数总体小于按 A 级桥面路况计算的数值模拟冲击系数，且实测冲击系数随速度变化的离散程度大于数值模拟冲击系数，实测最大冲击系数为 0.161，最小冲击系数接近 0.002；理论最大冲击系数为 0.294，最小冲击系数为 0.08。虽然数值模拟冲击系数大于实测冲击系数，但各片梁实测冲击系数离散程度大于数值模拟，这说明移动车辆作用的桥梁振动过程是一个离散的随机过程。实测冲击系数与数值模拟冲击系数随速度的变化都有一个比较明显的节拍，在车速 3 m/s 和 14 m/s 时都明显增大，在车速 8 m/s 时都明显减小。车轮直接作用的 2、3 号梁冲击系数小于车轮非直接作用的 1、4、5 号梁冲击系数。

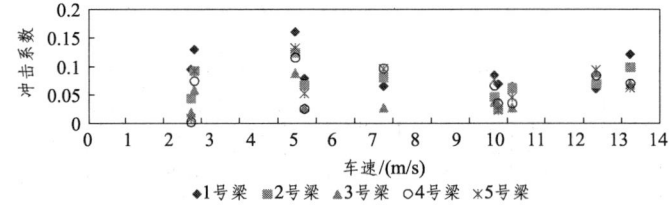

图 5.34 现场实测的主梁跨中位移冲击系数

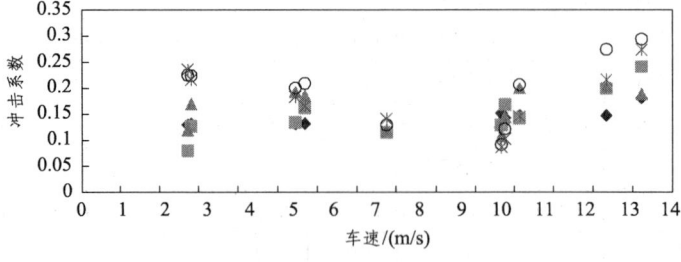

图 5.35 数值模拟的主梁位移冲击系数

表 5.6　主梁振动响应的实测值与理论值对比　　单位：mm

车速/(m/s)	响应类型	梁号									
		1#梁		2#梁		3#梁		4#梁		5#梁	
		实测	理论	实测	理论	实测	理论	实测	理论	实测	理论
2.813	MaxS	1.280	1.859	1.244	1.767	1.241	1.665	1.165	1.553	1.097	1.439
	MaxD	1.445	2.102	1.358	1.991	1.313	1.948	1.251	1.901	1.199	1.752
	DAF	0.129	0.131	0.092	0.127	0.058	0.170	0.074	0.224	0.092	0.217
2.723	MaxD	1.402	2.099	1.297	1.908	1.264	1.864	1.167	1.902	1.106	1.778
	DAF	0.095	0.129	0.043	0.080	0.019	0.119	0.002	0.225	0.008	0.235
5.447	MaxD	1.485	2.102	1.398	2.004	1.351	1.986	1.299	1.864	1.242	1.704
	DAF	0.161	0.131	0.124	0.134	0.089	0.193	0.115	0.201	0.132	0.184
5.689	MaxD	1.381	2.104	1.327	2.053	1.286	1.974	1.194	1.878	1.154	1.678
	DAF	0.079	0.132	0.067	0.162	0.036	0.185	0.025	0.209	0.051	0.166
7.758	MaxD	1.363	2.076	1.343	1.971	1.275	1.863	1.277	1.753	1.202	1.642
	DAF	0.065	0.117	0.080	0.115	0.028	0.119	0.097	0.129	0.095	0.141
10.66	MaxD	1.388	2.141	1.301	1.944	1.281	1.846	1.241	1.695	1.181	1.564
	DAF	0.084	0.152	0.046	0.128	0.032	0.108	0.066	0.092	0.077	0.086
11.13	MaxD	1.361	2.133	1.320	2.018	1.325	1.998	1.205	1.874	1.146	1.649
	DAF	0.064	0.148	0.062	0.142	0.068	0.200	0.035	0.207	0.045	0.146
10.76	MaxD	1.367	2.124	1.274	2.066	1.351	1.905	1.205	1.741	1.122	1.587
	DAF	0.068	0.142	0.025	0.169	0.089	0.144	0.035	0.121	0.023	0.102
14.22	MaxD	1.434	2.195	1.362	2.194	1.258	1.979	1.246	2.009	1.165	1.834
	DAF	0.121	0.181	0.099	0.241	0.014	0.189	0.070	0.294	0.062	0.274
13.33	MaxD	1.357	2.130	1.330	2.119	1.326	2.002	1.263	1.979	1.200	1.752
	DAF	0.060	0.147	0.070	0.199	0.068	0.202	0.084	0.275	0.094	0.217

注：MaxS 为边跨跨中最大静态位移；MaxD 为边跨跨中最大动态位移；DAF 为冲击系数。

5.2　公路简支梁桥在多排车辆激励下的振动响应

以一座预应力混凝土 I 形组合简支板梁桥为例[6]，该桥主梁由 9 片 I 形梁组成，桥长 30 m，全桥宽度为 18.8 m，梁高 1.8 m。桥面板为 18 cm 厚 C40 现浇混凝土，铺装层为 0.08 m 厚的沥青混凝土，横隔板设置在两端的支座处，厚度为 0.25 m。该桥跨中横截面如图 5.36 所示。

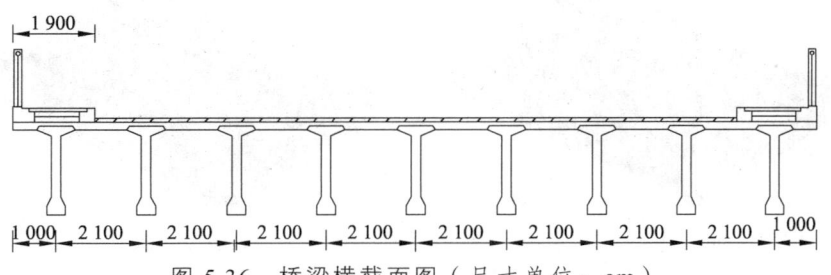

图 5.36　桥梁横截面图（尺寸单位：cm）

运用有限元软件 ANSYS 建立该桥的三维实体有限元模型，主梁采用 solid73 实体单元模拟，铺装层和横隔板采用 shell63 单元模拟。主梁材料主要为混凝土，通过换算截面刚度来考虑钢筋对主梁的影响，桥梁铺装层纵向单元长度 1 m，铺装层共有 1 620 个单元，桥梁有限元模型如图 5.37 所示。对该桥进行模态分析，ANSYS 提取的前十阶振型如图 5.38 所示，桥梁前十阶频率如表 5.7 所示。

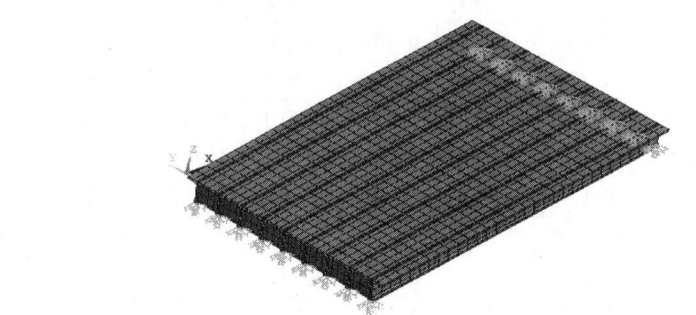

图 5.37　桥梁有限元模型

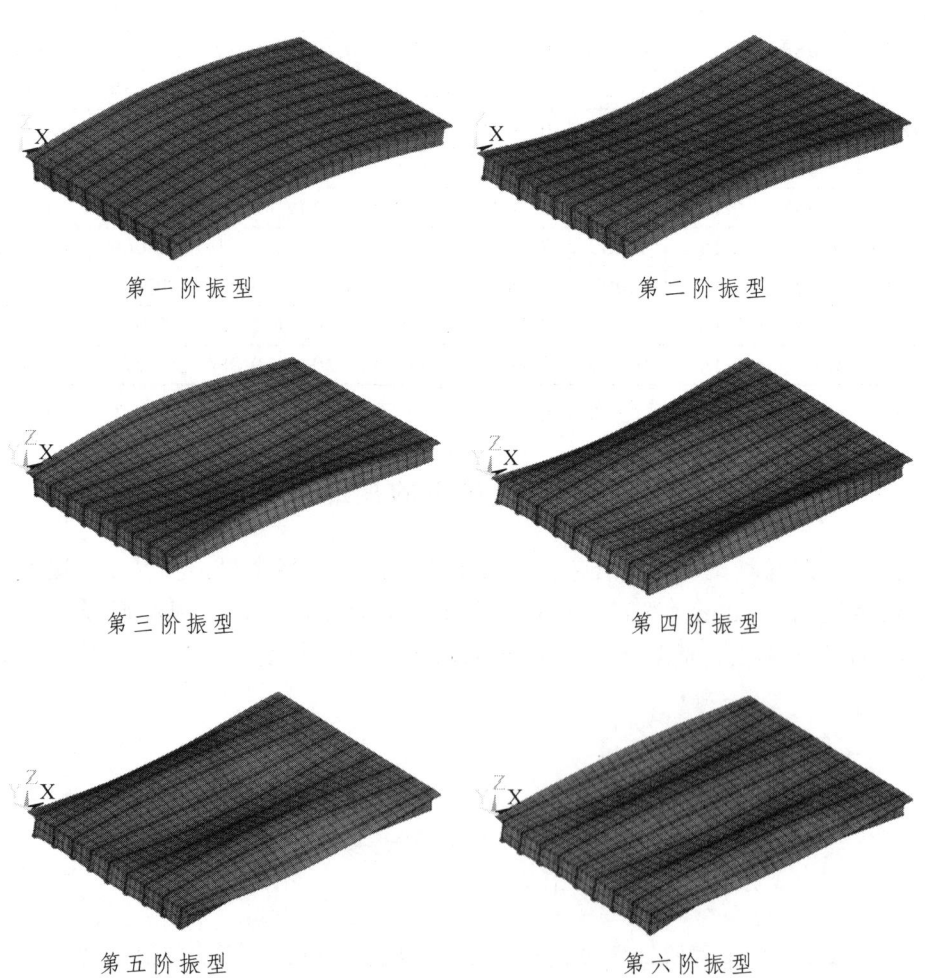

第一阶振型　　　　　　　　　　　　第二阶振型

第三阶振型　　　　　　　　　　　　第四阶振型

第五阶振型　　　　　　　　　　　　第六阶振型

第 5 章 公路简支梁桥车致振动现场测试及数值分析

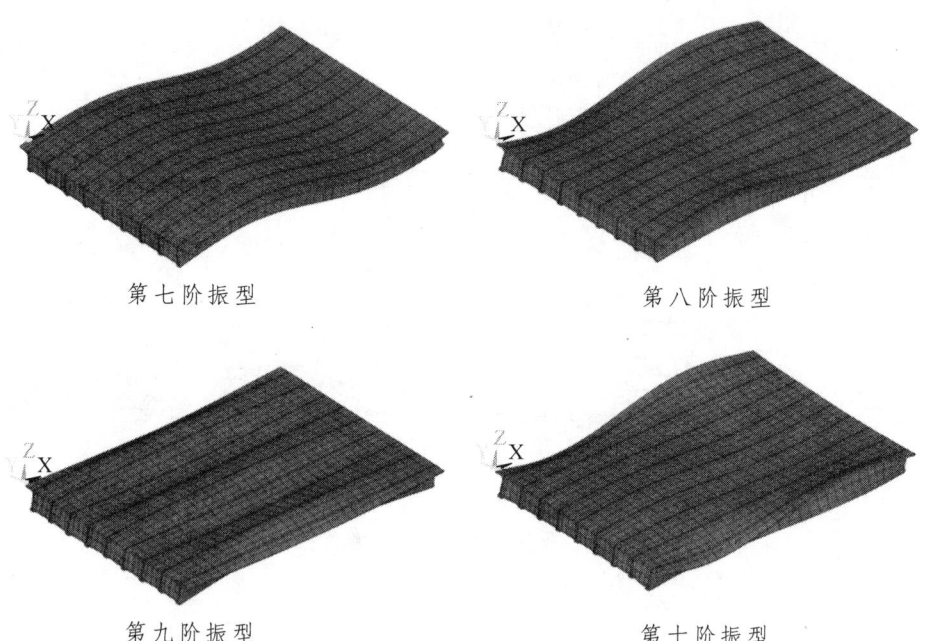

图 5.38 桥梁前十阶振型

表 5.7 桥梁前十阶频率

阶数	频率/Hz	阶数	频率/Hz
一	3.888	六	11.510
二	4.899	七	13.105
三	6.329	八	14.184
四	7.35	九	14.194
五	9.122	十	15.824

5.2.1 车辆行驶速度对桥梁振动响应的影响

为研究不同车辆行驶速度对桥梁振动响应的影响，设计单车、横向并排两车和纵向前后两车 3 种工况：单车工况中，车辆布置在桥面中心；横向两车工况中，两辆车沿桥面中心对称布置，横向间距为 1.3 m；纵向两车工况中，两车均布置在桥面中心，纵向间距 5 m；车辆行驶工况示意图如图 5.39 所示。

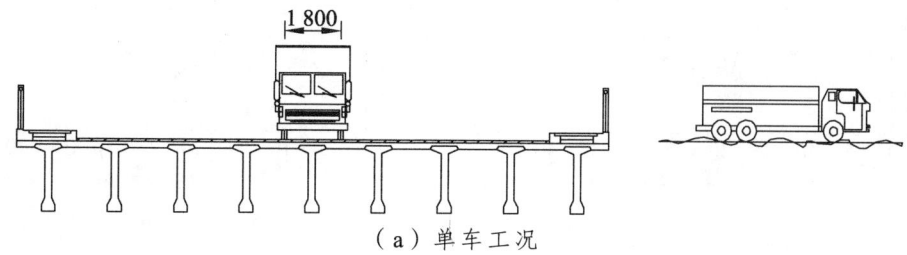

（a）单车工况

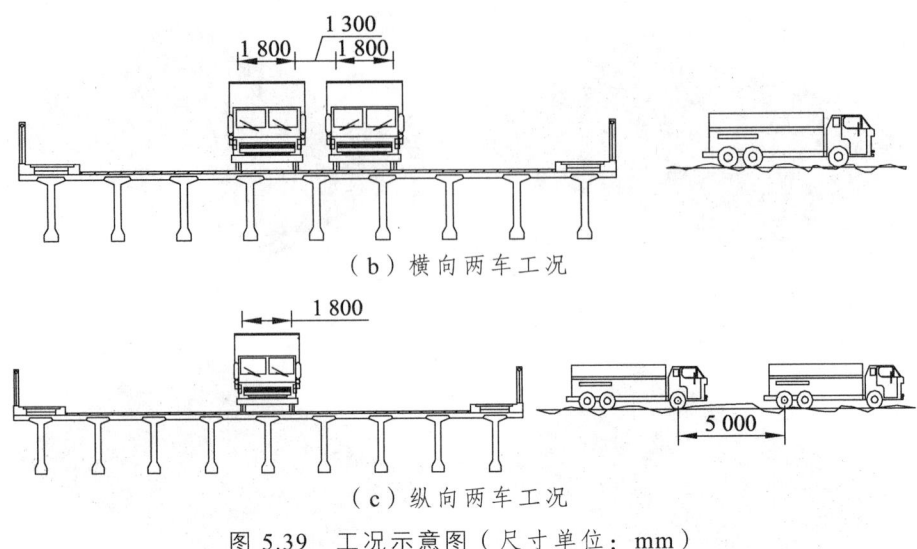

(b) 横向两车工况

(c) 纵向两车工况

图 5.39 工况示意图（尺寸单位：mm）

1. 中梁跨中位移响应

当车辆以不同的速度在 B 级桥面行驶时，不同车辆行驶工况的中梁跨中竖向位移振动响应如图 5.40 所示，不同车辆行驶工况的中梁跨中竖向振动响应最大值见表 5.8。可以看出：相同车辆荷载布置的桥梁跨中位移响应最大值并不随车速的增大而单调递增，不同工况的桥梁跨中位移响应最大值随车速的变化情况也各不相同。当车速为 25 m/s 时，单车工况的桥梁跨中位移响应出现最大值；当车速为 5 m/s 时，横向两车工况的桥梁跨中位移响应出现最大值；当车速为 40 m/s 时，纵向两车工况下的跨中位移响应出现最大值。对于单车和横向两车而言，图 5.40 中的横坐标表示车辆前轴距起点的距离；对纵向两车工况而言，图 5.40 中的横坐标表示前车前轴距起点的距离。不同的车辆行驶速度，当车辆前轴行驶至距起点 15~20 m 时，单车和横向两车工况的桥梁振动响应出现最大值；当前车前轴行驶至距起点 20~25 m 时，纵向两车工况的桥梁振动响应出现最大值。可见，桥梁的跨中竖向位移振动响应不仅与车速有关，还与车辆数目及车辆布载形式等多种因素有关。

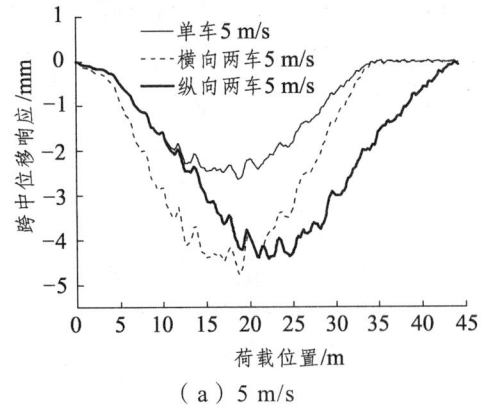

(a) 5 m/s

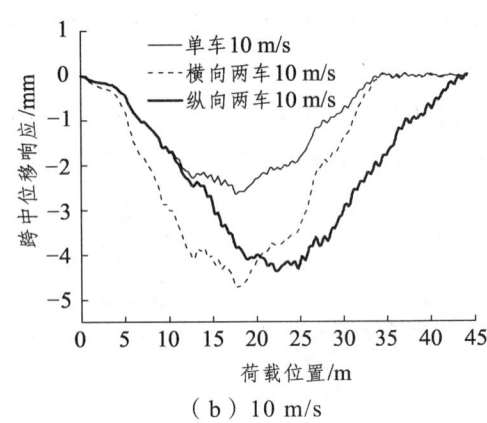

(b) 10 m/s

第 5 章 公路简支梁桥车致振动现场测试及数值分析

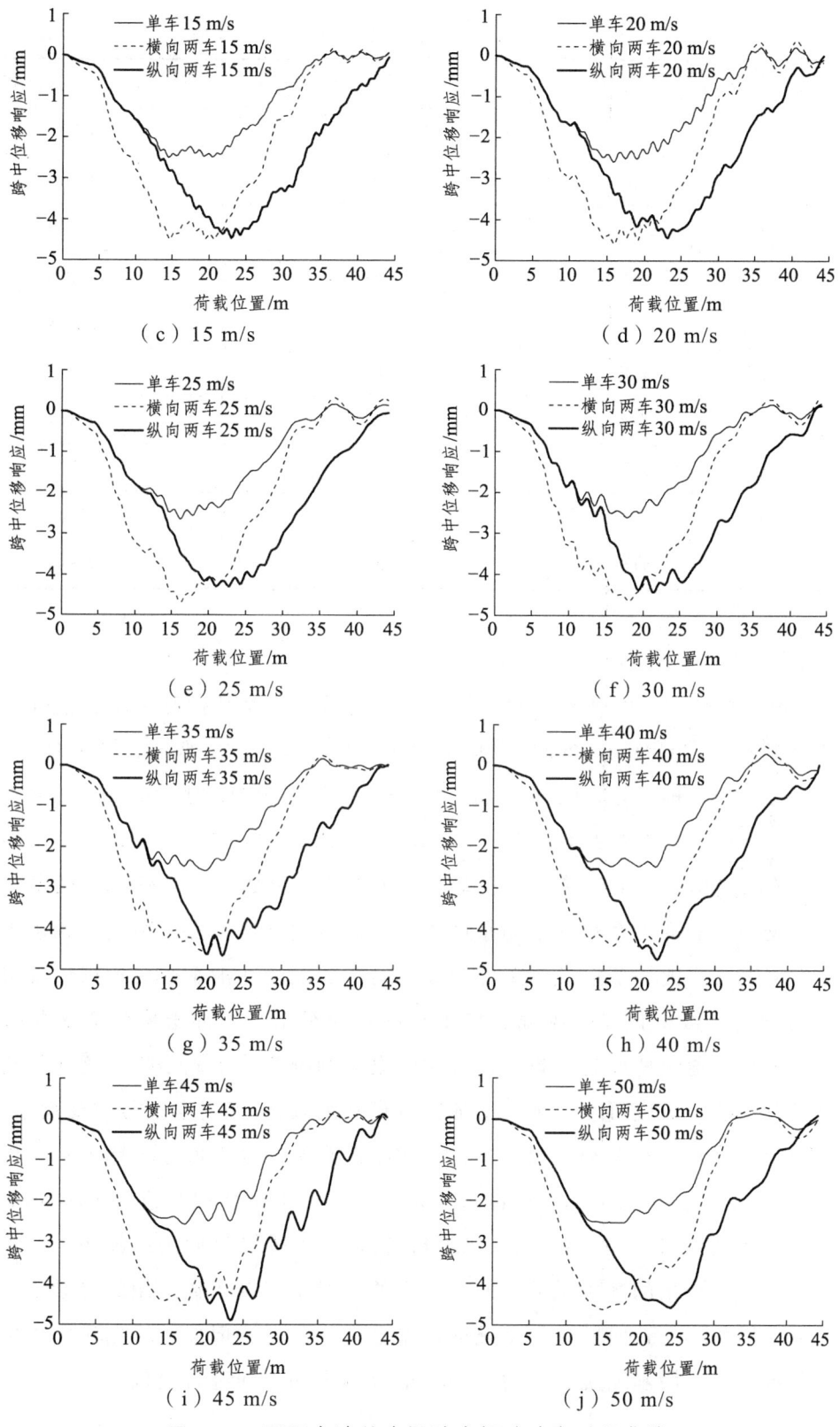

图 5.40 不同车速的中梁跨中振动响应时程曲线

表 5.8　不同车速的中梁跨中位移响应最大值

车速/(m/s)	单车工况位移/mm	横向两车工况位移/mm	纵向两车工况位移/mm
5	2.644	4.783	4.423
10	2.646	4.735	4.383
15	2.507	4.49	4.463
20	2.595	4.594	4.445
25	2.656	4.693	4.298
30	2.618	4.645	4.439
35	2.588	4.608	4.658
40	2.486	4.429	4.737
45	2.561	4.543	4.9
50	2.516	4.623	4.581

2. 冲击系数

在桥梁设计规范中，车辆对桥梁的冲击效应通过冲击系数进行表征，根据《公路桥涵设计通用规范》(JTG D60—2004)[7]中的冲击系数计算公式：当 $f<1.5$ Hz 时，$\mu=0.05$；当 $1.5\ \text{Hz} \leqslant f \leqslant 14\ \text{Hz}$ 时，$\mu=0.176\ 7\ \ln f - 0.015\ 7$；当 $f>14$ Hz 时，$\mu=0.45$；f 为桥梁结构基频。该桥梁基频为 3.888 Hz，则 $\mu = 0.176\ 7\ \ln 3.888 - 0.015\ 7 = 0.224$。不同的车辆行驶工况和桥面路况等级，中梁跨中冲击系数随车速的变化如图 5.41 所示。从图中可以看出：桥梁中梁跨中的冲击系数并不随车速的增大而单调递增，由于横向两辆车各自与桥梁的相互作用是同步的，所以单车工况和横向两车工况的冲击系数变化规律相似。纵向两车工况的冲击系数变化曲线围绕着单车和横向两车工况的冲击系数变化曲线上下波动。当前后两辆车通过桥梁时，相同位置的桥梁振动响应是不同步的，这就造成两车对桥梁同一位置的冲击效应可能出现相互加强或相互削减，并随着车速的改变而不断变化。另外，相同的车辆荷载布置和车速，冲击系数随着路况的变差而逐渐增大；当桥面路况等级为 C 级时，车速为 11～12 m/s 的横向两车工况冲击系数和车速为 44～46 m/s 的纵向两车工况冲击系数大于规范计算值 0.224，其他桥面等级的冲击系数均小于规范计算值。可见，规范所给出的冲击系数是偏于保守的。对于多排车辆作用的桥梁跨中冲击系数选取，可以以相同车速时的单车工况冲击系数作为参考，但对于纵向多车作用的桥梁跨中冲击系数，当车距和路况一定时，则应根据车速的不同进行选取。

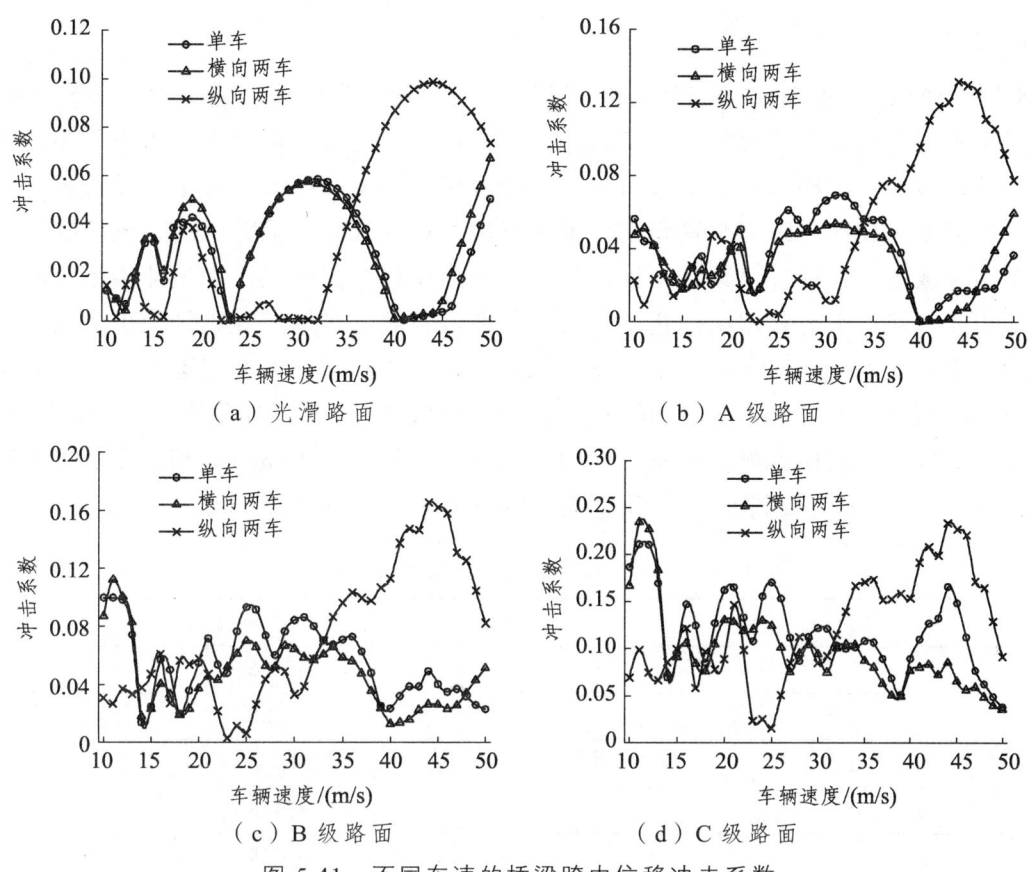

图 5.41 不同车速的桥梁跨中位移冲击系数

5.2.2 车辆间距对桥梁振动响应的影响

《公路工程技术标准》(JTG B01—2014)中规定车辆荷载横向布置间距为 1.3 m[8]，对车辆纵向间距并没有相关规定，为研究车辆间距对桥梁中梁跨中振动响应的影响，在此以图 5.42 的车辆行驶工况为例进行分析，图中 d_1 表示左车右轮至右车左轮的距离，d_2 表示前车后轮至后车前轮的距离。

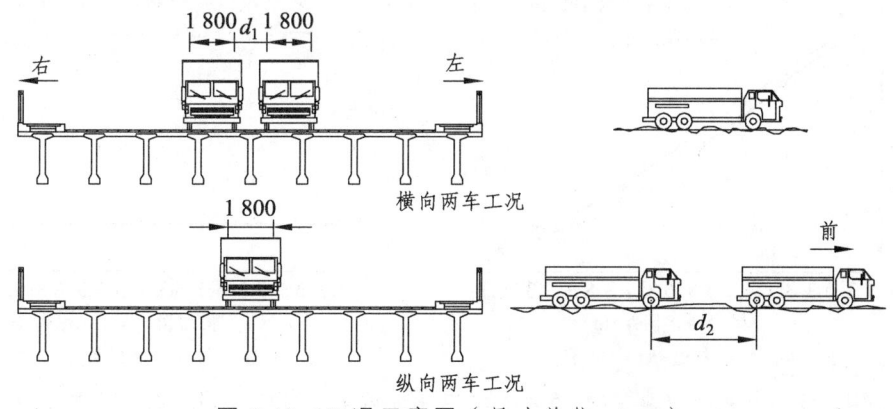

图 5.42 工况示意图（尺寸单位：mm）

1. 横向两车工况

不同的横向两车间距，表 5.9 给出了中梁跨中的最大静位移，图 5.43～图 5.45 给出了不同车速的中梁跨中最大动位移及其冲击系数。可以看出：桥梁中梁跨中最大静位移和最大动位移均随车辆间距的增大而减小；随着车辆间距的增大，冲击系数呈现增大的趋势，但会上下波动。距离车辆作用位置越近的主梁，其受车辆荷载的影响就越大，所以当车辆荷载远离中梁时，其最大静位移和最大动位移会逐渐减小。但冲击系数的变化规律却相反，即远离荷载作用位置的主梁，其冲击系数比车辆荷载直接作用的主梁冲击系数大。车速为 15 m/s 的情况下，当车辆间距接近 2.3 m 时，单车工况的冲击系数与横向两车工况的冲击系数较为接近；车速为 20 m/s 的情况下，当车辆间距在 5.3 m 附近时，单车工况的冲击系数接近横向两车工况的冲击系数；车速为 25 m/s 的情况下，当车辆间距接近 4.3 m 时，单车工况的冲击系数接近横向两车工况的冲击系数。

表 5.9　横向两车工况的中梁跨中最大静位移

间距/m	最大静位移/mm
1.3	4.416
2.3	4.125
3.3	3.77
4.3	3.373
5.3	3.029
6.3	2.662
7.3	2.354
8.3	2.123
9.3	1.916
10.3	1.738

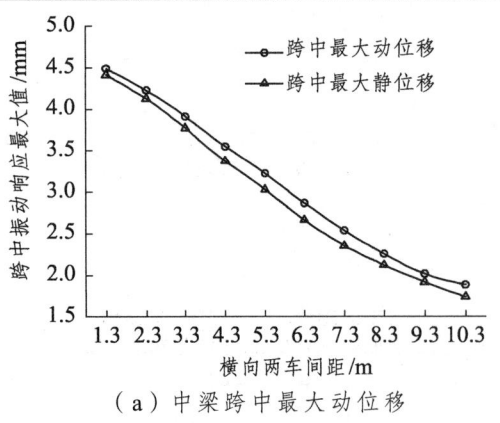
（a）中梁跨中最大动位移

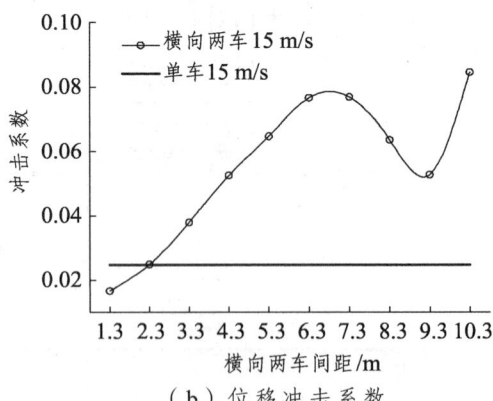
（b）位移冲击系数

图 5.43　车辆行驶速度为 15 m/s 时的中梁跨中最大动位移及其冲击系数

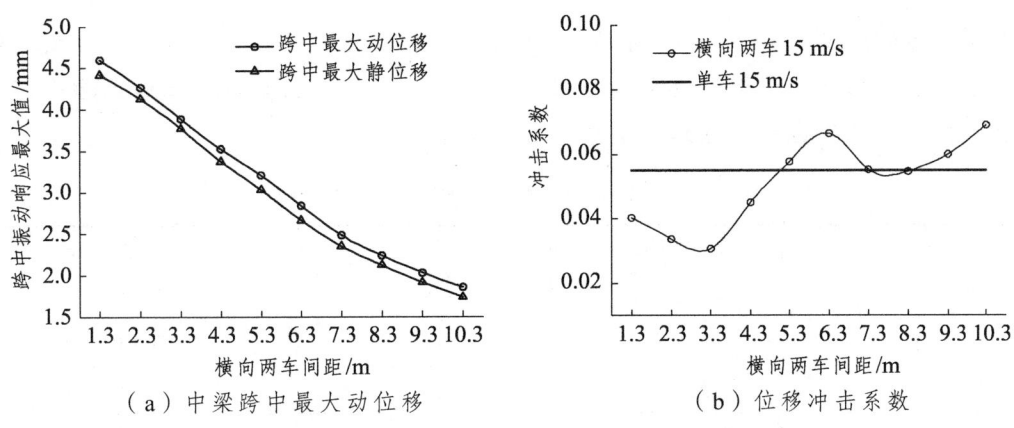

（a）中梁跨中最大动位移　　　　　（b）位移冲击系数

图 5.44　车辆行驶速度为 20 m/s 时的中梁跨中最大动位移及其冲击系数

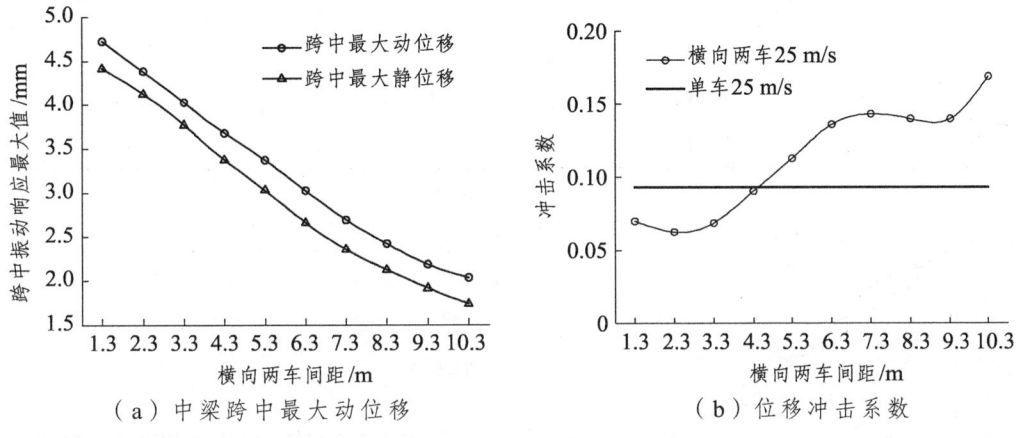

（a）中梁跨中最大动位移　　　　　（b）位移冲击系数

图 5.45　车辆行驶速度为 25 m/s 时的中梁跨中最大动位移及其冲击系数

可见，随着车速的变化，当横向两车工况的冲击系数接近单车工况的冲击系数时，所对应的车辆间距是变化的，即在考虑多排车辆作用下的冲击系数时，只有在某一车速和车距下，才可参考相同车速下的单车工况冲击系数。虽然车辆对桥梁的冲击效应随着车辆间距的增大而增大，但桥梁产生的振动响应却是逐渐减小的，所以，我们仍需重点关注车辆间距较小时车辆对桥梁的冲击效应。

2. 纵向两车工况

不同的纵向两车间距，表 5.10 给出了中梁跨中的最大静位移，图 5.46～图 5.48 给出了不同车速的中梁跨中最大动位移及其冲击系数。从以上结果可以看出：纵向两车工况下，当车辆间距小于 15 m 时，跨中最大动位移和最大静位移均随车辆间距的增大而减小，而冲击系数则随车辆间距的增大而上下波动，且与单车工况的冲击系数存在差值。当车辆间距大于 15 m 时，不同车速的中梁跨中最大静位移和最大动位移均趋于定值，冲击系数则趋于单车工况的冲击系数并保持稳定。当车辆间距小于 15 m 时，前后两辆车对桥梁同一位置的振动响应会相互影响，产生不同程度的削减或加强，冲击系数与单车工况的冲击系数值存在差距，而最大静位移和最大动位移在两车的共同作用下，会比单车工况下相应的值要大。当车辆间距大于 15 m 时,两车所产生的振动响应相互影响程度逐渐减小,纵向两车工况逐渐趋于单车工况,所以,最大动位移和最大静位移均保持恒定,而冲击系数也相应地趋于单车工况下的值。

表 5.10 纵向两车工况下跨中最大静位移

间距/m	最大静位移/mm	间距/m	最大静位移/mm
5	4.28	13	2.917
6	4.149	14	2.709
7	3.997	15	2.504
8	3.844	16	2.47
9	3.675	17	2.47
10	3.499	18	2.47
11	3.312	19	2.47
12	3.115	20	2.47

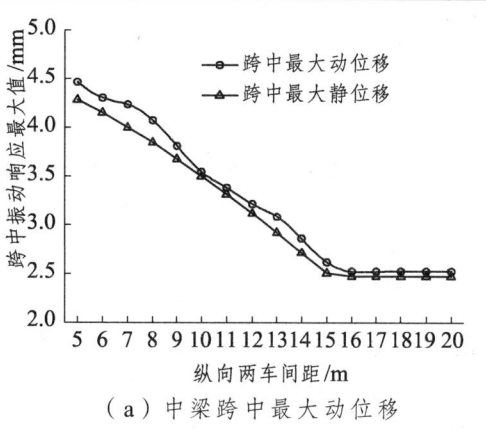
（a）中梁跨中最大动位移

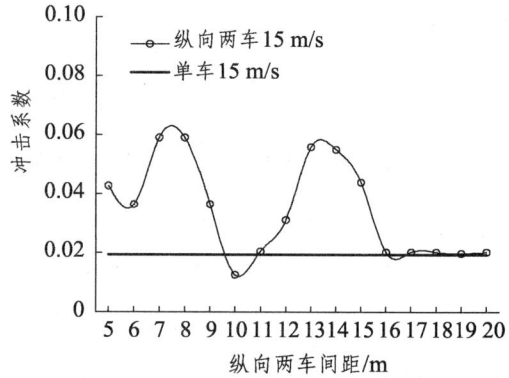
（b）位移冲击系数

图 5.46 车辆行驶速度为 15 m/s 时的中梁跨中最大动位移及其冲击系数

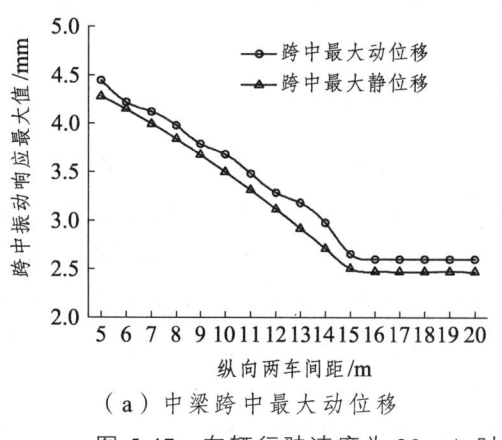
（a）中梁跨中最大动位移

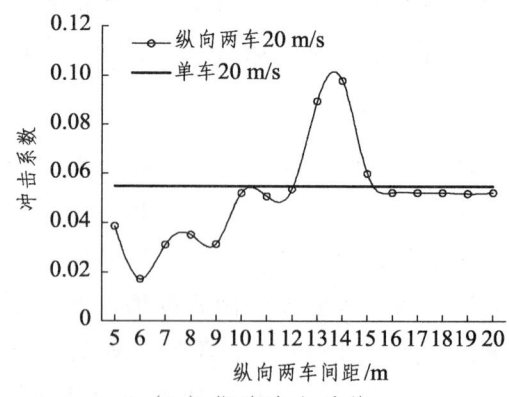
（b）位移冲击系数

图 5.47 车辆行驶速度为 20 m/s 时的中梁跨中最大动位移及其冲击系数

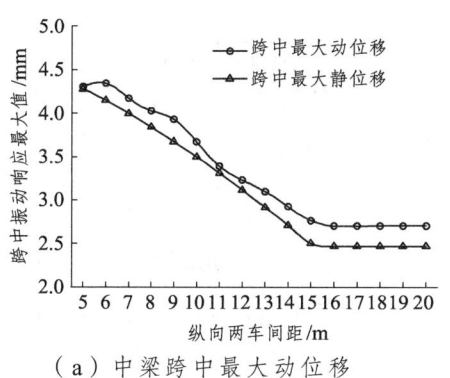
(a)中梁跨中最大动位移

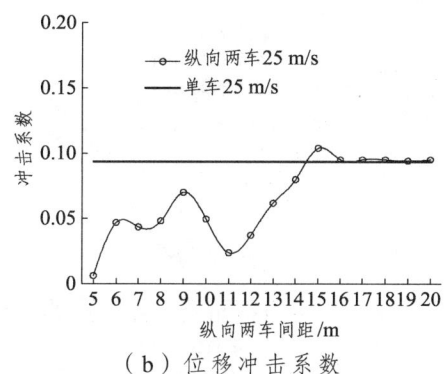
(b)位移冲击系数

图 5.48 车辆行驶速度为 25 m/s 时的中梁跨中最大动位移及其冲击系数

由此可见，对于纵向多车工况的桥梁冲击系数选取，应考虑纵向车辆间距的影响，当两车相距较远时，可忽略两车相互间的影响，冲击系数可取相同车速时单车工况下的数值，但当两车相距较近时，应考虑到两车间的相互影响，根据不同的车辆间距及车辆速度进行选取。

5.2.3 桥面不平顺对桥梁振动响应的影响

为研究桥面不平顺对桥梁振动响应的影响，采用图 5.39 的车辆荷载工况布置形式，车辆行驶速度均为 25 m/s，考虑光滑、A 级、B 级、C 级桥面路况的影响。不同的车辆行驶工况，桥面不平顺对中梁跨中振动响应的影响如图 5.49 所示，不同桥面路况等级的桥梁跨中位移响应最大值见表 5.11，不同桥面路况等级的冲击系数如图 5.50 所示。从以上结果可以看出：在车速为 25 m/s 的情况下，随着路况变差，3 种工况的跨中位移响应幅度均越来越大，且跨中位移响应的最大值及其冲击系数也随着路况变差而逐渐增大，但增长幅度各不相同；相同的桥面路况，横向两车工况对应的跨中位移响应最大，纵向两车工况次之，单车工况下的位移响应最小。

在固定车速为 25 m/s 的情况下，当桥面路况为光滑和 A 级路面时，横向两车工况下的冲击系数均大于单车工况下的冲击系数，但当为 B 级和 C 级桥面路况时，情况却相反，尤其是 C 级路面更为明显；对于纵向两车工况而言，由于前后两车的相互作用，其在各级路面上的冲击系数均比单车工况下的冲击系数小。由此可见，桥梁振动响应不仅受车辆速度的影响，还会受到车辆荷载布置形式、路面不平整情况等多种因素的共同作用。

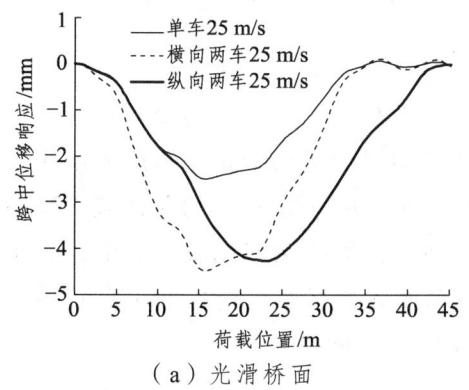
(a)光滑桥面

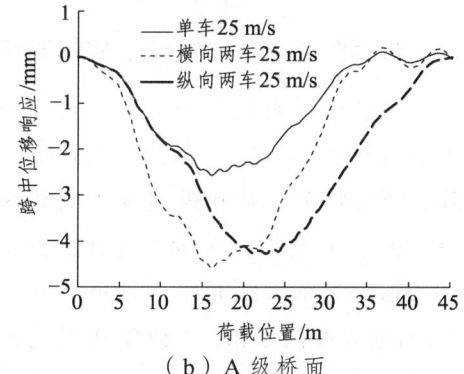
(b)A 级桥面

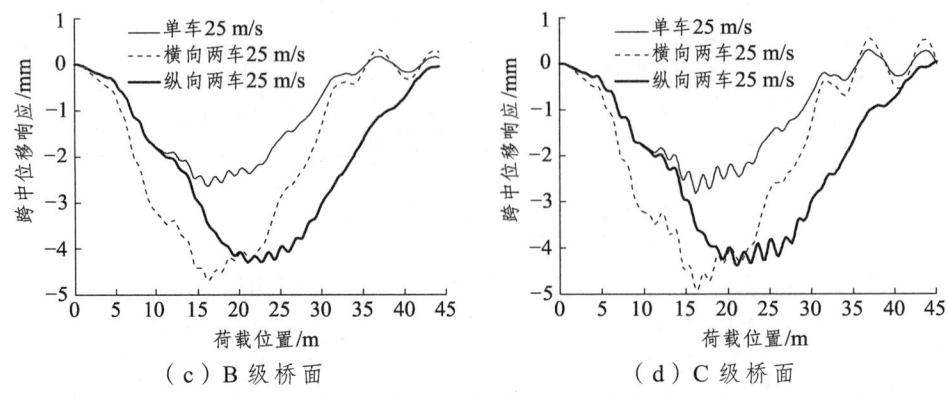

(c) B级桥面　　　　　　　　　(d) C级桥面

图 5.49　不同桥面路况等级的中梁跨中振动响应

表 5.11　不同桥面路况等级的中梁跨中振动响应最大值　　　单位：mm

路况	单车工况位移	横向两车工况位移	纵向两车工况位移
光滑	2.500	4.488	4.262
A	2.573	4.581	4.275
B	2.656	4.693	4.298
C	2.822	4.918	4.385

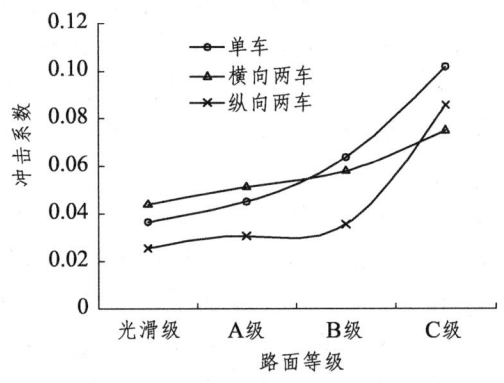

图 5.50　不同桥面路况等级的冲击系数

5.2.4　车辆偏载对桥梁振动响应的影响

实际的车辆在桥面上行驶时，其行驶位置并不都是处于桥面的中心位置，更多的时候是处于偏载行驶的状况。因此，为研究车辆偏载对中梁跨中振动响应的影响，现设计单车偏载、横向两车偏载和纵向两车偏载3种工况，并与图 5.39 的非偏载工况结果进行对比。单车偏载工况中，车辆右轮距路缘石 0.5 m；横向两车偏载工况中，右车右轮距路缘石 0.5 m，两车横向间距 1.3 m；纵向两车偏载工况中，前后两车右轮均距路缘石 0.5 m，两车纵向间距 5 m；3 种偏载工况示如图 5.51 所示。

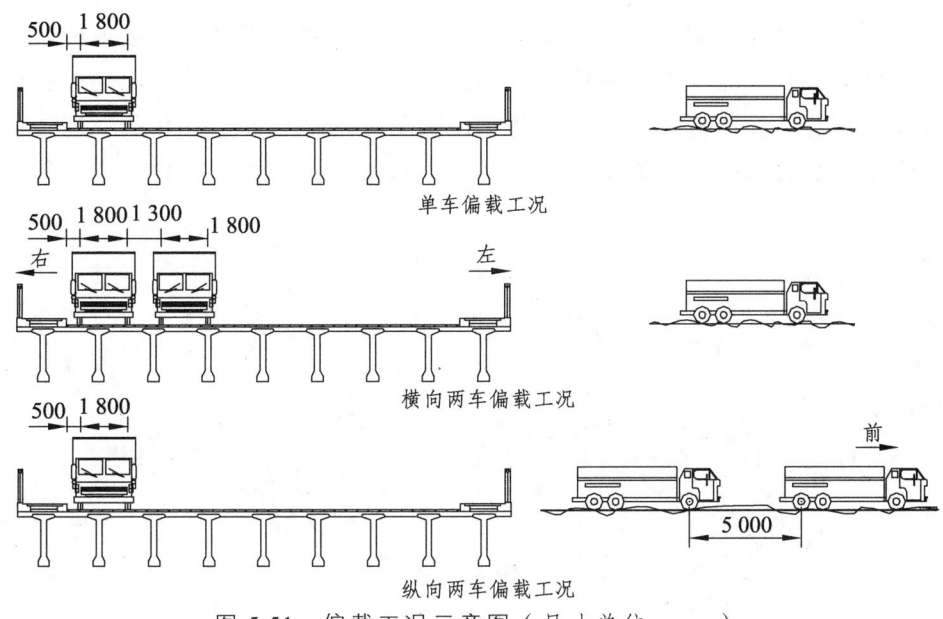

图 5.51 偏载工况示意图（尺寸单位：mm）

1. 桥梁跨中位移响应

当车辆按照偏载工况匀速行驶在 B 级桥面上时，不同车速的中梁跨中竖向位移响应最大值如图 5.52 所示。从图中可以看出：无论是偏载工况还是非偏载工况，中梁跨中位移响应最大值均不随车辆速度的增大而单调递增，偏载工况的位移响应普遍小于非偏载工况的位移响应。非偏载工况的横向两车和纵向两车荷载作用的桥梁位移响应很接近，而偏载工况的横向两车作用的桥梁位移响应大于纵向两车作用的桥梁位移响应，这是因为横向两车偏载工况的车辆更接近桥梁中梁。由此可见，对于桥梁同一位置的振动响应，车辆荷载位置的变化对其数值的大小影响很大。

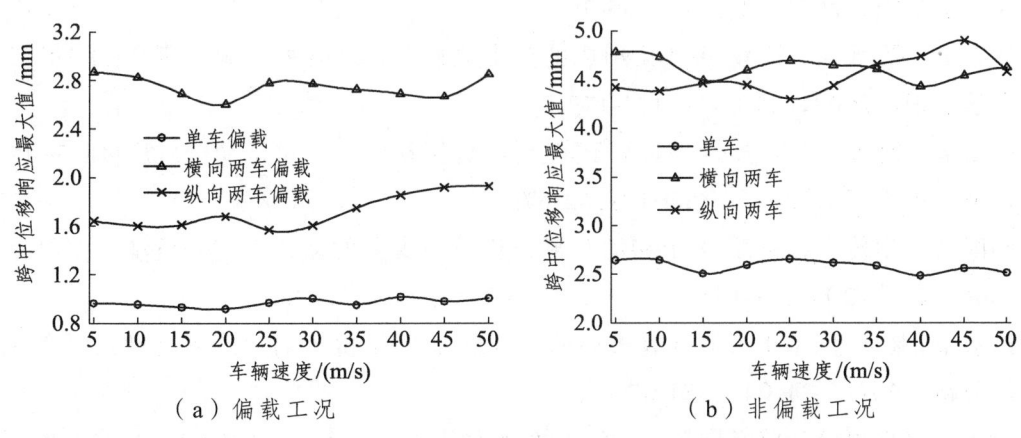

(a) 偏载工况　　　　　　　　　(b) 非偏载工况

图 5.52 中梁跨中振动响应最大值

2. 冲击系数

当车辆按照偏载工况匀速行驶在 B 级桥面上时，不同车速的中梁跨中位移冲击系数如图 5.53 所示。从图中可以看出：偏载工况的位移冲击系数不随车辆速度的增大而单调递增，横向两车偏载工况与单车偏载工况的位移冲击系数随车速的变化规律相似，但小于单车偏载工况的位移冲击系数；纵向两车偏载工况的位移冲击系数曲线围绕单车偏载工况的位移冲击系数曲线上下波动；整体来看，偏载工况的冲击系数大于非偏载工况的冲击系数。

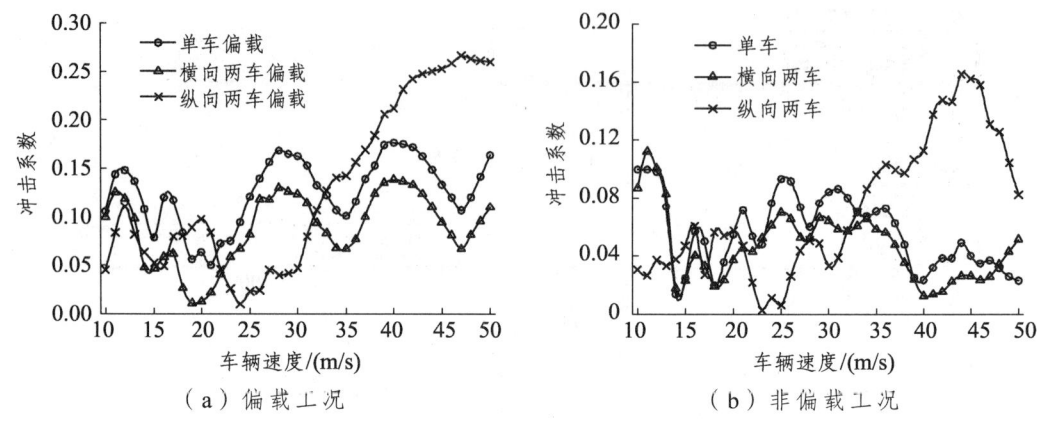

图 5.53　中梁跨中的位移冲击系数

参考文献

[1] 卜建清，娄国充，罗韶湘. 汽车对桥梁冲击作用分析[J].振动与冲击，2007，26（1）：52-55.

[2] 桂水荣，陈水生，许士强. 移动荷载下简支梁桥3种车桥耦合模型研究[J]. 华东交通大学学报，2007，24（1）：35-39.

[3] 桂水荣，陈水生，潘登.多片梁组成的简支梁桥车桥耦合振动响应研究[J]. 华东交通大学学报，2008，25（4）：173-177.

[4] 谭国金，刘寒冰，程永春，等.基于车-桥耦合振动的简支梁桥冲击效应[J]. 吉林大学学报（工学版），2011，41（1）：62-67.

[5] 盛国刚，李传习，赵冰.多个移动车辆作用下简支梁的动力响应分析[J]. 工程力学，2006，23（12）：154-158.

[6] 桂水荣，陈水生.基于不同计算模型的I形组合板-梁桥车辆冲击系数对比研究[J]. 中外公路，2011，31（1）：81-87.

[7] 中交公路规划设计院有限公司. 公路桥涵设计通用规范：JTG D60—2004 [S]. 北京：人民交通出版社，2004.

[8] 中交第一公路勘察设计研究院有限公司. 公路工程技术标准：JTG B01—2014[S]. 北京：人民交通出版社，2014.

第6章
连续梁桥车-桥耦合振动响应分析

我们在第4章研究了简支梁桥的车-桥耦合振动响应,而在实际工程中,我国高速公路上的梁式桥多为连续梁桥,其结构刚度大、变形小,主梁变形挠曲线平缓,行车平顺舒适。针对连续梁桥的结构特点,本章运用 ANSYS 软件建立连续梁桥的有限元模型,提取桥梁结构的特性矩阵;基于车-桥耦合振动理论,采用模态综合叠加技术和 Newmark-β 算法求解连续梁桥的振动响应。同时,对连续梁桥的动力特性和车致振动响应进行现场测试,并将连续梁桥车致振动响应的数值模拟结果与实测振动响应结果进行对比。

6.1 二分之一车作用的连续梁桥振动响应分析

6.1.1 车辆和桥梁模型参数

目前,我国公路上的连续梁桥跨径一般为 30~50 m,其主要有整体式现浇连续梁桥和分片安装先简支后连续连续梁桥两种类型。为研究方便,本节选取整体式三跨连续梁桥进行分析,桥梁参数为:单位长度的质量 $m = 1.2 \times 10^4$ kg/m,抗弯刚度 $EI = 1.275 \times 10^{11}$ N·m², $L_1 = L_2 = L_3 = 40$ m。采用 beam3 梁单元建立该连续梁桥的有限元模型,ANSYS 提取的桥梁前十阶自振频率如表 6.1 所示。

表 6.1 连续梁桥前十阶自振频率

阶数	一	二	三	四	五	六	七	八	九	十
频率/Hz	3.19	4.09	5.97	7.21	12.66	14.43	17.68	21.65	28.12	30.69

由于过桥汽车车型复杂,本节选取三轴载重汽车为车辆研究对象,车辆简化为五自由度的二分之一车模型,表 6.2 列出了二分之一(三轴)车模型的质量、惯性矩和几何尺寸,图 6.1 给出了二分之一车(三轴)作用的连续梁桥车-桥耦合振动模型。

表 6.2 车辆模型参数

质量		刚度/(N/m)		阻尼系数/(N·s/m)		与车身质心的距离/m	
前轮/kg	445	前轮	225×10^4	前轮	2×10^4	前轮	3.652 4
中轮/kg	890	中轮	400×10^4	中轮	2×10^4	中轮	0.272 6
后轮/kg	890	后轮	400×10^4	后轮	2×10^4	后轮	1.672 6
车身/kg	321 70	前钢板	400×10^4	前悬架	400×10^4		
转动惯量/(kg·m²)	82 615.67	中钢板	800×10^4	中悬架	800×10^4		
		后钢板	800×10^4	后悬架	800×10^4		

公路桥梁车-桥耦合振动分析——模型、试验与应用

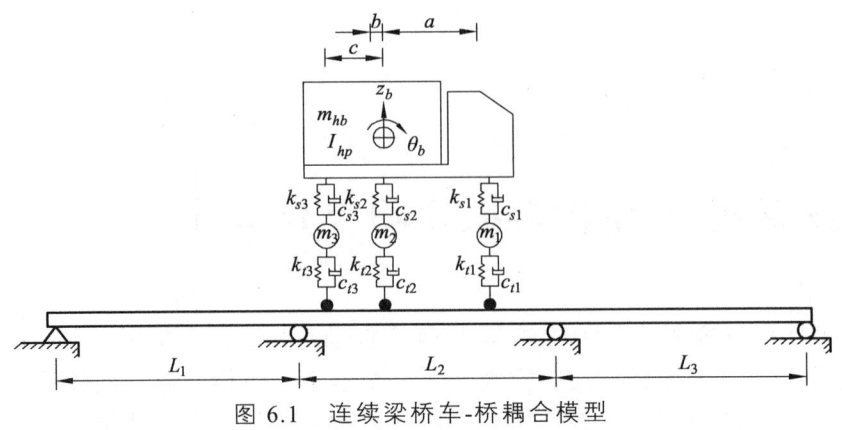

图 6.1 连续梁桥车-桥耦合模型

6.1.2 数值分析结果

公路上车辆的行驶速度通常在 40~100 km/h 范围内，为更好地吻合实际情况，在此选取车辆行驶速度 $v = 20$ m/s（72 km/h）。图 6.2 为连续梁桥不同位置处的动位移时程曲线，图 6.3 为第一跨跨中的动位移和静位移时程曲线。从图中可以看出，三跨等截面连续梁桥在第一跨跨中的动挠度最大，且动挠度围绕着静挠度上下波动。

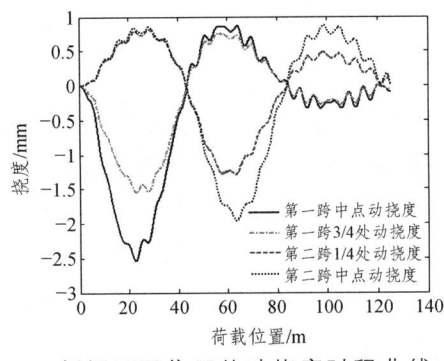

图 6.2 桥梁不同位置的动挠度时程曲线

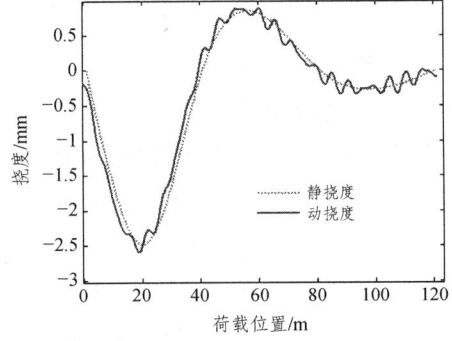

图 6.3 第一跨跨中的动挠度和静挠度曲线

图 6.4 为不同速度的第一跨跨中动位移时程曲线。从图中可以看出，不同的行车速度，连续梁桥第一跨跨中的最大动位移相差较小，但当车速增大时，曲线波动频率降低、波动幅度变大。

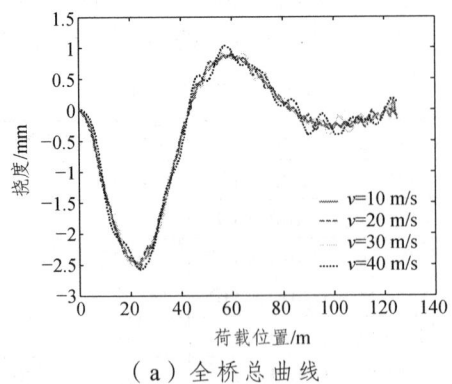

（a）全桥总曲线

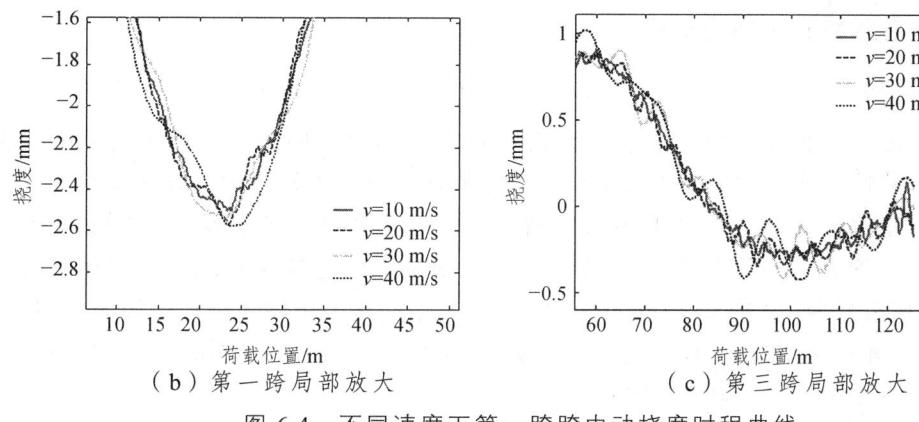

（b）第一跨局部放大　　　　　　　　（c）第三跨局部放大

图 6.4　不同速度下第一跨跨中动挠度时程曲线

图 6.5 为第一跨跨中竖向振动加速度的时程曲线，图 6.6 为第一跨跨中竖向振动加速度的功率谱密度。由图 6.5、图 6.6 和表 6.1 可以看出，连续梁桥第一跨竖向振动响应主要由第一、二阶振动频率控制。

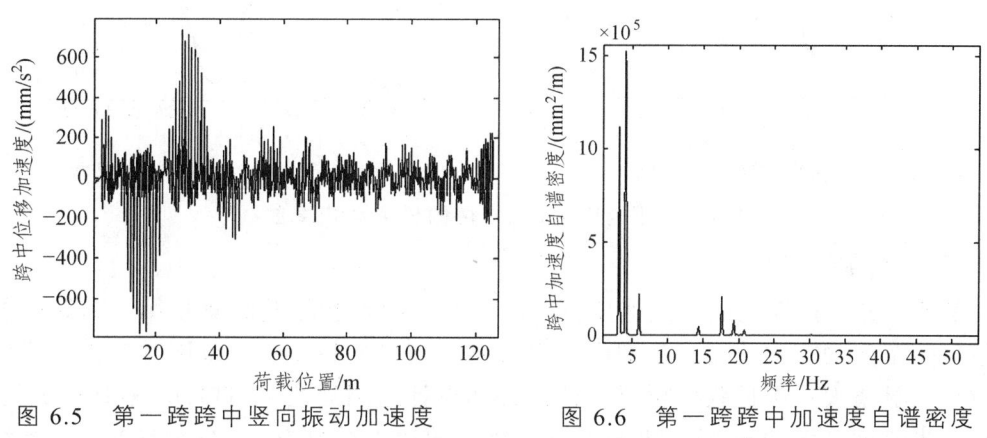

图 6.5　第一跨跨中竖向振动加速度　　　图 6.6　第一跨跨中加速度自谱密度

图 6.7 为第二跨跨中竖向振动速度时程曲线，图 6.8 为第二跨跨中竖向振动速度的功率谱密度。结合表 6.1，从图 6.7、图 6.8 可以看出，连续梁桥的第二跨竖向振动响应主要由第一阶振动频率控制。

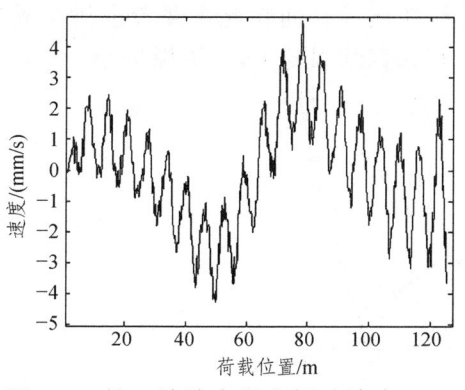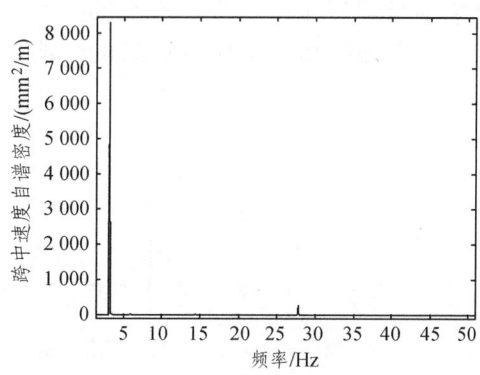

图 6.7　第二跨跨中竖向振动速度　　　图 6.8　第二跨跨中速度自谱密度

6.1.3 冲击系数的影响因素分析

1. 桥梁结构阻尼

桥梁阻尼是一个非常重要且十分复杂的参数，它由材料阻尼、结构阻尼和系统阻尼所组成，其离散性很大。当车辆以 20 m/s 速度在光滑桥面上行驶时，图 6.9 给出了不同阻尼比的桥梁车致振动响应。从图中可以看出，阻尼比的大小对桥梁的振动响应有显著的影响；阻尼比越大，动位移波动就越小，最大动位移值也越小；随着桥梁阻尼比的增大，冲击系数相应减少。从图 6.3 和图 6.9(b)可知，第一跨跨中最大静态位移为 2.446 mm，而阻尼比为 0、0.02、0.05 时的最大动态位移分别为 2.596 mm、2.566 mm、2.503 mm，冲击系数分别为 1.062、1.049、1.023。

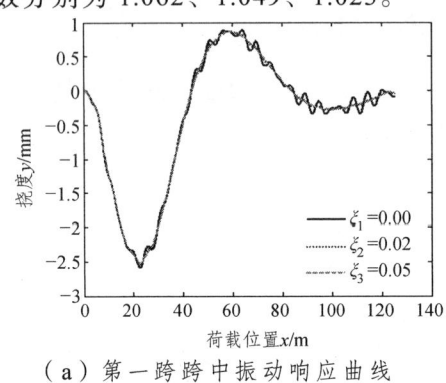 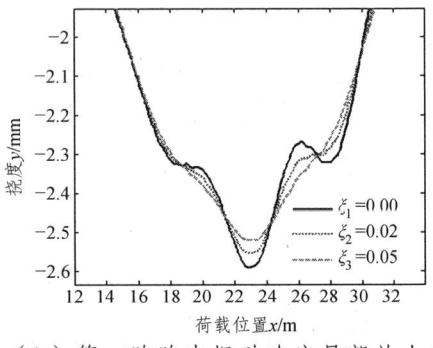

（a）第一跨跨中振动响应曲线　　　（b）第一跨跨中振动响应局部放大

图 6.9　不同阻尼比 ζ 作用的桥梁动挠度曲线

2. 车辆行驶速度

当车辆在光滑桥面上以不同速度行驶时，图 6.10 给出了连续梁桥第一跨跨中的位移冲击系数随车速的变化关系。从图中可以看出，当车速超过一定范围时，连续梁桥的冲击系数将明显增大；根据我国桥梁《公路桥涵设计通用规范》(JTJ 021—1985，简称 85《桥规》)，当跨度 $L = 40$ m 时，钢筋混凝土梁桥的冲击系数为 0.038，与本节计算结果相比，85《桥规》)偏于不安全；而根据我国《公路桥涵设计通用规范》(JTJ D60—2004，简称 04《桥规》)，该钢筋混凝土连续梁桥的冲击系数为 0.189，与本节计算结果相比，04《桥规》偏于安全。由于影响桥梁强迫振动的因素比较复杂，如：激振力、激振力频率、桥梁本身固有频率、桥面不平度、桥梁材料性质等，而在此主要考虑桥梁固有频率的影响，未考虑桥面不平顺等因素的影响，因而计算结果比 04《桥规》小。

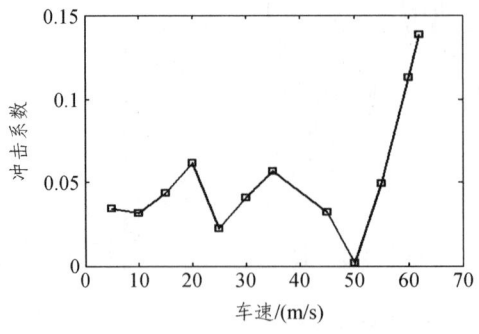

图 6.10　不同车速的位移冲击系数

3. 桥面不平顺

桥面不平度具有很大的随机性，同一等级的桥面，采用不同方法生成的桥面不平顺也会有很大的离散性，这必将导致车-桥耦合振动响应的差异。为分析桥面不平顺对桥梁振动响应的影响，考虑光滑、A 级、B 级和 C 级四种桥面路况，当车辆以 10 m/s、20 m/s、25 m/s、40 m/s 速度行驶时，第一跨跨中的位移冲击系数随车速的变化趋势如图 6.11 所示。从图中可以看出，随着桥面路况的恶化，冲击系数显著增大，这说明桥面不平顺对冲击系数的影响显著；当桥面路况较好时，冲击系数随车速的变化波动不大；C 级桥面路况的冲击系数都大于 04《桥规》计算的冲击系数值。

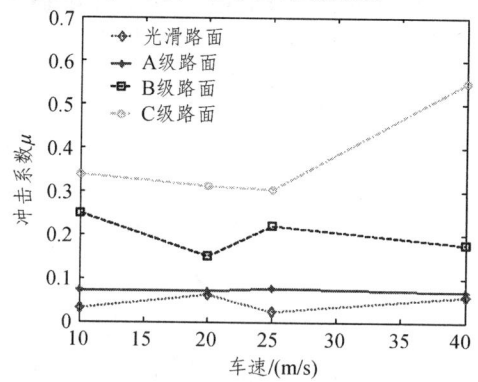

图 6.11 不同桥面路况的冲击系数

6.2 单箱双室箱梁的连续梁桥车致振动响应分析

6.2.1 工程概况

新余市长青南路立交桥为七跨预应力混凝土连续梁桥，该连续梁桥上部结构为单箱双室箱梁，梁高 1.79 m，底板宽 11 m，顶板厚 25 cm，底板厚 22 cm，腹板厚 45 cm。桥宽 19 m，桥面横向布置为：1.5 m（人行道）+16 m（行车道和非机动车道）+1.5 m（人行道）。路面面层结构：5 cm 厚沥青混凝土+三涂 FYT 改进型防水层+8 cm 厚 C40 防水混凝土。桥梁立面及主梁截面如图 6.12 所示。

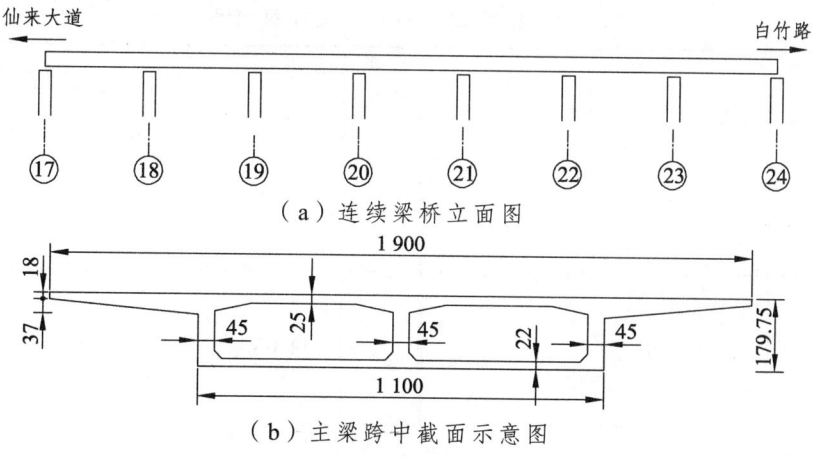

图 6.12 桥梁立面及横断面图（尺寸单位：cm）

6.2.2 数值模拟分析

1. 计算模型

采用 ANSYS 的线弹性梁单元 Beam4 建立该桥的有限元模型,钢筋对截面特性的影响通过换算截面刚度进行考虑。钢筋混凝土材料的弹性模量为 33 GPa,密度为 2 500 kg/m³,泊松比为 0.167,有限元模型如图 6.13 所示。ANSYS 提取的前十阶自振频率及振型如表 6.3 所示。从表中可以看出,该七跨连续梁桥以竖向振动为主,横向振动很小,因而本节数值模拟只分析该桥的竖向振动响应。

过桥车辆为一辆载重 33 t 的自卸汽车,采用二分之一车辆模型,车辆各参数见表 6.2。

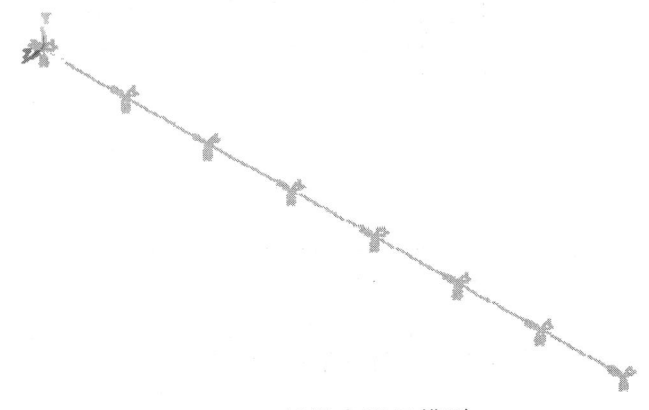

图 6.13 桥梁有限元模型

2. 桥梁振动响应分析

当车辆以 15 m/s 的速度在光滑的桥面上行驶时,第一跨到第四跨各跨跨中的动位移时程曲线如图 6.14 所示。从图中可以看出,边跨跨中的最大动位移最大,因此本节主要研究边跨跨中的竖向振动位移冲击系数。图 6.15 为光滑桥面路况下,车辆以 15 m/s 的速度行驶时,边跨跨中的动位移与静位移的对比曲线。从图中可以看出,动位移始终围绕着静位移上下波动;随着车辆远离第一跨,其对第一跨跨中的竖向振动响应影响变小。

表 6.3 桥梁前十阶频率及振型特点

振型阶数	自振频率/Hz	振型特点	振型阶数	自振频率/Hz	振型特点
一	2.932		六	10.09	
二	4.413		七	11.035	

续表

振型阶数	自振频率/Hz	振型特点	振型阶数	自振频率/Hz	振型特点
三	5.182	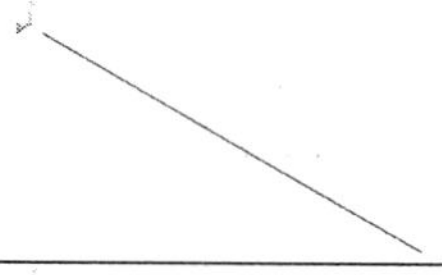	八	11.82	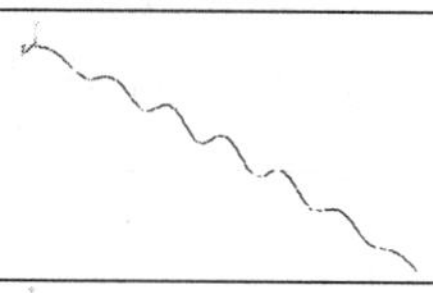
四	7.331		九	12.877	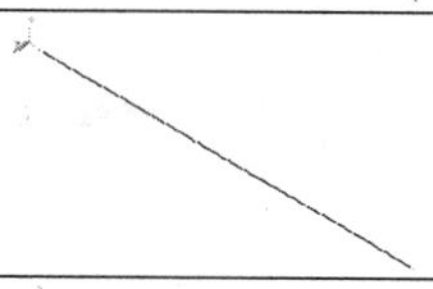
五	9.162	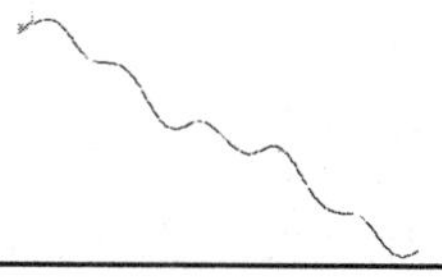	十	14.309	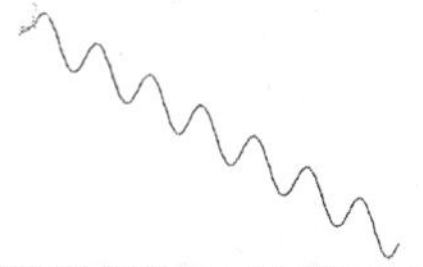

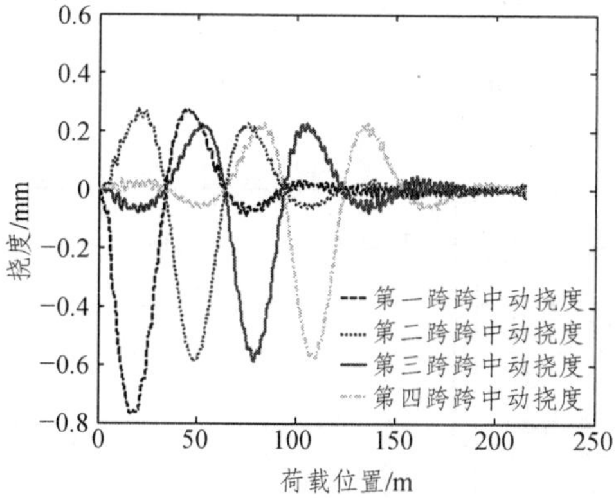

图 6.14 各跨跨中动位移曲线

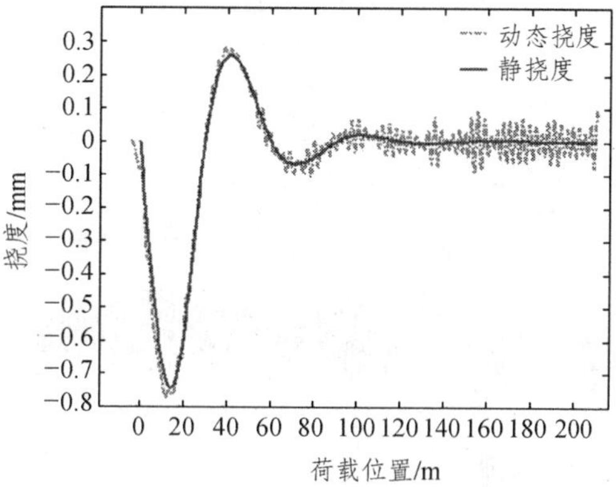

图 6.15 边跨跨中动位移和静位移

图 6.16 为车辆以 15 m/s 的速度分别在 B 级和 C 级桥面上行驶时，第一跨跨中竖向动位移与静位移的对比曲线。从图中可以看出，随着桥面路况等级的变差，动位移围绕着静位移上下波动的幅度也相应地增大，这也说明桥梁竖向振动响应受桥面不平顺的影响较大。

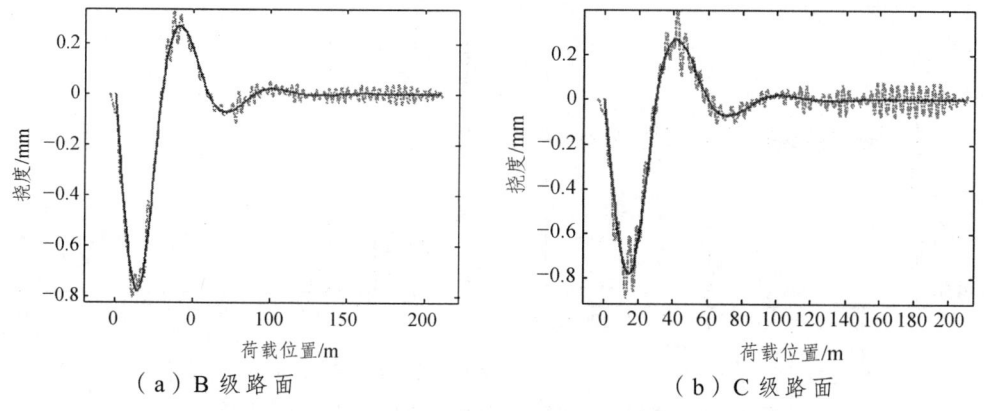

（a）B 级路面 （b）C 级路面

图 6.16 动位移与静位移的对比

图6.17~图6.19为边跨跨中的竖向振动位移、速度、加速度响应曲线及其对应的功率谱密度，图6.20~图6.22为次边跨跨中的竖向振动位移、速度、加速度响应曲线及其对应的功率谱密度。从图中可以看出，该连续梁桥竖向振动响应主要由第一、二阶频率控制，高阶频率对竖向振动的影响不明显。

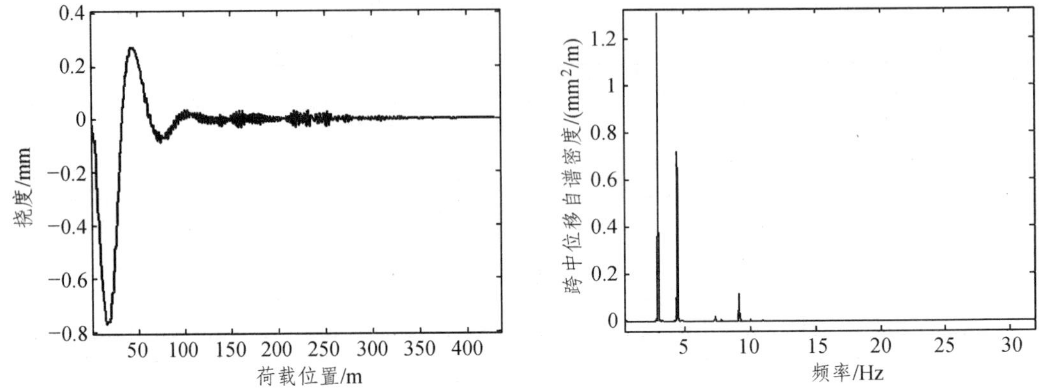

（a）边跨跨中位移　　　　　　　　　　（b）边跨跨中位移的自谱密度

图6.17　边跨跨中竖向振动位移及其自谱密度

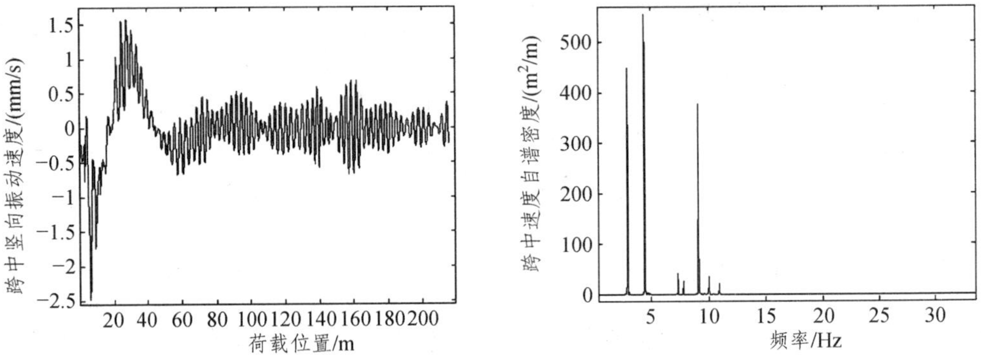

（a）边跨跨中速度　　　　　　　　　　（b）边跨跨中速度的自谱密度

图6.18　边跨跨中竖向振动速度及其自谱密度

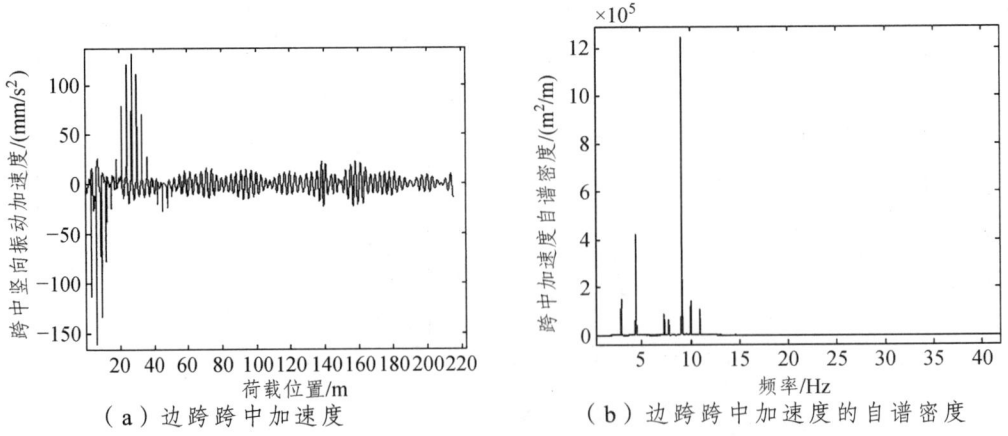

（a）边跨跨中加速度　　　　　　　　　（b）边跨跨中加速度的自谱密度

图6.19　边跨跨中竖向振动加速度及其自谱密度

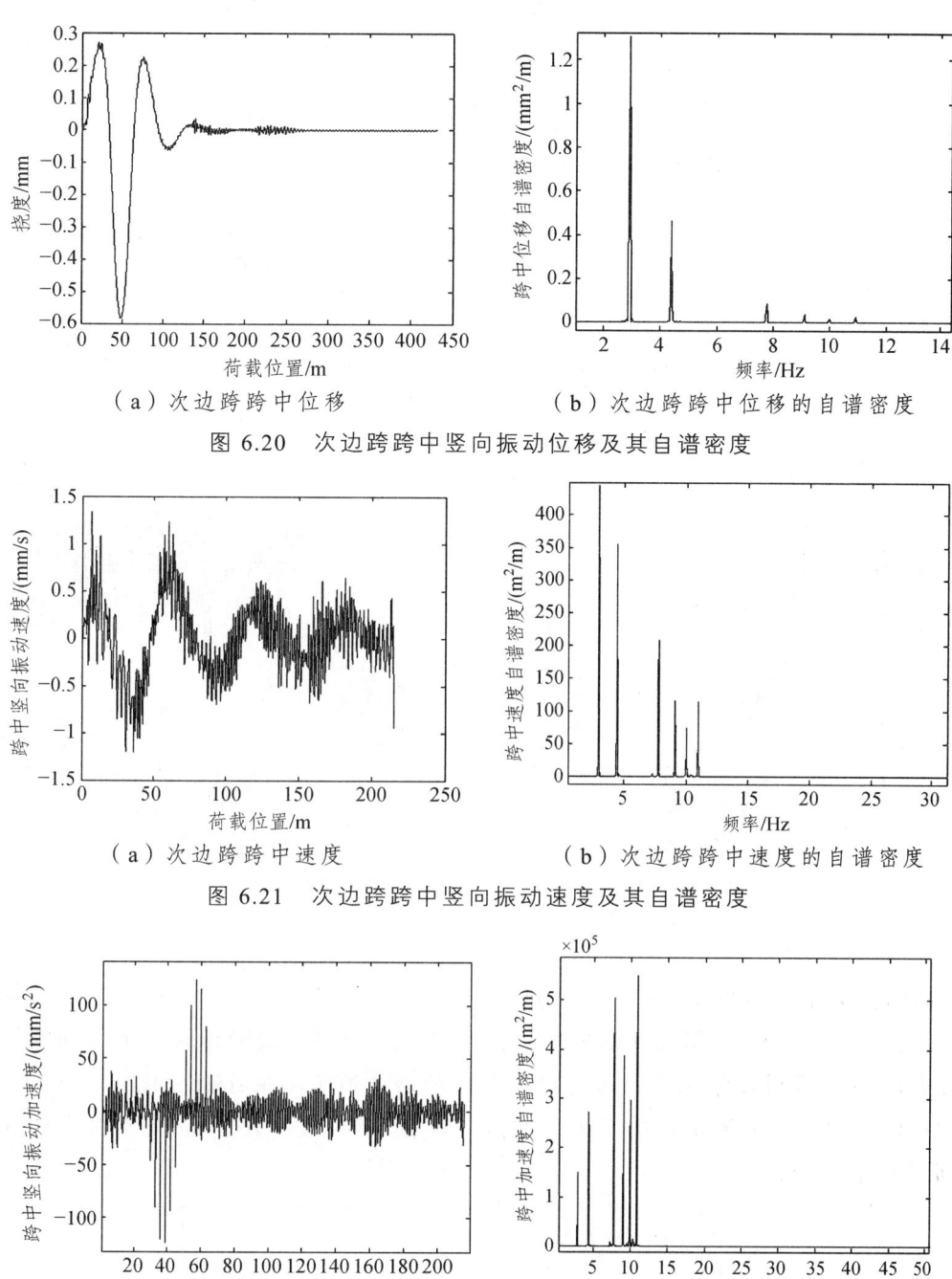

(a)次边跨跨中位移　　　　　(b)次边跨跨中位移的自谱密度

图 6.20　次边跨跨中竖向振动位移及其自谱密度

(a)次边跨跨中速度　　　　　(b)次边跨跨中速度的自谱密度

图 6.21　次边跨跨中竖向振动速度及其自谱密度

(a)次边跨跨中加速度　　　　(b)次边跨跨中加速度的自谱密度

图 6.22　次边跨跨中竖向振动加速度及其自谱密度

当车辆分别以 10 m/s、20 m/s、30 m/s、40 m/s 的速度在光滑桥面上行驶时,该连续梁桥边跨跨中的竖向振动响应如图 6.23 所示。从图中可以看出,边跨跨中竖向振动响应最大值与车速并没有明显的线性关系,动位移围绕着静位移上下波动的幅值与车速也没有明显的线性关系。

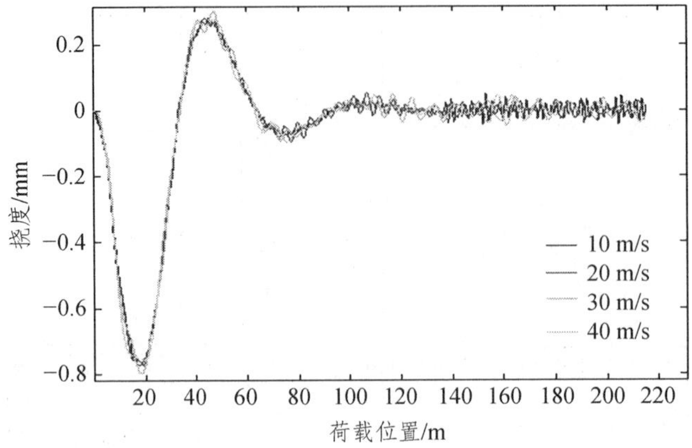

(a)边跨跨中动位移

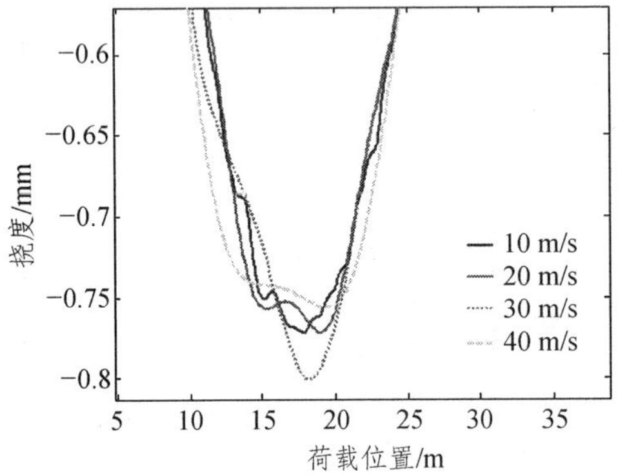

(b)边跨跨中动位移局部放大 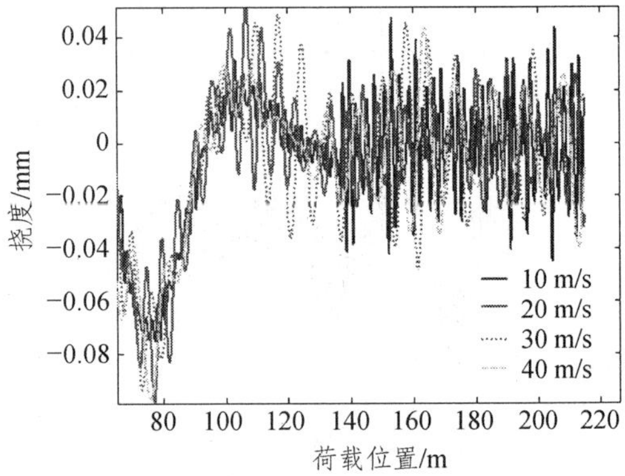　　(c)第五～七跨动位移局部放大

图 6.23　不同速度的边跨跨中振动响应

3. 冲击系数分析

不同的桥梁结构阻尼比，边跨跨中的竖向振动响应时程曲线如图 6.24 所示。从图中可以看出，随着桥梁结构阻尼比的增大，桥梁结构动位移围绕静位移上下波动的幅度减小。在光滑和 C 级桥面路况下，边跨跨中位移冲击系数随阻尼比的变化如图 6.25 所示。从图中可以看出，随着阻尼比的增大，冲击系数有不同程度的减小，光滑桥面的冲击系数波动幅度比 C 级桥面平缓。

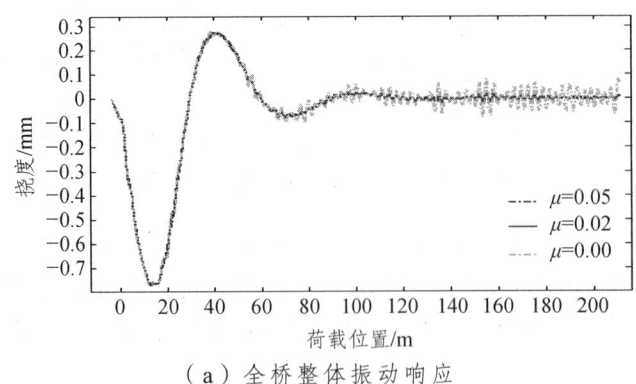

(a)全桥整体振动响应

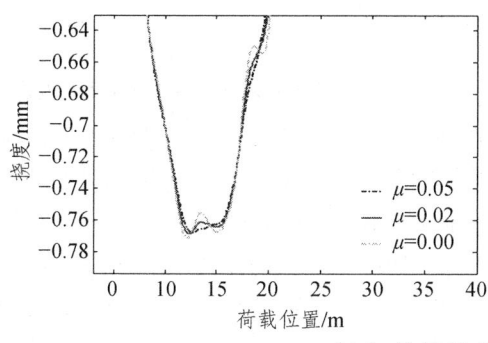
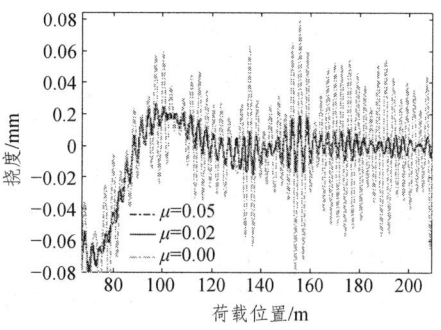

（b）局部振动响应放大图

图 6.24 不同阻尼比的边跨跨中动位移曲线

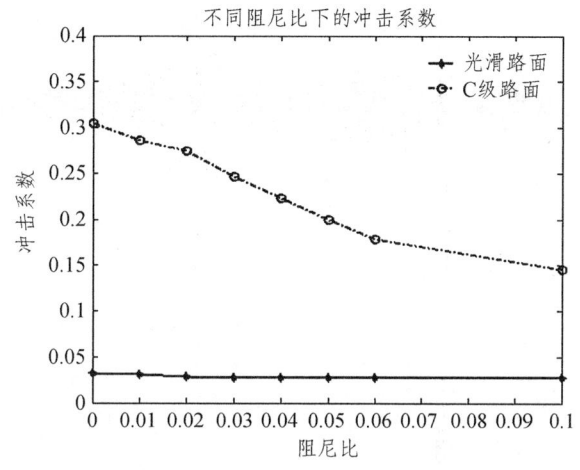

图 6.25 不同阻尼比的边跨跨中位移冲击系数

当车辆以不同的速度分别在光滑、A 级、B 级、C 级桥面路况上行驶时，边跨跨中的位移冲击系数如图 6.26 所示。从图中可以看出，汽车荷载冲击系数随桥面路况的变差而逐渐增大，这说明桥面不平顺对冲击系数的影响显著。

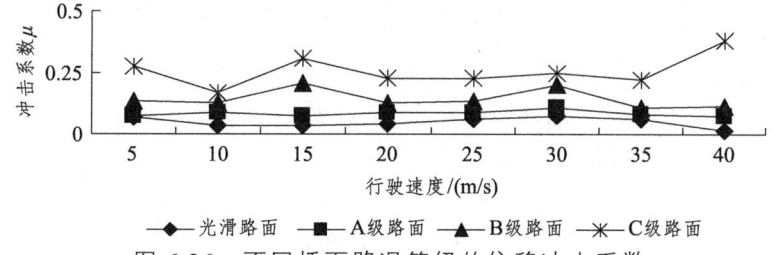

图 6.26 不同桥面路况等级的位移冲击系数

6.2.3 现场动载测试

桥梁结构的振动测试主要测试桥梁结构的振动固有频率、阻尼比和车辆冲击系数，它反映了桥梁结构的动力特性，是进行结构动力计算的基础。其中，固有频率间接反映了结构的刚度，阻尼比反映了结构对振动的衰减能力。现场动力测试采用 DH5932 系统采集桥梁的振动信号，过桥车辆为一辆 33 t 的三轴后八轮汽车。

1. 结构动力特性分析

图 6.27 为边跨跨中的竖向振动速度时程曲线及其功率谱密度。从图中可以看出，边跨跨中竖向振动以前两阶频率为主，高阶频率对竖向振动响应的影响不明显；二阶频率成分比一阶频率成分有更大的影响。图 6.28 为边跨 3/4 截面处的竖向振动速度时程曲线及其功率谱密度。从图中可以看出，该测点的振动响应时程曲线和功率谱密度与跨中截面有相同的规律。图 6.29 为次边跨跨中的竖向振动速度时程曲线及其功率谱密度。从图中可以看出，次边跨跨中竖向振动的影响频率主要为一阶频率和二阶频率，次边跨一阶频率对竖向振动响应的影响要大于边跨一阶频率的影响。

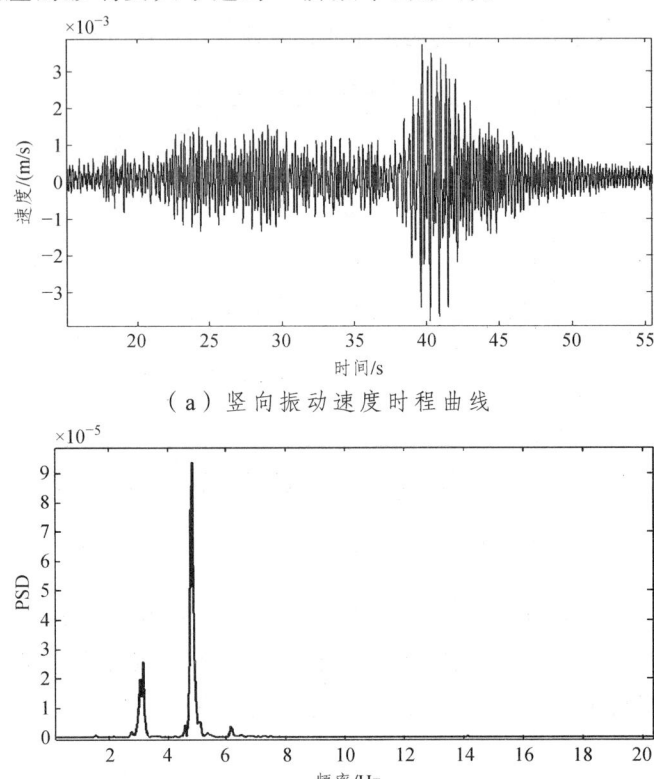

(a) 竖向振动速度时程曲线

(b) 竖向振动速度的功率谱密度

图 6.27 边跨跨中竖向振动速度及其功率谱密度

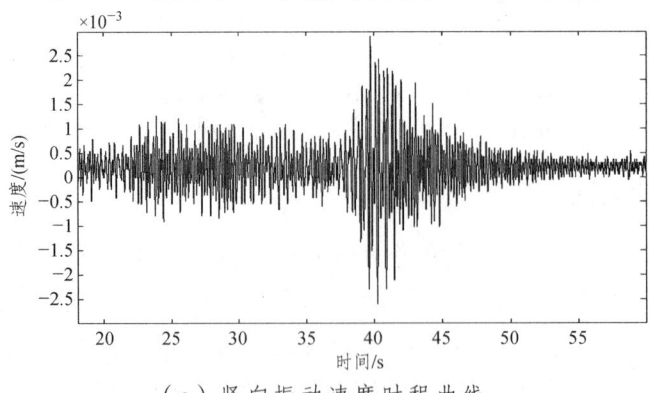

(a) 竖向振动速度时程曲线

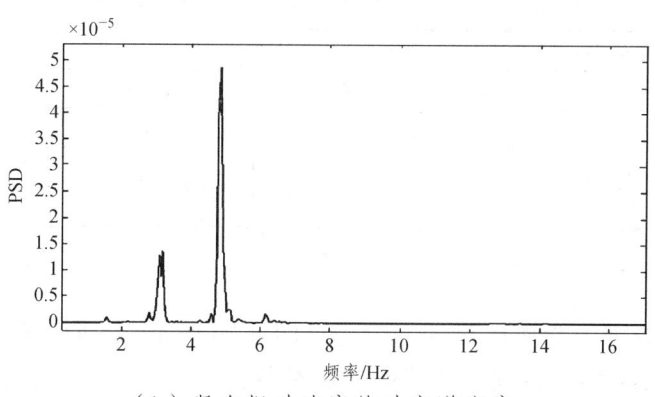

（b）竖向振动速度的功率谱密度

图 6.28　边跨 3/4 截面的竖向振动速度及其功率谱密度

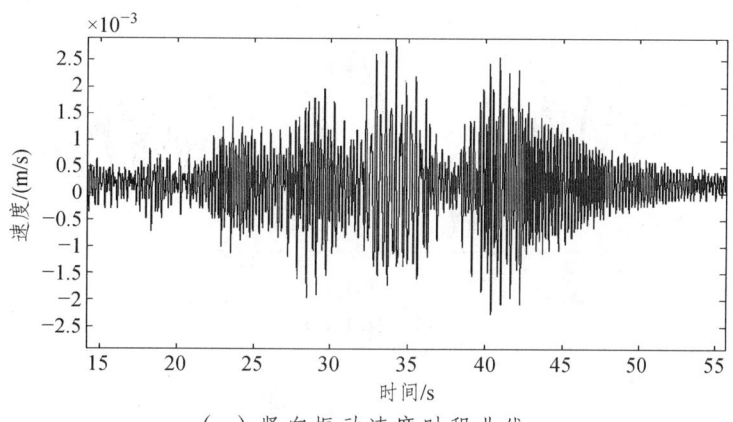

（a）竖向振动速度时程曲线

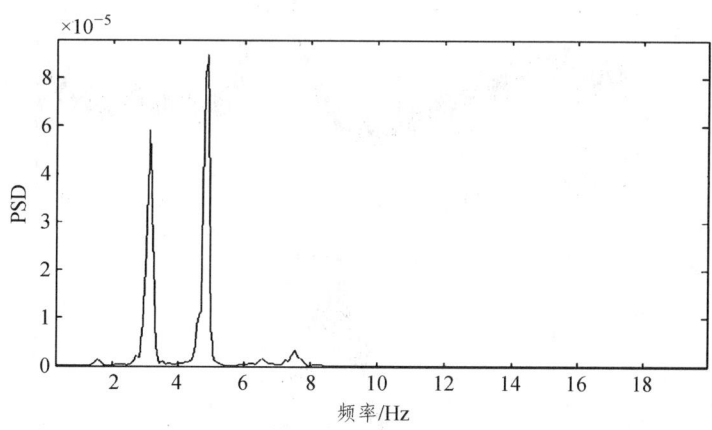

（b）竖向振动速度的功率谱密度

图 6.29　次边跨跨中的竖向振动速度及其功率谱密度

根据图 6.27～图 6.29 的桥梁振动速度信号及其频谱分析结果，可得桥梁的固有振动频率和阻尼比，如表 6.4 所示。实测结果均比理论计算值大，说明桥梁的实际刚度比理论刚度大，桥梁的实际施工质量满足设计要求。

表 6.4 桥梁动力特性的实测值与理论值对比

阶数	理论频率/Hz	实测频率/Hz	理论/实测	阻尼比/%
一	2.932	3.173 8	0.923	2.218
二	4.413	4.834 0	0.913	2.516
三	5.182	—	—	—
四	7.331	—	—	—

2. 冲击系数分析

现场采集的边跨跨中截面底板动态应变如图 6.30 所示，不同车辆速度的动态应变冲击系数见表 6.5。我国 04《桥规》计算的冲击系数为 1.174，大于现场实测冲击系数，说明规范规定较为合理。

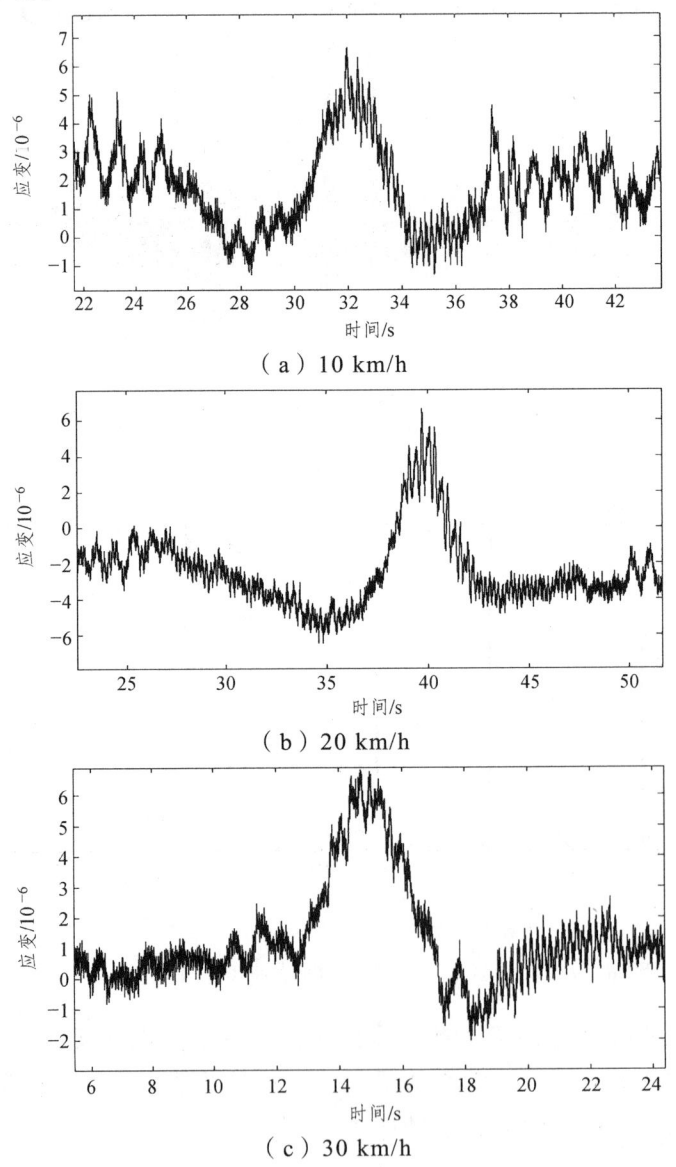

（a）10 km/h

（b）20 km/h

（c）30 km/h

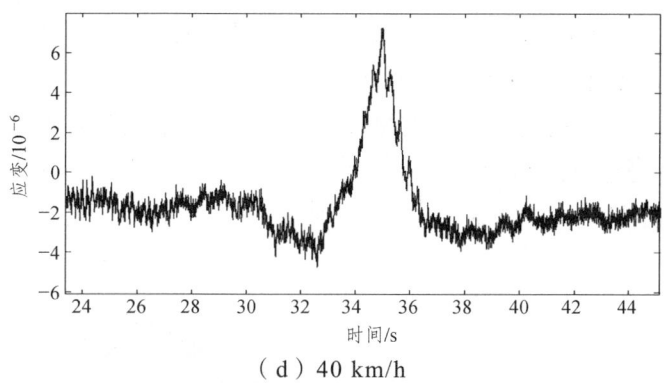

（d）40 km/h

图 6.30 不同车速的动态应变时程曲线

表 6.5 不同车速的汽车冲击系数

行车速度	10 km/h	20 km/h	30 km/h	40 km/h
冲击系数	0.085	0.098	0.070	0.102

6.3 T形主梁连续梁桥的车致振动响应分析

6.3.1 工程概况

位于江西奉铜高速公路 K151+172 的大墩水库桥为 3×30 m 预应力混凝土先简支后连续 T 梁桥，桥梁上部结构横向由 6 片 T 梁组成，T 梁高 2 m，桥梁全长 90 m。桥面横向布置：0.5 m（防撞栏）+11.65 m（行车道）+0.5 m（防撞栏）+0.35 m（隔离带）。桥面铺装层采用 4 cm 厚改性沥青混凝土抗滑表层+6 cm 厚中粒式改性沥青混凝土+三层 FYT-1 改性防水层+10 cm 厚 C50 混凝土桥面铺装层。下部结构采用桩柱式桥墩，肋式桥台，嵌岩桩基础，设计荷载为公路-I 级。桥梁实景如图 6.31 所示。

图 6.31 大墩水库桥实景

6.3.2 桥梁有限元模型及动力特性分析

采用 ANSYS 软件建立大墩水库连续梁桥的空间有限元模型，主梁截面材料主要由混凝土组成，钢筋对截面的影响通过换算截面刚度进行考虑，取其材料弹性模量为 34.5 GPa，密度为 2 600 kg/m³,泊松比为 0.167;桥面铺装层及横隔板采用壳单元 shell63,主梁结构采用 solsh190 单元,桥面铺装表层和面层沥青混凝土不考虑刚度的影响(因沥青混凝土弹性模量较 C50 混凝土弹性模量小一个数量级),仅以质量单元分摊至全桥各节点。不考虑墩台、基础的沉降,全桥共计 6 030 个单元,有限元模型如图 6.32 所示。对结构进行模态分析,提取结构的前十阶自振频率如表 6.6 所示,前五阶振型如图 6.33 所示。

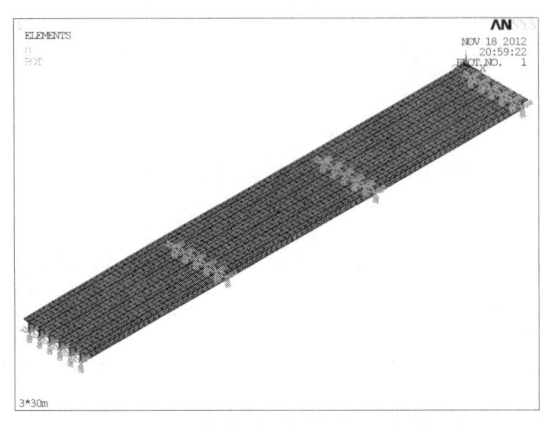

图 6.32 大垯水库桥有限元模型

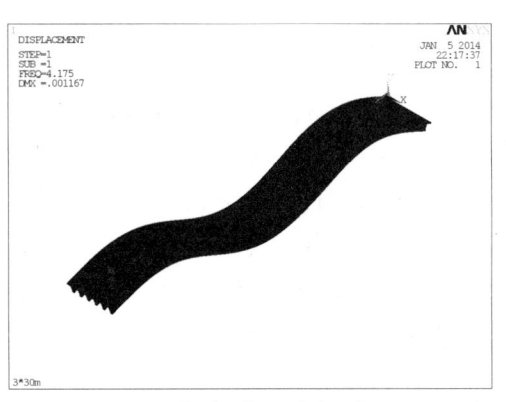

(a)第一阶振型

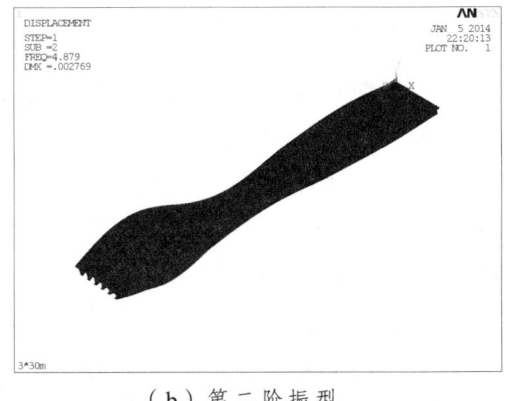

(b)第二阶振型

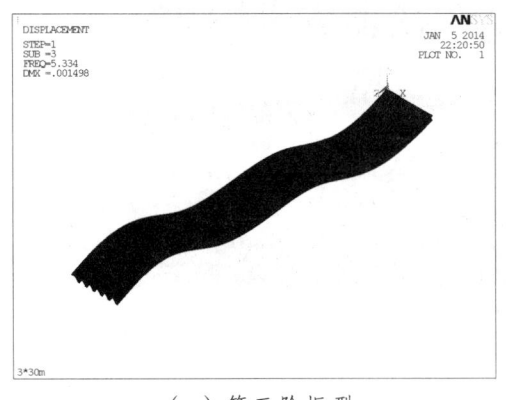

(c)第三阶振型

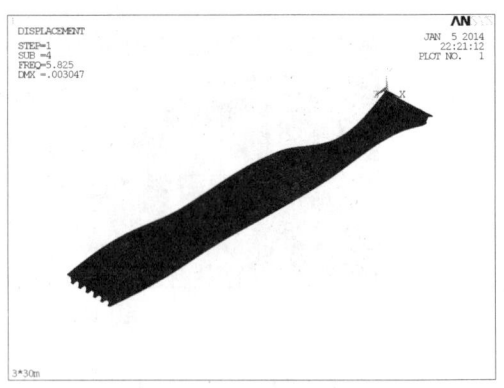

(d)第四阶振型

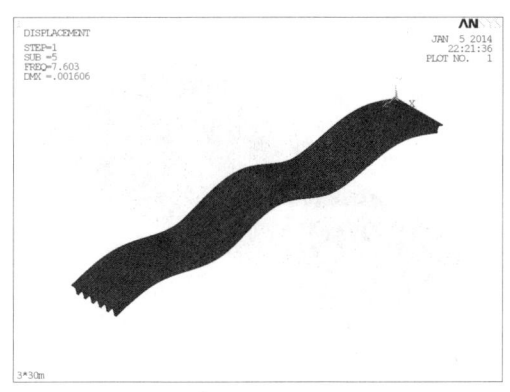

（e）第五阶振型

图 6.33　大墩水库桥前五阶振型

表 6.6　大墩水库桥前十阶振动频率

模态阶数	一	二	三	四	五
频率/Hz	4.175	4.879	5.335	5.825	7.603
模态阶数	六	七	八	九	十
频率/Hz	7.671	11.201	11.897	12.090	15.506

为进行对比分析，采用相同的建模方法，建立相同截面形式的简支梁桥，并分析其结构动力特性，可得简支梁桥前五阶振型如图 6.34 所示，前十阶自振频率如表 6.7 所示。

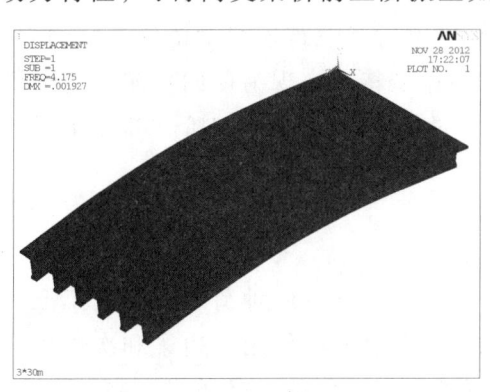

（a）第一阶频率

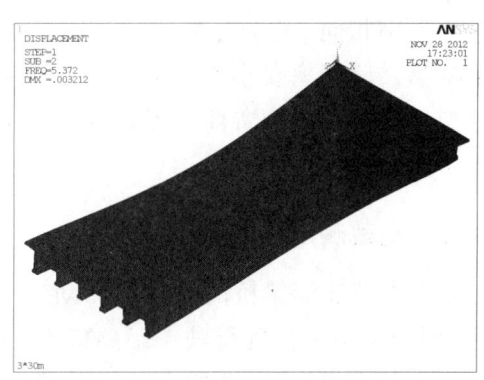

（b）第二阶频率

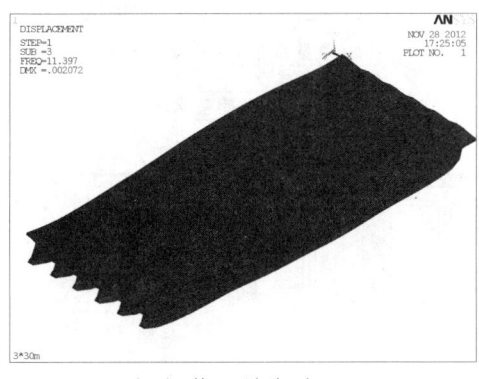

（c）第三阶频率

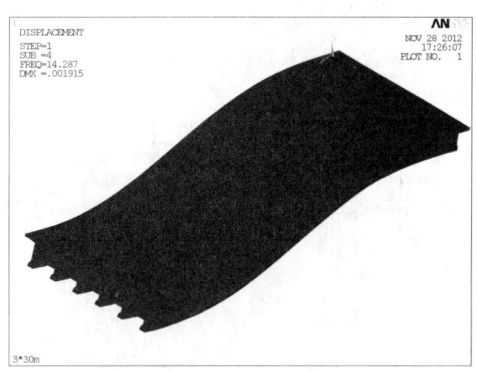

（d）第四阶频率

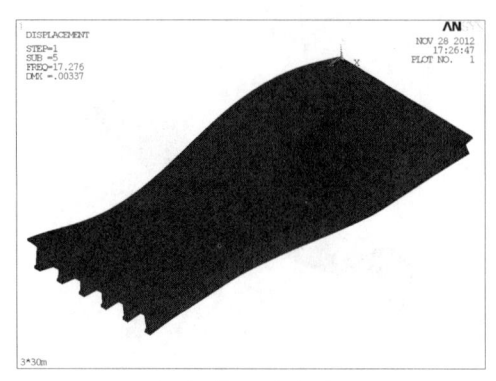

（e）第五阶频率

图 6.34　30 m 简支 T 梁桥前五阶振型

表 6.7　30 m 简支 T 梁桥前十阶振动频率

模态阶数	一	二	三	四	五
频率/Hz	4.175 2	5.372 1	11.397	14.287	17.276
模态阶数	六	七	八	九	十
频率/Hz	19.425	22.396	25.600	30.512	33.013

将本节的简支梁桥和连续梁桥动力特性进行对比分析可知，简支梁桥和三跨连续梁桥的一阶频率相同，均为竖向对称弯曲。由于简支梁桥和三跨连续梁桥的支座约束不同，连续梁桥第二阶频率要小于简支梁第二阶频率，振型特征表现为横向扭转。连续梁桥第三阶振型为反对称竖向弯曲，而简支梁反对称竖向弯曲出现在第四阶，简支梁桥的自振频率大于连续梁桥的自振频率。

6.3.3　动载测试结果分析

为分析本节连续梁桥的动位移和动应变时程响应，选取两种荷载工况：工况一（偏载），车辆按最不利位置行驶（距路缘石 0.5 m），车辆荷载作用在边梁和次边梁上；工况二（正常行车道），车辆按正常行车道位置行驶。车辆荷载工况如图 6.35 所示。

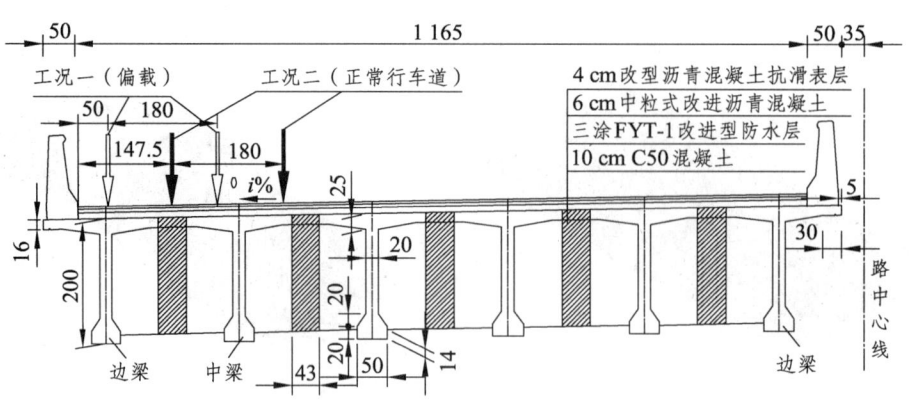

图 6.35　车辆荷载工况（尺寸单位：cm）

1. 车辆和桥梁的动力特性分析

以一辆三轴自卸汽车为试验车辆，车辆总质量 33 t，在车架上固定一加速度传感器，给车辆施以初始激励，采集的车辆振动加速度响应及其功率谱密度如图 6.36 所示。

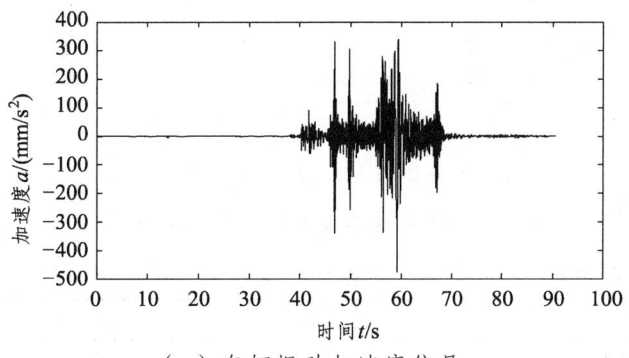

(a) 车辆振动加速度信号

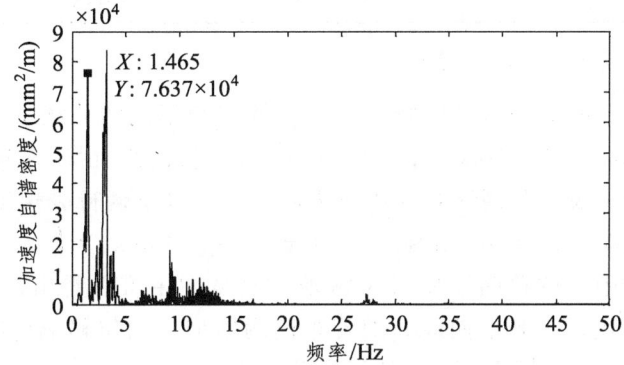

(b) 车辆振动加速度信号的功率谱密度

图 6.36 车辆振动加速度及其功率谱密度

将 2 个高灵敏度加速度传感器分别布置在边跨跨中和中跨跨中位置，测试桥梁在环境激励下的加速度振动信号，得到桥梁的振动频率和阻尼比。图 6.37 为边跨跨中的加速度信号及其功率谱密度，桥梁结构的固有振动频率和阻尼比如表 6.8 所示。可以看出，桥梁实测频率比理论值大，说明桥梁的实际刚度比理论刚度大，桥梁振动响应主要由若干低阶振动频率控制。

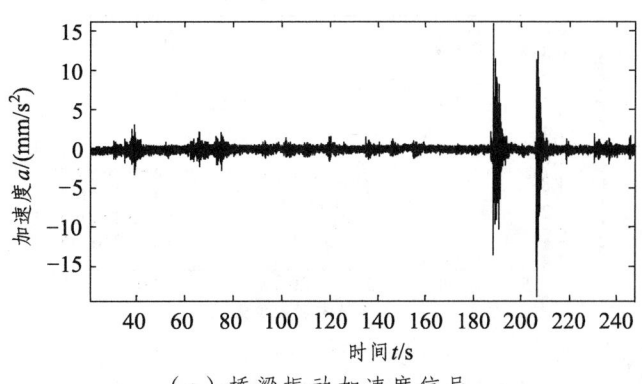

(a) 桥梁振动加速度信号

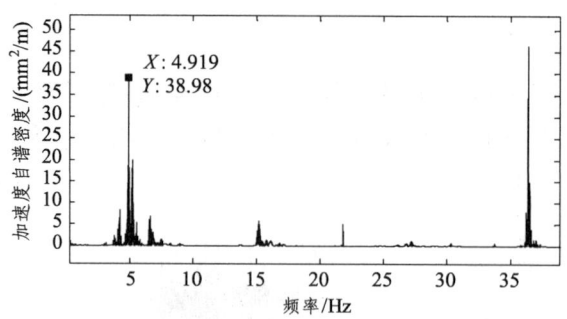

（b）桥梁振动加速度信号的自谱密度

图 6.37 桥梁振动加速度及其功率谱密度

表 6.8 大墩水库中桥振动特性实测值与理论值对比

阶数	实测自振频率/Hz	理论值/Hz	理论/实测	阻尼比/%
一	4.919	4.175	0.848	2.126
二	5.218	4.879	0.935	2.311

2. 车辆速度对桥梁振动响应的影响

为分析车速对桥梁振动响应的影响，测试车辆按照不同的荷载工况分别以 10 km/h、20 km/h、30 km/h、40 km/h、50 km/h、60 km/h 的速度行驶。由于车速是驾驶员凭借车辆仪表盘的读数来控制，保持车辆绝对匀速较为困难，所以车辆行驶速度依据桥梁的动态响应曲线计算而得。当车辆以 0.708 m/s、3.573 m/s、6.373 m/s、9.316 m/s 的速度偏载行驶时，边跨 1 号梁的跨中动位移曲线如图 6.38 所示。从图中可以看出，当车辆低速行驶时，桥梁动位移响应曲线接近于光滑曲线；随着车速的增加，动位移响应的波动加剧。

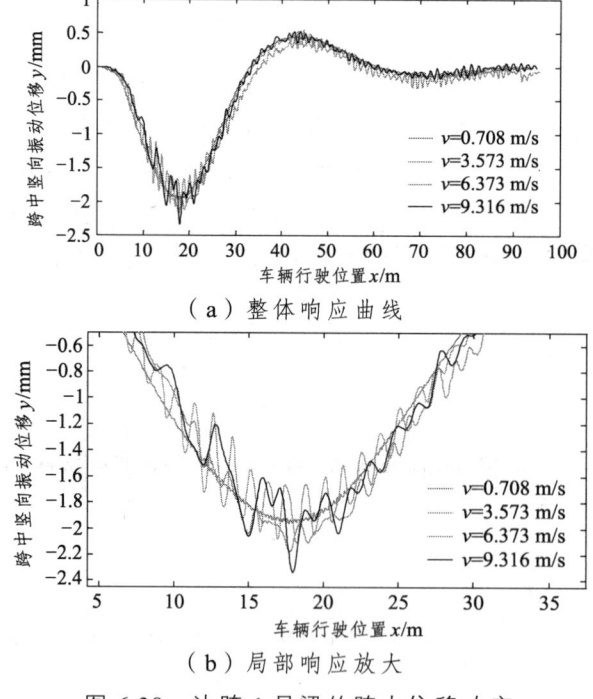

（a）整体响应曲线

（b）局部响应放大

图 6.38 边跨 1 号梁的跨中位移响应

图 6.39 为车辆按偏载工况和正常行车道工况以不同速度行驶时,边跨 1 号梁的跨中应变响应。从图中可以看出,当车辆低速行驶时,边跨 1 号梁的跨中应变响应接近光滑曲线;随着车辆行驶速度的增加,动态应变响应曲线围绕着车辆低速行驶的应变响应曲线上下波动。

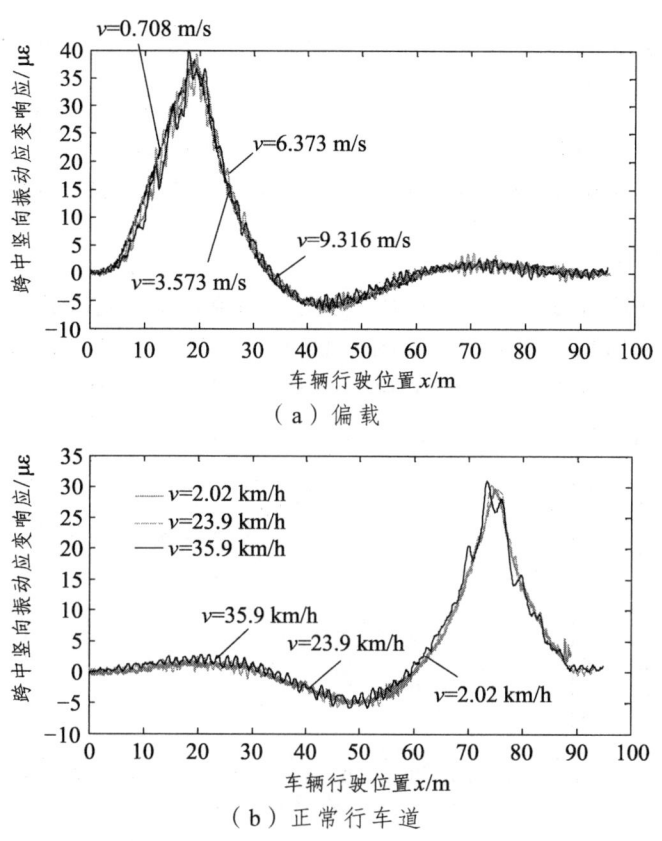

图 6.39 边跨 1 号梁跨中应变响应时程曲线

当车辆按工况一(偏载)行驶时,不同速度的边跨各片梁跨中最大动位移和最大动应变如图 6.40 所示。从图中可以看出,边跨 1 号梁的跨中最大动位移和最大动应变随速度的波动幅度大于其他主梁;同一加载工况,应变响应和位移响应有相同的变化趋势,但是两者变化幅度不同,这就导致同一测点的应变冲击系数和位移冲击系数大小不同。

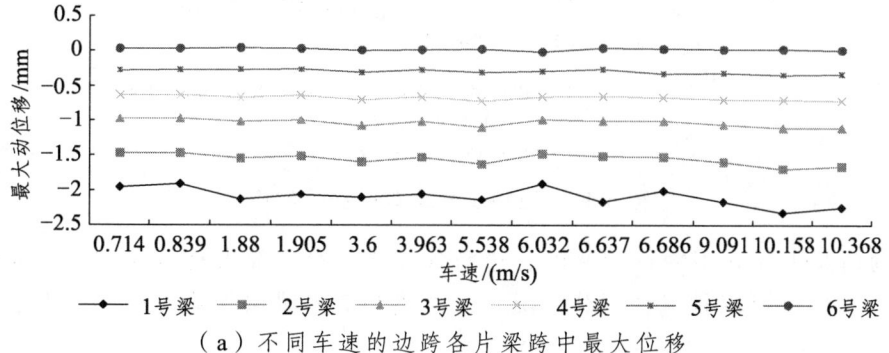

(a)不同车速的边跨各片梁跨中最大位移

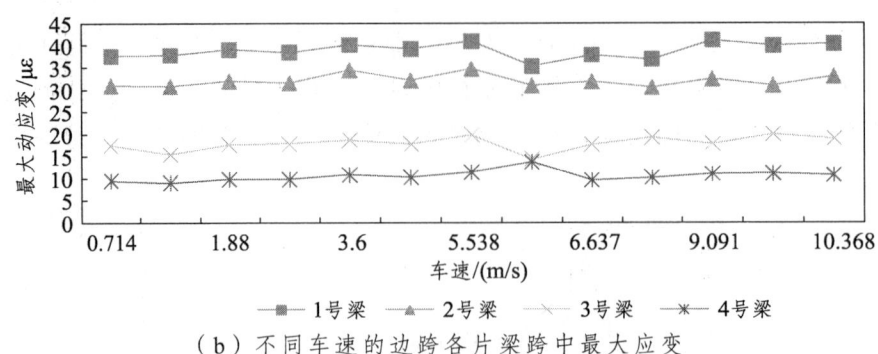

（b）不同车速的边跨各片梁跨中最大应变

图 6.40　边跨各片梁跨中最大动响应随速度的变化关系

3. 车辆行驶位置

当车辆以 23 km/h（6.388 m/s）速度，分别按偏载和正常行车道两种工况行驶时，边跨 1 号梁的跨中动位移和动应变响应如图 6.41 所示。从图中可以看出，边跨 1 号梁在偏载工况下的跨中动位移和动应变大于正常行车道工况下的动位移和动应变；随着车辆驶出边跨，不同荷载工况的动应变趋于接近，偏载工况的动位移大于正常行车道工况的动位移。

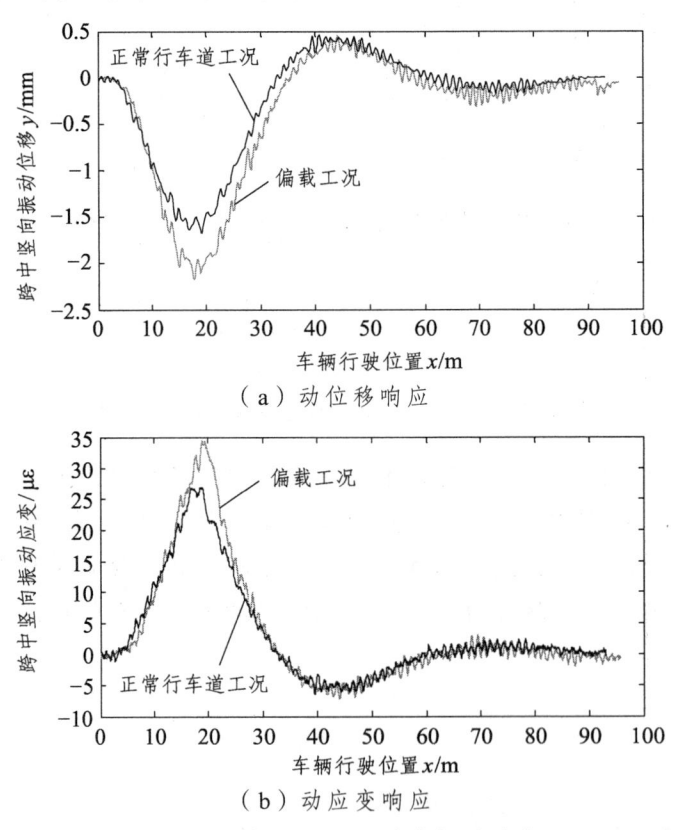

（a）动位移响应

（b）动应变响应

图 6.41　边跨 1 号梁跨中振动响应

不同的荷载工况和车辆行驶速度，边跨各片梁的跨中最大动位移和最大动应变如图 6.42 所示。从图中可以看出，偏载工况对 1 号梁和 2 号梁振动响应的影响大于正常行车道工况，车辆行驶位置对 3 号梁和 4 号梁振动响应的影响较小；在研究车-桥耦合振动响应时，应重点分析车轮直接作用于主梁的振动响应；从位移和应变的横桥向变化关系可以看出，横向各片梁的跨中最大位移近似成线性比例关系，而横向各片梁的跨中最大应变则表现为明显的非线性比例关系。

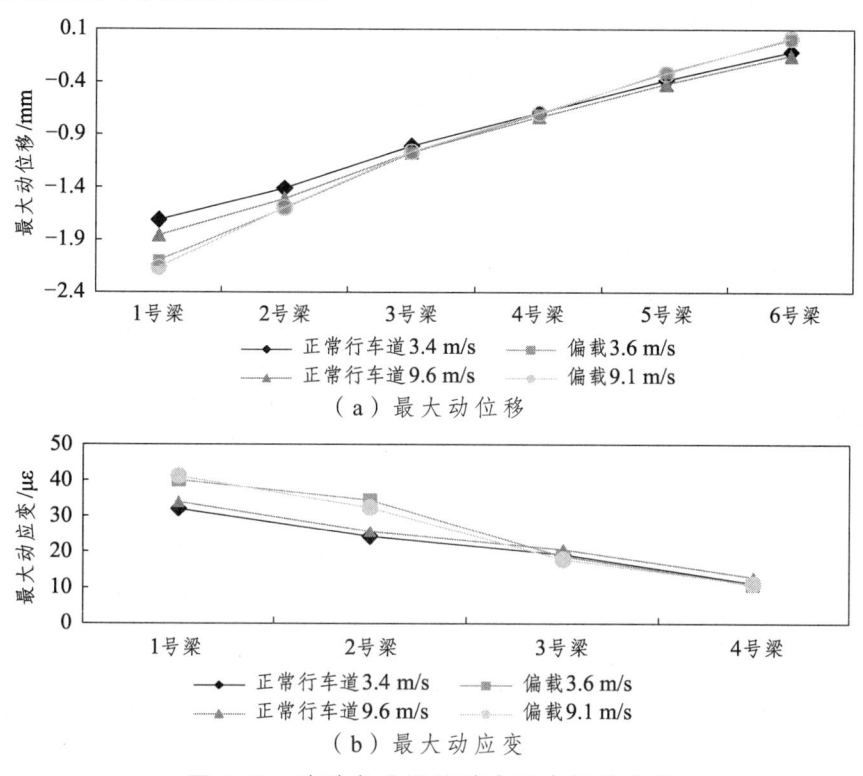

图 6.42　边跨各片梁的跨中最大振动响应

4. 各片梁振动响应横向变化关系

当车辆以 22.9 km/h 的速度行驶时，偏载工况的边跨各片梁跨中位移和应力时程响应如图 6.43 所示，正常行车道工况的边跨各片梁跨中位移和应力时程响应如图 6.44 所示。从图中可以看出，不同荷载工况的各片梁横向变化规律相同；车辆偏载行驶对各片梁横桥向的振动响应影响较大；随着车辆驶出边跨，车辆对桥梁横桥向振动响应的影响逐渐减小。

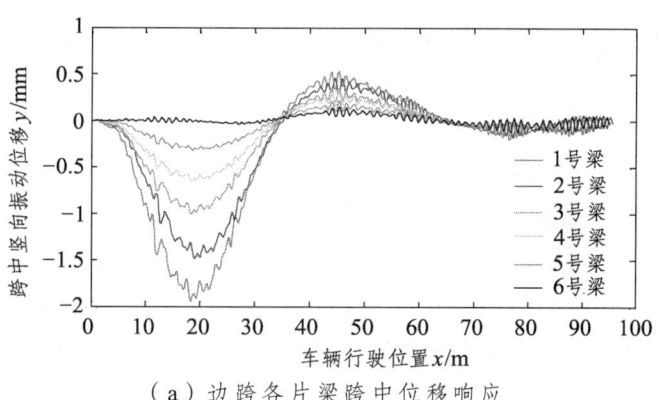

（a）边跨各片梁跨中位移响应

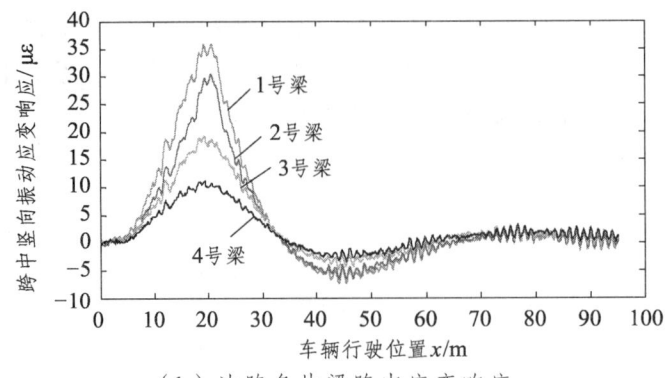

（b）边跨各片梁跨中应变响应

图 6.43 车辆偏载行驶的桥梁振动响应

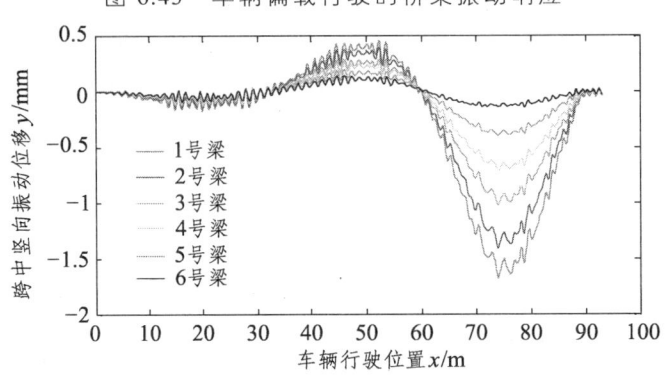

（a）边跨各片梁跨中位移响应

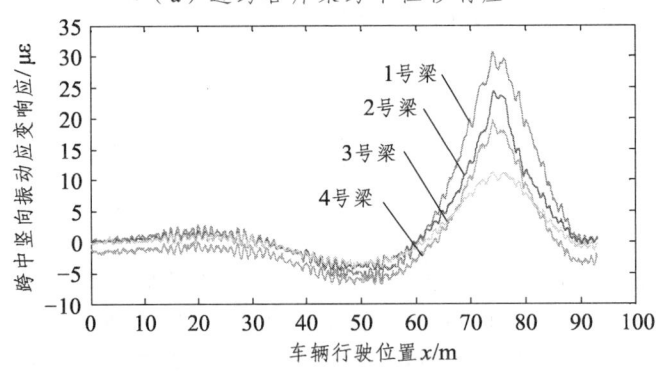

（b）边跨各片梁跨中应变响应

图 6.44 车辆正常行车道行驶的桥梁振动响应

6.3.4 数值模拟的桥梁振动响应分析

1. 行车速度对桥梁振动响应的影响

当车辆以 14 m/s 的速度在光滑桥面按偏载工况行驶时，边跨各片梁的跨中竖向振动响应如图 6.45 所示。不同的车辆荷载工况，边跨各片梁的跨中最大动位移随速度的变化关系如图 6.46 所示。从图中可以看出，边跨各片梁的振动响应最大值在车速区间为 6~8 m/s 时波动较大，在其他车速时波动较小；边跨各片梁的振动响应最大值与车速之间并不具有明显的线性比例关系，其波动性较大。

第 6 章 连续梁桥车–桥耦合振动响应分析

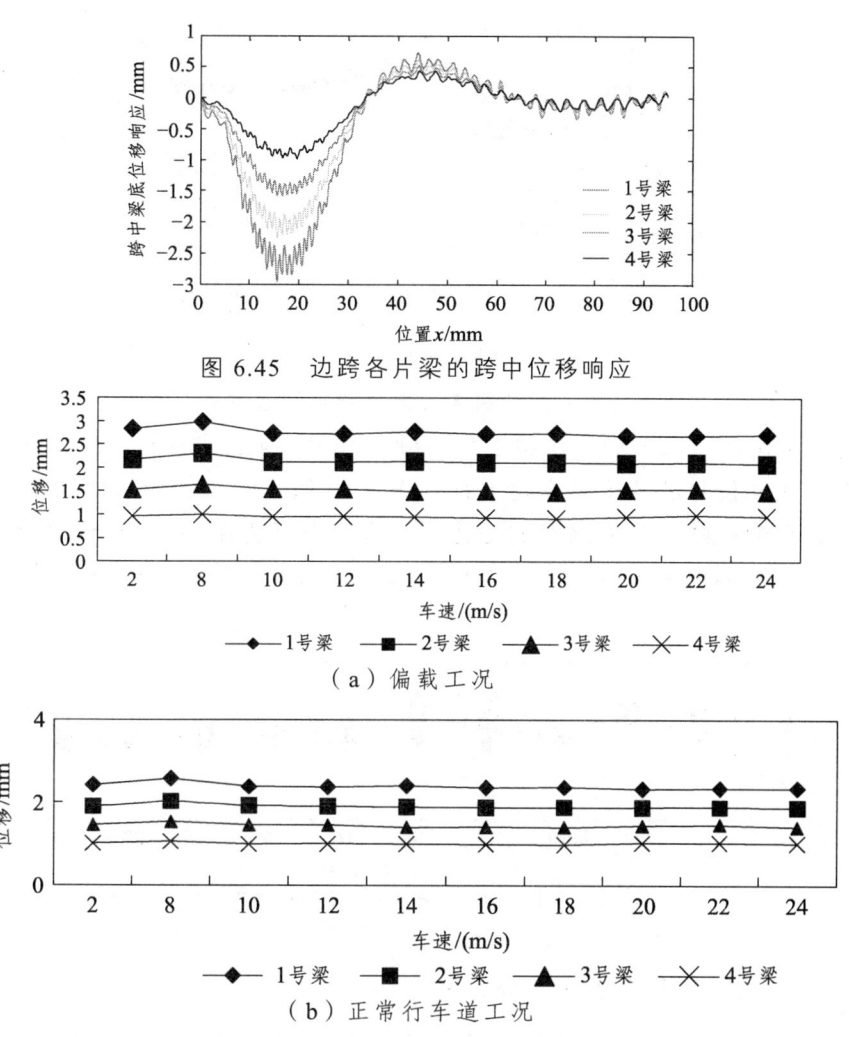

图 6.45 边跨各片梁的跨中位移响应

（a）偏载工况

（b）正常行车道工况

图 6.46 边跨各片梁的跨中最大动位移随速度的变化关系

2. 桥面路况对桥梁振动响应的影响

当车辆以 2 m/s 的速度在光滑桥面和 A 级桥面按偏载工况行驶时，边跨各片梁的跨中竖向振动响应如图 6.47 所示。从图中可以看出，光滑桥面和 A 级桥面的桥梁振动响应规律相同，A 级桥面的桥梁振动响应波动幅度大于光滑桥面的桥梁振动响应。

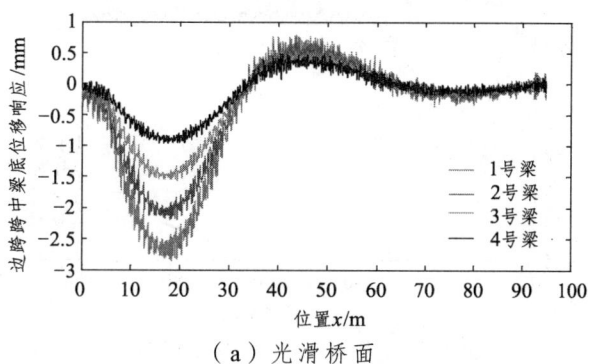

（a）光滑桥面

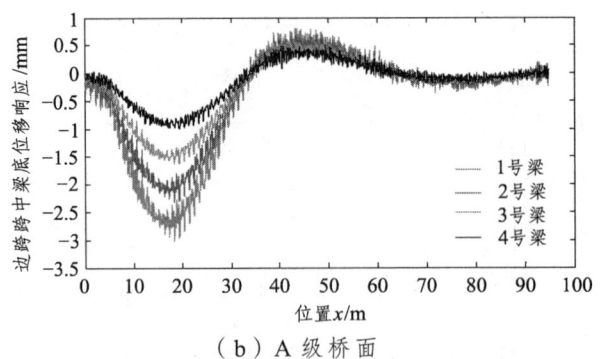

（b）A 级桥面

图 6.47　边跨各片梁的跨中位移响应

不同的行车速度，当车辆按偏载工况行驶在光滑、A 级、B 级、C 级桥面时，边跨 1 号梁的跨中最大动位移随速度的变化关系如图 6.48 所示。从图中可以看出，同一车速，桥梁的竖向振动响应随着桥面路况的恶化而增大；当车速在 10~18 m/s 区间时，桥面路况等级对桥梁的振动响应影响较大；当车辆低速和高速行驶时，桥面路况对桥梁振动响应的影响较小。

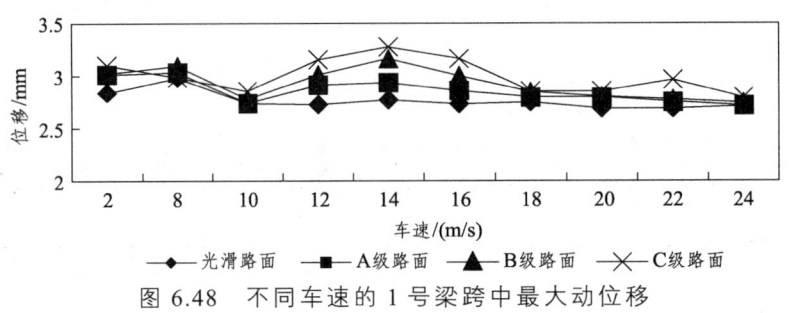

图 6.48　不同车速的 1 号梁跨中最大动位移

3. 桥梁结构体系对桥梁振动响应的影响

当车辆以 14 m/s 的速度行驶在相同截面形式的 30 m 简支梁桥上时，正常行车道荷载工况的桥梁各片梁振动响应如图 6.49 所示，各片梁竖向振动响应的功率谱密度如图 6.50 所示。从图中可以看出，1 号梁的竖向振动响应主要由一阶和二阶频率控制；2 号梁的竖向振动响应主要由一阶频率控制，二阶频率对其影响小于 1 号梁；3 号梁竖向振动响应主要由一阶频率控制，二阶频率对其影响很小。

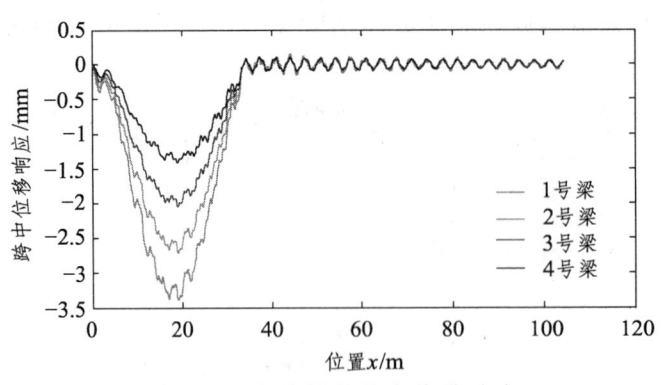

图 6.49　各片梁的跨中位移响应

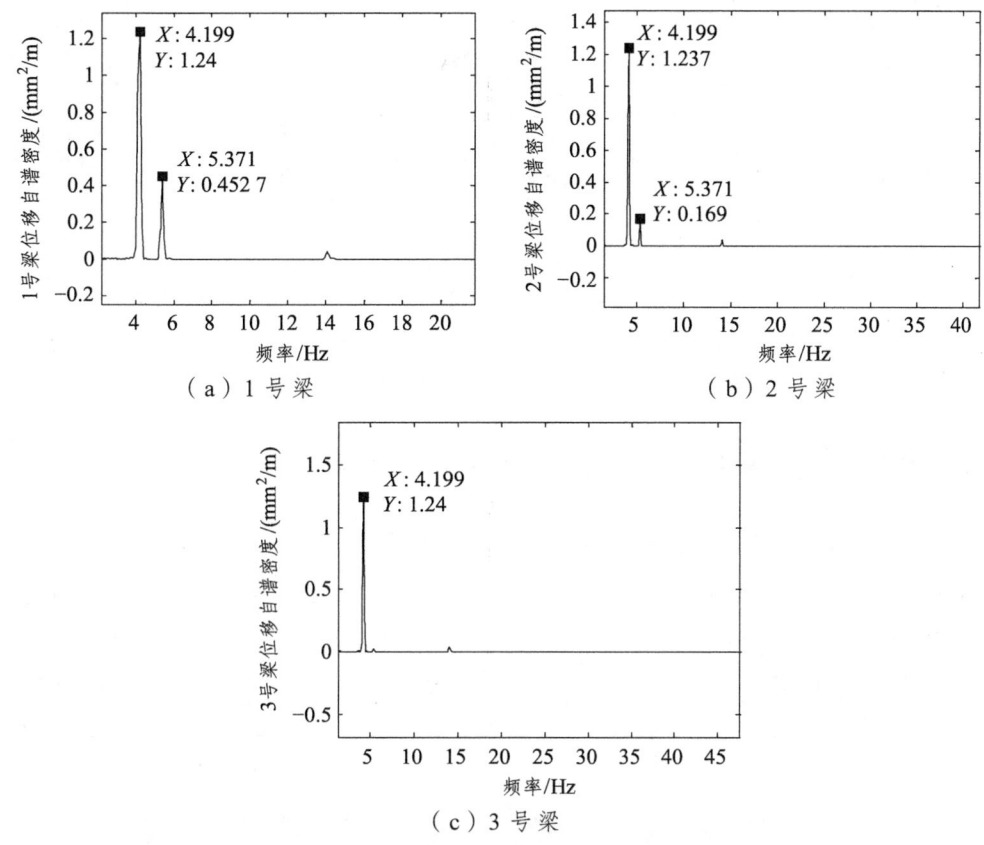

图 6.50 各片梁跨中位移响应的功率谱密度

当车辆在 A 级桥面行驶时，简支梁桥和连续梁桥 1~3 号梁跨中最大动位移和冲击系数随车速的变化关系如图 6.51 所示。从图中可以看出，连续梁桥跨中最大动位移明显小于简支梁桥，简支梁桥的最大冲击系数为 0.232，连续梁桥的最大冲击系数为 0.125。根据 04《桥规》简支梁桥和连续梁桥基频经验公式，该截面形式的简支梁桥基频为 4.53 Hz，对应规范冲击系数值为 0.251 3；该截面形式的连续梁桥基频为 6.25 Hz，对应规范冲击系数值为 0.308 1；相同截面形式的连续梁桥规范经验基频偏大，导致规范计算的冲击系数较简支梁桥大。实际设计过程中，针对连续梁桥的基频确定和冲击系数取值需通过有限元计算进一步确定。

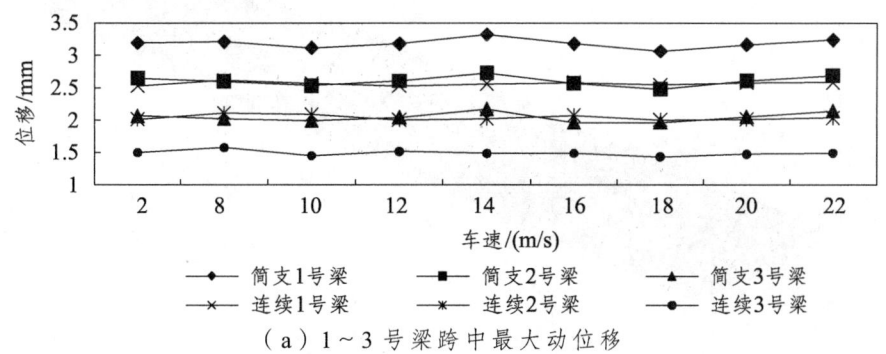

(a) 1~3 号梁跨中最大动位移

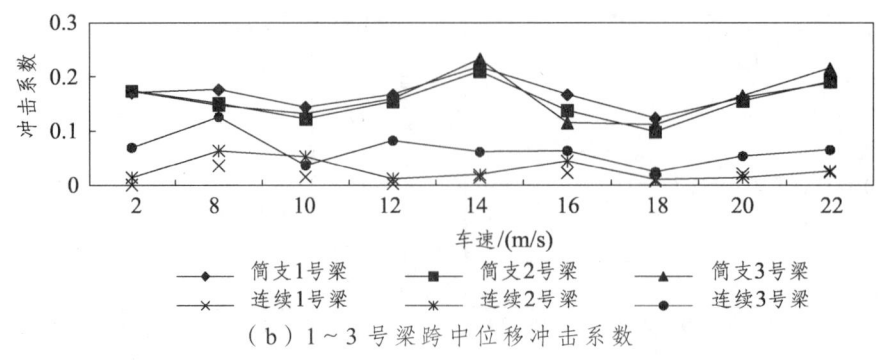

(b) 1~3号梁跨中位移冲击系数

图 6.51　简支梁桥与连续梁桥振动响应对比

6.4　多车荷载激励的公路连续梁桥车致振动响应

6.4.1　桥梁动力特性分析

本节以一座 4×25 m 的装配式预应力混凝土连续箱梁桥为例，研究多车激励的桥梁振动响应。全桥横向由 4 片预制箱梁组成，预制梁梁高 1.4 m，全桥宽 13 m。桥面板为 0.1 m 厚的 C50 混凝土，铺装层为 0.1 m 厚的沥青混凝土。桥梁跨中横截面如图 6.52 所示。

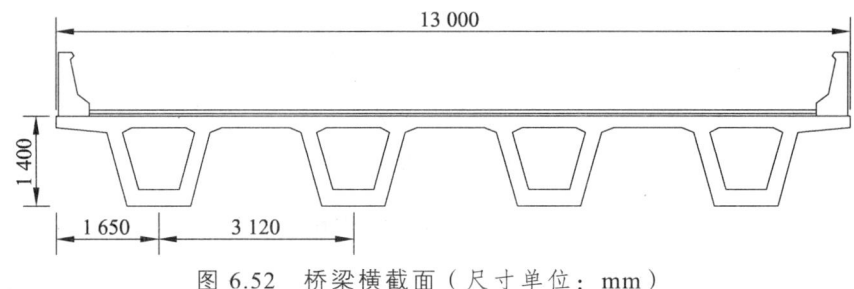

图 6.52　桥梁横截面（尺寸单位：mm）

运用 ANSYS 软件建立桥梁的有限元模型，主梁采用 solid64 单元，铺装层和横隔板采用 shell63 单元。模型的铺装层单元纵向长度均为 1 m，每列 100 个单元，横向有 31 列，共 3 100 个单元。桥梁有限元模型如图 6.53 所示，ANSYS 提取的桥梁前十阶振型如图 6.54 所示，前十阶自振频率见表 6.9。

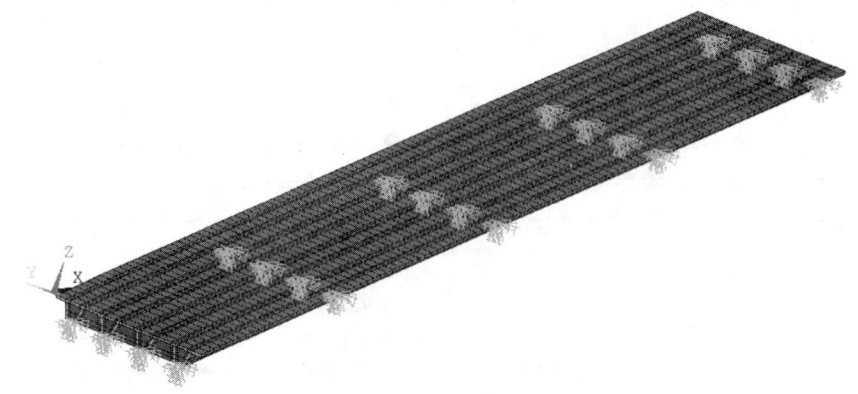

图 6.53　桥梁有限元模型

第 6 章 连续梁桥车–桥耦合振动响应分析

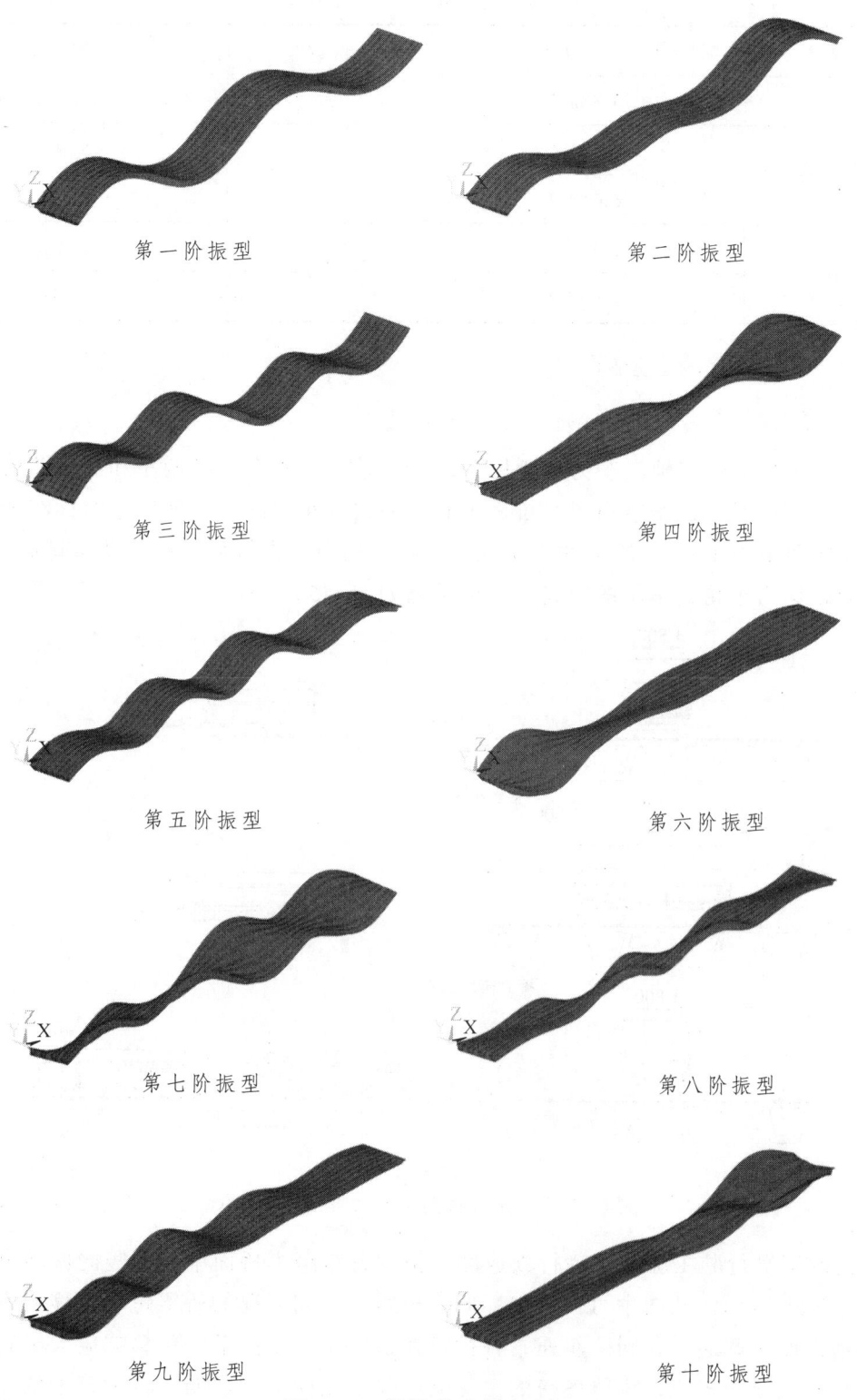

第一阶振型　　　　　　　　第二阶振型

第三阶振型　　　　　　　　第四阶振型

第五阶振型　　　　　　　　第六阶振型

第七阶振型　　　　　　　　第八阶振型

第九阶振型　　　　　　　　第十阶振型

图 6.54　桥梁前十阶振型

表 6.9 桥梁前十阶自振频率

阶数	基频/Hz	阶数	基频/Hz
一	3.888 7	六	7.965 7
二	4.516 4	七	8.579 9
三	6.054 7	八	9.889 8
四	7.314 1	九	9.921 3
五	7.647 4	十	13.459

6.4.2 桥梁振动响应分析

1. 车速对振动响应的影响

以第 2.1.1 节的三轴汽车为车辆模型，设计单车、横向并排两车和纵向前后两车 3 种工况。单车工况中，车辆布置在桥面中心；横向两车工况中，两辆车对称布置在桥面中心，横向间距为 1.3 m；纵向两车工况中，两车均布置在桥面中心，纵向间距 5 m，以上车辆间距均为车轮到车轮的距离。工况示意如图 6.55 所示。

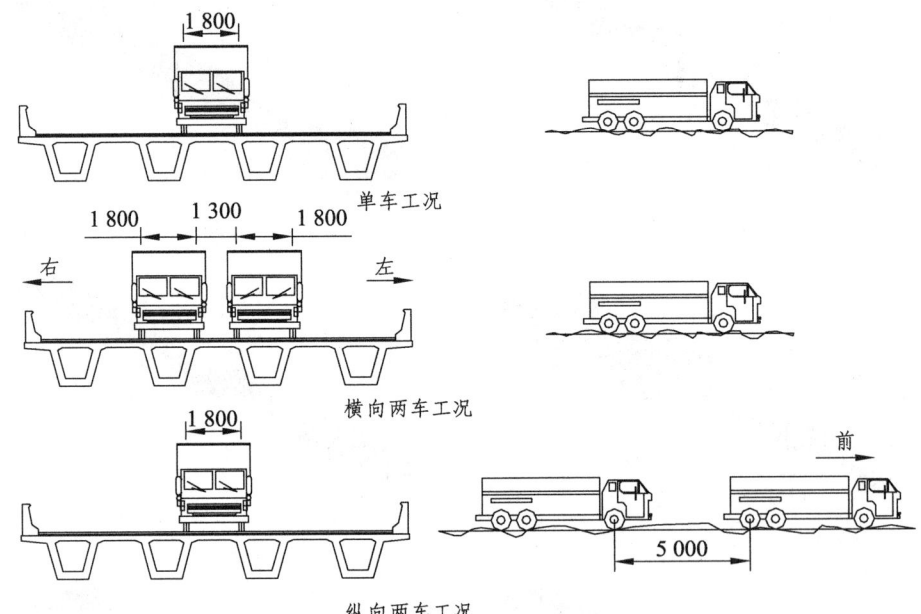

图 6.55 工况示意图（尺寸单位：mm）

不同的车辆行驶工况和车辆行驶速度，桥梁各跨跨中桥面中心的竖向振动位移如图 6.56 ~ 图 6.58 所示。从图中可以看出：同一桥跨，不同工况的桥梁跨中位移响应并不随车速的增大而单调递增；同一车速，各桥跨在横向两车工况下的位移响应大于其他两种工况；相同工况和车速，桥梁各跨的位移响应并不相同。这说明，桥梁跨中位移响应不仅与车速有关，也与车辆布载形式、所研究的桥跨等因素有关。

第 6 章　连续梁桥车-桥耦合振动响应分析

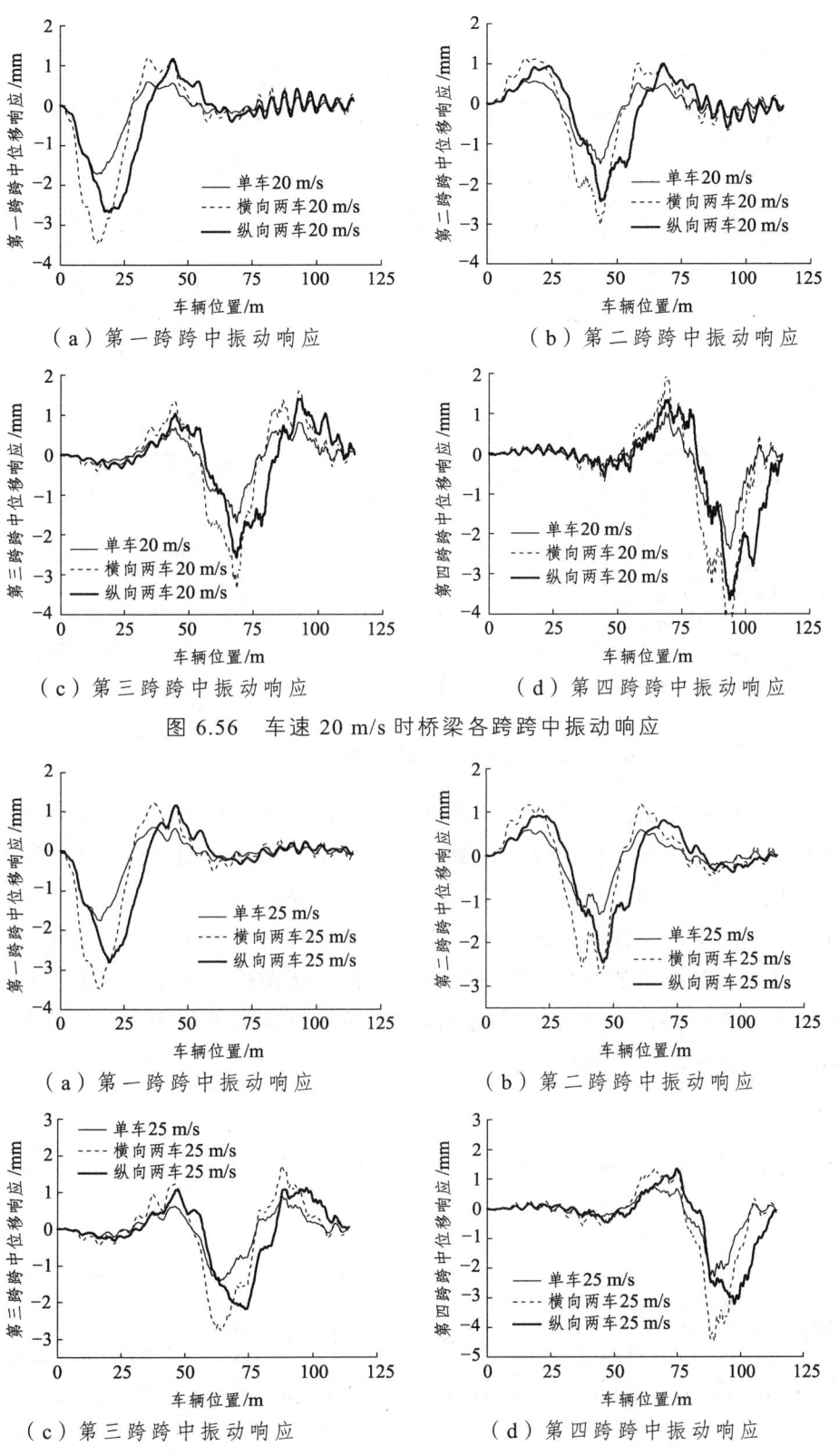

（a）第一跨跨中振动响应　　　　（b）第二跨跨中振动响应

（c）第三跨跨中振动响应　　　　（d）第四跨跨中振动响应

图 6.56　车速 20 m/s 时桥梁各跨跨中振动响应

（a）第一跨跨中振动响应　　　　（b）第二跨跨中振动响应

（c）第三跨跨中振动响应　　　　（d）第四跨跨中振动响应

图 6.57　车速 25 m/s 时桥梁各跨跨中振动响应

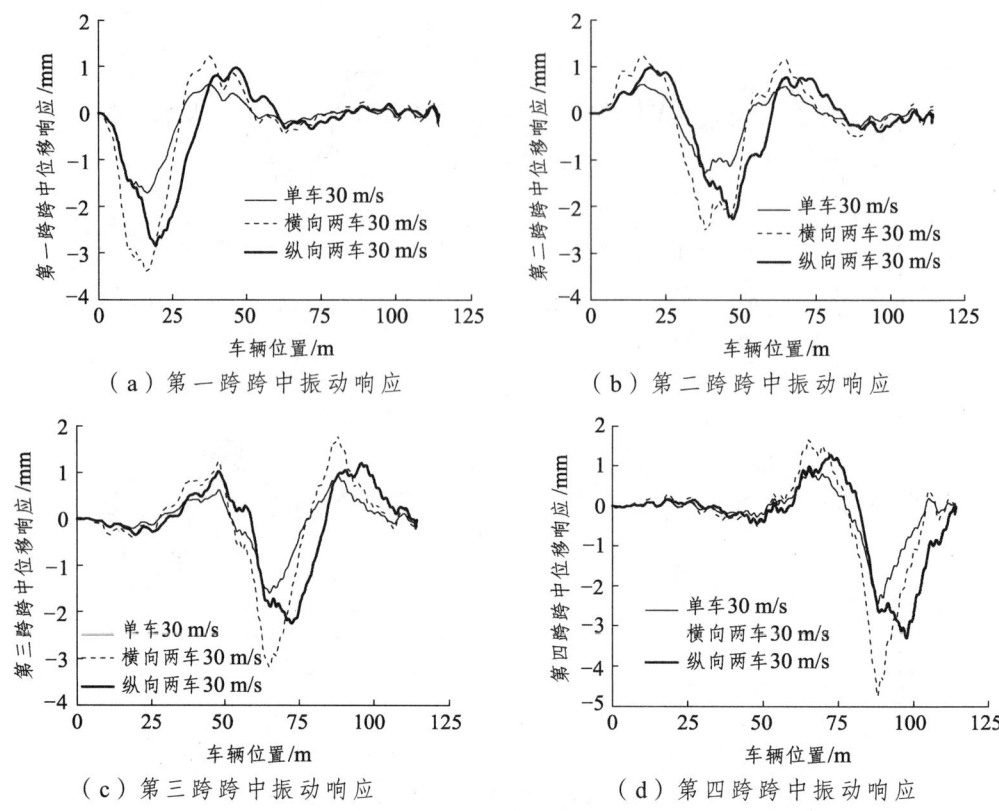

图 6.58　车速 30 m/s 时桥梁各跨跨中振动响应

不同的车辆行驶工况，桥梁车致振动响应最大值随车速的变化如图 6.59 所示。从图中可以看出：各跨跨中的竖向位移响应最大值不随车速的增大而单调增大，它们均随车速的变化而上下波动。当车速范围为 5~50 m/s 时，横向两车工况的跨中竖向位移响应最大，纵向两车工况的位移响应次之，单车工况的位移响应最小。相同的工况、不同桥跨的跨中位移响应随车速的变化情况并不相同；同一桥跨内，各个工况的位移响应随车速的变化规律也不相同；第一跨和第四跨的跨中位移响应最大值大于第二跨和第三跨的跨中位移响应最大值。

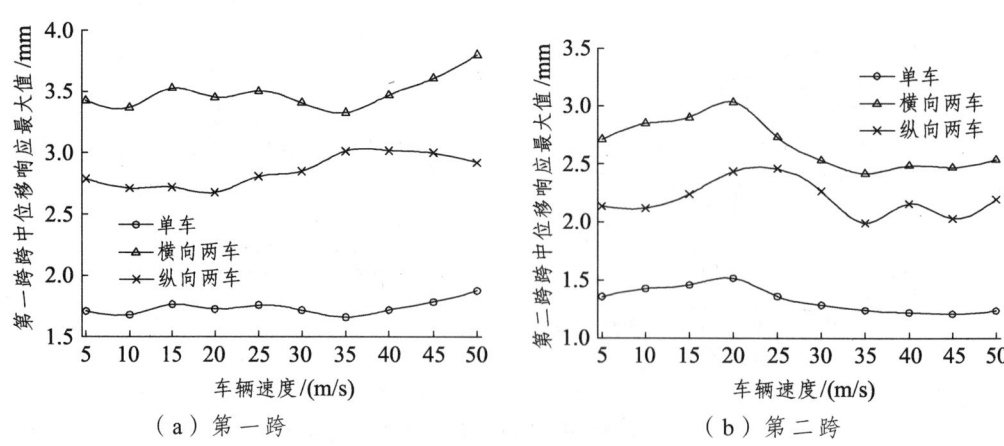

第6章 连续梁桥车-桥耦合振动响应分析

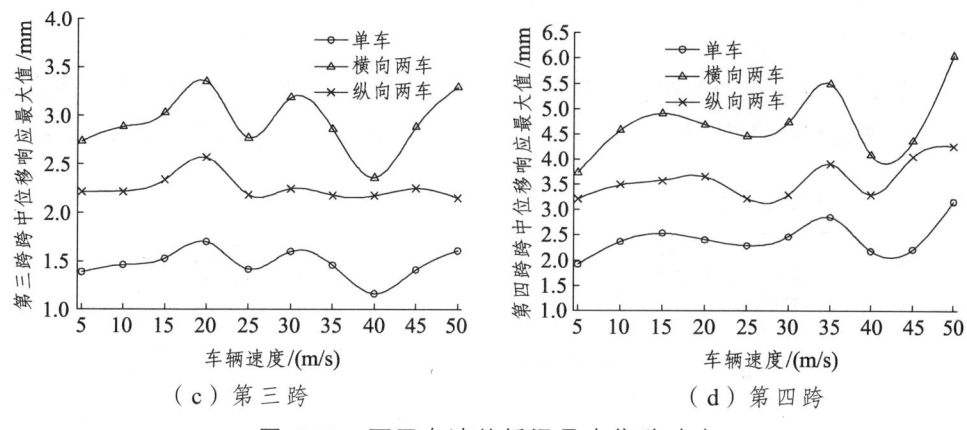

（c）第三跨　　　　　　　　　　（d）第四跨

图 6.59 不同车速的桥梁最大位移响应

不同的车辆荷载工况和车速，图 6.60 给出了 B 级桥面的各跨跨中位移冲击系数。从图中可以看出：各跨跨中位移冲击系数不随车速的增大而单调递增；在横向两车工况中，两车对桥梁产生的振动响应是同步的；在纵向两车工况中，前后两车的振动响应不同步，相同位置的桥梁振动响应会相互叠加或削减，所以横向两车工况的冲击系数变化规律与单车工况的冲击系数变化规律类似，且数值大小接近；纵向两车工况的冲击系数曲线会围绕单车工况下的冲击系数曲线上下波动；相同的车速和车辆荷载工况，桥梁各跨的冲击系数并不相同；第三跨和第四跨的冲击系数波动幅度比第一跨和第二跨的冲击系数波动幅度大。

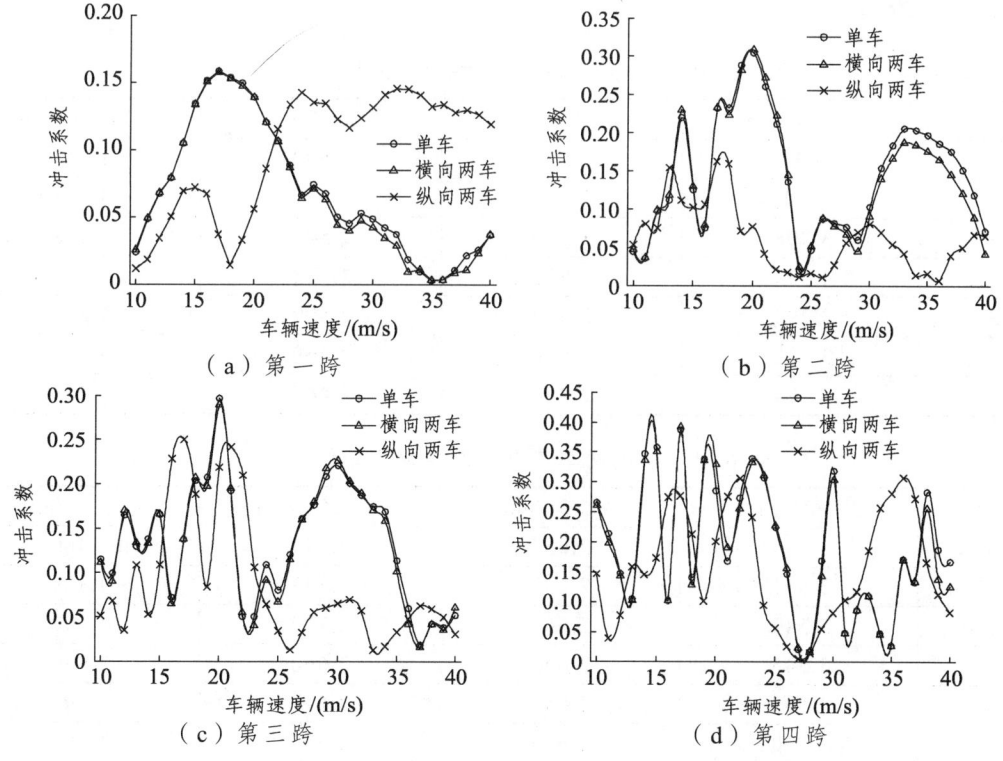

图 6.60 不同车速的各跨跨中位移冲击系数

2. 车辆间距对桥梁振动响应的影响

为研究车辆间距对桥梁各跨振动响应的影响，设横向两车和纵向两车的间距分别为 d_1、d_2，车辆行驶速度为 25 m/s，桥面路况等级为 B 级，车辆荷载工况如图 6.61 所示。

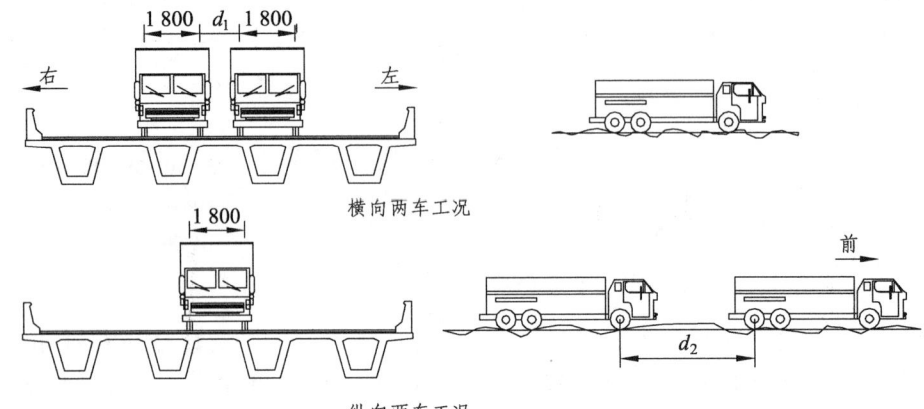

图 6.61 车辆荷载工况（尺寸单位：mm）

不同的横向两车间距，桥梁各跨跨中最大静位移和动位移如表 6.10 和表 6.11 所示，桥梁各跨位移冲击系数如图 6.62 所示。可以看出：随着横向两车车辆间距的增大，桥梁各跨跨中最大动位移和最大静位移逐渐减小，而冲击系数呈上升趋势。在相同车速和相同车辆间距的情况下，不同桥跨的竖向位移响应和冲击系数各不相同，第四跨的冲击系数大于其余三跨。

表 6.10 横向两车工况的跨中最大静位移

间距/m	第一跨/mm	第二跨/mm	第三跨/mm	第四跨/mm
1.3	3.32	2.525	2.598	3.633
2.3	3.31	2.521	2.575	3.543
3.3	3.308	2.519	2.544	3.408
4.3	3.304	2.517	2.523	3.318
5.3	3.292	2.509	2.502	3.222
6.3	3.288	2.500	2.469	3.073
7.3	3.274	2.490	2.446	2.963

表 6.11 横向两车工况的跨中最大动位移

间距/m	第一跨/mm	第二跨/mm	第三跨/mm	第四跨/mm
1.3	3.556	2.655	2.771	4.460
2.3	3.553	2.653	2.743	4.309
3.3	3.549	2.651	2.710	4.107
4.3	3.545	2.649	2.690	3.979
5.3	3.535	2.640	2.670	3.895
6.3	3.530	2.634	2.635	3.804
7.3	3.520	2.624	2.615	3.743

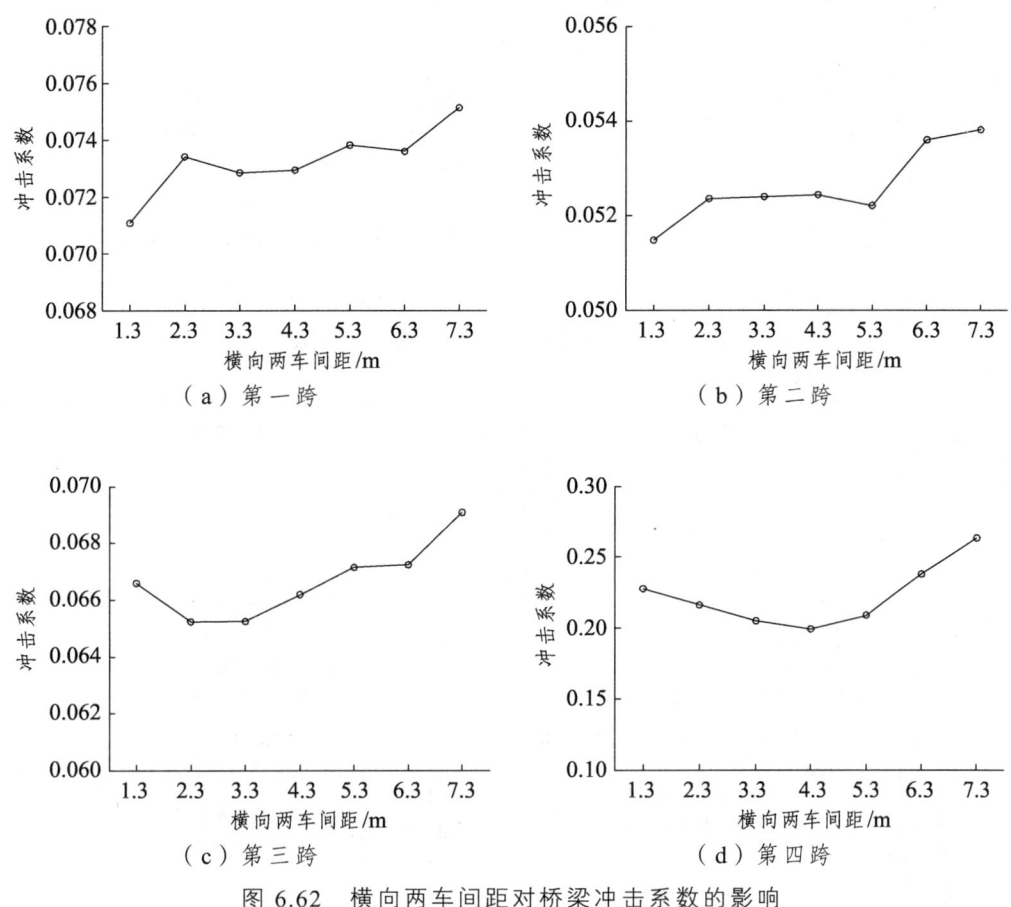

图 6.62　横向两车间距对桥梁冲击系数的影响

纵向两车车辆间距对桥梁振动响应和冲击系数的影响如图 6.63～图 6.66 所示。从图中可以看出：相同的车速和车辆间距，桥梁各跨跨中的位移响应和冲击系数各不相同。对于第一跨，其跨中位移响应最大值随纵向两车间距的增大而减小，当车辆间距小于 12 m 时，纵向两车工况的冲击系数曲线绕单车工况的冲击系数曲线上下波动；当车辆间距大于 12 m 时，纵向两车工况的冲击系数值趋于单车工况的冲击系数值，最大动位移和静位移趋于定值。对于第二、三、四跨，当车辆间距小于 20 m 时，各跨跨中位移响应随车辆间距的增大呈下降趋势；当车辆间距超过 20 m 时，各跨跨中位移响应先增大而后趋于定值；当车辆间距分别达到 36 m、62 m 和 86 m 时，第二、三、四跨的跨中位移响应不再变化；当车辆间距分别小于 36 m、62 m 和 86 m 时，各跨跨中冲击系数围绕单车工况的冲击系数上下波动，并逐渐逼近单车工况的冲击系数。即使前后两车行驶在不同的桥跨，两车对桥梁同一位置的振动响应仍会产生不同程度的相互影响，其相互影响的程度随着车辆间距的增大而不断减小，并最终趋于单车工况；桥跨离车辆入桥端越远，其振动响应受两车相互影响的车距范围就越大。

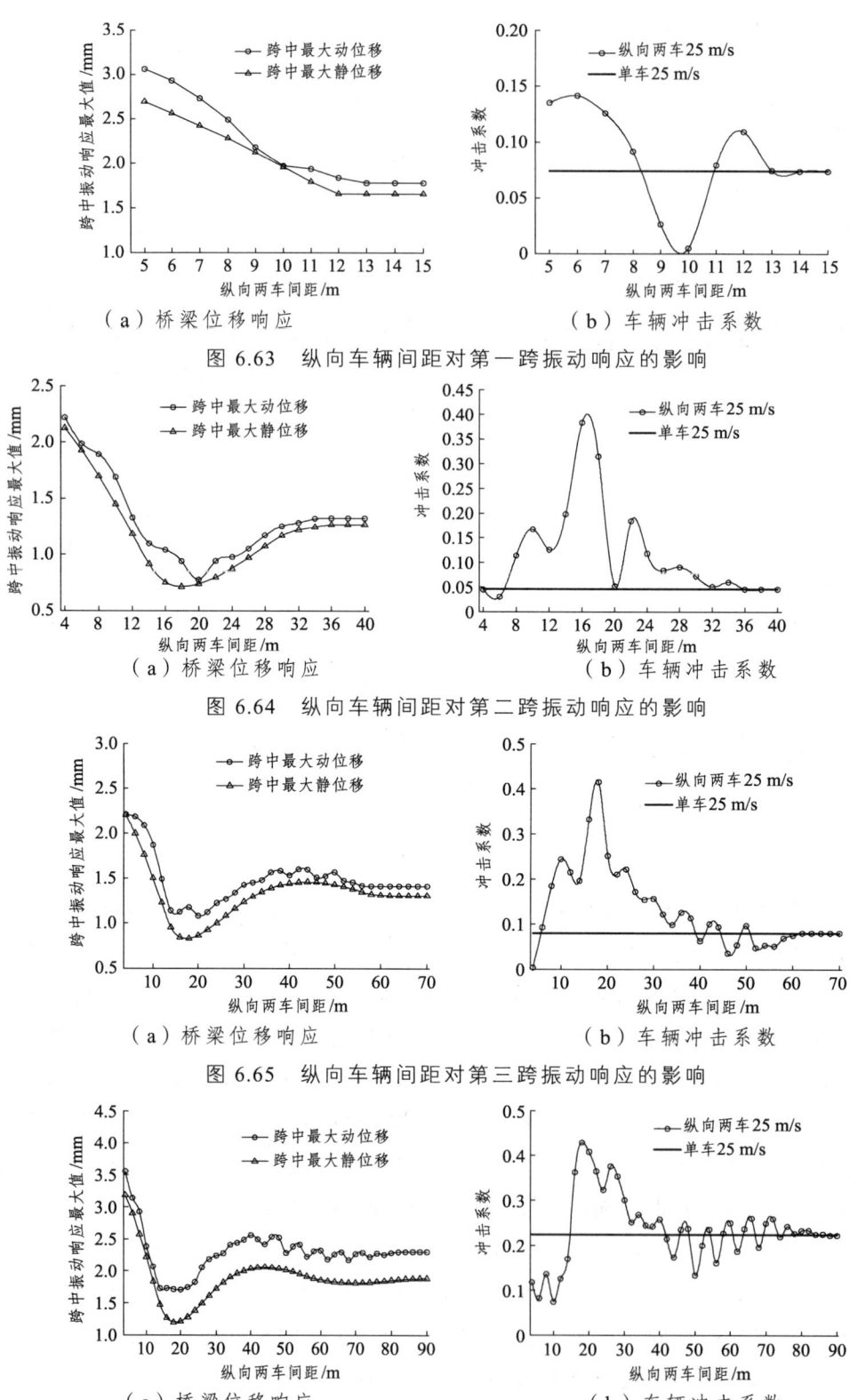

图 6.63 纵向车辆间距对第一跨振动响应的影响

图 6.64 纵向车辆间距对第二跨振动响应的影响

图 6.65 纵向车辆间距对第三跨振动响应的影响

图 6.66 纵向车辆间距对第四跨振动响应的影响

3. 桥面不平顺对桥梁振动响应的影响

采用图 6.55 的 3 种车辆荷载布置形式，当车辆以 25 m/s 的速度在光滑、A 级、B 级和 C 级桥面上行驶时，桥梁各跨跨中的振动响应如图 6.67～图 6.70 所示，桥梁各跨跨中位移冲击系数如图 6.71 所示。从图中可以看出：随着路况变差，不同车辆荷载工况的桥梁振动响应波动幅度越来越大，各跨跨中位移冲击系数随路况变差而逐渐增大，单车和横向两车工况的冲击系数变化规律类似。除第二跨外，各跨在纵向两车工况下的冲击系数小于单车工况的冲击系数；相同的车辆荷载工况，不同桥跨的车辆冲击系数随路况的变化幅度并不相同，即使是相同的路况和车辆荷载工况，桥梁各跨的冲击系数也不相同。可见，桥梁各跨跨中位移冲击系数受桥面不平度的影响较大。

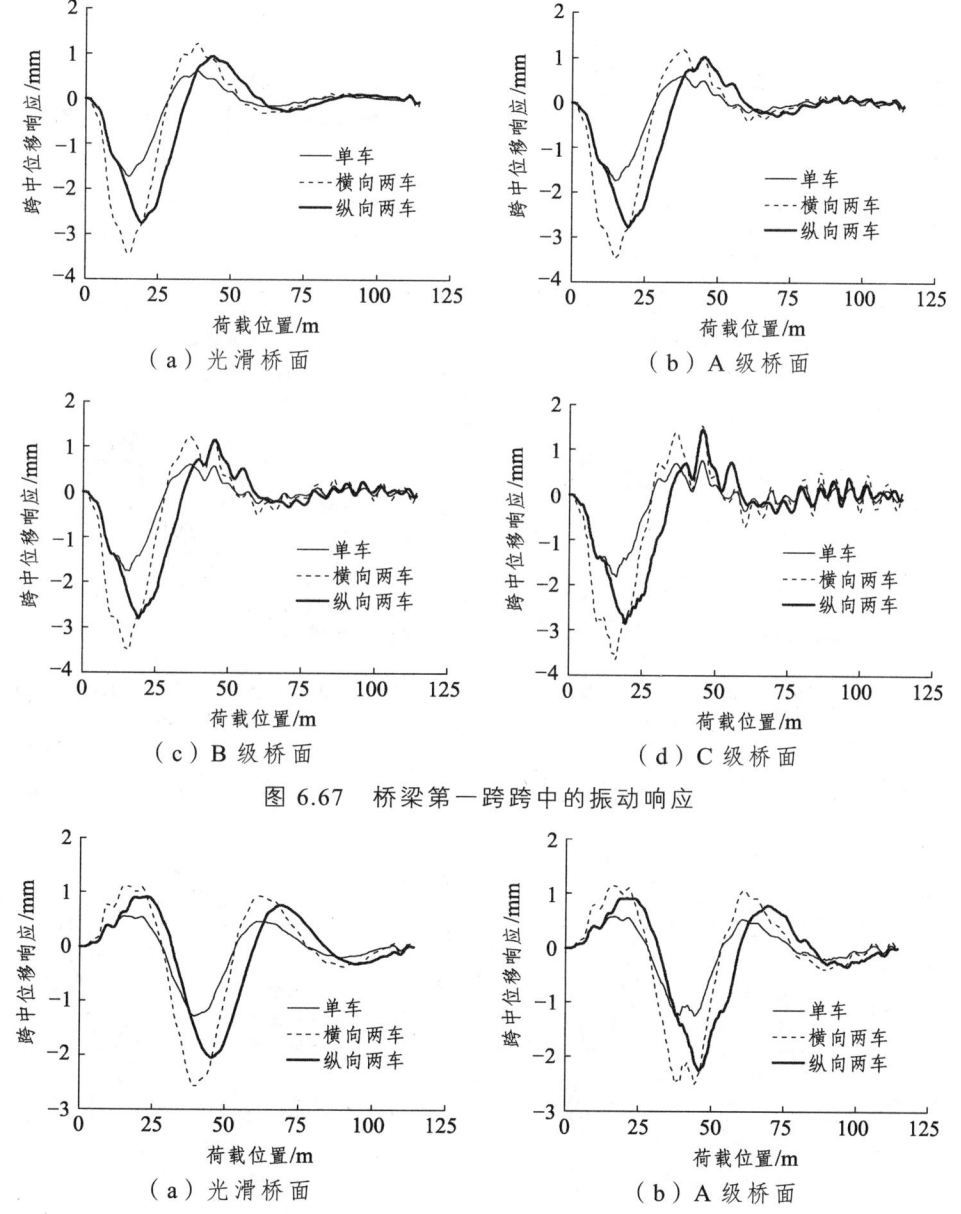

图 6.67 桥梁第一跨跨中的振动响应

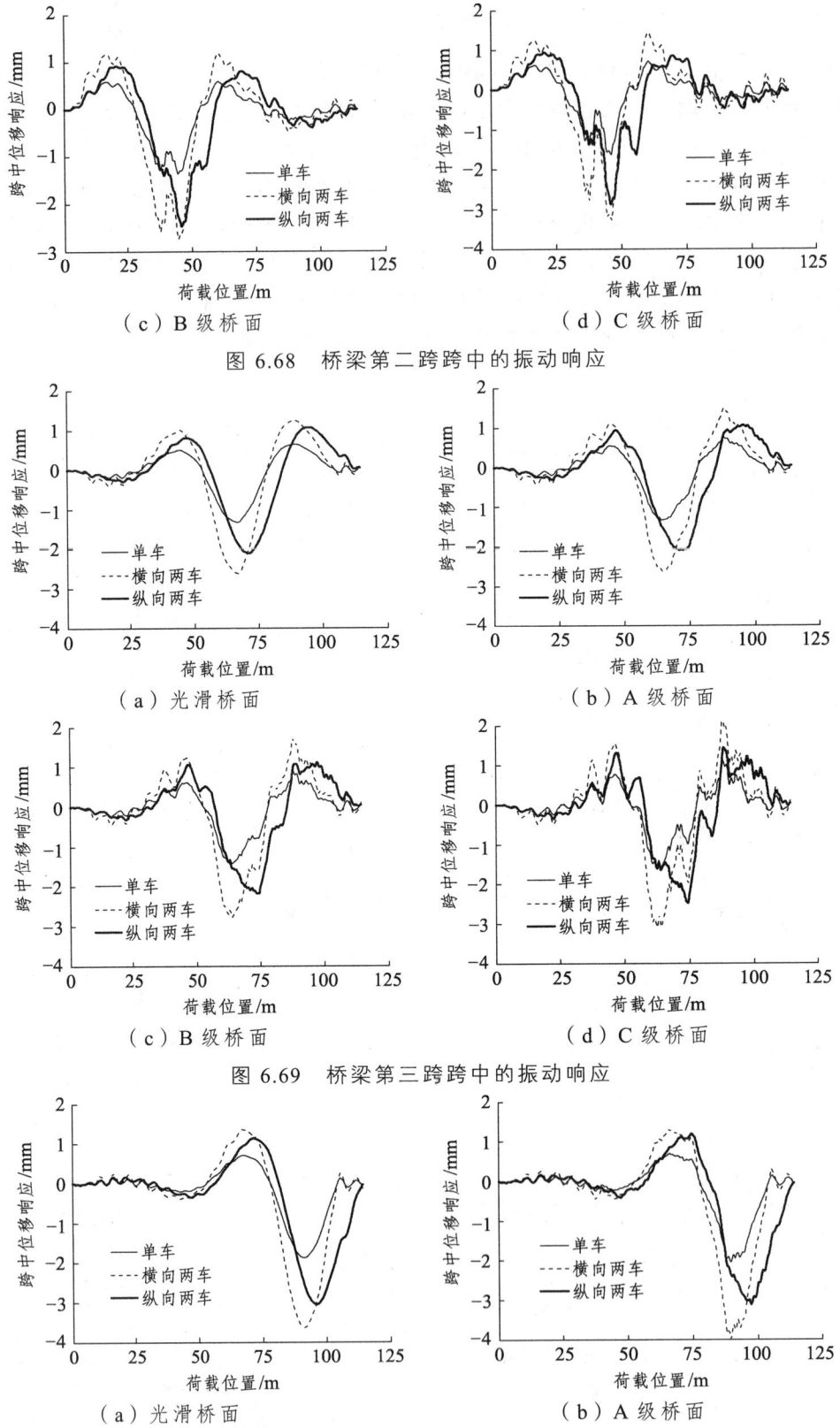

（c）B级桥面　　　　　　　　　　（d）C级桥面

图6.68　桥梁第二跨跨中的振动响应

（a）光滑桥面　　　　　　　　　　（b）A级桥面

（c）B级桥面　　　　　　　　　　（d）C级桥面

图6.69　桥梁第三跨跨中的振动响应

（a）光滑桥面　　　　　　　　　　（b）A级桥面

第6章 连续梁桥车-桥耦合振动响应分析

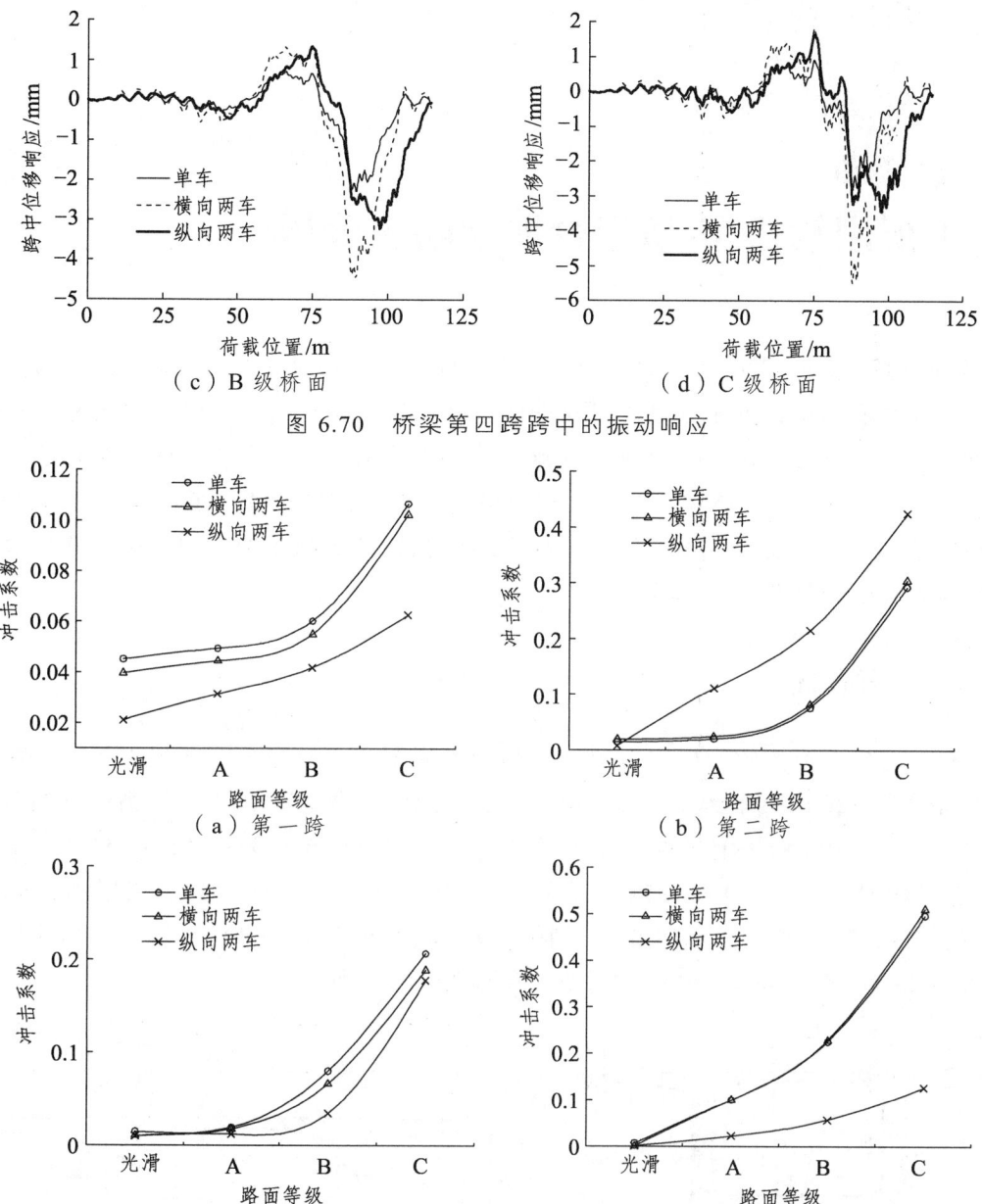

(c) B级桥面　　　　　　　　　(d) C级桥面

图 6.70　桥梁第四跨跨中的振动响应

(a) 第一跨　　　　　　　　　(b) 第二跨

(c) 第三跨　　　　　　　　　(d) 第四跨

图 6.71　不同桥面路况等级的车辆冲击系数

第 7 章
T 形刚构桥车-桥耦合振动响应分析

T 形刚构桥是我国 20 世纪 70 至 80 年代修建较多的一种桥型，其施工阶段与运营阶段受力图式基本相同，可充分发挥材料性能，因而桥梁跨径较大。根据 T 形刚构桥的受力特点，主梁多设计为箱形截面形式，施工方法多采用悬臂施工法。针对 T 形刚构桥的结构特点，本章采用 ANSYS 软件建立刚构桥的有限元模型，基于车-桥耦合振动理论，分析桥梁结构阻尼、行车速度、桥面不平顺对刚构桥车致振动响应的影响，并将数值分析结果与现场实测结果进行对比。

7.1 工程概况

以乔木湾乐安河大桥为研究对象，该桥为鄱阳至余干二级公路新建工程第二标的大桥，主桥总长 120 m，跨径为 60 m+60 m，主桥为预应力混凝土单 T 形刚构，横截面为单箱单室箱形截面，悬拼施工时共分 30 个单元。桥面横向布置为：0.25 m（栏杆）+1.25 m（人行道）+9 m（行车道）+1.25 m（人行道）+0.25 m（栏杆）。桥面铺装层为：3 cm 厚沥青混凝土面层（掺加 0.3%AS 德兰尼特）+8 cm 厚 40 号碎石防水混凝土。桥梁设计荷载：汽车-超 20 级，挂车-120 级。桥梁横断面如图 7.1 所示。

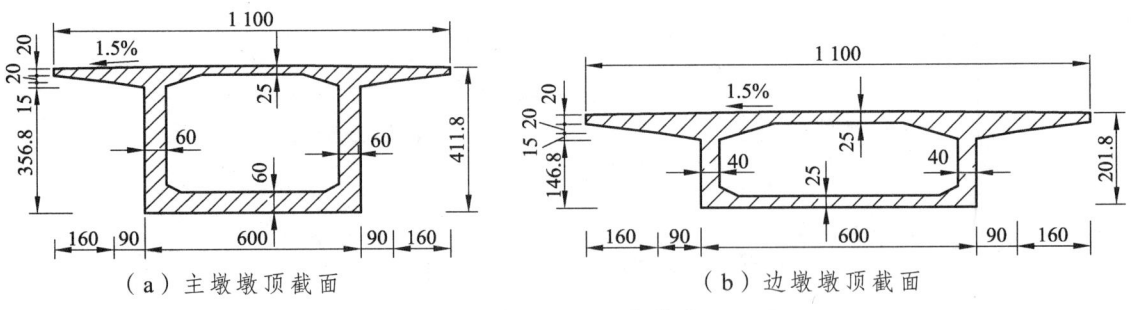

图 7.1 桥梁横断面（长度单位：cm）

7.2 T 形刚构桥车-桥耦合振动响应分析

7.2.1 桥梁动力特性分析

乔木湾乐安河大桥为单箱单室箱形截面，计算结果表明该箱梁截面具有较大的横向刚度，且横向刚度和竖向刚度相差一个数量级，因而在建立该桥的有限元模型时，忽略主梁的横向变形和扭转变形。采用线弹性 Beam4 梁单元将主梁结构离散成三维空间有限元模型，主墩墩身通过换算截面刚度，也离散成三维空间有限元梁单元模型，边墩为滑动铰支座，即不考虑边墩墩身刚度对主桥结构动力特性的影响。主桥上部结构及墩身材料主要由钢筋混凝土组成，钢筋对截面特性的影响通过换算截面刚度进行考虑，钢筋混凝土材料弹性模量为 33 GPa，密度为 2 500 kg/m³，泊松比为 0.167。ANSYS 提取的桥梁前十阶自振频率及振型如表 7.1 所示。通过振型分析可知，该 T 形刚构桥以竖向振动为主，横向振动很小，因而本章数值模拟过程中，只分析桥梁的竖向振动响应。

表 7.1 T 形刚构桥前十阶模态

振型阶数	自振频率/Hz	振型特点	振型阶数	自振频率/Hz	振型特点
一	2.435 0		六	8.459 3	
二	2.824 0		七	8.543 1	
三	5.367 1		八	14.189	
四	5.830 3		九	15.857	
五	6.573 0		十	16.574	

7.2.2 桥梁振动响应数值模拟结果

当一辆 33 t 的三轴汽车以 20 m/s 的速度在 T 形刚构桥上行驶时，图 7.2～图 7.4 给出了余干方向桥墩左边 23 m 处的竖向振动位移及其功率谱密度、竖向振动速度及其功率谱密度、竖向振动加速度及其功率谱密度。从位移、速度和加速度的功率谱密度图可以看出，该 T 形刚架桥振动响应以一阶振型为主，高阶振型对该 T 形刚架桥的竖向振动响应影响较小。

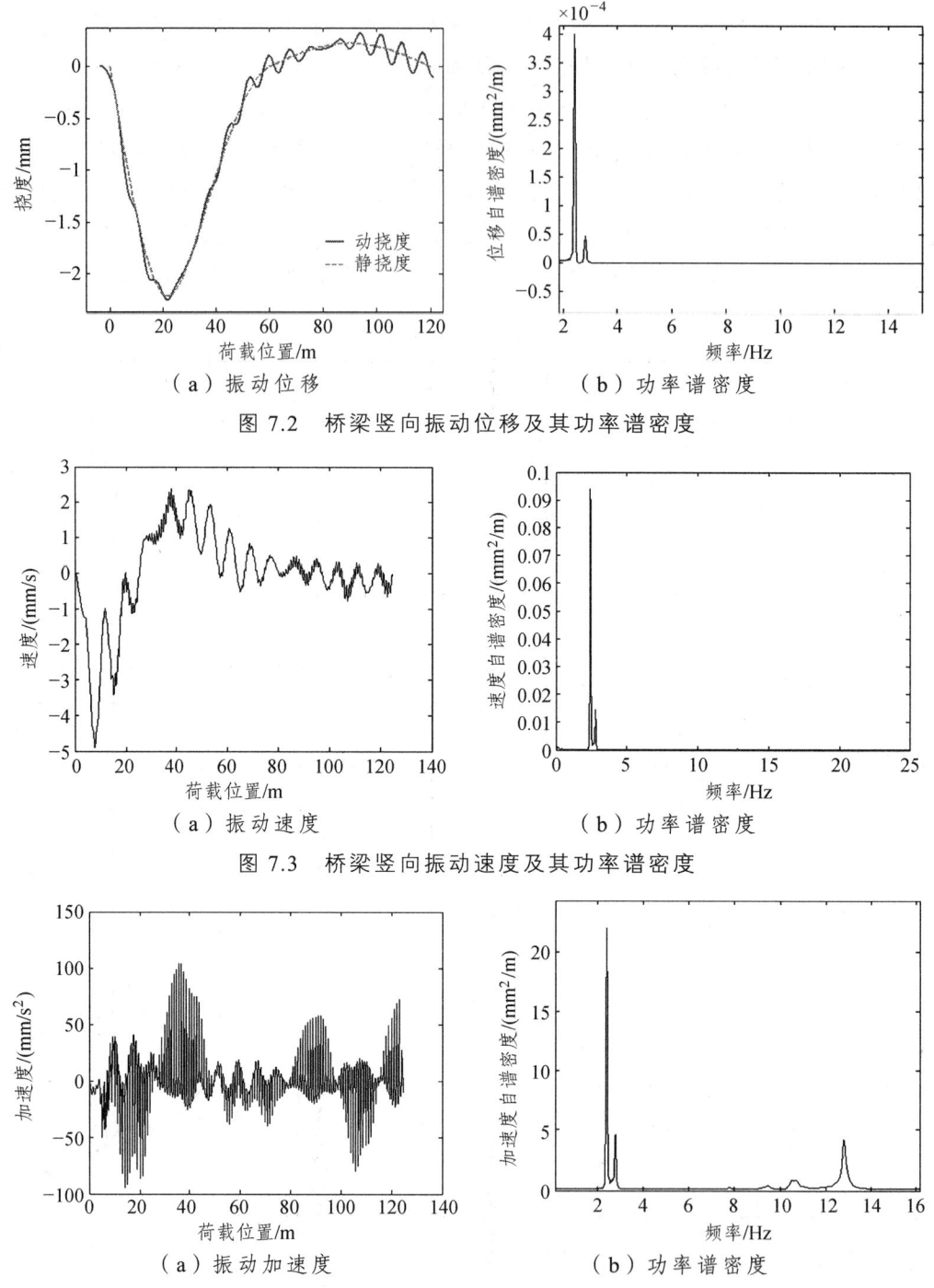

(a)振动位移　　　　　　　　　(b)功率谱密度

图 7.2　桥梁竖向振动位移及其功率谱密度

(a)振动速度　　　　　　　　　(b)功率谱密度

图 7.3　桥梁竖向振动速度及其功率谱密度

(a)振动加速度　　　　　　　　(b)功率谱密度

图 7.4　桥梁竖向振动加速度及其功率谱密度

考虑实测桥面不平顺的影响,当车辆以不同的速度行驶时,余干方向桥墩 23 m 处(最大静态位移位置)的振动响应如图 7.5 所示。从图中可以看出,动位移始终围绕着静位移上下波动,且最大动位移受车速的影响不大。

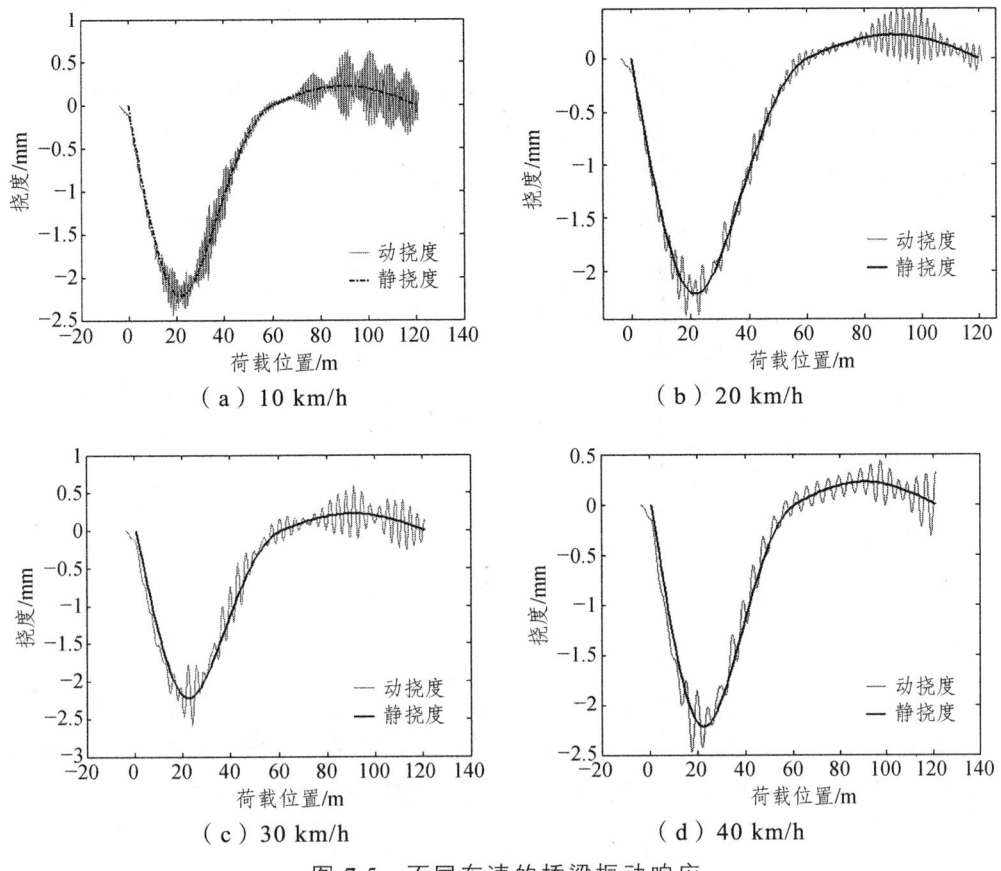

图 7.5 不同车速的桥梁振动响应

7.2.3 冲击系数影响因素分析

1. 桥梁结构阻尼

当车辆以 10 m/s 的速度行驶时，桥梁结构阻尼对桥梁车致振动响应的影响如图 7.6 所示。从图中可以看出，结构阻尼对桥梁振动响应的影响较大，阻尼越低，桥梁振动响应越强烈，冲击系数越大。

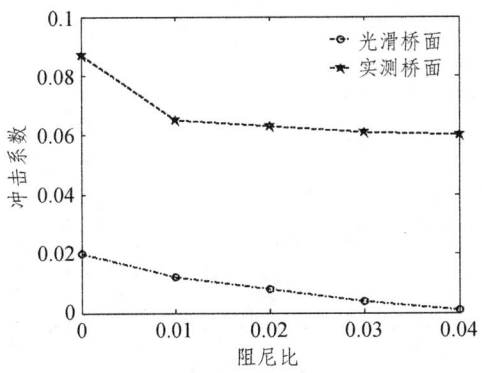

图 7.6 结构阻尼比对冲击系数的影响

2. 车辆行驶速度

当车辆以不同的速度在光滑桥面行驶时,车辆对桥梁结构的冲击系数如图 7.7 所示。从图中可以看出,当车辆行驶速度较低时,冲击系数随车速波动较小;当行驶速度为 25 ~ 40 m/s 时,冲击系数随车速波动较大。

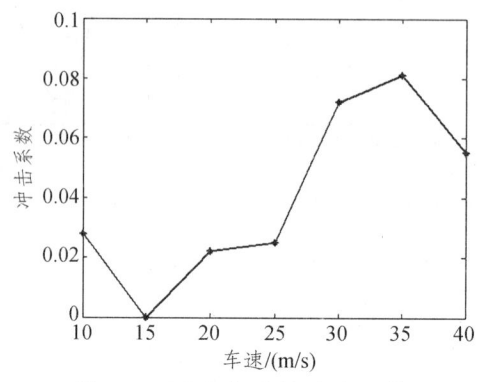

图 7.7　不同车速的冲击系数

3. 桥面不平顺

当车辆以不同的速度在光滑、A、B、C 级桥面上行驶时,余干方向桥墩 23 m 处的桥梁最大动位移见表 7.2,位移冲击系数如图 7.8 所示。可以看出,同一车速的冲击系数随桥面路况等级的恶化而增大;路况越差,冲击系数随车速波动就越大。

表 7.2　最大动挠度随车速的变化

路面状况	车速/(m/s)						
	10	15	20	25	30	35	40
	最大动挠度/mm						
光滑路面	2.269	2.197	2.257	2.263	2.368	2.386	2.330
A 级路面	2.338	2.285	2.300	2.308	2.355	2.384	2.350
B 级路面	2.354	2.305	2.391	2.330	2.390	2.388	2.367
C 级路面	2.478	2.375	2.527	2.501	2.438	2.428	2.374

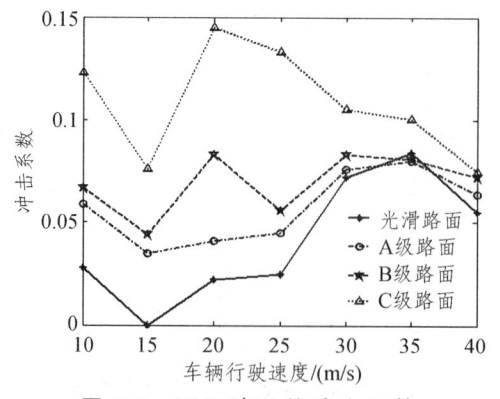

图 7.8　不同路况的冲击系数

4. 车辆自振频率

根据结构动力学的基本原理，当荷载频率与结构的自振频率相等或接近时，体系将发生共振，共振会引起较大的动力响应。为了研究车辆自振频率对桥梁振动响应的影响，可以通过改变钢板弹簧刚度和轮胎刚度来改变车辆自振频率。在此讨论四种不同的车辆：Vehicle1，前钢板 $k_{s1} = k_{s2} = 63 \times 10^4$ N/m，中钢板 $k_{s3} = k_{s4} = 79 \times 10^4$ N/m，后钢板 $k_{s5} = k_{s6} = 79 \times 10^4$ N/m，此时车辆自振频率为 1.66 Hz；Vehicle2，前钢板 $k_{s1} = k_{s2} = 126 \times 10^4$ N/m，中钢板 $k_{s3} = k_{s4} = 158 \times 10^4$ N/m，后钢板 $k_{s5} = k_{s6} = 158 \times 10^4$ N/m，此时车辆自振频率为 2.155 Hz；Vehicle3，前轮 $k_{t1} = k_{t2} = 140 \times 10^4$ N/m，中轮 $k_{t3} = k_{t4} = 180 \times 10^4$ N/m，后轮 $k_{t5} = k_{t6} = 180 \times 10^4$ N/m，此时车辆自振频率为 1.535 Hz；Vehicle4，减小前、中、后钢板弹簧刚度，使车辆自振频率为 1.535 Hz，则车辆钢板弹簧刚度为：前钢板 $k_{s1} = k_{s2} = 52 \times 10^4$ N/m，中钢板 $k_{s3} = k_{s4} = 64 \times 10^4$ N/m，后钢板 $k_{s5} = k_{s6} = 64 \times 10^4$ N/m。

表 7.3、表 7.4 是车辆在光滑桥面上以不同速度行驶时，Vehicle1、Vehicle2、Vehicle3 引起的距边支墩 23 m 处的桥梁最大动位移及其冲击系数。从表中可以看出，车辆自振频率与桥梁结构基频越接近，则车辆对桥梁的冲击系数就越大。

表 7.3 桥梁最大动位移

车辆频率	车速/(m/s)						
	10	15	20	25	30	35	40
	最大动位移/mm						
Vehicle1	2.269	2.197	2.257	2.263	2.368	2.386	2.330
Vehicle2	2.299	2.214	2.258	2.275	2.390	2.421	2.375
Vehicle3	2.258	2.192	2.249	2.245	2.345	2.359	2.295

表 7.4 位移冲击系数

车辆频率	车速/(m/s)						
	10	15	20	25	30	35	40
	冲击系数						
Vehicle1	0.028	0	0.022	0.025	0.072	0.081	0.055
Vehicle2	0.041	0.003	0.023	0.031	0.083	0.097	0.076
Vehicle3	0.023	0	0.019	0.017	0.062	0.069	0.040

在实测桥面不平顺情况下，相同的车辆自振频率，不同的车辆结构参数，图 7.9 给出了不同车速的冲击系数。从图中可以看出，虽然车辆的自振频率相同，但车辆过桥的冲击系数各不相同，说明车辆轮胎刚度和悬架刚度对桥梁振动响应的影响较大。

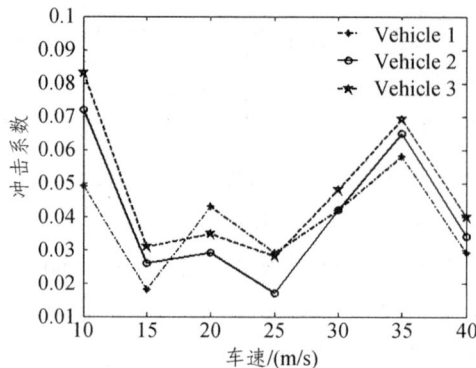

图 7.9 车辆结构特性对冲击系数的影响

7.2.4 车辆简化模型对桥梁振动响应的影响

为了进一步研究车辆简化模型对 T 形刚构桥振动响应的影响，本节采用四种车辆模型（移动弹簧质量车模型、1/4 车模型、1/2 车模型、整车模型）来分析其对 T 形刚构桥振动响应的影响。移动弹簧质量车模型的参数：$m_1 = 2\ 458$ kg，$m_2 = 30\ 542$ kg，$c_1 = 20.82 \times 10^3$ N·s/m，$k_1 = 442 \times 10^4$ N/m；1/4 车模型的参数：$m_1 = 30\ 542$ kg，$m_2 = 2\ 458$ kg，$k_1 = 442 \times 10^4$ N/m，$k_2 = 1\ 916 \times 10^4$ N/m，$c_1 = 20.82 \times 10^3$ N·s/m，$c_2 = 0$；1/2 车模型的参数：$m_1 = 594$ kg，$m_2 = 932$ kg，$m_3 = 932$ kg，$m_{hb} = 30\ 542$ kg，$I_{hp} = 55\ 259$ kg·m^2，$k_{t1} = 560 \times 10^4$ N/m，$k_{t2} = k_{t3} = 678 \times 10^4$ N/m，$c_{t1} = c_{t2} = c_{t3} = 0$，$k_{s1} = 126 \times 10^4$ N/m，$k_{s2} = k_{s3} = 158 \times 10^4$ N/m，$c_{s1} = 5.46 \times 10^3$ N·s/m，$c_{s2} = c_{s3} = 7.68$ N·s/m，$a = 3.4$ m，$b = 0.2$ m，$c = 1.4$ m；整车模型的参数见第 2.1 节的表 2.1。

当车辆在光滑桥面行驶时，T 形刚构桥余干方向 23 m 处的动位移和静位移对比曲线如图 7.10 所示。从图中可以看出，不同车辆模型的桥梁车致振动响应相似，动位移曲线围绕着静位移曲线上下波动，1/2 车模型和整车模型的动位移曲线波动较平缓。

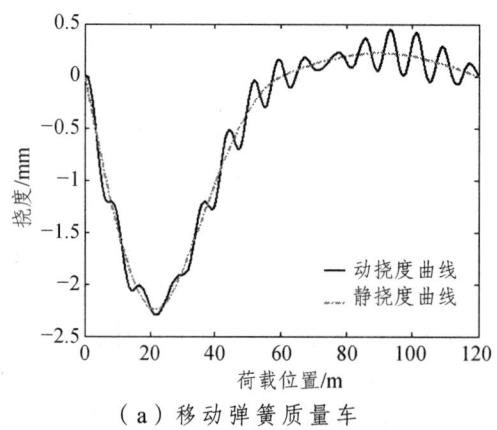

（a）移动弹簧质量车

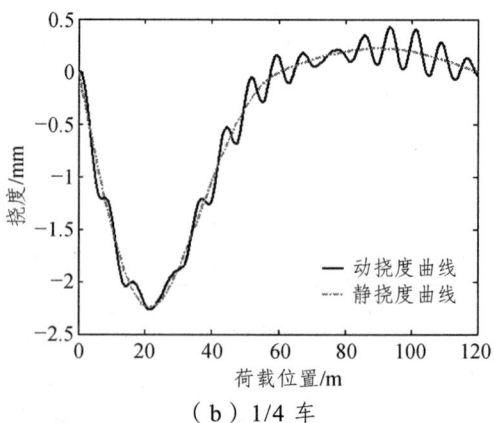

（b）1/4 车

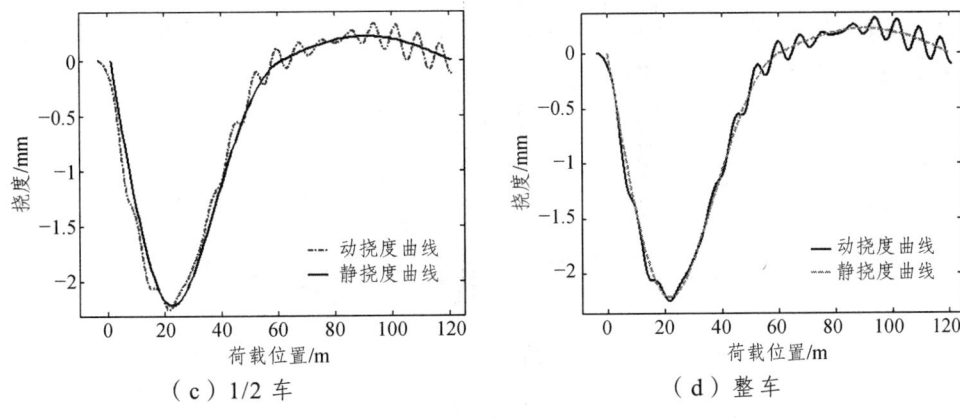

（c）1/2车　　　　　　　　　　　　（d）整车

图 7.10　不同车辆模型的桥梁振动响应

图 7.11 和图 7.12 分别给出了不同车速的桥梁振动响应最大值及其冲击系数。从图中可以看出，移动弹簧质量车作用的桥梁动位移最大，而整车作用的桥梁动位移最小；移动弹簧质量车作用的桥梁最大动位移和冲击系数随速度的变化最大，1/4 车作用的结果次之，整车作用的结果最小。

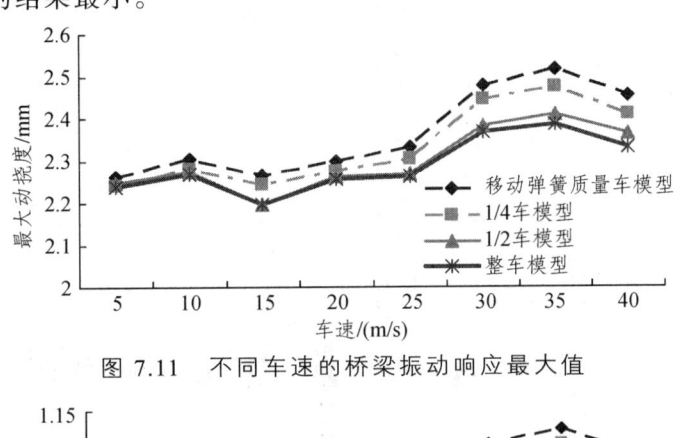

图 7.11　不同车速的桥梁振动响应最大值

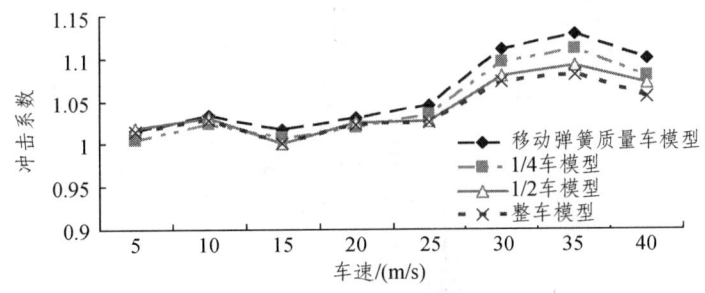

图 7.12　不同车速的位移冲击系数

7.3　现场动载测试

一辆载重 33 t 的自卸汽车按偏载和正常行车道行驶时，现场采集的距边支墩 22.4 m 处的箱梁翼缘竖向振动响应如图 7.13 所示。从图中可以看出，当行车速度为 10 m/s 时，车辆偏载的最大动位移为 2.277 mm，车辆正常行车道的最大动位移为 2.265 mm；当行车速度为 20 m/s 时，车辆偏载的最大动位移为 2.429 mm，车辆正常行车道的最大动位移为 2.197 mm。车辆偏载的最大动挠度大于车辆正常行车道的动挠度，主要是因为测点位于箱梁翼缘，箱梁存在扭转效应。

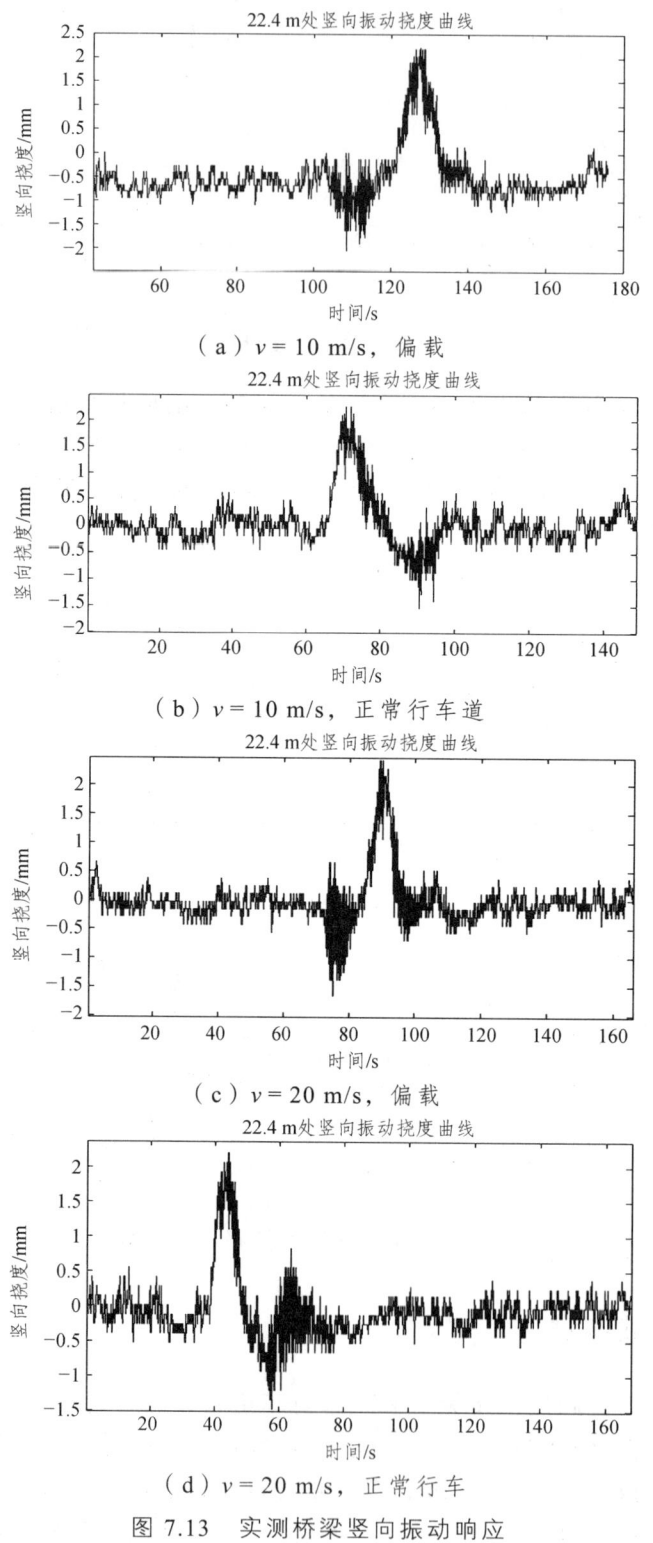

(a) $v = 10$ m/s，偏载

(b) $v = 10$ m/s，正常行车道

(c) $v = 20$ m/s，偏载

(d) $v = 20$ m/s，正常行车

图 7.13 实测桥梁竖向振动响应

当车辆以 20 m/s 的速度偏载行驶时,桥梁竖向振动响应的功率谱密度如图 7.14 所示。从图中可以看出,该 T 形刚构桥振动响应主要以第一阶自振频率为主,其第一阶自振频率为 2.83 Hz,而有限元模拟的该桥第一阶自振频率为 2.435 Hz,说明桥梁结构的实际刚度比理论刚度大。

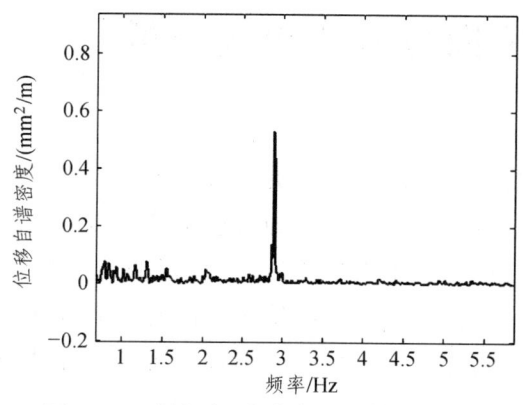

图 7.14 桥梁振动响应的功率谱密度

根据实测变截面 T 形刚构桥最不利位置处的竖向振动响应和静挠度,不同车速的桥梁振动响应最大值及其冲击系数如表 7.5 所示。该桥实测自振频率为 2.83 Hz,根据我国 04《桥规》的冲击系数计算方法,当 $1.5\,Hz \leqslant f \leqslant 14\,Hz$ 时,$\mu = 0.176\,7\ln f - 0.015\,7$,因此该桥的冲击系数为 $\mu = 0.176\,7 \times \ln 2.83 - 0.015\,7 = 0.168°$。从表 7.5 可以看出,车辆偏载的冲击系数大于车辆正常行车道行驶的冲击系数,主要是因为测试点的位置在箱梁的翼缘,且桥梁振动响应与桥面不平顺有直接关系;不同车速的冲击系数小于 04《桥规》计算的冲击系数,这也说明该桥的桥面路况较好,与该桥的桥面不平顺测试结果相一致。

表 7.5 实测桥梁振动响应

车速/(m/s)	10		20		30		40		50	
工况	偏载	中载	偏载	中载	偏载	中载	偏载	中载	偏载	中载
动挠度/mm	2.277	2.264 6	2.428 7	2.196 6	2.179 6	2.163 1	2.475 0	2.370 8	2.383	2.292
冲击系数	0.114	0.108	0.188	0.074	0.066	0.058	0.210	0.159	0.166	0.121

第 8 章
曲线桥车-桥耦合振动响应分析

近年来，曲线桥梁在大中跨桥梁的桥头引道和大型立体交叉中应用较多，其存在弯扭耦合效应，结构受力变得更复杂，桥梁分析模型的精度要求更高。虽然学者们从静力学的角度对曲线桥的弯扭耦合做了大量的研究，但对曲线桥的车-桥耦合振动研究相对较少。有关曲线桥在车辆荷载作用下的桥梁倒塌事故也时有发生，随着桥梁服役时间的增长，其运营安全越来越受到重视。特别是我国现行规范对曲线桥的相关规定不够完善，亟须更多的试验和理论研究工作。因此，本章以混凝土曲线梁桥的车致振动响应为核心，开展相关的研究工作，为混凝土曲线梁桥的设计、建造和管养提供一定的参考。

8.1 曲线桥车-桥耦合振动方程推导

8.1.1 移动坐标系与整体坐标变换

当车辆在曲线桥上匀速行驶时，其几何位置是速度 v、时间 t 和空间坐标的函数，需要通过坐标转换的方式建立相关联系[1]。桥梁结构采用平面曲线坐标系，取纵桥向为 X 轴，横桥向为 Z 轴，桥竖向为 Y 轴。首先在车辆上建立任意运动时刻的移动坐标系，然后通过坐标变换得到该时刻车辆在曲线桥梁上的几何位置。具体内容如下：

（1）车辆每个轮轴在桥梁中心线上建立移动坐标系，以与桥梁中心线相应的轮轴处作为坐标系原点，其中 x 方向沿曲线切向向前，y 方向沿桥面垂直向上，z 方向沿曲线法向向外，即为如图 8.1 所示的坐标系。

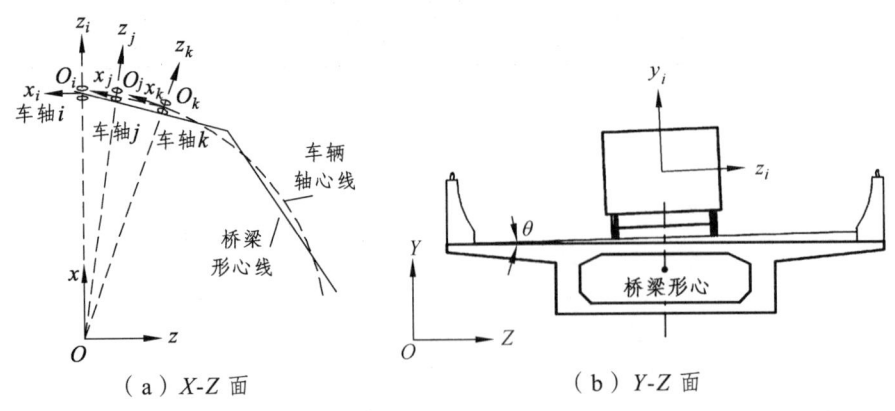

图 8.1 移动坐标系

（2）若汽车以初速度 v 在桥上匀速或匀变速行驶时，t 时刻所驶过的路程为 S_i。由 S_i 可确定移动坐标系原点在整体坐标系下的坐标（x_{0i}，y_{0i}，z_{0i}）及其切线与 ox 轴的夹角 α_i、曲率 ρ_i 和超高角 θ_i，并建立各移动坐标系 $o_i x_i y_i z_i$、$o_j x_j y_j z_j$ 和 $o_k x_k y_k z_k$。

（3）将桥梁 $oxyz$ 坐标下节点 B_i（x_{Bi}，y_{Bi}，z_{Bi}）的第 k 阶振型位移向量 $\boldsymbol{\Phi}$ 转换到移动坐标系 $o_i x_i y_i z_i$ 下，即：

$$\boldsymbol{\Phi}_{i,B} = \boldsymbol{T}\boldsymbol{\Phi} \tag{8.1}$$

式中，$\boldsymbol{\Phi}_{i,B}$ 为移动坐标系下的振型位移向量；$\boldsymbol{T}$ 为坐标转换矩阵。

8.1.2 坐标变换矩阵的推导

为更好地接近实际车辆荷载工况，需要考虑曲线平面内的旋转和超高引起的平面外转动。具体坐标变换如下：

（1）车辆行驶在曲线上，其移动坐标系相对整体坐标系绕 Y 轴旋转 α_i 角，则第一次坐标转换矩阵为：

$$\boldsymbol{T}_1 = \begin{bmatrix} \cos\alpha_i & 0 & \sin\alpha_i & & & \\ 0 & 1 & 0 & & 0 & \\ -\sin\alpha_i & 0 & \cos\alpha_i & & & \\ & & & \cos\alpha_i & 0 & \sin\alpha_i \\ & 0 & & 0 & 1 & 0 \\ & & & -\sin\alpha_i & 0 & \cos\alpha_i \end{bmatrix} \tag{8.2}$$

（2）由于超高角 θ_i 的存在，移动坐标系相对整体坐标系绕 X 轴旋转 θ_i 角，则第二次坐标转换矩阵为：

$$\boldsymbol{T}_2 = \begin{bmatrix} 1 & 0 & 0 & & & \\ 0 & \cos\theta_i & \sin\theta_i & & 0 & \\ 0 & -\sin\theta_i & \cos\theta_i & & & \\ & & & 1 & 0 & 0 \\ & 0 & & 0 & \cos\theta_i & \sin\theta_i \\ & & & 0 & -\sin\theta_i & \cos\theta_i \end{bmatrix} \tag{8.3}$$

（3）根据矩阵理论，可得坐标变化矩阵，即：

$$\boldsymbol{T} = \boldsymbol{T}_2 \boldsymbol{T}_1 = \begin{bmatrix} \cos\alpha_i & 0 & \sin\alpha_i & & & \\ -\sin\alpha_i\sin\theta_i & \cos\theta_i & \cos\alpha_i\sin\theta_i & & 0 & \\ -\sin\alpha_i\cos\theta & -\sin\theta_i & \cos\alpha_i\cos\theta_i & & & \\ & & & \cos\alpha_i & 0 & \sin\alpha_i \\ & 0 & & -\sin\alpha_i\sin\theta_i & \cos\theta & \cos\alpha_i\sin\theta_i \\ & & & -\sin\alpha_i\cos\theta_i & -\sin\theta & \cos\alpha_i\cos\theta_i \end{bmatrix} \tag{8.4}$$

记：

$$\boldsymbol{\eta} = \begin{bmatrix} \cos\alpha_i & 0 & \sin\alpha_i \\ -\sin\alpha_i\sin\theta_i & \cos\theta_i & \cos\alpha_i\sin\theta_i \\ -\sin\alpha_i\cos\theta_i & -\sin\theta_i & \cos\alpha_i\cos\theta \end{bmatrix} \tag{8.5}$$

则，坐标转换矩阵可简化为：

$$\boldsymbol{T} = \boldsymbol{T}_2\boldsymbol{T}_1 = \begin{bmatrix} \boldsymbol{\eta} & 0 \\ 0 & \boldsymbol{\eta} \end{bmatrix} \tag{8.6}$$

8.1.3 曲线桥车-桥耦合模型的建立

如图 8.2 所示，假定车辆在行驶过程中，车轮与桥面始终保持接触状态，则可通过车轮与桥面接触处的相互作用力和位移变形协调条件将车辆与桥梁两子系统进行关联。同时考虑桥面平整度的影响，可得第 i 个车轮与桥梁之间的相互作用力为：

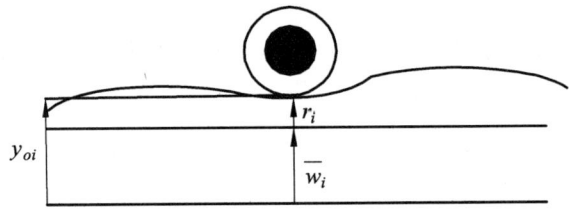

图 8.2 车轮和桥面的接触

$$F_{\text{v}i}^{\text{int}} = -F_{\text{bv}i}^{\text{int}} = k_{ti}d_{\text{vb},i} + c_{ti}\dot{d}_{\text{vb},i} \tag{8.7}$$

$$d_{\text{vb},i} = y_i - r_i - \overline{w}_i \quad (i = 1, 2, 3, \cdots, 6) \tag{8.8}$$

式中，$d_{\text{vb},i}$ 为第 i 个车轮相对于桥面的竖向位移；y_i 为第 i 个车轮的竖向绝对位移；r_i 为第 i 个车轮处的桥面平整度幅值；$\overline{w}_i$ 为第 i 个车轮处桥面初始位移量，其表达式为：

$$\overline{w}_i = \boldsymbol{N}_{bi} \cdot \boldsymbol{\Phi}_{i,B} \cdot \boldsymbol{q} \tag{8.9}$$

由（8.8）和（8.9）得：

$$d_{\text{vb},i} = y_i - r_i - \boldsymbol{N}_{bi}\boldsymbol{\Phi}_{i,B}\boldsymbol{q} \tag{8.10}$$

$$\dot{d}_{\text{vb},i} = \dot{y}_i - (\dot{r}_i + v\boldsymbol{N}_{bi,x}\boldsymbol{\Phi}_{i,B}\boldsymbol{q} + \boldsymbol{N}_{bi}\boldsymbol{\Phi}_{i,B}\dot{\boldsymbol{q}}) \tag{8.11}$$

则由（8.7）得：

$$\boldsymbol{F}_{\text{v}}^{\text{int}} = \begin{Bmatrix} 0 \\ -k_{t1}(y_1 - r_1 - \boldsymbol{N}_{b1}\boldsymbol{\Phi}_{i,B}\boldsymbol{q}) - c_{t1}(\dot{y}_1 - \dot{r}_1 - v\boldsymbol{N}_{b1,x}\boldsymbol{\Phi}_{i,B}\boldsymbol{q} - \boldsymbol{N}_{b1}\boldsymbol{\Phi}_{i,B}\dot{\boldsymbol{q}}) \\ \vdots \\ 0 \\ -k_{t6}(y_1 - r_1 - \boldsymbol{N}_{b6}\boldsymbol{\Phi}_{i,B}\boldsymbol{q}) - c_{t6}(\dot{y}_1 - \dot{r}_1 - v\boldsymbol{N}_{b6,x}\boldsymbol{\Phi}_{i,B}\boldsymbol{q} - \boldsymbol{N}_{b6}\boldsymbol{\Phi}_{i,B}\dot{\boldsymbol{q}}) \\ 0 \\ 0 \\ 0 \\ 0 \end{Bmatrix}_{16\times1} \tag{8.12}$$

则车轮施加在桥梁上的作用力为：

$$\boldsymbol{F}_{\mathrm{bv}}^{\mathrm{int}} = \sum_{i=1}^{nl} N_i F_{\mathrm{bv}i}^{\mathrm{int}} = \sum_{i=1}^{nl} N_i (F_{\mathrm{v}}^{\mathrm{int}} + F_{gci}) \tag{8.13}$$

式中，nl 为车轮总数。其单个车轮作用于桥梁的荷载可写成向量形式为：

$$\boldsymbol{F}_{\mathrm{bv}}^{\mathrm{int}} = k_{ti}(y_i - r_i - \boldsymbol{N}\boldsymbol{\Phi}_{i,B}\boldsymbol{q}) + c_{ti}(\dot{y}_i - \dot{r}_i - v\boldsymbol{N}_{i,x}\boldsymbol{\Phi}_{i,B}\boldsymbol{q} - \boldsymbol{N}\boldsymbol{\Phi}_{i,B}\dot{\boldsymbol{q}}) - F_{gci} \tag{8.14}$$

联立式（2.25）、（8.12）和（8.13）得：

$$\boldsymbol{I}\ddot{\boldsymbol{q}} + \left(\boldsymbol{X} - \sum_{i=1}^{nl}\boldsymbol{\Phi}^{\mathrm{T}}\boldsymbol{N}_i^{\mathrm{T}}c_{ti}\boldsymbol{N}_i\boldsymbol{\Phi}_{i,B}\cos\gamma\right)\dot{\boldsymbol{q}} + \left[\boldsymbol{\Omega} - \sum_{i=1}^{nl}\boldsymbol{\Phi}_{i,B}^{\mathrm{T}}\boldsymbol{N}_i^{\mathrm{T}}(k_{ti}\boldsymbol{N}_i\boldsymbol{\Phi}_i^{\mathrm{T}} + c_{ti}\boldsymbol{N}_{i,x}\boldsymbol{\Phi}_i^{\mathrm{T}})\right]\boldsymbol{q} +$$

$$\sum_{i=1}^{nl}\boldsymbol{\Phi}_{i,B}^{\mathrm{T}}\boldsymbol{N}_i^{\mathrm{T}}k_{ti}y_i + \sum_{i=1}^{nl}\boldsymbol{\Phi}_{i,B}^{\mathrm{T}}\boldsymbol{N}_i^{\mathrm{T}}c_{ti}\dot{y}_i = -\sum_{i=1}^{nl}\boldsymbol{\Phi}_{i,B}^{\mathrm{T}}\boldsymbol{N}_i\left(k_{ti}r_i + c_{ti}\dot{r}_i\right) - \sum_{i=1}^{nl}\boldsymbol{\Phi}_{i,B}^{\mathrm{T}}\boldsymbol{N}_i^{\mathrm{T}}\boldsymbol{F}_{gci} \tag{8.15}$$

联立式（8.15）和（2.24）得：

$$\boldsymbol{M}_{\mathrm{bv}}\ddot{\boldsymbol{\delta}} + \boldsymbol{C}_{\mathrm{bv}}\dot{\boldsymbol{\delta}} + \boldsymbol{K}_{\mathrm{bv}}\boldsymbol{\delta} = \boldsymbol{F}_w + \boldsymbol{F}_{gc} \tag{8.16}$$

式中，$\boldsymbol{M}_{\mathrm{bv}}$、$\boldsymbol{C}_{\mathrm{bv}}$、$\boldsymbol{K}_{\mathrm{bv}}$ 分别为车桥耦合振动系统的广义质量、阻尼和刚度矩阵；$\boldsymbol{F}_{gc}$ 为车辆自重和离心引起的动荷载向量；$\boldsymbol{F}_w$ 为桥面平整度引起的动荷载向量；$\boldsymbol{\delta}$ 为桥梁模态广义坐标与车辆系统运动自由度组成的列阵，即 $\boldsymbol{\delta} = [q_1 \cdots q_{3r} \ y_1 \ z_1 \cdots y_6 \ z_6 \ y_b \ z_b \ \theta_b \ \phi]^{\mathrm{T}}$。

$$\boldsymbol{M}_{\mathrm{bv}} = \begin{bmatrix} \boldsymbol{I} & \boldsymbol{0} \\ \boldsymbol{0} & \boldsymbol{M}_{\mathrm{v}} \end{bmatrix}_{(3r+16)\times(3r+16)}, \ \boldsymbol{C}_{\mathrm{bv}} = \begin{bmatrix} \boldsymbol{\eta}+\boldsymbol{Q} & \boldsymbol{A}_1 \\ \boldsymbol{A}_2 & \boldsymbol{C}_{\mathrm{v}} \end{bmatrix}_{(3r+16)\times(3r+16)}, \ \boldsymbol{K}_{\mathrm{bv}} = \begin{bmatrix} \boldsymbol{\Omega}+\boldsymbol{S} & \boldsymbol{B}_1 \\ \boldsymbol{B}_2 & \boldsymbol{K}_{\mathrm{v}} \end{bmatrix}_{(3r+16)\times(3r+16)} \tag{8.17}$$

其中，修正矩阵 $\boldsymbol{Q}$、$\boldsymbol{S}$、$\boldsymbol{A}_1$、$\boldsymbol{A}_2$、$\boldsymbol{B}_1$、$\boldsymbol{B}_2$ 的表达式如下：

$$\boldsymbol{Q} = \begin{bmatrix} Q_{11} & Q_{12} & Q_{13} \\ Q_{21} & Q_{22} & Q_{23} \\ Q_{31} & Q_{32} & Q_{33} \end{bmatrix}$$

$$= \cos\gamma \begin{bmatrix} \sum_{i=1}^{6}[\phi_y]^{\mathrm{T}}[N_{yi}]^{\mathrm{T}}c_{ti}[N_{yi}][\phi_y] & \sum_{i=1}^{6}[\phi_y]^{\mathrm{T}}[N_{yi}]^{\mathrm{T}}c_{ti}[N_{\theta xi}][\phi_{\theta x}] & \sum_{i=1}^{6}[\phi_y]^{\mathrm{T}}[N_{yi}]^{\mathrm{T}}c_{ti}[N_{\theta zi}][\phi_{\theta z}] \\ \sum_{i=1}^{6}[\phi_{\theta x}]^{\mathrm{T}}[N_{\theta xi}]^{\mathrm{T}}c_{ti}[N_{yi}][\phi_y] & \sum_{i=1}^{6}[\phi_{\theta x}]^{\mathrm{T}}[N_{\theta xi}]^{\mathrm{T}}c_{ti}[N_{\theta xi}][\phi_{\theta x}] & \sum_{i=1}^{6}[\phi_{\theta x}]^{\mathrm{T}}[N_{\theta xi}]^{\mathrm{T}}c_{ti}[N_{\theta zi}][\phi_{\theta z}] \\ \sum_{i=1}^{6}[\phi_{\theta z}]^{\mathrm{T}}[N_{\theta zi}]^{\mathrm{T}}c_{ti}[N_{yi}][\phi_y] & \sum_{i=1}^{6}[\phi_{\theta y}]^{\mathrm{T}}[N_{\theta yi}]^{\mathrm{T}}c_{ti}[N_{\theta xi}][\phi_{\theta x}] & \sum_{i=1}^{6}[\phi_{\theta z}]^{\mathrm{T}}[N_{\theta zi}]^{\mathrm{T}}c_{ti}[N_{\theta zi}][\phi_{\theta z}] \end{bmatrix}_{3r\times 3r}$$

$$\tag{8.18}$$

$$S = \begin{bmatrix} S_{11} & S_{12} & S_{13} \\ S_{21} & S_{22} & S_{23} \\ S_{31} & S_{32} & S_{33} \end{bmatrix}$$

$$= \cos\gamma \begin{bmatrix} \sum_{i=1}^{6}[\phi_y]^{\mathrm{T}}[N_i]^{\mathrm{T}}(k_{ti}[N_{yi}]+c_{ti}v_i[N_{yi,x}])[\phi_y] & \sum_{i=1}^{6}[\phi_y]^{\mathrm{T}}[N_{yi}]^{\mathrm{T}}(k_{ti}[N_{\theta xi}]+c_{ti}v_i[N_{\theta xi,x}])[\phi_{\theta x}] \\ \sum_{i=1}^{6}[\phi_{\theta x}]^{\mathrm{T}}[N_{\theta xi}]^{\mathrm{T}}(k_{ti}[N_{yi}]+c_{ti}v_i[N_{yi,x}])[\phi_y] & \sum_{i=1}^{6}[\phi_{\theta x}]^{\mathrm{T}}[N_{\theta xi}]^{\mathrm{T}}(k_{ti}[N_{\theta xi}]+c_{ti}v_i[N_{\theta xi,x}])[\phi_{\theta x}] \\ \sum_{i=1}^{6}[\phi_{\theta z}]^{\mathrm{T}}[N_{\theta zi}]^{\mathrm{T}}(k_{ti}[N_{yi}]+c_{ti}v_i[N_{yi,x}])[\phi_y] & \sum_{i=1}^{6}[\phi_{\theta z}]^{\mathrm{T}}[N_{\theta zi}]^{\mathrm{T}}(k_{ti}[N_{\theta xi}]+c_{ti}v_i[N_{\theta xi,x}])[\phi_{\theta x}] \end{bmatrix}$$

$$\begin{bmatrix} \sum_{i=1}^{6}[\phi_y]^{\mathrm{T}}[N_{yi}]^{\mathrm{T}}(k_{ti}[N_{\theta zi}]+c_{ti}v_i[N_{\theta zi,x}])[\phi_{\theta z}] \\ \sum_{i=1}^{6}[\phi_{\theta x}]^{\mathrm{T}}[N_{\theta xi}]^{\mathrm{T}}(k_{ti}[N_{\theta zi}]+c_{ti}v_i[N_{\theta zi,x}])[\phi_{\theta z}] \\ \sum_{i=1}^{6}[\phi_{\theta z}]^{\mathrm{T}}[N_{\theta zi}]^{\mathrm{T}}(k_{ti}[N_{\theta zi}]+c_{ti}v_i[N_{\theta zi,x}])[\phi_{\theta z}] \end{bmatrix}_{3r \times 3r}$$

(8.19)

$$A_{11} = -\cos\gamma \begin{bmatrix} 0 & [\phi_{y1}][N_{y1}]^{\mathrm{T}}c_{t1} & \cdots & 0 & [\phi_{y1}][N_{y6}]^{\mathrm{T}}c_{t6} & 0 & 0 & 0 & 0 \\ \vdots & \vdots & & \vdots & \vdots & \vdots & \vdots & \vdots & \vdots \\ 0 & [\phi_{yr}][N_{y1}]^{\mathrm{T}}c_{t1} & \cdots & 0 & [\phi_{yr}][N_{y6}]^{\mathrm{T}}c_{t6} & 0 & 0 & 0 & 0 \end{bmatrix}_{r \times 16} \quad (8.20)$$

$$A_{12} = -\cos\gamma \begin{bmatrix} 0 & [\phi_{\theta x1}][N_{\theta x1}]^{\mathrm{T}}c_{t1} & \cdots & 0 & [\phi_{\theta x1}][N_{\theta x6}]^{\mathrm{T}}c_{t6} & 0 & 0 & 0 & 0 \\ \vdots & \vdots & & \vdots & \vdots & \vdots & \vdots & \vdots & \vdots \\ 0 & [\phi_{\theta xr}][N_{\theta x1}]^{\mathrm{T}}c_{t1} & \cdots & 0 & [\phi_{\theta xr}][N_{\theta x6}]^{\mathrm{T}}c_{t6} & 0 & 0 & 0 & 0 \end{bmatrix}_{r \times 16} \quad (8.21)$$

$$A_{13} = -\cos\gamma \begin{bmatrix} 0 & [\phi_{\theta z1}][N_{\theta z1}]^{\mathrm{T}}c_{t1} & \cdots & 0 & [\phi_{\theta z1}][N_{\theta z6}]^{\mathrm{T}}c_{t6} & 0 & 0 & 0 & 0 \\ \vdots & \vdots & & \vdots & \vdots & \vdots & \vdots & \vdots & \vdots \\ 0 & [\phi_{\theta zr}][N_{\theta z1}]^{\mathrm{T}}c_{t1} & \cdots & 0 & [\phi_{\theta zr}][N_{\theta z6}]^{\mathrm{T}}c_{t6} & 0 & 0 & 0 & 0 \end{bmatrix}_{r \times 16} \quad (8.22)$$

$$A_{21} = A_{11}^{\mathrm{T}} / \cos\gamma \quad (8.23)$$

$$A_{22} = A_{12}^{\mathrm{T}} / \cos\gamma \quad (8.24)$$

$$A_{23} = A_{13}^{\mathrm{T}} / \cos\gamma \quad (8.25)$$

$$B_{11} = -\cos\gamma \begin{bmatrix} 0 & [\phi_{y1}][N_{y1,x}]^{\mathrm{T}}k_{t1} & \cdots & 0 & [\phi_{y1}][N_{y6,x}]^{\mathrm{T}}k_{t6} & 0 & 0 & 0 & 0 \\ \vdots & \vdots & & \vdots & \vdots & \vdots & \vdots & \vdots & \vdots \\ 0 & [\phi_{yr}][N_{y1,x}]^{\mathrm{T}}k_{t1} & \cdots & 0 & [\phi_{yr}][N_{y6,x}]^{\mathrm{T}}k_{t6} & 0 & 0 & 0 & 0 \end{bmatrix}_{r \times 16} \quad (8.26)$$

$$B_{12} = -\cos\gamma \begin{bmatrix} 0 & [\phi_{\theta x1}][N_{\theta x1,x}]^{\mathrm{T}}k_{t1} & \cdots & 0 & [\phi_{\theta x1}][N_{\theta x6,x}]^{\mathrm{T}}k_{t6} & 0 & 0 & 0 & 0 \\ \vdots & \vdots & & \vdots & \vdots & \vdots & \vdots & \vdots & \vdots \\ 0 & [\phi_{\theta xr}][N_{\theta x1,x}]^{\mathrm{T}}k_{t1} & \cdots & 0 & [\phi_{\theta xr}][N_{\theta x6,x}]^{\mathrm{T}}k_{t6} & 0 & 0 & 0 & 0 \end{bmatrix}_{r \times 16} \quad (8.27)$$

$$\boldsymbol{B}_{13}=-\cos\gamma\begin{bmatrix} 0 & [\boldsymbol{\phi}_{\theta z1}][N_{\theta z1,x}]^{\mathrm{T}}k_{t1} & \cdots & 0 & [\boldsymbol{\phi}_{\theta z1}][N_{\theta z6,x}]^{\mathrm{T}}k_{t6} & 0 & 0 & 0 & 0 \\ \vdots & \vdots & & \vdots & \vdots & \vdots & \vdots & \vdots & \vdots \\ 0 & [\boldsymbol{\phi}_{\theta zr}][N_{\theta z1,x}]^{\mathrm{T}}k_{t1} & \cdots & 0 & [\boldsymbol{\phi}_{\theta zr}][N_{\theta z6,x}]^{\mathrm{T}}k_{t6} & 0 & 0 & 0 & 0 \end{bmatrix}_{r\times 16} \quad (8.28)$$

$$\boldsymbol{B}_{21}=(\boldsymbol{B}_{11}^{\mathrm{T}}+\boldsymbol{B}_{31})/\cos\gamma \quad (8.29)$$

$$\boldsymbol{B}_{22}=(\boldsymbol{B}_{12}^{\mathrm{T}}+\boldsymbol{B}_{32})/\cos\gamma \quad (8.30)$$

$$\boldsymbol{B}_{23}=(\boldsymbol{B}_{13}^{\mathrm{T}}+\boldsymbol{B}_{33})/\cos\gamma \quad (8.31)$$

$$\boldsymbol{B}_{31}=-\cos\gamma\begin{bmatrix} 0 & \cdots & 0 \\ [N_{y1,x}][\boldsymbol{\phi}_{y1}]c_{t1} & \cdots & [N_{y1,x}][\boldsymbol{\phi}_{yr}]c_{t1} \\ \vdots & & \vdots \\ 0 & \cdots & 0 \\ [N_{y6,x}][\boldsymbol{\phi}_{y1}]c_{t6} & \cdots & [N_{y6,x}][\boldsymbol{\phi}_{yr}]c_{t6} \\ 0 & \cdots & 0 \\ 0 & \cdots & 0 \\ 0 & \cdots & 0 \\ 0 & \cdots & 0 \end{bmatrix}_{16\times r} \quad (8.32)$$

$$\boldsymbol{B}_{32}=-\cos\gamma\begin{bmatrix} 0 & \cdots & 0 \\ [N_{\theta x1,x}][\boldsymbol{\phi}_{\theta x1}]c_{t1} & \cdots & [N_{\theta x1,x}][\boldsymbol{\phi}_{\theta xr}]c_{t1} \\ \vdots & & \vdots \\ 0 & \cdots & 0 \\ [N_{\theta x6,x}][\boldsymbol{\phi}_{\theta x1}]c_{t6} & \cdots & [N_{\theta x6,x}][\boldsymbol{\phi}_{\theta xr}]c_{t6} \\ 0 & \cdots & 0 \\ 0 & \cdots & 0 \\ 0 & \cdots & 0 \\ 0 & \cdots & 0 \end{bmatrix}_{16\times r} \quad (8.33)$$

$$\boldsymbol{B}_{33}=-\cos\gamma\begin{bmatrix} 0 & \cdots & 0 \\ [N_{\theta z1,x}][\boldsymbol{\phi}_{\theta z1}]c_{t1} & \cdots & [N_{\theta z1,x}][\boldsymbol{\phi}_{\theta zr}]c_{t1} \\ \vdots & & \vdots \\ 0 & \cdots & 0 \\ [N_{\theta z6,x}][\boldsymbol{\phi}_{\theta z1}]c_{t6} & \cdots & [N_{\theta z6,x}][\boldsymbol{\phi}_{\theta zr}]c_{t6} \\ 0 & \cdots & 0 \\ 0 & \cdots & 0 \\ 0 & \cdots & 0 \\ 0 & \cdots & 0 \end{bmatrix}_{16\times r} \quad (8.34)$$

$$\boldsymbol{F}_{gc} = \Big[[\boldsymbol{\phi}_{y1}]^T \sum_{i=1}^{6}[N_{yi}]^T f_i \quad \cdots \quad [\boldsymbol{\phi}_{yr}]^T \sum_{i=1}^{6}[N_{yi}]^T f_i \quad [\boldsymbol{\phi}_{\theta x1}]^T \sum_{i=1}^{6}[N_{\theta xi}]^T f_i \quad \cdots \quad [\boldsymbol{\phi}_{\theta xr}]^T \sum_{i=1}^{6}[N_{\theta xi}]^T f_i$$

$$[\boldsymbol{\phi}_{\theta z1}]^T \sum_{i=1}^{6}[N_{\theta zi}]^T f_i \quad \cdots \quad [\boldsymbol{\phi}_{\theta zr}]^T \sum_{i=1}^{6}[N_{\theta zi}]^T f_i \quad f_{c1}\cos\gamma \quad -f_{c1}\sin\gamma \quad \cdots f_{c6}\cos\gamma$$

$$-f_{c6}\sin\gamma \quad f_{hb}\cos\gamma \quad -f_{hb}\sin\gamma \quad 0 \quad 0 \Big]_{1\times(3r+16)}^T \tag{8.35}$$

$$\boldsymbol{F}_w = \begin{bmatrix} -[\boldsymbol{\phi}_{y1}]^T \sum_{i=1}^{6}[N_{yi}]k_{ti}r_i \\ \vdots \\ [\boldsymbol{\phi}_{yr}]^T \sum_{i=1}^{6}[N_{yi}]k_{ti}r_i \\ [\boldsymbol{\phi}_{\theta x1}]^T \sum_{i=1}^{6}[N_{\theta xt}]k_{tl}r_i \\ \vdots \\ [\boldsymbol{\phi}_{\theta xr}]^T \sum_{i=1}^{6}[N_{\theta xi}]k_{ti}r_i \\ [\boldsymbol{\phi}_{\theta z1}]^T \sum_{i=1}^{6}[N_{\theta zi}]k_{ti}r_i \\ \vdots \\ [\boldsymbol{\phi}_{\theta zr}]^T \sum_{i=1}^{6}[N_{\theta zi}]k_{ti}r_i \\ 0 \\ k_{t1} \\ \vdots \\ 0 \\ k_{t6} \\ 0 \\ 0 \\ 0 \\ 0 \end{bmatrix}_{(3r+16)\times 1} + \begin{bmatrix} -[\boldsymbol{\phi}_{y1}]^T \sum_{i=1}^{6}[N_{yi}]c_{ti}\dot{r}_i \\ \vdots \\ [\boldsymbol{\phi}_{zr}]^T \sum_{i=1}^{6}[N_{zi}]c_{ti}\dot{r}_i \\ [\boldsymbol{\phi}_{\theta x1}]^T \sum_{i=1}^{6}[N_{\theta xi}]c_{ti}\dot{r}_i \\ \vdots \\ [\boldsymbol{\phi}_{\theta xr}]^T \sum_{i=1}^{6}[N_{\theta xi}]c_{ti}\dot{r}_i \\ [\boldsymbol{\phi}_{\theta z1}]^T \sum_{i=1}^{6}[N_{\theta zi}]c_{ti}\dot{r}_i \\ \vdots \\ [\boldsymbol{\phi}_{\theta zr}]^T \sum_{i=1}^{6}[N_{\theta zi}]c_{ti}\dot{r}_i \\ 0 \\ c_{t1} \\ \vdots \\ 0 \\ c_{t6} \\ 0 \\ 0 \\ 0 \\ 0 \end{bmatrix}_{(3r+16)\times 1} \tag{8.36}$$

8.2 曲线桥振动响应的影响参数分析

以新余市长青南路立交 A 匝道的普通钢筋混凝土连续曲线箱梁桥为研究对象[2]，该桥跨径为 4×20 m，主梁为半径 53 m，宽 8 m，高 1.3 m 的单箱单室曲形箱梁，顶板板厚度为 22 cm，腹板厚度为 45 cm，底板厚度为 20 cm，主梁跨中横截面如图 8.3 所示。因曲线箱梁桥的梁截面主轴和作用荷载通常不处于同一个平面内，其振动属于空间振动问题，需选用空间单元对结构进行离散。在桥梁有限元模型的建模过程中，桥面板及桥面铺装采用 shell63 单元，曲线梁采用 solid73 空间单元[3]，纵向每 0.5 m 为一单元进行离散，横向根据截面的变化而灵活划分。通过换算截面刚度考虑钢筋对截面特性的影响，钢筋混凝土材料弹性模量为 34.5 GPa，密度为 2 600 kg/m³，泊松比为 0.167[4]。正中间墩采用三向固结，内侧墩采用固定竖向和横向，端部墩对竖向和扭转进行约束。该曲线桥的有限元模型如图 8.4 所示。

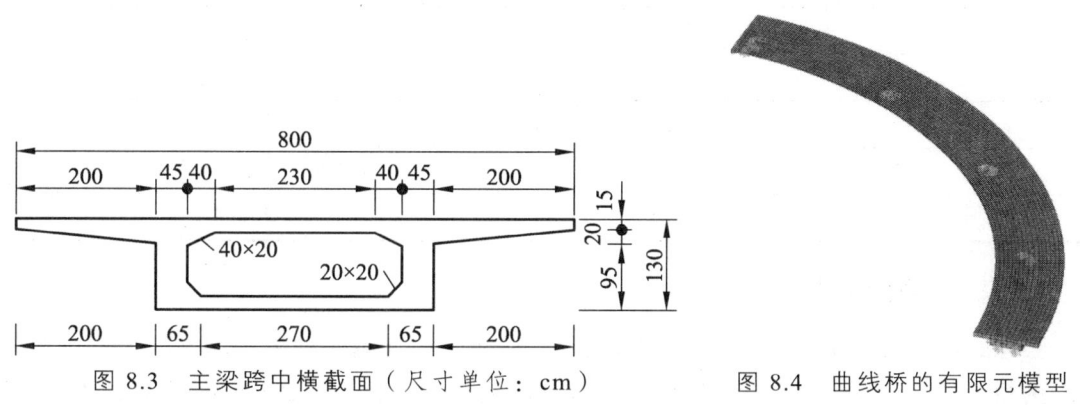

图 8.3　主梁跨中横截面（尺寸单位：cm）　　　图 8.4　曲线桥的有限元模型

通过 ANSYS 软件的子空间迭代法计算该曲线桥的动力特性，结果如图 8.5 和表 8.1 所示。由表可知，该曲线桥的基频为 4.721 Hz，对应的振型为面内扭转和横向弯曲；前十阶模态中，竖向弯曲、侧向弯曲和扭转均出现在低阶模态振型中，说明曲线桥梁的变形主要表现为竖弯、侧移和转动。

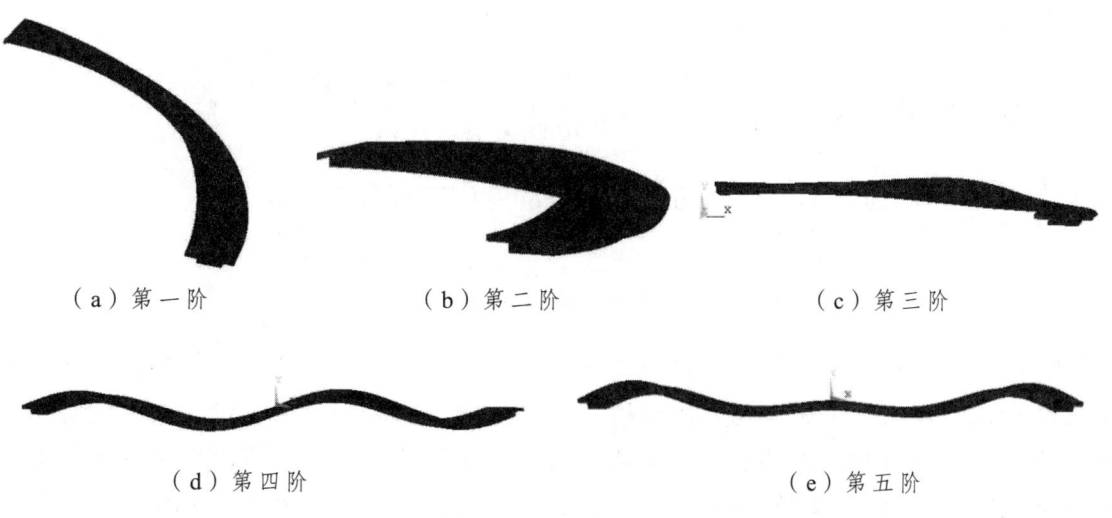

（a）第一阶　　　　　（b）第二阶　　　　　（c）第三阶

（d）第四阶　　　　　（e）第五阶

图 8.5　前五阶振型

表 8.1 桥梁动力特性

模态阶数	频率/Hz	振型特点
一	4.721	面内扭转和侧向振动
二	5.254	平面内扭转
三	5.601	一阶侧向弯扭耦合振动
四	5.967	一阶反对称竖向弯曲振动
五	7.174	一阶对称竖向弯曲振动
六	8.779	二阶反对称竖向弯曲振动
七	9.681	反对称扭转振动
八	11.325	二阶对称竖向弯曲振动
九	13.045	一阶反对称竖向弯扭振动
十	14.945	对称扭转振动

8.2.1 车辆行驶速度的影响

已有的研究成果表明[5,6]，车速是影响车-桥耦合振动响应的重要因素。不同的车速，相同的桥面路况等级 A 级，当车辆在外侧行车道以偏心距 $e_0 = 2.1$ m 行驶时，不同车速的桥梁跨中最大位移及其冲击系数如图 8.6 所示。由图可知：随着车速逐渐增大，桥梁最大挠度及其冲击系数不存在单调递增或递减现象；当车速接近 40 m/s 时，桥梁的动力响应达到峰值；当车速大于 40 m/s 时，桥梁的位移冲击系数出现明显减小。

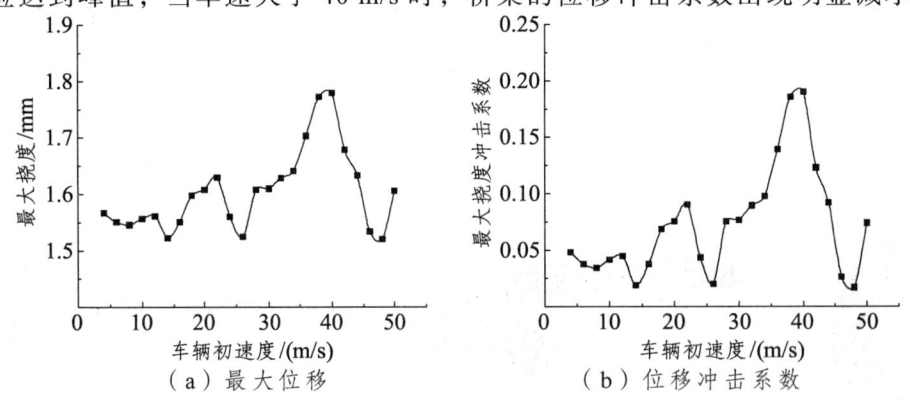

图 8.6 不同车速的桥梁最大位移及其冲击系数

图 8.7 为不同车速的桥梁内力冲击系数。从图中可以看出，桥梁内力冲击系数随车速的变化波动较大，说明车速对曲线桥动力响应的影响较为复杂，没有明显的规律。位移冲击系数峰值和内力冲击系数峰值所对应的车速各不相同，所以在考虑车辆对曲线桥梁的冲击效应时，应将设计车速内的最大冲击系数作为设计值。从图 8.7（c）可以看出，支点弯矩冲击系数虽然随车速的增大无单调增大的规律，但其整体上存在增大的趋势。

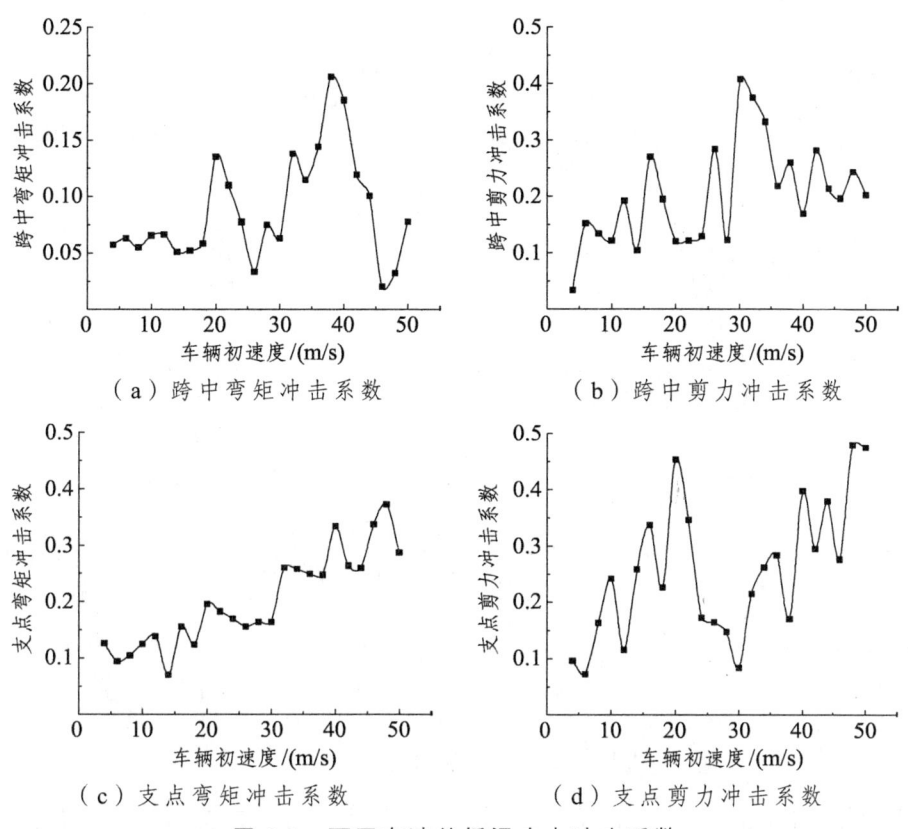

(a)跨中弯矩冲击系数　　　　(b)跨中剪力冲击系数

(c)支点弯矩冲击系数　　　　(d)支点剪力冲击系数

图 8.7　不同车速的桥梁内力冲击系数

8.2.2　桥面不平顺的影响

桥面不平顺也是影响桥梁振动响应的主要因素之一[7,8]，为探究桥面不平顺对曲线桥梁振动响应的影响，当车辆靠桥梁外侧以 $e_0 = 2.1$ m 的偏心距在不同桥面路况等级的桥梁上行驶时，图 8.8 和图 8.9 分别为不同桥面路况等级的跨中截面挠度和弯矩动态响应。从图中可以看出，随着桥面路况等级的降低，桥梁振动响应加剧，动力响应的幅值显著增大。

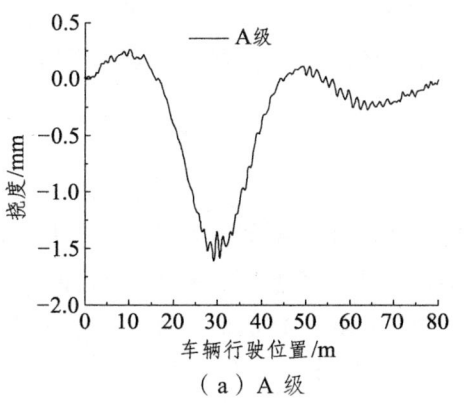
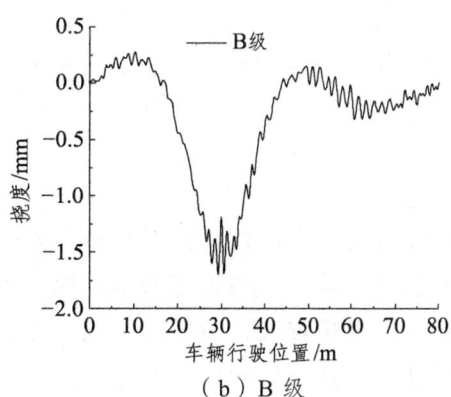

(a) A 级　　　　　　　　　　(b) B 级

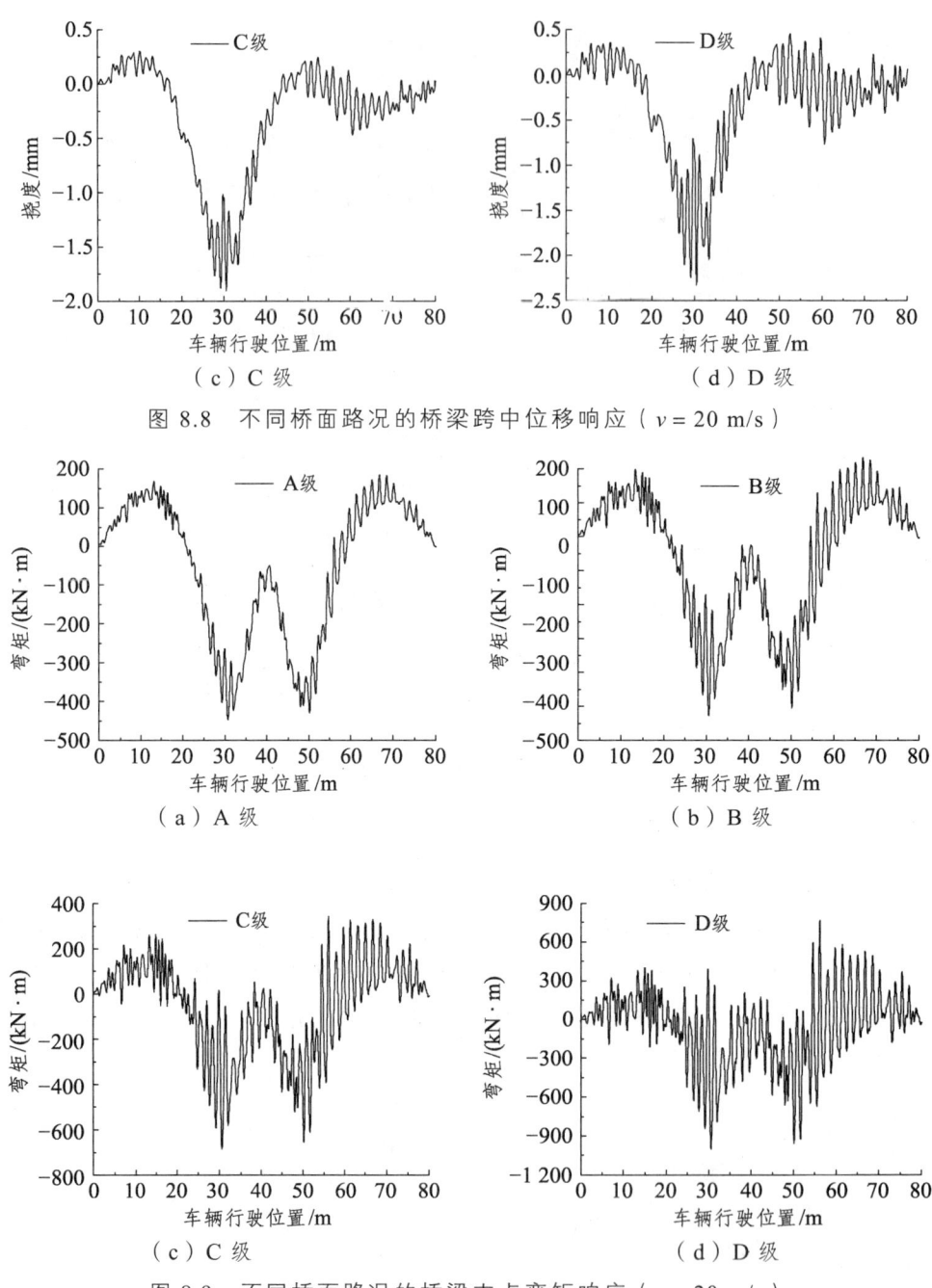

图 8.8 不同桥面路况的桥梁跨中位移响应（$v = 20$ m/s）

图 8.9 不同桥面路况的桥梁支点弯矩响应（$v = 20$ m/s）

图 8.10 给出了不同桥面路况对桥梁振动响应及其冲击系数的影响。从图中可以看出，桥梁跨中位移及其冲击系数随着桥面路况等级的降低而显著增大，说明桥面不平顺对桥梁的振动响应影响较大；当桥面路况等级为 B 级、C 级、D 级时，车辆对桥梁的冲击系数出现超过规范计算值的情况。

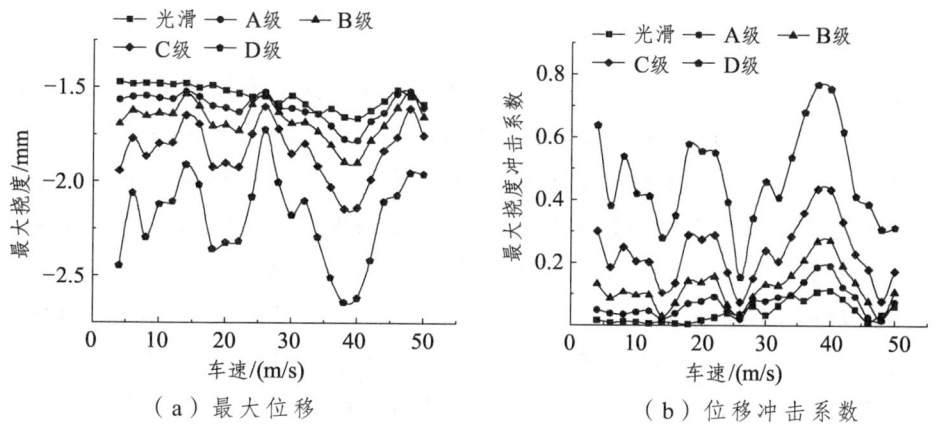

(a) 最大位移　　　　　　　　　(b) 位移冲击系数

图 8.10　不同桥面路况的桥梁最大位移及其冲击系数

不同桥面路况的内力冲击系数如图 8.11 所示。从图中可以看出，桥梁不同位置处的内力冲击系数差异较大，其受桥面不平顺的影响也有所不同；当桥面路况较好时，各位置处的内力冲击系数随车速的变化波动较小；桥面路况较差时，内力冲击系数随车速的变化较大；某些车速出现峰值，且不同位置处的内力冲击系数峰值差异也较大，主要是因为桥面不平顺具有很强的随机性。

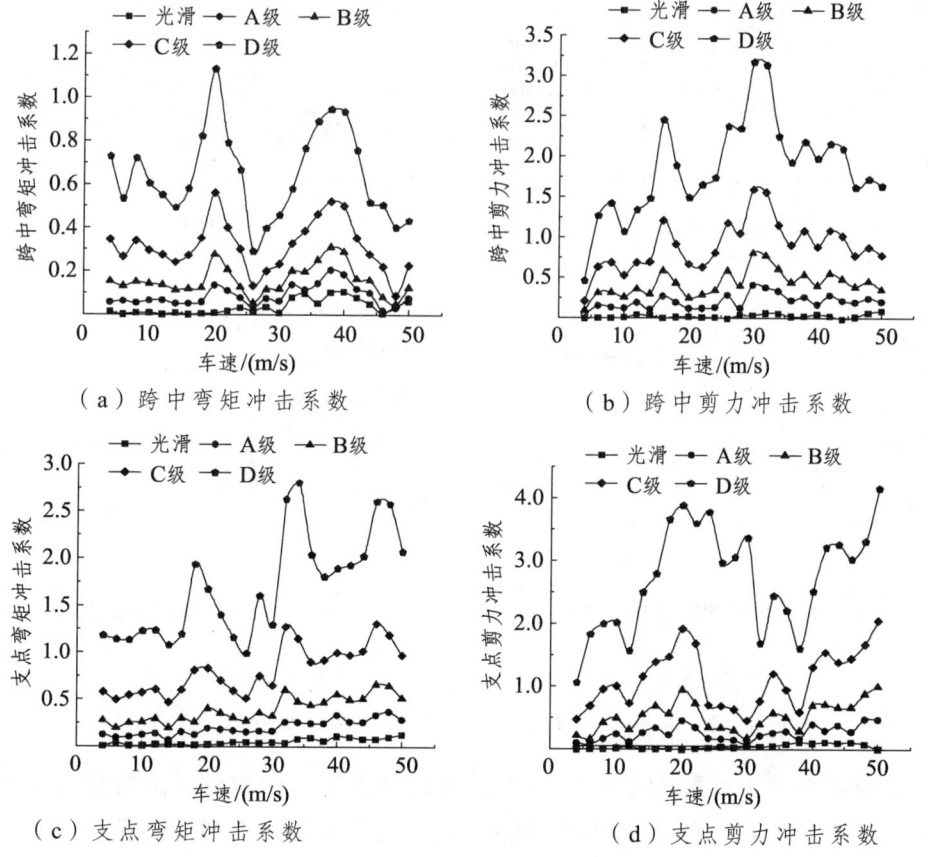

(a) 跨中弯矩冲击系数　　　　　　(b) 跨中剪力冲击系数

(c) 支点弯矩冲击系数　　　　　　(d) 支点剪力冲击系数

图 8.11　不同桥面路况的桥梁内力冲击系数

8.2.3 桥梁曲率半径的影响

为研究曲线桥曲率半径对桥梁振动响应的影响，设曲率半径从 60 m 以 30 m 的梯度增加到 300 m，车速从 4 m/s 以 2 m/s 的梯度增加到 50 m/s，桥面平整度等级为 A 级，车辆靠外侧以 e_0 = 2.1 m 偏心行驶。图 8.12 给出桥梁跨中最大位移及其冲击系数随曲率半径和车速的变化关系。从图中可以看出，主梁跨中最大位移会随着曲率半径的减小而逐渐增大，且当曲率半径 $R \leqslant 120$ m 时，最大位移响应急剧增大。虽然位移冲击系数在车速 4~26 m/s 范围内不随曲率半径单调增大或减小，但在车速 26~50 m/s 范围内会随着半径的增大而减小。此外，曲率半径在 120 m 和 300 m 之间时，曲线桥在车速 4~50 m/s 范围内的位移冲击系数基本一致，均在 0.137 和 0.141 之间，且均小于直线梁桥的冲击系数 0.143，说明对于曲率半径 $R>120$ m 的混凝土曲线梁桥可以采用直线梁桥的位移冲击系数来计算汽车荷载的效应。而当曲率半径 $R<120$ m 时，挠度冲击系数迅速增加，且半径为 60 m 时，冲击系数已达 0.191，是直线梁桥冲击系数的 1.35 倍。

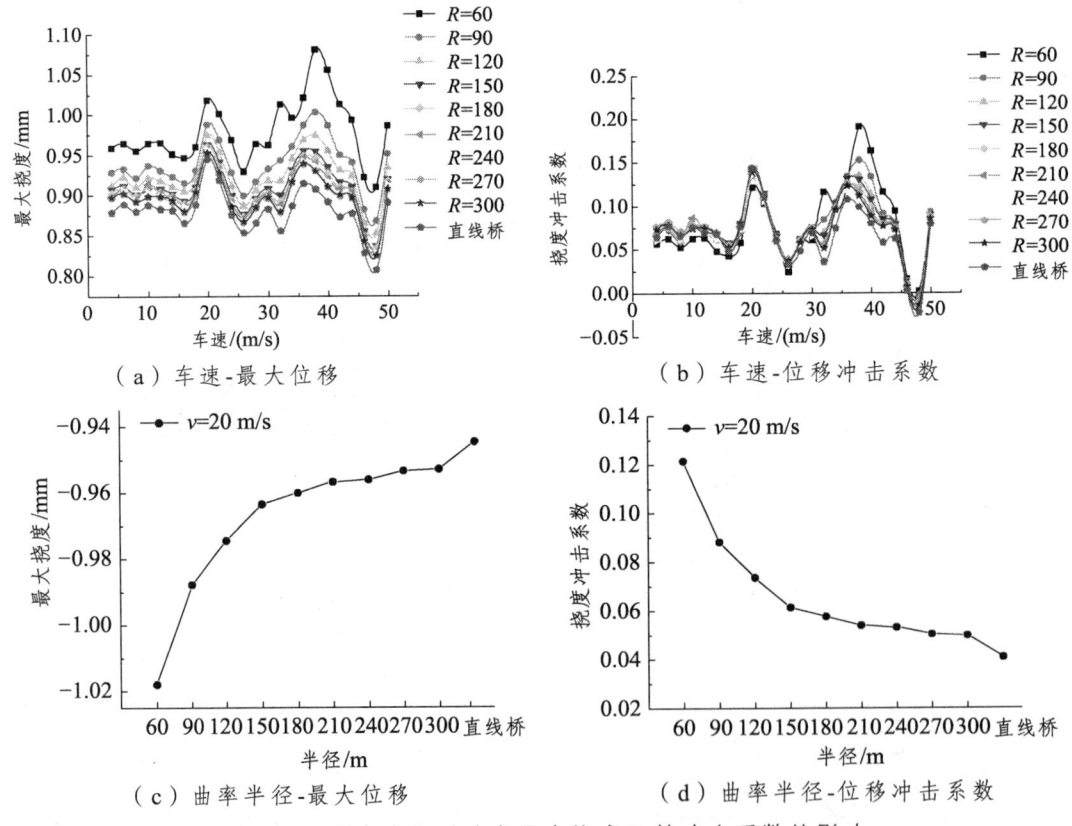

图 8.12 曲率半径对跨中最大挠度及其冲击系数的影响

桥梁跨中弯矩冲击系数和支点弯矩冲击系数随曲率半径和车速的变化关系如图 8.13 所示。从图中可以看出，随着曲率半径的增大，支点弯矩冲击系数逐渐减小；当曲线半径大于 120 m 时，支点和跨中弯矩冲击系数随曲率半径的增加变化较小；但在曲率半径由 120 m 减小至 60 m 的过程中，支点、跨中弯矩冲击系数均迅速增加，且支点弯矩冲击系数大于跨中弯矩冲击系数。此外，桥梁弯矩冲击系数与位移冲击系数一样，随车速的变化波动较大。

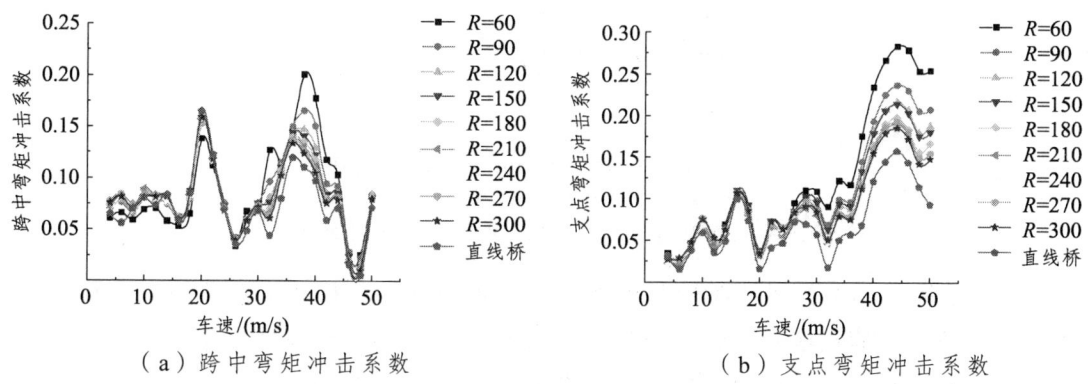

(a) 跨中弯矩冲击系数　　　　(b) 支点弯矩冲击系数

图 8.13　曲率半径对弯矩冲击系数的影响

桥梁跨中剪力冲击系数和支点剪力冲击系数随曲率半径和车速的变化关系如图 8.14 所示。从图中可知，不同曲率半径下的支点、跨中剪力冲击系数基本一致，且支点剪力冲击系数大于跨中，表明曲率半径对剪力响应的影响较小；剪力冲击系数随车速的变化波动较大，无明显规律可循。

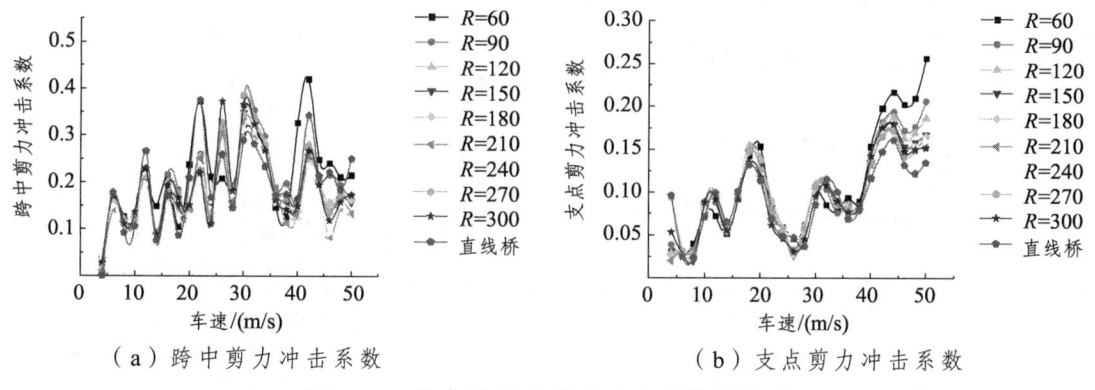

(a) 跨中剪力冲击系数　　　　(b) 支点剪力冲击系数

图 8.14　曲率半径对剪力冲击系数的影响

8.2.4　车辆偏心距的影响

为了分析车辆偏心大小对曲线梁桥动力响应的影响，对车辆行驶偏心分别为 $e_0 = -2.1$ m（汽车靠曲线内侧偏心行驶）、$e_0 = 0$ m（沿剪力中心线行驶）和 $e_0 = 2.1$ m（靠曲线外侧偏心行驶）三种工况进行分析，桥面路况等级为 A 级，车速为 10 m/s，图 8.15 为车辆行驶于不同横向位置时外腹板的位移响应。从图中可以看出，随着车辆在横向布置上由内向外偏心行驶，外侧腹板位移逐渐增大，说明结构的扭转效应对桥梁的动力响应有一定的影响，而在非空间模型中该规律是无法显现出来的，说明在分析复杂的车-桥耦合振动问题时，采用空间的车-桥耦合模型是有必要的。

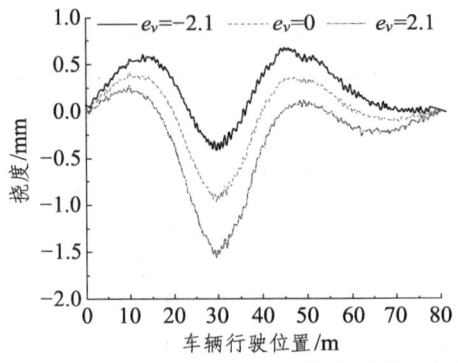

图 8.15　车辆偏心距对桥梁位移响应的影响

不同的车辆偏心距，桥梁跨中外侧腹板和底板中部的位移冲击系数如图 8.16 所示。由图可知：随着车辆在横向布置上由外向内偏心行驶，外侧腹板处位移逐渐变小，而其冲击系数逐渐增大，表明结构的位移幅值与其冲击系数存在相反的变化规律，即位移越大，其相应的冲击系数反而越小。而底板中部的位移虽然也是逐渐变小，但幅值变化不大。可见，计算车辆对桥梁的冲击效应时，可以重点关注底板中部的位移冲击系数，两侧腹板的位移冲击系数可以在底板中部位移冲击系数的基础上乘上一个相关系数得到，可提高计算效率。

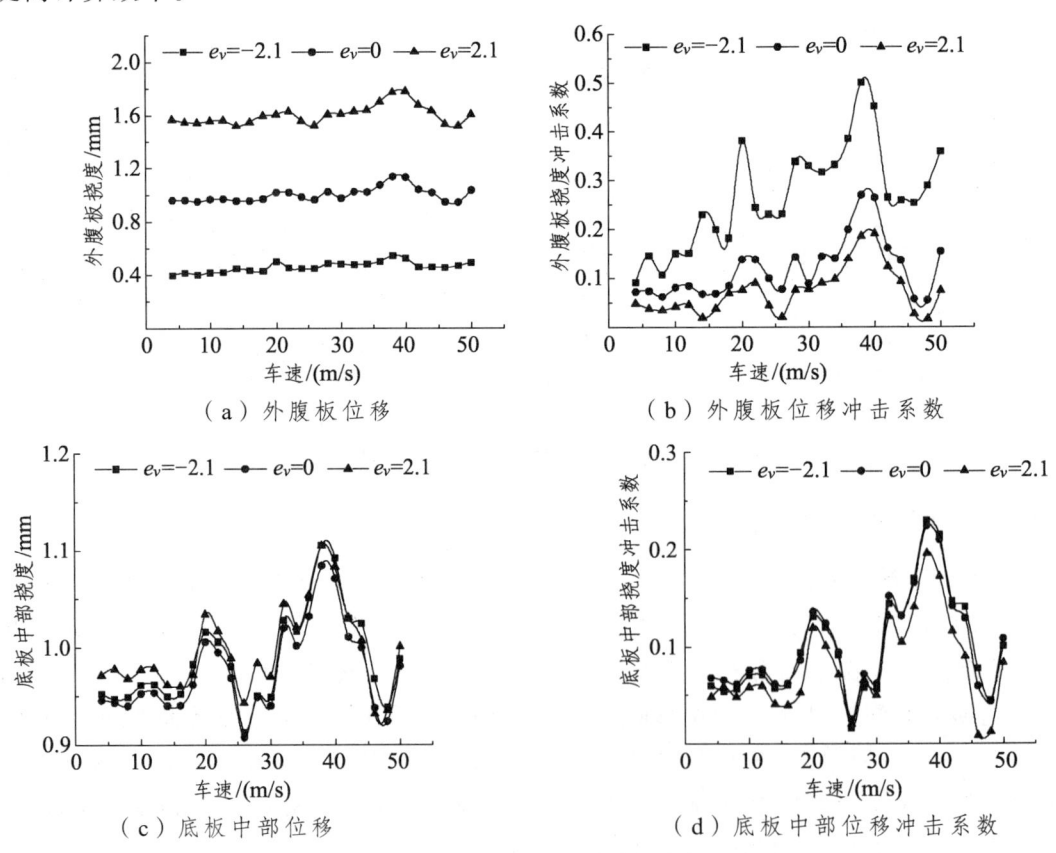

图 8.16　车辆偏心距对桥梁振动响应的影响

图 8.17 给出了车辆偏心距对关键截面弯矩和剪力响应的影响。由图可知，车辆行驶偏心距对支点弯矩冲击系数影响较小，对跨中弯矩冲击系数有一定的影响，且支点弯矩冲击系数大于跨中弯矩冲击系数。当车速大于 14 m/s 时，支点弯矩冲击系数逐渐增大，而跨中弯矩冲击系数则波动较大。在车速在 6~22 m/s 范围内，跨中弯矩和支点弯矩冲击系数的极大值相差较小，分别为 0.185 和 0.195，且相对应的车速也相差不大。而车辆行驶偏心距对跨中剪力冲击系数的影响较小，对支点剪力冲击系数有一定的影响，支点剪力的冲击系数大于跨中剪力的冲击系数。当车速在 30~50 m/s 范围时，跨中剪力冲击系数随车速的增大而逐渐减小，而支点剪力冲击系数逐渐增大，且支点剪力冲击系数明显大于跨中剪力冲击系数。

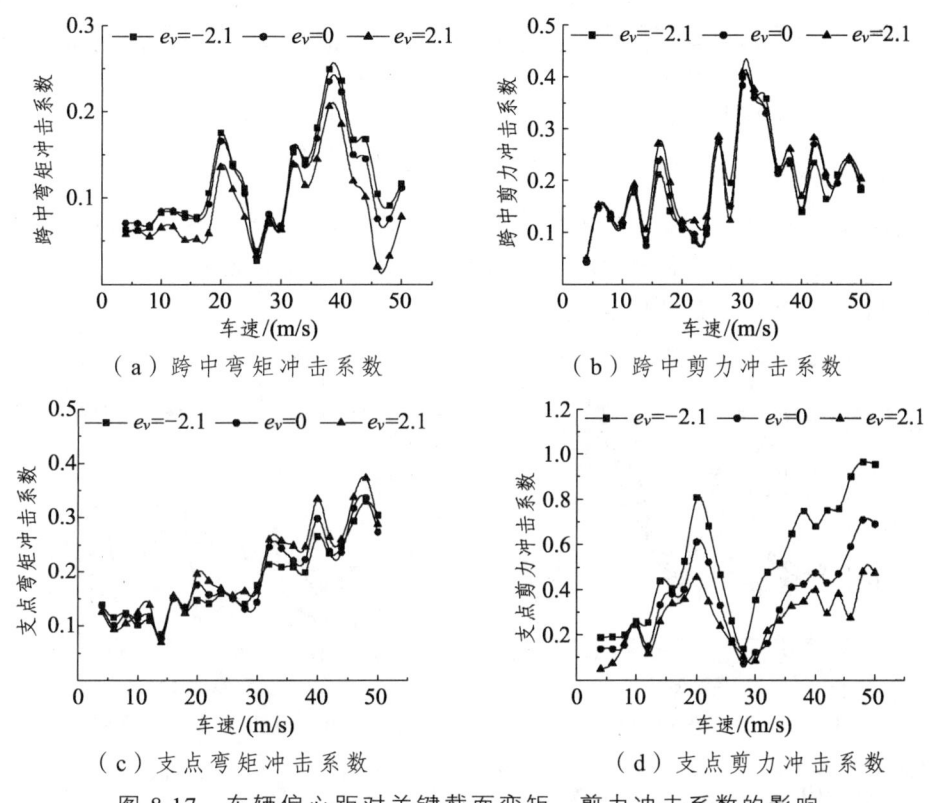

图 8.17 车辆偏心距对关键截面弯矩、剪力冲击系数的影响

8.2.5 桥梁结构阻尼比的影响

为分析结构阻尼对桥梁动力响应的影响，在此取六组不同的结构阻尼比进行分析，即阻尼比为 0、0.02、0.035、0.05、0.065 和 0.08；桥梁曲率半径为 53 m，桥面不平顺等级为 A 级，车辆靠外侧行驶，行驶偏心距为 $e_0 = 2.1$ m。相同车速、不同阻尼比的桥梁振动位移响应最大值及其冲击系数如图 8.18 所示。由图可知，阻尼对桥梁振动响应有很大影响，增加阻尼能有效地减小桥梁振动响应的幅度，减小桥梁在共振车速位置处的振动响应峰值。随着阻尼比的增大，结构挠度及其冲击系数逐渐减小，变化曲线逐渐趋于平稳，说明车辆以一定车速通过桥梁时，阻尼可以有效地耗散车辆冲击效应产生的能量，

有利于避免车辆与桥梁发生共振，减小结构的变形。此外，当阻尼比增加到一定程度时，响应的减小幅度变小，说明阻尼比的影响逐渐变小，主要因为此时结构的振动主要取决于外界输入能量的大小。

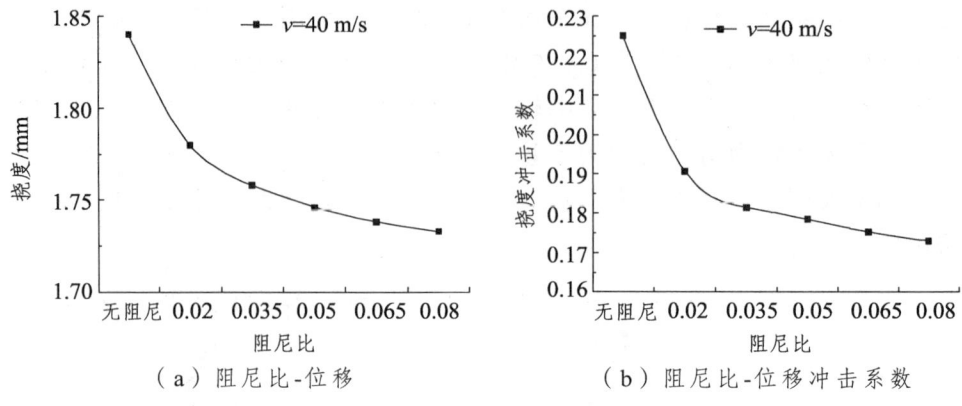

图 8.18 不同阻尼比的桥梁振动响应

不同的车速和结构阻尼比，桥梁跨中和支点截面的内力冲击系数如图 8.19 所示。从图中可以看出，阻尼比对桥梁剪力冲击系数有较大影响，其会随着阻尼比的增大而减小，但阻尼比对桥梁弯矩冲击系数的影响较小。

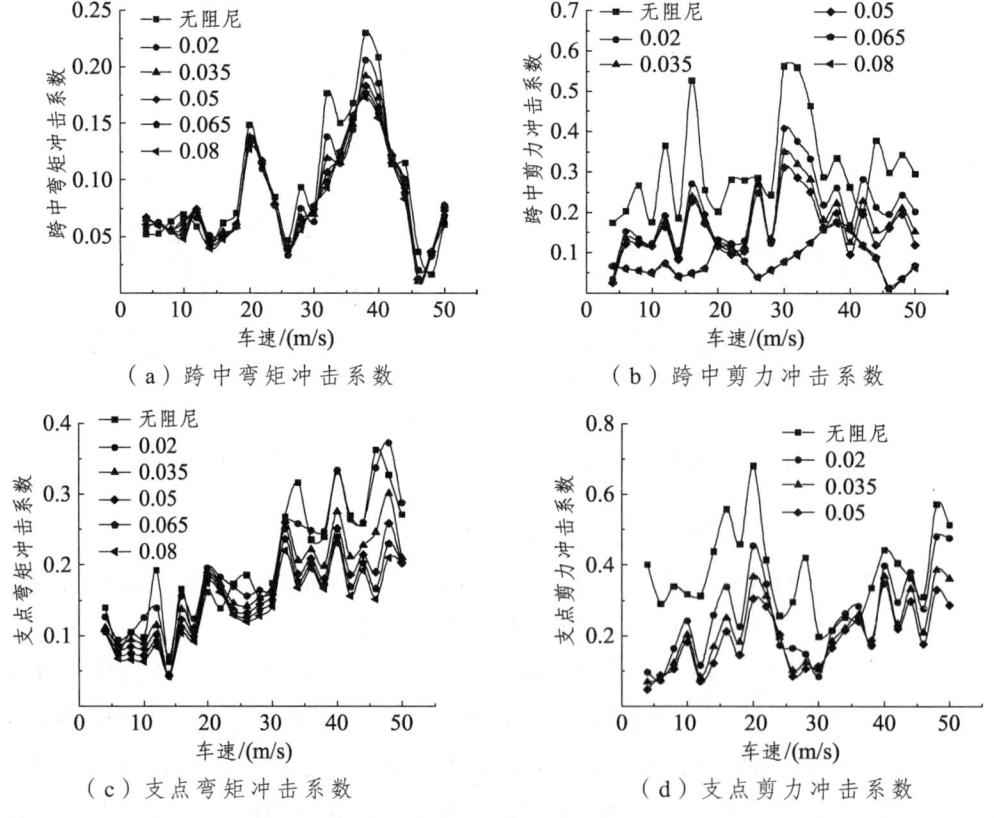

图 8.19 不同阻尼比的桥梁内力冲击系数

8.2.6 桥梁跨数的影响

相同的桥梁曲率半径（53 m）和相同的桥面不平顺等级（A 级），图 8.20 给出了不同跨数的曲线桥车致振动响应。由图可知：不同截面位置处的桥梁内力冲击系数受桥梁跨数的影响各不相同，跨中弯矩冲击系数受桥梁跨数的影响较小，而跨中剪力、支点弯矩和支点剪力的冲击系数随着桥梁跨数的增加而变化较大，跨中剪力冲击系数随桥梁跨数的增多而减小，支点弯矩和支点剪力冲击系数随桥梁跨数的增多逐渐增大。因此，在计算不同跨数连续曲线桥的车辆荷载冲击效应时，应考虑不同截面位置的动力响应。

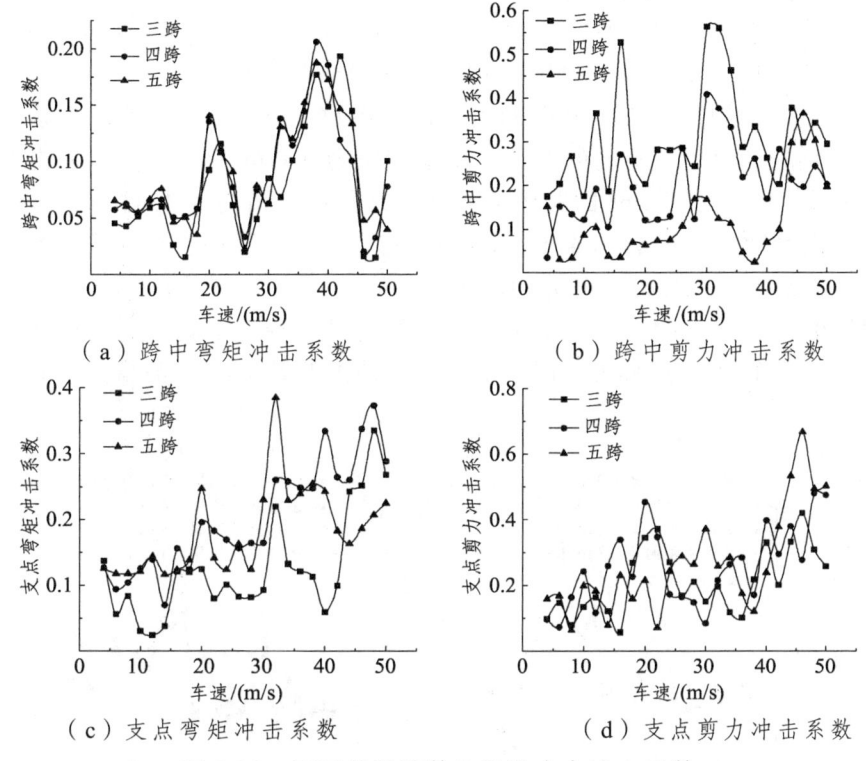

图 8.20 不同桥梁跨数的桥梁内力冲击系数

8.2.7 桥梁支承形式的影响

1. 梁端支承间距的影响

为研究梁端支承间距对桥梁动力响应的影响，图 8.21 给出了不同梁端支承间距对桥梁振动响应及其冲击系数的影响。从图中可以看出，随着梁端支承间距的增大，桥梁位移响应逐渐增大，但当间距达到 1.2 m 时，位移响应基本保持不变，这与静力学所得结论相似。而不同梁端支承间距的位移冲击系数变化曲线基本重合，表明梁端支承间距对冲击系数影响很小。在曲线桥设计中，通过减小梁端支承间距的方式不仅可以减小结构挠度，而且基本不会改变车辆对桥梁冲击效应的影响。当车速大于 40 m/s 时，桥梁的位移冲击系数出现明显减小，主要原因是当车速为 40 m/s 时，车辆振动频率接近桥梁自振频率，桥梁动力响应达到峰值，而当车速继续增大时，车辆作用于桥上的时间变短，车辆振动频率逐渐远离桥梁自振频率，动力响应明显降低。

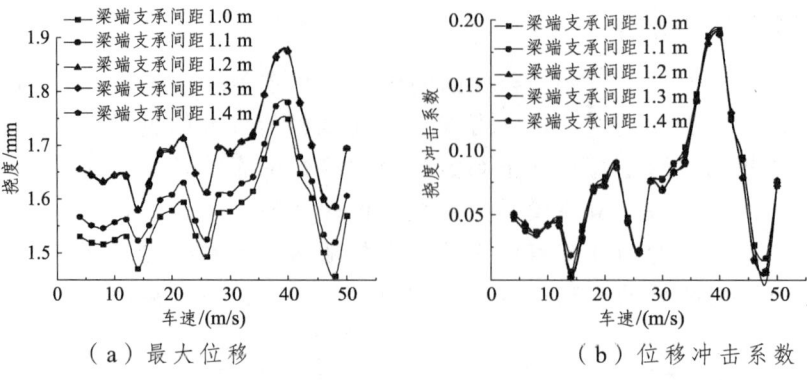

（a）最大位移　　　　　　　　　　　（b）位移冲击系数

图 8.21　不同梁端支承间距的桥梁振动响应

图 8.22 给出了不同梁端支承间距的内力冲击系数。由图可知，梁端支承间距对内力冲击系数的影响不尽相同。不同的车速，支承间距为 1.0 m 的跨中剪力冲击系数最大值为 0.458，而支承间距为 1.2 m 的跨中剪力冲击系数最大值为 0.354，支承间距为 1.0 m 的支点剪力冲击系数最大值为 0.471，支承间距为 1.2 m 的支点剪力冲击系数最大值为 0.41，说明梁端支承间距对跨中剪力冲击系数的影响更大。当车速小于 18 m/s 时，不同梁端支承间距的支点剪力冲击系数基本重合，即此时梁端支承间距对支点剪力冲击系数的影响很小；而当车速大于 18 m/s 时，支点剪力冲击系数会随着梁端支承间距的增大而逐渐减小。

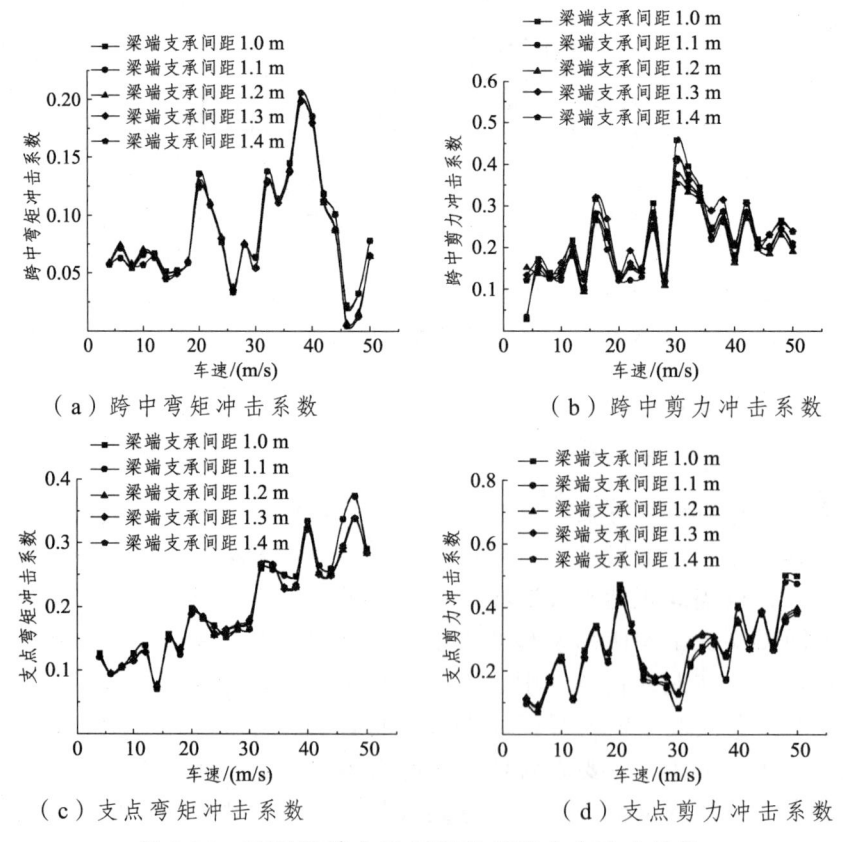

（a）跨中弯矩冲击系数　　　　　　　（b）跨中剪力冲击系数

（c）支点弯矩冲击系数　　　　　　　（d）支点剪力冲击系数

图 8.22　不同梁端支承间距的桥梁内力冲击系数

2. 中墩支座偏心的影响

不同的中墩支座偏心程度，桥梁振动响应及其冲击系数如图 8.23 所示。从图中可以看出，随着中墩支座外侧偏心程度的增大，主梁的位移响应逐渐减小，位移冲击系数有小幅度的增大，说明在设计中可以通过调整中墩支座的位置使结构受力更合理。

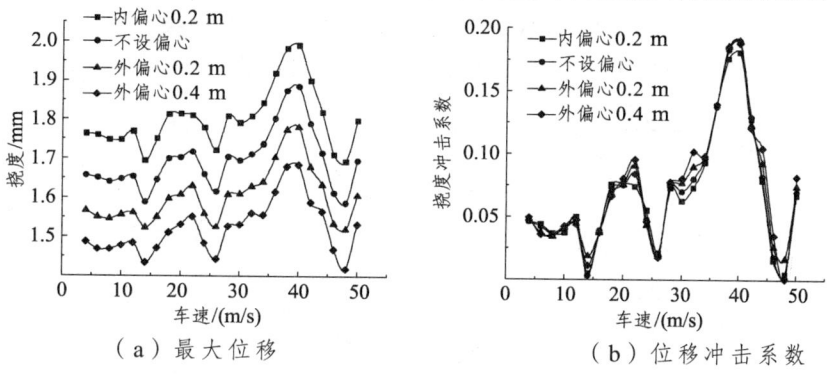

(a) 最大位移　　　　　　　　　　　(b) 位移冲击系数

图 8.23　中墩支座偏心对桥梁振动响应的影响

图 8.24 给出了不同中墩支座偏心的桥梁内力冲击系数。从图中可以看出，支座偏心对各截面内力冲击系数的影响各不相同。跨中处和支点处弯矩冲击系数随着支座外侧偏心程度的增大而有小幅度的增大，其中支点弯矩冲击系数虽随车速的增大呈现出增大的趋势。对于支点剪力冲击系数，当车速小于 36 m/s 时，其随着支座偏心的增大逐渐减小，但当车速大于 36 m/s 时，其随着支座偏心的增大逐渐增大。可见，中墩支座偏心在一定程度上会增大内力冲击系数，增加幅度随着偏心程度的增大而减小。

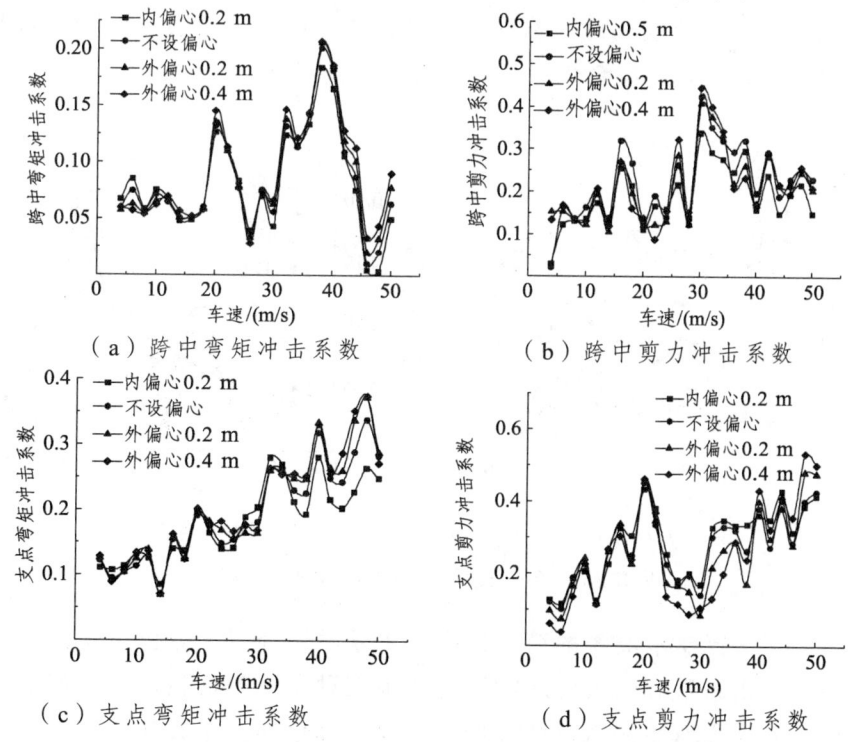

(a) 跨中弯矩冲击系数　　　　　　　(b) 跨中剪力冲击系数

(c) 支点弯矩冲击系数　　　　　　　(d) 支点剪力冲击系数

图 8.24　中墩支座偏心对桥梁内力冲击系数的影响

3. 支承类型的影响

为研究支承类型对桥梁动力响应的影响,参考已有的研究[9],在此选用四种支承类型,即:A 型(梁端设置抗扭支承而正中间支承为固结,其余支承为点铰支承的曲线连续梁桥),B 型(梁端和中间支承设置抗扭支承而其余支承为点铰支承的连续曲线梁桥),C 型(正中间支承为固结而其余支承设置抗扭支承的曲线连续梁桥),D 型(所有支承均设置抗扭支承的曲线连续梁桥)。支承类型的具体布置如图 8.25 所示。

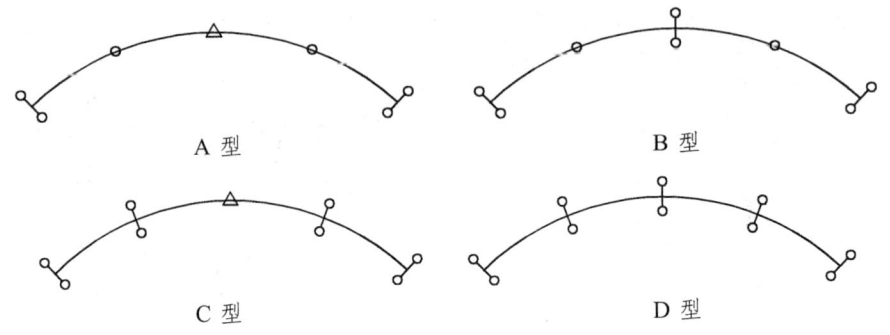

图 8.25 支承布置示意图

不同的支承类型,图 8.26 给出了桥梁振动位移最大值及其冲击系数。从图中可以看出,B 型支承的振动位移响应明显大于其他三种支承类型,说明该支承类型在结构受力方面较不合理;D 型支承的振动位移响应在四种支承类型中最小,冲击系数大于其他三种支承类型且抗扭支座使用数量较多,说明 D 型支承有较好的抗变形能力,但造价较高,经济性较差;A 型支承的振动位移响应较小且抗扭支座的使用数量最少,这与文献[10]所得结论相同。因此,A 型支承类型更适合曲线连续梁桥。

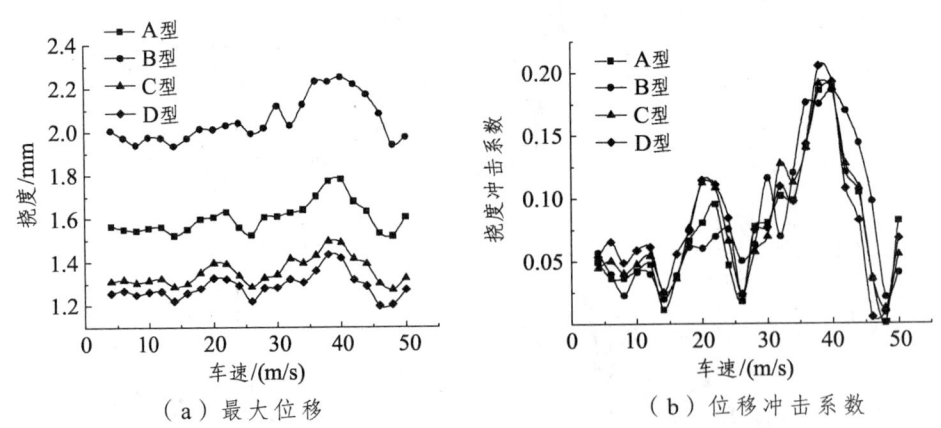

(a)最大位移 (b)位移冲击系数

图 8.26 不同支承类型的桥梁振动响应

表 8.2 给出了不同支承类型的荷载效应冲击系数。经对比分析可知,支承类型对桥梁位移和内力的冲击系数有较大的影响。与其他三种支承类型相比,A 型支承连续曲线梁桥的跨中剪力和支点弯矩冲击系数有较大增加,其他冲击系数变化均较小。B 型支承

的结构位移冲击系数较小,但其内力冲击系数较大。C 型支承的支点剪力冲击系数较大,D 型支承的支点剪力冲击系数较小。基于上述结论,建议在设计与建造该类型混凝土曲线连续梁桥时,可以考虑梁端设置抗扭支承,中间支承设置为固结。

表 8.2 不同支承类型的荷载效应冲击系数

类 型	项 目					
	位移		跨中内力		支点内力	
	外腹板	底板中部	弯矩	剪力	弯矩	剪力
A 型	0.191	0.196	0.206	0.408	0.372	0.480
B 型	0.186	0.176	0.151	0.527	0.495	0.260
C 型	0.191	0.196	0.205	0.389	0.294	0.796
D 型	0.205	0.201	0.211	0.480	0.363	0.234

8.3 多车作用的曲线桥振动响应分析

8.3.1 横向加载车辆数量的影响

为研究横向加载车辆数对曲线桥振动响应的影响,在此采用三种车辆加载工况:单车道偏载(Case 1)、横向双排车偏载(Case 2)、横向双排车对称(Case 3),其中偏载为靠外侧偏心行驶,如图 8.27 所示,图中左侧为曲线内侧,右侧为曲线外侧。设桥面平整度等级为 A 级,桥梁结构阻尼比为 $\xi = 0.02$,表 8.3 为横向加载车辆数量对冲击系数的影响。由表可知,随着横向加载车辆数量的变化,主梁位移和内力冲击系数变化较小。图 8.28 为横向加载车辆数量对跨中位移冲击系数的影响。由图可知:三种工况的主梁跨中位移冲击系数的变化规律基本一致,即随着横向加载车辆数量的变化,冲击系数变化较小。不同的车辆加载工况,当车速为 38 m/s 时,冲击系数均达到最大,且三者之间最大差值为 3.77%。冲击系数随车速的变化出现较大的波动。相同的工况和车速,跨中截面外腹板冲击系数大于底部中心,最大差值为 17.8%,最小差值为 2.70%。因此,曲线桥的设计过程中,应采用设计车速范围内的最大冲击系数来计算汽车荷载的冲击效应,建议选用外腹板处的冲击系数。

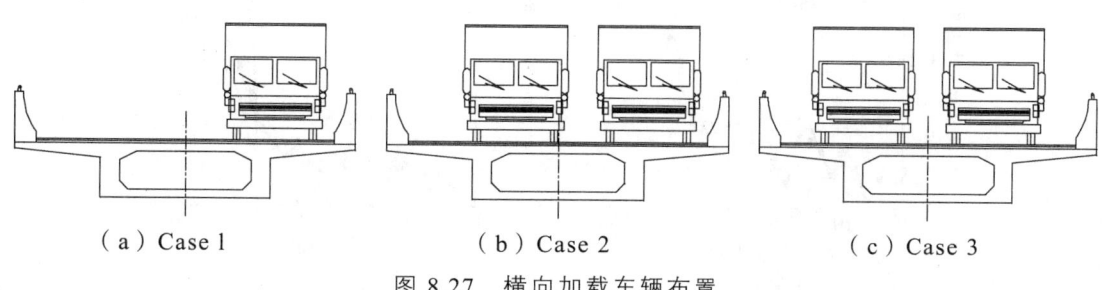

(a) Case 1　　　　　(b) Case 2　　　　　(c) Case 3

图 8.27 横向加载车辆布置

表 8.3　横向加载车辆数量对挠度和内力冲击系数的影响

工况	项目					
	外腹板	底部中心	跨中		支点	
			弯矩	剪力	弯矩	剪力
Case1	0.220	0.198	0.192	0.362	0.298	0.254
Case2	0.212	0.191	0.200	0.352	0.306	0.255
Case3	0.236	0.190	0.206	0.402	0.292	0.267

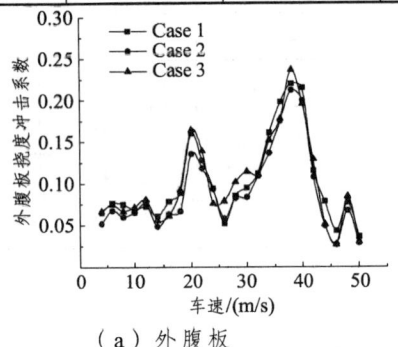
（a）外腹板

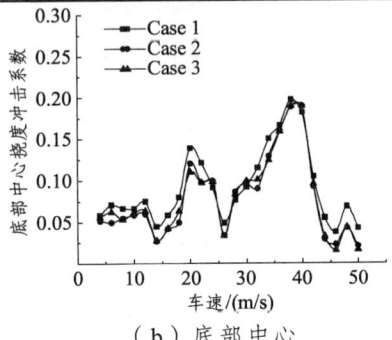
（b）底部中心

图 8.28　不同横向加载车辆数量的振动位移冲击系数

图 8.29 为横向加载车辆数量对桥梁内力冲击系数的影响。从图中可知，横向加载车辆数量对桥梁内力冲击系数的影响较小。因此，在考虑汽车的冲击效应时，只需按横向单车形式布置车辆荷载来计算冲击系数。

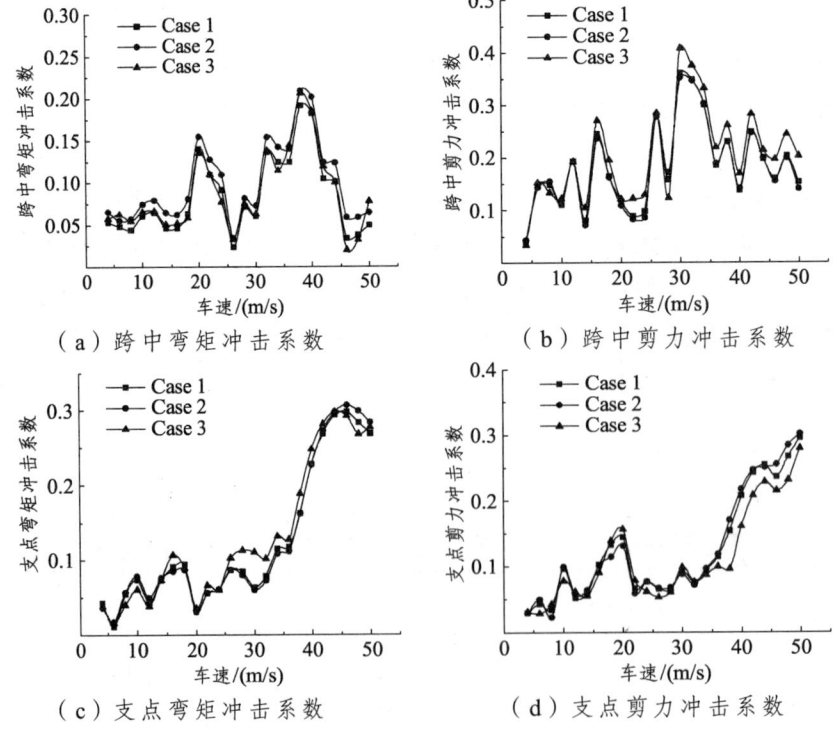

（a）跨中弯矩冲击系数　　　　　　（b）跨中剪力冲击系数

（c）支点弯矩冲击系数　　　　　　（d）支点剪力冲击系数

图 8.29　不同横向加载车辆数量的桥梁内力冲击系数

8.3.2 纵向加载车辆数量的影响

为研究纵向加载车辆数量对曲线桥振动响应的影响,在此分三种工况进行讨论:VN1,纵向车辆数量为 1 辆;VN2,纵向车辆数量为 2 辆;VN3,纵向车辆数量为 3 辆。车辆间距 $d = 5$ m,桥面路况为 A 级,车辆靠外侧偏心行驶,偏心距为 2.1 m。具体横向和纵向车辆荷载布置如图 8.30 所示。

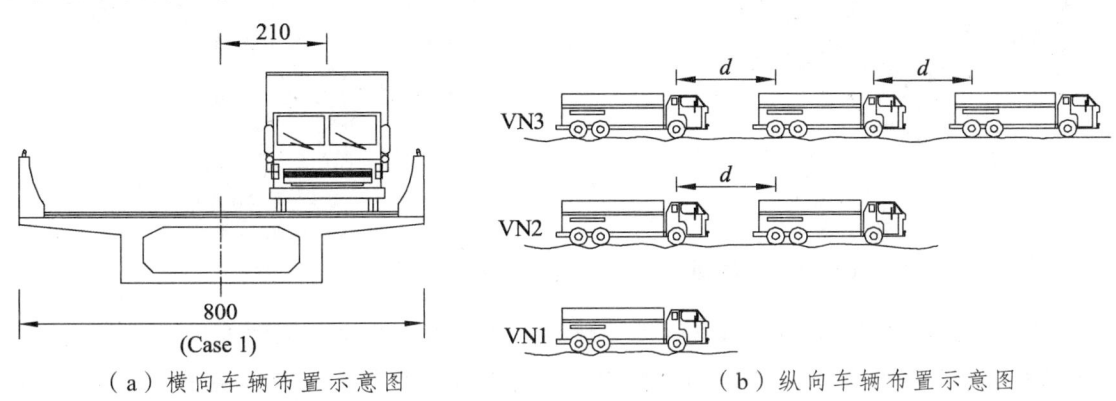

（a）横向车辆布置示意图　　　　　（b）纵向车辆布置示意图

图 8.30　车辆荷载布置图（尺寸单位：cm）

表 8.4 为纵向加载车辆数量对位移和内力冲击系数的影响。由表可知：纵向加载车辆数量对主梁的位移冲击系数有很大影响,主梁跨中位移冲击系数会随着加载车辆数量的增多而显著降低。纵向 2 辆车和纵向 3 辆车的外腹板处冲击系数分别是纵向 1 辆车的 0.855 倍和 0.745 倍,纵向 2 辆车和纵向 3 辆车的底部中心处冲击系数分别是纵向 1 辆车的 0.919 倍和 0.874 倍,这表明纵向车辆数量对主梁外腹板处冲击系数的影响更大。对于弯矩冲击系数,其随着纵向车辆的增多而逐渐减小,纵向 2 辆车和纵向 3 辆车的跨中弯矩冲击系数分别是纵向 1 辆车的 0.969 倍和 0.943 倍,纵向 2 辆车和纵向 3 辆车的支点弯矩冲击系数分别是纵向 1 辆车的 0.939 倍和 0.762 倍。而剪力冲击系数的变化规律与弯矩冲击系数相反,其冲击系数数值接近单车工况的两倍。

表 8.4　不同纵向加载车辆数量的冲击系数

工况	项目					
	外腹板位移	底部中心位移	跨中		支点	
			弯矩	剪力	弯矩	剪力
VN1	0.220	0.198	0.192	0.362	0.298	0.254
VN2	0.188	0.182	0.186	0.573	0.280	0.515
VN3	0.164	0.173	0.181	0.600	0.227	0.492

图 8.31 为纵向加载车辆数量对跨中位移冲击系数的影响。由图可知：位移冲击系数随加载车辆数量的增多而显著减小,纵向 2 车和纵向 3 车的位移冲击系数有围绕单车工况冲击系数上下波动的趋势。当车速为 24 ~ 28 m/s 和 42 ~ 44 m/s 时,2 辆车作用的冲击

系数最大;当车速为 28～32 m/s 和 46～50 m/s 时,3 辆车作用的冲击系数最大;其他车速情况下,单车作用的冲击系数最大。

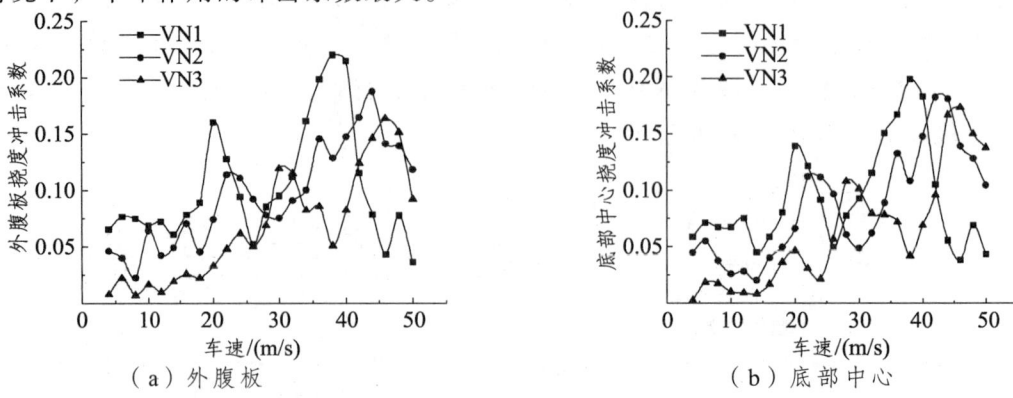

图 8.31 不同纵向加载车辆数量的跨中位移冲击系数

不同的纵向车辆数量和车速,桥梁关键截面的内力冲击系数如图 8.32 所示。由图可知,随着车速的增长,纵向 2 辆和 3 辆的主梁弯矩冲击系数同样有围绕单车工况上下波动的现象,而多车下的剪力冲击系数明显大于单车工况的剪力冲击系数。各内力冲击系数随车速的变化波动较大,这也说明车速对多车工况冲击系数的影响较为复杂。

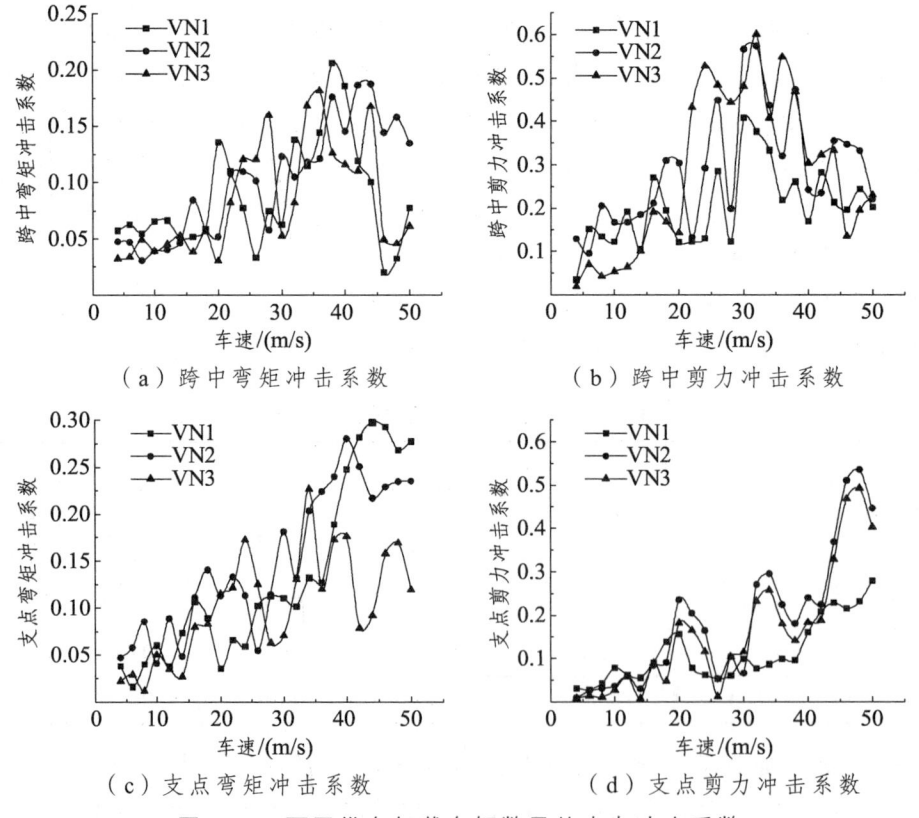

图 8.32 不同纵向加载车辆数量的内力冲击系数

8.3.3 纵向车辆间距的影响

选取纵向车辆数量为 3 辆，车辆间距（d）分别取为 5 m、10 m、15 m 和 20 m，桥面路况为 A 级，车辆靠外侧偏心行驶，偏心距为 2.1 m。不同车辆间距的车辆荷载效应及其冲击系数如表 8.5、表 8.6 所示。由表可知：随着车辆间距的增大，主梁跨中位移冲击系数先增大后减小，而位移效应先减小后增大；随着车辆间距的增大，内力冲击系数有减小的趋势。

表 8.5 不同纵向车辆间距的车辆荷载效应

车距/m	项目					
	外腹板/mm	底部中心/mm	跨中		支点	
			弯矩/(kN·m)	剪力/kN	弯矩/(kN·m)	剪力/kN
5	1.611	1.261	2 077.7	162.0	1 543.1	799.8
10	1.032	0.768	1 712.2	153.2	1 223.2	692.5
15	1.091	0.840	1 353.2	141.2	972.6	515.6
20	1.145	0.894	903.5	130.5	602.3	323.2

表 8.6 不同纵向车辆间距的车辆荷载效应冲击系数

车距/m	项目					
	外腹板	底部中心	跨中		支点	
			弯矩	剪力	弯矩	剪力
5	0.164	0.173	0.181	0.600	0.227	0.492
10	0.180	0.190	0.290	0.376	0.290	0.553
15	0.158	0.162	0.268	0.350	0.205	0.263
20	0.149	0.155	0.193	0.340	0.283	0.281

8.4 车辆变速行驶的曲线桥振动响应分析

8.4.1 车辆变速行驶的分析模型

1. 汽车减速行驶的分析模型

车辆制动是通过与行驶方向相反的力使车辆减速，这些力主要为地面通过车轮传给汽车的制动力和空气阻力，其中空气阻力会随着车速的减小而减小，其数值较小，所以在分析时可以不考虑。车辆制动效果主要由车轮处的摩擦力决定，各轮轴上最大制动力 F_{fmax} 与附着系数 ψ_f 相关，附着系数 ψ_f 的取值见表 8.7[11]。

表 8.7 附着系数推荐取值

轮胎类型	路面状况		
	干燥	潮湿	污染
普通轮胎	0.70~0.80	0.45~0.55	0.25~0.40
高压轮胎	0.50~0.70	0.35~0.45	0.25~0.45
越野轮胎	0.70~0.80	0.50~0.70	0.25~0.45

学者们将制动力假定为一个两线段函数，制动力先从 0 线性递增至最大值 F_{fmax}，然后保持恒定直到车辆在桥上停止或驶出桥梁，其表达式为[12, 13]：

$$F_f = \begin{cases} -F_{fmax} \dfrac{t}{t_b}, & t < t_b \\ -F_{fmax}, & t \geq t_b \end{cases} \tag{8.37}$$

式中，F_f 为车辆所受的制动力；t_b 为制动力的上升时间。

当车辆制动时，制动力与制动产生作用于车辆质心处的惯性力将形成一对仰俯力矩 M_θ，对桥梁产生相应的冲击效应，即：

$$M_\theta = F_f h_v \tag{8.38}$$

式中，h_v 为车辆质心处距桥面的高度。

假定在减速过程中车辆在行驶方向所受的力为 F_f，由牛顿第二定理和基本的速度与加速度关系可得：

$$a_x = \frac{F_f}{m} = -\frac{dv}{dt} \tag{8.39}$$

式中，a_x 为汽车制动时的加速度；m 为汽车的质量；v 为汽车的行驶速度。

对于减速运动，假设初始速度为 v_0，制动持续时间 t_s 后的速度为 v_t，对式（8.39）两边进行积分，整理后可得到任意时刻车辆的行驶速度为：

$$v_t = v_0 - a_x t_s \tag{8.40}$$

式中，t_s 为车辆的制动持续时间。

根据基本物理运动学原理，速度与距离的微分关系为：

$$v = \frac{dx}{dt} \tag{8.41}$$

将（8.41）代入式（8.40）后积分，可得：

$$\frac{v_0^2 - v_t^2}{2} = a_x S \tag{8.42}$$

因此，若车辆在第 i 个节点位置处开始制动，对应的时间点为 t_i，桥梁模型中相邻两个加载节点之间的距离为 Δx_i，则将式（8.40）代入式（8.42）中，整理可得车辆通过第 $i+k$ 个节点时的时间为：

$$t_{i+k} = t_i + \frac{v_0 - \sqrt{v_0^2 - 2a_x \cdot k \cdot \Delta x_i}}{a_x} \tag{8.43}$$

因此，由式（8.43）可以确定相邻两个加载节点间的积分步长。一般地，当最终减速至停止，即 $v_t = 0$，可得制动距离和制动时间分别为：

$$S_{\mathrm{br}} = \frac{v_0^2}{2F_{\mathrm{f}}/m} = \frac{v_0^2}{2a_x} \tag{8.44}$$

$$t_{\mathrm{br}} = \frac{v_0}{F_{\mathrm{f}}/m} = \frac{v_0}{a_x} \tag{8.45}$$

式中，S_{br}、t_{br} 分别为行驶车辆的制动距离和制动时间。

2. 汽车加速行驶的分析模型

对于匀加速运动，仍假设初始速度为 v_0，加速持续时间 t_s 后的速度为 v_t，则任意时刻车辆的行驶速度为：

$$v_t = v_0 + a_x t_s \tag{8.46}$$

式中，t_s 为车辆的加速持续时间。

将式（8.41）代入式（8.46）后积分，可得速度与加速行驶的距离 S 之间的关系为：

$$S = v_0 t_s + \frac{1}{2} a_x t_s^2 \tag{8.47}$$

若车辆在第 i 个节点位置处开始加速，对应的时间点为 t_i，桥梁模型中相邻两个加载节点之间的距离为 Δx_i，则将 $S = k\Delta x_i$ 代入式（8.47），整理可得车辆通过第 $i+k$ 个节点时的时间为：

$$t_{i+k} = t_i + \frac{-v_0 + \sqrt{v_0^2 + 2a_x \cdot k \cdot \Delta x_i}}{a_x} \tag{8.48}$$

8.4.2 车辆制动对桥梁振动响应的影响

过桥车辆采用第 2.2 节的三轴整车模型，车辆靠曲线外侧偏心 2.1 m 行驶，桥梁结构阻尼比为 2%，桥面平整度等级为 A 级。

1. 初速度的影响

为了分析初速度对主梁动力响应的影响，取轮胎与路面间的附着系数为 0.7，即制动力为 $0.7W$（W 为车重）；车辆制动位置设置在曲线梁桥第二跨的 1/4 处，即 25 m 处；制动力上升时间为 0 s。不同车辆初速度的桥梁位移和内力冲击系数如图 8.33、图 8.34 所示。从图中可以看出：当车辆制动时，主梁最大位移、位移和内力冲击系数随初速度的变化波动较大。支点截面的内力冲击系数整体上呈现出随车辆初速度增大而增大的趋势。车辆制动的主梁挠度和内力冲击系数大于车辆匀速行驶的情况，所以在设计中应该考虑车辆制动时的冲击系数。

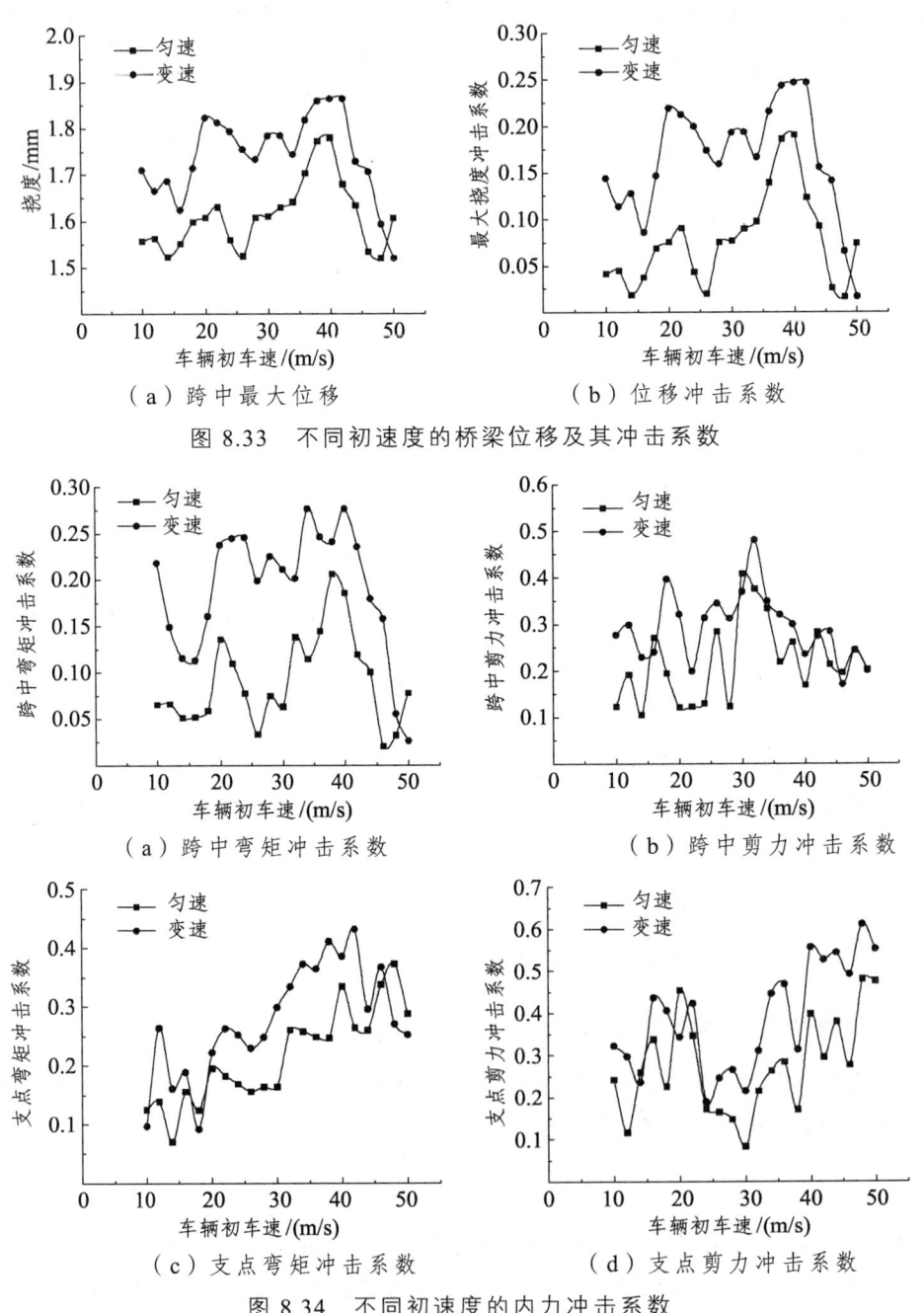

（a）跨中最大位移　　　　　　（b）位移冲击系数

图 8.33　不同初速度的桥梁位移及其冲击系数

（a）跨中弯矩冲击系数　　　　　　（b）跨中剪力冲击系数

（c）支点弯矩冲击系数　　　　　　（d）支点剪力冲击系数

图 8.34　不同初速度的内力冲击系数

2. 车辆制动位置的影响

当车辆初速度为 20 m/s，制动力为 $0.7W$，制动力上升时间为 0 s 时，不同车辆制动位置的冲击系数如表 8.8 所示。由表可知，不同制动位置处的位移冲击系数均大于匀速工况的位移冲击系数，跨中内力冲击系数呈现出先增大后减小的趋势。在桥梁前半跨内制动的位移和跨中剪力冲击系数大于在桥梁后半跨内制动的结果。当车辆制动位置大于 $L/2$ 且靠近支点时，车辆制动的位移和内力冲击系数接近匀速时的结果。

表 8.8 车辆制动位置对冲击系数的影响

制动位置	跨中挠度	跨中内力		支点内力	
		弯矩	剪力	弯矩	剪力
支点	0.081	0.096	0.298	0.133	0.347
$1/8L$	0.148	0.143	0.206	0.137	0.434
$1/4L$	0.219	0.238	0.321	0.222	0.343
$3/8L$	0.210	0.143	0.118	0.188	0.429
$1/2L$	0.110	0.136	0.121	0.222	0.436
$3/4L$	0.080	0.135	0.120	0.195	0.454
匀速行驶	0.076	0.135	0.121	0.195	0.454

3. 制动力上升时间的影响

通常制动力上升时间在 0.3～0.6 s 范围内，为分析制动力上升时间对曲线桥冲击效应的影响，在此取制动力上升时间分别为 0 s、0.3 s、0.45 s、0.6 s，制动力为 $0.7W$（W 为车重），制动位置为第 2 跨的 1/4 处。车辆制动力上升时间对桥梁振动响应的影响如图 8.35、图 8.36 所示。从图中可以看出，随着制动力上升时间的延长，主梁位移和内力冲击系数逐渐减小，说明紧急制动会加剧桥梁的振动响应；不同的制动力上升时间，车辆制动的冲击系数大于匀速行驶的冲击系数。当车速在 28～50 m/s 范围内时，制动力上升时间的延长对位移和跨中剪力冲击系数的影响较小，跨中弯矩和支点内力冲击系数随之减小，说明在该速度范围内，跨中弯矩和支点内力冲击系数对制动上升时间的变化更敏感。由图 8.35（b）可知，随着制动力上升时间的延长，车辆制动所需距离逐渐增大，但增大的幅度逐渐减小，表明制动力上升时间延长到一定值时，车辆制动所需距离趋于恒定。

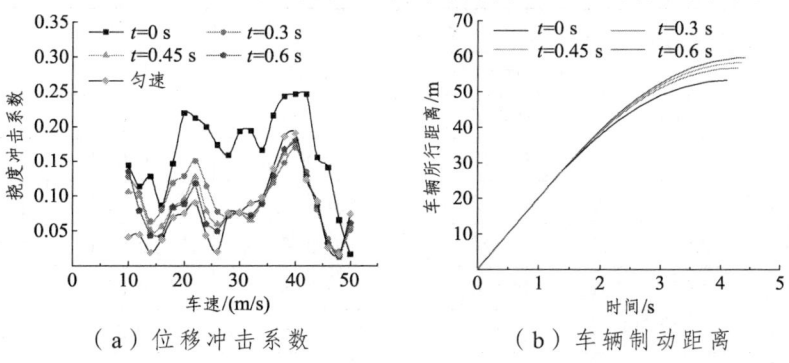

（a）位移冲击系数　　　　（b）车辆制动距离

图 8.35　不同制动力上升时间的跨中位移冲击系数和车辆制动距离

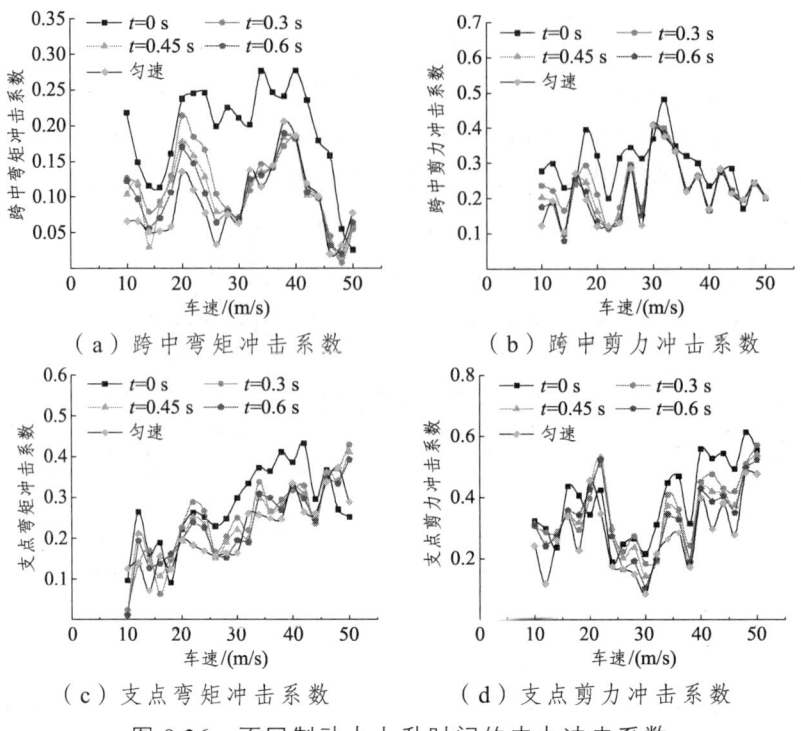

图 8.36 不同制动力上升时间的内力冲击系数

8.4.3 车辆加速对桥梁振动响应的影响

1. 加速位置的影响

当车辆初速度为 0.25 m/s，加速度为 1 m/s² 时，车辆加速位置对主梁动力响应的影响如表 8.9 所示。由表可知，车辆加速位置对桥梁动力响应有一定的影响，位移冲击系数呈现出先增大后减小的趋势；当加速位置大于 1/4L（25 m）处时，位移冲击系数大于车辆匀速行驶的结果；当加速位置小于 3/8L（27.5 m）时，跨中内力冲击系数随加速位置的增大而增大，但当加速位置不小于 1/2L（30 m）时，桥梁内力冲击系数逐渐接近匀速行驶的结果。

表 8.9 车辆加速位置对冲击系数的影响

制动位置	跨中挠度	跨中内力		支点内力	
		弯矩	剪力	弯矩	剪力
支点	0.001	0.005	0.007	0.031	0.027
1/8L	0.006	0.002	0.008	0.034	0.025
1/4L	0.019	0.013	0.012	0.034	0.059
3/8L	0.018	0.027	0.024	0.014	0.043
1/2L	0.014	0.014	0.018	0.039	0.043
3/4L	0.023	0.025	0.018	0.038	0.034
匀速行驶	0.013	0.025	0.019	0.042	0.039

2. 初速度的影响

设车辆加速位置在第二跨支点，加速度取 1 m/s²，桥面平整度等级为 A 级。不同车辆初速度的位移及其冲击系数如图 8.37 所示。从图中可以看出：在 0.5~5 m/s 的初速度范围内，位移及其冲击系数随初速度的变化波动较大，与减速所得结论相同。对比车辆匀速行驶与加速行驶可知，车辆加速行驶的冲击效应不一定大于匀速行驶的冲击效应。当初速度大于 3.5 m/s 时，匀速和加速的冲击系数差值随着初速度的增大而逐渐减小，因为初速度较大时，车辆作用于桥跨的时间变短，能量的积累不足，从而出现加速与匀速所得结果趋于相同。

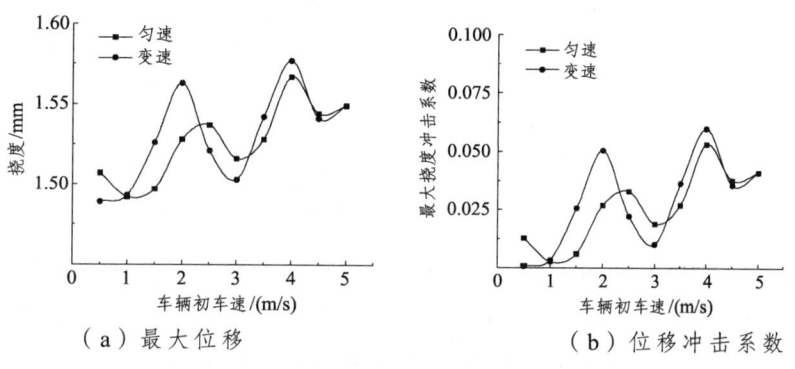

图 8.37 不同初速度的位移及其冲击系数

不同初速度的内力冲击系数如图 8.38 所示，初速度对内力冲击系数的影响同样较为复杂，无明显规律可循。对比匀速与加速的计算结果可知，车辆加速的弯矩冲击系数小于匀速的结果，而剪力冲击系数相差较小。

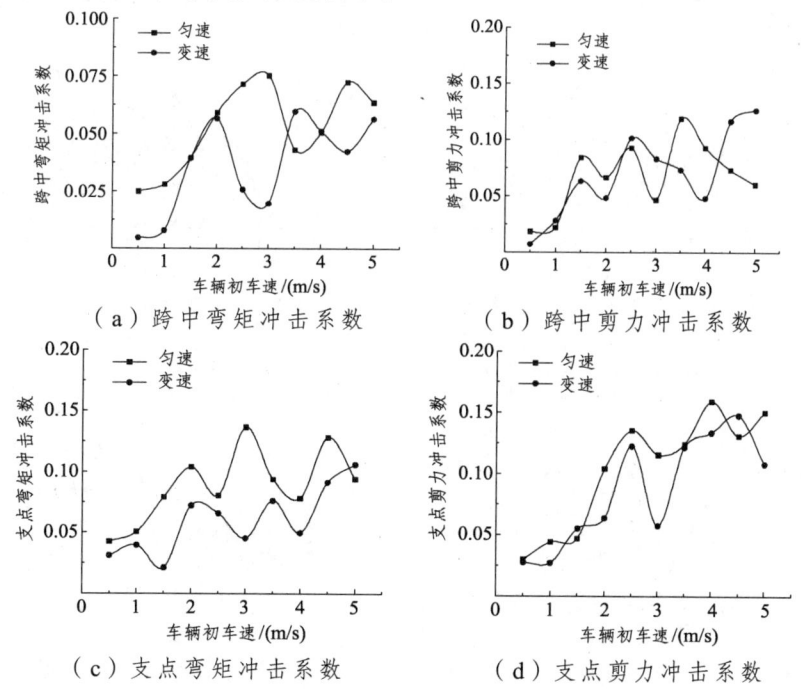

图 8.38 不同初速度的内力冲击系数

3. 加速度的影响

取车辆初速度为 0.5 m/s，加速位置设置在第 2 跨的支点处，桥面平整度等级为 A 级。由图 8.39 可以看出，当加速度逐渐增大时，桥梁的位移冲击系数随之增大；当加速度增加到一定值时，位移冲击系数出现下降现象，但大于匀速行驶的结果。因此，在计算汽车荷载冲击效应时，不仅要分析车辆匀速行驶，而且需要考虑车辆加速行驶的情况。

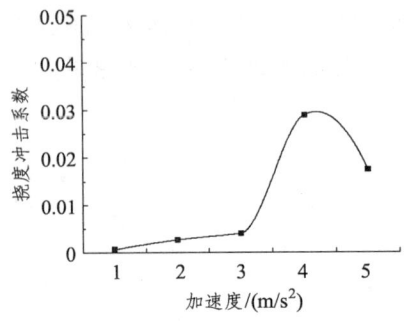

图 8.39 不同车辆加速度的位移冲击系数

图 8.40 为不同加速度的桥梁内力冲击系数。从图中可以看出，不同加速度的内力冲击系数变化曲线规律基本一致，而图中出现相互交叉现象，主要是因为各变化曲线会随着初速度的增大而平移。内力冲击系数随着加速度的变化而波动较大，说明加速度对内力冲击效应的影响较为复杂。对比车辆匀速与加速的计算结果可知，匀速的弯矩冲击系数大于加速的情况，而剪力冲击系数则无此规律。

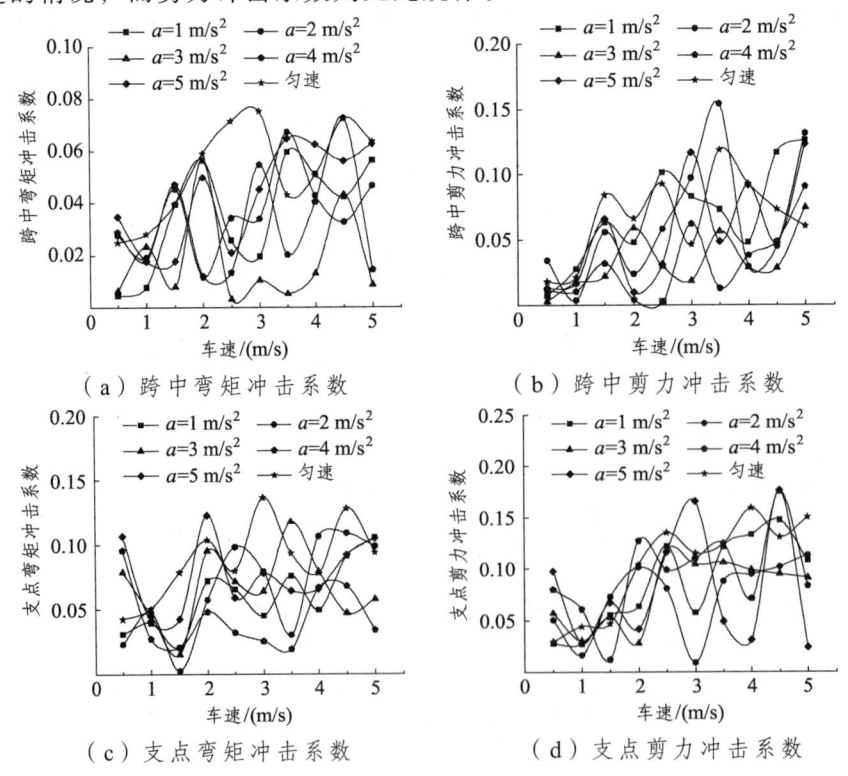

(a) 跨中弯矩冲击系数 　　(b) 跨中剪力冲击系数

(c) 支点弯矩冲击系数 　　(d) 支点剪力冲击系数

图 8.40 不同加速度的内力冲击系数

参考文献

[1] 宋郁民,吴定俊,李奇. 列车-曲线桥梁系统耦合振动分析[J]. 沈阳工业大学学报,2014,36(1):86-92.

[2] 晏路曼. 公路曲线梁桥在移动荷载作用下车桥耦合振动响应研究[D]. 南昌:华东交通大学,2008.

[3] AWALL M R, HAYASHIKAWA T, MATSUMOTO T, et al. Effects of bottom bracings on torsional dynamic characteristics of horizontally curved twin I-girder bridges with different curvatures[J]. Earthquake Engineering and Engineering Vibration, 2012, 11(2): 149-162.

[4] 桂水荣,陈水生,万水. 汽车荷载作用下空心板桥空间动力冲击效应[J]. 北京交通大学学报,2014,38(1):70-76.

[5] HE W, DENG L, SHI H, et al. Novel virtual simply supported beam method for detecting the speed and axles of moving vehicles on bridges[J]. Journal of Bridge Engineering, 2016, 22(4): 04016141.

[6] MOGHIMI H, RONAGH H R. Impact factors for a composite steel bridge using non-linear dynamic simulation[J]. International Journal of Impact Engineering, 2008, 35(11): 1228-1243.

[7] HUANG D, WANG T, SHAHAWY M. Dynamic behavior of horizontally curved I-girder bridges[J]. Computers & Structures, 1995, 57(4): 703-714.

[8] HUANG D, WANG T, SHAHAWY M. Vibration of horizontally curved box girder bridges due to vehicles[J]. Computers & Structures, 1998, 68(5): 513-528.

[9] SAMAAN M, SENNAH K, KENNEDY J B. Positioning of bearings for curved continuous spread-box girder bridges[J]. Canadian Journal of Civil Engineering, 2002, 29(5): 641-652.

[10] 梁仲林. 曲线梁桥设计中支承形式的选用[J]. 桥梁建设,2007(S1):7-10.

[11] 代汝泉. 汽车运行性能[M]. 北京:国防工业出版社,2003.

[12] 黄新艺. 混凝土连续曲线梁桥在车辆荷载作用下的动力响应研究[D]. 哈尔滨:哈尔滨工业大学,2008.

[13] GUPTA R K, TRAILLNASH R W. Vehicle braking on highway bridges[J]. Journal of Engineering Mechanics, 1980, 106(4): 641-658.

第 9 章
大跨度斜拉桥的车致振动响应分析

近年来，随着我国综合国力和桥梁建造技术的提高，大跨度斜拉桥在高速公路和城市道路建设中迅速发展，其不仅有美观的造型，还有很大的跨越能力，在现代大跨度桥梁建设中有很强的竞争力。但是，斜拉桥本身属于柔性结构，与中小跨径桥梁相比，其竖向和横向刚度较弱，在侧风、车辆、地震等外部荷载作用下会产生较大的变形或振动[1-3]。特别是过桥车辆荷载，其每时每刻都会在斜拉桥上出现，在某些时段甚至是密集出现，具有较大的波动性和高度的随机性，是斜拉桥产生振动的主要激励源，更应该引起重视。因此，本章在分析单车过桥的基础上，进一步分析多车过桥对斜拉桥振动响应的影响。

9.1 大跨度斜拉桥动力特性分析

虽然中小跨径桥梁在城市道路和高速公路中所占的比例很大，但大跨度桥梁在移动重载车辆作用下的荷载效应也不可忽视，其运营安全和使用寿命比中小跨径桥梁更严格，出现问题所带来的损失也远大于中小跨径桥梁。可是，对大跨度桥梁在特重车作用下的荷载效应研究很少，特别是轻型柔性体系的大跨度斜拉桥的特重车车致振动响应研究还是空白。

9.1.1 工程概况

以鄱阳湖二桥为分析对象，该桥连接江西省都昌县和庐山市，跨越鄱阳湖老爷庙水域。鄱阳湖二桥为五跨双塔空间双索面钢-混凝土组合梁斜拉桥，采用梁、塔分离的结构形式，主桥各跨径为：68.6 m+116.4 m+420 m+116.4 m+68.6 m，主塔采用宝瓶形混凝土桥塔，桥面以上塔高 107.6 m，72 对斜拉索呈双索面扇形布置，拉索最大长度为 223 m。主梁钢构架由纵梁、横梁、小纵梁和压重小纵梁通过节点板及高强螺栓连接而成，两个纵梁间距 26 m，中间采用横梁连接，钢梁之间设置 3 道小纵梁，间距分别为 6 m、7 m、7 m、6 m，构架上铺装预制混凝土桥面板，现浇低收缩混凝土后浇接缝，与钢梁上的焊钉形成整体，形成组合梁体系。鄱阳湖二桥设计荷载为公路-Ⅰ级，设计车速为 100 km/h，桥面宽度 24.5 m，双向四车道，横断面布置为：2.0 m（风嘴）+1.75 m（检修道，含钢栏杆）+0.5 m（钢护栏）+11.5 m（行车道）+0.5 m（钢护栏）+11.5 m（行车道）+0.5 m（钢护栏）+1.75 m（检修道，含钢栏杆）+2.0 m（风嘴），桥梁整体布置、横断面及行车道布置如图 9.1 所示。

第9章 大跨度斜拉桥的车致振动响应分析

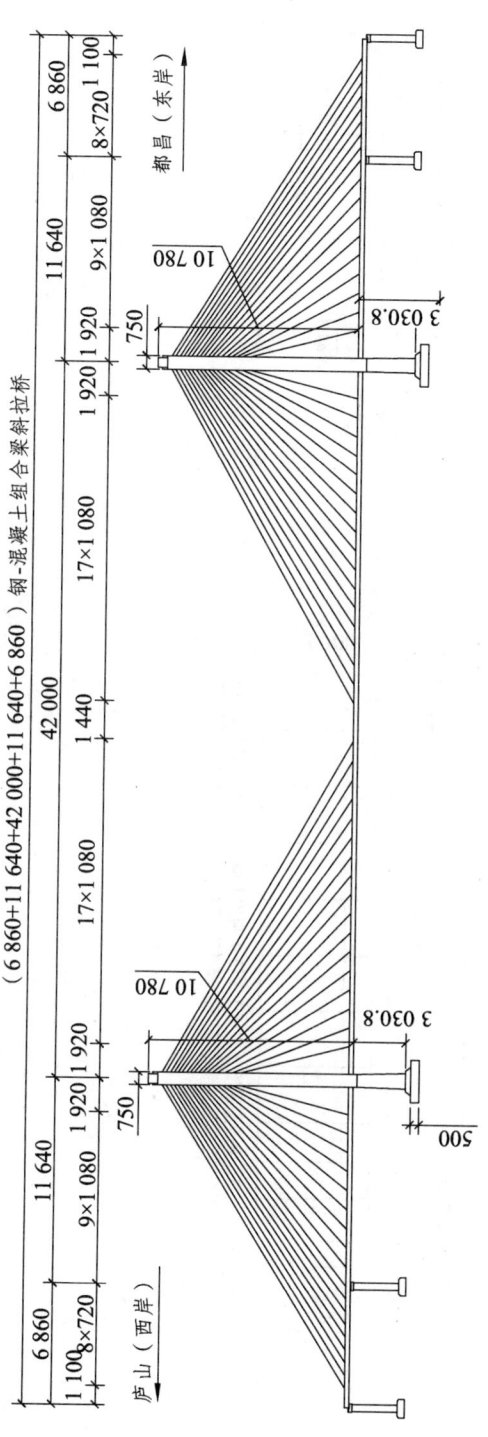

(a) 桥梁纵断面图

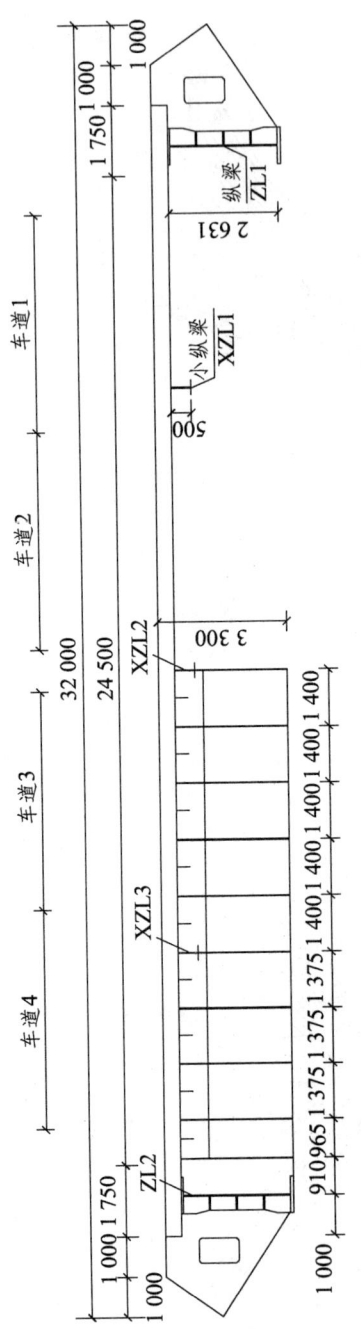

(b) 桥梁横断面及行车道布置

图 9.1 桥梁断面及行车道布置图

材料的属性不仅决定着单个构件的力学性能，也与整体结构的力学性能和动力特性密不可分。鄱阳湖二桥结构的动力特性如固有频率、阻尼比、振型等，与结构的刚度和质量有着直接的关联。那么，对材料的弹性模量、容重和泊松比等各属性进行准确定义和赋值，有利于得到结构整体相对准确且符合实际的动力特性。本节依据鄱阳湖二桥的设计资料和各材料固有特性，将结构各部分的材料属性列于表 9.1 中。

表 9.1 结构材料属性

序号	构件名称	弹性模量/MPa	容重/(kN/m³)	泊松比
1	钢主梁	2.06×10^5	76.98	0.3
2	桥面板	3.55×10^4	25	0.2
3	斜拉索	1.90×10^5	86.35	0.3
4	主塔	3.55×10^4	25	0.2
5	辅助墩	3.25×10^4	25	0.2
6	基础	3.00×10^4	25	0.2

9.1.2 桥梁有限元模型

1. 模型建立方法

结合斜拉桥的构造特点，一般采用空间杆系模型对斜拉桥进行模拟。其中，墩、塔简化为若干通过其中心线的梁单元，而主缆、吊杆、斜拉索等简化为杆单元。在建模过程中，对主梁的处理有多种不同方式。目前应用较多的斜拉桥有限元模型主要有脊骨式、双梁式和三梁式三种[4-12]，如图 9.2 所示。这三种计算模型各具特色，相对鄱阳湖二桥而言，三梁式模型更能突出结构的特点，该模型由桥轴线上的中梁和位于索面处的两个边梁以及横梁共同组成，通过适当的刚度和质量分配来满足等效条件。该模型力学性能较好，但单元较多，计算量大，主要用于具有开口断面的主梁。

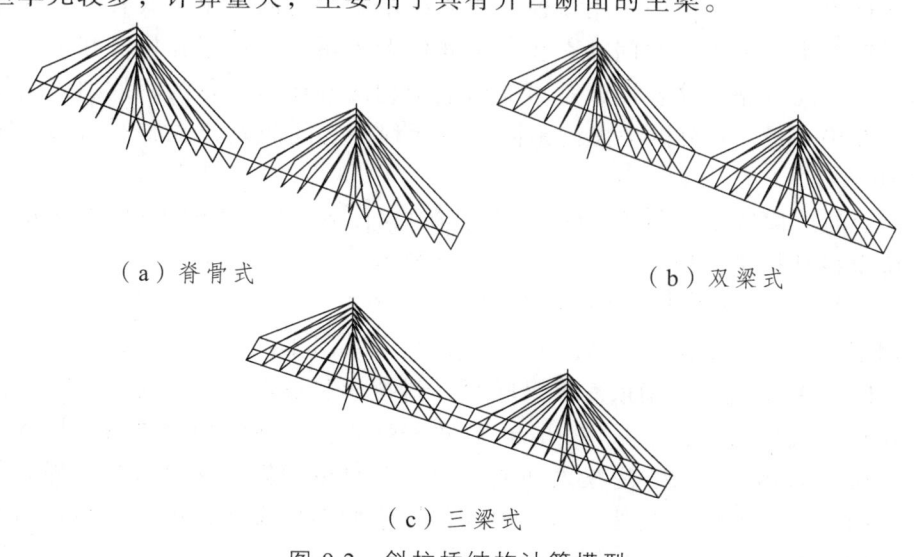

（a）脊骨式　　　　　　　　　　　（b）双梁式

（c）三梁式

图 9.2 斜拉桥结构计算模型

近年来，随着计算机运行速度的提升，有限元分析软件的功能也有了较大的扩展。那么，针对上述三种模型无法针对局部位置进行精确计算、无法反映由畸变和剪力滞效应等对桥梁结构产生的影响等不足，国内外的专家学者开始尝试使用板壳单元来进行桥面系的模拟，并且引入了子结构、子模型以及组合单元等计算技术，从而提高了计算的效率。这类模型的优点是可以准确地模拟桥面系的横向、竖向、扭转以及翘曲刚度，体现结构的局部效应。而对于传统的大跨度桥梁车桥耦合振动分析而言，很多时候并不需要描述构件的细部响应特征，只需反映出结构响应的整体分布情况便可，因此没有必要进行过于精细的有限元模拟。

2. 斜拉索的垂度效应

在建成的斜拉桥中，由于垂度效应的存在，斜拉索会在重力的影响下产生一定的垂度，从而对其实际弹性模量产生影响。那么，借助换算系数 μ 对理论弹性模量进行换算，得到计入垂度后的等效弹性模量。该换算过程用 Ernst 公式表示：

$$E_{eq} = \frac{E_e}{1 + \frac{(\gamma l)^2}{12\sigma^3}E_e} = \mu E_e \qquad (\mu < 1) \tag{9.1}$$

式中，E_{eq} 为等效弹性模量；E_e 为弹性模量；γ 为拉索重度；l 为斜拉索的水平投影长度；σ 为拉索拉力。

3. 桥梁动力分析模型

根据实际工程和研究内容的需要，要使用合适的方法来建立 ANSYS 有限元模型，从而达到我们研究和分析问题的目的。那么，按照有限元离散精细程度的不同，将模型大致分为三类，即杆系模型、板壳模型和实体模型[12]。由于杆系模型可以快速获得结构的总体力学行为，故首先考虑采用该模型建立鄱阳湖二桥的三主梁式有限元模型。但考虑到工字型钢纵梁和钢横梁之间存在相对空间位置关系，且拉索在桥塔和主梁上的锚固位置也呈三维空间分布，这些因素都可能影响结构的整体力学行为，故加入实体模型，对结构进行准确离散。此外，考虑到不同有限元程序之间的差异，加入 midas Civil 建立的杆系模型。

根据桥梁的结构特点，参考文献[13]和文献[14]，分别采用 ANSYS 和 midas Civil 对鄱阳湖二桥全桥结构进行模拟，建立以下三个模型：

模型 1：采用 ANSYS 建立的杆系模型，如图 9.3（a）所示。主梁采用三梁式模型，钢主梁、钢横梁和桥塔采用 BEAM4 单元，斜拉索采用 LINK10 单元，桥面板及铺装层采用 SHELL63 单元。三主梁依靠横梁联系，斜拉索和桥塔、主梁采用共节点的方式进行连接，在建立模型的过程中采用 Ernst 公式来修正拉索弹性模量以反映拉索垂度效应的影响。全桥纵向不设约束，塔梁之间通过横桥向自由度耦合来模拟其边界条件，塔墩与基础按照固结等效处理。此外，通过输入斜拉索的初始应变来模拟其初拉力对结构动力特性产生的影响。

模型 2：采用 ANSYS 建立的实体模型，如图 9.3（b）所示。较模型 1 不同的是，该模型中主梁采用壳单元式模型，即钢主梁、钢横梁采用 SHELL63 单元，而桥塔采用 SOLID65 单元，并对其单元采取合适的方式进行网格划分。此外，根据设计资料准确模拟各构件的空间位置，如斜拉索两端在主塔和主梁上锚固的精确位置。

模型 3：采用 midas Civil 建立的杆系模型，如图 9.3（c）所示。主梁采用三梁式模型，钢主梁、钢横梁、主塔和桥墩均采用梁单元，桥面板和铺装层采用板单元，斜拉索采用桁架单元。全桥边界条件的处理与模型 1 相同，唯一不同在于该程序以添加弹性连接的方式来耦合塔墩和梁之间的自由度。同样，在静力分析基础上得到拉索的内力，通过添加拉索的初拉力，对模型进行线性分析，程序会自动考虑拉索的垂度效应对其弹性模量的影响。

在采用上述三种模型进行计算时，均采用子空间迭代法，并考虑桥梁的前五十阶振型。特别指出，在采用三种模型进行计算的过程中，模型 1 的运算速度最快，仅用时 20 s，模型 3 用时 1 min，而模型 2 最为耗时，运算时间将近 1 h。

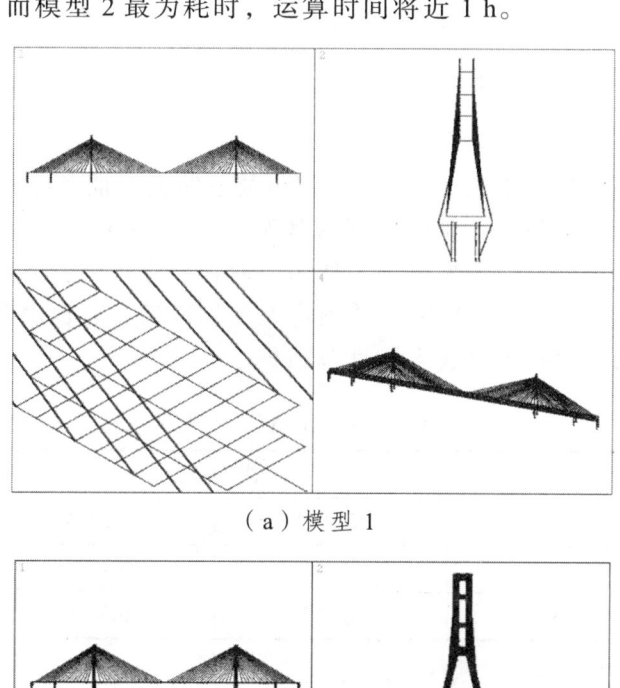

（a）模型 1

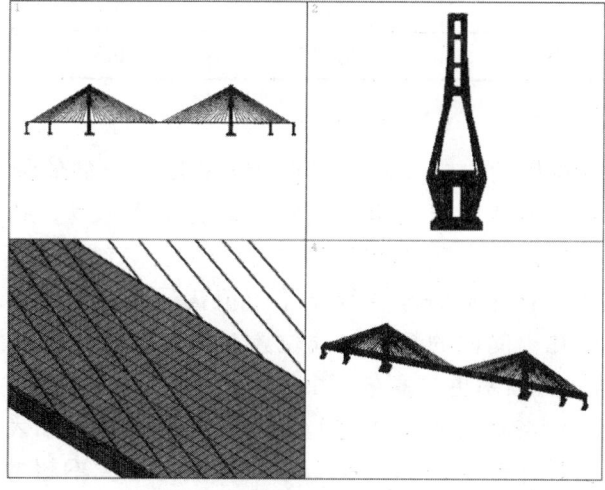

（b）模型 2

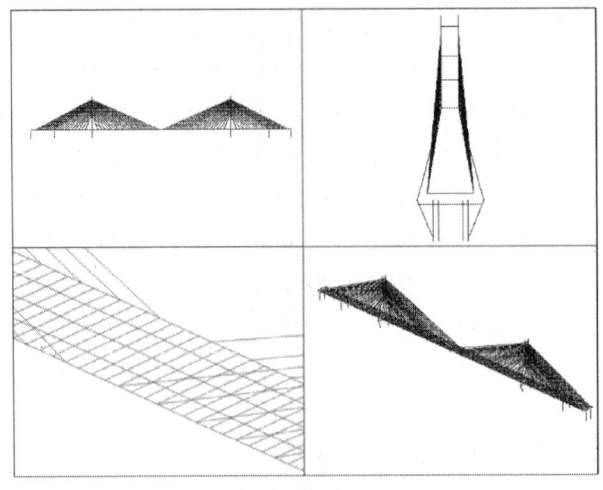

（c）模型 3

图 9.3　桥梁模型

9.1.3　桥梁结构动力特性分析

1. 对比规范

按照现行行业规范[15]，有辅助墩的双塔斜拉桥的竖向弯曲基频按经验公式 $f_b = 150/L$ 进行估算，其中 L 为主跨跨径，则该桥竖弯基频为 0.357 Hz。将三个模型的基频计算结果与规范经验值进行比较，结果如表 9.2 所示。对比结果表明：各模型基频计算值比较接近，相差在 9%以内，且各模型竖弯基频均大于规范值。这也说明对于该类桥梁，由规范经验公式估算的竖弯基频值较实际计算值偏小。

表 9.2　各模型基频计算值

振型	基频/Hz			
	模型 1	模型 2	模型 3	规范值
纵飘	0.147	0.160	0.151	—
竖弯	0.392	0.415	0.399	0.357

2. 频率结果对比分析

为了方便以后的结构振动响应分析，需对三个有限元模型的频率计算结果进行对比分析，从而在模型 1 和模型 2 中选取相对准确可靠的计算模型。那么，将模型 1 的频率计算结果作为基准值，分别与模型 2 和模型 3 的频率计算结果进行对比分析。如表 9.3 所示，模型 2 与模型 1 的前十阶频率计算结果差值比最大为 8.82%，可见各构件相对空间位置关系以及斜拉索在空间内的精确锚固位置对结构的整体刚度影响较小。相比模型 2，用模型 1 来计算结构的频率更加高效。由于不同有限元分析程序之间存有差异，故将模型 1 与模型 3 的前十阶频率计算结果进行了对比，对比结果如表 9.4 所示。对比结果表明，不同有限元分析程序计算得到的模型频率差值比最大不超过 9%。这也很好地验证了模型 1 频率计算结果的准确性，可以采用该模型来计算鄱阳湖二桥的频率。

表 9.3　模型 1 与模型 2 前十阶频率对比

阶次	频率/Hz		差值比
	模型 1	模型 2	
一	0.146 6	0.150 1	2.39%
二	0.391 5	0.414 9	5.98%
三	0.437 5	0.476 1	8.82%
四	0.526 8	0.531 0	0.79%
五	0.683 7	0.679 3	0.64%
六	0.694 4	0.707 8	1.92%
七	0.796 0	0.835 0	4.90%
八	0.959 1	1.017 3	8.09%
九	0.978 9	1.036 7	3.92%
十	1.081 9	1.113 6	2.93%

表 9.4　模型 1 与模型 3 前十阶频率对比

阶次	频率/Hz		差值比
	模型 1	模型 3	
一	0.146 6	0.150 8	2.86%
二	0.391 5	0.398 6	1.81%
三	0.437 5	0.415 5	5.03%
四	0.526 8	0.526 2	0.11%
五	0.683 7	0.745 2	8.99%
六	0.694 4	0.749 1	7.88%
七	0.796 0	0.800 2	0.52%
八	0.959 1	0.933 9	2.62%
九	0.978 9	0.973 0	0.60%
十	1.081 9	1.009 2	6.72%

3. 振型结果对比分析

为了得到鄱阳湖二桥的振型，计算各模型的前五十阶振型，并将各模型的前二十阶振型计算结果进行了对比分析，如表 9.5 所示。经对比，前十阶振型中，模型 1 与模型 3 的振型计算结果完全吻合，而模型 2 的主塔同向侧弯振型在第七阶才出现。后十阶振型中，模型 2 的主塔侧弯振型较其他两个模型依旧延迟出现，而模型 1 与模型 3 的振型计算结果基本吻合，两者只有主梁四阶对称竖弯振型出现阶次不同。综上，三种模型的前二十阶振型计算结果吻合度良好，且模型 1 与模型 3 计算结果几乎完全吻合。

表 9.5　各模型前二十阶振型计算结果

振型	模型 1	模型 2	模型 3	振型	模型 1	模型 2	模型 3
纵飘	1	1	1	主塔二阶反向侧弯	11	12	11
主梁一阶对称竖弯	2	2	2	主梁四阶对称竖弯	12	11	13
主梁一阶侧向弯曲	3	3	3	主梁三阶反向竖弯	13	13	12
主梁一阶反对称竖弯	4	4	4	主梁四阶反对称竖弯	14	14	14
主塔反向侧弯	5	5	5	主塔三阶反向侧弯	15	16	15
主塔同向侧弯	6	7	6	主梁五阶对称竖弯	16	15	16
主梁二阶对称竖弯	7	6	7	主塔二阶同向侧弯	17	17	17
主梁二阶反对称竖弯	8	8	8	主塔四阶反向侧弯	18	19	18
主梁反对称扭转	9	9	9	主梁五阶反对称竖弯	19	18	19
主梁三阶对称竖弯	10	10	10	主塔三阶同向侧弯	20	22	20

4. 动力特性分析

经过对比分析，各模型的动力特性计算结果吻合度良好，考虑到模型 1 计算速度快、模型简单且有效等优点，选取模型 1 为鄱阳湖二桥振动响应分析的计算模型。现列出由模型 1 计算得到的鄱阳湖二桥前十阶振型，如图 9.4 所示。由表 9.6 和图 9.4 可知，鄱阳湖二桥结构动力特性有如下特点：

（1）该桥振型主要表现为主梁和桥塔的纵向飘浮、竖弯、侧弯和扭转四种形状。如图 9.4（a）所示，桥跨结构的第一阶振型为纵向飘浮，频率为 0.146 6 Hz，竖向、横向振动基频分别为 0.391 5 Hz 和 0.437 5 Hz，纯扭转基频为 0.978 9 Hz；

（2）如图 9.4（b）、（c）所示，第二阶即出现主梁面内竖向振动，随后第三阶出现以主梁为主，并耦合索塔同时发生的横向面外振动，说明该桥的面外稳定性强于面内稳定性；

（3）如图 9.4（e）、（f）所示，第五阶、第六阶分别出现桥塔反向侧弯和同向侧弯情况，说明桥塔横向刚度较小，在对该桥进行抗震分析时应该充分考虑桥塔的影响。

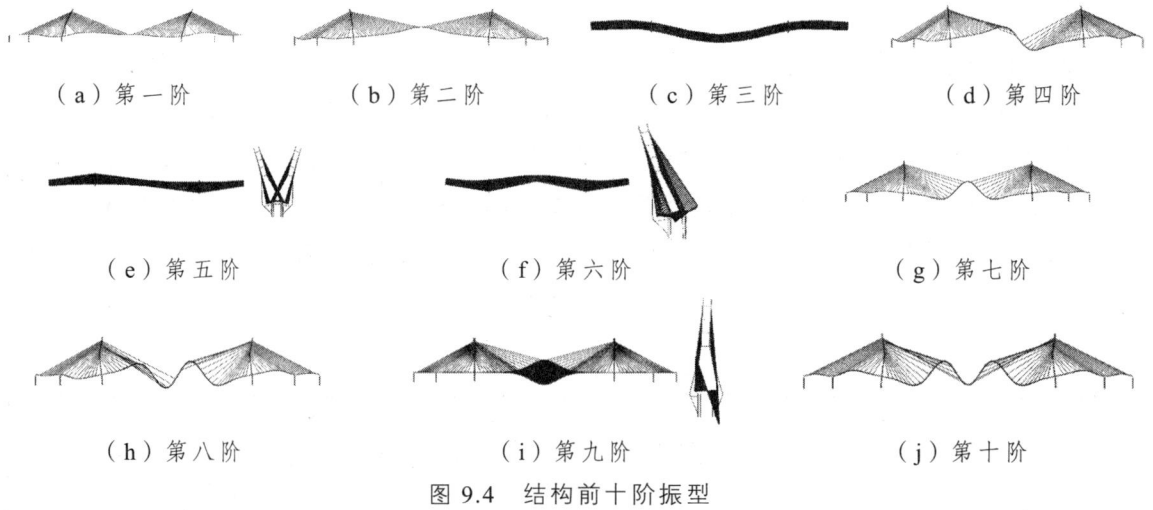

图 9.4 结构前十阶振型

9.2 斜拉桥车致振动响应分析

9.2.1 单辆重车荷载作用的斜拉桥振动响应

众所周知，车辆在桥上行驶位置不同时，桥梁的受力状态也各不相同，已有研究表明，93.5%的重车在行车道行驶，只有 6.5%的重车在车流量增加或桥梁跨度较大时行驶在超车道，并且重车行驶速度平均在 60 km/h 左右[16]。为研究方便，本节分析中的车辆为六轴重车，质量取 90 t，车速取 60 km/h，桥面路况等级为 B 级，单车由都昌驶向庐山。六轴重车的车辆简化模型如图 9.5 所示，车辆悬架和轮胎参数参考文献[17]。

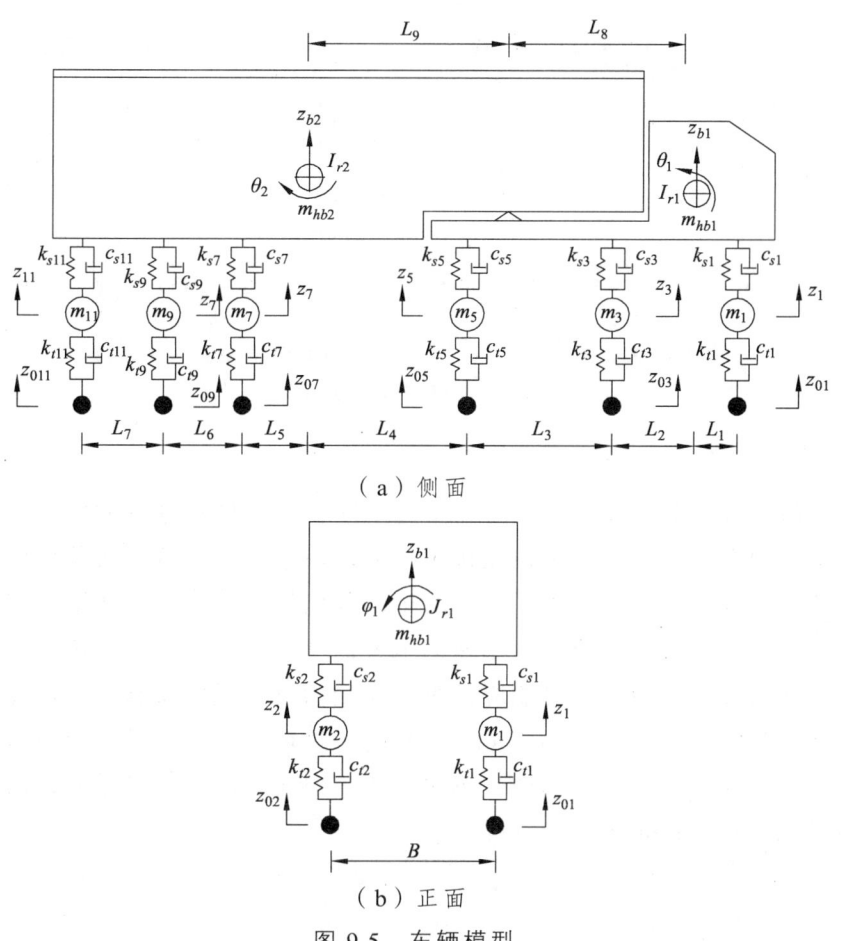

(a）侧面

(b）正面

图 9.5　车辆模型

基于车-桥耦合振动理论，当车辆在车道 1 行驶时，第一、二、三跨纵梁 ZL1 的跨中振动位移和东侧桥塔塔顶的振动位移如图 9.6 所示。从图中可以看出，主跨第三跨纵梁的跨中竖向和横向振动响应大于第一跨和第二跨，竖向最大位移 82.71 mm，横向最大位移 0.71 mm；当车辆行驶到第三跨时，第一、二、三跨纵梁的纵向位移有所不同，但差异较小，车辆在其他跨行驶时，各跨纵梁的纵向位移相同。从图中也可以看出，斜拉桥纵梁的横向位移最小，竖向位移最大，这与上文分析的斜拉桥各部位的刚度强弱是一致的；桥塔塔顶的纵向位移大于横向位移，最大纵向位移为 19.84 mm，最大横向位移为 4.38 mm。

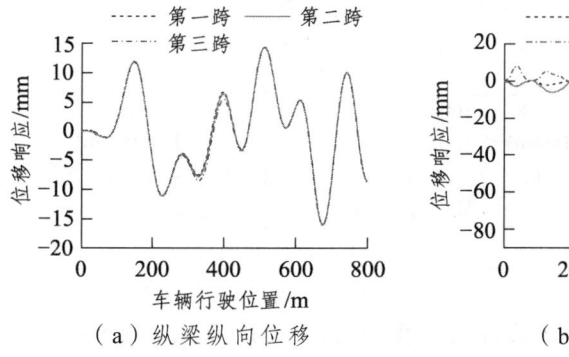

(a）纵梁纵向位移　　　　（b）纵梁竖向位移

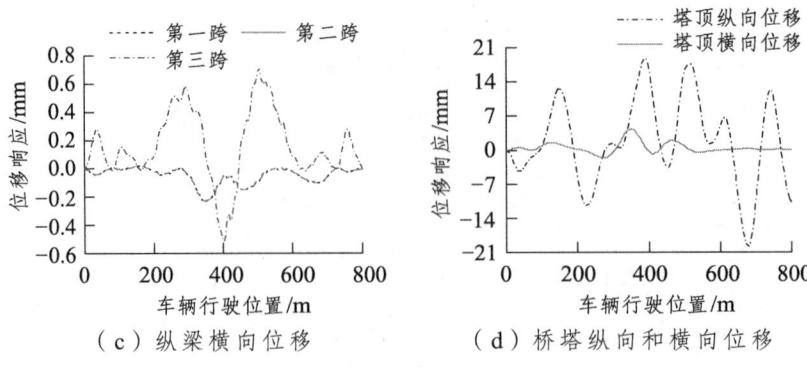

(c) 纵梁横向位移 (d) 桥塔纵向和横向位移

图 9.6　桥梁振动响应

1. 行车速度的影响

不同的车辆行驶速度，移动荷载的频率会不同，车桥耦合振动的振动响应也不同。图 9.7 给出了不同车辆行驶速度下斜拉桥主跨纵梁跨中竖向和桥塔塔顶纵向的振动响应峰值随车速的变化关系，可以看出，纵梁跨中的竖向振动响应随车速增大而上下波动，但波动幅度较小，而加速度响应随着车速的增大而增大；可见，斜拉桥跨中竖向加速度响应对车速的敏感性大于竖向位移响应；重车作用的桥塔纵向位移和加速度响应的峰值随车速的变化而趋势相近，车速小于 60 km/h 时，桥塔的纵向振动响应峰值变化幅度较小，但加速度响应波动大于位移响应，车速大于 60 km/h 时，桥塔纵向振动响应随着车速的增大而增大，对车速越来越敏感性。

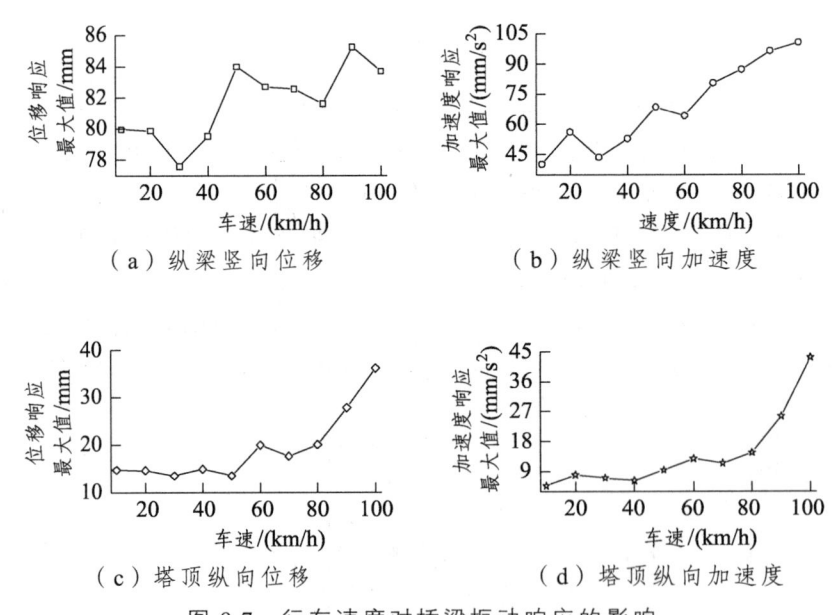

(a) 纵梁竖向位移　(b) 纵梁竖向加速度

(c) 塔顶纵向位移　(d) 塔顶纵向加速度

图 9.7　行车速度对桥梁振动响应的影响

2. 车辆行驶位置的影响

当车辆分别在车道 1 和车道 2 行驶时，纵梁 ZL1 沿桥跨不同位置的竖向位移峰值、主跨跨中横向各纵梁的竖向位移峰值和桥塔沿塔高不同位置的纵向位移峰值如图 9.8 所示。从图可知，不同行车位置对边跨纵梁振动响应的影响较小，而对主跨纵梁的振动响应影响较大，车道 1 和车道 2 车辆荷载的振动响应最大值分别为 79.31 mm、66.02 mm；主跨横向各纵梁的跨中振动响应受行车位置的影响也较大，距离车辆荷载越近的纵梁，其振动响应就越大；桥塔的纵向位移沿塔高的增加而增大，虽然行车位置对桥塔振动响应有影响，即车道 1 车辆荷载作用的桥塔振动响应稍大于车道 2 车辆荷载作用，但影响较小。

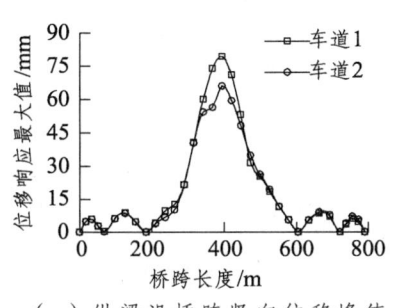
（a）纵梁沿桥跨竖向位移峰值

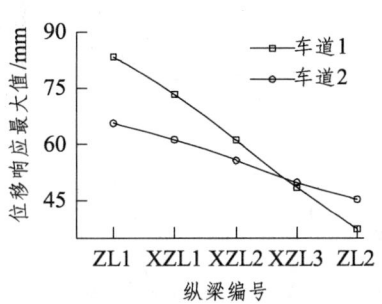
（b）横向各纵梁竖向位移峰值

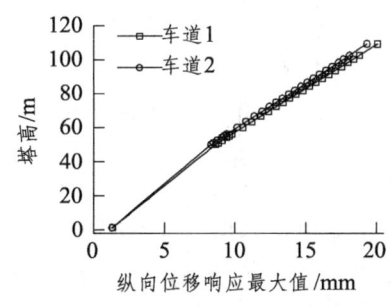
（c）桥塔沿塔高纵向位移峰值

图 9.8　车辆行驶位置对桥梁振动响应的影响

3. 桥面不平顺的影响

不同的桥面路况，桥面不平度幅值不同，路况越差，桥面不平顺激励强度就越大，且具有很强的随机性。不同路况等级的桥面，其桥面不平顺功率谱密度不同，对重车各轮提供的激励强度也不相同。图 9.9 给出了光滑、A 级、B 级、C 级桥面不平顺激励的主跨纵梁 ZL1 跨中竖向振动位移和桥塔塔顶纵向振动位移，由图可知，随着桥面路况的恶化，斜拉桥纵梁的竖向位移响应变化不明显，光滑、A 级、B 级、C 级桥面激励的纵梁跨中竖向位移响应最大值分别为 80.85 mm、81.08 mm、80.14 mm、81.92 mm，桥塔塔顶的纵向位移响应的最大值分别为 19.85 mm、20.05 mm、20.11 mm、20.33 mm；但是，斜拉桥纵梁竖向和塔顶纵向的加速度响应随着桥面路况的恶化而增大，光滑、A 级、B 级、C 级桥面激励的纵梁竖向加速度最大值分别为 26.3 mm/s^2、45.69 mm/s^2、69.68 mm/s^2、

143.9 mm/s², 桥塔塔顶的纵向加速度响应最大值分别为 9.44 mm/s²、10.39 mm/s²、14.23 mm/s²、15.12 mm/s²；可见，斜拉桥的竖向位移响应对桥面不平顺等级的变化不敏感，而加速度响应对桥面不平顺很敏感。

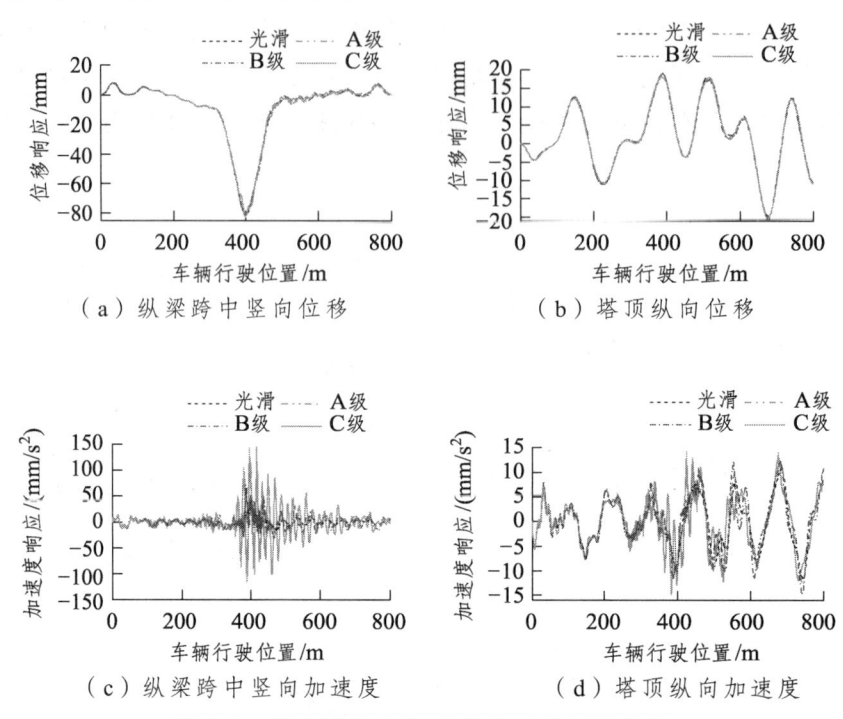

图 9.9 桥面不平顺对桥梁振动响应的影响

4. 不同类型重车的影响

重车在桥上行驶时，斜拉桥受到较大的车辆动力荷载作用，对结构的运营安全和使用寿命不利。实际交通情况表明，六轴重车外，还有五轴重车和四轴重车（拖挂车），不同的重车，其各轴轴距和车轮数各不相同，各轴轴重也不相同。为了对比分析不同轴数重车对斜拉桥振动响应的影响，参考文献[16]和文献[18]的车辆参数，对四轴拖挂车和五轴拖挂车通过斜拉桥的振动响应进行研究，车辆模型的侧面简图如图 9.10 所示。相同载重量 90 t，不同重车对斜拉桥主跨纵梁 ZL1 跨中竖向位移和塔顶纵向位移振动响应的影响如图 9.11 所示。从图中可以看出，不同的重车，斜拉桥振动响应各不相同，五轴双后轴特重车作用的振动响应最大，纵梁跨中竖向位移峰值和塔顶纵向位移峰值分别为 97.43 mm、22.71 mm；四轴拖挂车作用的斜拉桥振动响应最小，纵梁跨中竖向位移峰值和塔顶纵向位移峰值分别为 67 mm、19.62 mm；而六轴拖挂车作用的桥梁振动响应大于五轴双前轴和四轴拖挂车，响应大小仅次于五轴双后轴；相同的轴数，五轴双后轴特重车的桥梁振动响应明显大于五轴双前轴。可见，因轴数和轴间距不同，不同类型重车对桥梁振动响应的影响各不相同；车辆限载如果以车辆总载重量为标准，显然是不科学的，应该以车辆轴数和轴重为标准更为合理。

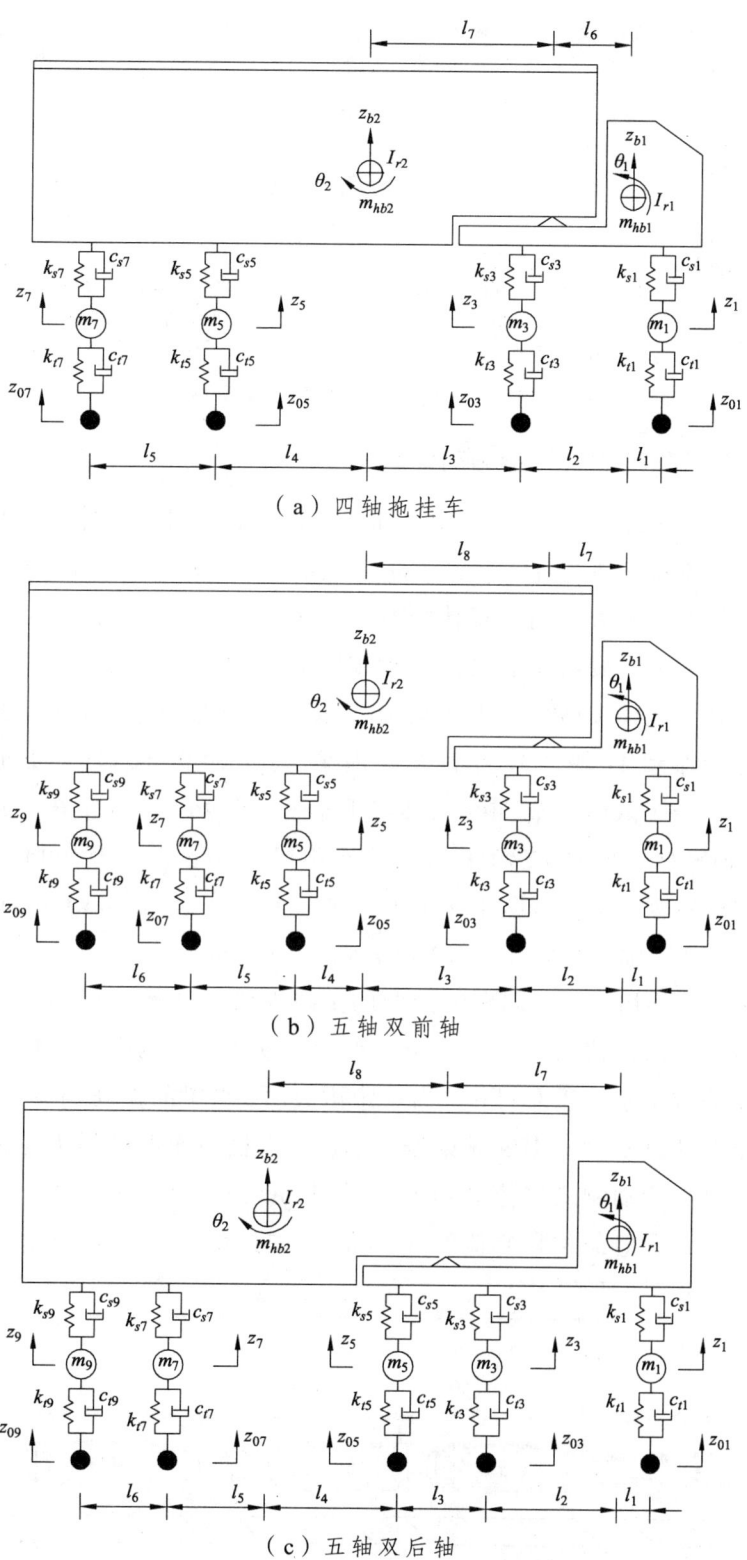

（a）四轴拖挂车

（b）五轴双前轴

（c）五轴双后轴

图 9.10 不同特重车模型简图

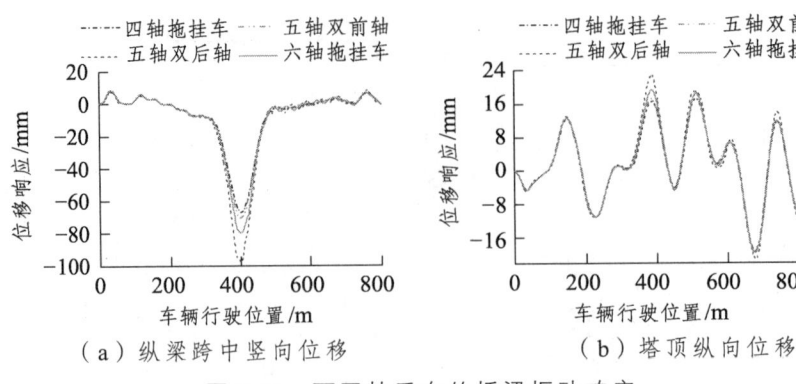

图 9.11　不同特重车的桥梁振动响应

9.2.2　多车荷载作用的斜拉桥振动响应

鄱阳湖二桥全长 5 589 m，地处要道，加快了江西省"对接长珠闽，融入全球化"发展战略的实施和"环鄱阳湖经济区"的建设，桥梁交通量大，各种类型的车辆都会出现，不仅特重车出现的概率很大，而且还伴随有轻型车和重车同时过桥。为了分析多辆特重车对鄱阳湖二桥振动响应的影响，设定三种车队荷载工况：工况一，2 辆 90 t 六轴特重车在同一车道跟驰行驶，车队中其他车辆为 1 辆 45 t 五轴重车、1 辆 45 t 四轴重车、5 辆 20 t 两轴轻型货车和 11 辆 2.5 t 小汽车；工况二，2 辆 90 t 六轴特重车在车道 1 和车道 2 伴随行驶，每个车队由 1 辆 90 t 六轴特重车、1 辆 45 t 五轴重车、1 辆 45 t 四轴重车、5 辆 20 t 两轴轻型货车和 12 辆 2.5 t 小汽车组成；工况三，2 辆 90 t 六轴特重车在车道 1 和车道 2 并行行驶，每个车队由 1 辆 90 t 六轴特重车、1 辆 45 t 五轴重车、1 辆 45 t 四轴重车、5 辆 20 t 两轴轻型货车和 12 辆 2.5 t 小汽车组成。

工况一车辆荷载作用下，不同车辆间距的主跨纵梁 ZL1 跨中竖向位移响应如图 9.12 所示。从图中可以看出，特重车行车间距较小时，纵梁跨中的振动响应较大，其他类型车辆过桥的振动响应小于特重车过桥；当车距增大时，纵梁的振动响应会出现两个峰值，分别为前后特重车通过桥梁跨中的纵梁振动响应，并随着车距的增大越来越明显；不同车距的纵梁跨中竖向振动响应峰值分别为 221.63 mm、136.93 mm、91.86 mm、91.52 mm，是单车荷载作用下纵梁竖向位移峰值的 2.76 倍、1.71 倍、1.15 倍、1.14 倍。

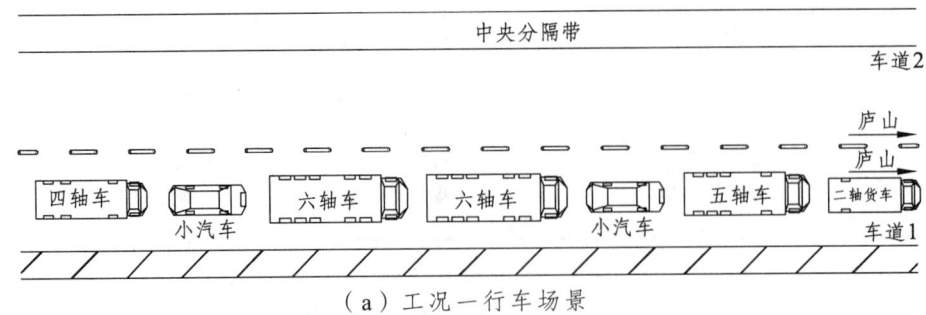

（a）工况一行车场景

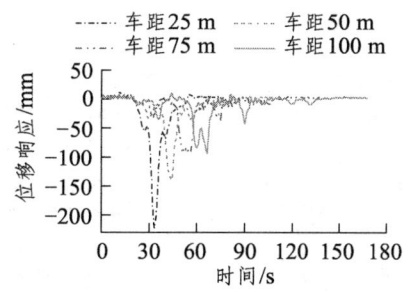

（b）不同车距的纵梁振动响应

图 9.12 工况一纵梁 ZL1 跨中竖向位移

工况二车辆荷载作用下，不同车距的主跨纵梁 ZL1 跨中竖向位移响应如图 9.13 所示。从图中可以看出，不同特重车间距的纵梁跨中竖向振动响应峰值分别为 171.88 mm、108.7 mm、80.98 mm、87.4 mm，是单车荷载作用下纵梁竖向位移峰值的 2.15 倍、1.36 倍、1.01 倍、1.09 倍；因为车队各车间的相互影响和作用效应的相互叠加，纵梁跨中振动响应的峰值并非随着车距的增大而增大，而是随着车距的增大与单辆特重车荷载作用的桥梁振动响应接近。

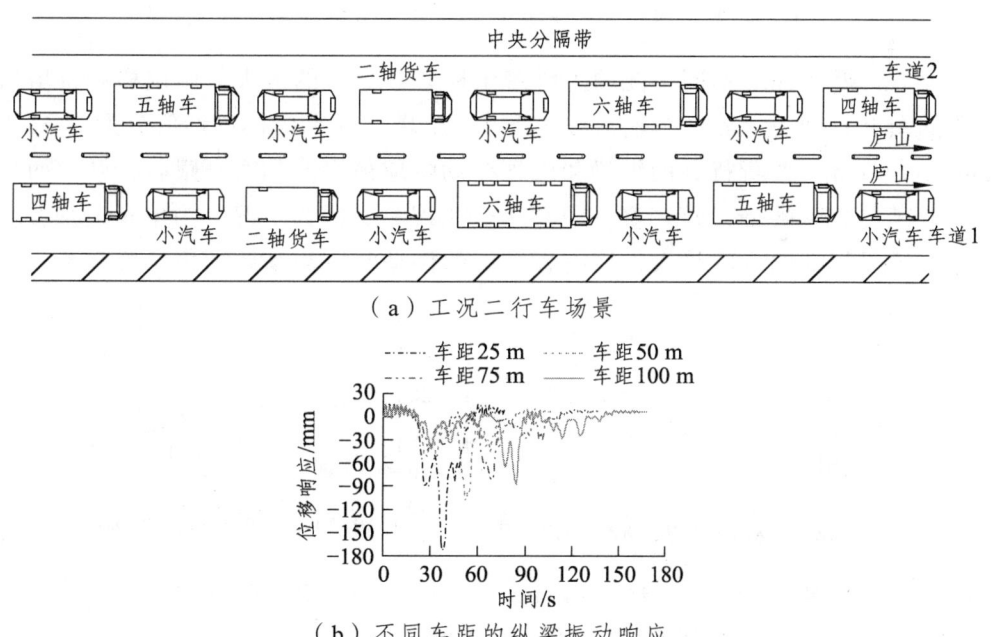

（a）工况二行车场景

（b）不同车距的纵梁振动响应

图 9.13 工况二纵梁 ZL1 跨中竖向位移

工况三车辆荷载作用下，车队各车不同间距的主跨纵梁 ZL1 跨中竖向振动响应如图 9.14 所示，两辆特重车并行行驶的纵梁跨中竖向位移出现一个较大的峰值，不同车辆间距的振动响应峰值分别为 232.3 mm、179.5 mm、185.4 mm、182.1 mm，是单车荷载作用下纵梁竖向位移峰值的 2.89 倍、2.24 倍、2.31 倍、2.27 倍。

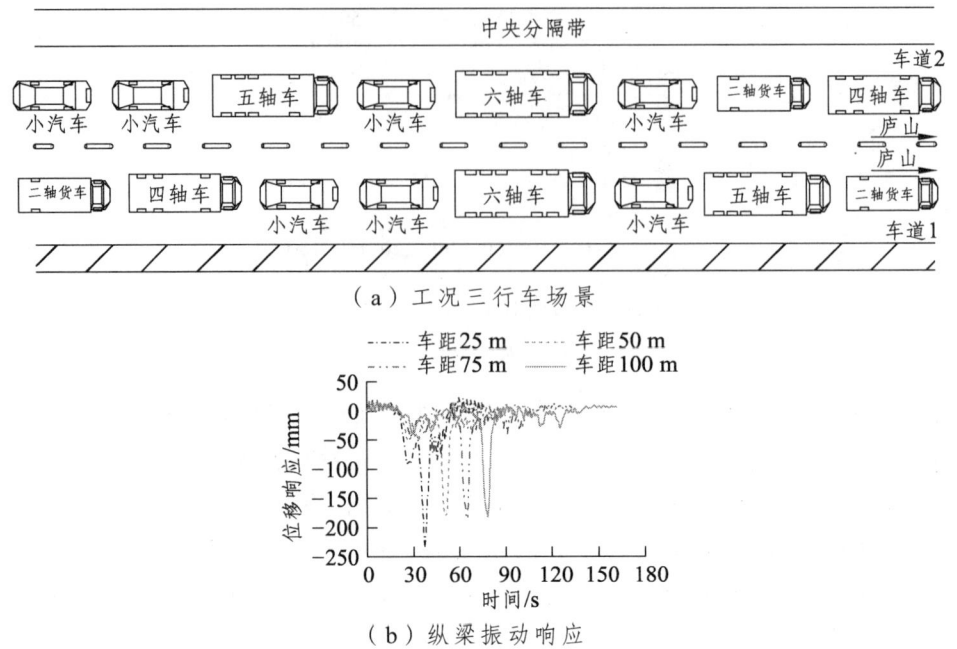

图9.14 工况三纵梁ZL1跨中竖向位移

同一行车间距25 m,不同工况的主跨跨中横向各纵梁的最大竖向位移和桥塔塔顶的纵向位移如图9.15所示。三个车辆荷载工况中,桥塔塔顶纵向位移峰值分别为56.6 mm、50.6 mm、59.9 mm,并行行驶的纵梁和塔顶振动响应最大,其次是跟驰行驶,而伴随行驶最小;工况二的纵梁ZL2跨中竖向位移大于工况一,因为工况一为单车道加载,距离荷载越近,桥梁振动响应就越大;横向各纵梁的振动响应与车队加载位置有关。

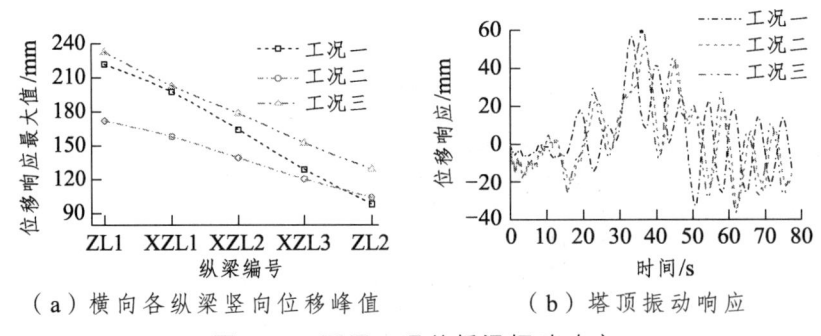

图9.15 不同工况的桥梁振动响应

鄱阳湖二桥为双向四车道,上行线和下行线的交通量都较大,为了更接近桥梁实际交通情况,在此考虑双向行车的车列荷载作用,各车道20辆车,上行线和下行线的2辆90 t特重车跟驰行驶在行车道,1辆45 t五轴重车和1辆45 t四轴重车伴随特重车行驶在超车道,每个车道的其他车辆包括20 t轻型货车和2.5 t小汽车。双向对开车列车速60 km/h,纵梁ZL1跨中竖向位移响应时程、桥塔塔顶纵向位移响应时程和车距25 m的主跨跨中横向各纵梁的竖向位移峰值如图9.16所示。由图可知,在车距较大时,纵梁

ZL1 的振动响应反而小于单车荷载作用，不同车辆间距的纵梁 ZL1 跨中竖向位移峰值分别为 153.3 mm、87.4 mm、76.8 mm、76.1 mm，是单车荷载作用下纵梁竖向位移峰值的 1.91 倍、1.09 倍、0.96 倍、0.95 倍；与单向行车相比，双向行车的纵梁 ZL1 振动响应明显降低，因为单向行车为偏载作用且多车激励下的桥梁振动响应相互叠加；桥塔塔顶纵向位移因车距的不同而变化较大，车距 25 m 的响应峰值为 50.2 mm，小于单向车列的塔顶位移峰值，大于单车荷载作用；双向车列荷载作用下，桥梁跨中横向各纵梁中的小纵梁 XZL2 的峰值最小，其他各纵梁的峰值近似对称于 XZL2。

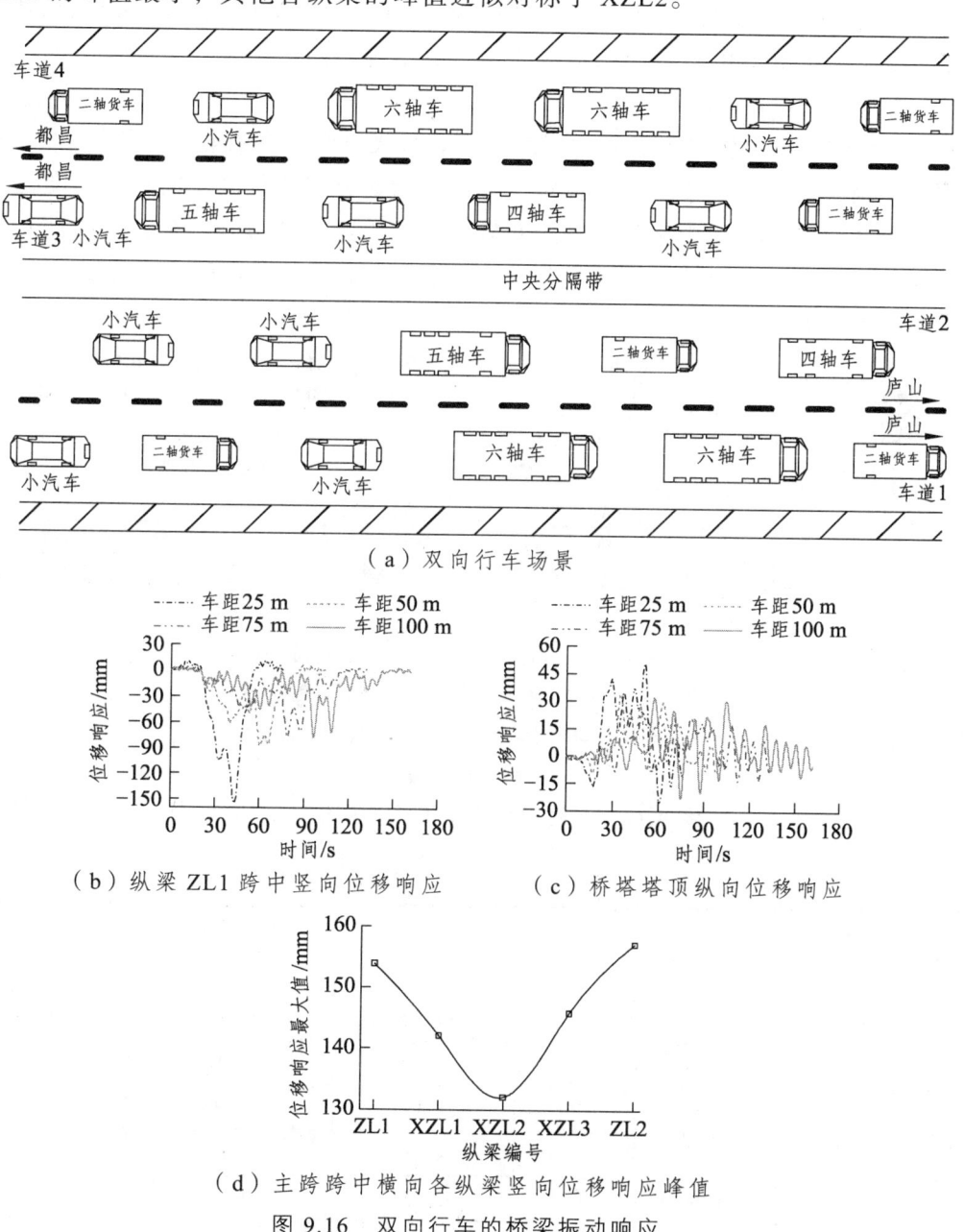

图 9.16 双向行车的桥梁振动响应

9.2.3 随机车流荷载作用的斜拉桥振动响应

1. 随机车流荷载的模拟

对于各类型的桥梁工程而言，任意时间的过桥车辆都具有很强的随机性，其中车辆的车型、车重、车辆间距和车辆行驶车道是考虑车辆随机性的四个主要参数，它们服从一定的概率分布。那么，可以基于随机过程理论，采用数理统计方法来模拟实际车辆荷载。根据某高速公路的交通荷载调查数据[19, 20]，在一天 24 小时的交通流中，约有 6 小时的密集车流，主要集中在 10:00—11:00 时段和 15:00—18:00 时段；10 小时的稀疏车流，主要集中在 22:00—08:00 时段，其他时段为一般车流。

（1）车型及车道。

公路桥梁的运行车辆各异，车辆类型较多，各类型车辆具有较强的随机性，根据车辆类型现场调查结果并参考已有的研究[21]，我国高速公路的行驶车辆有六种典型车型，其简图如图 9.17 所示，图中标注了轴距和轴重分配比例的平均值。各车型和车辆行驶车道的统计数据如表 9.6 所示，各车型出现的频率和车辆行驶车道的选择可以采用均匀分布函数来随机生成[22]。

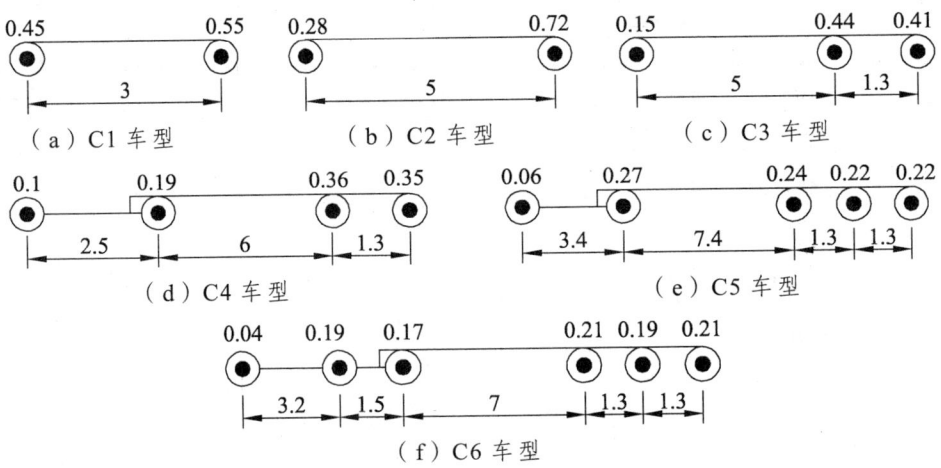

图 9.17 不同车型简图（轴距单位：m）

表 9.6 车型及车道占比

车型	轴数	所占比例/%		
		车型	行车道	超车道
C1	二轴小汽车	66.85	38.17	61.83
C2	二轴货车	12.31	83.18	16.82
C3	三轴货车	1.37	90.98	9.02
C4	四轴货车	4.13	95.62	4.38
C5	五轴货车	1.43	89.63	10.37
C6	六轴货车	13.91	94.49	5.51

（2）车重。

不同车辆的车重变化较大，与地域的经济发展和地理位置有关，各车型车重的最小值是空载情况下车辆自身的重量，各车型车重的最大值与不同地区的限重干预措施有关。参考文献[23]，C1~C6车型的空载质量分别为1.5 t、5.48 t、10 t、15 t、18 t、24 t。根据实际交通监测数据，各车型的车重统计结果呈现多峰分布的特点，可以采用高斯混合分布拟合各车型车重[24]。不同车型车重的高斯混合分布参数见表9.7，根据表中的统计数据，可得不同车型车重的概率密度分布函数（PDF），如图9.18所示。

表 9.7 车重统计数据

车辆类型	权重系数	均值/t	标准差/t
C1	—	2.14	0.29
C2	0.25	21.96	65.8
	0.27	6.1	4.2
	0.48	13.9	14.2
C3	0.58	31.7	204.34
	0.25	16.9	17.91
	0.17	71.48	52.39
C4	0.31	25.14	24.8
	0.18	33.35	349.43
	0.51	59.64	171.16
C5	0.35	26.58	25.28
	0.4	61.5	380.18
	0.25	65.17	55.2
C6	0.32	70.29	498.74
	0.19	75	79
	0.18	73.94	96.81
	0.31	32.51	39.86

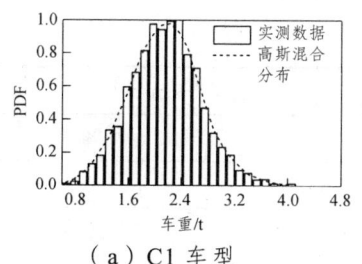
(a) C1车型

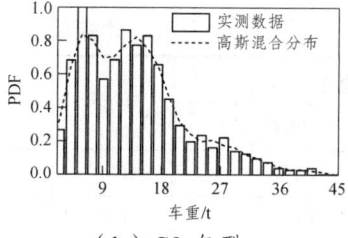
(b) C2车型

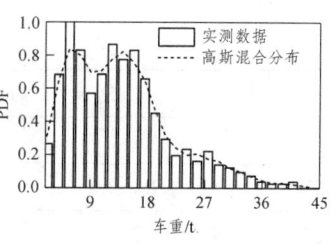
(c) C3车型

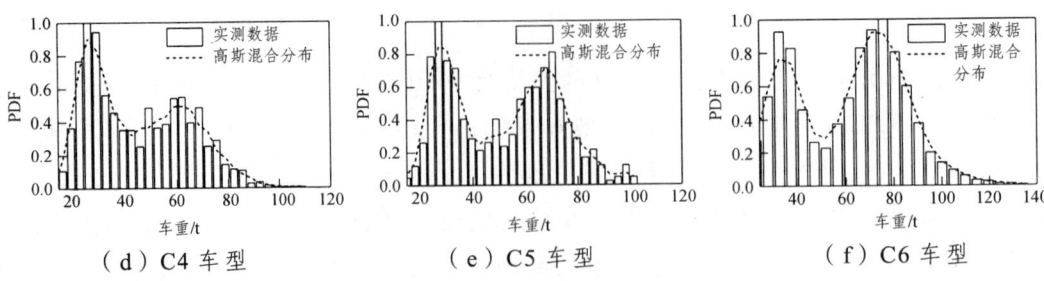

(d) C4 车型　　　　　(e) C5 车型　　　　　(f) C6 车型

图 9.18　不同车型车重的高斯混合分布拟合结果

（3）车辆间距。

桥上行驶车辆的间距体现了交通流的密度和车流的长度，不同的时间段，上桥车辆数量是不相同的。根据实际交通状况，可以将交通流划分为稀疏车流、一般车流和密集车流，不同车流的占比分别为 $p_x = 0.42$、$p_y = 0.33$、$p_m = 0.25$。稀疏车流、一般车流、密集车流的车辆间距分别采用对数正态分布、对数正态分布、伽马分布生成车距样本[25]，其分布参数分别为（7.21，0.42）、（6.52，0.68）、（6.43，9.15）。

不同车流的车辆间距样本拟合出的概率密度曲线如图 9.19 所示。从图中可以看出，随着车流密度的增大，车辆间距的均值减小，概率密度曲线的峰值越来越大，车距样本的离散性越来越小。

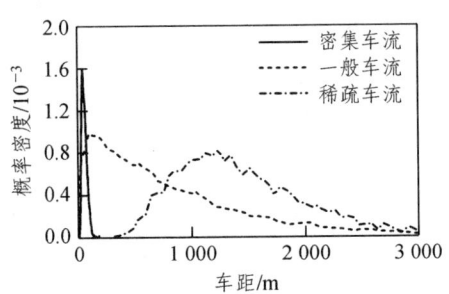

图 9.19　车距概率密度曲线

（4）车速。

车辆行驶速度的影响因素很多，不同车辆的行驶速度因车辆尺寸和载重量大小而有所不同，且不同交通状况的车辆行驶速度也不同。根据 WIM 长期监测数据的统计分析结果，每种车型的车速具有正态分布的特征[26]，表 9.8 给出了各车型的车速统计参数。采用正态分布函数生成的六种车型的车速概率密度曲线如图 9.20 所示，小汽车的车速明显高于其他车型且概率密度曲线的拖尾也较长，而货车的行驶速度较集中。

表 9.8　车速统计数据

车型	速度/(km/h)		车型	速度/(km/h)	
	均值	标准差		均值	标准差
C1	89.1	14.4	C4	68.2	10.2
C2	75.2	11.8	C5	64.2	20.5
C3	64.3	6.76	C6	68	9.7

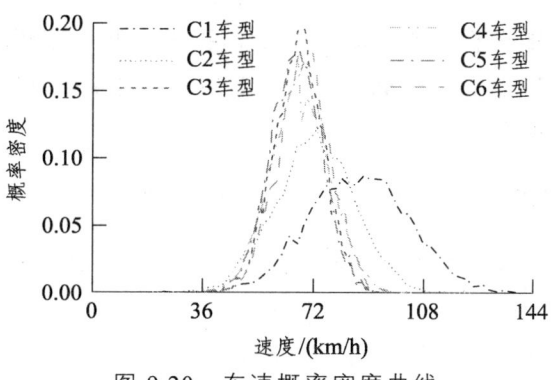

图 9.20　车速概率密度曲线

根据上述随机车流荷载的模拟方法，综合考虑车辆类型、车辆行驶车道、车辆载重量和车辆行驶间距的随机性特征，采用蒙特卡罗随机抽样的方法生成某一时段的随机车流样本，如图 9.21 所示。

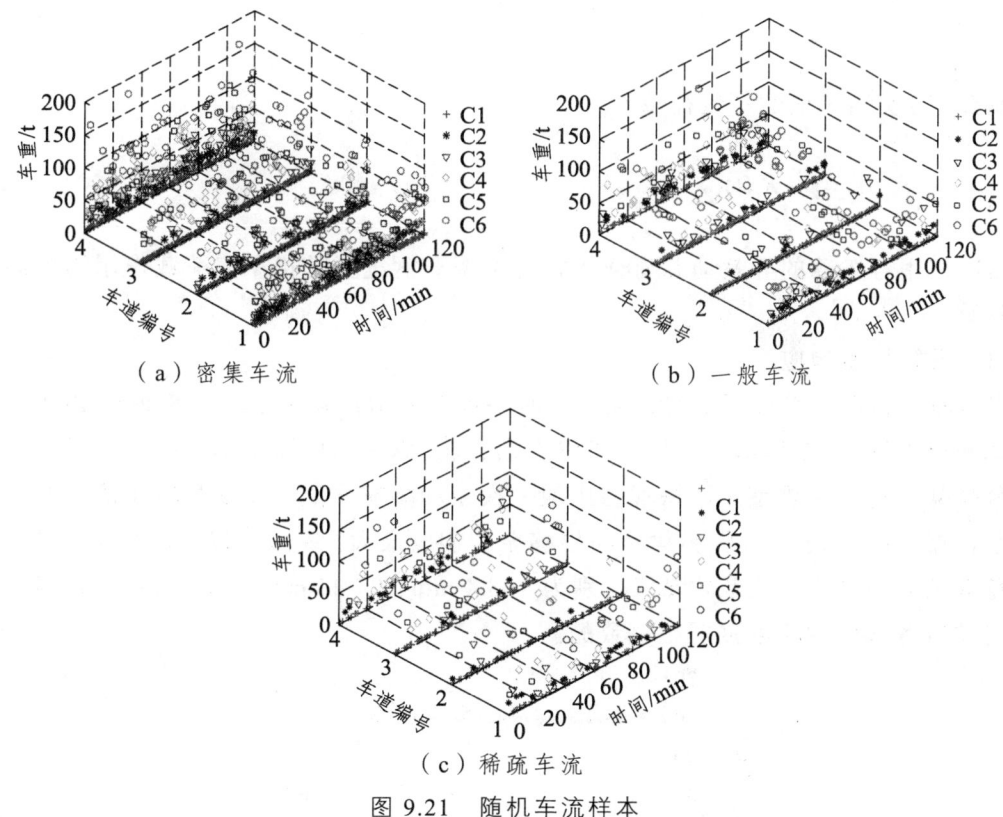

（a）密集车流　　　　　　　　　　（b）一般车流

（c）稀疏车流

图 9.21　随机车流样本

2. 斜拉桥振动响应分析

随机车流的车辆较多，如果所有车辆都建立成空间整车模型来计算桥梁的振动响应，车桥耦合方程式（2.32）中的时变矩阵维数将非常大，且计算困难。已有研究结果表明[27]，可以对车辆模型进一步简化，将不同类型车辆单独过桥产生的动态力进行等效，用车辆等效荷载代替空间整车模型，进而分析大跨度桥梁在随机车流荷载作用下的振动响应。因而本节在考虑随机桥面不平顺影响的前提下，基于车桥耦合振动理论，首先计算交通流中不同类型车辆的等效荷载。由式（2.29）可得 j 类型车辆单独作用下的第 i 车轮动态荷载 F_{vji}^{int}，其表达式为：

$$F_{vji}^{int} = k_{ti}(-N_i\boldsymbol{\Phi}y - q_i + z_i) + c_{ti}(-v \cdot N_{i,x}\boldsymbol{\Phi}y - N_i\boldsymbol{\Phi}\dot{y} - \dot{q}_i + \dot{z}_i) \qquad (9.2)$$

则，j 类型车辆的等效动态车轮荷载 F_{vj}^{int} 为：

$$F_{vj}^{int} = \sum_{i=1}^{nt} F_{vji}^{int} \qquad (9.3)$$

式中，nt 为 j 类型车辆的车轮数。

根据式（9.3）可以计算动态车轮荷载系数 $R_j(t)$ 为：

$$R_j(t) = \frac{F_{vj}^{int}}{\sum_{i=1}^{nt} f_{gi}} \qquad (9.4)$$

那么，j 类型车辆的等效荷载 $F_{bvj}^{int}(t)$ 为：

$$F_{bvj}^{int}(t) = [1 - R_j(t)]\sum_{i=1}^{nt} f_{gi} \qquad (9.5)$$

然后，用各车辆的等效动态荷载代替各类型车辆进行随机车流荷载作用的桥梁振动响应计算。

（1）纵梁振动响应。

当不考虑桥面不平顺影响时，在 1 小时一般车流荷载作用下的主跨纵梁 ZL1 跨中竖向振动响应如图 9.22 所示。从图中可以看出：① 纵梁跨中振动响应的离散程度较大，随机性较强，每一辆重型车过桥都会出现一次振动响应峰值，而重量较小的 C1 型小汽车引起的振动响应较小。② 纵梁竖向位移振动响应最大，纵向位移振动响应次之，而横向位移振动响应最小，三者的峰值分别为 108.4 mm、27.45 mm、1.06 mm，这与上文分析的斜拉桥各部位的刚度强弱是一致的。

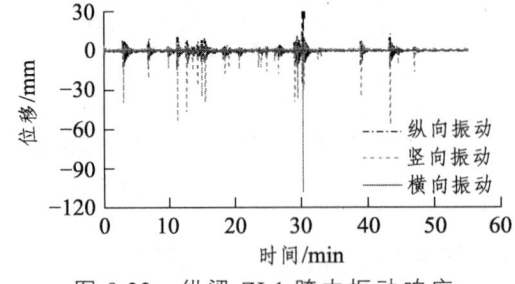

图 9.22 纵梁 ZL1 跨中振动响应

三种车流状况下的主跨纵梁 ZL1 跨中竖向位移响应和应力响应如图 9.23 所示。从图中可以看出：① 随着桥上车辆数量的增加，纵梁跨中振动响应的峰值数量也增加，但振动响应的峰值大小并不随着车辆数量的增加而变大，一般车流的纵梁振动响应峰值反而小于稀疏车流的纵梁振动响应峰值，这与各类型车辆出现的随机性有关。② 每一个位移和应力响应峰值都表明有载重量较大的车辆通过桥梁跨中截面；从纵梁跨中梁底的应力响应时程可以看出，车流荷载作用会激起纵梁的应力循环，且纵梁应力响应的循环次数随着交通流中车辆数量的增加而增加。③ 桥梁振动响应的幅值取决于车辆的载重量，随机车流荷载更容易引起纵梁的应力疲劳；限制重型车的载重量和禁止车辆超载可以有效避免纵梁产生过大的振动响应。

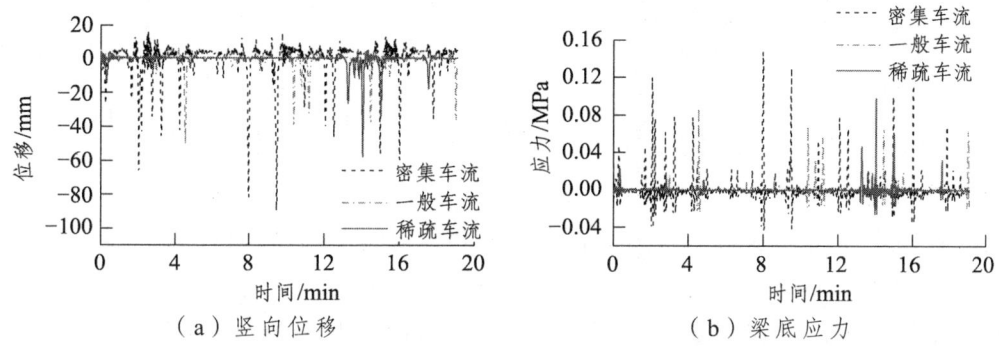

图 9.23 不同车流状况的纵梁 ZL1 跨中振动响应

针对不同的车流状况，可以利用 FFT 变换的方法对纵梁跨中竖向位移和应力响应的时域信号进行频域转换，得到振动响应的功率谱密度（PSD），如图 9.24 所示。从图中可以看出，桥梁振动响应的 PSD 主要集中在主频附近，且车流密度越大，振动响应的能量就越大。

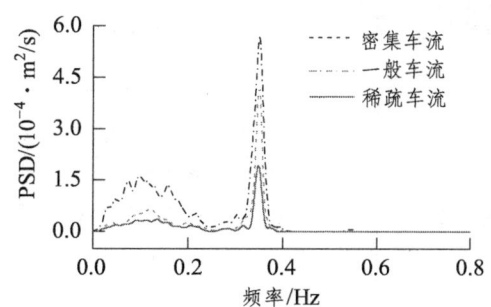

图 9.24 纵梁 ZL1 跨中竖向位移的功率谱密度

根据随机振动理论，在频域内对相应的功率谱密度进行积分，可以求出振动响应的均方根值，纵梁 ZL1 沿桥长方向各截面的位移和应力响应均方根值如图 9.25 所示。从图中可以看出：① 不同车流状况下，主跨跨中位置附近的振动响应均方根值最大，竖向位移振动响应均方根值峰值只出现在各跨的跨中位置附近，而梁底应力响应均方根值峰值不仅在各跨跨中位置出现，而且在边跨与次边跨交接位置也出现了峰值。② 密集运行状况的纵梁竖向位移振动响应均方根值较大，一般状况次之，稀疏状况较小，三者的最大值分别为 11.86 mm、8.37 mm、6.18 mm。③ 虽然沿桥长不同截面位置的应力响应均方根值波动较大，但依然是密集状态的应力响应均方根值最大，一般状态次之，稀疏状态较小，最大值分别为 27.13 kPa、17.21 kPa、13.53 kPa。

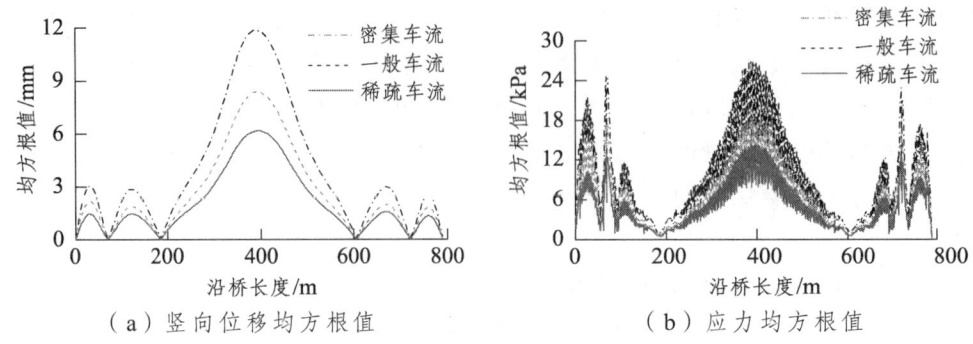

（a）竖向位移均方根值　　　　（b）应力均方根值

图 9.25　纵梁 ZL1 各截面振动响应均方根值

（2）桥塔振动响应。

以西侧桥塔为例，不同车流状况的塔顶纵向振动响应和沿桥塔高度各截面的纵向位移响应均方根值如图 9.26 所示。从图中可以看出：① 塔顶纵向振动响应的峰值数量随着交通流车辆密度的增加而增加，峰值的大小取决于随机过桥车辆的载重量。② 沿桥塔高度各截面的纵向位移响应均方根值随着车流密度的增大而增加；桥塔的高度越大，则纵向位移响应的均方根值就越大。

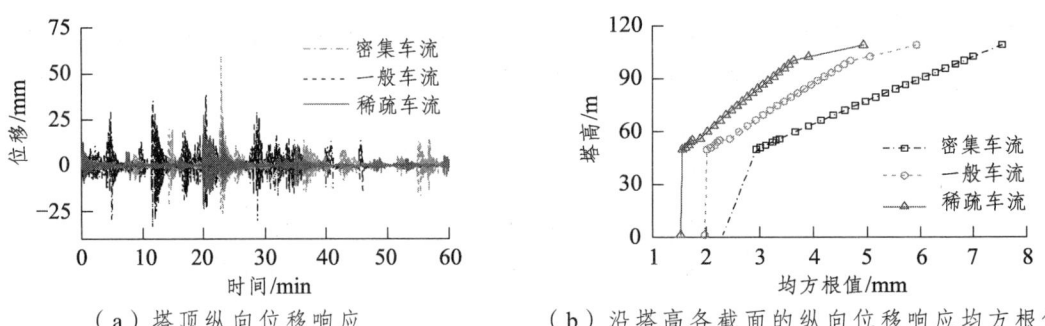

（a）塔顶纵向位移响应　　　　（b）沿塔高各截面的纵向位移响应均方根值

图 9.26　不同车流状况的桥塔纵向振动响应

（3）斜拉索振动响应。

以西岸桥塔南侧斜拉索为分析对象，图 9.27 给出了一般车流荷载作用下最长拉索 WZ18 中点的振动响应。从图中可以看出：① 拉索的轴向振动响应峰值大于面内振动响应峰值，而拉索的面外振动响应峰值最小，三者的峰值分别为 61.66 mm、56.77 mm、2.69 mm。② 拉索振动响应的峰值数量和峰值大小取决于拉索两端桥塔和纵梁的振动响应，塔端提供了较大的纵向振动，梁端提供了较大的竖向振动，所以拉索的轴向和面内振动响应较大；而塔端和梁端提供给拉索的横向振动较小，故拉索的面外振动响应较小。

第9章 大跨度斜拉桥的车致振动响应分析

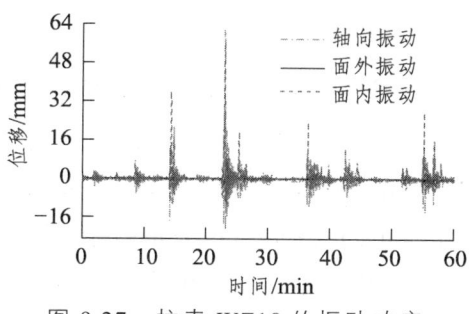

图 9.27 拉索 WZ18 的振动响应

不同车流荷载作用的各斜拉索中点振动响应的均方根最大值如图 9.28 所示。从图中可以看出：①各拉索的振动响应均方根最大值随着交通流密度的增加而增大。② 较长拉索的轴向振动响应均方根值大于较短拉索，其中最长索 WZ18 的轴向振动响应均方根值最大，最短索 WZ1 的轴向振动响应均方根值最小。③ 不同位置拉索的面内振动响应均方根最大值各不相同，主跨各拉索的面内振动响应均方根值大于边跨和次边跨各拉索。

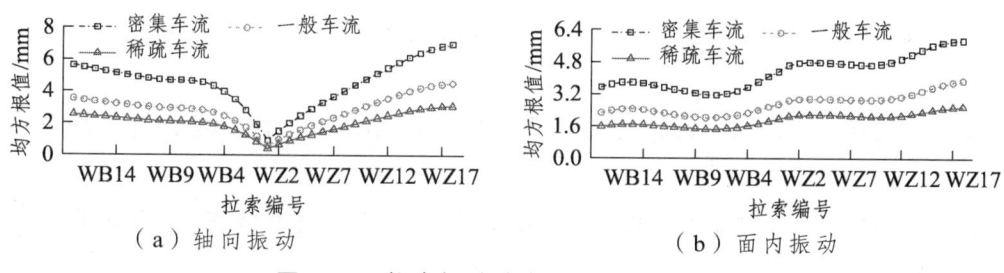

（a）轴向振动　　　　　　　　　　（b）面内振动

图 9.28 拉索振动响应的均方根最大值

三根长拉索：边跨长拉索 WB18、次边跨长拉索 WB8 和主跨长拉索 WZ18 的中点面内振动响应均方根最大值如表 9.9 所示，结合图 9.28 可以看出，次边跨长拉索 WB8 的面内振动响应均方根值最小，主跨长拉索 WZ18 的面内振动响应均方根值最大。

表 9.9 各跨长拉索的面内振动响应均方根最大值

拉索编号	密集车流/mm	一般车流/mm	稀疏车流/mm
WB18	3.542	2.264	1.588
WB8	3.174	2.021	1.447
WZ18	5.891	3.884	2.606

参考文献

[1] 韩万水，陈艾荣. 风-汽车-桥梁系统空间耦合振动研究[J]. 土木工程学报，2007，40（9）：53-58.

[2] 王贵春,李武生. 斜拉桥在多车辆作用下的动力响应分析[J].桥梁建设,2014,44(6)：

81-87.

[3] 周士金, 刘荣桂, 蔡东升, 等. CFRP 索大跨斜拉桥的非线性地震响应控制分析[J]. 中国公路学报, 2011, 24 (3): 64-71.

[4] YE M, CHEN X X, REN M, et al. Time variant natural frequencies of a roadway stochastic vehicle flow[J]. Journal of vibroengineering, 2016, 18(8): 5364-5377.

[5] 徐良, 江见鲸, 过静珺. 广州虎门悬索桥的模态分析[J]. 土木工程学报, 2002, 35 (1): 25-27.

[6] 朱宏平, 唐家祥. 斜拉桥动力分析的三维有限单元模型[J]. 振动工程学报, 1998(1): 124-129.

[7] 刘旭. 影响大跨度斜拉桥动力特性的因素[D]. 西安: 长安大学, 2014.

[8] 杨素哲, 陈艾荣, 周志勇, 等. 开口截面双索面斜拉桥动力特性研究[J]. 结构工程师, 2005:21 (4): 44-47.

[9] 宋雨, 陈东霞. 斜拉桥动力特性分析[J]. 厦门大学学报（自然科学版）, 2006 (1): 56-59.

[10] 苏成, 韩大建, 王乐文. 大跨度斜拉桥三维有限元动力模型的建立[J]. 华南理工大学学报, 1999, 27 (11): 51-56.

[11] 夏品奇, BROWNJOHN JM W. 斜拉桥有限元建模与模型修正[J]. 振动工程学报, 2003 (2): 87-91.

[12] 张立明. Algor、Ansys 在桥梁工程中的应用方法与实例[M]. 北京: 人民交通出版社, 2003.

[13] 王新敏. ANSYS 工程结构数值分析[M]. 北京: 人民交通出版社, 2007.

[14] 葛俊颖. 桥梁工程软件 midas/Civil 使用指南[M]. 北京: 人民交通出版社, 2015.

[15] 同济大学. 公路桥梁抗风设计规范: JTG/T 3360-01-2018[S]. 北京: 人民交通出版社, 2018.

[16] 韩万水, 闫君媛, 武隽, 等. 基于长期监测的特重车交通荷载特性及动态过桥分析[J]. 振动与冲击, 2014, 27 (2): 54-61.

[17] 舒涛. 基于实测随机车流样本的桥梁冲击系数谱研究[D]. 西安: 长安大学, 2014.

[18] 中国汽车工业总公司, 中国汽车技术研究中心. 中国汽车车型手册[M]. 济南: 山东科学技术出版社, 1993.

[19] 刘扬, 张海萍, 邓扬, 等. 考虑车辆超载的公路简支梁桥疲劳性能[J]. 浙江大学学报（工学版）, 2015, 49 (11): 2172-2178.

[20] 邵雨虹, 吕彭民. 九江长江大桥疲劳车辆荷载谱[J]. 长安大学学报（自然科学版）, 2015, 35 (5): 50-64.

[21] 张喜刚. 公路桥梁汽车荷载标准研究[M]. 北京: 人民交通出版社, 2014.

[22] 鲁乃唯,刘扬,邓扬. 随机车流作用下悬索桥钢桥面板疲劳损伤与寿命评估[J]. 中南大学学报(自然科学版), 2015, 46(11): 4300-4306.

[23] 宗雪梅,胡大琳,高军. 桥梁超重荷载与限载标准的确定[J]. 长安大学学报(自然科学版), 2008, 28(1): 60-65.

[24] CHEN W Z, CHENG M, XIE Z L, et al. Improvement of extrapolation of traffic load effect on highway bridges based on Rice's theory[J]. International Journal of Steel Structures, 2015, 15(3): 527-539.

[25] OBRIEN E J, CAPRANI C C. Headway modelling for traffic load assessment of short to medium span bridges[J]. The Structural Engineer, 2005, 83(16): 33-36.

[26] CAPRANI C C, OBRIEN E J. Statistical computation for extreme bridge traffic load effects[C]//Proceedings of the Eighth International Conference on Computational Structures Technology. Stirlingshire: Civil-Comp Press, 2006.

[27] CHEN S R, CAI C S. Equivalent wheel load approach for slender cable-stayed bridge fatigue assessment under traffic and wind: feasibility study[J]. Journal of Bridge Engineering, 2007, 12(6): 755-764.

第10章
考虑桥面不平顺激励的桥梁随机振动

桥梁结构在服役过程中承受着不同的外界环境激励,且这些激励的随机性特征明显且具有时变性,如:过桥车辆、地震、脉动风、雨雪、波浪、桥面不平顺等。其中有些激励源并非时刻发生,如:风、雨、地震等;有些激励源却是每时每刻都在发生,如:过桥车辆荷载、桥面不平顺等。特别是桥面不平顺具有较大的波动性,当桥面路况越来越差时,车辆乘坐舒适性逐渐降低,过桥车辆对桥梁的冲击作用增大。因此,研究桥梁在桥面不平顺随机激励下的振动特性就显得非常必要,为桥梁的设计、建造、管养提供科学依据,具有很好的工程应用价值。本章以独轮车模型为例,考虑桥面不平顺随机激励的影响,建立车-桥耦合随机振动模型,并对模型进行校验。基于虚拟激励法,在频域内研究GB/T 7031谱、Wang谱和ISO谱三种路面谱函数对简支梁桥及车辆振动响应的影响。

10.1 路面不平顺谱激励模型

当车辆作匀速行驶时,可以得到:

$$f = nv \tag{10.1}$$

式中,f和n分别表示时间频率和空间频率;v为车辆行驶速度。

将空间频率(n_1, n_2)内的路面谱密度$G_q(n)$转换为时间频率(f_1, f_2)内的路面谱密度$G_q(f)$,有:

$$G_q(f) = G_q(n_0) n_0^2 \frac{v}{f^2} \tag{10.2}$$

根据时间频率f与圆频率ω的关系$\omega = f/2\pi$,时间频域内的功率谱密度函数可以转化成圆频率域内的功率谱密度函数:

$$G_q(\omega) = 2\pi \cdot G_q(n_0) \cdot n_0^2 \cdot v / \omega^2 \tag{10.3}$$

各国规范及学者对路面谱密度函数$G_q(n)$有不同的表达式及分类标准。

1. 国家标准 GB/T 7031 谱

我国国家标准 GB/T 7031—2005 路面不平顺功率谱密度拟合表达式为[1]:

$$G_q(n) = G_q(n_0)\left|\frac{n}{n_0}\right|^{-w} \tag{10.4}$$

式中，$n_0 = 0.1 \text{ m}^{-1}$，为空间参考频率；$G_q(n_0)$ 为空间频率 n_0 时的路面功率谱密度，与路面等级有关；w 为频率指数，决定路面谱的频率结构，一般情况下取 $w=2$；n 表示空间频率有效频带中某一空间频率，表示每米长度中包含波的周期数，其带宽为 (n_1, n_2)，n_1 和 n_2 分别为有效频带的上限和下限。

2. Wang 1993 谱

Wang 等[2]1993 的路面不平顺功率谱密度表达式（以下简称 Wang 谱）为：

$$S_q(n) = A_r\left(\frac{n}{n_0}\right)^{-w} \tag{10.5}$$

式中，$S_q(n)$ 为功率谱密度；n 为空间频率；n_0 为参考空间频率，取 $1/2\pi$；指数 w 为双对数谱密度曲线的斜率，决定路面功率谱密度的频率结构，简化计算时，w 可以取为 2；A_r 为路面不平度系数，A_r 可以取 $A_{r1} = 5 \times 10^{-6} \text{ m}^2/\text{m}$、$A_{r2} = 20 \times 10^{-6} \text{ m}^2/\text{m}$、$A_{r3} = 80 \times 10^{-6} \text{ m}^2/\text{m}$、$A_{r4} = 260 \times 10^{-6} \text{ m}^2/\text{m}$，分别对应路面的平顺、良好、一般、不平顺 4 种状况。

3. 国际标准 ISO 1972 谱

1972 年，国际标准协会采纳英国 MIRA 推荐的 ISO SC2/WG4 标准（以下简称 ISO 谱）。该标准将路面不平顺功率谱 $S_q(n)$ 用分段函数表示[3]：

$$\begin{cases} S_q(n) = S_q(n_0)\left(\dfrac{n}{n_0}\right)^{-w_1}, & n \leqslant n_0 \\ S_q(n) = S_q(n_0)\left(\dfrac{n}{n_0}\right)^{-w_2}, & n > n_0 \end{cases} \tag{10.6}$$

式中，n 为空间频率，它是波长的倒数，表示每米长度中某一谐量出现的次数；n_0 为标准的空间频率，$n_0 = 0.16 \text{ m}^{-1}$，它是路面谱低频和高频范围的分界；$w_1$、$w_2$ 分别为低、高频两段频率的指数；$S_q(n_0)$ 为标准空间频率 n_0 所对应的功率谱密度。

ISO SC2/WG4 标准将道路路况分为五类，表 10.1 给出了各级路面的 $S_q(n_0)$、w_1、w_2 值。

表 10.1 道路不平分类标准

道路分类	$S_q(n_0)$ 范围	$S_q(n_0)$ 的几何平均值	w_1	w_2
A 极好	2~8	4	2	1.5
B 好	8~32	16	2	1.5
C 一般	32~128	64	2	1.5
D 坏	128~512	256	2	1.5
E 极坏	512~2 048	1 024	2	1.5

10.2 两自由度车的车-桥耦合运动方程

10.2.1 车辆模型

移动车辆简化为具有两个自由度的独轮车模型,如图 10.1 所示。假定车辆与桥梁始终保持接触,车辆质量由车体质量 m_1 及悬架系统质量 m_2 组成,悬架系统的弹簧刚度和阻尼分别为 k_1、c_1;轮胎的弹簧刚度和阻尼分别为 k_2、c_2;车辆行驶速度为 v,梁的动挠度为 $y(x,t)$,车体质量 m_1 的动位移为 z_1,悬架质量 m_2 动位移为 z_2。

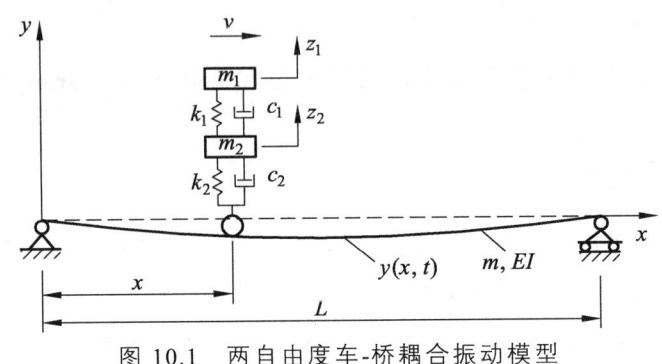

图 10.1 两自由度车-桥耦合振动模型

根据达朗贝尔原理,两自由度车的振动方程为:

$$m_1\ddot{z}_1 + c_1\dot{z}_1 - c_1\dot{z}_2 + k_1z_1 - k_1z_2 = 0 \tag{10.7}$$

$$m_2\ddot{z}_2 - c_2\dot{y}(x,t) - c_1\dot{z}_1 + (c_1+c_2)\dot{z}_2 - k_2y(x,t) - k_1z_1 + (k_1+k_2)z_2 = 0 \tag{10.8}$$

i 车轮与桥面接触点处的位移为 $d_{vb,i}$,包括桥梁竖向振动位移 $y_i(x,t)$ 和桥面竖向高低不平度 $r_i(x,t)$:

$$d_{vb,i} = d_{vb,i}(x,t) = y_i(x,t) + r_i(x,t) \tag{10.9}$$

考虑桥面不平顺激励,两自由度车作用于简支梁桥的荷载为:

$$F(t) = k_2 \cdot d_{vb,i}(x,t) + c_2 \cdot \dot{d}_{vb,i}(x,t) \tag{10.10}$$

将(10.9)式对时间 t 求导得:

$$\dot{d}_i(x,t) = \frac{\partial y_i}{\partial x}\frac{\partial x}{\partial t} + \frac{\partial y_i}{\partial y}\frac{\partial y}{\partial t} + \frac{\partial y_i}{\partial t} + \frac{\partial r_i}{\partial x}\frac{\partial x}{\partial t} + \frac{\partial r_i}{\partial y}\frac{\partial y}{\partial t} \tag{10.11}$$

式中,$\partial y_i/\partial x$、$\partial y_i/\partial y$ 分别表示桥梁结构位移 $y_i(x,t)$ 在纵向和横向的变化率;$\partial x/\partial t$、$\partial y/\partial t$ 分别表示车辆纵向前进速度和横向移动速度。本章研究中不考虑桥梁结构位移的横向变化率 $\partial y_i/\partial y$ 和车辆横向移动速度 $\partial y/\partial t$ 的影响。

根据模态综合法,桥面节点位移 $y_i(x,t)$ 可以表示为:

$$y_i(x,t) = \boldsymbol{N}_i \boldsymbol{y}_{bi}^e = \boldsymbol{N}_i \boldsymbol{\Phi} \boldsymbol{q} \tag{10.12}$$

式中，N_i 为 i 车轮与桥面接触单元的插值函数，$\boldsymbol{\Phi}$ 为车轮与桥面接触单元的振型向量，$\boldsymbol{q}$ 为车辆作用下，桥梁各节点随时间变化的广义坐标。

桥面节点位移对时间的导数 $\dot{y}_i(x,t)$ 可以表示为：

$$\dot{y}_i(x,t) = vN_{i,x} y_{bi}^e + N\dot{y}_{bi,t}^e = vN_{i,x}\boldsymbol{\Phi q} + N\boldsymbol{\Phi}\dot{\boldsymbol{q}} \tag{10.13}$$

桥面不平顺激励对时间 t 的导数为：

$$\dot{r}_i(x,t) = (\partial r_i/\partial x) \cdot (\partial x/\partial t) = v \cdot \dot{r}_{i,x} \tag{10.14}$$

i 车轮与桥面接触点处的位移对时间 t 的导数为 $\dot{d}_{vb,i}$

$$\dot{d}_{vb,i} = v \cdot N_{i,x} \cdot \boldsymbol{\Phi} \cdot \boldsymbol{q} + N \cdot \boldsymbol{\Phi} \cdot \dot{\boldsymbol{q}} + v \cdot \dot{r}_{i,x} \tag{10.15}$$

根据式（10.12）和式（10.15），式（10.8）可以改写成：

$$m_2\ddot{z}_2 - c_2 \cdot N\boldsymbol{\Phi}\dot{\boldsymbol{q}} - c_1\dot{z}_1 + (c_1+c_2)\dot{z}_2 - (c_2 \cdot v \cdot N_{i,x}\boldsymbol{\Phi} + k_2 \cdot N\boldsymbol{\Phi}) \cdot \boldsymbol{q} - k_1 z_1 + (k_1+k_2)z_2$$
$$= c_2 \cdot v \cdot \dot{r}_{i,x} + k_2 \cdot r \tag{10.16}$$

10.2.2 桥梁模型

采用有限元进行分析时，桥梁振动方程可以写成：

$$\boldsymbol{M}_b \ddot{\boldsymbol{y}} + \boldsymbol{C}_b \dot{\boldsymbol{y}} + \boldsymbol{K}_b \boldsymbol{y} = -\boldsymbol{F}_b^{int} - \boldsymbol{F}_g \tag{10.17}$$

式中，$\boldsymbol{F}_b^{int}$ 为车辆振动过程中车轮作用于桥面的惯性荷载向量；$\boldsymbol{F}_g$ 为由车辆重力引起的各车轮作用点处的荷载向量；$\boldsymbol{y}$ 为单元结点向量。

使用典型 Rayleigh 阻尼，取 r 阶空间模态，根据振型分解法有 $\boldsymbol{y} = \sum_{m=1}^{r} \boldsymbol{\phi}_m \cdot \boldsymbol{q}_m = \boldsymbol{\Phi} \cdot \boldsymbol{q}$，式（10.17）可以改写为：

$$\boldsymbol{I}\ddot{\boldsymbol{q}} + \boldsymbol{X}\dot{\boldsymbol{q}} + \boldsymbol{\Omega q} = -\boldsymbol{\Phi}^T \boldsymbol{F}_{bv} \tag{10.18}$$

$$\boldsymbol{I} = \begin{bmatrix} 1 & & \\ & \ddots & \\ & & 1 \end{bmatrix} \quad \boldsymbol{X} = \begin{bmatrix} 2\xi_1\omega_1 & & \\ & \ddots & \\ & & 2\xi_r\omega_r \end{bmatrix}_{r \times r} \quad \boldsymbol{\Omega} = \begin{bmatrix} \omega_1^2 & & \\ & \ddots & \\ & & \omega_r^2 \end{bmatrix}_{r \times r}$$

式中，$\boldsymbol{\Phi}$ 为桥梁 r 阶模态向量矩阵；ξ_i 为桥梁各阶频率的阻尼比；ω_i 为桥梁各阶自振频率。

10.2.3 车-桥耦合振动模型

根据车轮与桥梁接触处的位移协调条件和车-桥相互作用力的平衡条件，车-桥耦合振动过程中，作用于桥梁上的荷载可以表示成：

$$\boldsymbol{F}_{bv} = \boldsymbol{N}^T(\boldsymbol{F}_b^{int} + \boldsymbol{F}_g) \tag{10.19}$$

将式（10.12）、式（10.15）代入式（10.19）可得：

$$F_{bv} = N^T\{(m_1+m_2)g + k_2[-y(x,t)-r+z_2] + c_2[-\dot{y}(x,t)-\dot{r}+\dot{z}_2]\}$$
$$= N^T[(m_1+m_2)g + k_2(-N\Phi q - r + z_2) + c_2(-v \cdot N_{i,x}\Phi q - N\Phi\dot{q} - v\cdot\dot{r} + \dot{z}_2)] \quad (10.20)$$

将式（10.20）代入式（10.18），经模态正交分解的桥梁振动方程为：

$$I\ddot{q} + (X - \Phi^T \cdot c_2 \cdot N^T N\Phi)\dot{q} + (\Omega - \Phi^T N \cdot c_2 \cdot v \cdot N_{i,x}\Phi + \Phi^T N^T \cdot k_2 \cdot N\Phi)q + c_2 \cdot \Phi^T N^T \dot{z}_2 +$$
$$\Phi^T \cdot k_2 \cdot N^T z_2 = -\Phi^T N^T[(m_1+m_2)g - k_2 r - c_2 \dot{r}] \quad (10.21)$$

联立式（10.7）、式（10.16）和式（10.21），建立车-桥耦合振动方程为：

$$M_{bv}\ddot{u} + C_{bv}\dot{u} + K_{bv}u = F_g + F_w \quad (10.22)$$

车-桥耦合振动模型中的广义坐标向量，包括桥梁节点各阶模态的广义坐标向量和车辆各自由度向量：

$$u = \{q_1, q_2, \cdots, q_r, z_1, z_2\}^T \quad (10.23)$$

式（10.22）车-桥耦合振动模型中的耦合作用外荷载包括两部分，自重产生的确定性激励荷载 F_g 和路面不平顺产生的随机激励荷载 F_w。

$$F_g = \begin{Bmatrix} -\Phi^T N^T (m_1+m_2)g \\ 0 \end{Bmatrix}_{(r+2)\times 1} \quad (10.24)$$

$$F_w = \begin{Bmatrix} \Phi^T N^T k_2 r \\ 0 \\ k_2 r \end{Bmatrix}_{(r+2)\times 1} + \begin{Bmatrix} \Phi^T N^T c_2 \dot{r} \\ 0 \\ c_2 v\dot{r} \end{Bmatrix}_{(r+2)\times 1} \quad (10.25)$$

式（10.22）中的 M_{bv}、C_{bv}、K_{bv} 分别为车-桥耦合振动模型的广义质量、阻尼及刚度矩阵：

$$M_{bv} = \begin{bmatrix} I & 0 \\ 0 & M_{vs} \end{bmatrix}_{(n+2)\times(n+2)}, \quad C_{bv} = \begin{bmatrix} X+Q & A_1 \\ A_2 & C_{vs} \end{bmatrix}_{(n+2)\times(n+2)}, \quad K_{bv} = \begin{bmatrix} \Omega+S & B_1 \\ B_2 & C_{vs} \end{bmatrix}_{(n+2)\times(n+2)} \quad (10.26)$$

式中，M_{vs}、C_{vs}、K_{vs} 分别为移动弹簧质量车模型的质量、阻尼及刚度矩阵；Q、S、A_1、A_2、B_1、B_2 分别为车桥耦合振动引起的阻尼及刚度矩阵的修改系数矩阵；ϕ_r 为第 r 阶模态向量；$Q = -\Phi^T c_2 N^T N\Phi$；$S = -\Phi^T N^T (c_2 v N_{i,x} + k_2 N)\Phi$。

$$A_1 = \begin{bmatrix} \phi_1 N^T c_2 \\ \phi_2 N^T c_2 \\ \vdots \\ \phi_r N^T c_2 \end{bmatrix}_{r\times 1}; \quad A_2 = -A_1^T; \quad B_1 = \begin{bmatrix} \phi_1 N k_2 \\ \phi_2 N k_2 \\ \vdots \\ \phi_r N k_2 \end{bmatrix}_{r\times 1};$$

$$B_2 = -B_1^T - v[c_2 N_{i,x}\phi_1^T \quad c_2 N_{i,x}\phi_2^T \quad \cdots \quad c_2 N_{i,x}\phi_r^T]。$$

10.3 两自由度车的车-桥耦合系统平稳随机模型

假设路面不平顺为均匀调制演变随机过程，则有：

$$w(x) = g(x)r(x) \tag{10.27}$$

式中，$g(x)$ 为确定性慢变调制函数；$r(x)$ 为以空间坐标 x 为自变量的零均值平稳随机过程。

若车辆以速度 v 行驶，x 为车辆行驶位置，即 $x = vt$，则式（10.27）可以从空间域转化到时间域：

$$w(t) = g(t)r(t) \tag{10.28}$$

式中，$g(t)$ 为路面不平顺的慢变函数，不对其求导，则路面不平顺激励的速度项可以表示为：

$$\dot{w}(t) = g(t)\dot{r}(t) \tag{10.29}$$

路面不平顺激励的自谱密度和互谱密度的一、二阶导数满足如下关系：

$$S_{r\dot{r}}(\omega) = -S_{\dot{r}r}(\omega) = i\omega S_{rr}(\omega) \qquad S_{r\ddot{r}}(\omega) = S_{\ddot{r}r}(\omega) = -\omega^2 S_{rr}(\omega)$$

$$S_{\dot{r}\ddot{r}}(\omega) = -S_{\ddot{r}\dot{r}}(\omega) = i\omega^3 S_{rr}(\omega) \qquad S_{\dot{r}\dot{r}}(\omega) = \omega^2 S_{rr}(\omega) \qquad S_{\ddot{r}\ddot{r}}(\omega) = \omega^4 S_{rr}(\omega) \tag{10.30}$$

根据式（10.29），可以将式（10.25）改写成：

$$\boldsymbol{F}_w(t) = \boldsymbol{T}_0 g(t)r(t) + i\omega \boldsymbol{T}_1(t)g(t)\dot{r}(t) = \sum_{i=0}^{1} \boldsymbol{T}_i(t)g(t)R_i(t) \tag{10.31}$$

式中：

$$\boldsymbol{T}_0 = \begin{Bmatrix} \boldsymbol{\Phi}^\mathrm{T} \boldsymbol{N}^\mathrm{T} k_2 \\ 0 \\ k_2 \end{Bmatrix}_{(n+2)\times 1} \qquad \boldsymbol{T}_1 = \begin{Bmatrix} \boldsymbol{\Phi}^\mathrm{T} \boldsymbol{N}^\mathrm{T} c_2 \\ 0 \\ c_2 v \dot{r} \end{Bmatrix}_{(n+2)\times 1} \tag{10.32a}$$

$$R_0(t) = r(t), \quad R_1(t) = \dot{r}(t) \tag{10.32b}$$

车-桥耦合振动方程式（10.22）式的解可以用脉冲函数表示成如下形式：

$$y(t) = \int_0^t \boldsymbol{H}(t-\tau,\tau)(\boldsymbol{F}_g + \boldsymbol{F}_w)\mathrm{d}\tau \tag{10.33}$$

式中，$\boldsymbol{H}(t-\tau,\tau)$ 为脉冲响应矩阵。

对式（10.33）两边作数学期望值算子，并根据路面不平顺激励为零均值高斯过程的假定，可以得到车-桥耦合振动响应的均值：

$$\bar{y}(t) = E[y(t)] = \int_0^t \boldsymbol{H}(t-\tau,\tau)E[\boldsymbol{F}_g(\tau)+\boldsymbol{F}_w(\tau)]\mathrm{d}\tau = \int_0^t \boldsymbol{H}(t-\tau,\tau)\boldsymbol{F}_g(\tau)\mathrm{d}\tau \tag{10.34}$$

根据自相关函数的定义，车-桥耦合振动响应的自相关函数可以表示成：

$$R_{yy}(t) = E\{[y - \overline{y}(t)][(y - \overline{y}(t))]^T\} = \int_0^t \int_0^t H(t-\tau_1,\tau_1) E[F_w(\tau_1)F_w^T(\tau_2)] H^T(t-\tau_2,\tau_2) d\tau_1 d\tau_2 \quad (10.35)$$

式中，$E[F_w(\tau_1)F_w^T(\tau_2)]$ 是 $F_w(t)$ 的自相关矩阵，将式（10.32）代入 $F_w(t)$ 的自相关矩阵，可得：

$$E[F_w(\tau_1)F_w^T(\tau_2)] = \sum_{k=0}^{2}\sum_{l=0}^{2} T_k(\tau_1) g(\tau_1) E[R_k(\tau_1)R_l(\tau_2)] g(\tau_2) T_l^T(\tau_2) \quad (10.36)$$

根据维纳-辛钦关系，$E[R_k(\tau_1)R_l(\tau_2)]$ 可以表示成：

$$E[R_k(\tau_1)R_l(\tau_2)] = \int_{-\infty}^{\infty} S_{R_k R_l}(\omega) e^{i\omega(\tau_2-\tau_1)} d\omega \quad (10.37)$$

将式（10.36）、式（10.37）代入式（10.35）得：

$$R_{yy}(t) = \int_{-\infty}^{\infty} S_{yy}(\omega,t) d\omega \quad (10.38)$$

$$S_{yy}(\omega,t) = \int_0^t \int_0^t H(t-\tau_1,\tau_1) \left(\sum_{k=0}^{2}\sum_{l=0}^{2} T_k(\tau_1) g(\tau_1) S_{R_k R_l}(\omega) e^{i\omega(\tau_2-\tau_1)} g(\tau_2) T_l^T(\tau_2) \right) H^T(t-\tau_2,\tau_2) d\tau_1 d\tau_2 \quad (10.39)$$

$R_{yy}(t)$ 为式（10.22）车-桥耦合振动响应的自相关矩阵，$S_{yy}(\omega,t)$ 为车-桥耦合振动响应的功率谱矩阵。

10.4 考虑桥面不平顺的虚拟激励法

根据式（10.25），由路面不平顺引起的随机激励荷载 F_w 包含了路面不平顺时间序列的竖向位移项，根据式（10.38）和式（10.39）可以构造由路面不平顺引起的虚拟激励荷载。

将式（10.30）代入式（10.39），可得：

$$R_{yy}(t) = \int_{-\infty}^{\infty} S_{yy}(\omega,t) d\omega = \int_{-\infty}^{\infty} I^*(\omega,t) I^T(\omega,t) S_{rr}(\omega) d\omega \quad (10.40)$$

式中，$S_{rr}(\omega)$ 为频域的路面不平顺功率谱密度函数，$I(\omega,t)$ 和 $I^*(\omega,t)$ 分别为：

$$I(\omega,t) = \int_0^t H(t-\tau,\tau)[T_0(\tau)+i\omega T_1(\tau)] g(\tau) e^{i\omega\tau} d\tau$$

$$I^*(\omega,t) = \int_0^t H(t-\tau,\tau)[T_0(\tau)+i\omega T_1(\tau)] g(\tau) e^{-i\omega\tau} d\tau \quad (10.41)$$

由式（10.41）可构造如下虚拟激励荷载：

$$\widetilde{F}_w(\omega,t) = [T_0(t)+i\omega T_1(t)] g(t) \sqrt{S_{rr}(\omega)} e^{i\omega t} \quad (10.42)$$

式中：

$$T_0 = \begin{Bmatrix} \boldsymbol{\Phi}^T \boldsymbol{N}^T \cdot k_1 \\ 0 \end{Bmatrix}_{(r+2) \times 1} \quad T_1 = \begin{Bmatrix} \boldsymbol{\Phi}^T \boldsymbol{N}^T \cdot c_1 \\ 0 \end{Bmatrix}_{(r+2) \times 1} \quad (10.43)$$

根据式（10.42）构造的虚拟激励荷载，可得相应的虚拟响应为：

$$\tilde{\boldsymbol{y}}(\omega,t) = \boldsymbol{I}(\omega,t)\sqrt{S_{rr}(\omega)} \quad (10.44)$$

根据式（10.44）可以得到虚拟响应的功率谱矩阵为：

$$\boldsymbol{S}_{yy}(\omega,t) = \tilde{\boldsymbol{y}}^*(\omega,t)\tilde{\boldsymbol{y}}^T(\omega,t) \quad (10.45)$$

式中，$\tilde{\boldsymbol{y}}^*(\omega,t)$ 为虚拟响应的共轭矩阵；$\tilde{\boldsymbol{y}}^T(\omega,t)$ 为虚拟响应的转置矩阵。

虚拟响应的方差可通过对功率谱密度函数积分求得：

$$\sigma_{yy}^2(t) = 2\int_0^{+\infty} S_{uu}(\omega,t)\mathrm{d}\omega = 2\int_0^{+\infty} \sum_{j=1}^{r} \tilde{u}_j^*(\omega,t)\tilde{u}_j(\omega,t)\mathrm{d}\omega = 2\sum_{j=1}^{r}\int_0^{+\infty} \tilde{u}_j^*(\omega,t)\tilde{u}_j(\omega,t)\mathrm{d}\omega \quad (10.46)$$

式（10.46）为无穷限的广义积分，需借助数值积分方法进行求解。数值积分计算的上限一般取有限值，假设积分区间为 $[0,\omega_b]$，若采用等间距梯形积分公式，可以写为：

$$\sigma_{yy}^2(t) = \Delta\omega \left[\sum_{j=1}^{r} \tilde{u}_j^*(\omega_0,t)u_j(\omega_0,t) + 2\sum_{j=1}^{r}\sum_{k=1}^{m-1}\tilde{u}_j^*(\omega_k,t)\tilde{u}_j(\omega_k,t) + \sum_{j=1}^{r} \tilde{u}_j^*(\omega_m,t)\tilde{u}_j(\omega_m,t) \right] \quad (10.47)$$

式中，m 为离散频点数；$\Delta\omega = \omega_b/m$；$\omega_k = k\Delta\omega(k=0,1,2,\cdots,m)$。

将式（10.42）代入式（10.22）可得：

$$\boldsymbol{M}_{bv}\ddot{\tilde{\boldsymbol{y}}} + \boldsymbol{C}_{bv}\dot{\tilde{\boldsymbol{y}}} + \boldsymbol{K}_{bv}\tilde{\boldsymbol{y}} = \widetilde{\boldsymbol{F}}_w(\omega_j,t) \quad (10.48)$$

将式（10.48）转化成状态空间方程：

$$\dot{\boldsymbol{v}}(t) = \boldsymbol{H}\boldsymbol{v}(t) + \boldsymbol{r}(t) \quad (10.49)$$

式中：

$$\boldsymbol{H} = \begin{bmatrix} \boldsymbol{0} & \boldsymbol{I} \\ \boldsymbol{B} & \boldsymbol{G} \end{bmatrix}_{2(r+1)}, \quad \boldsymbol{B} = -\boldsymbol{M}_{bv}^{-1}\boldsymbol{K}_{bv}, \quad \boldsymbol{G} = -\boldsymbol{M}_{bv}^{-1}\boldsymbol{C}_{bv}, \quad \boldsymbol{v}^T = \{\tilde{\boldsymbol{y}}^T, \dot{\tilde{\boldsymbol{y}}}^T\}, \quad \boldsymbol{r}(t) = \begin{Bmatrix} \boldsymbol{0} \\ \boldsymbol{M}_{bv}^{-1}\widetilde{\boldsymbol{F}}_w(\omega_j,t) \end{Bmatrix}_{2(r+1) \times 1}$$

(10.50)

式（10.49）的求解可以采用第 2 章的 PIM 积分格式或 Newmark-β 积分格式。

10.5 两自由度车作用的桥梁随机振动算法分析

考虑桥面不平顺的影响，基于虚拟激励法将桥面不平顺随机激励荷载转化成确定性的虚拟激励荷载，运用 PIM 或 Newmark-β 积分格式进行求解，本节仅给出 PIM 积分格式的求解算法。

（1）初始参数计算。

① 形成车辆矩阵 M_v、C_v 和 K_v。

② 计算桥梁固有频率和各阶频率的模态向量，形成桥梁振动方程所需的 I、X、Ω 和 Φ。

③ 生成桥面不平顺的功率谱密度函数 $S_{rr}(\omega)$。

④ 根据车辆振动频率范围，选择合适的频率积分区间。

⑤ 选择频率和时间的积分步长，确定频率和时间的积分次数。

（2）对每一频率积分点 ω_j。

（3）对每一时刻 dt：

① 确定车轮作用位置，判断每一个车轮在单元内的相对位置，提取对应单元振型向量。

② 考虑外载荷及节点响应在积分步长内按线性变化，计算车轮作用处的桥梁单元插值函数 N_i 和 $N_{i,x}$。

③ 计算矩阵 Q、S、A_1、A_2、B_1 和 B_2。

④ 形成车-桥耦合振动方程系数矩阵 M_{bv}、C_{bv}、K_{bv}。

⑤ 计算 T_0、T_1，构造虚拟激励荷载向量 $\tilde{F}_w(\omega_j, t)$。

（4）对车-桥耦合振动模型：

① 计算矩阵 B、G、H，形成精细积分矩阵。

② 积分步长内按线性插值，生成虚拟激励荷载作用力 $r(t)$。

③ 计算一次微分方程齐次解 $v_h(t)$。

④ 运用 Cotes 积分格式计算微分方程特解 $v_p(t)$。

⑤ 计算 $v(t) = T(\tau)[v(t_k) - v_p(t_k)] + v_p(t_{k+1})$。

（5）进入下一时间积分区间 $t^* = t + dt$，判断车轮是否出桥，若车辆仍在桥上，转步骤（3），若车辆已出桥，转步骤（6）。

（6）进入下一频率积分区间 $\omega^* = \omega + d\omega$，判断积分频率是否在频率积分区间，若积分频率仍在区间内，转至步骤（2），若积分频率超出频率区间，转至步骤（7）。

（7）保存虚拟响应 $\tilde{y}(\omega_j, t)$。

（8）计算感兴趣的响应功率谱 $S_{yy}(\omega_j, t)$、均方根 $R_{yy}(t)$ 和标准差 $\sigma_{yy}(t)$。

10.6 算例分析

10.6.1 虚拟激励法的校验

以图 10.1 所示的车-桥耦合振动模型为研究对象，简支梁桥和车辆模型的参数如表 10.2 所示。考虑桥面不平顺的影响，运用三角级数叠加法生成多个桥面不平顺样本，采用传统蒙特卡罗法对多个桥面不平顺样本激励的桥梁振动响应计算结果进行统计。同时，采用虚拟激励法+PIM 和虚拟激励法+Newmark-β 数值积分格式计算桥梁的振动响应，并与蒙特卡罗法的计算结果进行对比分析。

表 10.2　简支梁结构参数和车辆参数

简支梁参数	车辆参数
$L = 30$ m	$m_1 = 32\ 025$ kg
$\rho = 2\ 600$ kg/m^3	$m_2 = 2\ 382$ kg
$A = 1.062\ 2$ m^2	$k_1 = 1.9 \times 10^5$ N/m
$I = 0.509\ 2$ m^4	$c_1 = 5 \times 10^3$ N·s/m
$E = 3.5 \times 10^{10}$ N/m^2	$k_2 = 1.21 \times 10^6$ N/m
	$c_2 = 3 \times 10^3$ N·s/m

考虑 B 级桥面路况，简支梁桥跨中位移响应的均方根如图 10.2 所示，PEM 和 MCM 计算结果的对比如图 10.3 所示。从图 10.2 中可以看出，PIM 积分格式和 Newmark-β 积分格式计算的跨中位移均方根曲线完全相同，在达到最大响应时，Newmark-β 积分格式计算结果较 PIM 落后一个积分步长。从图 10.3 可以看出，当车辆在桥梁的前半跨行驶时，MCM 统计计算次数对跨中位移均方根的影响不大；当车辆驶过跨中后，MCM 统计计算次数越少，其与 PEM 法结果相差就越大，但响应均围绕着 PEM 法上下波动。随着 MCM 计算次数增加，MCM 计算的跨中位移均方根逐渐逼近 PEM 法计算结果；MCM 统计次数达 5 000 次时，PEM 法计算结果与 MCM 计算结果基本吻合，虚拟激励法计算结果体现了 MCM 多次随机计算的统计效应。

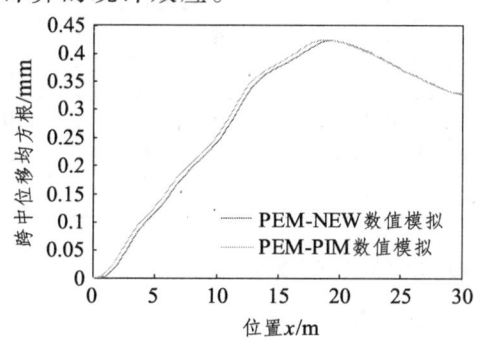

图 10.2　PEM-PIM 法与 PEM-NEW 法计算结果

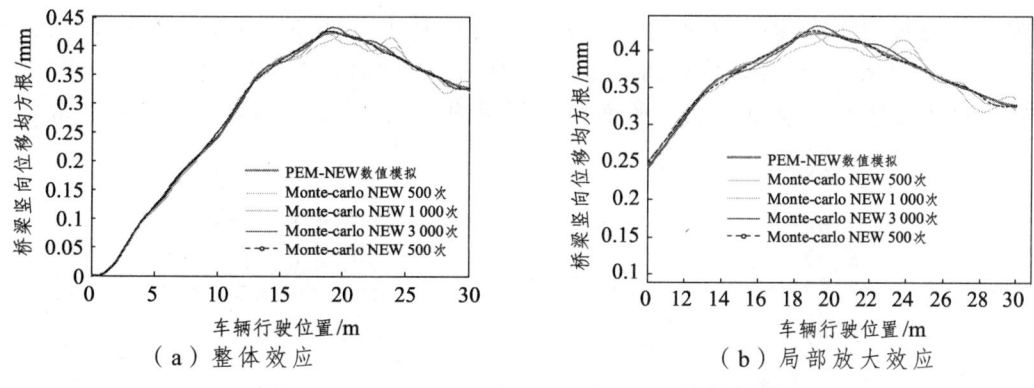

（a）整体效应　　　　　　　　　（b）局部放大效应

图 10.3　PEM-NEW 与 Monte-Carlo 计算结果

表 10.3 对比了 PEM+New 法、PEM+PIM、MCM+New 和 MCM+PIM 四种数值方法

的桥梁最大位移均方根值和计算时间的差异。PEM+New、PEM+PIM 两种算法计算的跨中、$L/4$、$3L/4$ 位置处的最大位移均方根误差为 0.21%；相同积分步长，Newmark 计算时间较 PIM 短，但 PIM 法计算结果收敛更快。随着 MCM 法统计次数增多，桥跨各点位处的位移均方根最大值逐渐接近 PEM 计算结果，但 MCM-New 积分格式统计次数达 4 000 次时，所需计算时间是 PEM-NEW 法的近 20 倍。MCM 统计次数达 3 000 次时，Newmark-β 和 PIM 积分格式计算结果接近，误差仅为 0.78%。从表 10.3 数据可以看出，运用 MCM 和 PEM 法计算位移均方根，无论采用 Newmark-β 积分格式还是 PIM 积分格式，两种数值积分方法的计算结果都能很好吻合。

表 10.3 不同数值方法计算的跨中位移均方根对比

数值模拟方法		最大位移均方根/mm			计算时间/s
		$1/4L$ 位置	$1/2L$ 位置	$3/4L$ 位置	
PEM-NEW		0.273 1	0.423 2	0.293 4	21.272 2
PEM-PIM		0.273 6	0.424 1	0.294 2	32.145 3
Monte-Carlo Newmark 法	500 次	0.279 5	0.431 4	0.304 3	55.627 2
	1 000 次	0.273 6	0.422 2	0.289 2	108.877 0
	2 000 次	0.270 6	0.419 4	0.292 3	217.315 0
	3 000 次	0.278 3	0.430 1	0.296 4	331.095 2
	4 000 次	0.275 2	0.426 8	0.298 2	437.019 1
Monte-Carlo PIM 法	500 次	0.276 3	0.428 6	0.300 6	140.857 6
	1 000 次	0.276 1	0.426 7	0.295 2	262.071 1
	2 000 次	0.282 2	0.437 9	0.303 9	555.081 4
	3 000 次	0.280 0	0.433 5	0.297 9	816.084 2
	4 000 次	0.276 3	0.428 5	0.297 0	1 117.803 6

10.6.2 桥梁随机振动响应的影响因素分析

1. 路面不平顺谱

当车辆以 25 m/s 的速度在不同等级的桥面上行驶时，PEM 和 MCM（1 000 次）计算的桥梁跨中位移均方根如图 10.4 所示。从图中可以看出，MCM（1 000 次）计算的跨中位移均方根响应围绕着 PEM 计算结果上下波动；随着桥面路况的恶化，桥面不平顺激励的跨中位移均方根响应急剧增大；桥面路况等级对车-桥耦合振动响应的影响非常显著。

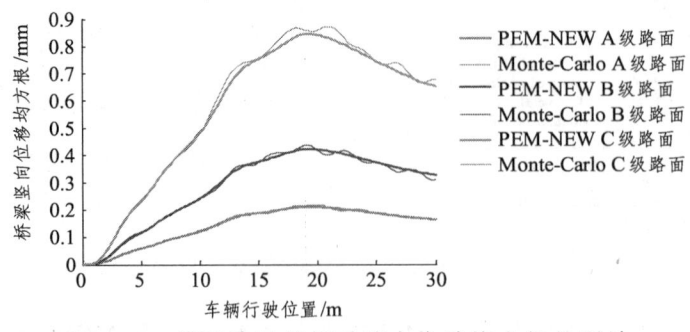

图 10.4 桥面路况等级对跨中位移均方根的影响

同时，图 10.5 给出了车辆以 25 m/s 的速度在 B 级桥面行驶时，路面谱激励初相位角对位移均方根的影响。从图中可以看出，随着统计次数的增加，桥面不平顺引起的跨中位移均方根响应逐渐逼近虚拟激励法计算结果。相同的初相位角，跨中位移均方根随车辆行驶位置的变化呈现出不规则的变化规律，Monte-Carlo 法计算次数对位移均方根响应的影响不大。车辆行驶在桥跨不同位置，相同初相位角产生的跨中位移均方根值围绕着随机相位角的计算结果上下波动，这说明桥面不平顺激励样本的初相位角决定了车-桥耦合振动响应的曲线形状。

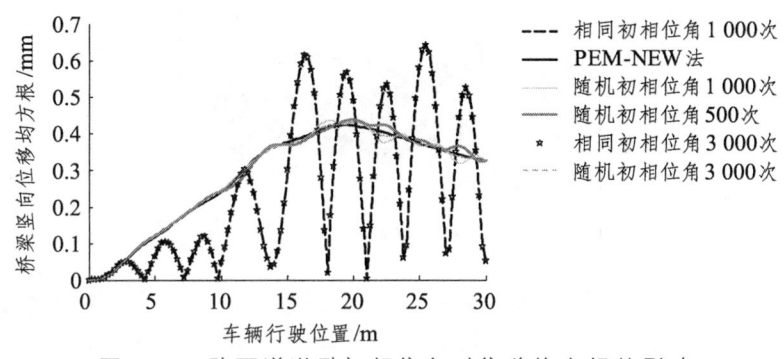

图 10.5　路面谱激励初相位角对位移均方根的影响

2. 随机响应的功率谱密度

当车辆以 25 m/s 速度在 B 级桥面行驶时，简支梁桥跨中位移响应的功率谱密度如图 10.6 所示。从图中可以看出，桥梁竖向位移振动频率主要发生在 3~5 Hz；根据该简支梁桥的动力特性计算结果，其第一阶频率为 4.422 Hz，第二阶频率为 17.551 Hz，第三阶频率为 30.578 Hz，简支梁桥跨中竖向位移响应的功率谱密度峰值主要出现在桥梁一阶频率附近。图 10.7 为简支梁桥跨中竖向加速度响应的功率谱密度。从图中可以看出，简支梁桥跨中加速度响应的功率谱密度峰值出现在 3~5 Hz，同时在 25~30 Hz 出现峰值，这一频率与桥梁第三阶频率接近，频率出现的峰值均在 30 Hz 以内。

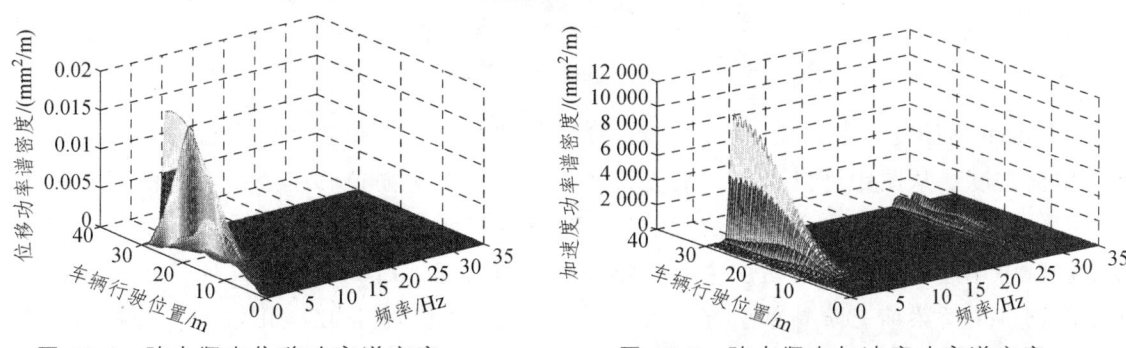

图 10.6　跨中竖向位移功率谱密度　　　　图 10.7　跨中竖向加速度功率谱密度

当车辆以 25 m/s 的速度在 B 级桥面行驶时，简支梁桥 $L/4$ 位置的竖向加速度功率谱密度如图 10.8 所示。从图中可以看出，$L/4$ 位置竖向加速度响应的功率谱密度峰值主要出现在 3~5 Hz，其次是 14~19 Hz，而在 25~30 Hz 位置处，也出现较小的峰值。这三个峰值与桥梁前三阶频率一致，基频影响最大，第二阶频率影响其次，第三阶频率影响最小。桥面不平顺激励和车-桥耦合振动的加速度共振峰值，均是在车辆即将离开简支梁桥时出现。

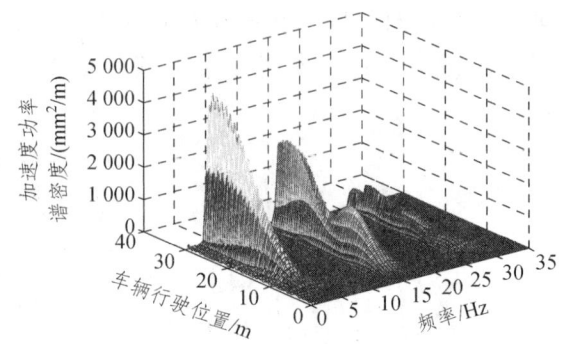

图 10.8　桥梁 1/4 位置的加速度功率谱密度

当车辆以 25 m/s 速度在 B 级桥面行驶时，简支梁桥近支点位置的竖向加速度功率谱密度如图 10.9 所示。从图中可以看出，近支点竖向加速度振动响应的频率峰值出现在 3~5 Hz、14~18 Hz、25~30 Hz 和 33~35 Hz，这四个频率峰值均在桥梁前四阶频率附近，四个频率位置处的功率谱峰值大小接近。这些频率峰值与桥梁第二阶频率、第三阶频率、第四阶频率略有区别，说明车-桥耦合振动受多种因素的影响。

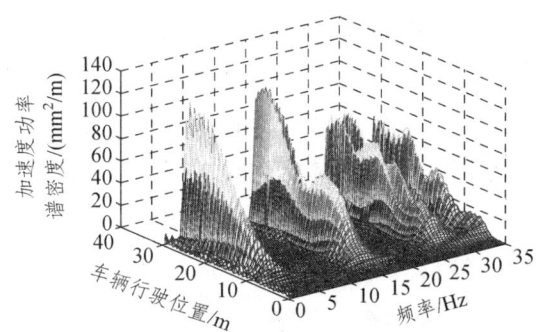

图 10.9　近支点竖向加速度的功率谱密度

图 10.10 为简支梁桥跨中、$L/4$ 位置、$3L/4$ 位置和近支点位置的竖向位移和竖向加速度功率谱密度。从图中可以看出，简支梁桥不同位置的竖向位移主要由桥梁的第一阶频率引起，跨中位置的功率谱密度最大，$L/4$ 和 $3L/4$ 位置接近，近支点位置的功率谱密度最小。跨中加速度的功率谱密度主要由第一阶频率引起，$L/4$ 位置和 $3L/4$ 位置的加速度功率谱密度由桥梁前三阶频率引起，前三阶频率对 1/4 位置和 $3L/4$ 位置的影响相当，前三阶频率的作用均不可忽略；第三阶频率对跨中位置、$L/4$ 位置、$3L/4$ 位置的影响相当。桥面不平顺高阶频率对桥梁的影响可通过桥梁振动加速度体现出来，桥梁振动位移响应难以体现高阶频率的影响。

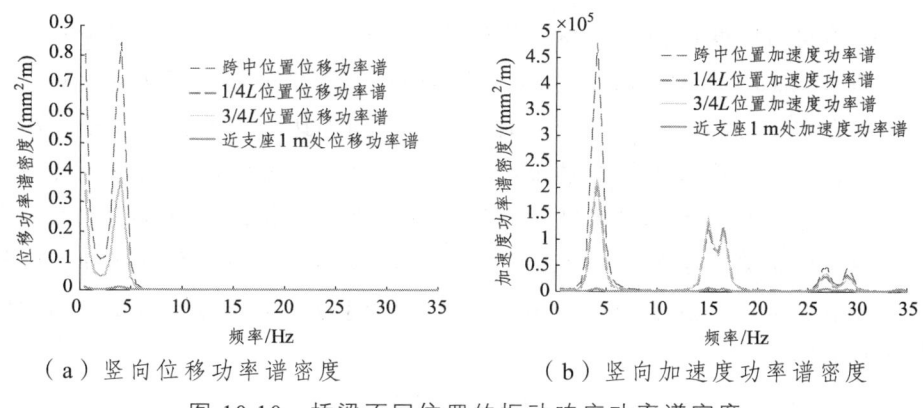

(a) 竖向位移功率谱密度　　　　　(b) 竖向加速度功率谱密度

图 10.10　桥梁不同位置的振动响应功率谱密度

3. 车辆行驶速度

图 10.11 为车辆以不同速度通过 B 级桥面时，采用虚拟激励法和 Monte-Carlo 法（1 000 次）计算的跨中最大位移均方根。从图中可以看出，随着车辆行驶速度的提高，跨中位移均方根最大值逐渐增大；当车速达到 25～40 m/s 时，跨中最大位移均方根值随速度增加变缓；当车速为 50 m/s 时，跨中最大位移均方根值出现拐点；当车速低于 20 m/s 时，Monte-Carlo 法计算结果与 PEM 法计算结果相差较大。除车速 5 m/s，其他车速的 PEM-PIM 法计算结果与 PEM-NEW 法计算结果完全重合。

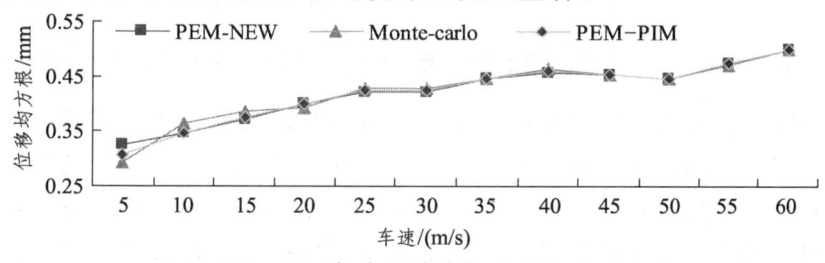

图 10.11　不同车速的跨中位移均方根最大值

当车辆以不同的速度行驶时，桥梁跨中竖向位移均方根和跨中位移的功率谱密度分别如图 10.12、图 10.13 所示。从图中可以看出，随着车速的提高，桥梁跨中位移均方根最大值逐渐增大，且最大值出现在车辆接近跨中的位置。桥梁跨中位移功率谱密度的峰值均出现在桥梁一阶频率附近，但不同的车辆行驶速度，峰值频率的带宽不同，这说明桥面不平顺和车速对桥梁振动响应有影响。

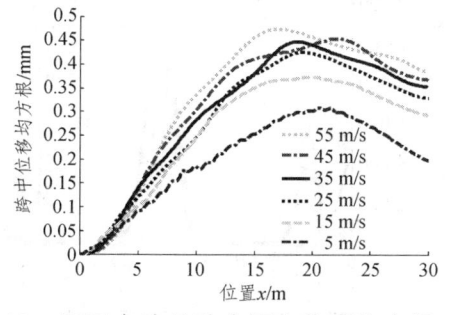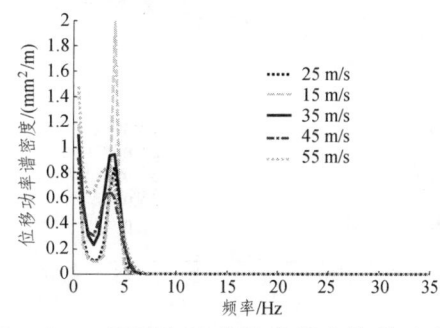

图 10.12　不同车速的跨中竖向位移均方根　　图 10.13　不同车速的跨中竖向位移功率谱密度

当车辆以不同的速度行驶时，简支梁桥跨中竖向加速度的均方根和竖向加速度的功率谱密度分别如图10.14、图10.15所示。从图中可以看出，随着车速的提高，简支梁桥跨中加速度均方根变化不大；车速较低时，桥梁竖向加速度均方根值波动较小；车速在25~35 m/s时，加速度均方根值波动最大。桥梁加速度响应的功率谱密度峰值均出现在桥梁一阶频率附近，峰值频率的带宽随车辆行驶速度而变化；加速度功率谱密度曲线第二个峰值出现在桥梁第三阶频率附近，功率谱峰值较小，且随着车辆行驶速度的不同，频率出现的峰值也不同。这说明桥面不平顺激励引起的桥梁竖向加速度振动响应在桥梁一阶频率处共振明显。

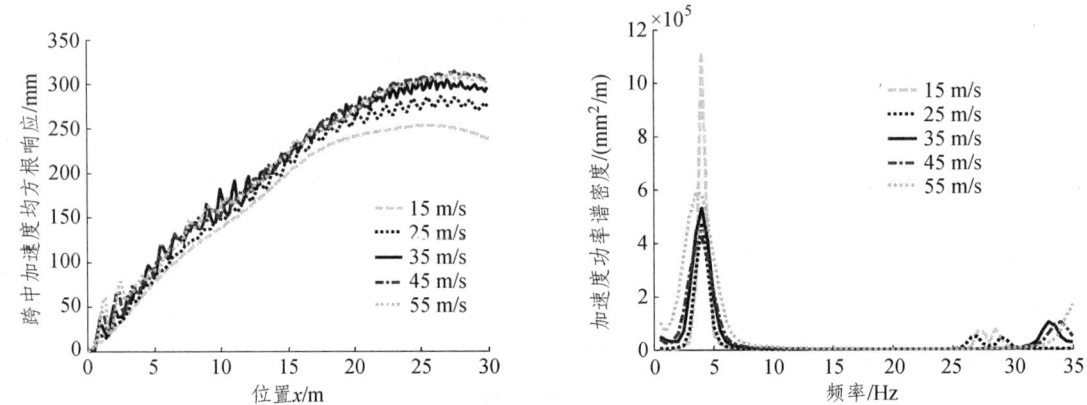

图 10.14　不同车速的跨中竖向加速度均方根　　图 10.15　不同车速的跨中竖向加速度功率谱密度

不同的车辆行驶速度，简支梁桥近支点位置的竖向加速度均方根值和竖向加速度功率谱密度分别如图10.16、图10.17所示。从图中可以看出，支点位置处的加速度均方根约为跨中位置加速度均方根的五分之一。随着车速的提高，简支梁桥近支点位置的竖向加速度均方根变化不大；车速越低，桥梁竖向加速度均方根值波动就越小；车辆以不同速度行驶，跨中竖向加速度功率谱密度峰值出现在桥梁前三阶频率附近，频率峰值及带宽随车辆行驶速度而不同。不同的行车速度，支点位置处竖向加速度功率谱密度的一阶频率峰值接近，二阶频率和三阶频率峰值随车速波动较大。桥面不平顺激励和车速的耦合作用，对简支梁桥近支点竖向加速度的影响比跨中竖向加速度更明显。

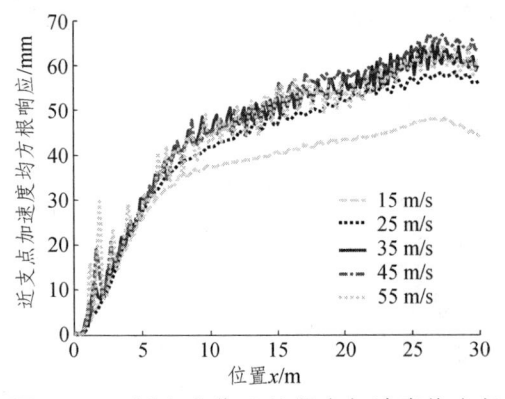
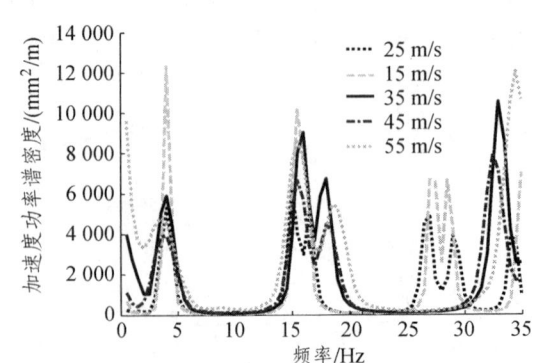

图 10.16　近支点位置的竖向加速度均方根　　图 10.17　近支点位置的竖向加速度功率谱密度

假设桥面不平顺符合高斯平稳随机过程，线性系统下的响应也应满足高斯分布。若桥梁振动响应的均值为 μ，标准差为 σ，根据概率论知识可知，正态变量的取值落在 ($\mu - \sigma, \mu + \sigma$) 区间的概率为 65% + 5%，正态变量的取值落在 ($\mu - 2\sigma, \mu + 2\sigma$) 区间的概率为 95%，正态变量的取值落在 ($\mu - 3\sigma, \mu + 3\sigma$) 区间的概率为 99.5%以上。通常认为 5‰这一概率很小，根据小概率事件的实际不可能原理，常把区间 ($\mu - 3\sigma, \mu + 3\sigma$) 看作是随机变量的实际可能取值区间，这一原理叫作三倍标准差原理。根据三倍标准差原理，可以确定车-桥耦合系统随机响应的取值范围，为工程设计提供依据。图 10.18 为车辆以 25 m/s 速度通过简支梁桥时，桥梁跨中竖向位移均方根、一倍标准差、三倍标准差与桥梁振动响应样本之间的关系。从图中可以看出，桥梁振动响应样本基本都在一倍标准差之内，超出一倍标准差的概率很小，满足三倍标准差原理。

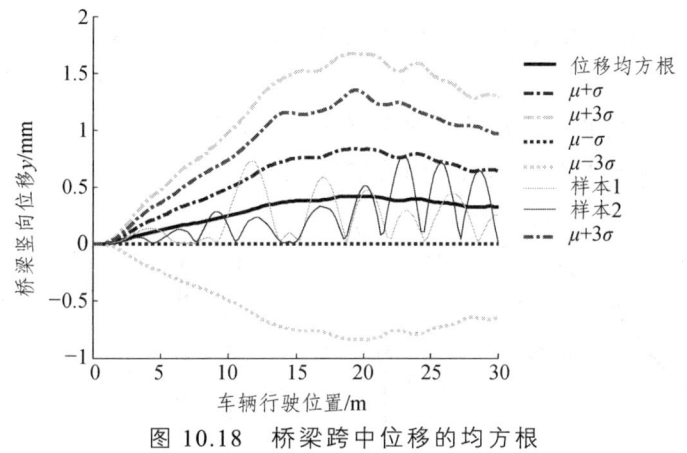

图 10.18　桥梁跨中位移的均方根

图 10.19 为考虑车辆自重和桥面不平顺激励的车-桥耦合振动响应。从图中可以看出，两个随机响应样本均在一倍标准差上下浮动，各点响应均不会超过两倍标准差，可取两倍标准差来进行设计。

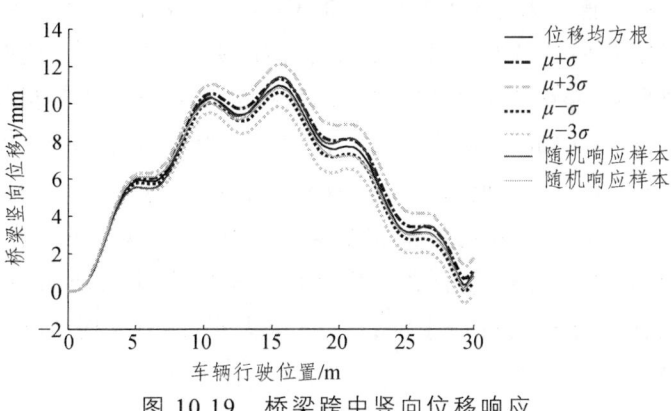

图 10.19　桥梁跨中竖向位移响应

10.6.3 路面谱函数对车-桥耦合随机振动响应的影响

1. 桥梁振动对路面谱函数的敏感性分析

路面不平顺可以视为平稳高斯随机过程,各国规范和学者均提出了不同的函数表达式,并根据路面粗糙度的不同对路面等级进行分类。目前我国高速公路以 GB/T 7031 谱的 A、B、C 级路面为主,尤以 B 级最多,该等级路面与 Wang 1993 谱的良好等级路面状况接近。当车辆以 25 m/s 速度行驶在 GB/T 7031 谱 B 级路面、ISO 1972 谱等级为"好"的路面,以及 Wang 1993 谱等级为"良好"的路面时,桥梁跨中竖向位移均方根和加速度功率谱密度如图 10.20 和图 10.21 所示。从图中可以看出,车辆未到达跨中前,三种路面谱函数引起的桥梁跨中位移均方根值接近;当车辆驶过桥梁跨中时,Wang 1993 谱引起的跨中位移均方根曲线减小的速率明显较 ISO 1972 谱小;GB/T 7031 谱和 Wang 1993 谱引起的跨中位移均方根随车辆行驶位置的变化而斜率相同,但 GB/T 7031 谱引起的桥梁竖向均方根较 Wang 1993 谱大。三种谱函数作用下,加速度功率谱密度的共振频率峰值相同,均在 4 Hz 和 34 Hz 处出现共振峰值,且桥梁基频 4 Hz 处的功率谱峰值明显大于 34 Hz 频率峰值。桥面不平顺引起的桥梁竖向加速度响应主要由桥梁基频决定,路面不平顺谱函数形式对车-桥耦合共振频率影响较小。

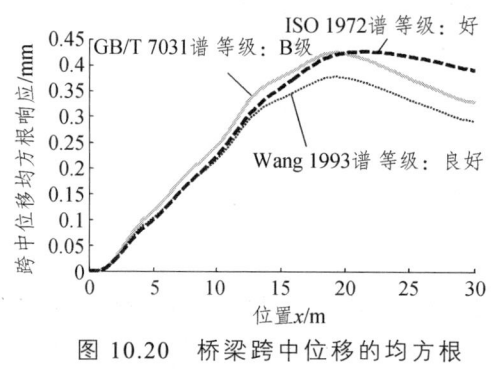

图 10.20 桥梁跨中位移的均方根　　图 10.21 桥梁跨中加速度的功率谱密度

2. 路面谱函数对车速的敏感性分析

分别将 GB/T 7031 谱函数、ISO 谱函数和 Wang 谱函数的空间频率转化为时间频率,分析不同车速对桥梁竖向位移均方根值的影响,如图 10.22 所示。从图中可以看出,ISO 谱函数计算的桥梁竖向位移均方根对车速的敏感性大于其他两种谱函数的计算结果。GB/T 7031 谱和 Wang 谱引起的桥梁竖向位移均方根随车速的增大而增大;当车速处于 10~25 m/s 时,跨中和 $L/4$ 位置的竖向位移均方根随车速增加较快;车速大于 30 m/s 时,跨中和 $L/4$ 位置的桥梁位移均方根随车速的变化较缓慢。当车速在 5~30 m/s 区间时,ISO 谱引起的跨中和 $L/4$ 位置的竖向位移均方根随车速增加而快速减小;车速达到 30 m/s 时,竖向位移均方根出现最小值;当车速大于 30 m/s 时,竖向位移均方根随车速的增加变化缓慢。

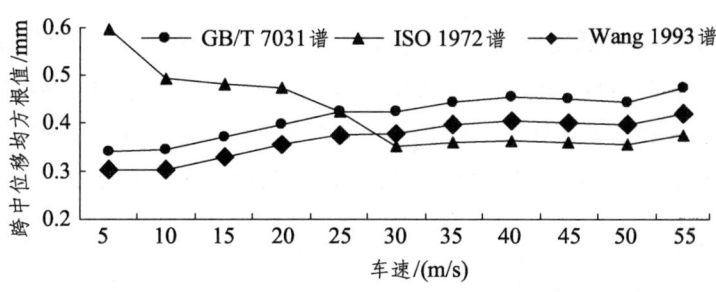

（a）不同车速的桥梁跨中位移均方根最大值

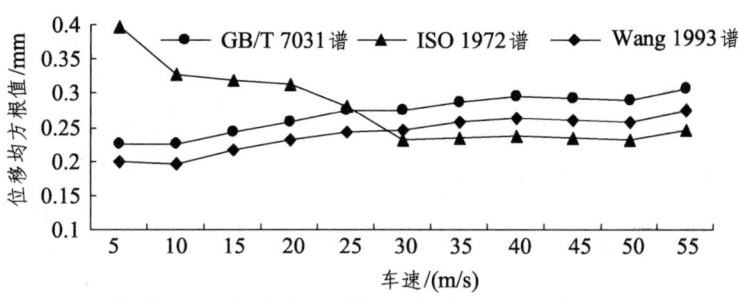

（b）不同车速的 $L/4$ 位置位移均方根最大值

图 10.22　不同车速的桥梁竖向位移均方根

3. 车辆振动对路面谱函数的敏感性分析

考虑 GB/T 7031 谱、Wang 谱和 ISO 谱的激励，当车辆以 25 m/s 速度行驶时，图 10.23 和图 10.24 给出了车辆悬架位移和车体加速度变化曲线。从图中可以看出，车辆驶入桥跨后，悬架位移迅速达到最大值；车辆驶出桥跨后，悬架位移逐渐减小；车辆驶入桥跨后，车体加速度迅速增大，但并非立即达到最大值，当车辆行驶至桥梁 20 m 位置后，车体加速度达到最大值；车辆驶出桥跨后，车体加速度迅速减小，但随着车辆在桥面上继续向前行驶，车体加速度仍有峰值出现，均比车辆在桥跨上的峰值小。

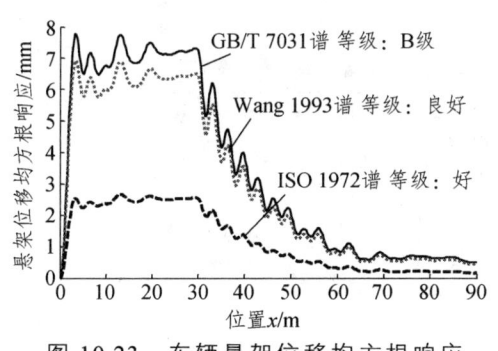

图 10.23　车辆悬架位移均方根响应

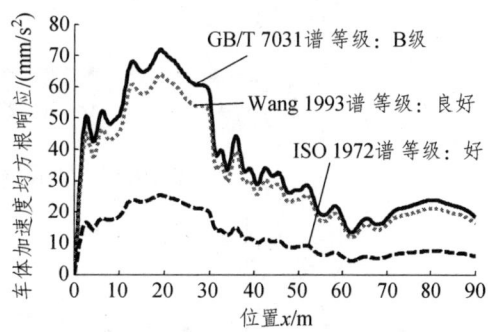

图 10.24　车体加速度均方根响应

根据桥梁和车辆的动力特性分析结果，该简支梁桥一阶竖向自振频率为 4.422 Hz，车辆自振频率为 1.65 Hz。图 10.25 和图 10.26 给出了三种路面谱函数的悬架和车体的加速度功率谱密度。从图中可以看出，悬架加速度的频率出现在简支梁桥一阶频率附近，车体加速度在简支梁桥一阶频率附近出现共振峰值；桥面不平顺激励对车-桥耦合共振的影响，主要由路面激励的低阶频率引起，桥梁基频对路面不平顺激励引起的车-桥耦合共振起主要作用。GB/T 7031 谱对车辆悬架位移和车体竖向加速度响应的影响均较 Wang 谱大；而 Wang 谱对桥梁跨中竖向位移的影响较 GB/T 7031 谱更为明显；ISO 谱对桥梁竖向位移的影响较大，但对车辆悬架竖向位移和车体竖向加速度的影响均最小。

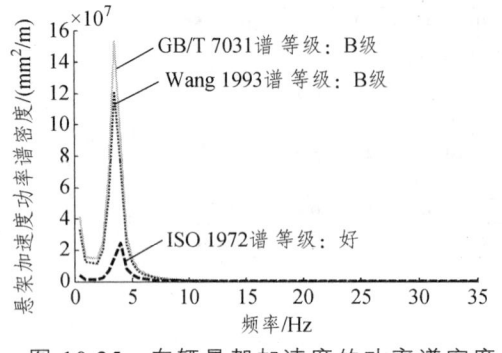

图 10.25　车辆悬架加速度的功率谱密度

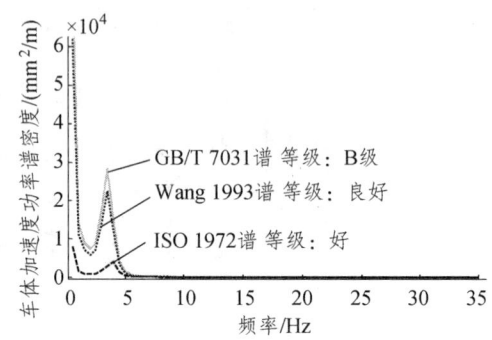

图 10.26　车体加速度的功率谱密度

不同的车辆行驶速度和桥面不平顺谱函数，车辆悬架竖向位移最大值和车体竖向加速度最大值如图 10.27、图 10.28 所示。从图中可以看出，GB/T 7031 谱和 Wang 谱的车辆悬架位移和车体加速度随车速的增加而逐渐增大；ISO 谱的车辆振动响应随车速变化缓慢，车速小于 22 m/s 时，悬架位移和车体加速度响应随着车速增大而有增大的趋势；车速大于 26 m/s 时，悬架位移随车速略有增大，但车体加速度随车速变化平缓；ISO 谱引起的车辆振动响应对车速的敏感性较 GB/T 7031 谱和 Wang 谱弱。

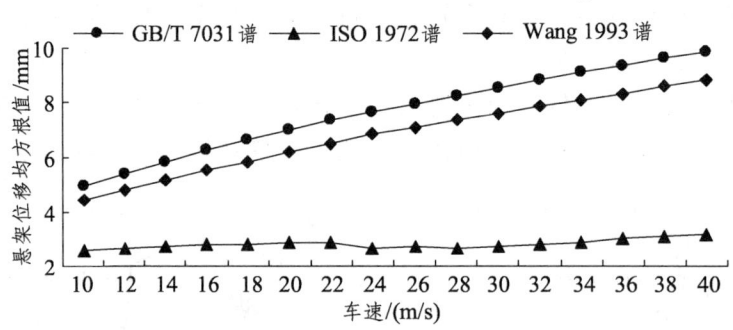

图 10.27　不同速度的悬架位移最大值

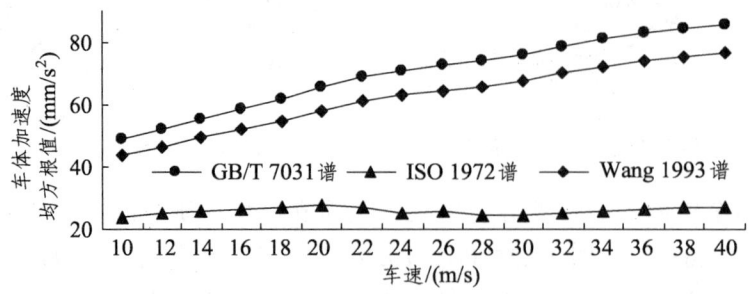

图 10.28　不同速度的车体加速度最大值

参考文献

[1] 南京汽车研究所,郑州机械研究所. 机械振动 道路路面谱测量数据报告: GB/T 7031—2005[S]. 北京: 中国标准出版社, 2016.

[2] WANG T L, HUANG D Z, SHAHAWY M, et al. Dynamic response of highway girder bridge[J]. Computers & Structures, 1993, 60(6): 1021-1027.

[3] 唐意, 陈燊. 桥梁车振伪随机桥面不平度模拟[J]. 福州大学学报: 自然科学版, 2003, 31(3): 326-329.

[4] MICHELBERGER P, PALKOVIC L, BOKOR J. Robust design of active suspension system[J]. Inter national Journal of Vehicle Design, 1993, 14(2/3): 145~165.

第 11 章
多轴货车多点桥面不平顺激励的桥梁随机振动

移动车辆荷载作用的桥梁结构振动特性研究是非常经典的力学问题，有关车桥耦合振动方程的求解。虽然第 9 章采用精细积分法求解车桥耦合动力方程，但桥梁结构简化为平面简支梁，车辆荷载简化为两自由度的弹簧-质量-阻尼体系。然而，实际的桥梁和车辆都是空间三维结构，车辆各轮的桥面不平顺随机激励输入还存在相干性。我国公路运输中的大型货车出现概率越来越大，且货车车型向拖挂化和集装箱化方向发展，考虑多轴货车多点桥面不平顺随机激励的桥梁随机振动特性有待进一步探究。本章考虑多轴货车多点桥面不平顺的左右轮相干关系和前后轮时间滞后关系，详细推导多轴货车多点桥面不平顺的功率谱矩阵。联合虚拟激励法和精细积分法，在频域内分析多轴货车多点桥面不平顺随机激励的桥梁随机振动。

11.1 多轴货车多点桥面不平顺的功率谱矩阵

公路桥梁过桥车辆的车型和车重各不相同，根据已有的研究[1]，过桥货运汽车可以分为重车和特重车，其中重车的载重量通常大于 20 t，特重车的载重量通常大于 80 t。为便于多点桥面不平顺功率谱密度矩阵的推导，在此以一辆车轮数为 n_{wheel}，车轴数为 $n_{wheel}/2$ 的多轴货车为研究对象，假定车辆各车轮的桥面不平顺为平稳高斯随机过程。那么，可得车辆各轮的自谱为：

$$S_j(\omega) = S_q(\omega) \tag{11.1}$$

式中，ω 为圆频率，圆频率 ω 与时间频率 f 的关系为 $\omega = 2\pi f$；$S_q(\omega)$ 为桥面不平顺功率谱密度。

已有的研究表明[2]，当考虑同一轮迹的前后车轮时间滞后关系时，前后轮桥面不平顺的互谱为：

$$S_{j,m}(\omega) = S_{m,j}^*(\omega) = S_q(\omega) e^{-i\omega L_{j,m}/v} \tag{11.2}$$

式中，j、m 为车轮编号；$L_{j,m}$ 为车轮 j 与车轮 m 的前后距离，即车轮 j 所在车轴与车轮 m 所在车轴的车轴间距；v 为车辆行驶速度；$S_{m,j}^*(\omega)$ 为 $S_{j,m}(\omega)$ 的共轭。

根据随机振动理论，平稳高斯随机过程 $x(t)$ 与 $y(t)$ 之间的相干函数可以表示为：

$$\text{coh}^2(\omega) = \frac{|S_{xy}(\omega)|^2}{S_{xx}(\omega)S_{yy}(\omega)} \tag{11.3}$$

式中，$S_{xx}(\omega)$ 为 $x(t)$ 的自谱；$S_{yy}(\omega)$ 为 $y(t)$ 的自谱。

当考虑车辆左右轮迹的相干性时，由式（11.3）可以推得同一车轴的左车轮 j 和右车轮 m 的互谱为：

$$S_{j,m}(\omega) = S^*_{m,j}(\omega) = \text{coh}(\omega)S_q(\omega) \tag{11.4}$$

同时，考虑过桥车辆左右轮的相干性和前后轮的时间滞后性，可以推得车轮 j 和车轮 m 间的互谱为：

$$S_{j,m}(\omega) = S^*_{m,j}(\omega) = S_q(\omega)\text{coh}(\omega)e^{-i\omega L_{j,m}/v} \tag{11.5}$$

根据式（11.1）～式（11.5）可以求出车辆各轮桥面不平顺功率谱密度矩阵的所有元素。为表述方便，该矩阵可以写为式（11.6）的形式：

$$\boldsymbol{S}(\omega) = S_q(\omega) \begin{bmatrix} 1 & \alpha & \beta^{-L_{1,3}} & \alpha\beta^{-L_{1,4}} & \cdots & \alpha\beta^{-L_{1,n_{\text{wheel}}}} \\ \alpha & 1 & \alpha\beta^{-L_{2,3}} & \beta^{-L_{2,4}} & \cdots & \beta^{-L_{2,n_{\text{wheel}}}} \\ \beta^{L_{3,1}} & \alpha\beta^{L_{3,2}} & 1 & \alpha & \cdots & \alpha\beta^{-L_{3,n_{\text{wheel}}}} \\ \alpha\beta^{L_{4,1}} & \beta^{L_{4,2}} & \alpha & 1 & \cdots & \beta^{-L_{4,n_{\text{wheel}}}} \\ \vdots & \vdots & \vdots & \vdots & & \vdots \\ \alpha\beta^{L_{n_{\text{wheel}},1}} & \beta^{L_{n_{\text{wheel}},2}} & \alpha\beta^{L_{n_{\text{wheel}},3}} & \beta^{L_{n_{\text{wheel}},4}} & \cdots & 1 \end{bmatrix}_{n_{\text{wheel}} \times n_{\text{wheel}}} \tag{11.6}$$

式中，$\alpha = \text{coh}(\omega)$，$\beta = e^{i\omega/v}$。

11.2 车桥耦合模型

1. 车辆振动模型

将 $n_{\text{wheel}}/2$ 轴货车简化为自由度数量为 n_{dof} 的弹簧-质量-阻尼体系，依据虚功原理建立 n_{dof} 自由度车辆的动力方程：

$$\boldsymbol{M}_v\ddot{\boldsymbol{z}} + \boldsymbol{C}_v\dot{\boldsymbol{z}} + \boldsymbol{K}_v\boldsymbol{z} = \boldsymbol{F}_v^{\text{int}} \tag{11.7}$$

式中，$\boldsymbol{M}_v$、$\boldsymbol{C}_v$、$\boldsymbol{K}_v$ 为货车的质量、阻尼和刚度矩阵；$\boldsymbol{F}_v^{\text{int}}$ 为车辆对桥梁产生的时变力；$\boldsymbol{z}$ 为过桥车辆的自由度列阵。

2. 桥梁振动模型

为降低车桥耦合时变方程中各变量的矩阵维度，有限元离散后的桥梁动力方程为：

$$\boldsymbol{M}_b\ddot{\boldsymbol{\delta}} + \boldsymbol{C}_b\dot{\boldsymbol{\delta}} + \boldsymbol{K}_b\boldsymbol{\delta} = -\boldsymbol{F}_v^{\text{int}} - \boldsymbol{f}_g \tag{11.8}$$

式中，$\boldsymbol{f}_g$ 为车辆自量产生的荷载列阵；$\boldsymbol{\delta}$ 为单元结点向量。

采用模态综合叠加法对相互耦联的成千上万的桥梁节点动力方程进行解耦，变为各自独立的模态方程。那么，式（11.8）可以改写为：

$$I\ddot{y} + X\dot{y} + \Omega y = -\Phi^{\mathrm{T}}\left(F_{\mathrm{v}}^{\mathrm{int}} + f_g\right) \quad (11.9)$$

式中，y 为桥梁广义坐标列阵；Φ 为桥梁的振型向量；$I = \begin{bmatrix} 1 & & \\ & \ddots & \\ & & 1 \end{bmatrix}_{n \times n}$，

$X = \begin{bmatrix} 2\xi_1\omega_1 & & \\ & \ddots & \\ & & 2\xi_n\omega_n \end{bmatrix}_{n \times n}$，$\Omega = \begin{bmatrix} \omega_1^2 & & \\ & \ddots & \\ & & \omega_n^2 \end{bmatrix}_{n \times n}$，其中 ξ_n、ω_n 分别为桥梁第 n 阶阻尼比、频率。

3. 车桥耦合模型

当车辆以一定的速度 v 在桥梁上行驶时，根据过桥车辆与桥梁间的变形协调关系和车桥耦合力的平衡条件，很容易得到过桥车辆第 i 个车轮对桥梁产生的时变惯性力：

$$F_{\mathrm{v}i}^{\mathrm{int}} = k_{ti}\Delta_i + c_{ti}\dot{\Delta}_i \quad (11.10)$$

式中，k_{ti}、c_{ti}、Δ_i 分别为第 i 个车轮的刚度、阻尼、桥面相对位移。

$$\Delta_i = z_i - Y_i - q_i \quad (11.11)$$

式中，z_i、Y_i、q_i 分别为第 i 个车轮作用处的车轮竖向振动、桥梁竖向振动、桥面不平顺。

根据模态叠加法，第 i 个车轮作用处桥梁结构产生的振动响应为：

$$Y_i = N_i \Phi y \quad (11.12)$$

式中，N_i 为过桥车辆第 i 车轮在桥面作用点处壳单元或梁单元位移场的形函数。

那么，联立式（11.10）~式（11.12）可以推得：

$$F_{\mathrm{v}i}^{\mathrm{int}} = k_{ti}(-N_i\Phi y - q_i + z_i) + c_{ti}(-v \cdot N_{i,x}\Phi y - N_i\Phi \dot{y} - \dot{q}_i + \dot{z}_i) \quad (11.13)$$

进而可得第 i 个车轮在桥梁上产生的时变作用力：

$$F_{\mathrm{b}v}^{\mathrm{int}} = k_{ti}(-N_i\Phi y - q_i + z_i) + c_{ti}(-v \cdot N_{i,x}\Phi y - N_i\Phi \dot{y} - \dot{q}_i + \dot{z}_i) + f_{gi} \quad (11.14)$$

式中，$N_{i,x}$ 为 N_i 对车辆行驶方向 x 坐标的导数；f_{gi} 为第 i 车轮所承受的车辆自身重量。

将第 i 个车轮在桥梁上产生的时变惯性力 $F_{\mathrm{v}i}^{\mathrm{int}}$ 代入桥梁动力方程解耦后的模态方程式（11.9），经整理后可得：

$$I\ddot{y} + \left(X - \Phi^{\mathrm{T}}\sum_{i=1}^{n_{\mathrm{wheel}}} N_i^{\mathrm{T}} c_{ti} N_i \Phi\right)\dot{y} + \left[\Omega - \Phi^{\mathrm{T}}\sum_{i=1}^{n_{\mathrm{wheel}}} N_i^{\mathrm{T}}(k_{ti}N_i\Phi + c_{ti}vN_{i,x}\Phi)\right]y + \Phi^{\mathrm{T}}\sum_{i=1}^{n_{\mathrm{wheel}}} N_i^{\mathrm{T}} c_{ti}\dot{z}_i + \Phi^{\mathrm{T}}\sum_{i=1}^{n_{\mathrm{wheel}}} N_i \cdot k_{ti} \cdot z_i$$
$$= -\Phi^{\mathrm{T}}\sum_{i=1}^{n_{\mathrm{wheel}}} N_i(k_{ti}q_i + c_{ti}\dot{q}_i) - \Phi^{\mathrm{T}}\sum_{i=1}^{n_{\mathrm{wheel}}} N_i^{\mathrm{T}} f_{gi} \quad (11.15)$$

联立车辆振动方程式（11.7）和桥梁动力方程解耦后的模态方程式（11.15），可得车桥耦合振动的时变方程：

$$M_{bv}\ddot{u} + C_{bv}\dot{u} + K_{bv}u = F_g + F_w \quad (11.16)$$

式中，M_{bv}、C_{bv}、K_{bv} 分别为车桥时变系统的质量、阻尼和刚度时变矩阵；u 为广义坐标列阵。

$$F_g = \begin{bmatrix} -\boldsymbol{\Phi}^T \sum_{i=1}^{n_{wheel}} N_i^T f_{gi} \\ \mathbf{0} \end{bmatrix}_{(n+n_{dof})\times 1} \quad (11.17)$$

$$F_w = \begin{bmatrix} -\boldsymbol{\Phi}^T \sum_{i=1}^{n_{wheel}} N_i^T k_{ti} q_i \\ k_{t1} q_1 \\ \vdots \\ k_{t n_{wheel}} q_{n_{wheel}} \\ 0 \end{bmatrix}_{(n+n_{dof})\times 1} + \begin{bmatrix} -\boldsymbol{\Phi}^T \sum_{i=1}^{n_{wheel}} N_i c_{ti} \dot{q}_i \\ c_{t1} \dot{q}_1 \\ \vdots \\ c_{t n_{wheel}} \dot{q}_{n_{wheel}} \\ 0 \end{bmatrix}_{(n+n_{dof})\times 1} \quad (11.18)$$

11.3 虚拟激励的构造

根据虚拟激励法理论，可将多轴货车多点桥面不平顺的功率谱密度矩阵式（11.6）表示为：

$$S(\omega) = V^* S \rho S V \quad (11.19)$$

$$V = \text{diag}\begin{bmatrix} 1 & 1 & e^{-i\omega L_{1,3}/v} & e^{-i\omega L_{1,4}/v} & \cdots & e^{-i\omega L_{1,n_{wheel}}/v} \end{bmatrix}_{1\times n_{wheel}} \quad (11.20)$$

$$S = \sqrt{S_q(\omega)}\text{diag}\begin{bmatrix} 1 & 1 & 1 & 1 & \cdots & 1 \end{bmatrix}_{1\times n_{wheel}} \quad (11.21)$$

$$\rho = \begin{bmatrix} 1 & \alpha & 1 & \alpha & \cdots & \alpha \\ \alpha & 1 & \alpha & 1 & \cdots & 1 \\ 1 & \alpha & 1 & \alpha & \cdots & \alpha \\ \alpha & 1 & \alpha & 1 & \cdots & 1 \\ \vdots & \vdots & \vdots & \vdots & & \vdots \\ 1 & \alpha & 1 & \alpha & \cdots & 1 \end{bmatrix}_{n_{wheel}\times n_{wheel}} \quad (11.22)$$

式中，V^* 为 V 的共轭矩阵；ρ 可以用实数矩阵 Q 来表示，Q^T 为 Q 的转置矩阵，那么：

$$\rho = QQ^T \quad (11.23)$$

如果只考虑桥面不平顺这一随机激励源的作用,不考虑车辆自身重量产生的车桥耦合力向量 F_g,则车桥耦合振动时变方程式(11.16)可以写成:

$$M_{bv}\ddot{u}_w + C_{bv}\dot{u}_w + K_{bv}u_w = F_w \tag{11.24}$$

从式(11.18)可以看出,车桥相互作用动态力 F_w 包括两个部分的时变力:桥面不平顺的位移项产生的时变力 F_{w1} 和一阶导数项产生的时变力 F_{w2}。进一步对式(11.18)进行展开并整理后可得:

$$F_w = F_{w1} + F_{w2} = \begin{bmatrix} T_{b0}q(t) \\ T_{v0}q(t) \\ 0 \end{bmatrix}_{(n+n_{dof})\times 1} + \begin{bmatrix} T_{b0}\dot{q}(t) \\ T_{v0}\dot{q}(t) \\ 0 \end{bmatrix}_{(n+n_{dof})\times 1} \tag{11.25}$$

式中:

$$T_{b0} = \begin{bmatrix} \phi_1 N_1 k_{t1} & \cdots & \phi_1 N_{n_{wheel}} k_{tn_{wheel}} \\ \vdots & & \vdots \\ \phi_n N_1 k_{t1} & \cdots & \phi_n N_{n_{wheel}} k_{tn_{wheel}} \end{bmatrix}_{n \times n_{wheel}} \tag{11.26}$$

$$T_{b1} = \begin{bmatrix} \phi_1 N_1 c_{t1} & \cdots & \phi_1 N_{n_{wheel}} c_{tn_{wheel}} \\ \vdots & & \vdots \\ \phi_n N_1 c_{t1} & \cdots & \phi_n N_{n_{wheel}} c_{tn_{wheel}} \end{bmatrix}_{n \times n_{wheel}} \tag{11.27}$$

$$q(t) = \begin{bmatrix} q_1(t) & q_2(t) & \cdots & q_{n_{wheel}}(t) \end{bmatrix}^T_{1 \times n_{wheel}} \tag{11.28}$$

$$T_{v0} = \text{diag}\begin{bmatrix} k_{t1} & k_{t2} & \cdots & k_{tn_{wheel}} \end{bmatrix}_{n_{wheel} \times n_{wheel}} \tag{11.29}$$

$$T_{v1} = \text{diag}\begin{bmatrix} c_{t1} & c_{t2} & \cdots & c_{tn_{wheel}} \end{bmatrix}_{n_{wheel} \times n_{wheel}} \tag{11.30}$$

将式(11.23)代入式(11.19)可得:

$$S(\omega) = V^* SQQ^T SV = P^* P^T \tag{11.31}$$

将式(11.21)代入式(11.31)可得:

$$P = VQI_e \sqrt{S_q(\omega)} \tag{11.32}$$

式中,I_e 为单位列向量。

根据式(11.25)和式(11.32),采用虚拟激励法可以构造桥面不平顺竖向位移和桥面不平顺竖向位移的一阶导数所产生的时变虚拟激励荷载:

$$\tilde{F}_{w1}(\omega,t) = \begin{bmatrix} T_{b0}(t) \\ T_{v0}(t) \\ 0 \end{bmatrix}_{(n+n_{dof})\times 1} VQI_e \sqrt{S_q(\omega)} e^{i\omega t} \tag{11.33}$$

$$\tilde{\boldsymbol{F}}_{w2}(\omega,t) = i\omega \begin{bmatrix} \boldsymbol{T}_{b1}(t) \\ \boldsymbol{T}_{v1}(t) \\ 0 \end{bmatrix}_{(n+n_{\mathrm{dof}})\times 1} \boldsymbol{VOI}_{\mathrm{e}} \sqrt{S_q(\omega)} \mathrm{e}^{i\omega t} \quad (11.34)$$

则，桥面不平顺随机激励产生的总的时变虚拟激励荷载为：

$$\tilde{\boldsymbol{F}}_w(\omega,t) = \tilde{\boldsymbol{F}}_{w1}(\omega,t) + \tilde{\boldsymbol{F}}_{w2}(\omega,t) = \left\{ \begin{bmatrix} \boldsymbol{T}_{b0}(t) \\ \boldsymbol{T}_{v0}(t) \\ 0 \end{bmatrix} + i\omega \begin{bmatrix} \boldsymbol{T}_{b1}(t) \\ \boldsymbol{T}_{v1}(t) \\ 0 \end{bmatrix} \right\} \boldsymbol{VOI}_{\mathrm{e}} \sqrt{S_q(\omega)} \mathrm{e}^{i\omega t} \quad (11.35)$$

此时的 $\tilde{\boldsymbol{F}}_w(\omega,t)$ 为虚拟的确定性外荷载，将其代入式（11.24）就可以得到虚拟激励荷载引起的车桥耦合系统时变振动方程：

$$\boldsymbol{M}_{\mathrm{bv}}\ddot{\tilde{\boldsymbol{u}}}_w(\omega,t) + \boldsymbol{C}_{\mathrm{bv}}\dot{\tilde{\boldsymbol{u}}}_w(\omega,t) + \boldsymbol{K}_{\mathrm{bv}}\tilde{\boldsymbol{u}}_w(\omega,t) = \tilde{\boldsymbol{F}}_w(\omega,t) \quad (11.36)$$

车桥耦合系统时变振动方程式（11.36）中的虚拟响应 $\tilde{\boldsymbol{u}}_w(\omega,t)$ 可以采用下文的精细积分法求解。那么，可以在频域内得到桥面不平顺随机激励的公路桥梁随机振动响应的功率谱 $\boldsymbol{S}_{uu}(\omega,t)$：

$$\boldsymbol{S}_{uu}(\omega,t) = \tilde{\boldsymbol{u}}_w^*(\omega,t) \tilde{\boldsymbol{u}}_w^{\mathrm{T}}(\omega,t) \quad (11.37)$$

式中，$\tilde{\boldsymbol{u}}_w^*(\omega,t)$ 是桥梁虚拟响应 $\tilde{\boldsymbol{u}}_w(\omega,t)$ 的共轭。

通过对功率谱密度函数式（11.37）进行积分可得公路桥梁随机振动响应的标准差为：

$$\sigma_{yy}^2(t) = \int_0^{+\infty} \boldsymbol{S}_{uu}(\omega,t) \mathrm{d}\omega \quad (11.38)$$

11.4 三维车辆和桥梁的车-桥耦合方程精细积分解法

11.4.1 车桥相互作用力的节点等效分解

采用精细积分法求解桥梁在移动车辆荷载作用下的振动响应，已有研究都是将桥梁结构简化为平面简支梁，车辆简化为移动力或平面半车模型。而实际的车辆和桥梁都是空间体系，各个车轮荷载同时作用在桥面板上，车桥耦合系统并非简单的平面体系。有别于已有研究，本章考虑车辆各轮桥面不平顺的相干性和时间滞后性，将车辆各轮的动态作用力等效分解到各车轮直接作用的桥面壳单元四个节点上，采用精细积分法求解桥梁的振动响应。如图 11.1 所示，桥面第 n 个壳单元沿整体坐标 x 方向的长度为 $2a$，沿 y 方向的长度为 $2b$，第 i 个车轮自壳单元的一端沿整体坐标 x 方向向另一端以速度 v 匀速行驶。在数值计算的某一积分步长 Δt 内，第 i 个车轮由 A 点移动到 B 点，这时 A、B 两点均在第 n 个壳单元内，t_k 时刻车轮作用于 A 点，而 t_{k+1} 时刻车轮移动到 B 点，A 点距离所在壳单元起始端为 x_1，B 点距离所在壳单元起始端为 x_2。假设任意 k 时刻，第 i 个车轮所在的桥面壳单元起始端距离桥梁起点的距离为 x_k，则第 i 个车轮在第 n 个壳单元内距离壳单元起始端的距离为 x：

$$x = vt - (x_k + a) \tag{11.39}$$

$$\zeta = x/a = vt/a - x_k/a - 1 = \beta_1 t + \beta_2 \tag{11.40}$$

式中，$\beta_1 = v/a$；$\beta_2 = -x_k/a - 1$。

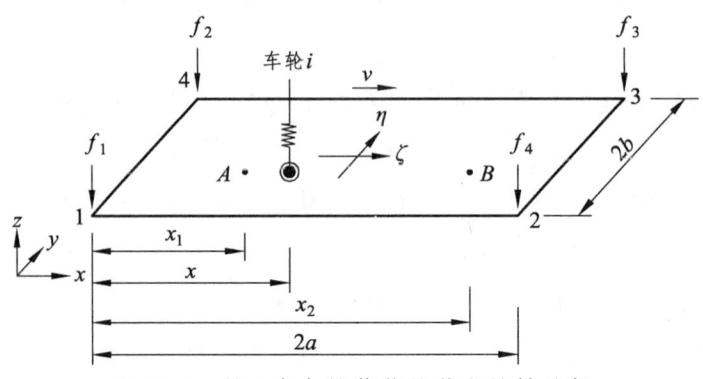

图 11.1　第 i 个车轮荷载的节点等效分解

利用壳单元的形函数，对过桥车辆第 i 个车轮荷载 F_{bvi}^{int} 进行等效分解，可得第 i 个车轮与桥面接触壳单元四个节点的时变节点力为：

$$\begin{cases} f_1(t) = N_1(\zeta_1, \eta_1) F_{bvi}^{int} \\ f_2(t) = N_2(\zeta_2, \eta_2) F_{bvi}^{int} \\ f_3(t) = N_3(\zeta_3, \eta_3) F_{bvi}^{int} \\ f_4(t) = N_4(\zeta_4, \eta_4) F_{bvi}^{int} \end{cases} \tag{11.41}$$

式中，$N_j(\xi_j, \eta_j)$（$j = 1, 2, 3, 4$）是壳单元的插值函数。

$$N_j(\zeta_j, \eta_j) = \frac{1}{8}(\zeta_0 + 1)(\eta_0 + 1)(2 + \zeta_0 + \eta_0 - \zeta^2 - \eta^2) \tag{11.42}$$

式中，$\zeta = (x - x_c)/a$，$\eta = (y - y_c)/b$，$\zeta_0 = \zeta \zeta_j$，$\eta_0 = \eta \eta_j$。

将式（11.39）和式（11.40）代入式（11.42）可得：

$$\begin{cases} N_1 = (b_{11} + b_{12}t + b_{13}t^2 + b_{14}t^3)/8 \\ N_2 = (b_{21} + b_{22}t + b_{23}t^2 + b_{24}t^3)/8 \\ N_3 = (b_{31} + b_{32}t + b_{33}t^2 + b_{34}t^3)/8 \\ N_4 = (b_{41} + b_{42}t + b_{43}t^2 + b_{44}t^3)/8 \end{cases} \tag{11.43}$$

利用荷载的节点等效，桥面板上的外荷载向量可以表示成：

$$\boldsymbol{F}(t) = \begin{bmatrix} 0 & 0 & \cdots & f_1(t) & f_2(t) & f_3(t) & f_4(t) & \cdots & 0 & 0 \end{bmatrix}^T \tag{11.44}$$

将式（11.41）和式（11.43）代入式（11.44），可得：

$$F(t) = (r_0 + r_1 t + r_2 t^2 + r_3 t^3) F_{bvi}^{int} \tag{11.45}$$

式中，$r_i (i = 0,1,2,3)$ 是常系数向量，可以表示为：

$$\begin{cases} r_0 = \begin{bmatrix} 0 & 0 & \cdots & b_{11} & b_{21} & b_{31} & b_{41} & \cdots & 0 & 0 \end{bmatrix}^T \\ r_1 = \begin{bmatrix} 0 & 0 & \cdots & b_{12} & b_{22} & b_{32} & b_{42} & \cdots & 0 & 0 \end{bmatrix}^T \\ r_2 = \begin{bmatrix} 0 & 0 & \cdots & b_{13} & b_{23} & b_{33} & b_{43} & \cdots & 0 & 0 \end{bmatrix}^T \\ r_3 = \begin{bmatrix} 0 & 0 & \cdots & b_{14} & b_{24} & b_{34} & b_{44} & \cdots & 0 & 0 \end{bmatrix}^T \end{cases} \tag{11.46}$$

式中：

$b_{11} = -\eta\beta_2(4-\beta_2+\eta-\beta_2^2-\eta^2) - \beta_2(3-\beta_2-\beta_2^2-\eta^2) + \eta(3+\eta-\beta_2^2-\eta^2) - \eta^3 - \beta_2^2 - \eta^2 + 2$

$b_{12} = \eta\beta_1\beta_2(3\beta_2+2) - \eta\beta_1(4-\eta^2+\eta) + \beta_1\beta_2(2+3\beta_2) - \beta_1\beta_2(2\eta+2) + \beta_1(3-\eta^2)$

$b_{13} = \eta\beta_1(\beta_1+3\beta_1\beta_2) + \beta_1(\beta_1+3\beta_1\beta_2) - \eta\beta_1^2 - \beta_1^2$

$b_{14} = \beta_1^3 + \eta\beta_1^3$, $b_{24} = \beta_1^3 - \eta\beta_1^3$

$b_{21} = \eta\beta_2(4-\beta_2-\eta-\beta_2^2-\eta^2) - \beta_2(3-\beta_2-\beta_2^2-\eta^2) - \eta(3-\eta-\beta_2^2-\eta^2) + \eta^3 - \beta_2^2 - \eta^2 + 2$

$b_{22} = \eta\beta_1\beta_2(-3\beta_2-2) + \eta\beta_1(4-\eta^2-\eta) + \beta_1\beta_2(2+3\beta_2) - \beta_1\beta_2(-2\eta+2) + \beta_1(-3+\eta^2)$

$b_{23} = \eta\beta_1(-\beta_1-3\beta_1\beta_2) + \beta_1(\beta_1+3\beta_1\beta_2) + \eta\beta_1^2 - \beta_1^2$

$b_{31} = \eta\beta_2(4+\beta_2+\eta-\beta_2^2-\eta^2) + \beta_2(3+\beta_2-\beta_2^2-\eta^2) + \eta(3+\eta-\beta_2^2-\eta^2) - \eta^3 - \beta_2^2 - \eta^2 + 2$

$b_{32} = \eta\beta_1\beta_2(-3\beta_2+2) + \eta\beta_1(4-\eta^2+\eta) + \beta_1\beta_2(2-3\beta_2) - \beta_1\beta_2(2\eta+2) + \beta_1(3-\eta^2)$

$b_{33} = \eta\beta_1(\beta_1-3\beta_1\beta_2) + \beta_1(\beta_1-3\beta_1\beta_2) - \eta\beta_1^2 - \beta_1^2$

$b_{34} = -\beta_1^3 - \eta\beta_1^3$, $b_{44} = -\beta_1^3 + \eta\beta_1^3$

$b_{41} = -\eta\beta_2(4+\beta_2-\eta-\beta_2^2-\eta^2) + \beta_2(3+\beta_2-\beta_2^2-\eta^2) - \eta(3-\eta-\beta_2^2-\eta^2) + \eta^3 - \beta_2^2 - \eta^2 + 2$

$b_{42} = -\eta\beta_1\beta_2(-3\beta_2+2) - \eta\beta_1(4-\eta^2-\eta) + \beta_1\beta_2(2-3\beta_2) - \beta_1\beta_2(-2\eta+2) + \beta_1(3-\eta^2)$

$b_{43} = -\eta\beta_1(\beta_1-3\beta_1\beta_2) + \beta_1(\beta_1-3\beta_1\beta_2) + \eta\beta_1^2 - \beta_1^2$

11.4.2 车桥耦合方程的精细积分求解

将上文虚拟激励荷载作用的确定性车桥耦合系统时变振动方程式（11.36）转化成如下的状态方程：

$$\dot{v}(t) = Hv(t) + r(t) \tag{11.47}$$

式中，$B = -M_{bv}^{-1} K_{bv}$ ；$G = -M_{bv}^{-1} C_{bv}$ ；$v^T(t) = \begin{bmatrix} \tilde{u}(\omega,t)^T & \tilde{\dot{u}}(\omega,t)^T \end{bmatrix}$ ；$H = \begin{bmatrix} 0 & I \\ B & G \end{bmatrix}$ ；$r(t) = \begin{bmatrix} 0 \\ M_{bv}^{-1} \tilde{F}_w(\omega,t) \end{bmatrix}$。

式（11.47）的解由两部分组成，即齐次解 $v_h(t)$ 和特解 $v_p(t)$；它们之间有如下关系：

$$v(t) = v_h(t) + v_p(t) \tag{11.48}$$

假设 t_k 时刻，状态量为 $v(t_k)$，则在 $t_{k+1} = t_k + \Delta t$ 时刻，桥梁的状态向量 $v(t_{k+1})$ 为：

$$v(t_{k+1}) = T(\Delta t)[v(t_k) - v_p(t_k)] + v_p(t_{k+1}) \quad (11.49)$$

上述方程中 $T(\Delta t)$ 是指数矩阵，$v_p(t_k)$ 是特解向量。在某一积分步 $t \in (t_k, t_{k+1})$ 中，齐次解为：

$$v_h(t) = T(\tau)c \quad (11.50)$$

式中，$T = \exp(H\tau)$ 为指数矩阵，其精细计算是众所周知的[3]；$\tau = t - t_k$；c 为 $t = t_k$ 时刻的积分常数。

式（11.47）的解可以写成：

$$v(t) = e^{Ht}v_0 + \int_{t_k}^{t_{k+1}} r(t)e^{H(t_{k+1}-\tau)}d\tau \quad (11.51)$$

对式（11.51）进行离散可得：

$$\begin{aligned} v_{k+1}(t) &= e^{Ht_{k+1}}v_0 + \int_0^{t_{k+1}} e^{H(t_{k+1}-\tau)}r(\tau)d\tau \\ &= e^{H\tau}e^{Ht_k}v_0 + \int_0^{t_k} e^{[H(t_k-\tau)+H\tau]}r(\tau)d\tau + \int_{t_k}^{t_{k+1}} e^{H(t_{k+1}-\tau)}r(\tau)d\tau \\ &= Tv_k + \int_{t_k}^{t_{k+1}} e^{H(t_{k+1}-\tau)}r(\tau)d\tau \end{aligned} \quad (11.52)$$

采用 Cotes 积分对式（11.52）的 Duhamel 项进行求解，可以得到：

$$\int_{t_k}^{t_{k+1}} e^{H(t_{k+1}-\tau)}r(\tau)d\tau = \left[7e^{\tau}r(t_k) + 32e^{H\frac{3}{4}\tau}r\left(t_k + \frac{1}{4}\tau\right) + 12e^{H\frac{1}{2}\tau}r\left(t_k + \frac{1}{2}\tau\right) + 32e^{H\frac{1}{4}\tau}r\left(t_k + \frac{3}{4}\tau\right) + 7r(t_{k+1})\right]\frac{\tau}{90} \quad (11.53)$$

11.4.3 工程应用

1. 桥梁和车辆模型

以江西奉铜高速公路上的某预应力混凝土梁桥为工程案例，桥梁横断面如图 11.2 所示。车辆模型采用第 2.1.1 节的三轴汽车。在此只考虑一种荷载布置方式，车辆在行车道位置行驶，采用式（4.22）的相干函数模型。

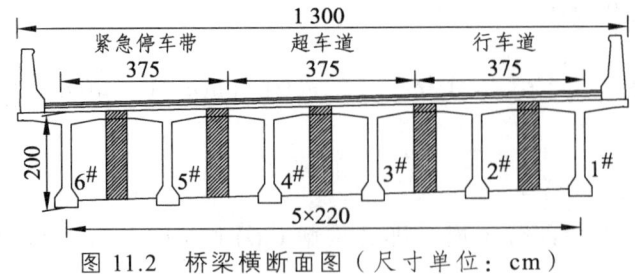

图 11.2 桥梁横断面图（尺寸单位：cm）

2. 虚拟激励+精细积分法的验证

为进行对比验证，首先采用第 5 章的车辆各轮相干桥面不平顺时域样本模拟方法生成多个桥面不平顺样本，采用 Newmark-β 数值计算方法求解车桥耦合振动时变方程式（11.36）；然后采用传统蒙特卡罗法（Monte Carlo Method，MCM）分别对 200、2 000、5 000 个桥梁车致振动响应样本进行统计并与虚拟激励法+精细积分法（Pseudo Excitation Method+Precise Integration Method，PEM+PIM）的求解结果进行对比。当过桥车辆以 72 km/h 的速度在 B 级桥面上行驶时，1#梁跨中竖向振动位移和车体竖向振动位移的标准差曲线如图 11.3 所示。从图中可以看出，蒙特卡罗法 5 000 个样本计算出的标准差曲线远远好于 200 个样本；蒙特卡罗法 200 个样本的 1#梁跨中竖向位移标准差与 PEM+PIM 计算结果的最大偏差为 11.8%，2 000 个样本的最大偏差为 4.68%，5 000 个样本的最大偏差为 2.13%。随着蒙特卡罗法样本数量的增加，其计算结果越来越接近 PEM+PIM 的计算结果；PEM+PIM 的计算时间为 24.5 s，而蒙特卡罗法 200 个样本的计算时间为 40.13 s，2 000 个样本的计算时间为 396.98 s，5 000 个样本的计算时间为 998.34 s，蒙特卡罗法的计算时间随着样本数量的增加而增加。可见，PEM+PIM 不受样本数量的限制，计算速度和精度明显提高。

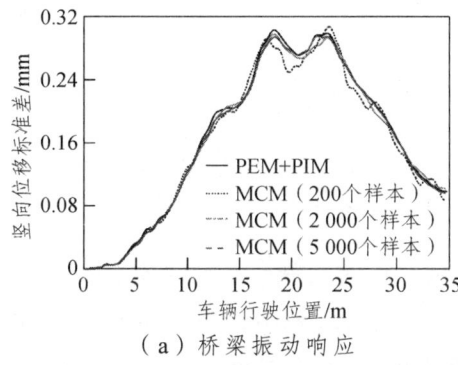 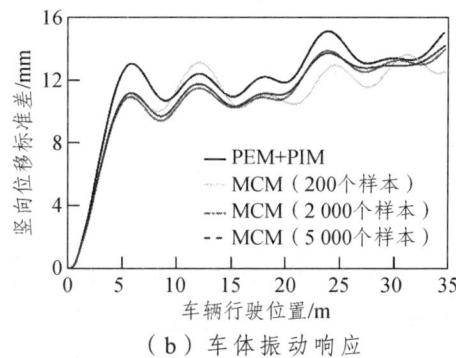

（a）桥梁振动响应　　　　　　　　　（b）车体振动响应

图 11.3　PEM+PIM 与 MCM 计算结果比较

有关车桥耦合振动时变方程的求解，也可以在虚拟激励法的基础上，采用 Newmark-β 法求解车桥耦合系统的振动响应，该方法 1 739 积分步、耗时 400.6 s，才获得与精细积分法 174 积分步、耗时 24.5 s 相同的计算结果。1#梁跨中竖向位移和车体竖向位移标准差曲线如图 11.4 所示，在计算结果基本相同的情况下，精细积分法的计算效率明显高于常规 Newmark-β 法。

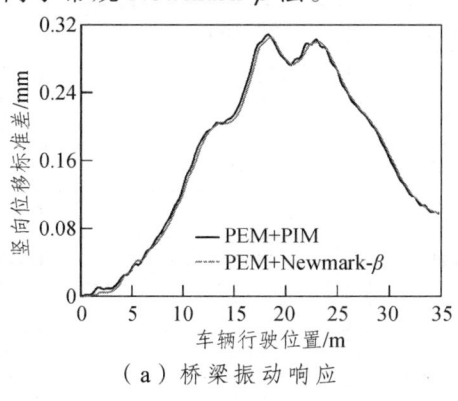 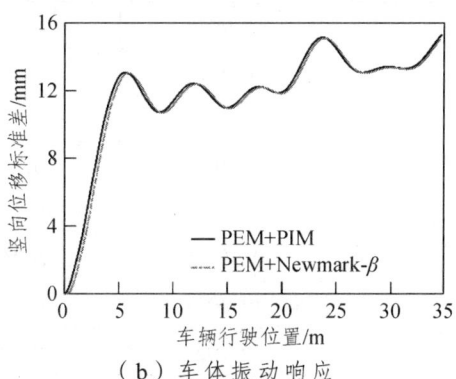

（a）桥梁振动响应　　　　　　　　　（b）车体振动响应

图 11.4　PEM+PIM 与 PEM+Newmark-β 计算结果比较

3. 精细积分法计算量分析

由于车辆和桥梁都是空间三维体系，并且考虑了桥面不平顺的随机激励，车桥耦合振动时变方程的求解不易得到解析解，所以在此将时间步长 0.000 1 s 的精细积分求解结果作为参考解。相同的车辆行驶速度（90 km/h）和相同的桥面路况等级（B 级），不同的时间步长（0.005 s 和 0.000 1 s），分别采用精细积分法、Newmark-β 法、Wilson-θ 法、中心差分法求解的 1# 梁跨中竖向位移响应标准差如图 11.5 所示。由图可知，在时间步长较大时，四种方法的计算结果相差较大，但在时间步长较小时，四种方法的桥梁车致振动响应标准差曲线接近重合。

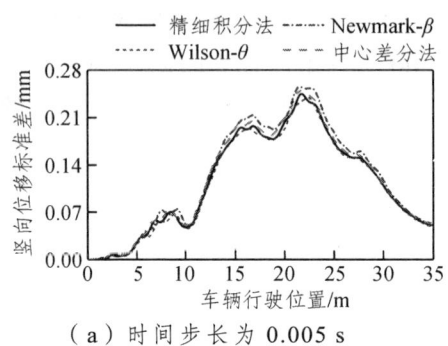
（a）时间步长为 0.005 s

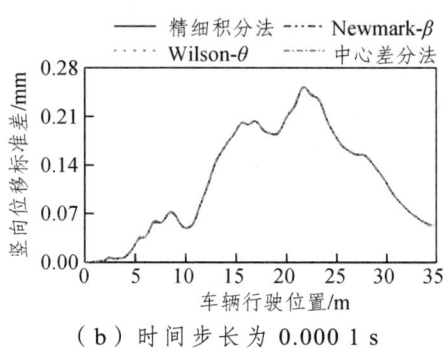
（b）时间步长为 0.000 1 s

图 11.5　不同数值计算方法的对比

不同计算方法的计算效率对比如表 11.1 所示。由表可知，中心差分法、wilson-θ 法和 Newmark-β 法的计算误差随着时间步长的增大而增大，采用较小时间步长 Δt 才可以求得高精度解。要得到误差在 0.02% 以内的解，Wilson-θ 法和 Newmark-β 法的最大时间步长 $\Delta t = 0.000\ 5$ s，中心差分法的最大时间步长 $\Delta t = 0.000\ 1$ s，而精细积分法的最大时间步长 $\Delta t = 0.01$ s。

表 11.1　不同计算方法的计算效率比较

计算方法	时间步长/s	1#梁跨中位移标准差/mm	计算时间/s	计算误差/%
精细积分法	0.001	0.252 612	865.434	0
	0.005	0.252 501	442.992	−0.02
	0.01	0.252 473	232.966	−0.02
	0.05	0.252 381	58.653	−0.03
Newmark-β	0.000 1	0.252 516	403.775	−0.02
	0.000 5	0.252 448	323.041	−0.02
	0.001	0.253 045	131.384	0.04
	0.005	0.245 084	66.043	−0.76
Wilson-θ	0.000 1	0.252 613	419.297	0
	0.000 5	0.252 808	333.743	0.01

续表

计算方法	时间步长/s	1#梁跨中位移标准差/mm	计算时间/s	计算误差/%
Wilson-θ	0.001	0.253 014	134.417	0.03
	0.005	0.249 372	70.358	-0.33
中心差分法	0.000 1	0.252 459	426.905	-0.02
	0.000 5	0.252 406	340.199	-0.03
	0.001	0.252 041	138.525	-0.06
	0.005	0.250 748	70.114	-0.19

11.5 多轴重车多点桥面不平顺随机激励的连续梁桥随机振动

11.5.1 重车和连续梁桥模型

1. 重车车辆模型

以一辆四轴整体车为分析对象，车辆模型如图11.6所示，车辆参数参考文献[4]。根据式（11.6），四轴整体车的各轮相干桥面不平顺功率谱密度矩阵可以写成式（11.54）。

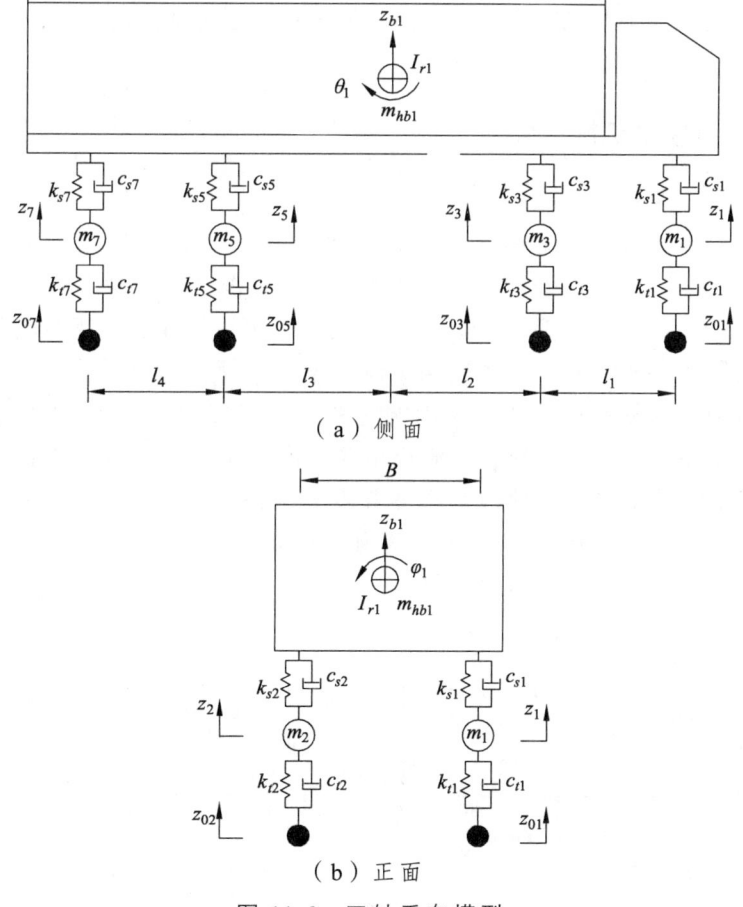

（a）侧面

（b）正面

图 11.6 四轴重车模型

$$S(\omega)=S_q(\omega)\begin{bmatrix} 1 & \alpha & \beta^{-L_{1,3}} & \alpha\beta^{-L_{1,4}} & \beta^{-L_{1,5}} & \alpha\beta^{-L_{1,6}} & \beta^{-L_{1,7}} & \alpha\beta^{-L_{1,8}} \\ \alpha & 1 & \alpha\beta^{-L_{2,3}} & \beta^{-L_{2,4}} & \alpha\beta^{-L_{2,5}} & \beta^{-L_{2,6}} & \alpha\beta^{-L_{2,7}} & \beta^{-L_{2,8}} \\ \beta^{L_{3,1}} & \alpha\beta^{L_{3,2}} & 1 & \alpha & \beta^{-L_{3,5}} & \alpha\beta^{-L_{3,6}} & \beta^{-L_{3,7}} & \alpha\beta^{-L_{3,8}} \\ \alpha\beta^{L_{4,1}} & \beta^{L_{4,2}} & \alpha & 1 & \alpha\beta^{-L_{4,5}} & \beta^{-L_{4,6}} & \alpha\beta^{-L_{4,7}} & \beta^{-L_{4,8}} \\ \beta^{L_{5,1}} & \alpha\beta^{L_{5,2}} & \beta^{L_{5,3}} & \alpha\beta^{L_{5,4}} & 1 & \alpha & \beta^{-L_{5,7}} & \alpha\beta^{-L_{5,8}} \\ \alpha\beta^{L_{6,1}} & \beta^{L_{6,2}} & \alpha\beta^{L_{6,3}} & \beta^{L_{6,4}} & \alpha & 1 & \alpha\beta^{-L_{6,7}} & \beta^{-L_{6,8}} \\ \beta^{L_{7,1}} & \alpha\beta^{L_{7,2}} & \beta^{L_{7,3}} & \alpha\beta^{L_{7,4}} & \beta^{L_{7,5}} & \alpha\beta^{L_{7,6}} & 1 & \alpha \\ \alpha\beta^{L_{8,1}} & \beta^{L_{8,2}} & \alpha\beta^{L_{8,3}} & \beta^{L_{8,4}} & \alpha\beta^{L_{8,5}} & \beta^{L_{8,6}} & \alpha & 1 \end{bmatrix}$$

(11.54)

2. 连续梁桥模型

以图 6.31 所示的连续梁桥为实际工程案例，根据已有的研究[5]，过桥重车在行车道行驶的概率为 93.5%，只有 6.5% 的重车在车流量增加或桥梁跨度较大时行驶在超车道，并且过桥重车的平均行驶速度为 60 km/h。为使研究更具一般性，本节在研究桥面不平顺随机激励的连续梁桥随机振动响应时，考虑两种车辆荷载工况：工况 1，车辆在行车道位置行驶；工况 2，车辆在超车道位置行驶。在无特别说明的情况下，下文分析的车辆行驶速度为 60 km/h，桥面路况等级为 B 级。

11.5.2 连续梁桥随机振动分析

1. 重车各轮相干桥面激励的影响

为探究四轴重车多轮多点桥面不平顺随机激励的相干性对连续梁桥随机振动响应的影响，采用式（4.22）相干函数模型。图 11.7 给出了工况 2 的车辆各轮相干和车辆各轮不相干的中跨 4# 梁的跨中竖向位移响应标准差。从图中可以看出：车辆各轮相干桥面激励对桥梁振动响应的影响大于不相干，各轮相干激励增大了桥梁振动响应的离散程度；车辆在第一跨行驶时所引起的桥梁中跨跨中振动响应波动幅度较大，各轮相干桥面激励的桥梁竖向位移响应峰值是不相干的 1.32 倍；随着车辆驶出桥梁，相干的桥梁振动响应波动幅度衰减较快，不相干的桥梁振动响应波动幅度并没有很快衰减；连续梁桥振动加速度响应对车辆各轮相干桥面激励较敏感，竖向加速度响应标准差最大值是不相干的 1.42 倍。

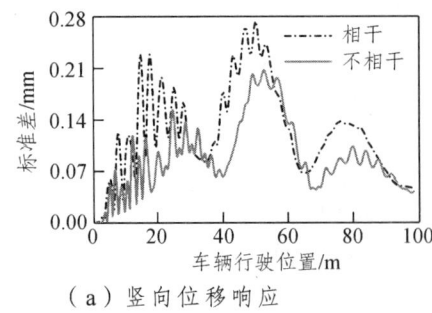
（a）竖向位移响应

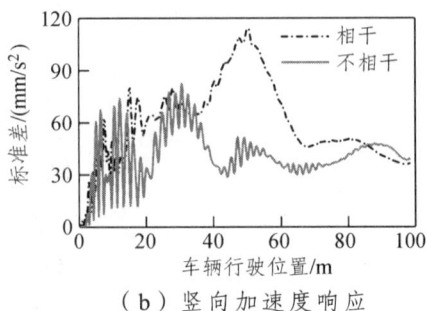
（b）竖向加速度响应

图 11.7 桥梁振动响应标准差

不同的相干函数取值反映了重车各轮桥面激励相干强度的大小，当 $\text{coh}(\omega) = 0$ 时，车辆各轮桥面不平顺随机激励完全不相干，即过桥车辆各车轮的桥面激励输入各自独立；当 $\text{coh}(\omega) = 1$ 时，车辆各轮桥面不平顺随机激励完全相干；不同相干强度的桥梁中跨 4# 梁的跨中竖向位移响应标准差如图 11.8 所示。从图中可以看出，车辆各轮桥面激励相干强度越大，桥梁振动响应的标准差就越大，桥梁振动响应随着相干强度的提高而增大。

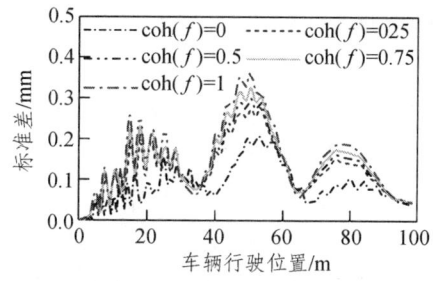

图 11.8　不同相干强度的桥梁竖向位移标准差

在工况 2 车辆荷载作用下，采用不同的相干函数模型，重车各轮相干桥面激励对中跨 4# 梁的跨中竖向位移响应标准差的影响如图 11.9 所示。从图中可以看出，采用文献[8]相干函数模型的桥梁位移响应标准差大于文献[6]和文献[7]相干函数模型的位移响应标准差，文献[8]相干函数模型的位移响应标准差离散程度较大；文献[6]相干函数模型的位移响应标准差略大于文献[7]，但两者差值较小。可见，虽然不同相干函数模型的连续梁桥振动响应大小各不相同，但都能反映桥梁车致振动响应的变化趋势。为研究方便，下文分析依然采用文献[6]的相干函数模型，不再特别说明。

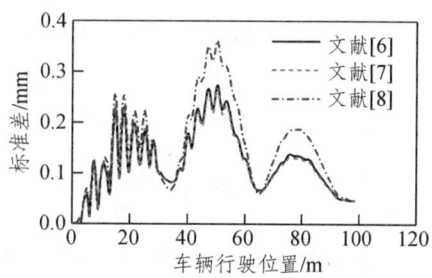

图 11.9　不同相干函数模型的桥梁竖向位移标准差

2. 桥面激励空间效应的影响

为分析重车多轮多点桥面不平顺随机激励的不同空间效应对连续梁桥随机振动响应的影响，在此讨论三种桥面不平顺空间效应：① 相干效应，过桥重车左右轮桥面不平顺随机激励相干且前后轮桥面不平顺随机激励时间滞后，这种激励方式是最切合实际车桥接触关系的，既考虑了车辆左右轮迹桥面激励的相干函数关系，又考虑了前后车轮桥面激励多点输入的时间延迟；② 时滞效应，不考虑左右轮迹桥面不平顺随机激励的相干性，但考虑前后轮桥面不平顺随机激励的时间滞后性；③ 一致激励，既不考虑车辆各轮桥面不平顺随机激励多点输入的相干性，也不考虑桥面不平顺随机激励的时间延迟。图 11.10

给出了工况 2 的 4#梁跨中振动响应标准差。从图中可以看出：桥梁振动响应对桥面激励的空间效应很敏感，不同的桥面激励空间效应，桥梁竖向位移响应标准差相差较大；车辆各轮一致激励的桥梁振动响应最大，其次是相干效应，而桥面激励的时间滞后效应最小；桥梁边跨竖向位移响应标准差大于中跨，重车上桥阶段引起的桥梁边跨竖向位移响应标准差离散程度最大。可见，仅考虑前后车轮的时滞性，桥梁振动响应值偏小，考虑车辆各轮同步激励的桥梁振动响应值偏大，而考虑车辆各轮桥面激励的相干性和时滞性的桥梁振动响应居中。

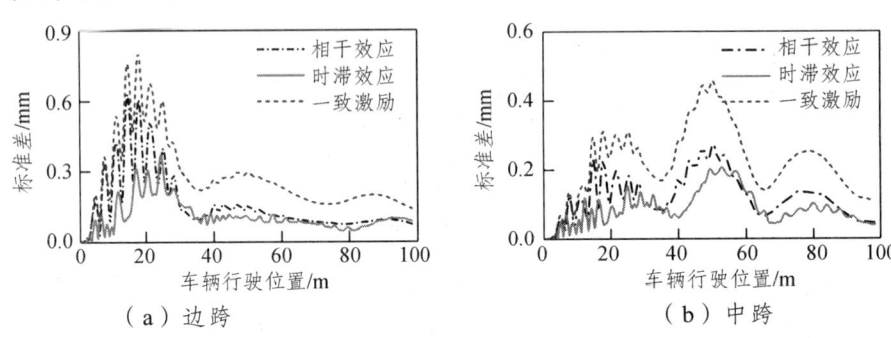

图 11.10　不同桥面激励空间效应的桥梁竖向位移标准差

3. 车辆速度和行车位置的影响

图 11.11 为相同的车辆荷载工况和不同的车辆行驶速度下，桥梁第二跨 1#梁和 3#梁的跨中竖向位移标准差最大值。从图中可以看出，同一片 T 型主梁，桥梁竖向位移响应标准差最大值随着车辆行驶速度的提高而增大，但并非成线性比例关系；不同的 T 型主梁，桥梁竖向位移响应标准差最大值随车速的变化趋势大致相同。

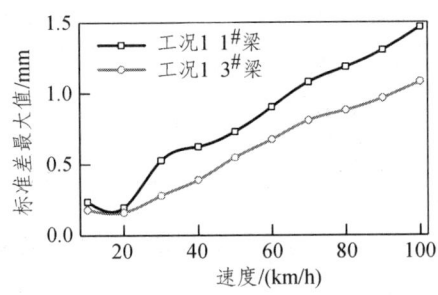

图 11.11　不同车速的桥梁竖向位移标准差最大值

当车辆在桥上匀速行驶时，桥面不平顺激励是平稳高斯随机过程。然而，当车辆变速行驶时，相应的桥面不平顺随机激励为一非平稳随机过程，其不平度的均方根值是时变的。当车辆以初速度 v_0 和加速度 a 行驶时，根据式（10.3）可得：

$$S_q(\omega,t) = 2\pi S_q(n_0) n_0^2 \frac{v_t}{\omega^2} = 2\pi S_q(n_0) n_0^2 \frac{v_0 + at}{\omega^2} \qquad (11.55)$$

式中，v_t 为 t 时刻车辆行驶速度。

为了分析车辆变速行驶对连续梁桥随机振动响应的影响，图 11.12 给出了重车在行车道以 60 km/h 匀速行驶和以 2 m/s² 加速行驶的中跨 3# 梁的跨中竖向位移响应标准差。从图中可以看出，桥梁在非平稳桥面随机激励下的位移响应标准差明显大于平稳激励。可见，非平稳激励的离散性较大且对桥梁振动响应的影响也较大，其增大了桥梁的振动响应，对桥梁运营安全和使用寿命不利。当重车以不同的初始速度 v_0 和不同的加速度 a 在行车道行驶时，桥梁中跨 3# 梁的跨中竖向位移响应标准差最大值如图 11.13 所示。从图中可以看出，同一初始速度，桥梁竖向位移响应标准差最大值随着车辆加速度的提高而呈现出缓慢增大的趋势；同一加速度，桥梁竖向位移响应标准差最大值随着车辆初始速度的提高而增大。

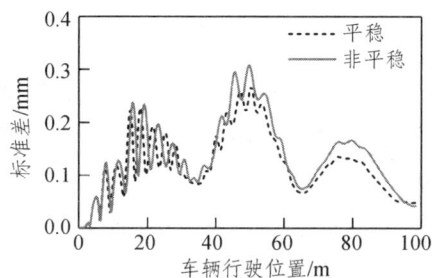

图 11.12　车辆非匀速行驶的桥梁竖向位移标准差

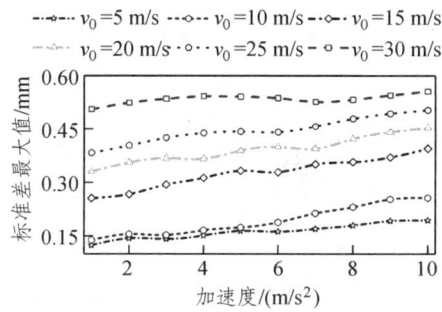

图 11.13　不同加速度和初速度的桥梁竖向位移标准差最大值

在工况 1 和工况 2 两种车辆荷载布置方式下，桥梁边跨和中跨的各片 T 梁跨中竖向位移响应标准差最大值如图 11.14 所示。从图中可以看出，虽然车辆荷载作用位置不同，但桥梁横向各片梁的跨中竖向位移响应标准差最大值近似成线性比例关系；相同工况，边跨各梁跨中竖向位移响应标准差最大值大于中跨各梁；不同工况，车辆荷载直接作用的 T 梁跨中竖向位移响应标准差最大值大于非直接作用的 T 梁，距离车辆荷载作用位置越近的 T 梁，其振动响应就越大；工况 1 的各梁跨中竖向位移响应标准差最大值相差较大，但工况 2 各梁跨中竖向位移响应标准差最大值相差较小。可见，车辆荷载作用位置对连续 T 梁桥各片 T 梁的振动响应影响较大，鉴于大车靠右行驶的交通规则，行车道位置的 T 梁在设计和建造时应该引起重视。

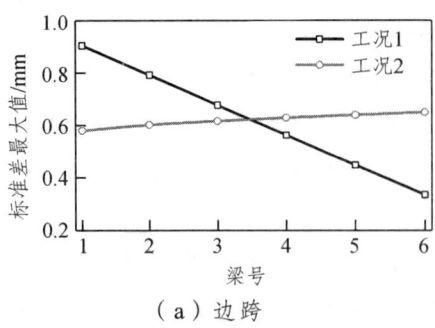
（a）边跨

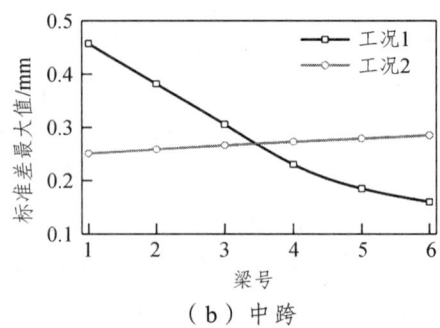
（b）中跨

图 11.14　不同荷载工况的各片主梁竖向位移标准差最大值

4. 不同桥面路况的影响

不同的桥面路况，桥面不平度幅值不同，且具有很强的随机性，由式（4.61）可知，其对重车各轮提供的激励强度也不相同。不同的桥面路况等级，车辆以 60 km/h 速度在行车道行驶时，中跨 3# 梁的跨中竖向位移响应标准差如图 11.15 所示。从图中可知：随着桥面路况的恶化，桥梁的车致振动响应增大，振动响应的离散程度变大；桥梁振动响应对桥面不平顺等级的变化非常敏感，A 级、B 级、C 级、D 级桥面的桥梁竖向位移响应标准差成倍增加，振动响应标准差最大值分别为 0.13 mm、0.27 mm、0.53 mm、1.07 mm。可见，加强桥面的养护，保持良好的路况，可以有效减小桥梁的车致振动响应。

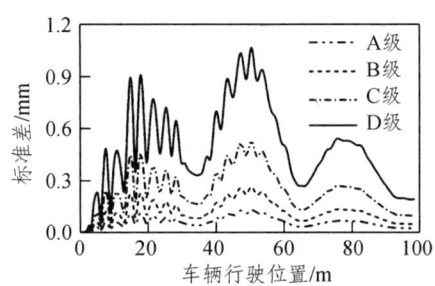

图 11.15　不同路况等级的桥梁竖向位移响应标准差

5. 不同车型重车的影响

重型载货汽车在桥梁上行驶时，桥梁承受较大的车辆动荷载作用，对桥梁结构的运营安全和使用寿命不利。根据文献[4]对某高速公路交通车流的调查结果，结合我国汽车车型手册[9]和文献[10]，高速公路上出现频率较高的重车车型及其简图如图 11.16 所示，图中标注了不同车型的轴距和轴重分配比例，车辆悬架和轮胎的刚度及阻尼、车体的转动惯量等参数参考文献[4]。从图中可以看出，不同的重车车型，其车轮数和各轴轴距各不相同，且拖挂车的车身尺寸大于整体车，故而车辆各轮相干的桥面不平顺随机激励的功率谱矩阵也不相同。

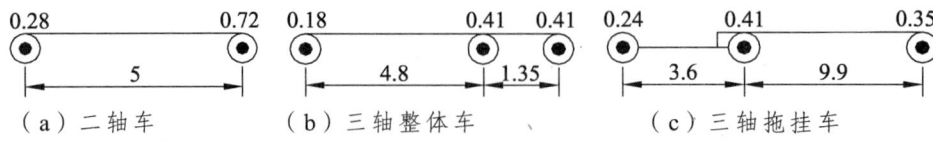

（a）二轴车　　　　　（b）三轴整体车　　　　　（c）三轴拖挂车

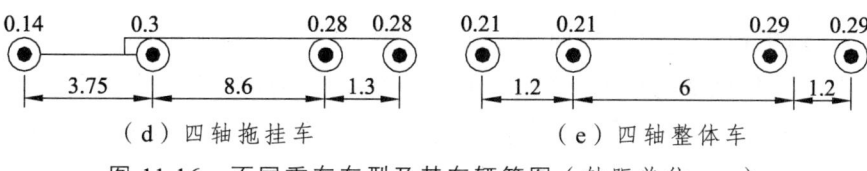

(d) 四轴拖挂车　　　　　　(e) 四轴整体车

图 11.16　不同重车车型及其车辆简图（轴距单位：m）

为分析不同重车车型对桥梁振动响应的影响，取各车型的载重量为 30 t，图 11.17 给出了不同重车车型在行车道行驶时的桥梁中跨 $3^\#$ 梁的跨中竖向位移响应标准差。从图中可以看出，桥梁振动响应的标准差随着重车轴数的增加而增大，重车轴数越多，在桥面不平顺多点激励下的桥梁振动响应离散程度越大；整体车轴数越多，其在边跨行驶时所引起的桥梁振动响应就越大，振动响应的波动幅度也越大；与二轴、三轴整体车不同，四轴整体车引起的桥梁竖向位移响应标准差最大值并非出现在车辆行驶至中跨跨中位置，而是出现在车辆行驶到边跨跨中位置附近；相同的轴数，整体车的桥梁竖向位移响应标准差明显大于拖挂车。可见，多轴重车对桥面不平顺激励很敏感；针对过桥重车的管控不能仅仅依靠车辆尺寸大小作为限制依据，而应该同时考虑车辆各轴的轴重大小和各轴轴距大小的差异。

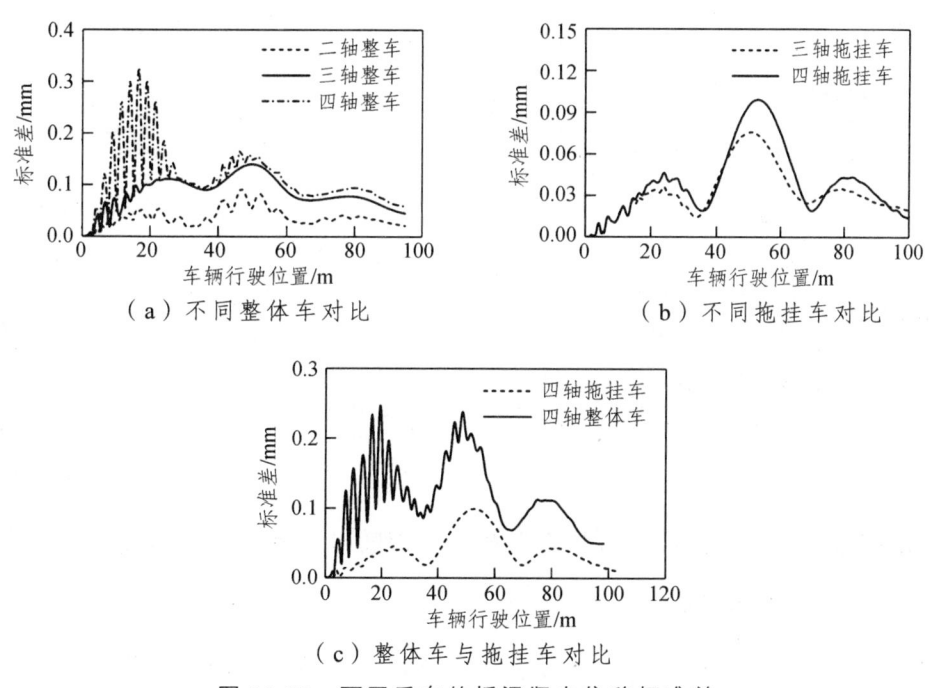

(a) 不同整体车对比　　　　　(b) 不同拖挂车对比

(c) 整体车与拖挂车对比

图 11.17　不同重车的桥梁竖向位移标准差

11.6　路面激励空间效应对车-桥耦合随机振动的影响

11.6.1　路面激励空间效应模型

以一辆三轴重载车为研究对象，车辆前轴左右轮的桥面不平顺随机激励输入分别为

$r_1(t)$ 和 $r_2(t)$，车辆中轴左右轮的桥面不平顺随机激励输入分别为 $r_3(t)$ 和 $r_4(t)$，车辆后轴左右轮的桥面不平顺随机激励输入分别为 $r_5(t)$ 和 $r_6(t)$，L_1 为前轴到中轴的距离，L_2 为前轴到后轴的距离，B 为车辆左右轮迹间的距离，车辆各轮的平面布置如图 11.18 所示。

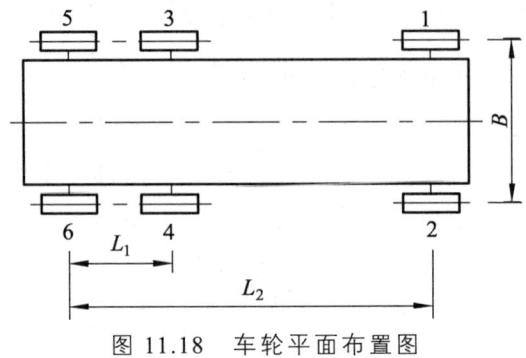

图 11.18 车轮平面布置图

1. 相干效应模型

六轮相干路面模型中需要输入左右轮的相干函数，而相干函数的获得，一般需要通过实测并经拟合而得。参考文献[11]的通用频域模型，相干函数仅与汽车结构和形式参数有关，即与轮距和车速有关。

$$\mathrm{coh}(n) = \mathrm{e}^{-2\pi n B} = \mathrm{e}^{-\omega B/v} \tag{11.56}$$

则可得三轴车的功率谱矩阵：

$$\boldsymbol{G}_q(\omega) = G_q(\omega) \begin{bmatrix} 1 & \mathrm{e}^{-\omega B/v} & \mathrm{e}^{-\mathrm{j}\omega l_1/v} & \mathrm{e}^{-\omega(\mathrm{j}l_1+B)/v} & \mathrm{e}^{-\mathrm{j}\omega l_2/v} & \mathrm{e}^{-\omega(\mathrm{j}l_2+B)/v} \\ \mathrm{e}^{-\omega B/v} & 1 & \mathrm{e}^{-\omega(\mathrm{j}l_1+B)/v} & \mathrm{e}^{-\mathrm{j}\omega l_1/v} & \mathrm{e}^{-\omega(\mathrm{j}l_2+B)/v} & \mathrm{e}^{-\mathrm{j}\omega l_2/v} \\ \mathrm{e}^{-\mathrm{j}\omega l_1/v} & \mathrm{e}^{\omega(\mathrm{j}l_1-B)/v} & 1 & \mathrm{e}^{-\omega B/v} & \mathrm{e}^{-\mathrm{j}\omega(l_2-l_1)/v} & \mathrm{e}^{-\omega[\mathrm{j}(l_2-l_1)+B]/v} \\ \mathrm{e}^{\omega(\mathrm{j}l_1-B)/v} & \mathrm{e}^{\mathrm{j}\omega l_1/v} & \mathrm{e}^{-\omega B/v} & 1 & \mathrm{e}^{-\omega[\mathrm{j}(l_2-l_1)+B]/v} & \mathrm{e}^{-\mathrm{j}\omega(l_2-l_1)/v} \\ \mathrm{e}^{\omega l_2/v} & \mathrm{e}^{\omega(\mathrm{j}l_2-B)/v} & \mathrm{e}^{\mathrm{j}\omega(l_2-l_1)/v} & \mathrm{e}^{\omega[\mathrm{j}(l_2-l_1)-B]/v} & 1 & \mathrm{e}^{-\omega B/v} \\ \mathrm{e}^{\omega(\mathrm{j}l_2/B)/v} & \mathrm{e}^{\mathrm{j}\omega l_2/v} & \mathrm{e}^{\omega[\mathrm{j}(l_2-l_1)-B]/v} & \mathrm{e}^{\mathrm{j}\omega(l_2-l_1)/v} & \mathrm{e}^{-\omega B/v} & 1 \end{bmatrix}$$

$$\tag{11.57}$$

考虑车辆振动的空间效应，可将六轮相干路面随机谱密度矩阵写成如下形式：

$$\boldsymbol{G}_{q1}(\omega) = \boldsymbol{V}^* \boldsymbol{S} \boldsymbol{\rho} \boldsymbol{S} \boldsymbol{V} \tag{11.58}$$

式中，$\boldsymbol{V}$ 为各车轮时间效应函数矩阵；$\boldsymbol{\rho}$ 为各车轮之间的相干函数矩阵。

$$\boldsymbol{V} = \mathrm{diag}\left([1\ \ 1\ \ \mathrm{e}^{-\mathrm{j}\omega l_1/v}\ \ \mathrm{e}^{-\mathrm{j}\omega l_1/v}\ \ \mathrm{e}^{-\mathrm{j}\omega l_2/v}\ \ \mathrm{e}^{-\mathrm{j}\omega l_2/v}]\right) \tag{11.59}$$

$$\boldsymbol{S} = \mathrm{diag}\left([\sqrt{S_1}\ \ \sqrt{S_2}\ \ \sqrt{S_3}\ \ \sqrt{S_4}\ \ \sqrt{S_5}\ \ \sqrt{S_6}]\right) \tag{11.60}$$

$$\rho = \begin{bmatrix} 1 & \coh(n) & 1 & \coh(n) & 1 & \coh(n) \\ \coh(n) & 1 & \coh(n) & 1 & \coh(n) & 1 \\ 1 & \coh(n) & 1 & \coh(n) & 1 & \coh(n) \\ \coh(n) & 1 & \coh(n) & 1 & \coh(n) & 1 \\ 1 & \coh(n) & 1 & \coh(n) & 1 & \coh(n) \\ \coh(n) & 1 & \coh(n) & 1 & \coh(n) & 1 \end{bmatrix} \quad (11.61)$$

G_{q1} 是半正定的 Hermitian 矩阵，ρ 是实对称正定矩阵，可将 ρ 分解为实阵 Q 和其转置矩阵 Q^T 的乘积：

$$\rho = QQ^T \quad (11.62)$$

$$G_{q1}(\omega) = V^* SQQ^T SV = P^* P^T \quad (11.63)$$

$$P = VSQ \quad (11.64)$$

对于车-桥耦合振动模型中的桥面不平顺输入，其功率谱幅值 $S_i(i=1,2,3,\cdots,6)$ 均相等，记为 $S_{rr}(\omega)$，则有：

$$P = \sqrt{S_{rr}(\omega)} \cdot VIQ = \sqrt{S_{rr}(\omega)} VQ \quad (11.65)$$

结合式（11.56）和式（11.65）分别构造位移和加速度项的虚拟激励荷载：

$$F_{w1}(\omega,t) = \begin{bmatrix} T_{b0}(t) \\ T_{v0}(t) \\ 0 \end{bmatrix}_{[(r+\mathrm{dof})\times 1]} VOI_e \sqrt{S_{rr}(\omega)} e^{i\omega t} \quad (11.66)$$

$$F_{w2}(\omega,t) = \begin{bmatrix} T_{b1}(t) \\ T_{v1}(t) \\ 0 \end{bmatrix}_{[(r+\mathrm{dof})\times 1]} VOI_e \sqrt{S_{rr}(\omega)} e^{i\omega t} \quad (11.67)$$

其中，I_e 为单位列向量。

因而，根据（11.16）式可以构造虚拟激励荷载：

$$\tilde{F}_w(\omega,t) = \tilde{F}_{w1}(\omega,t) + i\omega \tilde{F}_{w2}(\omega,t) = \left(\begin{Bmatrix} T_{b0}(t) \\ T_{v0}(t) \\ 0 \end{Bmatrix} + i\omega \begin{Bmatrix} T_{b1}(t) \\ T_{v1}(t) \\ 0 \end{Bmatrix} \right) VOI_e \sqrt{S_q(\omega)} e^{i\omega t} \quad (11.68)$$

2. 时滞效应模型

不考虑输入左右轮迹路面不平顺激励的相干性，此时路面谱相干函数 $\coh(n) = 0$，仅考虑前后车轮输入激励的时间效应，则式（11.57）可以写成：

$$G_q(\omega) = G_q(\omega) \begin{bmatrix} 1 & 0 & e^{-j\omega l_1/v} & 0 & e^{-j\omega l_2/v} & 0 \\ 0 & 1 & 0 & e^{-j\omega l_1/v} & 0 & e^{-j\omega l_2/v} \\ e^{j\omega l_1/v} & 0 & 1 & 0 & e^{-j\omega(l_2-l_1)/v} & 0 \\ 0 & e^{j\omega l_1/v} & 0 & 1 & 0 & e^{-j\omega(l_2-l_1)/v} \\ e^{j\omega l_2/v} & 0 & e^{j\omega(l_2-l_1)/v} & 0 & 1 & 0 \\ 0 & e^{j\omega l_2/v} & 0 & e^{j\omega(l_2-l_1)/v} & 0 & 1 \end{bmatrix} \quad (11.69)$$

时滞效应模型的各车轮时间效应矩阵 V、路面功率谱矩阵 S，均与相干效应模型相同，时滞效应虚拟激励荷载构造方法与相干效应相同。

3. 一致效应模型

既不考虑输入左右轮迹路面不平顺激励的相干性，也不考虑前后车轮输入激励的时间滞后效应，各车轮轮迹路面不平顺激励输入完全不相干且随机，则式（11.57）可以写成：

$$G_q(\omega) = G_q(\omega) \begin{bmatrix} 1 & 0 & 0 & 0 & 0 & 0 \\ 0 & 1 & 0 & 0 & 0 & 0 \\ 0 & 0 & 1 & 0 & 0 & 0 \\ 0 & 0 & 0 & 1 & 0 & 0 \\ 0 & 0 & 0 & 0 & 1 & 0 \\ 0 & 0 & 0 & 0 & 0 & 1 \end{bmatrix} \quad (11.70)$$

不考虑左右车轮轨迹的相干性及前、中、后车轴之间路面谱激励输入的时间滞后效应，则相干矩阵可以改写为：

$$\rho = \begin{bmatrix} 1 & 0 & 0 & 0 & 0 & 0 \\ 0 & 1 & 0 & 0 & 0 & 0 \\ 0 & 0 & 1 & 0 & 0 & 0 \\ 0 & 0 & 0 & 1 & 0 & 0 \\ 0 & 0 & 0 & 0 & 1 & 0 \\ 0 & 0 & 0 & 0 & 0 & 1 \end{bmatrix} \quad (11.71)$$

$$\rho = II^T \quad (11.72)$$

$$G_{q1}(\omega) = SII^T S = P^* P^T \quad (11.73)$$

$$P = SI \quad (11.74)$$

式中，I 为单位矩阵；S 为输入各车轮的路面激励幅值矩阵。

车轮各点的桥面不平顺功率谱幅值 $S_{ii}(i=1,2,3,\cdots,6)$ 均相等，记为 $S_{rr}(\omega)$，则有：

$$P = \sqrt{S_{rr}(\omega)}I \quad (11.75)$$

第 11 章 多轴货车多点桥面不平顺激励的桥梁随机振动

345

$$F_{w1}(\omega,t) = \begin{bmatrix} \boldsymbol{T}_{b0}(t) \\ \boldsymbol{T}_{v0}(t) \\ 0 \end{bmatrix}_{[(r+\mathrm{dof})\times 1]} \sqrt{S_{rr}(\omega)} \boldsymbol{II}_e \mathrm{e}^{\mathrm{i}\omega t} \quad (11.76)$$

$$F_{w2}(\omega,t) = \begin{bmatrix} \boldsymbol{T}_{b1}(t) \\ \boldsymbol{T}_{v1}(t) \\ 0 \end{bmatrix}_{[(r+\mathrm{dof})\times 1]} \sqrt{S_{rr}(\omega)} \boldsymbol{II}_e \mathrm{e}^{\mathrm{i}\omega t} \quad (11.77)$$

因而，可以构造虚拟激励：

$$\tilde{F}_w(\omega,t) = \tilde{F}_{w1}(\omega,t) + \mathrm{i}\omega \tilde{F}_{w2}(\omega,t) = \left(\begin{Bmatrix} \boldsymbol{T}_{b0}(t) \\ \boldsymbol{T}_{v0}(t) \\ 0 \end{Bmatrix} + \mathrm{i}\omega \begin{Bmatrix} \boldsymbol{T}_{b1}(t) \\ \boldsymbol{T}_{v1}(t) \\ 0 \end{Bmatrix} \right) \boldsymbol{II}_e \sqrt{S_{rr}(\omega)} \mathrm{e}^{\mathrm{i}\omega t} \quad (11.78)$$

11.6.2 工程应用

以图 4.33 的三跨连续梁桥为研究对象，车辆模型为图 2.1 所示的三轴汽车，车辆荷载布置工况如图 11.19 所示。为研究方便，在无特殊说明的情况下，桥面路况等级为 B 级，车辆行驶速度为 25 m/s。

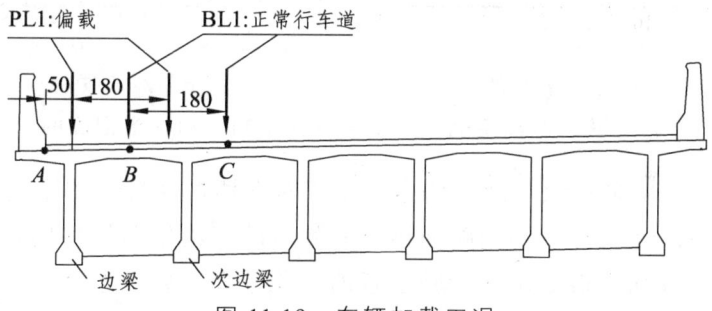

图 11.19 车辆加载工况

为研究路面输入激励的相干效应、时滞效应和一致效应对车-桥耦合振动响应的影响，当车辆按 BL1 工况行驶时，图 11.20 给出了边跨跨中 A 点的竖向位移和竖向加速度时程曲线，图 11.21 给出了边跨跨中 A 点的竖向位移和竖向加速度功率谱密度曲线。从图中可以看出，一致效应的 A 点振动响应均方根大于时滞效应和相干效应的振动响应均方根，且相干效应对桥梁振动加速度的影响大于对桥梁振动位移的影响。车辆位于边跨时，一致效应的 A 点振动位移均方根与相干效应结果接近，时滞效应与一致激励相差较大；车辆驶离边跨后，相干效应与时滞效应的位移均方根接近，但与一致效应相差较大；时滞效应和相干效应的加速度均方根曲线重合，但两者位移均方根没有完全重合；时滞效应和相干效应对桥梁振动加速度均方根和位移均方根的影响很小；不同的路面输入激励，A 点振动响应的频率相同，振动响应的功率谱密度峰值不同；一致激励引起了较大的桥梁振动响应。

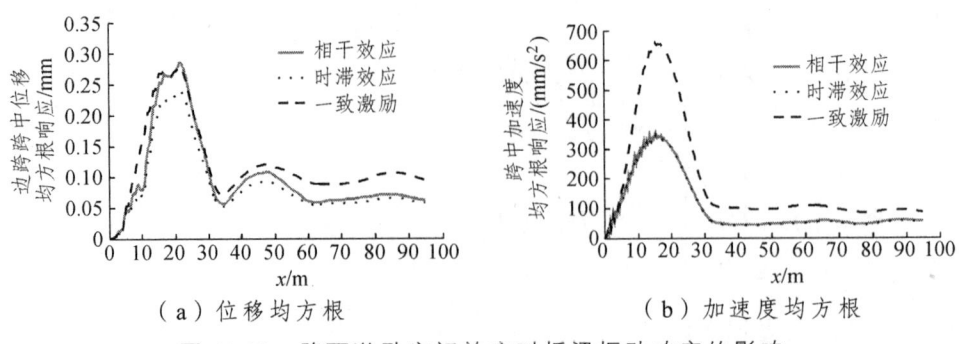

（a）位移均方根　　　　　　　　　（b）加速度均方根

图 11.20　路面激励空间效应对桥梁振动响应的影响

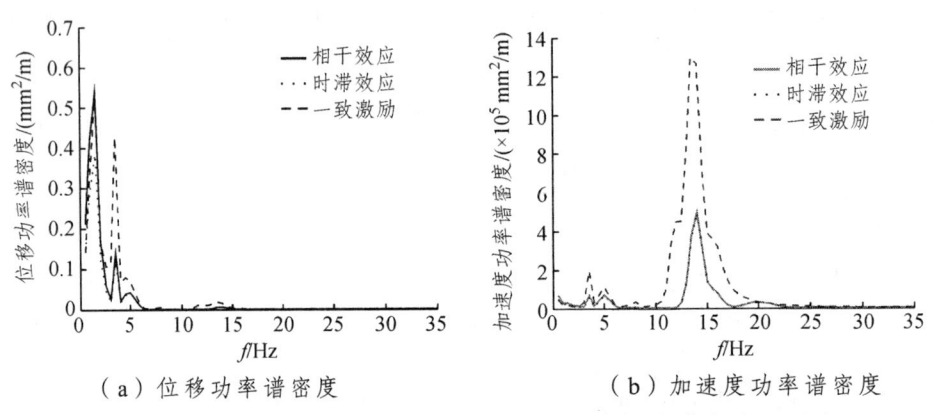

（a）位移功率谱密度　　　　　　　（b）加速度功率谱密度

图 11.21　路面激励空间效应对桥梁振动响应功率谱密度的影响

为研究路面不平顺多点输入激励的空间效应对车辆振动特性的影响，当车辆按 PL1 工况行驶时，图 11.22 给出了不同路面谱空间效应的车辆振动位移均方根。从图中可以看出，车体竖向位移均方根随车辆行驶位置的变化较大，后悬架竖向位移均方根随车辆行驶位置的变化相对较小；路面不平顺激励的相干性对车体位移均方根的影响大于对后悬架位移均方根的影响；相干效应对后悬架位移均方根值的影响比时滞效应和一致效应明显；相干效应对车体竖向位移振动响应的影响大于时滞效应和一致效应，最大值相差 12%。

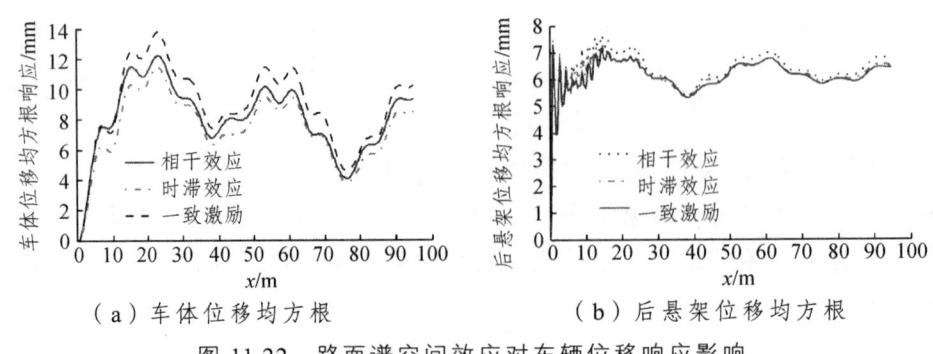

（a）车体位移均方根　　　　　　　（b）后悬架位移均方根

图 11.22　路面谱空间效应对车辆位移响应影响

图 11.23 给出了路面谱空间效应对车体和后悬架加速度均方根的影响。从图中可以看出，车体竖向加速度均方根随车辆行驶位置的变化较明显，后悬架竖向加速度均方根值随车辆行驶位置的变化较小；车辆驶入桥跨后，后悬架加速度均方根很快达到平稳状态；车体竖向加速度均方根沿桥跨方向变化较明显，桥面不平顺激励对车体振动响应的影响大于对后悬架振动响应的影响。

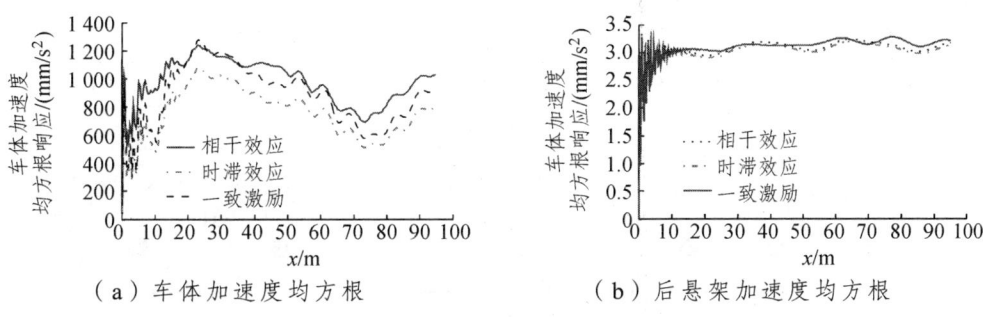

图 11.23 路面谱空间效应对车辆加速度响应影响

图 11.24 给出了车体和后悬架振动响应的功率谱密度。从图中可以看出，车体竖向加速度功率谱密度的峰值出现在 1.6 Hz，后悬架加速度功率谱密度的峰值出现在 14.5 Hz。考虑桥面不平顺激励与车桥耦合共振效应后，车体竖向加速度共振频率峰值与车辆自振基频一致，后悬架竖向共振加速度频率峰值与车辆悬架弹跳频率一致。

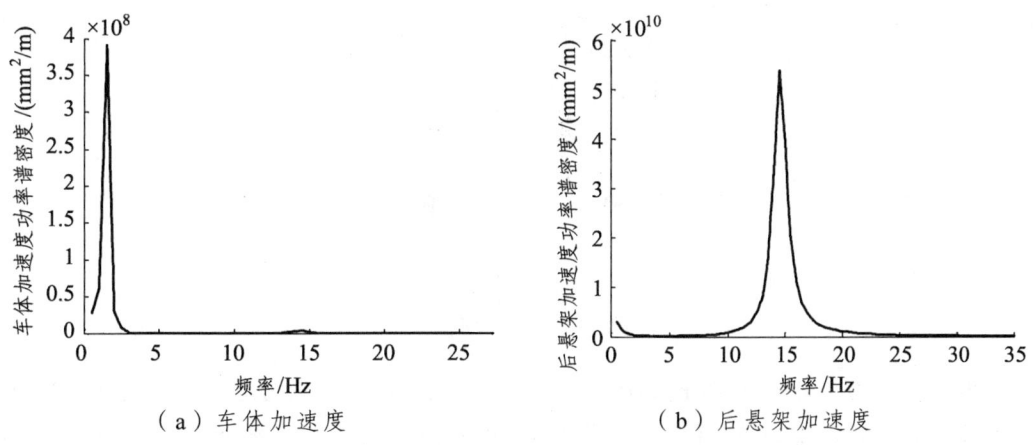

图 11.24 车辆振动加速度的功率谱密度

11.7 多轴特重车多点桥面不平顺激励的斜拉桥随机振动

11.7.1 特重车和斜拉桥模型

1. 特重车模型

高速公路的通行货车中，六轴特重车的通行频率最高且出现超重的概率较大[12]，为使研究更具代表性，在此以一辆六轴拖挂车为分析对象，车辆模型如图 11.25 所示，车辆参数参考文献[4]。

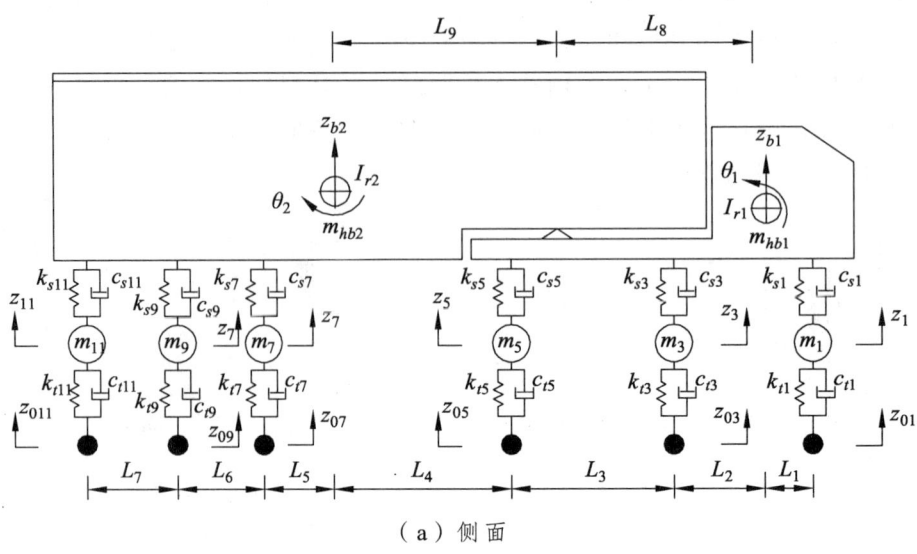

(a) 侧面

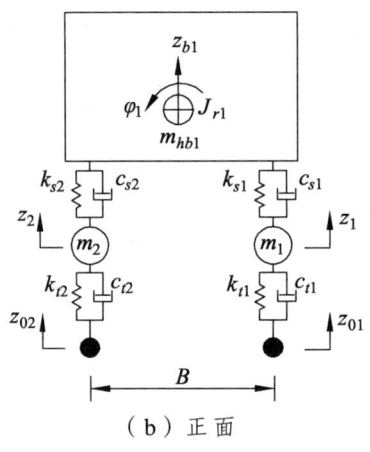

(b) 正面

图 11.25 车辆模型

六轴特重车的车轮平面布置如图 11.26 所示，图中各车轮分别编号。根据式（11.6）可以得到六轴特重车各车轮桥面不平顺随机激励输入的功率谱密度矩阵如式（11.79）所示。

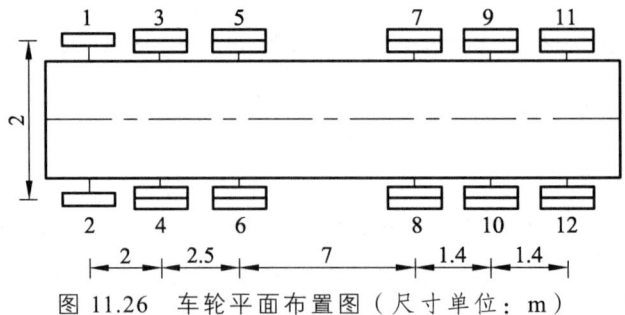

图 11.26 车轮平面布置图（尺寸单位：m）

$$S(\omega) = S_q(\omega) \begin{bmatrix} 1 & \alpha & \beta^{-L_{1,3}} & \alpha\beta^{-L_{1,4}} & \beta^{-L_{1,5}} & \alpha\beta^{-L_{1,6}} & \cdots & \alpha\beta^{-L_{1,12}} \\ \alpha & 1 & \alpha\beta^{-L_{2,3}} & \beta^{-L_{2,4}} & \alpha\beta^{-L_{2,5}} & \beta^{-L_{2,6}} & \cdots & \beta^{-L_{2,12}} \\ \beta^{L_{3,1}} & \alpha\beta^{L_{3,2}} & 1 & \alpha & \beta^{-L_{3,5}} & \alpha\beta^{-L_{3,6}} & \cdots & \alpha\beta^{-L_{3,12}} \\ \alpha\beta^{L_{4,1}} & \beta^{L_{4,2}} & \alpha & 1 & \alpha\beta^{-L_{4,5}} & \beta^{-L_{4,6}} & \cdots & \beta^{-L_{4,12}} \\ \beta^{L_{5,1}} & \alpha\beta^{L_{5,2}} & \beta^{L_{5,3}} & \alpha\beta^{-L_{5,4}} & 1 & \alpha & \cdots & \alpha\beta^{-L_{5,12}} \\ \alpha\beta^{L_{6,1}} & \beta^{L_{6,2}} & \alpha\beta^{L_{6,3}} & \beta^{L_{6,4}} & \alpha & 1 & \cdots & \beta^{-L_{6,12}} \\ \vdots & \vdots & \vdots & \vdots & \vdots & \vdots & & \vdots \\ \alpha\beta^{L_{12,1}} & \beta^{L_{12,2}} & \alpha\beta^{L_{12,3}} & \beta^{L_{12,4}} & \alpha\beta^{L_{12,5}} & \beta^{L_{12,6}} & \cdots & 1 \end{bmatrix}$$

(11.79)

2. 斜拉桥模型

以江西鄱阳湖第二公路特大桥为分析对象，该斜拉桥各跨跨径为 68.6 m+116.4 m+420 m+116.4 m+68.6 m，桥面宽度 24.5 m，双向四车道，桥梁横断面及行车道布置如图 11.27 所示，桥梁有限元模型如图 11.28 所示。

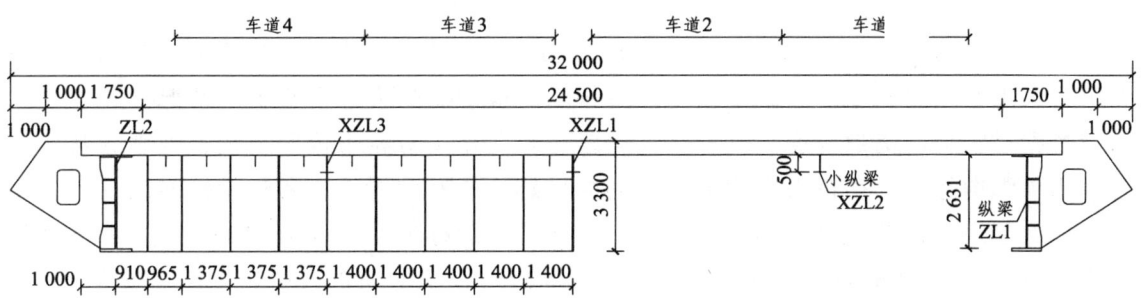

图 11.27 桥梁横断面（尺寸单位：mm）

图 11.28 桥梁模型

为研究方便，在无特别说明的情况下，本节六轴特重车车重取 90 t，车辆行驶速度取 60 km/h，桥面路况等级取 B 级，车辆行驶方向从都昌驶向庐山。车辆荷载布置分两种工况：工况 1 为车辆在车道 1 行驶；工况 2 为车辆在车道 2 行驶。

11.7.2 斜拉桥随机振动分析

1. 车辆各轮相干桥面激励对斜拉桥振动响应的影响

在此采用第 4.2 节的式（4.22）相干函数模型，在工况 1 车辆荷载作用下，车辆各轮相干和车辆各轮不相干的主跨纵梁 ZL1 跨中竖向位移的功率谱密度如图 11.29 所示。虽然不相干和相干的功率谱密度分布范围都为 0.05～0.8 Hz，与桥梁前七阶固有频率一致，但特重车各轮相干桥面激励的纵梁 ZL1 跨中竖向位移的功率谱幅值明显大于各轮不相干的情况，即特重车各轮相干的纵梁跨中振动能量大于各轮不相干的情况，纵梁振动更加剧烈。从图中也可以看出，位移功率谱密度的峰值出现在低频段，其幅值随着频率的增大而减小，因为低频段最早出现桥梁竖向弯曲振型，斜拉桥竖向振动响应以低频振动为主导。

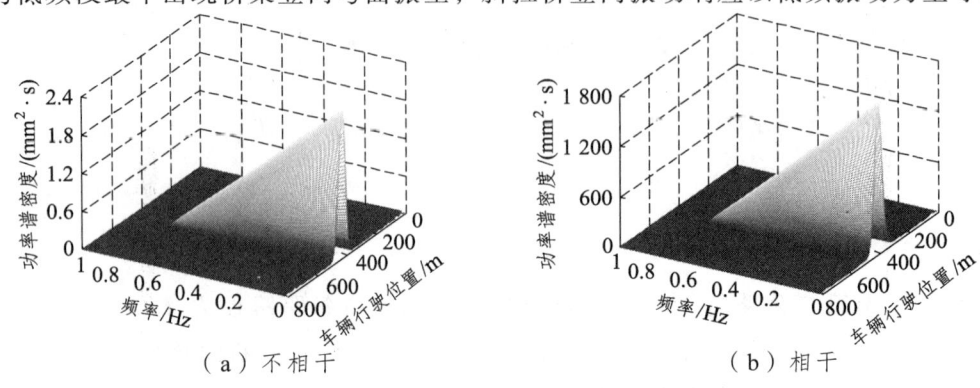

图 11.29 纵梁竖向位移响应功率谱密度

主跨纵梁 ZL1 跨中和东侧桥塔塔顶的振动响应标准差如图 11.30 所示。从图中可以看出：特重车各轮相干桥面激励对斜拉桥振动响应的影响大于不相干的情况，其增大了斜拉桥振动响应的离散程度。其中，纵梁跨中竖向振动对相干桥面激励最敏感，其次是桥塔塔顶纵向振动，而桥塔塔顶横向振动的敏感性相对较弱，三者相干桥面激励的振动响应标准差最大值分别是不相干桥面激励的振动响应标准差最大值的 27.81 倍、23.43 倍、10 倍。可见，特重车多轮多点相干桥面不平顺对斜拉桥的随机振动响应影响较大。

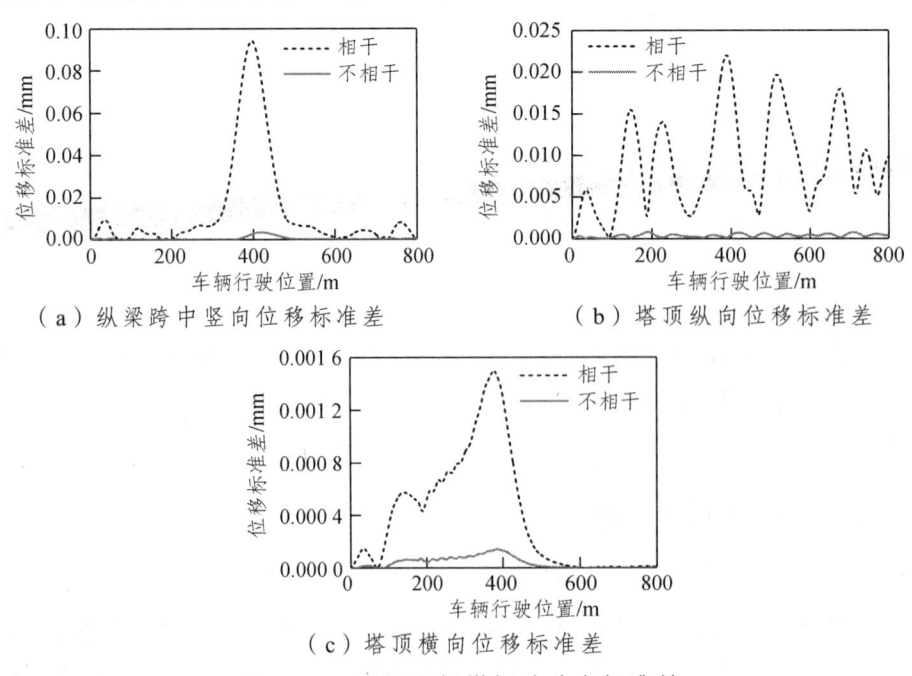

图 11.30 纵梁和桥塔振动响应标准差

不同的相干函数取值反映了特重车多轮多点桥面激励相干强度的大小，图 11.31 给出了车辆各轮桥面激励不同相干强度对斜拉桥主跨纵梁 ZL1 跨中竖向位移标准差的影响。可以看出，车辆各轮桥面激励各自独立的纵梁跨中位移标准差最大值为 0.003 m，而车辆各轮桥面激励完全相干的纵梁跨中位移标准差最大值为 0.094 m，后者是前者的 31.33 倍；车辆各轮桥面激励的相干强度越大，纵梁跨中振动响应的标准差就越大，振动响应随着相干强度的提高而增大。这是因为相干强度的大小反映了各车轮桥面不平顺随机激励在不同时刻瞬时值之间的关联程度，相干性越强，则桥面不平顺随机激励引起的各车轮动态作用力就趋于同步且频谱特性趋于一致，车桥耦合作用力加强，桥梁振动响应的离散程度变大；而相干性较弱时，桥面不平顺激励引起的各车轮动态作用力就趋于各自独立且频谱特性各不相同，车桥耦合作用力减弱，桥梁振动响应的离散程度减小。

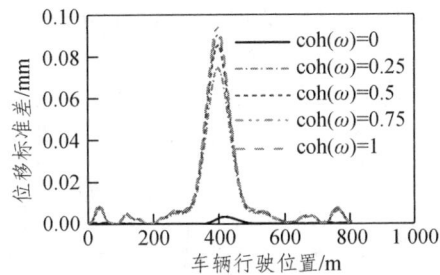

图 11.31　不同相干强度的纵梁竖向位移标准差

当车辆左右轮距 $B = 2$ m，行车速度 $v = 60$ km/h 时，B 级桥面路况的不同相干函数模型如图 11.32 所示。从图中可以看出，频率越低，不同相干函数模型的相干性越强；频率越高，不同相干函数模型的相干性就越弱；在 0~10 Hz 的低频段，文献[8]的相干函数值最大，文献[7]的相干函数值最小；在 10~46 Hz 频段，文献[8]的相干函数值最大，文献[6]的相干函数值最小；在 46~100 Hz 的高频段，文献[7]的相干函数值最大，文献[8]的相干函数值最小。

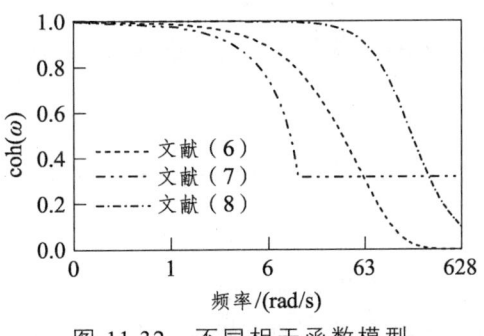

图 11.32　不同相干函数模型

相同的荷载工况，不同的相干函数模型，特重车各轮相干桥面激励对主跨纵梁 ZL1 跨中竖向位移标准差的影响如图 11.33 所示。从图中可以看出，三种相干函数模型的桥梁振动响应标准差接近重合，不同相干函数模型对大跨度斜拉桥振动响应的影响较小；

在考虑特重车各轮桥面激励的相干性时，这三种相干函数模型都能反映斜拉桥在桥面不平顺激励下的振动响应规律。为研究方便，下文分析依然采用文献[6]的相干函数模型，不再特别说明。不同的桥面路况，桥面不平度幅值相差较大，且具有很强的随机性，对特重车各轮提供的激励强度也不相同，图11.34给出了不同桥面路况等级的主跨纵梁ZL1跨中竖向位移标准差。由图可知：桥面路况等级越差，斜拉桥车致振动响应的离散程度就越大，竖向位移响应标准差成倍增加；当不考虑各轮桥面激励相干性时，桥面不平顺对纵梁跨中竖向位移标准差最大值的影响较小，D级桥面路况引起的纵梁跨中竖向位移标准差最大值仅为 13.6 mm；当考虑车辆各轮桥面激励相干性时，桥梁振动响应对桥面路况的恶化较敏感，A级、B级、C级、D级桥面路况的纵梁跨中竖向位移标准差最大值分别为 47 mm、94.23 mm、188.68 mm、377.34 mm。可见，考虑车辆各轮桥面激励相干这一实际情况的桥梁振动响应离散程度增大，也充分说明了加强大跨度斜拉桥桥面养护工作的重要性。

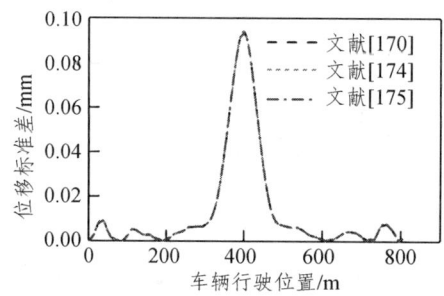

图 11.33 不同相干函数模型的纵梁竖向位移标准差

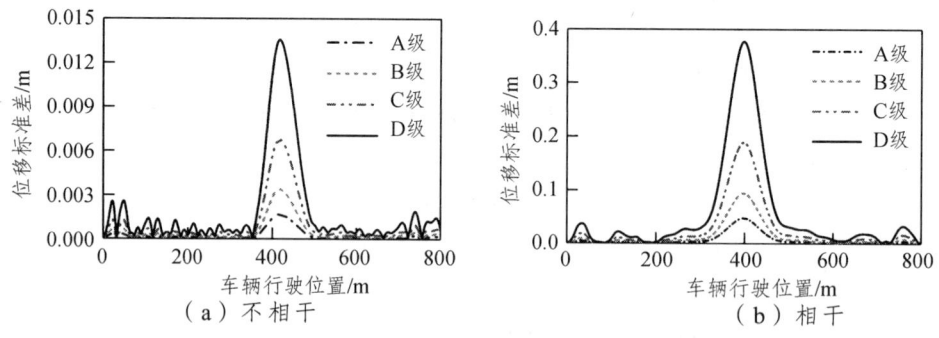

（a）不相干　　　　　　　　　　　（b）相干

图 11.34 不同桥面路况的纵梁竖向位移标准差

2. 车速和行车位置对斜拉桥振动响应的影响

不同荷载工况和行车速度，考虑车辆各轮桥面激励的相干性，图 11.35 分别给出了主跨纵梁 ZL1 跨中、东侧桥塔塔顶纵向的振动响应标准差最大值。从图中可以看出，同一荷载工况，纵梁竖向位移标准差最大值和塔顶纵向位移标准差最大值随着车辆行驶速度的提高而增大；不同的荷载工况，纵梁竖向位移标准差最大值受特重车行驶位置的影响较大，工况 1 的纵梁振动响应标准差最大值大于工况 2，距离车辆荷载作用位置越近，纵梁振动响应的离散程度就越大，这主要是因为纵梁竖向刚度较小且直接承受车辆竖向荷载作用，其对车辆荷载较敏感；而桥塔纵向位移标准差最大值受车辆行车位置的影响却非常小，两种工况趋于重合，因为桥塔不仅刚度较大，而且引起塔顶纵向位移的塔端拉索索力的水平分力受车辆荷载作用位置的影响较小。

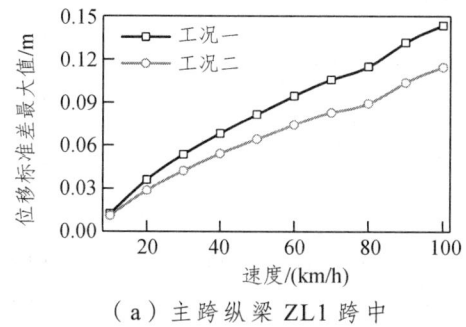
（a）主跨纵梁 ZL1 跨中

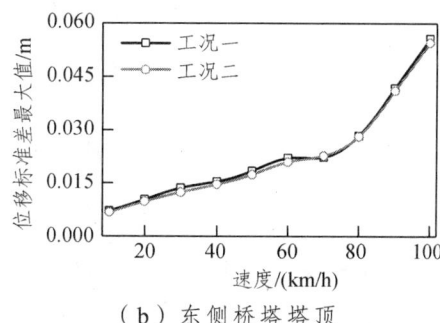
（b）东侧桥塔塔顶

图 11.35　不同工况和车速的纵梁和桥塔振动响应标准差最大值

考虑车辆各轮桥面不平顺随机激励的相干性，图 11.36 给出了特重车在车道 1 以 60 km/h 匀速行驶和以 5 m/s² 加速行驶的主跨纵梁 ZL1 跨中竖向位移标准差。从图中可以看出，非平稳桥面不平顺激励的振动响应标准差明显大于平稳桥面激励，非平稳桥面激励的纵梁竖向位移标准差最大值是平稳桥面激励的 2.473 倍。

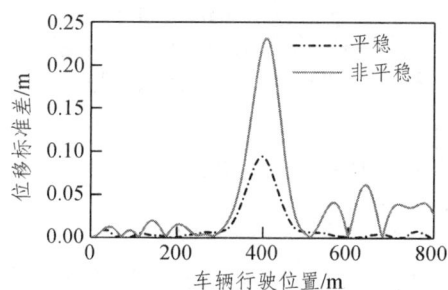

图 11.36　非平稳桥面激励的纵梁竖向位移标准差

为探究特重车在桥上加速行驶对斜拉桥振动响应的影响，不同初始速度 v_0 和不同加速度 a 的主跨纵梁 ZL1 跨中竖向位移标准差最大值如图 11.37 所示。从图中可以看出，同一初始速度，当车辆加速度为 8～12 m/s² 时，纵梁竖向位移标准差最大值随着车辆加速度的提高变化较小，但当车辆加速度为 1～8 m/s² 和 8～15 m/s² 时，纵梁竖向位移标准差最大值随着车辆加速度的提高而增大；同一加速度，当车辆加速度为 4 m/s²、8 m/s² 和 12 m/s² 时，车辆初始速度对纵梁竖向位移标准差最大值的影响较小，当加速度在区间 1～4 m/s²、4～8 m/s² 和 12～15 m/s² 时，纵梁竖向位移标准差最大值随着车辆初始速度的提高有小幅度的增大，而当加速度在区间 8～12 m/s² 时，纵梁竖向位移标准差最大值随着车辆初始速度的提高有小幅度的减小。

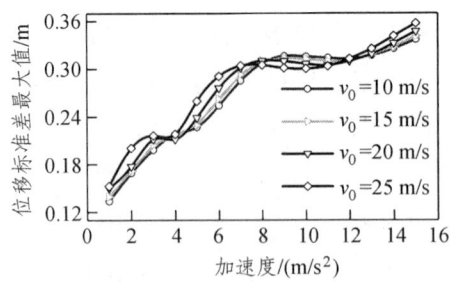

图 11.37　不同初始速度和加速度的纵梁竖向位移标准差最大值

3. 不同车型特重车对斜拉桥振动响应的影响

我国公路桥梁上出现频率较高的特重车主要有三种车型：六轴特重车、五轴特重车和四轴特重车（拖挂车）。为探究不同车型特重车多轮多点桥面不平顺随机激励对斜拉桥振动响应的影响，参考文献[4]和文献[5]的车辆参数，对不同车型特重车各轮相干桥面激励的斜拉桥振动响应进行分析，各车型车辆的轴距及轴重分配比例如图 11.38 所示。

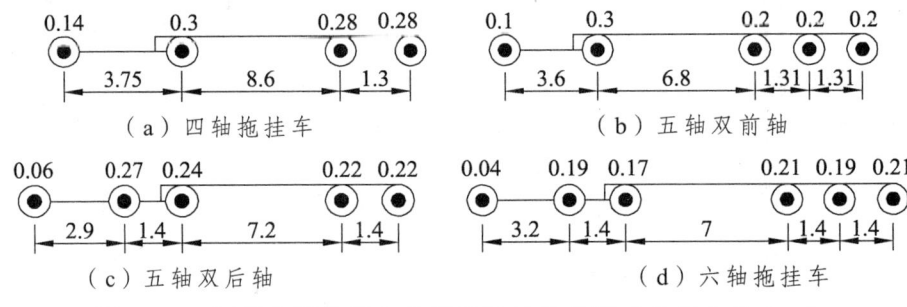

图 11.38　不同车型特重车的轴距及轴重分配（轴距单位：m）

当不同车型特重车在车道 1 行驶时，主跨纵梁 ZL1 跨中竖向位移标准差如图 11.39 所示。从图中可以看出，纵梁竖向位移标准差随着特重车轴数的增加而增大；特重车的轴数越多，多点相干桥面不平顺激励的桥梁振动响应离散程度就越大；相同的轴数和轮数，因车辆轴距和车轮布置位置不同，五轴双后轴特重车在多点相干桥面激励下的桥梁振动响应标准差大于五轴双前轴。可见，多轴特重车对各轮相干桥面不平顺随机激励很敏感，不同类型特重车引起的桥梁振动响应各不相同，轮数越多，在多点桥面不平顺激励下的斜拉桥振动响应离散程度就越大。

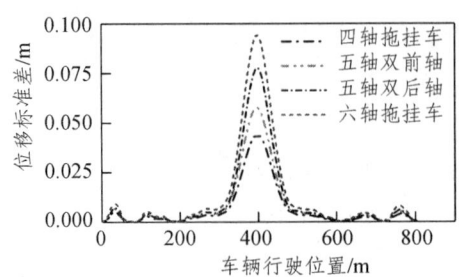

图 11.39　不同车型特重车的纵梁竖向位移标准差

参考文献

[1] 韩万水，闫君媛，武隽，等. 基于长期监测的特重车流作用下桥梁动态放大系数研究[J]. 振动工程学报，2014，27（2）：222-232.

[2] 鲍警予. 路面对四轮汽车的输入谱矩阵[J]. 汽车工程，1992，14（1）：39-45.

[3] ZHONG W X. On precise integration method[J]. Journal of Computational and Applied Mathematic, 2004(163): 59-78.

[4] 舒涛. 基于实测随机车流样本的桥梁冲击系数谱研究[D]. 西安：长安大学，2014.

[5] 韩万水，闫君媛，武隽，等. 基于长期监测的特重车交通荷载特性及动态过桥分析[J]. 中国公路学报，2014，27（2）：54-61.

[6] BOGSJÖ K.Coherence of road roughness in left and right wheel-path[J].Vehicle System Dynamics, 2008, 46(S1): 599-609.

[7] 赵珋，卢士富. 路面对四轮汽车输入的时域模型[J]. 汽车工程，1999，21（2）：112-117.

[8] AMMON D. Problems in road surface modeling[J]. Vehicle System Dynamics, 1991, 20(s): 28-41.

[9] 中国汽车工业总公司，中国汽车技术研究中心. 中国汽车车型手册[M]. 济南：山东科学技术出版社，1993.

[10] 张喜刚. 公路桥梁汽车荷载标准研究[M]. 北京：人民交通出版社，2014.

[11] 张立军，张天侠. 车辆四轮相关时域随机输入通用模型的研究[J]. 农业机械学报，2005，36（12）：29-31.

[12] 韩万水，闫君媛，武隽，等. 基于长期监测的特重车流作用下桥梁动态放大系数研究[J]. 振动工程学报，2014，27（2）：222-232.